Bauwelt Fundamente 19

Herausgegeben von Ulrich Conrads
unter Mitarbeit von
Gerd Albers, Adolf Arndt,
Lucius Burckhardt, Werner Hebebrand †,
Werner Kallmorgen, Hermann Mattern,
Julius Posener, Hans Scharoun,
Hansjörg Schneider

# Anna Teut

# Architektur
# im Dritten Reich

# 1933-1945

Ullstein Berlin Frankfurt/M Wien

Umschlagentwurf von Helmut Lortz
© 1967 by Verlag Ullstein GmbH, Frankfurt/M—Berlin
Alle Rechte, auch das der photomechanischen Wiedergabe, vorbehalten
**Printed in Germany, Berlin West 1967 · Gesamtherstellung Druckhaus Tempelhof**

# INHALTSVERZEICHNIS

| | |
|---|---|
| Verzeichnis der Abkürzungen | 6 |
| Einleitung | 7 |
| I. Die Vorgeschichte<br>Deflation und Reaktion 1931—1933<br>Dokument 1 bis 13 | 15 |
| II. Gleichschaltung<br>Dokument 14 bis 38 | 65 |
| III. Position-Opposition<br>Dokument 39 bis 58 | 118 |
| IV. Partei- und Staatsbauten<br>»Führerbauten«<br>Dokument 59 bis 71 | 177 |
| V. Die dritte Bühne<br>Dokument 72 | 227 |
| VI. Privat- und Kommunalbauten<br>»Bauten des Volkes«<br>Dokument 73 bis 78 | 234 |
| VII. Der Soziale Wohnungsbau<br>Dokument 79 bis 86 | 250 |
| VIII. Der Bauernhof<br>Dokument 87 bis 88 | 271 |
| IX. Schönheit der Arbeit — Schönheit des Wohnens<br>Dokument 89 bis 91 | 280 |
| X. Kunst am Bau<br>Dokument 92 bis 94 | 287 |
| XI. Die Reichsautobahnen<br>Dokument 95 bis 97 | 297 |
| XII. Städtebau, Reichs- und Landesplanung<br>Dokument 98 bis 105 | 308 |
| XIII. »Ostkolonisation«<br>Dokument 106 bis 109 | 342 |
| XIV. Post festum<br>Dokument 110 bis 112 | 366 |
| Zeittafel | 375 |
| Verzeichnis der Dokumente | 379 |
| Literaturverzeichnis | 385 |
| Fotonachweis | 390 |

# VERZEICHNIS DER ABKÜRZUNGEN

| | |
|---|---|
| AIV | Deutscher Architekten- und Ingenieurverein |
| BAI | Bund Deutscher Architekten und Ingenieure |
| BDA | Bund Deutscher Architekten |
| DAF | Deutsche Arbeitsfront |
| DGfB | Deutsche Gesellschaft für Bauwesen |
| DWB | Deutscher Werkbund |
| HAFRABA | Verein zur Vorbereitung der Autobahn Hansestädte Frankfurt–Basel |
| HJ | Hitlerjugend |
| KDAI | Kampfbund Deutscher Architekten und Ingenieure |
| KfdK | Kampfbund für deutsche Kultur |
| KPD | Kommunistische Partei Deutschlands |
| NSBDT | Nationalsozialistischer Bund deutscher Technik |
| NSDAP | Nationalsozialistische Deutsche Arbeiterpartei |
| NSLB | Nationalsozialistischer Lehrerbund |
| PZK | Politisches Zentralkomitee |
| RArbMin. | Reichsarbeitsministerium |
| RDT | Reichsbund Deutscher Technik |
| RFG | Reichsforschungsgesellschaft |
| RKbK | Reichskammer der bildenden Künste |
| RKK | Reichskulturkammer |
| RMVAP | Reichsministerium für Volksaufklärung und Propaganda |
| RTA | Reichsamt der technischen Arbeit |
| SA | Sturmabteilung |
| SS | Schutz-Staffel |
| VB | Völkischer Beobachter |
| VDAI | Verband Deutscher Architekten- und Ingenieurvereine |
| VDB | Verband Deutscher Bauschaffender |
| VDI | Verein Deutscher Ingenieure |
| WVDA | Wirtschaftliche Vereinigung Deutscher Architekten |

# EINLEITUNG

Darstellung und Dokumentation der Architektur im Dritten Reich wurden durch eine Ausstellung angeregt, die der Senator für Bau- und Wohnungswesen und die Westberliner Akademie der Künste anläßlich der »Berliner Bauwochen 1964« veranstalteten. In der sorgfältig recherchierten und hervorragend kommentierten Schau »Bauen in Berlin 1900—1964« erschienen die Bauereignisse der Jahre 1933—1945, einem allgemeinen Consensus entsprechend, auf jene phantastischen Planzeichnungen und Gipsmodelle reduziert, mit denen der »Baumeister« des Dritten Reiches die deutsche Hauptstadt in ein Mekka, Rom und weltbeherrschendes »Zentrum des germanischen Rassekernes« umzu-»gestalten« gedachte. So geeignet die Methode, den Wahnwitz des nationalsozialistischen »Kunstwollens« zu demonstrieren, sowenig war sie imstande, über das historische Phänomen Architektur im Dritten Reich, das kein Inzidenz, sondern ein Entwicklungskomplex ist, Auskunft zu geben. Schon gar nicht wurde durch die Verengung des Blickwinkels auf die Planungen des »Generalbauinspektors der Reichshauptstadt« das vor allem von der politologischen und soziologischen Forschung bemerkte Paradox aufgeklärt, daß die Architektur im Dritten Reich einerseits, wie keine andere Kunst, dazu beigetragen hat, die Herrschaftsform des Nationalsozialismus zu repräsentieren und zu stabilisieren, andererseits, in der Summe der Bauten, weit weniger korrumpiert wurde als beispielsweise Dichtung, Musik, Malerei.

Während man von dem, was von 1933—1945 in Deutschland gedichtet, gemalt oder komponiert wurde, ohne Übertreibung sagen kann, daß es von geringer Qualität war und heute zu Recht vergessen ist, läßt sich Ähnliches von der Architektur schwerlich behaupten. Nicht nur zahlreiche Bauten jener Zeit, ob Reichsautobahn oder Olympiastadion, die Stadt Wolfsburg oder das »Haus der deutschen Kunst«, zählen zum festen Baubestand der Bundesrepublik, auch verschiedene Paragraphen, »Leitbilder«, »Richtlinien« und Organisationsformen — von der »Baufibel« bis zum Raumraster, von der »Kunst am Bau« bis zum »Sozialen Wohnungsbau« — haben die zwölf Jahre des »Tausendjährigen Reiches« überlebt und wirken, mehr oder minder modifiziert, bis in unsere Tage fort.

Aber wer aus ihrem Überleben oder aus dem Umstand, daß »maßgebliche« Baumeister der Jahre 1938—1943 auch 1958—1963 nicht ohne Einfluß waren, schließen wollte, die Baukultur der zweiten deutschen Republik sei ein Reservat verspäteter NS-Initiativen, verkennt, in welch ungleich stärkerem Maße die

Architektur in die Universalität der zivilisatorischen Erscheinungsformen verflochten ist beispielsweise die »freie« Kunst.
Der Architekt hat — von Ausnahmefällen abgesehen — immer einen festen Auftraggeber. Und selbst wenn er im eigenen Auftrag baut, kann er nicht machen, was er will. Stets ist er auf die Zustimmung der Obrigkeit (Baupolizei) angewiesen. Und immer, auch im Grabmal oder Denkmal, manifestiert sich in seinem Werk neben der Idee ein »öffentlicher« Bauwille, ganz gleich, ob der von einer Einzelperson oder einem eine Firma, eine soziale Gruppe oder den Staat repräsentierenden Konsortium vertreten wird.
Der »angewandte« Charakter der Architektur hat namhafte Kunsthistoriker, z. B. Theodor Lipps, bewogen, sie aus dem Reich der Kunst in das Kunstgewerbe zu verweisen. Lipps hat sich mit seiner Ansicht nicht durchgesetzt, aber er hat den Blick für die komplexe Struktur und die soziale Wirksamkeit der »Gebrauchskunst« Architektur geschärft, die in den Augen der normativen Ästhetik ein leidiges Akzidenz oder allenfalls ein Strukturfehler ist.
Die Abhängigkeit von dem Willen eines Bauherrn und die öffentliche Wirksamkeit eines Bauwerkes erklären auch, weshalb sich aus der Baugeschichte so viel zuverlässigere Informationen über die kulturelle und soziale Beschaffenheit einer Epoche herleiten lassen als aus Werken der freien Kunst. Auch wenn man einen Gemeinplatz wiederholen muß, die Baukunst spiegelt die Staatskunst, ob diese zentralistisch von einem großmächtigen Souverän oder von einer Vielzahl dezentralisierter Selbstverwaltungsorgane, das heißt vom Volke, ausgeübt wird.
Ein Beispiel mag das spannungsreiche und für keinen Partner ungefährliche Verhältnis von Architektur und Macht illustrieren. Im Jahre 1929, kurz vor dem Tode Stresemanns, wird von der Preußischen Akademie des Bauwesens zwecks Erlangung von Entwürfen für den Neubau eines Gerichtsforums in Berlin-Mitte ein Wettbewerb ausgeschrieben, der für alle deutschen Architekten offen ist. Von den insgesamt 447 eingesandten Arbeiten folgen drei dem Stile neugotischer Posthausbauten von 1880, zwei bekennen sich zur Säulen- und Triumphbogen-Architektur à la Wallot/Rieth, die übrigen bedienen sich mit mehr oder weniger Glück und Geschick einer Formensprache, von der sie annehmen durften, daß sie vom Auslober anerkannt und gefördert würde: der aus den ökonomischen, sozialen und technisch-industriellen Entwicklungen des 19. und frühen 20. Jahrhunderts hervorgegangenen »Neuen Sachlichkeit«.
Fünf Jahre später, zwei Jahre nach der nationalsozialistischen »Machtübernahme«, findet abermals ein reichsoffener Architektenwettbewerb statt. Die Aufgabe, Neubau des Dessauer Theaters, ist dem Justizzentrum nicht nach den Funktionen, aber an repräsentativem Gehalt vergleichbar. Unvergleichlich anders das Ergebnis: »Der Kontakt mit jeder vor uns getanen Arbeit und ehrlichen Anstrengung ist unterbrochen«, schreibt Egon Eiermann in der BAUWELT, »die Verwirrung der Formen ist nicht mehr zu überbieten. Pseudo-Barock und Pseudo-Renaissance, Gründerzeit, höfische und Biedermeierweltanschauung müssen herhalten, um einer neuen Zeit Ausdruck zu geben... unter 250 Arbeiten im besten Falle 10, die ehrlich ihren Weg suchen...«

Und die übrigen 240 — was hat sie bewogen, die Übereinkunft von 1930, von der manche annahmen, daß sie bereits ein neuer Stil sei, preiszugeben? Ein Konstruktionsfehler im Gebälk der »Neuen Sachlichkeit«? Eine nationalsozialistischem Druck gehorchende fachinterne Absprache, die »moderne Richtung« vorübergehend oder auf die Dauer zu meiden? Ein Defekt gar der Moralität und Urteilskraft? — Nichts dergleichen ist erwiesen.
Aber ein Regierungswechsel hat stattgefunden, ein autokratischer Führerstaat die parlamentarische Demokratie abgelöst. Neben die Vielzahl der traditionellen Bauträger ist ein neuer potentieller Bauherr getreten, der es an Bekundungen seines »fanatischen Bauwillens« und an ersten Beweisen, diesen »Willen« auch zu realisieren, nicht fehlen läßt. Zwar steht es 1935 noch immer nicht fest, wie der neue Staat formal und inhaltlich — konkret zu bauen wünscht, aber wie er *nicht* zu bauen wünscht, daran gibt es nach 13jähriger »Kampfzeit« und zweijähriger Regierungszeit keinen Zweifel.
Vom Standpunkt der NSDAP, die sich, auch im Besitz der Macht, primär als eine »Kampfbewegung« versteht, ist die Ablehnung der »Neuen Sachlichkeit« oder des »Neuen Bauens«, wie sich die nationale Variante der internationalen Architekturrevolution von 1908/14 und 1917 nicht sonderlich glücklich nennt, verständlich und folgerichtig. Zwar trifft es nicht zu, wie von nationalsozialistischen Propagandarednern behauptet wird, daß die »Neue Form« von den Sozialisten erfunden wurde, um die abendländisch-europäische Tradition zu unterhöhlen, aber es läßt sich nicht leugnen, daß sie nach dem Ersten Weltkrieg zur charakteristischen Ausdrucksform der ersten deutschen Republik wurde.
Die Weimarer Republik war nicht der einzige »fortschrittliche« Staat in Europa, der sich des neuen Idioms bediente. Auch das kommunistische Rußland und das faschistische Italien begrüßten und förderten die Avantgarde, weil sie es ihnen erlaubte, sich mit ihren Bauten auf eine eindrucksvolle Weise von den gekünstelten Stil-Ekstasen des späten Feudalismus abzusetzen.
Sowohl der Faschismus als auch der Kommunismus haben, in der Erkenntnis, daß es möglicherweise »ehrlich«, aber machtpolitisch nicht klug sei, dem an pompöse Demonstrationen der Staatskunst gewöhnten Bewußtsein der breiten Masse allzuweit vorauszugreifen, ihre anfänglichen Positionen revidiert. Der italienische Futurismus, von Mussolini ironischerweise stilo tedesco genannt, geht sein bekanntes kühles, marmorschweres Bündnis mit Alt-Rom ein. Der russische Konstruktivismus unterliegt dem reaktivierten, nationalistisch drapierten Akademismus nicht zuletzt deshalb, weil sich die Volks- und Bauwirtschaft der UdSSR in den zwanziger Jahren außerstande zeigt, die Projekte eines Tatlin, Leonidow, Ladowski oder der Gebr. Wjesnin zu realisieren.
Die Regierung der ersten deutschen Republik, peinlich darauf bedacht, den Buchstaben des Gesetzes zu erfüllen, hat den Ehrgeiz (und die Mittel), durch staatliche Monumente Masseninstinkte zu mobilisieren und zu ihren Gunsten »einzusetzen«, nie gehabt. Überzeugt, auf diese Weise sowohl den demokratischen Grundsätzen als auch der Vielgestaltigkeit der deutschen Kulturlandschaft am besten zu genügen, übertrug sie die Ausführung öffentlicher Bauaufgaben ohne

Rest auf die Länder und Städte und löste selbst die alte kaiserlich-preußische Hochbauverwaltung auf, was sich als ein schwerwiegender Fehler erwies. Nicht der Staat, sondern einige tatkräftige und weitsichtige Bürgermeister und Ministerialräte — Adenauer in Köln, Landmann in Frankfurt, Hesse in Dessau, Kießling in Berlin, um nur einige zu nennen — waren es, die als Mäzene der Baukunst und Bauherren jener neuen Wohnsiedlungen, Schwimmbäder und Schulen auftraten, die durch ihren sozialethischen Gehalt und ihre kompromißlos »moderne« Form die Blicke der internationalen Bauwelt in dem halben Dezennium 1925—1930 auf Deutschland lenkten. Die Anerkennung durch das Ausland veranlaßte die kunstpolitisch im Grunde desinteressierte deutsche Reichsregierung, die »neumodische Richtung« nachhaltiger zu fördern als am Anfang.

Erfolge im Sinne einer unmittelbar praktischen und historischen Wirksamkeit vermögen die großen Ausstellungen 1929 in Frankfurt (May), 1930 in Paris (Gropius), 1931 in Monza (Hilberseimer) nur noch im Ausland zu erringen. In der vom Mythos eines besonderen deutschen Weges in Staat, Kultur, Gesellschaft verdunkelten nationalen Bau- und Geisteslandschaft, unter den Drohungen der Weltwirtschaftskrise, bewirkt die verspätete Aktivität lediglich, daß die den Rechtsparteien von Anfang an vor allem wegen der Verquickung mit der öffentlichen Wohnungsbaupolitik verdächtige »Neue Sachlichkeit« vollends zur »Parteiensache« herabsinkt.

In dem demokratischen Klimasturz des Jahres 1929 (»Volksbegehren gegen den Young-Plan«, »Harzburger Front«) besagt es wenig, daß der Konservativismus für »Luxus« und »Verschwendung« ansieht, was dem Auge Hitlers und seines Baumeisters in spe, Paul Ludwig Troost, wie »Armeleutearchitektur« anmutet. Als die Notstandsregierung Brüning das sozial- und baugeschichtlich denkwürdige öffentliche Wohnungsbauprogramm stoppt, verliert das »Neue Bauen« faktisch seinen letzten gesellschaftlichen Rückhalt. Wie Blätter im Wald fallen in dem »Sommer des Mißvergnügens« und dem »Herbst der Panik« 1931 Halbherzige und Mitläufer von der republikanischen Konvention ab. Noch bevor der Nationalsozialismus imstande ist, sein Guillotine-Urteil zu vollstrecken, ist die »Neue Sachlichkeit« als offizieller Ausdruck tot, wenn sie auch als schmaler, kraftvoller Stamm weiter gedeiht.

Die Architekten jedoch geraten in Verlegenheit. Einerseits wissen oder ahnen sie, daß sich die baugeschichtliche Entwicklung im Industriezeitalter noch weniger »zurückdrehen« läßt als in den zurückliegenden, hauptsächlich durch handwerkliche Fähigkeiten abgestützten Kulturepochen. Anderseits können sie den die Entwicklung ablehnenden »Gesinnungswandel« um so weniger ignorieren, als dieser nicht nur die Führungsspitze, sondern auch eine Vielzahl von denen erfaßt hat, die in den Ländern und Gemeinden politisch und fachlich über die Ausführung von Bauten zu bestimmen haben. Sie reagieren abwartend, ausweichend, zurückweichend.

Genaugenommen wiederholt sich in dem Regreß auf die Ausgangsposition vor 1908, der sich in dem Dessauer und anderen »repräsentativen« Architektenwett-

bewerben der Zeit bekundet, ein Mißverständnis, dem bereits die Reformer der Jahrhundertwende erlagen; die Annahme nämlich, eine Tradition könne abreißen, pausieren und dort wieder anfangen, wo eine nach subjektivem Ermessen »gesunde« Entwicklung abriß. Die Erfahrung nicht zuletzt der Architektur im Dritten Reich lehrt jedoch, daß die Baugeschichte auf Kulturkreislehren nicht reagiert.
Verhängnisvoll macht sich zu der Zeit, da die Wellen der völkisch-nationalistischen »Kunstpolitik« hochgehen, das Fehlen einer mit dem lebendigen Bauen vertrauten Architekturtheorie bemerkbar. Zwar werden in den zwanziger Jahren von Behne, Behrendt, Sörgel, Adler, Gantner u. a. energische Vorstöße unternommen, die vorherrschende, kunsthistorisch ausgeschliffene Bauformengeschichte in eine soziologisch und technologisch fundamentierte Plangeschichte zu tradieren. Aber es bleibt bei ersten Bänden (geplanter Serien), ersten Auflagen, »Ausblikken« und Prolegomena. Kaum eine der heute für das Verständnis der Architektur in den zwanziger Jahren unentbehrlichen Schriften gelangt über den Kreis derer hinaus, die ohnehin informiert sind.
In den Winterstürmen der nationalsozialistischen Wahlschlachten, unter dem Eindruck eines ins Maßlose übersteigerten »Kulturverfalls« hat das Gros der Architekten, nachdem die Weltwirtschaftskrise ihre Zeichentische leergefegt hat, neben einer trostlos pessimistischen Baufachpresse als Medium der Besinnung und erneuten Ortsbestimmung wiederum nur die Lektüre der Väter — Muthesius, Ostendorff, Schultze-Naumburg und, als Zuflucht und Trost, Riegl, Wölfflin, Brinckmann und Dehio gegenwärtig. Unter den Aspekten der hier in bestechenden Analysen und hinreißenden Würdigungen aufgebahrten »ewigen Werte« mag den meisten die Rückkehr in die Vorweltkriegszeit nicht so unrealistisch (»unehrlich«) vorgekommen sein, wie sie dem jungen Moralisten Eiermann erschien und wie sie tatsächlich war.
Die Architektur sollte es nur zu bald erfahren. Weitere fünf Jahre vergehen, und der Rückgriff auf die »beseelte« Tradition, die »Heimkehr« aus der kalten Luft der »Neuen Sachlichkeit« in die Wärme von »Blut und Boden« werden, weil sich der offizielle Bauwille der Eroberung von Großräumen zugewandt hat, von Plankonzepten abgelöst, die sich die »Maschinenästhetiker« und »Materialisten« der Republik nicht einmal im Traume einfallen ließen. Daß diese mit nicht geringem sozialem Sprengstoff geladenen Konzepte infolge des Krieges nicht realisiert wurden, ist, entwicklungsgeschichtlich gesehen, ein Zufall. Als »Aktion« auf die mit allen Merkmalen einer Scheinentwicklung versehenen »Reaktion« der Jahre 1933—1938 ist sie, wiewohl auch sie illusionistischer Züge nicht entbehrt, ein eindrucksvoller Hinweis auf einen Kausalnexus, den man in der Geschichte der freien Künste im Dritten Reich vergeblich sucht.
Endlich kann auch nicht übersehen werden, daß es neben den neuen Bauherren Partei und Staat zumindest bis zum Beginn der Planwirtschaft auch noch die bunte Vielgestaltigkeit privater und halböffentlicher Bauaufgaben und vor allem Bauherren gab, die in Anbetracht der Investition, die ein Bauwerk darstellt, nicht daran dachten, Attrappen für ein nationalsozialistisches Rameau zu liefern.

Zwar wurde von den beflissenen Lobrednern des Regimes nahezu jeder nach 1933 konzipierte Bau als originale Leistung des »Baumeisters« Adolf Hitler in Anspruch genommen, jedoch ist das kein Einwand gegen die Feststellung, daß am Rande, im Halbschatten und außerhalb des gleißenden Lichtkegels der Propaganda Bauten entstanden und Entwicklungen vorangetrieben wurden, die mit den eilfertigen Montagen einer »heroischen Architektur« à la Troost, Kreis, Gießler oder Speer nicht nur nicht das Geringste zu tun hatten, sondern sie durch ihr Dasein zutiefst in Frage stellten. Die Mauer, die auf »höhere Veranlassung« um ein Heizwerk in Berlin-Steglitz gezogen werden mußte, wirft ein Schlaglicht auf Spannungen und Antagonismen, von denen sich der keine Vorstellungen macht, der das Bauen der Jahre 1933—1941 ausschließlich unter dem Blickwinkel »Partei- und Staatsbauten« betrachtet.

Tatsächlich gab es — neben den Monumenten der Macht und den »bescheiden« an abgestorbene oder sterbende Traditionsformen angelehnten Wohn- und Bauernhausbauten, neben den Volten der »Romantik« und »Technokratie« — in der Anonymität des Großbüros, hinter dem Schild großer Unternehmer- und Firmennamen und in der Stille des Einmann-Betriebes, vor allem auf den Sektoren des Industrie-, Wirtschafts- und privaten Wohnungsbaus eine konsequente und disziplinierte Weiterentwicklung der offiziell zu Anfang als »Kulturbolschewismus« verfemten, später mit einem ausdrücklichen Dispens versehenen »Neuen Sachlichkeit« der zwanziger Jahre. Daß diese »moderne« Tradition nach 1945 zusammen mit den charakteristischen Werten des Nationalsozialismus in Vergessenheit geriet, ist Folge eines Traumas, mit dem sich die Geschichte der Architektur in der zweiten deutschen Republik zu beschäftigen haben wird.

Adolf Hitler freilich, daran gibt es nach 20 Jahren intensiver zeitgeschichtlicher Forschung keinen Zweifel, war an der Architektur wie an den übrigen Künsten nur insoweit interessiert, als sie sich als Hebel für Massenbewegungen (»Führen heißt Massen bewegen«) und als Waffe im völkischen Lebenskampf gebrauchen ließ. Der sozio-politische »Einsatz« schließt persönlichen Enthusiasmus nicht aus. Auch Napoleon war bekanntlich ein leidenschaftlicher Sammler und Liebhaber der Bauwerke und Denkmäler aller jener Länder, die er gerade erobert hatte. Aber aus der »Liebe« zu folgern, daß dem deutschen Volke möglicherweise das Dritte Reich und der Welt 50 Millionen Tote erspart geblieben wären, wenn ein wohlhabender Wiener oder Münchener Hofrat den jungen Adolf Hitler mit dem Bau einer Villa oder eines Gartenhäuschens beauftragt hätte, hieße die Weltgeschichte in ein Rührstück verkehren.

In Wahrheit verfügte der junge Hitler über keinerlei Fähigkeiten, einen Bau zu konzipieren und treuhänderisch auszuführen. Auch sein »Bauwille« war in der Zeit vor dem Ersten Weltkrieg gänzlich unentwickelt. In den überlieferten Dokumenten nennt sich Hitler Maler, Schriftsteller, Student. Die Legende, eigentlich nicht als Politiker, sondern als Künstler »gesandt« zu sein, ist seine eigene Erfindung. Auch die spärlichen Zeugen seiner Jugend führen — über Umwege — stets auf die Version in »Mein Kampf« zurück.

In dem Kampf um die Macht, die ein Vorspiel zum Kampf um die Weltherrschaft ist, erhält die Architektur wie die Wissenschaft, Wirtschaft oder Wehrmacht ihren »Auftrag« zugewiesen. Wirklich verfügen kann Hitler jedoch nur über seinen »Baustab«, dessen Befugnisse zunehmend ausgeweitet werden. Dem »Baustab des Führers« und seinen »Beauftragten« bleibt es auch vorbehalten, der Szenerie des »Massenaufmarsches vor dem Führer« monumentales Ansehen und Dauer zu verleihen und von dem Modell Nürnberg zunächst auf Berlin, dann im Zuge der »totalen Planung und Gestaltung« als Sinn und Mitte, Core und Krone auf die letzte deutsche Kleinstadt zu übertragen. Man mag die Simplizität des Bildes belächeln, die planerische Willkür verabscheuen, man kann nicht ignorieren, daß Hitler, wie mit so vielen seiner Maßnahmen, so auch mit der Konzeption einer erneuerten »Sinnmitte«, auf ein latentes Bedürfnis traf: die »Kathedrale des Sozialismus« — Bruno Taut besang sie im Gründungsjahr der NSDAP.

Aber auch dafür war nach der militärischen Niederlage von 1918 und der wirtschaftlichen Schwächung durch die Inflation Verständnis und Bedarf vorhanden: durch Wahrzeichen, Denkmäler und Monumente politische Kraft und kulturelle Überlegenheit zu demonstrieren. Hitler synthetisiert und holt nach, was Faschismus und Kommunismus vorexerziert haben: das Eingehen auf die durch das republikanische Zwischenspiel eher verhärtete als aufgelockerte »Aktion der Tradition«.

Die »Aktion der Tradition«, unter normalen Bedingungen eine Komponente der Geschmacksbildung unter anderen und ein notwendiges Korrektiv, gewinnt eine gleichsam usurpatorische Gewalt, wenn, wie es von einem »Baustab« nicht anders erwartet werden kann, konstruktive Gegenvorschläge nicht geltend gemacht werden. Nicht nur der Eklektizismus der nationalsozialistischen Repräsentationsbauten, auch der sich in zahlreichen Baureden bekundende »Bauwille« Hitlers weisen in die Vorweltkriegszeit und auf ein Vorbild zurück, das man hinter der zur Schau getragenen Selbstherrlichkeit am wenigsten vermutet, auf Wilhelm II. Von Wilhelm II. ist der Satz überliefert: »Wenn ich nicht Kaiser wäre, möchte ich Bildhauer sein«, ein in Anbetracht seiner umfassenden Denkmälerpläne verständlicher Wunsch. Hitler variiert: »Wenn Deutschland nicht den Weltkrieg verloren hätte, wäre ich nicht Politiker, sondern ein berühmter Architekt — eine Art Michelangelo.« Um die nahezu wörtliche Wiederholung einer wilhelminischen Sentenz handelt es sich, wenn Hitler die Nachricht von der Kapitulation Frankreichs 1940 mit dem Bemerken quittiert: »Wir werden den Krieg gewinnen, aber sichern werden wir den Sieg durch unsere Bauten, die Deutschland zum Zentrum Europas machen werden.«

Wie der letzte deutsche Kaiser träumte Hitler davon, mit Hilfe von Bauten das Volk, wenn auch nicht in die strenge Zucht der Kirche, so doch in eine säkulare mittelalterliche Subordination »zurückzuführen«. Wie Wilhelm II. wähnte er die Wurzel allen Übels in den Ideen der Französischen Revolution und ließ nach den Regeln einer wie zur Zeit Kaiser Wilhelms pangermanistisch, nationalistisch und antisemitisch eingefärbten »Kunstpolitik« Pflege und Förderung nur jenem »Schaffen« angedeihen, das, »aus dem Volkstum erwachsen«, die »nationale

Idee« zum Ausdruck brachte. Wie der Kaiser behielt sich Hitler den staatlichen Repräsentationsbau gleichsam zur »persönlichen Erledigung« vor, und mit ihm teilt er das Schicksal, das Gegenteil von dem erreicht zu haben, was ihm in der grenzenlosen Irrealität seiner Vorstellungswelt als Ziel vorschwebte: nicht Aufbau, sondern einen sehr weitgehenden Abbau der tausendjährigen nationalen Baukultur.

Herausgeber und Verfasserin hatten ursprünglich die Absicht, die Darstellung und Dokumentation der Architektur im Dritten Reich mit einer Bilanz der durch das Hitlerregime verursachten Zerstörungen abzuschließen. Diese Absicht mußte nicht nur aus Platzgründen wieder aufgegeben werden. Die Nähe der Ereignisse, ihre Verflechtung in das Baugeschehen der Gegenwart gewährte nicht den nötigen Abstand. Auch der hiermit vorgelegte Versuch einer Typologie der Architektur im Dritten Reich steht unter dem Zwang der Zeitnähe, wenn auch sein Standort historisch ist.

Darstellung und Dokumentation entsprechen einem vielfach geäußerten Wunsch nach Information. Gleichwohl möchten sie nicht nur eine Lücke in der bis zur Unübersehbarkeit angeschwollenen Literatur über den Nationalsozialismus füllen, sondern im Interesse der lebendigen Architektur eine systematische baugeschichtliche Feldforschung anregen. Die Auswahl der Texte erfolgte ohne Ansehen, aber auch ohne das geringste Interesse an der »Entlarvung« dieser oder jener Person. Lediglich der Gang der Ereignisse und charakteristische Probleme und Erscheinungsformen der Architektur in der Hitler-Diktatur standen zur Debatte. Die Gliederung des Bandes und die Zusammenstellung ist subjektiv, insofern als nur ein geringer Teil des in mehrjähriger Arbeit gesichteten und gesammelten Materials Verwendung finden konnte; per definitionem ist sie objektiv: der Gegenstand »Architektur im Dritten Reich« kommt selbst zu Wort.

Anna Teut

1 (links) Weißenhofsiedlung in Stuttgart. Wohnhaus von Le Corbusier, 1927 ▷

2 (rechts) Wohnhaus auf der Höhe in Stuttgart von Paul Schmitthenner, 1930 ▷

# I. DIE VORGESCHICHTE
## Deflation und Reaktion 1931-1933

*Sieht man einmal von dem besonderen Verhältnis ab, das der »Führer des Deutschen Reiches« Adolf Hitler zur Baukunst unterhielt, so lassen sich in der Frühzeit der NSDAP keine Beziehungen zwischen der zur Zeit ihrer Herrschaft als »Sinnbild des Staatslebens« apostrophierten Architektur und dem nach der Staatsmacht verlangenden Nationalsozialismus nachweisen. Erst nach der Reorganisation der Partei durch Gregor Strasser (1927) entsteht in der sogenannten U III b ein Amt (für Wirtschaftstechnik und Arbeitsbeschaffung), das jedoch, gemäß seiner Bestimmung, den Aufbau des NS-Staates vorzubereiten, nach außen hin wenig in Erscheinung tritt. Leiter der U III b ist der von Hitler in »Mein Kampf« als Wirtschaftsprogrammatiker gerühmte, jedoch nach 1930 infolge seines sozialrevolutionären Engagements an zunehmendem Prestigeschwund leidende Ingenieur Gottfried Feder, Verfasser der Schrift »Über die Brechung der Zinsknechtschaft«, deren antikapitalistische Tendenz zwar von der Fachwissenschaft als wirklichkeitsfremder Dilletantismus zurückgewiesen wird, ihre Wirkung aber auf das verarmte Bürger- und Kleinbürgertum sowie den »linken« Flügel der Partei nicht verfehlt. Feder, ein Doktrinär und zur Agitation herzlich ungeeignet, begnügt sich im wesentlichen damit, im Rahmen der Parteiorganisation ein grobmaschiges Netz technischer Kader aufzubauen, das in der Stunde X imstande sein sollte, die »Mobilisierung der Technik und Wirtschaft zum Nutzen von Staat und Volk« einzuleiten. Die Architektur nimmt in diesem »Umbau«-System den Rang einer Fachschaft ein.*

*Nachdem der Nationalsozialismus im Herbst des Jahres 1930 zur zweitstärksten Partei im Reichstag (in den Länderparlamenten z. T. noch früher und höher) aufgerückt ist, akkumuliert sich um die Gau- und Gebietsbeauftragten der U III b ein reger Lobbyismus. Jedoch beklagen sich die Kontaktpersonen aus der Industrie, dem Bauwesen und den Berufsverbänden einmütig darüber, daß man sie zwar ihre eigenen Wünsche und Absichten ausführlich darlegen lasse, daß aber über die Pläne der Partei »an der Schwelle der Macht« so gut wie gar nichts verlaute. In den angst- und ressentimentgeladenen Jahren 1930/33 wird diese »Zurückhaltung« zu einer Hauptanziehungskraft der Partei. Daß die Zurückhaltung durch einen Mangel an konstruktiven Vorstellungen bedingt ist, wird freilich erst nach der Machtergreifung offenbar. Man wähnt kluge Taktik, wo nur hemmungsloser Opportunismus waltet, und projiziert in die unbestimmten Zukunftsvisionen der Parteiredner hinein, was man sich als Berufsstand, Interessengruppe oder finanzkräftiger Einzelunternehmer am sehnlichsten wünscht.*

*Insbesondere die in ihrer ökonomischen Existenz und stärker noch in ihrem sozialen Prestige sich bedroht fühlende, zudem der kaiserlichen Autorität kaum entwöhnte mittelständische Bauwirtschaft zeigt sich den Verheißungen der Nationalsozialisten gegenüber anfällig. Der Ruf nach* dem »starken Staat« ertönt um so lauter, als die bestehende Regierung sich den durch die Deflation ausgelösten innenpolitischen Schwierigkeiten immer weniger gewachsen zeigt. Die volle Wucht der Weltwirtschaftskrise trifft Deutschland zwar erst im Jahre 1931, aber bereits 1929 macht sich im Bauwesen, das im Vergleich zu anderen Wirtschaftszweigen in den Jahren 1924—1929 eine ungewöhnliche, teils struktur-, teils konjunkturbedingte Expansion zu verzeichnen hatte, bei sprunghaftem Ansteigen der Arbeitslosenzahl eine zunehmende Stagnation im Auftragseingang bemerkbar. Reich, Länder, Städte, sogar die Kirche, die im Vertrauen auf den zwischenzeitlichen Aufschwung beträchtliche, nun kurzfristig zurückgezogene Anleihen aufgenommen hatten, sehen sich genötigt, einschneidende Sparmaßnahmen vorzunehmen. Sie bringen das urbane, soziale, für immer rühmlich an den Namen »Weimar« geknüpfte Bauprogramm der Republik zum Einsturz, noch bevor es (durch die 3. und 4. Notstandsverordnung der Regierung Brüning) im Herbst 1931 offiziell aufgegeben wird.

Am verhängnisvollsten wirken sich neben der Rustikalisierung des Siedlungswesens, die der nur zu bald folgenden rousseauistischen »Heimkehr« zu Blut und Boden nicht unerheblichen Vorschub leistet, die verschiedenen behördlichen Restriktionsmaßnahmen aus. Beispielsweise wird die im Oktober 1931 über Preußen (etwa zwei Drittel des Reichsgebietes) verhängte 2¹/₂jährige öffentliche Hochbausperre von der betroffenen Bau- und Geldwirtschaft sowie einzelnen Berufsvereinigungen mit der Bildung einer »Baufront« quittiert, die in sich jede Konsistenz vermissen läßt, aber nach außen hin, in Richtung gegen das »bestehende Regime« als dem vermeintlich Schuldigen an der allgemeinen Misere, unter dem Schlachtruf »Rettet die Bauwirtschaft« eine bemerkenswerte Aktivität entfaltet. »Geführt« wird die bereits stark nationalsozialistisch unterwanderte »Baufront« von der im Jahre 1930 als Nachfolgeorganisation des »Deutschen Architekten- und Ingenieurvereins« konstituierten, jedoch nur partiell anerkannten »Deutschen Gesellschaft für Bauwesen« (DGfB), die nach 1933 als Fachgruppe »Bauwesen« in das von Fritz Todt geleitete RTA (Reichsamt für technische Arbeit) eingeht. Wie zahlreiche andere als Notgemeinschaften getarnte antirepublikanische (wenn auch nicht eindeutig pro-nationalsozialistische) Zusammenschlüsse sinkt die »Baufront« nahezu lautlos in sich zusammen, nachdem im Januar 1933 das tatsächliche Ziel, die nationalsozialistische Regierungsübernahme, erreicht ist.

Eine weitere Konsequenz der offiziellen »Kehre« von der großstädtisch-progressiven zur betont antistädtischen, individualistisch und traditionell orientierten Bau- und Wohnungspolitik besteht darin, daß das vom Land Preußen und einigen großstädtischen Stadtparlamenten als ein der technologischen Entwicklung, den sozialen Ansprüchen und den allgemeinen künstlerischen Erscheinungsformen der Zeit entsprechender

»Stil« anerkannte und geförderte »Neue Bauten« seinen ökonomischen und gesellschaftlichen Rückhalt verliert. Zwar scheint es in den Jahren 1931/32 noch so, als sei das »Neue Bauen« imstande, seine Position auch unter den veränderten Voraussetzungen zu behaupten. Jedoch zeigen die Programmänderungen für die »Erste deutsche Bauausstellung« 1931 in Berlin (Wilhelm Kreis: »ein Valmy«) und der fröhlich-verzweifelte Ausruf Martin Wagners »Hoppla, wir leben und bauen doch!« am Ende der Eröffnungsansprache zu der Ausstellung »Licht, Luft, Sonne und Haus« 1932 in Berlin unmißverständlich an, wie sehr sich die Gewichte in dieser Zeit zuungunsten der neuen Ideen verschoben haben*. Das Eingehen respektive die Kursänderung verschiedener progressiver Zeitschriften, die Abwanderung hervorragender Exponenten (nach Rußland und ins Privatbüro), ferner der »Abfall« zahlloser Mitläufer bewirken, daß das »Neue Bauen« in dem Augenblick, in dem es sich anschickt, Skandinavien sowie Nord- und Südamerika zu erobern, in seinem Ursprungsland gleichsam im Bodenlosen schwebt, so daß selbst der reaktionärer Tendenzen gewiß unverdächtige Hugo Häring sich in dem verhängnisreichen Jahre des Goethejubiläums (1932) genötigt sieht, von einer »tragischen Modernität« zu sprechen, die seine Anhänger zur Schau trügen.

Indessen ist mit dem Hinweis auf Deflation und politischen Richtungswechsel die Vorgeschichte der Architektur im »Dritten Reich« nicht aufgeklärt. Eine gründlichere Untersuchung als dieser vorläufige Überblick wird bis in die Romantik und die Schinkelzeit zurückgreifen müssen, um das verworrene Flechtwerk der von 1930—1938 (mit Ausläufern bis 1941) herrschenden »Reaktion« mit allen ihren Wurzeln und Fasern und seltsamen Blüten bloßzulegen. Dabei wird sich zeigen, daß sie weder ein spezifisch deutsches noch ein unwiederholbares Ereignis ist. Unwiederholbar scheint lediglich das von den zeitgeschichtlichen Umständen unterstützte Geschick nationalsozialistischer Propagandisten, die nach Ausgangspunkt und Zielsetzung unterschiedlichen reaktiven Verhaltensweisen auf einen Nenner zu bringen und für ihre rein machtpolitischen Zwecke auszunützen.

Als Vehikel der Einigung dient neben den wirtschaftlichen und sozialen Notständen die latente Aversion weiter Kreise der Gebildeten gegen die »Moderne Kunst« und deren augenfälligste Erscheinungsform, das »Neue Bauen«, das nicht zu Unrecht als eine Bedrohung zahlreicher, längst fadenscheinig gewordener, aber in den Jahren der Schwäche und Isolation erneut aufgewerteter (»geheiligter«) kultureller Positionen

---

* Vergl. Zitat der *Bauhütte*, 1931, S. 311: »Die Zeit, da man in ganzen Stadtteilen dachte und phantasierte, ist wohl für immer dahin. Die Zeit kommt wieder, wo der wirtschaftlich mit Sorgfalt errechnete Einzelplan solide Erledigung verlangen wird.« — Vergl. auch die **Entschließung gegen das Wohnen im Hochhaus**, Bauwelt, Berlin, 1931, H. 3.

*empfunden wird.* Auf dem Felde der Architektur ist der Moment, in dem die verhaltene Abneigung in offenen Protest und sehr bald darauf in eine organisierte »Kulturabwehrbewegung« umschlägt, mit einiger Genauigkeit zu fixieren. Es ist die 1927/28 errichtete Stuttgarter Weißenhofsiedlung, in der die »Clique« der »Berliner-Ring-Architekten« es zusammen mit dem »Deutschen Werkbund« wagt, die lokale Tradition und deren namhafte Verfechter Bonatz und Schmitthenner zu ignorieren. Stuttgart-Weißenhof, gemeinhin als einer der glorreichsten Siege der zeitgenössischen Architektur gefeiert, reißt — nicht zuletzt durch die Beteiligung einer Reihe ausländischer Architekten — auf lokaler wie auf nationaler Ebene alle kulturbewußten Patrioten aus ihrer Lethargie heraus: »Die Geister reihen sich zur Schlachtordnung auf«, meldet die Herausgeberin einer etwa 100 kleinere Blätter beliefernden völkischen »Kunstkorrespondenz«, die Dresdnerin Bettina Feistel-Rohmeder. Tatsächlich ist das Jahr 1928 das Jahr einer Reihe von Veröffentlichungen, Gruppenbildungen, Verbands- und Vereinsgründungen, die, mit und ohne nationalsozialistischen Einfluß, ausnahmslos gegen das »Neue Bauen« und die »Moderne Kunst« gerichtet sind. Unter ihnen nimmt der in bewußter Gegnerschaft gegen den »Ring« begründete Zusammenschluß überwiegend älterer Baumeister im »Block« insofern eine besondere Stellung ein, als aus diesem Kreis 1932 das erste und einzige Architektur-Programm des Nationalsozialismus vor 1933, die von K. W. Straub herausgegebene Broschüre »Die Architektur im Dritten Reich«, hervorgeht. Im übrigen sind die Positionen gegen das »Neue Bauen« verschwommen und breitgestreut. Sie finden sich unter den über die »Verschandelung« der nationalen Kulturlandschaft besorgten Heimatschutzverbänden ebenso wie unter den um die Erhaltung »ewiger Werte« bemühten Hochschulprofessoren, die infolge grundsätzlich ablehnender Haltung gegenüber dem »System« um konkrete »repräsentative« Aufgaben verlegen sind, aber auch unter Handwerkern, die angesichts der unglücklich genug verlaufenen Experimente in industrieller Vorfertigung um ihre Existenz fürchten, wie in bestimmten Zweigen der Bauindustrie und des Baustoffhandels, die durch die Vorliebe der Zeit für Beton, Stahl und Glas ihren Absatz gefährdet wähnen. Das Kunstgewerbe zürnt der Moderne wegen ihrer unverhohlenen Ornamentfeindlichkeit, und mitgliederstarke Künstlerverbände verfallen in bösartiges Ressentiment, weil sie sich von den Arrangeuren der großen Ausstellungen, insbesondere im Ausland, übergangen fühlen.

Verhängnisvoller als die durchweg auf Vorurteil und unzureichender Information gegründete Gegnerschaft der genannten Kreise wirkt die Opposition, die dem »Neuen Bauen« nach 1927 und verstärkt nach dem Zusammenschluß der Nationalsozialisten mit den Rechtsparteien im Jahre 1929 aus der Zunft selbst erwächst. Die mit Geschmack und

*Eifer um die Veredelung überlieferter bürgerlicher und bäuerlicher Bauformen sowie die Restauration einer brüchig gewordenen Handwerkstradition bemühte »Stuttgarter Schule« wurde bereits genannt. Sie findet aufgeschlossene Korrespondenten unter den Hütern lokaler Stadt-Baukulturen, die vor allem in München, Weimar und Dresden der Zerstörung »geschlossener« Stadtbilder und dem Schwund monumentaler Bauaufgaben nachtrauern. Das neue (alte) Programm »Klassik und Romantik« ist geprägt, bevor es von den Akteuren und Theoretikern der Architektur im Dritten Reich als Notbrücke zwischen den »bescheiden« an die heimatliche Tradition angelehnten »Volksbauten« und den alle herkömmlichen Maßstäbe sprengenden monumentalen »Führerbauten« in Gebrauch genommen wird. Während wohlwollende Traditionalisten sich bereit erklären, das »Neue Bauen« wenigstens als Sparte in das neuformulierte enzyklopädische Architekturprogramm einzurücken, findet unter Ausschluß der Öffentlichkeit ein »Stilwandel« statt, der sich vor allem als Abkehr von den mehr oder minder äußerlichen Erscheinungsformen des »Neuen Bauens«, wie Flachdach, Fensterband usw., markiert.*

*Neben obskuren Beschäftigungen wie der Verdeutschung technischer Fremdwörter oder dem nutzlosen Streit um den Baumeister-Titel\* werden nicht wenige Anstrengungen darauf verwandt, die Spuren des vermeintlichen oder tatsächlichen sozialen Engagements zu verwischen. Selbst Hans Poelzigs souveräne Interpretation des Architektenberufs (Eröffnung der BDA-Jahresversammlung 1931) wird auf dem Grunde der Not von nicht wenigen als ein Signal zum Rückzug verstanden, während der programmierte Rückzug der Mehrzahl der Fachblätter ins »Unpolitische« einseitig denen zugute kommt, die ohne Rücksicht auf die Wünsche und Gegebenheiten des Fachs seine Politisierung betreiben. Es entbehrt nicht der Tragik, daß die Mehrzahl der Argumente, mit denen die Gegner des »Neuen Bauens« mit wachsendem Erfolg operieren, diesen von oberflächlichen Propagandisten der Ideen des »Neuen Bauens« gewissermaßen in den Mund gelegt werden. Vor allem »materialgerechtes Bauen«, »kollektives Bewußtsein«, »Internationalität« sind vielstrapazierte Schlagworte, die mehr zur Verwirrung der Geister als zu ihrer Aufklärung beitragen. In den bezeichnenderweise nicht, wie 1919, von Friedenssehnsucht und metaphysischem Traum, sondern einzig von dem Wunsch nach Wiederbelebung der*

---

\* Durch eine Verordnung des Reichswirtschaftsministeriums wird den Bauunternehmern im Jahre 1931 — auf Antrag — die Berufsbezeichnung *Baumeister* zugestanden. Die Architekten glauben in dieser Maßnahme eine Verletzung berechtigter eigener Interessen wahrzunehmen. Wie fast alle Bekundungen der Unzufriedenheit, werden auch ihre Proteste gegen die Baumeisterverordnung von NS-Agitatoren ausgenutzt. (Vergl. Werner March in *Bauwelt*, Berlin, 1931, H. 42.)

*Konjunktur beseelten Jahren erzwungenen Nichtstuns fallen sie als gefährliche Vorwürfe auf den vermeintlichen Urheber zurück, zusammen mit den nicht eben seltenen, von den beteiligten Architekten sonderbar leichtfertig hingenommenen und von ihren Verfolgern grotesk aufgebauschten »Bauschäden«.*

*Einzig die von Joseph Gantner redigierte »neue stadt« — Nachfolgerin der von Ernst May und Fritz Richert herausgegebenen Zeitschrift »das neue frankfurt« — nimmt nach dem Eingehen der Bauhaus-Editionen mit einer vielversprechenden Serie »Europäische Hauptstädte« den Kampf gegen die allgemeine Rustikalisierung auf. Paul Renners Flugschrift »Kulturbolschewismus?«, in der die diversen Vorwürfe gegen das »Neue Bauen« mutig und in einer dem Gegner verständlichen und angemessenen Sprache widerlegt werden, erscheint (im Herbst 1932) zu spät, um in dem durch hemmungslose Hetze auf der einen und Unterschätzung des Gegners auf der anderen Seite gekennzeichneten »Kampf« noch wirksam zu werden. Für den kapitalen Vorwurf »Kulturbolschewismus« hat das »Neue Bauen« entscheidende Argumente selbst nicht geliefert. Er ist eine Erfindung Rosenbergs und sollte sich vor und nach 1933 um so wirksamer erweisen, als der Begriff von seinen Schöpfern niemals präzise definiert worden ist. Mit der negativen Bestimmung, »Kulturbolschewismus ist alles, was der Nationalsozialismus ablehnt« (Rosenberg), übernimmt das Verdikt auf dem Felde der »Kulturpolitik« jene Funktion, die dem Begriff »Jude« auf dem Gebiet der allgemeinen Politik zugewiesen ist.*

*Vor der Öffentlichkeit bleiben sowohl das Agitationsschema als auch der Ort und die Umstände seiner Entstehung weitgehend verborgen. Von ihr wird die Identifikation des »Neuen Bauens«, der Neuen Musik, des Kubismus, Futurismus, des zeitgenössischen Theaters oder des Jazz mit dem Phantom Kulturbolschewismus übernommen, ohne daß sie sich der Gefährlichkeit dieser Simplifikation jeweils bewußt wird. Die Übernahme erfolgt um so bereitwilliger, als der »Kampfbund für deutsche Kultur«, von dem der »Kulturbolschewismus« vornehmlich angeprangert wird, im Februar des Jahres 1929 nicht als nationalsozialistische, sondern als eine von namhaften Architekturlehrern und Kunsthistorikern unterzeichnete überparteiliche Gründung an die Öffentlichkeit tritt\**.

12

6, 7, 8,
9, 10, 11

---

\* Um den angeblichen Kulturverfall anzuzeigen, werden von den Rednern des KfdK in Lichtbildervorträgen ohne Rücksicht auf zeitgeschichtlichen Zusammenhang bzw. die jeweilige Situation Bauwerken der Vergangenheit schlecht oder verzerrt wiedergegebene Bauten der Gegenwart gegenübergestellt. Auf den pseudowissenschaftlichen Charakter dieser kunstpolitisch überaus wirksamen, von Paul Schultze-Naumburg bereits in den *Kulturarbeiten* angewandten Methode weist Leo Adler (*Vom Wesen der Baukunst*, Asia Verlag, Leipzig) bereits 1926 hin. Ausführlicher handelt darüber Hildegard Brenner in *Die Kunstpolitik des Dritten Reiches* (rowohlts deutsche enzyklopädie, Hamburg, 1963).

*Eine Tochtergründung des von Alfred Rosenberg geführten »Kampfbundes für deutsche Kultur« ist der im Herbst 1931 aus örtlichen »Fachgruppen Architektur und Technik« sich formierende, dem Leiter der bereits erwähnten U III b unterstellte »Kampfbund deutscher Architekten und Ingenieure« (KDAI). Im Gegensatz zum Rosenbergschen KfdK, der sich mehr oder minder in Ablehnung und Restauration erschöpft, entwickelt der KDAI in Anlehnung an die technologischen Utopien des Jahrhunderts unter dem Motto »Nationaler Sozialismus« ein romantisches Reformprogramm, das insbesondere unter den traditionell weniger gebundenen Technikern starken Anklang findet\*. Die Architekten, die soeben dem »sozialen Bauen« zugunsten einer renovierten Baukunst abgeschworen haben, fühlen sich von den kaum verhohlenen nationalbolschewistischen Tendenzen des Vereins weniger angesprochen. Zusammen mit den prominenten Kampfbundrednern Alexander von Senger und Paul Schultze-Naumburg träumen sie von der Restauration eines quasi mittelalterlichen Ständestaates, in dem ihrer Ansicht nach für den Berufsstand ein besseres Wohnen sei als in der scharfen Luft des freien (»liberalistischen«) Wettbewerbes. Der weite Mantel des »Dritten Reiches« scheint Platz zu bieten für das eine wie das andere. Jedenfalls schmiegen sich in seine Falten nach den Gläubigen im Frühjahr 1932 mehr und mehr Opportunisten ein. Gleichwohl hat es im Herbst 1932 den Anschein, als habe die nationalsozialistische Durchdringung des Fachs ihre beste Zeit hinter sich.
In den Vereinigten Staaten steigen die Rohstoffpreise. Das Berliner Institut für Konjunkturforschung meldet eine Wiederbelebung auch der deutschen Wirtschaft. Erstmalig nach vielen Monaten unentwegten Ansteigens sinkt die Arbeitslosenziffer spürbar ab. Nach einem Jahr »grenzenloser Zusammenbrüche« äußern sich in der Mehrzahl der Fachblätter in der traditionellen Vorausschau auf das Jahr 1933 Zustimmung zu den Arbeitsbeschaffungsprogrammen der Reichsregierung und ein vorsichtiger Optimismus im Hinblick auf die kommende Bauentwicklung.*

---

\* Vergl. zum Thema: Otto Strasser, *Der Aufbau des deutschen Sozialismus.* Leipzig, 1932, Lindner; R. N. Coudenhove-Kalergi, *Revolution durch Technik.* Wien-Leipzig, 1932; Franz Lawaczek, *Technik und Wirtschaft im Dritten Reich,* in: Nationalsozialistische Bibliothek, Heft 38, München 1932, Eher; Henry Ford, *Und trotzdem vorwärts.* Leipzig, 1930, List; Friedrich Dessauer, *Philosophie der Technik.* Bonn, 1927, Cohen; Eugen Diesel, *Die Neugestaltung der Welt.* Stuttgart, 1932, Cotta; Werner Sombart, *Deutscher Sozialismus.* Berlin, 1934, Verlag Buchholz und Weißwange; Fritz Schumacher, *Schöpferwille und Mechanisierung.* Jena, 1933, Diederichs.

# 1 Februar 1928

**Das Programm und die neue Ideologie**
Von Rudolf Pfister

Der Deutsche Werkbund zeichnet verantwortlich für das, was in Stuttgart gezeigt wurde. Es erscheint fraglich, ob sich die Leitung des Werkbundes der Verantwortung, die sie übernahm, voll bewußt war, wenn man bedenkt, daß es sich nicht darum handelte und nach dem ausgegebenen Programm, der vorausgegangenen Propaganda und den zur Verfügung gestellten öffentlichen Geldern auch nicht handeln konnte, eine Ausstellung zu veranstalten, wie sie in deutschen Städten jetzt üblich sind, sondern doch wohl darum, in einer Krise deutscher Kunst, in einer Zeit der ärgsten Verwirrung der Begriffe, der Rat- und Führerlosigkeit einen allgemein gangbaren Weg zu weisen für die Entwicklung des deutschen Wohnungsbaues.

Der Erreichung dieses hohen Zieles stand aber von vornherein die Auswahl der beteiligten Architekten im Wege, ebenso wie die Festlegung auf gewisse gemeinsame Merkmale der Hausgestaltung, denen nur formale Bedeutung zukommt, die man aber — der unseligen Neigung der Zeit zur Schlagwortbildung folgend — zum Feldgeschrei erhob, in unvereinbarem Widerspruch mit der maßgebenden Auslassung des ersten Vorsitzenden des deutschen Werkbundes: »Es handelt sich nicht um Beeinflussung der äußeren Formgebung, um Bevorzugung einer gewissen künstlerischen Richtung.« — Der Deutsche Werkbund wollte »seine Arbeit in den Zusammenhang der Zeitentwicklung stellen« und »wegbereitend« sein. Der erste Vorsitzende bezeichnete selbst die Ausstellung als Versuch, sprach von der »Rationalisierung und Neugestaltung der Wohnung« und sagte: »Es tritt deutlich zutage, daß die richtige Frage der Wohnung überall auf der Welt als dringlich und überall in einer weithin spürbaren Einheitlichkeit behandelt wird. Die Lösung gewisser Grundfragen des Wohnens unter den Bedingungen der heutigen Zeit ist eine geradezu internationale Angelegenheit. Daraus erklärt sich auch die Heranziehung ausländischer Architekten.« Die programmatische Einstellung des künstlerischen Leiters der Ausstellung, des Berliner Architekten Mies van der Rohe, müssen wir, wie er sie in der Eröffnungsansprache formulierte, im Wortlaut hersetzen:

»Die Probleme der neuen Wohnung wurzeln in der veränderten materiellen, sozialen und geistigen Struktur unserer Zeit; nur von hier aus sind diese Probleme zu begreifen.

Der Grad der Strukturveränderung bestimmt Charakter und Ausmaß der Probleme. Sie sind jeder Willkür entzogen. Mit Schlagworten sind sie nicht zu lösen, mit Schlagworten aber auch nicht fortzudiskutieren. Das Problem der Rationali-

---

Zu 1 Rudolf Pfister wird 1928 Nachfolger von Hermann Sörgel in der Schriftleitung der von J. B. Borst herausgegebenen Zeitschrift *Baumeister*. Der Wechsel in der Redaktion bewirkt eine auffällige Kursänderung des bis dahin betont avantgardistischen Fachblatts.

sierung und Typisierung ist nur ein Teilproblem. Rationalisierung und Typisierung sind nur Mittel, dürfen niemals Ziel sein. Das Problem der neuen Wohnung ist im Grunde ein geistiges Problem und der Kampf um die neue Wohnung nur ein Glied in dem großen Kampf um neue Lebensformen.«
Soweit das knappe offizielle Programm.
Man kann wohl damit einverstanden sein, abgesehen davon, daß um »neue Lebensformen« nicht gekämpft zu werden braucht. Sie bilden sich langsam und organisch unter der Schicht der äußeren Geschehnisse und sind dem unmittelbaren Einflusse einzelner und ihres Feldgeschreies entzogen, und es ist gut, daß es so ist.
Der entbrannte Kampf um die neue Wohnung könnte und dürfte nur die Folge einer neuen, bereits geborenen Lebensform sein. »Es ist gelungen, der Erörterung über die Fragen der Wohnung eine breite und konkrete Grundlage zu geben; es ist gezeigt worden, wie sich die Lösung dieser Fragen heute in den besten Köpfen Europas spiegelt!« (Stein, Holz, Eisen.)
Der Superlativ dürfte sachlich wie vom Takt-Standpunkt unangebracht sein. Die Charakterisierung hätte wohl heißen müssen: »In den Köpfen der modernsten Architekten Europas.« Darin liegt keinerlei Werturteil, es ist nur eine Richtigstellung und Klärung, die wir fortsetzen mit der Frage: »Welches Gemeinsame verbindet diese 16 Architekten außer dem äußerlichen Zusammenschluß zu einem ›Ring‹?« Die gleichheitliche Höhe der Qualität als Architekt und der geistigen Bedeutung ihres programmatischen Schrifttums kann es nicht sein. Über die Zweckmäßigkeit und Homogenität dieses »Ringes« herrschen ernstliche Zweifel:
»... es bleibt eine Krateridee, daß man so viele prominente Vorkämpfer der Architektur und Werkbundmitglieder unserer Zeit so in unmittelbarer Nähe nebeneinander je ein Haus bauen läßt. Das muß uneinheitlich werden, unbesehen. Obgleich jeder den anderen nach Möglichkeit geschont hat... Ganz starke Persönlichkeiten wie Peter Behrens und Poelzig bauen hier, aus lauter Höflichkeit gegen die Jungen, plötzlich Häuser, die sie selbst nicht glauben und die ich ihnen auch nicht glaube... Wozu denn diese Verstellung?... Schade drum. Es wäre doch für den Betrachter viel interessanter, neben Mies, Oud, Gropius, Stam, Le Corbusier den wahren Behrens und den wahren Poelzig sehen zu können.« (Schwitters in J. 10.)
Auch ich glaube, daß sich Poelzig und Behrens in dieser Gesellschaft nicht wohl fühlen. Die im Bau befindliche große Arbeit Poelzigs im Scheunenviertel (Berlin) und vieles andere scheint es zu beweisen.
Und die anderen? Die Holländer, Le Corbusier, Gropius und mancher andere sind grundsätzlich überzeugte Anhänger der Typisierung, des Serienbaues und der Normung und erwarten von ihr alles Heil. Frank-Wien erblickt in der Typisierung und Mechanisierung den Untergang der lebendigen Kunst, und die höchst eigenwilligen Häuser von Scharoun und Rading sprechen die Sprache des ausgeprägtesten Individualismus. Diese sehr tiefgehenden Unterschiede in der Auffassung der modernen Baukunst sind noch nicht die geringsten. Was sollten

überhaupt Menschen wie Le Corbusier und Frank wohl innerlich gemeinsam haben? Woher also die starke formale Übereinstimmung, die zu der Erscheinung des »orientalischen Dörfchens«, von »Klein-Jerusalem«, und wie die volksmundlichen Bezeichnungen heißen mögen, führte? ...
Muthesius, einer der besten Kenner der Kollegenschaft, gibt eine Antwort: »Wer sich bemüht, der Sache auf den Grund zu gehen, wird erkennen, daß das, was heute die Geister jenes Kreises bewegt, eigentlich die neue Form ist. Die neue Form, die sie so mächtig beeinflußt, daß alle anderen Gesichtspunkte in den Hintergrund treten. Die neue Form wirkt so tyrannisch auf ihre Vertreter, daß die beiden anderen Leitmotive (nämlich die Rationalisierung der Wohnungen und die Verwendung neuer Baustoffe, d. Verf.), vornehmlich aber das so überaus stark Betonte der Rationalisierung unterdrückt, ja fast zermalmt werden. Die neue Form ist es, die das flache Dach gebietet und die mannigfaltigen, vorläufig noch gar nicht abzusehenden Nachteile, die damit verbunden sind, in den Kauf nehmen läßt. Die neue Form ist es, die zu der maßlosen Überbelichtung der Wohnräume führt, weil sie ihren Vertretern diktiert, daß vor allem rings um das Haus herumlaufende ununterbrochene Fensterreihen angebracht werden müssen. Die neue Form ist es, die die Außenwände schutzlos dem Wetter preisgibt, indem sie das bisher in unserem Klima üblich gewesene überstehende Dach vermeidet. Alle diese Dinge haben weder mit Rationalisierung noch mit Wirtschaftlichkeit, noch mit Konstruktionsnotwendigkeit irgend etwas zu tun. Es handelt sich um reine Formprobleme.«
Der Vorsitzende des Werkbundes aber sagte das Gegenteil (siehe oben).
Das wirklich Gemeinsame an den Weißenhof-Architekten ist aber das, was ich die »neue Ideologie« nennen will, das Streben, der Baukunst durch gedankliche Konstruktionen, durch rationalistische Theorien eine neue Richtung zu geben, das Hergebrachte durch neue Schlagworte zu erledigen und sich selbst zum Führer der neuen Bewegung zu machen. Die Schlagworte aber sind: »Rationalisierung der Wohnung«, »Neue Sachlichkeit«, »Internationalismus«, »Neue Kameradschaft«, »Die technische Struktur des Hauses«, »Die Wohnmaschine«, »Funktionelles Bauen« und manches andere und endlich nicht zuletzt doch auch der »neue Formwille«.
Es wäre ungemein reizvoll, sich mit der neuen Ideologie gründlich auseinanderzusetzen, wenn auch dadurch zunächst keine Wohnungen entstehen, was freilich das wichtigste ist und bleibt, aber die Konstruktion ist bereits zu gewaltig und zu kompliziert, als daß dies auf einigen Seiten möglich wäre.
Ich nehme vorweg, was sowohl an den neuen Dogmen, wie auch an der »Weißenhof-Siedlung« — zunächst idealer — Positives, Brauchbares und Bleibendes ist oder sein könnte: Es ist die entschlossene Abkehr von aller historisierenden Formalistik, von jedem unechten Pathos, das Bekenntnis zur unbedingten Sachlichkeit (eine neue Sachlichkeit aber, meine Herren, gibt es sowenig wie eine alte; das liegt im Begriff. Sachlich ist, war und bleibt immer das jeweils dem herrschenden Bedürfnis am besten Rechnung tragende. Daraus ergibt sich auch, daß die Frage nach der Sachlichkeit sekundär und eine Folge der Frage

nach dem Bedürfnis ist), die Reinigung der Wohnung von veraltetem Ballast, die Einstellung sozialer Gegebenheiten als Faktor für den Wohnungsbau, das Bekenntnis zu Licht, Sonne, Reinlichkeit, das Streben, den Haushaltbetrieb zu vereinfachen, das Streben nach Wirtschaftlichkeit in Verbindung mit der Verwendung neuzeitlicher Baustoffe und manches andere. Was aber in Bildung, Verfolgung und Realisierung dieser gewiß doch einfachen Begriffe — die, wie man sieht, auch ohne Schlagworte zu formulieren sind — an Verwirrung, Unsinn und Mißverständnissen entstand, ist erschreckend. — Vor allem stellen wir fest, daß besonders bei den Wortführern, von denen Muthesius sagt, daß gerade sie vielfach versagt haben, zwischen ihren Dogmen und ihren Leistungen eine nicht zu übersehende Diskrepanz besteht, daß die meisten Ideen, die von den neuen Propheten mit so viel Überzeugungskraft verkündet werden, keineswegs neu sind und daß man die außer dem eigenen Schaffen reichlich vorhandenen guten Ansätze geflissentlich übersieht.

Die Ideologen — und das sind die Weißenhof-Architekten fast alle — stehen immer unter der Tyrannis ihrer Ideen und sind keine freien Menschen. Gropius hat kürzlich in der »Umschau« die »geistigen und technischen Voraussetzungen der neuen Baukunst« trefflich formuliert, aber er fühlt nicht, wie sehr sein eigenes Werk seinen eigenen Formulierungen widerspricht. Nur ein Beispiel: »die proportion ist eine angelegenheit der geistigen welt, stoff und konstruktion sind ihre träger. sie ist an die funktion des baues gebunden, sagt in ihrer besonderen sprache über sein wesen aus und gibt ihm das eigene geistige leben über seinen nützlichkeitswert hinaus.«

Wo bleibt die Anwendung bei Gropius und in der Weißenhof-Siedlung?

Am allerabwegigsten sind die gedanklichen Konstruktionen und geistigen Sophismen des lautesten Rufers im Streit, Le Corbusiers. Er ist durch sein Buch »Von der kommenden Baukunst« in Deutschland geradezu berühmt geworden, ein Buch, das sich durch die Unverfrorenheit der abstrusesten Behauptungen und eine Reihe billiger Paradoxe auszeichnet, das von der ersten bis zur letzten Seite ein großer Widerspruch ist, ein Buch, das man keinem Deutschen je verziehen hätte, weil es jedes Verantwortlichkeitsgefühl vermissen läßt. Selbst der gewiß wohlmeinende Debschitz sagt von diesem Doktrinär:

»Und es trübt unsere Hoffnungen in die Zukunft, wenn schon bei den ersten Bauversuchen in Stuttgart die Phantasie eines hochbegabten Architekten mit dem Gewissen durchgeht, um so mehr, wenn er vorher dicke Bücher über dies Gewissen schrieb.«

Daß er, wie alle, die diesen architektonischen Charlatan sachlich ablehnen, aber ein deutliches Wort scheuen, als einzige Rückzugsmöglichkeit seine »Genialität« ins Feld führt, ist bezeichnend. Auch einer seiner Schweizer Landsleute, der sein Werk sachlich durchaus ablehnt, schließt mit diesem Ergebnis:

»Hier feiert der Geschmack, die Freude am Preziösen, am Kapriziösen ihre Triumphe. Es ist ein Genuß besonderer Art, diese Bauten nach allen vier Seiten und Diagonalen zu betrachten, mit den Blicken abzutasten. Ein Genuß freilich, der etwas teuer erkauft ist mit der Unbrauchbarkeit des Hauses.« (»Werk«) ...

Wie abwegig die gedanklichen Konstruktionen Le Corbusiers sind, beweist schon das berühmt gewordene, von ihm geprägte, unglückliche Schlagwort von der »Wohnmaschine«. Es zeigt, daß er nicht einmal einen ganz einfachen Begriff klar durchdenken und analysieren kann, und auf diesem Unvermögen ist sein ganzes Buch von der kommenden Baukunst aufgebaut...
Ich stelle einige Fragmente aus einem neuen Aufsatz Le Corbusiers »Neue Werkstoffe und ihre architektonischen Folgen« hierher, deren Wertung ich dem Leser überlassen darf: Auch die historischen Häuser waren »Wohnmaschinen« und »reine Muster von Wirtschaftlichkeit«.
»Das Serienhaus, ein neuer wirtschaftlicher, sozialer und architektonischer Faktor.. ein in der Tat sehr junger (seit dem 15. Jahrhundert wohl bekannt, d. Verf.) Gedanke (gerade Le Corbusiers Gebilde können aus konstruktiven Gründen nie als Serienhäuser hergestellt werden!).« — »Jeder Einwohner wird seine Gemächer haben, in denen er leben, arbeiten und sich nach Wunsch erholen wird (im Einraumhaus? was hat das mit den neuen Baustoffen zu tun?).«
»Mein Haus hat es nicht nötig, eingewurzelt zu sein in den feuchten Boden. Der Wissenschaft folgend (sic! gallische Pose!) gründe ich mein Haus lieber auf isolierte Stützen...« usw.
»Und ich werde die alte Planordnung auf den Kopf stellen: ich werde meine Empfangsräume auf die höchste Höhe des Hauses verlegen (wie zweckmäßig!) und werde auf meinem Dache essen, tanzen, schlafen.« (Hat Le Corbusier das in München gelernt, wo er tatsächlich längere Zeit lebte?)
»In jahrelangen Studien und Versuchen haben wir die richtigen Abmessungen der Fensterreihen erprobt.«
»Eine für Beton günstige Spannweite (billig und leicht ausführbar) ist eine Länge von 5 m« (welch fundamentaler Blödsinn!).
»Der Geist der Wirtschaftlichkeit führt ganz von selbst zu einer neuen Gestalt der Fenster, zu einer neuen Ästhetik ihrer Gestalt.« (Können die Vertikalschlitze und die Breitfenster gleichzeitig höchst wirtschaftlich sein?)
Soviel Sätze, soviel Widersprüche mit früher Geschriebenem oder mit dem eigenen Werk! Ich fasse zusammen: Le Corbusier umspannt die Baukunst aller Zeiten und aller Völker und ihre Gesetze, er hat uns eine fundamental neue Ästhetik geschenkt, er hat überhaupt erst entdeckt, was Baukunst ist, er ist berufen, uns aus dem Sumpf veralteter Vorurteile zu den lichten Höhen eines neuen, paradiesischen Seins zu führen — mit der Rhetorik und auf dem geduldigen Papier. Was hat er als Architekt geleistet? Er hat gezeigt, wie man ein Pariser Vorstadthaus nicht bauen darf! Es ist schon so: die Rufer im Streit haben keine Zeit zu kämpfen!
Ich mußte mich — gewiß nicht gern — so ausführlich mit der Person und den Leistungen Le Corbusiers beschäftigen, weil er in gewissem Sinne doch programmatisch ist für die ideologische Einstellung der Weißenhof-Architekten, wenn ich auch überzeugt bin, daß seine »Ring-Kollegen« weit entfernt sind, sich mit ihm und seinen »Ideen« zur Deckung zu bringen.
Muthesius schließt seine Betrachtungen über die Ausstellung:

»Die Ausstellung würde die Probe besser bestanden haben, wenn man zwei oder drei der ausstellenden Archikten, die hier geradezu als Komiker wirken, ausgelassen hätte. Für den ernsten Beurteiler verwirren sie das Bild, und es dürfte im Interesse einer wirklich gutgemeinten Einwirkung auf das bauende Publikum doch schließlich besser gewesen sein, das Sensationsbedürfnis nach dieser Richtung hin etwas einzuschränken und dem Vernünftigen vor dem allzu Problematischen den Vorrang zu lassen, zumal es sich in einigen Fällen gar nicht mehr um Problematik, sondern um völlige Unmöglichkeiten handelt.«
Das ist an die Adresse der Werkbundleitung gerichtet, der der Vorwurf nicht zu ersparen ist, daß sie bei der Auswahl der beteiligten Architekten keine glückliche Hand hatte. Ich kehre zu den Programm-Schlagworten zurück. Man sagt: »Weil die moderne Lebensform und die neuen Baustoffe international sind, muß die neue Baukunst auch international sein.« Warum formuliert man das Programm des Wohnungsbaues nicht sehr einfach so: »Es gilt Wohnungen zu bauen, die unter Heranziehung aller brauchbaren technischen Hilfsmittel bei möglichst geringen Kosten das heutige Wohnbedürfnis (und zwar dasjenige jeder völkischen Einheit) möglichst weitgehend befriedigen.« Ob dann aus der angeblichen Übereinstimmung der modernen Baumaterialien und der modernen Lebensformen heraus die Wohnbauten in den verschiedenen Landschaften und Ländern gleich oder ähnlich werden, kümmert uns nicht im geringsten. Wenn sich der Internationalismus aus den primären Voraussetzungen, die (NB! aus praktischen, nicht politischen Gründen) von völkischen und geographischen Bedingungen abhängen, von selbst ergibt, dann wollen wir ihn als Ergebnis natürlicher Entwicklung gern hinnehmen, ihn aber als Bildungsfaktor von vornherein für die Gestaltung der neuen Lebensform und des neuen Bauens zu propagieren, ist Unsinn und abzulehnen... Würde es wohl in Paris, Amsterdam oder sonst irgendwo in der Welt, außer Deutschland, irgend jemandem einfallen, deutsche Häuser zu bauen, um sie zu bewohnen?...
Ergebnis: Man hat in Stuttgart den vernünftigen Begriff der Siedlung dem Ausstellungszweck geopfert, was sich in der Folge wohl unangenehm bemerkbar machen wird, wenn die Versuchskaninchen einmal eingezogen sind.
Lehre: man kann und soll Teile eines normalen Bauprogrammes nicht im Rahmen einer Ausstellung ausführen, weil Häuser, die bewohnt und die als Ausstellungsobjekt gezeigt werden sollen, verschiedene Voraussetzungen haben.
Das Gelände der Weißenhof-Siedlung war ausgesprochenes Villengelände (ich gebrauche dieses wenig schöne Wort seiner Deutlichkeit wegen) und für Zwecke einer Siedlung viel zu teuer, es war aber auch seiner Beschaffenheit nach für die Exemplifizierung des Typischen — und darauf kommt es doch allein an — denkbar ungeeignet, weil die Lage am Hang zu malerischen Sonderlösungen geradezu herausforderte und sie auch erzeugte...
Die Weißenhof-Wohnungen werden denjenigen, die sie bezahlen können, zu primitiv sein, und diejenigen, deren Lebensform sie angemessen sind, werden sie nicht bezahlen können. Doch wird wohl die Stadt Stuttgart helfend eingreifen und das Experiment zu Ende führen...

## 2  Juni 1928

### Der Block (Manifest)

Der Block hat eine Reihe von deutschen Architekten vereint, die sich in ihrer Kulturauffassung verbunden fühlen und dieser auch in ihren Werken Ausdruck verleihen.
Sie glauben, daß bei den Bauaufgaben unserer Zeit wohl ein eigener Ausdruck gefunden werden muß, daß aber dabei die Lebensanschauungen des eigenen Volkes und die Gegebenheiten der Natur des Landes zu berücksichtigen sind.
Sie gehen allen Anregungen und Möglichkeiten, die neue Werkstoffe und Werkformen betreffen, mit wacher Aufmerksamkeit nach, ohne aber Ererbtes vernachlässigen und bereits Gekonntes verlieren zu wollen.
Eine allzu voreilige Werbetätigkeit für modische Erzeugnisse, die eine gesunde Fortentwicklung gefährden muß, lehnen sie ab.
Bestelmeyer / Blunck / Bonatz / Geßner / Schmitthenner / Schultze-Naumburg / Seek / Stoffregen
(Zustimmung zu vorstehendem Inhalt nimmt die Geschäftsstelle des »Block«, Berlin-Charlottenburg, Bismarckstraße 9, entgegen.)

## 3  August 1930

### Architektenschicksal

Berlin, den 10. August 1930

Brief an die Bauwelt

Es gibt in der Gegenwart vielleicht keinen Stand und Beruf, der von den Nöten und Schwierigkeiten der Zeit mehr mitgenommen wäre und würde als die Architektenschaft. Das Baugewerbe ruht zu 30 bis 40 vH. Obwohl nichts notwendiger wäre als Bauen, müssen die Bauleute feiern.
In dieses betrübliche Schicksal sind nicht nur die Bauarbeiter hineingezogen, sondern ebensosehr und fast noch fühlbarer die Bauleiter, die Ingenieure, Architekten und Baumeister. Dieser Zustand ist um so unverständlicher, als ja im Architektenberuf an sich, wenn das Leben normal verliefe, nicht die verhängnisvolle Überfüllung, die in anderen Berufen zu verzeichnen ist, bestünde; alle Architekten würden gebraucht, wenn wir nur so viele Mittel aufbringen könnten, Wohnungen und andere nötige Zweckbauten zu errichten. Es gibt zuviel Lehrer, zuviel Schriftsteller und Künstler, vielleicht auch zuviel Ärzte, es gibt aber nicht zuviel Baumeister in unserer Zeit, sie alle hätten Beschäftigung, wenn die Not der Stunde nicht gegen sie spräche.

Zu 2 Vergleichbare Gründungen sind *Der Bund*, München 1927, und *Die Gruppe*, Dresden 1932. Weitere Zusammenschlüsse bei Franz Roh, *Entartete Kunst*. Hannover, 1962, Fackelträger Verlag. S. 87 ff.

Das Schicksal spielt den Architekten allzu schlimm mit. Einer der größten deutschen Baumeister von internationalem Ruf beschäftigte bis vor wenigen Monaten noch 30 Architekten, jetzt sind es nur noch drei. In Berlin zählt man rund 22 000 Ingenieure und Architekten und Baumeister. Davon sind über 30 vH zur Zeit ohne Arbeit. Wovon leben sie? Sie zeichnen für Vorstadtkinos Plakate, sie schreiben irgendwo einmal einen Artikel, sie machen Behelfsarbeit, wo es sie gibt. Wie wenig natürlich dieser Zustand ist, beweist auch die Tatsache, daß Deutschland, wenn es die Mittel zum Bauen hätte, mit diesen Architekten, die es hat, noch nicht einmal auskäme. 20 vH der Berliner Architektenschaft sind Österreicher. Wie kommt das? — Österreich hat seit der Umwälzung 1918 nicht mehr gebaut; nur die Stadt Wien hat unter der Diktatur Breitner ihre »berühmt« gewordenen Wohnsiedlungen errichtet. Diese Siedlungen beschäftigten aber nur wenige der zur Verfügung stehenden Baumeister, das Gros der Wiener Architekten ist nach Deutschland ausgewandert. Immer wieder aber wird in Österreich an den Technischen Hochschulen in Wien und Graz eine Überproduktion an Baumeistern herangebildet, und immer wieder strömt der Überschuß nach Deutschland.

In Berlin liegt es nicht viel anders als in Wien. Auch in Berlin gibt es nur einen beschränkten Kreis gut beschäftigter Architekten: einzelne Persönlichkeiten und den »Ring«, so werden in Fachkreisen die mit der Berliner Stadtverwaltung aufs engste zusammenarbeitenden führenden Architekten genannt. Der größte Teil der Architekten ist unbeschäftigt. Sie machen, wie man sagt, Laufarbeit, um irgendwo einen Auftrag einzuholen. Der Beruf des Baumeisters ist ja wie kein anderer von Beziehungen abhängig, man muß immer unterwegs sein und sich Beziehungen verschaffen oder die bestehenden auszumünzen suchen. Das nützt heute wenig mehr. Die »Konjunktur« beherrscht alle Hirne und setzt die Hände nicht in Bewegung.

Wie eine düstere Wolke liegt es über der deutschen Architektenschaft. Gerade heute sind die Bauideen in erfreulicher Fülle vorhanden. So manche Probleme wachsen ihrer Lösung entgegen. Neues Stilgefühl macht sich allenthalben bemerkbar. Jetzt feiern müssen ist doppelt schwer und ist vielleicht für die deutsche Bauentwicklung überhaupt ein Verhängnis. E.M.

## 4 März 1931

**Vom Ende der Reparationen**
Von Hjalmar Schacht

Sie wurden innerlich getrieben durch den Wunsch, der breiten Schicht industrieller Arbeiter in Deutschland, die ihre Hauptwählerschicht ausmachten, lohnende Beschäftigung zu sichern. Da solche Beschäftigung durch eine systematische Produktion nur langsam und schwierig zu erreichen ist, wurde statt dessen diese Beschäftigung in der Hauptsache erzielt durch Erteilung von Bauaufträgen, deren Objekte eine wirtschaftliche Rente nicht abwarfen und auch in Zukunft nicht abwerfen werden. In meiner Bochumer Rede vom November 1927 habe ich schon für die damalige Zeit auf Grund sorgfältiger Erhebungen durch die Reichsbank festgestellt, daß, wenn die Gemeinden eine Reihe von Luxusausgaben bzw. von nicht dringlichen Ausgaben unterlassen hätten, sie wahrscheinlich keine einzige Auslandsanleihe hätten aufzunehmen brauchen. Zu jenen Luxusausgaben bzw. nicht dringlichen Ausgaben rechnete ich die seitens der deutschen Kommunen erfolgten Aufwendungen für den Bau von Stadien, Schwimmbädern, Grünanlagen, Schmuckplätzen, für Gelände- und Güterkäufe, Messegebäude, Festhallen, Hotelbauten, Bürohäuser, Planetarien, Flugplätze, Theater- und Museumsbauten usw.

Aber auch was Deutschland für den bloßen Wohnungsbau ausgegeben hat, erweist sich als weit übertrieben und unwirtschaftlich. Zahlreiche neuerbaute kleine Wohnungen stehen heute leer, weil die Arbeiter nicht imstande sind, die zur Verzinsung erforderlichen hohen Mieten aufzubringen. Eine Wohnungsnot ist nur noch relativ, d. h. an einzelnen Plätzen, vorhanden, nicht aber für das Reich als Ganzes gesehen. Um welche enormen Summen es sich dabei im ganzen handelt, ersieht man daraus, daß in den sieben Jahren von 1924 bis 1930 einschließlich rund 48 Milliarden Reichsmark verbaut worden sind, von denen mehr als zwei Drittel nicht aus privaten, sondern aus öffentlichen Mitteln aufgebracht wurden. Hiervon entfallen auf den Wohnungsbau allein 17,5 Milliarden Reichsmark. Das bedeutet, daß durchschnittlich 7 Milliarden Reichsmark jährlich allein in Bauten hineingesteckt worden sind, d. h. mehr als der jährliche Reinüberschuß der deutschen Volkswirtschaft. Nur durch eine solche unrentable Verwendung von teils erspartem, teils geborgtem Gelde ist das unheimliche Gespenst der Arbeitslosigkeit, teilweise und für kurze Zeit, gebannt worden, das nun mit bereits 5 Millionen Erwerbslosen immer drohender sein Haupt erhebt. Diese Wohnungs- und Baupolitik hat sich in erster Linie auf die großen Städte erstreckt. Welche schädlichen Gesamtwirkungen dies auf die soziale Struktur der deutschen Nation ausgeübt hat, ersehen wir daraus, daß in den Jahren 1924 bis 1929 einschließlich mindestens dreiviertel Millionen Menschen vom Lande und von den kleinen Ortschaften in die großen Städte abgewandert sind und dort das Proletariat vermehrt haben.

## 5   Juni 1931

**Der Architekt**
Hans Poelzigs Rede vor dem Bunde Deutscher Architekten

Wenn ich Betrachtungen über den Architekten anstelle, so geht es natürlich nicht ab, ohne seine Beziehungen zur Umwelt, zu parallel oder entgegengesetzt laufenden menschlichen Strebungen und Strömungen zu erörtern. Und wenn ich dabei auch zu Institutionen Stellung nehme — selbst wenn sie durch Tradition fast sanktioniert erscheinen –, so bitte ich von vornherein um Absolution. Bei meinen Ausführungen handelt es sich nicht um Streit, um Abneigung gegen irgendeine Einrichtung, sondern höchstens um Kampf, um Kampf für oder gegen – wie er ja sein muß, um Klärung zu schaffen und bessern zu helfen.

Und wenn man über den Architekten, diese fast chamäleonhaft schillernde Wesenheit, einigermaßen klarwerden will, so muß man sein Schaffensgebiet betrachten, man muß zunächst darüber nachdenken, was Architektur überhaupt ist.

Im Jahre 1896 hielt der alte Schäfer, mein unvergeßlicher Lehrer, auf der Berliner Gewerbeausstellung einen Vortrag über Architektur. Er zeigte an einer Zeichnung des Empfangsgebäudes des damaligen Karlsruher Bahnhofs, was Architektur nicht ist. Da waren große Bogenöffnungen – das, was der Architekt eine Achse nennt, wie der alte Schäfer sagte – und allerlei kleine, rhythmisch, ornamental nebeneinandergereihte. Durch eine kleine Öffnung war der Hauptausgang, und an einer ganz großen, besonders bedeutungsvollen Achse stand: für Damen.

Der alte Schäfer war jedenfalls mit einer derartig unlogischen Entwicklung der damaligen Baukunst nicht einverstanden, erzählte aber, daß er wenige Tage vor seinem Vortrag mit einem Baurat, wie er sagte, in der Bahn zusammengetroffen sei, der mit dem Stande der heutigen Architektur – von damals natürlich – sehr zufrieden sei, nur den Umstand hatte er an der Architektur auszusetzen, daß das Wasser immer noch in die Keller liefe.

Ungefähr zur selben Zeit wohl hielt ein anderer Architekt einen ekstatisch begeisterten Vortrag über die zeitgenössische Architektur, er war sehr einverstanden, erklärte, daß man über die schwierige Stilwahl jetzt weggekommen sei, und rief aus: »Fröhlich werden die Stile gemischt!«

Heute ist es fast so, daß auch fröhlich der neue Stil gefunden scheint, wenn das Wasser nicht mehr in die Keller läuft – das heißt, wenn die technischen Grundbedingungen eines Baus eine befriedigende Lösung gefunden haben. Wir haben vorläufig einmal die Stilfrage ad acta gelegt und versuchen, die technischen Grundlagen des Baus entsprechend der heutigen Entwicklung der Technik neu nachzudenken.

Wir haben von der Technik gelernt, über den Begriff Architektur von neuem nachzudenken.

Liebermann sagt: »Malen ist weglassen!« Vorläufig sind wir bei der modernen Architektur im wesentlichen auch dabei angelangt, nachdem vorher unter Architekturmachen meist ein Dazutun verstanden wurde.

Ist damit endgültig der Begriff Architektur erfaßt? Der Weg zur heutigen Architektur ging von der Reform des Industriebaus aus. Wir Älteren, die wir uns vor einem Menschenalter auf den Industriebau stürzten, waren damals geradezu hungrig nach einem Felde, das nicht beackert war, wo nicht eine vorgefaßte, historisierende stilistische Meinung herrschte. Man hatte sich in jener Zeit daran gewöhnt, Kirchen gotisch, Synagogen orientalisch, Postgebäude in deutscher Renaissance entstehen zu sehen. Bei Gerichtsgebäuden ging man sogar zum klösterlichen Barock über.

Jeder Versuch, hier Bresche zu schlagen, scheiterte, und wir fanden nur im Industriebau die Linie des geringsten Widerstandes, einem Gebiet, das man uns um so lieber überließ, als es der offiziellen Baukunst unwichtig erschien. Kein Zweifel, daß die ersten, in diesem Sinne durchgeführten Bauten sehr bald durchschlugen, daß man nun einsah, daß die Industriebauten eine eigene Schönheit entwickeln konnten, eine Schönheit, die den Lösungen alter Speicher, Brükken usw. wesensverwandt war.

Der Ingenieur war an seinen eigensten Werken — Brücken, Bahnhofshallen — an der Hand rechnerischer Methoden zu einer Form gelangt, die in ihrer Schönheit bis dahin sozusagen übersehen worden war, für maschinell galt, unter Umständen durch formale Architekturanhängsel erst künstlerisch salonfähig gemacht wurde. Jetzt erkannte man nicht nur die rechnerische und konstruktive, sondern auch — in ihrer Art — künstlerische Berechtigung dieser Form zunächst für technische Bauten an.

Da stehen wir heute noch, eine große Wegstrecke ist zurückgelegt in einer unerhört kurzen Zeit. Die formalistischen Bindungen einer traditionellen Architektur sind zerschlagen. Wie wird der Weg weitergehen? Die Moderne ist anerkannt, während noch vor wenigen Jahren einem sozusagen modernen Bau, der die Unterwerfung unter einen historisch überlieferten Kanon ablehnte, von behördlicher Seite in Berlin die größten Schwierigkeiten in den Weg gelegt wurden.

Die neue Sachlichkeit ist anerkannt, es muß einfach gebaut werden, »koste es, was es wolle«, wie man scherzhaft zu sagen pflegt.

Ist diese Sachlichkeit so unbedingt sachlich?

Das Spiel mit dem Ornament, mit der Flächenbewegung, mit der Verzierung in früherem Sinne ist sozusagen verboten. Hat das Spiel überhaupt aufgehört? An die Stelle des handwerklich oder auch maschinell hergestellten Ornaments treten jetzt meist wertvolle Materialien: Lack, Glas, Metalle, Steine. Sie sollen durch das Spielen ihrer Oberfläche das Spiel der ornamentalen Bewegung ersetzen, und es ist kein Zweifel, daß sie sich den nackten, dünnen Formen des modernen Baus leichter anschmiegen, daß die Einheit der Formen wohl durch Glanz und Farbe erhöht wird, aber bestehen bleibt.

Hier sehe ich keine Gefahr — eine tatsächliche Gefahr besteht aber dann, wenn der Architekt, dem das Spiel mit Ornamenten durch die Entwicklung der heutigen Architektur aus der Hand geschlagen ist, mit Konstruktionen zu spielen beginnt. Dieses Spiel ist kostspielig, und der Ornamentrausch war kaum betäubender als der Rausch, dem ein Architekt anheimfallen kann, dem die heutigen konstruktiven Möglichkeiten in die Hände gegeben sind — konstruktive Möglichkeiten, denen keine Grenzen gesteckt zu sein scheinen.

Diese Art neuer Sachlichkeit hat in sich genausoviel falsche Romantik und letzten Endes Unsachlichkeit versteckt wie jede Periode, die sich von einem Schlagwort berauschen läßt. Es ist durchaus unsachlich, wenn ich große Spannungen mit teuren Trägern überbrücke, ohne dazu gezwungen zu sein, wenn ich Stützen weglasse, die nur die Konstruktion verbilligen und erleichtern — und der Wahn

der ohne Grund riesig ausgedehnten Fensterflächen ist an sich nicht weniger irrig als die frühere Einstellung des Architekten, der zu einer richtigen Architektur schwere Massen und große Mauerflächen unbedingt zu brauchen glaubte. Das Spiel taucht aber immer wieder auf und muß auftauchen. Bauen ist Urspieltrieb schon beim Kind, Architektur ist Spiel im höchsten Sinne, Maja, wie die Welt ein Spiel Gottes ist. Dum ludere videmur — während wir zu spielen scheinen — leisten wir das Höchste. Mit gerunzelter Stirn, mit intellektuellem Grübeln wird keine Kunst geschaffen. Freilich wird der Architekt fortdauernd aus seinen Träumen gerissen, und es erfordert das höchste Maß von Disziplin (des Architekten), sich von der Innenschau zu den Anforderungen der Außenwelt umstellen zu können.
Aber war die Architektur nicht früher Handwerk? Ist sie heute nicht Technik? Ist es nicht der Sinn der neuen Sachlichkeit, der Architektur, alles das als notwendig abzusprechen, was über das Sachliche, Praktische hinausgeht? Man kann eine derartige These schon aufstellen, aber ihre Befolgung zu erwirken ist völlig unmöglich. Gewiß — die Lage ist heute so, daß wir Bauten, die in erster Linie, wie die Kirchen des Mittelalters oder die Schlösser im 18. Jahrhundert, der künstlerischen Kristallisation eines Symbols dienen, nicht zu errichten haben, es sei denn, bis zu einem gewissen Grade wenigstens, der Völkerbundpalast in Genf. Diese Aufgabe scheint ja allerdings nur von fünf Architekten bewältigt worden zu sein, die in drei Jahren noch nicht einmal ein Projekt fertiggestellt haben. Wir anderen wissen, daß unsere Bauten eine rein wirtschaftliche und technische Einstellung fordern, daß ein Minimum an Raum, Material und Zeit bei der Lösung der Aufgabe erreicht werden muß. Darüber hinaus sind wir frei, und es darf nicht dazu kommen, daß aus einer maschinenromantischen Einstellung heraus alles Technische uns ebenso heilig ist wie dem Architekten des 19. Jahrhunderts vielleicht der renaissancistische Kanon, daß das Technische nicht technisch wertvoll und notwendig sei, sondern daß die Formen dieses Technischen aus dieser Einstellung heraus eine Glorifikation verdienen. Und man freut sich dann nur zu leicht an jedem Gasrohr und Heizkörper, an jeder Betonkonstruktion, bringt alles so unverhüllt wie möglich zum Ausdruck und meint, damit hätte man seine Modernität bewiesen. Man vergißt dabei, daß alle technischen Formen, im Gegensatz zu der absoluten Bedeutung der Kunst, nur eine relative Bedeutung haben, daß eine neue technische Konstruktion ganz andere neue Formen wieder erfordert, ja, daß die vollkommenste technische Anlage die ist, die sich formal am wenigsten aufdrängt, und daß das technische Ideal mit dem Minimum an Materie und Formen übereinstimmt.
Und um wieder auf den alten Schäfer zurückzukommen, so sagte er in dem gleichen Vortrag von 1896 etwas, das mich immer wieder von neuem beschäftigt hat. Er meinte — natürlich darin ein Kind seiner Zeit —, daß der Eisenbau unverwendbar sei für die stilistische Ausbildung der Architektur, da das Ideal jener Technik darin bestünde, die Form immer mehr aufzulösen, zu verdünnen und damit zum Verschwinden zu bringen, während die Architektur als Kunstform die Masse brauche. Das war die Meinung des alten Schäfer — wir wissen heut, daß

der Eisenbau uns eine viel feingliedrigere Auflösung des Baus ermöglicht hat —, ohne daß das Eisen dabei als Material selbst zur Erscheinung zu kommen und an die Oberfläche zu treten braucht. Schäfer hat also mit der Entwicklung der heutigen Architektur unbedingt unrecht gehabt, er stand noch auf handwerklichem Boden, aber hat er mit der Betrachtung der technischen Form an sich so weit vorbeigehauen?
Die fortschreitende Technik strebt offenbar tatsächlich an, sich als Form immer mehr aufzuheben. Dynamos von heut sind winzig gegen die Riesenmaschinen von ehedem, und all die technischen Formen, mit deren Einordnung wir Architekten uns heut noch vergeblich abmühen — Heizkörper, mancherlei Rohrleitungen usw. —, werden meiner festen Überzeugung nach verschwinden oder so winzig werden, daß sie als Form nicht mehr irgendwie bedeutsam in Erscheinung treten. Es hat also wirklich keinen Wert, ihre Form an sich als künstlerisch richtunggebend zu stabilisieren, um damit von neuem in den Fehler des Jugendstils zu verfallen, der aus zu den allzu rasch vergänglichen Formen der Technik einen allgemeingültigen ornamentalen Ausdruck für die Architektur zu gewinnen sucht.
Worum handelt es sich bei der Architektur? Doch wohl um Form, und zwar um symbolische Form. Sind die technischen Formen symbolisch, können sie es jemals sein? Sind die Kunstformen vergänglich? Gewiß, sie können zerstört werden. Ist ihre Wirkung aber vergänglich?
Das Auto, das Fahrrad, das ausgedient hat, wird auf den Müllhaufen geworfen, kein Mensch weint seiner Form, der Form des Autos von vor zehn Jahren, eine Träne nach. Eine reine Kunstform, ein Tempel, ein Innenraum eines gotischen Doms, ein Bild von Rembrandt büßen nichts von ihrer Wirkung auf den Menschen ein. Die technischen Formen entstehen, vergehen, wandeln sich, werden vernichtet, werden wertlos und ohne Wirkung. Sie entstammen und dienen der Praxis des Lebens. Die Technik folgt den Gesetzen der Natur, sie ist eine Weiterentwicklung der Natur. Es ist ja fast so, als ob dämonische Kräfte wieder Gestalt annehmen wollen und so, wie beim Luftschiff, Flugzeug, eine phantastische Ähnlichkeit mit prähistorischen Naturformen sich herauskristallisiert. Es entsteht so eine zweite Natur in dämonischer Großartigkeit, aber niemals Kunst.
Der Logos der Kunst ist nicht rechnerisch, sondern gegen alle Rechenkunst, mathematisch in einem höheren Sinne. Die Logik der Kunst geht gegen die Natur — gegen ihre Gesetze. Der griechische Tempel hat nichts mit einer Konstruktion in rechnerischem Sinne zu tun, keine Linie an ihm entspricht einer bestimmbaren mathematischen Form, die Kurven folgen einer höheren Ordnung als der mathematischen, und auch der gotische Dom ist in technischem Sinne wahrlich keine praktische Steinkonstruktion; er zeigt, zumal in den Gewölben, gradezu eine vergewaltigte Steinkonstruktion. Die Gotik ist und bleibt ein großartiges Spiel, ein Raumtheater.
Der Ingenieur geht unbeirrt seinen Weg, aber seine Schöpfungen bleiben Natur — sie werden nicht symbolhaft, sie werden nicht Stil. Die Gültigkeit hängt vom Technischen, und nur vom Technischen, ab. Sie können und müssen den heuti-

gen Stil beeinflussen, wie früher die Naturformen die Stile beeinflußten, wie die Natur der nordischen Völker eine andere Architektur wachsen ließ als die Griechenlands. Und da die Technik, die technischen Formen heute über die Welt verbreitet sind, da kein Mensch einen heutigen Bau ohne technische Erkenntnisse aufführen kann, so ist es logisch, daß der neue Baustil ein internationales Gesicht zeigt und zeigen wird, daß das erstemal in der Geschichte der Erde die Architekturformen der Weltteile sich angleichen. Aber die heutige Architektur ist naturalistisch, musikalisch eigentlich noch atonal.

Durch dieses Atonale müssen wir hindurch und dürfen uns nicht schnell zufriedengeben mit einer modernen Bauweise, deren Harmonie allzu billig auf krasse Gegensätze und auffallende Rhythmen gestellt ist. Diese moderne Melodie prägt sich schnell ein, sie beleidigt die einen, begeistert die anderen, ihre Wirkung ist kurz, und die Begeisterten werden nur zu bald zu ihren Verächtern.

Und was ist nicht alles schon für Kitsch erklärt worden? Ehemals war Biedermeiertum kleinbürgerlicher Kitsch, die Emanationen des Jugendstils hohe Kunst. Das Bild drehte sich, der Jugendstil wurde Kitsch, und das Biedermeiertum zärtlich geliebte Volkskunst — heute ist das Rad wieder um eine halbe Generation weitergedreht, die Volkskunst im weitesten Sinne fällt in den Kitschbegriff zurück. Wer kann aber garantieren, daß nicht ein recht großer Teil der heutigen Moderne in abermals 15 Jahren dem Kitschbegriff anheimfällt?

Und mancher wird sich wohl bald wieder danach sehnen, einmal ruhig im Bett eines historischen Stils schlafen zu können. Nicht eine neue Klassik ist uns so bald beschieden, sondern es droht höchstens ein neuer Klassizismus, der die Augen schließt vor den schwierigen Problemen, denen wir noch gegenüberstehen und die zur Lösung gebracht werden müssen. Wenn uns mit einer naturalistischen, atonalen Architektur, die noch nicht Symbol ist, noch nicht gedient ist, so ebensowenig mit ausgelaugten Formen einer auf anderem Kulturboden entstandenen Symbolik, mit einer wiederbelebten Mumie, die keine »lebendige«, sondern höchstens ästhetische Formen zeigen kann.

Man müßte hierzu die technische Entwicklung zurückschrauben, vor ihr die Augen schließen, sich in Gegensatz setzen zu den neuen Naturformen der Technik. Schon der Klassizismus von Anfang des 19. Jahrhunderts war keine Renaissance mehr, keine »Wiedergeburt«, er wuchs aus dem ästhetischen Boden der Kunstwissenschaft. Nun wagt der neue Klassizismus wohl nicht mehr recht, in Einzelformen Farbe zu bekennen, seine Pilaster und Säulen haben weder Kopf noch Fuß, das Ornament fehlt, er nimmt eine Art Vorstadtklassizismus zu Hilfe, der aus Armut oder Unkenntnis auf eine differenzierte Ausbildung der Einzelformen verzichtete, er versucht mit einer biederen Trockenheit um den Konflikt herumzukommen.

Die technischen Formen dagegen sind und bleiben errechnet, unsymbolisch, und selbst wenn eiserne Träger vergoldet werden, verlieren sie die Starrheit ihrer mathematischen Entstehung nicht. Sie entstammen einem mechanischen Prozeß und nicht einem bewußten Gestaltungswillen. Und es bedeutet einen Mangel an Erkenntnis, einen Rückfall in den Naturalismus, wenn die technischen Formen unverwandelt in den architektonischen, also symbolischen Raum hineinschneiden. Durch die Kunst stellt sich der Mensch außerhalb der Natur, in der Technik setzt er sie fort. Der Architekt als Künstler kann freilich die Technik als materiellen Träger seines Schaffens nicht negieren noch das Handwerk. Früher war die Kunst die höchste Spitze handwerklicher Gestaltung, sie fügte zum Zweckhaft-Gegenwärtigen das Ewig-Zwecklose. Das Handwerk hatte keine andere Spitze als die Kunst — wenn man von den technischen Leistungen Roms vielleicht absieht —, heut geht die Technik in ihren Leistungen ihren eigenen Weg, um sich z. B. durch Radio, drahtlose Telegrafie im Formlosen zu verlieren, zur technischen Magie zu erheben.

Diesen Weg kann die Kunst und mit ihr die Architektur nicht mitgehen. Bei ihr handelt es sich um räumliche Gestaltung, um Form an sich. Die Gesetze liegen auf einer anderen Ebene als die technischen. Diese können der Architektur dienen, müssen sogar ihre Formung stark beeinflussen. Aber bei der Technik handelt es sich niemals um Form an sich, sie fallen beim technischen Prozeß sozusagen mit ab. Die dämonische Großartigkeit technischer Formung wagt niemand zu bestreiten — aber sie liegen weitab vom Felde der Kunst, der Architektur, die in der gesamten Vergangenheit ihre größte Steigerung und ihre höchsten Leistungen auf religiösem Felde erreichte. Die Technik steht auf dem Boden der Naturwissenschaften, die Architektur wächst aus dem Felde der Geisteswissenschaften, aus dem Felde von Religion und Philosophie.

Wagt jemand selbst den Bau eines heutigen Landhauses lediglich von der technischen Leistung her zu beurteilen? Sind lediglich technische Erwägungen bei der Formung und Anlage der Räume, bei der Gestaltung der gesamten Hausform maßgebend gewesen? Und wenn sie allein maßgebend sein sollten, entsteht da ein Haus? Höchstens doch wohl tatsächlich eine Wohnmaschine? Diejenigen, die diesen Ausdruck schufen, meinten sicher damit nur, man solle zunächst den Organismus mit der Unerbittlichkeit des Ingenieurs durchdenken. Schließlich werden die natürlichen Stoffe — Stein, Holz — ja durch die technischen — Eisen, Beton — nur erweitert, die früheren einfachen Methoden der Heizung, Beleuchtung usw. durch kompliziertere, vollendetere technische ersetzt, und aller dieser Möglichkeiten hat sich der Architekt nur zu bedienen, um die menschenwürdigste Behausung zu schaffen.

Von der übersteigerten Natur der Technik flüchtet heut der Mensch ohnedies zurück in die gewachsene Natur — er will den Boden wieder fassen, die Laubenkolonien sind der stärkste Gegensatz zur Wohnmaschine der Vergangenheit, zudem ohne Rücksicht auf das Menschliche auf wirtschaftlichem Untergrund errichtete Massenquartier, zur Mietskaserne.

Technik und Wirtschaft kann man nicht allein ihren Weg rasen lassen, die rein wirtschaftliche Rechnung wird nie aufgehen, wenn sie die Menschlichkeit außer acht läßt. Der Techniker kann lediglich Fachmann, Spezialist sein — der Architekt niemals, oder er wird seinen Beruf nicht begreifen.

Dem wahren Arzt auf seinem Felde vergleichbar ist der Architekt unmöglich als

Spezialist zu denken, es geht überdies über die Leistungsfähigkeit eines einzelnen, auf allen Einzelgebieten des Bauwesens vollendet sachverständig zu sein. Wenn die Heilkunst erstarrt, erfolgen die Einbrüche der Außenseiter, der genialen Kurpfuscher, die einen neuen Weg finden, gegen dessen Beschreitung sich die Fachleute vergebens zu wehren pflegen. Die Heilkunst hat mit dem Menschen zu tun, und der größte Arzt wird der menschlichste sein, worunter natürlich keine Sentimentalität verstanden wird. Auch bei der Verdorrung der Architektur erfolgt der Einbruch der Laien, der Kurpfuscher. Die zünftlerischen Fachleute der Spätgotik haben sich gegen den Einbruch der Renaissancedilettanten, die ein neues künstlerisches Symbol aufstellten, erfolglos, aber sicher energisch gewehrt — und der Einbruch der Dilettanten um die Jahrhundertwende hat die Neugeburt, diesmal nicht Wiedergeburt, unserer heutigen Baugesinnung geschaffen.

Die Naturheilkunde des Jugendstils schoß über das Ziel hinaus, der Stoß konnte zunächst aufgefangen werden, Heimatschutz und Klassizismus stellten der Neugeburt eine freilich wenig lebensfähige Wiedergeburt entgegen — aber der Strom grub sich ein Nebenbett und überflutete von dort aus das ganze Gebiet zunächst der deutschen Architektur, um 10 Jahre später von dem vom Krieg verschonten Holland neu bestätigt zu werden.

Dem Laien kann man mit keinen wissenschaftlichen oder fachmännischen Erörterungen über Berechtigung irgendeiner Bauart kommen, er sieht, empfindet, stimmt zu oder revoltiert, wenigstens der empfindende Laie, nicht der allzusehr begrifflich Ge- oder Verbildete. Ihn überzeugen keine fachmännischen praktischen Erwägungen, ihn überzeugt die Form als Symbol! Der Heimatschutz kämpfte mit den Symbolen des heimischen Daches, mit grünen Fensterläden als Symbol, als Form, wobei kein Mensch, der so bauen oder bauen lassen will, sich recht den Kopf darüber zerbricht, ob er die Fensterläden jemals zumachen wird. Und womit siegt schließlich die heutige Bauweise? Mit praktischen Erwägungen? Sind die großen Fensterflächen praktisch, wird das flache Dach lediglich aus praktischen Gründen vorgezogen? Die Form siegt, die Gestalt, das neue Symbol eines neuen Lebens, das dem Licht- und Lufthunger des heutigen Menschen entgegenkommt. Der empfindende Laie läßt sich von einem begabten Künstler eher ein völlig unpraktisches Haus aufschwatzen, das die von ihm geliebte Form zeigt, als daß er in eine praktische, ihm formlos erscheinende Behausung hineingeht, er sucht eine Steigerung seines seelischen Lebens.

Wehe, wenn der Architekt vergißt, daß von hier aus die Welt des Bauens umgestaltet werden muß, daß hier der Hebel angesetzt werden muß — wenn er sich zu technischen und wirtschaftlichen Kunststücken herbeiläßt, zu einer kasernenmäßigen Typisierung, zum Ameisenhaufen, zum Bienenstock. Das Tier baut natürlich, technisch, über die Bienenwabe geht auch die technische Erfindung des Menschen in äußerster Knappheit nicht hinaus.

Für den Menschen handelt es sich um die Vergeistigung und Verlebendigung der Materie, nicht um die Mechanisierung des Lebendigen.

Der Laie, der Vollmensch ist, voll Empfindung und Musikalität, baut besser als

jeder fachmännisch verkrampfte Architekt. Bauen ist eine menschliche Angelegenheit, sie verträgt kein Ästhetentum und kein Spezialistenwesen. Und weiter: Die Geschichte der Architektur aller Zeiten ist ebenso eine Geschichte der Bauherren wie der Architekten. Aus vielen Perioden sind uns nur die Namen der Bauherren überliefert, nicht der Künstler. Wenn im Rückschlag dazu andere Zeiten die Geltung der Künstler fast überwerteten, so muß man diese Einschätzung doch auf das richtige Maß zurückführen. Kein Künstler kann etwas wirklich Lebensfähiges schaffen, ohne die Resonanz von seiten des Bauherrn, ja erst durch den Zusammenklang beider Faktoren kann ein richtiger Bau entstehen. Hier muß der Funke überspringen vom Pol des Bauherrn zu dem des Künstlers.
Voraussetzungsloses, auftragsloses Schaffen hält kein Architekt lange aus, er verdorrt, und es gibt keine schlimmere Weisung an den Architekten, als machen zu können, was er wolle. Sicher sind schon derartige Bauten entstanden, der Raffke wird meist keinen andersgearteten Auftrag erteilen können, da ihm der Lebensstandard noch fehlt, der es ihm ermöglichen könnte, ein rechtes Programm aufzustellen. Aus all diesen Bauten kann nichts werden, sie bleiben hohl — ganz gleich, ob dieser Raffke eine Einzelperson oder eine ins Kraut geschossene Gemeinschaft ist.
Und die unglückliche Lage der Malerei und Plastik heut resultiert in erster Linie — nicht nur wirtschaftlich genommen — daher, daß kein Auftraggeber da ist. Was soll da ein unglücklicher Künstler schaffen? Woher soll er den Mut nehmen, woher die Inspiration haben, wenn alle Anregungen, aber auch alle Widerstände — gerade die Widerstände — fehlen? Er mag heut malen oder bildhauern, was er will, seine Kunstwerke werden nicht mehr attackiert. Und das ist das Schlimmste. Fanatischer Widerspruch zeugt und bestärkt ebenso wie begeisterte Zustimmung, die Gleichgültigkeit tötet.
Wie und ob die Möglichkeit der Wiedereinführung von Plastik und Malerei in die heutige Architektur besteht, darauf kann ich an dieser Stelle nicht erschöpfend eingehen. Entscheidend wird aber hier auch nur die Forderung des Lebens selbst sein; eine rein ornamentale, verzierungsgemäße Belebung der Flächen, aus einer sentimentalen oder dekorativen Einstellung heraus, kann nicht dauernden Erfolg versprechen.
Was heißt dekorativ? In Beziehung auf den Bau hat dekorativ nichts mit Reichtum zu tun. Eine dekorative Lösung heißt die, die das künstlerische Problem nicht geradlinig zu lösen sucht, sondern irgendeinen Teil des Problems überwertet oder den Ausdruck woanders herholt. Die Bezeichnungen — wie »Bierkirchen«, für frühere Brauhäuser, »Gemüsekirchen« für heutige Markthallen, »Gebetsilos« für Kirchen in Industriegegenden — zeigen, wie das Volk auf derartige dekorativ betonte Lösungen reagiert.
Heute, wo die neue Sachlichkeit schon mit der Pauvreté gleichgesetzt wird, sind gerade die dekorativen Lösungen betont einfach. Nicht einfach im Grundgedanken der Lösung, in der Herausarbeitung des Ausdrucks — darin sind sie kompliziert, abwegig, eigentlich unverständlich —, sondern sie sind nur äußerlich glatt, kahl, nüchtern, um dem Zeitgeschmack zu entsprechen.

Der konsequente moderne Stil kann zu dem ehemaligen »Belebungsmittel« figürlicher Plastik — hier vom Volk Puppen genannt — schon gar nicht greifen. Der Stahlbau, der Betonbau, mit ihren dünnen Wänden können — in tektonischem Sinne — derartige Figuren nicht tragen und nicht ertragen. Und doch das, was mit dem Bau nur irgendwie räumlich an Kunst verbunden wird, kann nicht irgendwie noch so geschickt oder ästhetisch gestaltet sein, ohne sinngemäß und der Form nach Beziehung zum Bau zu haben. Sonst wird eine derartige, noch so schöne »Puppe« im Raum hin und her geschoben, sie fühlt sich selbst offenbar unglücklich dabei, ist nur an Ateliers und Ausstellungen mit glatten Wänden gewöhnt, und die Lösung des Zusammenklangs ist nicht zu erzielen.

Der Architekt hat sich am Ingenieur erzogen, der Bildhauer und Maler muß sich am Architekten erziehen, wenn wieder eine so erstrebenswerte Einheit herauskommen soll. Dieser Zusammenklang kann nicht dekorativ sein — wir vertragen das nicht mehr —, selbst die rauschendsten Ausmalungen von Rubens überzeugen uns nicht — er muß von einer tieferen seelischen Schicht her erzielt werden. Es ist nicht nötig, daß sich Plastik und Malerei nur unterordnen, mit einem Negativum, mit Taktfragen allein ist nichts getan, die Malerei und Plastik müssen frei bleiben, sie müssen sich künstlerisch-seelisch selbständig auswirken, sie müssen künstlerischer Ausdruck sein, nicht noch so geschickte dekorative Anpassung. Und selbst der Kontrast der Wirkung ist besser als die geschickt moderierte Anbiederung der Schwesternkünste an das, was sie als moderne Architektur sich vorstellen.

Damit ist wohl auch die Frage vom Ornament entschieden, die heute allzusehr schlagwortartig betrachtet wird. Das wahre Ornament ist symbolisch, die antike Säule ist reine Musik, sie ist ganz unnaturalistisch, hat zur Natur keine Beziehung, durch keinerlei bewußte Stilisierung von natürlichen Formen ist selbst der Akanthus an der korinthischen Säule entstanden, er ist Neuschöpfung auf einer anderen Ebene. Daß derartiges Ornament an der heutigen atonalen Architektur und aus dieser heraus sich nicht entwickeln kann, ist wohl klar, und inwieweit eine — im Gegensatz zur heute meist herrschenden Glätte — wieder farbig oder plastisch differenziertere Aufteilung der Flächen angestrebt werden wird, ist an sich eigentlich gleichgültig. Sie wird und muß kommen, wenn der Überdruß gegen die plastische und farbige Eintönigkeit sich steigert, wie ja auch die moderne Frauenkleidung auf die Belebung durch ein derartiges rein verzierendes Element trotz aller modernen Linien nie verzichtet hat. Und — que la femme veut — wenn die Frau die reichere Belebung fordert, so wird sie, zunächst in der Wohnung, sehr bald kommen, und wenn alle Architekten und Kunsterzieher sich dagegen wehren.

Was wir an neuer klarerer Auffassung des Raumes gewonnen haben, dürfen wir natürlich nicht verlieren, und es wird notwendig sein, diese stärkere Belebung der Fläche so durchzubilden, daß die Einheit des Raumes gewahrt bleibt.

Nur zu leicht schlägt der Maler — wenn er nun einmal endlich herangelassen ist — den Raum in Trümmer, weil er von den Ausstellungen her daran gewöhnt ist, sich auf jeden Fall zur Geltung zu bringen, und weil er seine Umgebung als

feindliche Beeinträchtigung anzusehen gewöhnt ist. Das Weiterführen und Bereichern des Klanges eines Raumes — wie gesagt unter Umständen durch eine Kontrastwirkung — hat er nicht gelernt. Er hat bis dahin sozusagen im leeren Raum gearbeitet und muß erst wieder in den architektonischen Raum zurückgeführt werden, um im Raumorchester des Architekten wieder, vielleicht die erste Geige, zu spielen, in dem Orchester, das heute wahrhaftig eine zu einseitige und eintönige Besetzung aufweist und der Differenzierungen entbehrt.
Aber gebrannte Kinder scheuen das Feuer, ich bin noch skeptisch, ich habe zuviel mißglückte Versuche gesehen, bei denen die mit einem gewaltsamen ornamentalen Symbolismus die schrecklichsten sind. Abgesehen davon, daß unsere Architektur dafür noch nicht reif ist, hat der Künstler gar zu lange vagabundiert, um, in der Mehrzahl wenigstens, als verlorener Sohn sich wieder in die architektonische Disziplin einfügen zu können, ohne rückfällig zu werden.
Und das, was da in das Raumorchester des Architekten mit eingefügt wird, muß auch an sich lebendig sein, nicht nur Verzierung, Dekoration, und lebendig kann eine Arbeit nur sein, wenn sie unmittelbar vom Leben gezeugt wird. Sonst fehlen die Prämissen für eine wahrhaft lebendige Kunst, eine lebendige Architektur, und es entsteht eine unlebendige, artistisch-ästhetische.
Und wo der Auftraggeber mit Passion, der Bauherr als zeugender oder empfangender Gegenpol fehlt, ist eigentlich Hopfen und Malz verloren. Keine Kunst, und am wenigsten die Architektur, kann diesen Gegenpol entbehren, die Vergangenheit lehrt ja, daß dieser Pol lange Zeit für allein wichtig gehalten wurde. Der König, der Herzog, der Bischof, der Abt baute — ja manche hatten die Bauwut, daß sie sich sogar daran zu Tode bauten. Diese Bauwut brauchen wir — sie mag ja immerhin so moderiert bleiben, daß keine Katastrophen eintreten. Und diese Bauwut ist natürlich etwas ganz und gar Persönliches, bürokratisch nicht Faßbares, bürokratisch, beamtlich eigentlich Unmögliches.
Die Bürokratie der Republik ist ungeheuer angewachsen, ohne beamtliche Genehmigung konnte früher schon keiner sterben und begraben werden, jetzt kann er durch die Herrschaft der Bürokratie kaum noch leben.
Im Bauen sind die Bittgänge um Baugesuche bei der Überzahl der Organe zu Springprozessionen geworden, so daß wegen der Errichtung einer von mir entworfenen Tankstelle kürzlich der Bauherr 77, geschrieben siebenundsiebzig, Besuche machen mußte, um schließlich — abgewiesen zu werden. Die religiöse Springprozession erreicht schließlich ihr Ziel, was man vom Baugesuch nicht immer behaupten kann. Nicht der Bauherr allein ist Gegenspieler des Architekten, neben ihm recken sich die drohenden Häupter der Genehmigungsbehörden auf, gegen die allerdings der Kampf von Architekt mit Bauherrn gemeinsam geführt wird. Daß daran die Beamten selbst keine Freude haben, ist klar, der Organismus ist so überorganisiert, daß im Kampf gegen diese offenbaren Mißstände der Architekt Hilfe vom Beamtentum selbst mit Recht erwarten kann und erwarten muß. Handelt es sich doch auch um die Befreiung des Beamtentums selbst von ermüdenden und oft geradezu lächerlichen Vorschriften und Plakkereien.

Es ist tatsächlich so, daß wir, die Privatarchitekten, den Kampf aufnehmen müssen für uns selbst und für die Beamten, denen eine derartige geist- und zeittötende Beschäftigung mit Gesuchen, die eigentlich von Amt zu Amt wie ein Ball hin und her geworfen werden, nicht länger zugemutet werden kann. Keiner bei den viel zu vielen Ämtern kann selbständig entscheiden, hin und her wird gefragt, und die Zentralen, die von höchst einsichtigen Leuten geleitet werden, haben eine Sisyphusarbeit zu leisten, um die Knoten zu entwirren. Wir wären undankbar, wenn wir der Hilfe dieser Leute nicht höchste Anerkennung zollten, wir rechnen gerade auf ihre Hilfe. Ein Beamter ist schließlich auch ein Mensch und sollte nicht mehr mit unnötigen Dingen geplagt werden, als er äußersten Falls ertragen kann.

Man kommt ja überhaupt nicht weiter, wenn man alles nur vom eigenen Standpunkt — ganz einseitig — zugespitzt ansieht, man muß sich auch in die andere Seite hineindenken können. Und wenn ich das tue — ich war ja selbst mehrfach dabei —, so muß man doch sich sehr energisch für die Abschaffung der Bauverwaltungen als bauender Verwaltungen einsetzen.

Man meint wohl, es müsse genügen, wenn die Privatarchitekten dafür kämpften, daß im Interesse der Existenz ihres Standes die Bauverwaltungen der Staaten und Städte eingeschränkt würden. Dieser rein wirtschaftliche, utilitarische Standpunkt kann unmöglich überzeugen, er genügt nicht — das Prinzip der bauenden Verwaltung ist an sich falsch. Kein Mensch fühlt sich ja wirklich wohl dabei, sie knirschen alle mehr oder weniger unter der Tretmühle der Organisation, soweit sie schöpferische, nicht mechanische Menschen sind — sie brechen aus oder werden stumpf, und schließlich finden sie sich ab und glauben gar, alles wäre gut so.

Und der Stadtbaurat wird von Sitzung zu Sitzung gehetzt, zumal, seit er eine politische Figur geworden ist, er sitzt und sitzt, nur nicht in seinem Bauatelier, da läuft er höchstens durch — und ringt sich für seine bauschaffende Tätigkeit mühselig einige Stunden in der Woche ab. Kennen Sie einen Stadtbaurat, der nicht darüber klagt? Geht das aber anders einzurichten, wenn er mit vollwertigem Beamtentum, dazu meist noch politischer Betätigung, vollwertiges Schaffen vereinigen soll? Gibt es einen noch so tüchtigen Stadtbaurat, der nicht in der zweiten Periode seiner Amtszeit — zerrieben von der Tretmühle der Organisation — ebensoviel geschadet hätte, als er, noch einigermaßen frisch, in der ersten Periode Gutes geschaffen hatte? Und dabei ist der höchste Baubeamte des begrenzten Bezirkes einer Stadt noch verhältnismäßig gut dran, er kann sich wenigstens als Persönlichkeit durchsetzen. Freilich wächst er leicht aus, er wird von einer ähnlichen Berufskrankheit befallen wie der Professor. In seiner Behörde hat er keinen künstlerischen Gegenspieler, was er sagt und tut, muß gut sein — ebenso wie gegen den Professor schon aus Examensangst die Studenten nicht rebellieren können.

Und wie steht's bei der Bauverwaltung an sich, bei der des Staates? Ich weiß, was da alles angeführt zu werden pflegt, Konservierung der Erfahrungen, der technischen Organisationen usw. — wer glaubt das noch, wo heute durch die

Fachpresse und ausgedehnte Fachliteratur jedem alle Erkenntnisse unmittelbar zugänglich sind? Selbst der jetzige Leiter der Bauverwaltung hat doch nichts anderes tun können, als diese im Schoße der Verwaltung mühselig konservierten Erfahrungen über Bord zu werfen, um neuen Wind hineinzubringen. Aber man kann nicht neuen Wein in alte Schläuche füllen, die Schläuche wollen ihn wohl gar nicht haben.

Und kann man wirklich — auf die Dauer meine ich, ein kurzfristiges Experiment überzeugt nicht, durch Verfügungen und Dekrete wird keine lebendige Zeugung ersetzt — eine künstlerische Anschauung sozusagen verfügen? Schließlich kann ja eine geniale und sehr starke Persönlichkeit auch einen allzu ausgedehnten Organismus mit Blut erfüllen, wird aber leicht dabei selbst verbluten. Schinkel, dessen Geltungsbereich immerhin nur ein Bruchteil vom heutigen Preußen darstellte, arbeitete, um sich frisch zu erhalten, am frühesten Morgen an den künstlerischen, meist malerischen Problemen, deren Lösung ihn intensiv beschäftigte, und erschöpfte sich weit vor seiner Vollendung.

Es ist schon eine Reihe von Jahren her, als mir der damalige Leiter der Kirchbauabteilung im Finanzministerium sagte, er sei Gott sei Dank recht beschäftigt, wegen der Kriegszerstörungen habe er allein in Ostpreußen 34 Kirchen zu bauen. Man bedenke — keine Autos —, sondern sozusagen Kirchen am laufenden Band! Es ist entsetzlich, einem noch so begabten Manne eine derartige Aufgabe zuzumuten. Man mag sich mit einer schematischen Erledigung von allerlei Arten von Bauten allenfalls noch abfinden, man kann Feldscheunen und Ställe in Typen abwandeln, aber man bedenke Kirchen!

Man braucht sich aber nun nur einmal vorzustellen, was daraus geworden wäre, wenn die päpstliche Verwaltung in Rom seit dem Jahre 1000 eine allgemeine Bauverwaltung eingerichtet hätte, die die christlichen Länder mit Kirchen- und Klosterbauten versorgte. Und wie war es in Wirklichkeit? Die Äbte und ihre baumeisterlichen Laienbrüder, die zum Beispiel nach Norddeutschland gingen, griffen zum bodenständigen Material und schufen das, was sie im Süden gelernt hatten, um, und so entstand eine Backsteingotik, die an Größe der Formen und Reinheit neben den Bauten der älteren Kulturländer nicht nur bestand, sondern sie übertraf.

Eine straffe Zentralisierung baulichen künstlerischen Schaffens wird die Lebendigkeit des Bauschaffens immer vernichten. Wer genötigt ist, Jahrzehnte hindurch eine große Anzahl von Bauten gleicher Art zu errichten, wird Spezialist, und ein Spezialist baut nicht mehr, sondern fabriziert sozusagen, und die Fabrikation ist möglich für kleinere, einfache, transportable Organismen — siehe Wohnhäuser in Amerika — und versagt bei allen vielfältigeren Organismen. Und wer jahrzehntelang z. B. selbst Wohnhaustypen abwandelte, kann, glaube ich, schließlich seine Sachen selbst nicht gern sehen, weil sie unlebendig werden müssen, und die anderen mögen sie schon gar nicht sehen.

Als ich selbst in der Hochbauverwaltung war — es war eine schreckliche Zeit für mich, ich war so sehr ungeeignet dafür —, da sprach ich mit einem meiner höchsten Vorgesetzten — es waren natürlich noch mehrere andere dazwischen —

mehrfach über eine Änderung des Systems. Dieser, ein gütiger und sehr verständnisvoller Mann, der sich trotz seiner langen Zugehörigkeit zum Ministerium noch genau so unwohl in seiner Rolle fühlte wie zu Anfang, gab mir zu, daß mein Vorschlag, völlig selbständige Provinzial- oder Regierungsbauämter mit eigener künstlerischer und wirtschaftlicher Verantwortlichkeit zu errichten, durchaus erwägenswert sei. Er habe das selbst schon vorgeschlagen, aber es ginge nicht.
Und wenn es doch geht, wäre damit — nicht relativ —, sondern absolut eine Besserung erreicht?
Der Kampf ist der Vater aller Dinge, der Kampf fehlt. Es fehlt der Gegenpol, von dem aus die geistigen Funken sprühen. Der Kampf zwischen Bauherrn und dem schaffenden Architekten kann nicht ersetzt werden durch Reglement und Verfügung. Seitdem — wohl in allen deutschen Ländern — die Bauverwaltungen bei den Finanzministerien sind, sind Bauherr und Architekt ohnedies hier völlig identisch — denn gegen den Finanzminister kann keine andere Verwaltung mit Erfolg angehen.
Und ich meine ja nicht etwa den Kampf um die Kosten eines Baus, um den geht's in den Ministerien wie im freien Beruf — ich meine den honorigen geistigen Kampf zwischen dem Bauherrn als selbständiger Geistigkeit und dem Architekten...
Und was hilft es, selbst die begabtesten jungen Leute in die Staatsorganisation der Baubeamten neu einzuspannen? Sie werden selbstverständlich zunächst »frische Fische, gute Fische« sein, das war immer so; aber was wird aus ihnen, wenn sie die konservierende und abstumpfende Wirkung der Organisation 10 Jahre an sich erfahren haben? Kann man sie dann wieder hinausschmeißen oder ihnen die Aufgaben aus der Hand winden, um diese dann wieder den »Allerneuesten« zu übertragen? Vestigia terrent! Die Spuren schrecken! Es führen viele Spuren ausgesprochener, ja, großer Begabungen in die warme und dumpfe Höhle des Baubeamtentums, aber keine wieder heraus.
Schon ein zu großes Baubüro verkalkt leicht, es ist schwer lebendig zu erhalten. Rücksichten auf die Kräfte des Büros hemmen die Freiheit der Entschließung bei der Auswahl für die Bearbeitung verschiedener Aufgaben — bei einer Staatsbauverwaltung ist diese Freiheit — selbst bei aller Rücksichtslosigkeit der etwa leitenden Personen — auf die Dauer nicht vorhanden.
Der Kampf mit dem Bauherrn erhält frisch — im freien Beruf wird immer von neuem, ob mit Recht oder Unrecht, die Frage aufgeworfen, ob ein Architekt für eine vorliegende Aufgabe noch geeignet ist; die freie Wahl befördert immer wieder von neuem die Auslese, der freie Architekt muß unerhört auf dem Plan sein, um sich zu behaupten. Dieser Kampf kann, wie gesagt, sehr grausam sein, er kann schwache Charaktere zu geschäftlichen Zugeständnissen und zur Aufgabe ihrer Überzeugung bringen, aber er erhält doch frisch — der Kampf mit dem Beamtenreglement ermattet.
Schließlich geht es ja aber um die Leistung! Ich wage nicht an der Leistung der heutigen Bauverwaltung zu zweifeln, ich unterstelle sogar, daß es in vielem

besser geworden ist. Aber, wie gesagt: Vestigia terrent. Wir wären freilich ungerecht, wenn wir die Schöpfungen des früheren Bautenministeriums allein unmittelbar zum Vergleich heranzögen — alle die Gerichtsklöster, Kliniken usw. Es wäre ja auch noch schöner, wenn bei einem so ausgezeichneten, gut durchgebildeten Menschenmaterial — man muß doch ohne weiteres zugeben, daß das Menschenmaterial der Baubeamten eine Auslese darstellt — nicht neben vielen Fehlleistungen gute Leistungen erzielt worden wären. Und ich gebe ohne weiteres zu, daß auch früher — besonders bis um die Mitte des vorigen Jahrhunderts herum —, ja auch noch später — Bauten der preußischen Bauverwaltung besonders gut gelungen sind. Es handelt sich da um manche knappen, im besten Sinne sachlichen Kasernenbauten, Förster- und Arbeiterhäuser auf dem Lande, kurz, hauptsächlich Bauten, die eine Typisierung vertragen. Und wenn man auch da Anstoß nehmen könnte, daß diese Bauten fast überall den gleichen Duktus zeigen, so ist das viel besser, als wenn in einer späteren Periode von der Zentrale aus bewußt im jeweiligen Landesstil gebaut worden wäre.

Brauchen wir aber für eine Typisierung heut noch eine Staatsbauverwaltung? Wird heut nicht schon alles typisiert, mehr als genug, stehen wir nicht schon fast bei der Überwertung der Typisierung? Ich glaube nicht, daß zur Durchbildung der besten Typen und zur Erhaltung der technischen Erfahrungen noch Verwaltungen notwendig sind. Das, was typisiert werden kann, liegt durch die Fachliteratur und Modellsammlungen jedem vor Augen — Erfahrungen aufspeichern? Um Gottes willen nicht zuviel, die technische Entwicklung durchbricht sie jederzeit, zu sehr eingehende Vorschriften hemmen nur den gesunden Fortschritt. Eine Verwaltung drängt naturgemäß immer wieder zur Typisierung, zur Normung, und während Normen im freien Wettstreit als veraltet und überholt sehr bald verschwinden, werden sie in der Verwaltung sterilisiert.

Nein — und abermals nein, von allen Punkten her betrachtet, kann ich mir die Notwendigkeit einer bauenden Verwaltung in bisherigem Sinne nicht vorstellen. — Aber, sie baut doch billiger? Ich bitte um Entschuldigung, das ist nicht wahr! Ich kann natürlich im Rahmen dieses Vortrages nicht die statistischen Zahlenvergleiche aufrollen; ich behaupte aber kühn: So billig wie ein Architekt heut bauen muß, kann eine Bauverwaltung gar nicht bauen. Unsere großen und allerbesten Handwerksfirmen, Tischler, Beleuchtungsfirmen usw., gehen heute — leider — ein. Die Geschicktesten fangen mit kleinstem Aufwand an Büro, Hilfskräften in irgendeinem Keller wieder an, allerlei kleine selbständige Handwerksmeister tauchen wieder auf, da sie allein bei den durch die Not der Zeit gedrückten Preisen mithalten können. Und der Architekt schränkt gleichfalls sein Büro auf das Allernotwendigste ein, um auch kleine Aufträge mit Erfolg durchzuführen. Kann das eine große Verwaltung so ohne weiteres? Schleppt sie nicht — selbst bei rigorosestem Abbau der auf Kündigung angestellten Hilfskräfte — ihren großen Apparat mit sich? Entsteht nicht schon in normaler Zeit in einer so großen Verwaltung durch den Instanzenweg ein Leerlauf, der nicht fortzubringen ist? Instanzenweg und Leerlauf, die als Straßennamen bei einer Siedlung Kollege Rossius leider vergeblich vorgeschlagen hatte.

Und glaubt ein Mensch, daß in absehbarer Zeit sich die wirtschaftlichen Verhältnisse grundlegend ändern, so daß eine Bauverwaltung in bisherigem Sinne wirtschaftlich gerechtfertigt wäre?
Wird es nicht überhaupt Zeit, zu überlegen, ob der Weg der allgemeinen Bürokratisierung noch weiter beschreitbar ist oder ob er nicht energisch zurückgeschritten werden müßte bis zu dem Punkt, wo noch sozusagen ein Gleichgewicht zwischen den freien Berufen und dem Staat vorhanden ist? Oder hat die uns allen wohl geradezu irrsinnig erscheinende Steuergesetzgebung doch einen Sinn — nämlich den Sinn, die freien Berufe zu vernichten?
Ich will den Weg dieser Betrachtung nicht weitergehen, er führt weit ab ins Politische, politisch Lied ist heut ein besonders garstig Lied — es handelt sich für uns auch nicht um Politik, sondern Kultur, allerhöchstens also um Kulturpolitik, wobei wir ja immer wieder von neuem mit Schrecken sehen, wie fachliche, vor allem menschliche Eignung heut mit politischer verknüpft wird, ja, die letztere den Ausschlag zu geben pflegt.
Aber wenn der Kanzler Oxenstierna sagte: »Mein Sohn, du kannst dir nicht vorstellen, mit wie wenig Verstand die Welt regiert wird«, so scheint mir heut die Betonung berechtigt, daß die Welt mit sehr wenig Phantasie geleitet wird. Wirtschaft, Technik, formales Recht — immer wieder das gleiche —, es wird hin und her gerechnet, die Praktiker sind am Werk, die Unschöpferischen, die Spezialisten, die Fachmänner. Immer wieder scheint mir auch die Staatspolitik in der Technik steckenzubleiben, ohne sich durch den Geist zu einer Staatsarchitektur zu erheben.
Und wenn dann in der uns näherliegenden Sphäre der Baupolitik einer mit aufbauender Phantasie zu arbeiten versucht, Ziele aufstellt, das Selbstverständliche verlangt, daß sich die verschiedenen Ämter einer Stadt einer Idee unterzuordnen hätten, so stößt er sich nur zu leicht die Knie wund an den Futterkrippen der Parteifunktionäre und Berufspolitiker.
Wenn mir persönlich eins an dem Programm des Grafen Coudenhove gefällt, so ist es das, daß europäisch nicht amerikanisch, nicht russisch denken heißt — sondern den Wert der geistigen Persönlichkeit betonen, gegenüber der Masse, daß hierin und hierin allein die Aufgabe und der Wert der europäischen Kulturbetonung liegen kann.
Und daß darin schließlich allein der Wert und die Schicksalsfrage der Demokratie liegen müßte, nicht die Persönlichkeit zu fesseln und in die Masse einzubinden, sondern zu befreien.
Es wird viel von Beamtenabbau gesprochen: Vorläufig ersticken wir aber alle in der Bürokratie.
Es hat schon eine Berechtigung, vom Beamtenabbau zu sprechen, wir wünschen aber einen Abbau der Bürokratie. Wir meinen damit nicht sowohl etwas Wirtschaftliches als etwas Geistiges, eine Geistesrichtung, die in dem jetzt bestehenden Übermaß die Geisteshaltung eines Volkes höchst ungünstig beeinflußt und zum Widerstand aufrufen muß.
Und wenn wir zum Abbau der Bauverwaltungen im bisherigen Sinne auffor-

dern, so meinen wir damit — neben wirtschaftlichen Erwägungen — grade etwas Geistiges, sonst würde es sich nicht lohnen, sich dafür ins Zeug zu legen. Daß alle Errungenschaften auf stilistischem Gebiet, alle Fortschritte im Geistigen von den freischaffenden Architekten, vielfach von den Außenseitern des Fachs errungen wurden, wird niemand leugnen. Aber auch die wirtschaftlichen Erwägungen sind von der gleichen Seite angeregt worden, da sie mit der Entwicklung des heutigen Stils ja ohnedies immanent verknüpft waren. Vielleicht war es noch vor etwa 50 Jahren das Privileg der Staaten, vorzugsweise des Preußischen, der knappen Sparsamkeit des Bauens Vorbild zu sein. Die Zeit darauf hat sicher diese Prinzipien völlig unterhöhlt und eher eine große Reihe von Gegenbeispielen aufgestellt. Heute ist das knappe Bauen stilistisches Grundprinzip des Bauens, wir brauchen keine Behörde, die das nun auch übernimmt und daraus ein Dogma macht. Also weder geistig noch wirtschaftlich kann die Bauverwaltung heute für sich eine Berechtigung dafür herleiten, daß sie allein imstande wäre, die für den Staat notwendigen Bauten zu schaffen. Im Gegenteil fehlen für die Weitererzeugung — denn am künstlichen Stagnieren eines Prinzips kann nie etwas gelegen sein — die Pole, zwischen denen sich die Ideen entzünden.
Es wäre natürlich ein Schwabenstreich, wenn wir nun gegen eine Institution anrennen wollten, ohne etwas Besseres an die Stelle zu setzen, etwas, das einem vorstellbaren Ideal so nahe wie möglich käme.
Und da komme ich zurück auf meine Ausführungen über den Begriff des Bauherrn als Anreger, als Ideenträger, ja als Mitzeugender. Der Staat — wie jedes große Gemeinwesen — braucht technische Dezernenten für seine Bauvorhaben. Darüber läßt sich nicht streiten. Bauen ist für uns eine menschliche Kulturangelegenheit — also, wenn wir beim Staat bleiben, gehören diese Baudezernenten zum Kultusministerium oder, wie es in Preußen so schön heißt, Ministerium für Wissenschaft, Kunst und Volksbildung. Die Übernahme der Bauabteilung durch das Finanzministerium bedeutete einen Rückschritt in der geistigen Bewertung, wenn auch wohl — leider — damals eine Rettung und Konservierung der Bauabteilung im alten Sinne.
Diese Baudezernenten im neuen Sinne arbeiten im gleichen Sinne wie die anderen Dezernenten, denen die Theater, bildende Künste unterstehen, oder wie der Herr Staatskonservator. Sie sind Bauregisseure — ein Ausdruck, den wohl Stadtbaurat Wagner das erstemal geprägt hat — und übernehmen die geistige Rolle des Bauherrn, des mitzeugenden Gegenpols zum Künstler.
Und wenn Sie mich fragen, ob diese Bauregisseure, soweit sie Architekten sein sollten, auch in bestimmtem Umfange künstlerisch unmittelbar schaffend tätig sein sollten, so sage ich mit der Bibel: Mein Gott ja, man soll dem Ochsen, der da drischt, das Maul nicht verbinden. Selbstverständlich können sie auch noch eigenste bauliche Schöpfungen herausbringen, so aber, daß nicht wieder eine neue Bürokratie aufgebaut wird, die Erstellung von Hilfskräften dafür ist ihre eigene Sache. Uns kann immer nur daran liegen, daß alles Schaffen lebendig bleibt und daß die Lust an der Arbeit erhalten wird.
Der Plan ist nicht neu, er ist schon früher erwogen worden, gegen seine Durch-

führbarkeit ist nichts einzuwenden. Jetzt, wo die wirtschaftliche Lage gebieterisch zur Einkehr mahnt, muß man ihn zur Diskussion bringen und wenn irgend möglich seine Durchführung bezwingen.
Was für den Staat gilt, gilt für die großen Städte und die großen Gesellschaften, die zum Teil in ihren allzu angeschwollenen Bauabteilungen wohl schon ein Haar gefunden haben.
Und für die Städte ist dann erst die Möglichkeit da, die Bauämter nebst Baupolizei und Grundstücksamt unter einen Hut zu bringen, was unbedingt nötig ist, wenn man das Gegeneinanderarbeiten der Faktoren verhindern und ein produktiveres, schöpferisches Stadtbauwesen aufstellen will. Der Landesverband Berlin des BDA hat ja in seiner Frühjahrstagung hier starke Anregungen gegeben, die aber nicht steckenbleiben, sondern energisch verfolgt werden müssen.
Es gilt ja wahrhaftig nur, aus der Not eine Tugend zu machen, aus der Not der Zeit heraus das zur Verwirklichung zu bringen, das in wirtschaftlich besseren Zeiten gegen das Gesetz der Beharrung nicht durchzuführen war. Es darf sich aber immer nur um das als besser, richtiger Erkannte handeln. Die wirtschaftliche Not, die den Stand der Privatarchitekten wie alle schwer drückt, darf nicht dazu verleiten, nur Sturm zu laufen gegen alles das, was als schädigende Konkurrenz empfunden wird. Damit locken wir keinen Hund hinter dem Ofen heraus — schlecht geht's allen anderen auch.
Wir müssen ein Aufbauprogramm aufstellen, das der Kultur dient, der menschlichen Entwicklung, von dem erst bessere Zeiten vielleicht profitieren werden. Der BDA will nicht nur eine Vereinigung zu wirtschaftlichen Interessen sein — gewiß —, er wird seine Mitglieder auch wirtschaftlich zu stützen und zu schützen suchen, aber seine Berechtigung als »Bund Deutscher Architekten« kann der BDA nur aus seinen Kulturbestrebungen herleiten.
Die politische und wirtschaftliche Lage sieht so drohend aus wie noch nie — sie soll uns aber keinen Schritt vom Wege des Rechten abbringen, von den Forderungen für die kulturelle Entwicklung unseres Standes.
Freilich, wenn der Himmel einstürzt, sind alle Spatzen tot — auch die Privatarchitekten. Solange sie aber noch leben, müssen sie für das wahrhaft Lebendige eintreten und müssen schließlich dafür sorgen, daß man — wenigstens im BDA — wirklich von Architekten reden kann. Das geht aber nicht ohne eine Auslese. Heute gilt — in mißverstandenem demokratischem Sinne freilich — nur die Masse. Wenn wir sagen, es kommen 20 000 Architekten, dann bekommt selbst ein Abgeordneter Respekt.
Wir haben ja erlebt, daß dringliche Eingaben der Akademie der Künste, des BDA usw. von seiten des Herrn Finanzministers nicht einmal einer Antwort gewürdigt wurden. Der Katholikentag, Reichsbanner Schwarz-Rot-Gold, der Stahlhelm, irgendwelche Verbände, vor denen Banner politischer Parteien rauschen, hatten wenigstens beachtet werden müssen. Die Imponderabilien geistiger Art wurden niemals geringer eingeschätzt als jetzt. Hier steckt eine ungeheure Gefahr für die Demokratie. Quem deus perdere vult, dementat — Gott verblendet den, den er vernichten will. Wenn die Verblendung unserer Staatsbürokratie,

die nur noch Massen sieht, darauf hindeutete, daß sie vor ihrer Vernichtung, zumindest vor einem möglichst radikalen Abbau steht, so könnten wir ja freilich ganz zufrieden sein.
Jedenfalls können und wollen wir keine Massen für unseren geistigen Kampf mobil machen...
Freilich, was vor fünfzehn Jahren noch keiner zu hoffen gewagt hatte oder fürchten mochte, ist eingetreten. Die Architektur ist populär geworden. Man interessiert sich für sie, sie bot auch bisher wirtschaftliche Möglichkeiten, und ein Strom von Studierenden ergießt sich auf die Bau-, Kunst- und Hochschulen — jetzt schon beiderlei Geschlechts. Den Hochschulen ist — bisher — eine Auslese verwehrt; man wird aber so nicht weiterkommen, sie ist unerläßlich — wird sie doch schon von anderen Fakultäten gefordert.
Diese Auslese ist unerhört schwierig, braucht man doch auch — gerade heute — technisch und wirtschaftlich eingestellte und begabte Leute. Das erschwert die Auslese besonders; grade der Unmusikalische singt ja besonders gern zum Schmerz seiner Zuhörer, und keiner übt eine Kunst mit derartigem, geradezu rührendem Fanatismus aus wie der geborene künstlerische Dilettant. Er baut auch technisch oft besser als der geborene Künstler, das Häßliche hält ja immer am längsten, und das Schöne strebt zur Vergänglichkeit.
Und doch, eine Auslese muß zu Beginn des Studiums ausgeübt werden, und eher sollte sie rigoros ausgeübt werden — selbst wenn Justizmorde passieren, da die wirkliche Begabung oft schwer zu erkennen ist.
Wer ist nun aber geborener Architekt? Wer zeichnen kann? Nein, wenn nichts anderes dazukommt, ist er vielleicht ein Artist. Wer Phantasie hat? Nein, wenn er sie nicht zu disziplinieren versteht, ist er ein Phantast. Graf Keyserling sagt einmal sehr richtig: Der größte Feind eines Genies ist sein Talent, das heißt, das allzu rasche Können hindert ihn an der Vertiefung des Problems. Und grade im Kampf gegen die eigene Natur oder gegen ihre Schwächen wird das Höchste erreicht. Demosthenes wurde der größte Redner der Griechen, weil er nicht reden konnte, das heißt, weil das physische Organ ihn eigentlich hinderte. Und im Kampf gegen die physische Schwäche, seiner geistigen Berufung folgend, wurde er der größte. Das zeichnerische Geschick verführte besonders früher den Architekten leicht, dieses Hilfsmittel zu überwerten und die Durchdenkung des Problems zu vernachlässigen. Es ist deshalb gar nicht so verwunderlich, daß einige unserer größten Architekten schlechte Zeichner waren.
Sie werden danach verstehen, wie schwer es ist, für Lehrer der Architektur die wahre architektonische Begabung zu entdecken. Ein Trost, daß es bei der Malerei nicht viel anders ist, so daß ein Menzel wegen seiner Talentlosigkeit von der Berliner Akademie zurückgewiesen worden sein soll. Schon Zeichnen ist eben auch ein relativer Begriff, ein Genie schafft sich seine Ausdrucksmittel selbst, sie werden meist von den grade anerkannten abweichen.
Ein Amerikaner soll einmal gesagt haben: »Die Deutschen sind eine Nation, bei der die eine Hälfte die andere fortdauernd unterrichtet.« Das stimmt so ungefähr, jedenfalls ist unser Hang zum Erzieherischen, der auch die Eigenart

unseres Beamtentums geschaffen hat, sehr groß. Die Schulen geleiten uns Architekten meist zumindest bis zur Mitte der zwanziger Jahre und stoßen uns dann ins Leben hinaus. »Non scholae, sed vitae discimus«, nicht für die Schule, sondern für das Leben lernen wir — dieser lateinische Spruch steht als Leitmotiv über so mancher Pforte unserer Lehranstalten —, er hat nirgends größeren Anspruch, befolgt zu werden, als an unseren Architekturschulen.
Aber Schule bleibt Schule, und immer noch werden an den Architekturschulen die Prüfungen im reinen Wissen überwertet, während doch das Können in allererster Linie den Ausschlag geben muß.
Sie kennen vielleicht die schöne Geschichte, wie der alte Rüdorf einen Architekten in Chemie prüfte. Er fragte den Kandidaten: wie sieht Chlor aus? Der Kandidat antwortete prompt: »Rot, Herr Professor.« Darauf sagte Rüdorf: »Na, nicht ganz rot, so mehr grünlich, auch nicht ganz grün, so mehr gelblich — sagen wir grünlich-gelb. Es war richtig, Herr Kandidat.« Rüdorf war neben seiner Eigenschaft als Westfale eben ein sehr einsichtiger Prüfender.
Oder die andere, wie ein Mediziner in der Zoologie sein Wissen bekennen sollte. Der Professor pflegte stets nach den Würmern zu fragen, und darauf bereitete man sich vor. Plötzlich fragt er nach dem Elefanten. Der Kandidat faßte sich und antwortete: »Der Elefant ist ein sehr großes Tier, infolgedessen hat er sehr viele Würmer. Die Würmer werden eingeteilt...«
Anekdoten sind manchmal ganz gut, sie werfen grelle Schlaglichter auf Mißstände. Selbst vom Architekten kann man nicht verlangen, daß er ein Polyhistor ist. Und ehe Prüfungen zu Farcen werden, sollte man alte Zöpfe abschneiden. Wir haben schon viele abgeschnitten, aber bei der Verfassung der Hochschulen wachsen Nebenfächer leicht aus, da jeder Professor natürlich die Wichtigkeit seiner Materie bestätigt wissen möchte.
Und zu keiner Zeit ist es schwerer gewesen, das herauszuschälen, was als lebenswichtig für unsere Schüler anzusehen ist.
Solange es sich nur um praktische, technische Dinge handelt, ist die Frage immerhin einfach. Man kann ungefähr übersehen, was heut zu praktischer Bewältigung des Faches gebraucht wird, und kann dem Schüler davon so viel eintrichtern, wie er irgend verdauen kann.
Aber geniale Mathematiker waren oft sehr schlechte Rechner, und die noch so eingehende Kenntnis der Elementarfächer befähigt nicht ohne weiteres zum geistigen Schaffen. Die praktisch-technische und schöpferische Begabung sind sehr selten vereinigt — der zur Form Hinstrebende empfindet den Zwang der Gesetze der Materie als lästig und ist schwer in das Studium des Elementaren zu fesseln.
Hier ist die Verantwortung des Lehrers besonders groß, er muß versuchen, beides zu vermitteln: Technik und Form, und über die Analyse, die die wissenschaftlichen und technischen Fächer geben, muß er den Schüler zur Synthese der Formung führen. Entwerfen heißt, die bei einem modernen Bau aus so unerhört vielfältigen Faktoren bestehende Aufgabe so zur Lösung zu bringen, daß nur Form übrigbleibt.

Dem Laien, dem Betrachtenden ist und muß es gleichgültig sein, wie viele Schwierigkeiten der Lösung entgegenstanden, es kann auch hier nur heißen, und »siehe es war gut, oder es war nicht gut«.
Und der Laie beruhigt sich nicht bei einer naturalistischen Lösung, ihn interessieren nicht besondere technische Schwierigkeiten, er will nichts vom Schweiß der Mühe sehen, der höchstens da sichtbar wird, wo die Lösung nicht gelungen ist.
Das alles dem Schüler vermitteln kann nur der Schaffende, ich kann nur das lehren, was ich selber kann und erfahren habe — nicht das, was ich weiß. Die Lehre bleibt sonst blutlos. Niemals darf man in eine Verwechselung verfallen mit den abstrakten, wissenschaftlichen Fächern — zu beweisen und nachzuprüfen ist bei uns nur, was technisch richtig oder falsch ist, darüber hinaus herrscht das Irrationale. Und hier kann nur der Meister den Schüler belehren. Hier herrscht als Mittler zur Erkenntnis der Eros, nicht der rechnende Verstand. —
Kunst ist ein Spiel, ein ernsthaftes Spiel, dessen Spielregeln Stil heißen. Wer stellt heut diese Spielregeln auf, wer lehrt sie? Wer bringt sie den Schülern so bei, daß sie faßbar sind? Die Ärmsten! Niemand wird sie heut mehr betrügen als der, der ihnen ein leichtfaßliches Klischee bietet, nach dem sie sich eine Form jederzeit zurechtschneidern können, die sie einem Bau überziehen, damit er ihrer Meinung nach als Form bestehen kann. Das sind kurzfristige Lorbeeren, die bald welken.
Noch stecken wir im Naturalistischen, im Atonalen, noch heißt es, mit jedem Problem von neuem zu ringen, um es zur Form zu zwingen. Und wenn es uns gelingt, die Form eines Baus von der Zeitgebundenheit etwas zu lösen und ihm den Schuß Zeitlosigkeit zu geben, den jede wahrhaft künstlerische Form hat, so haben wir genug getan. Und Architekt sein heißt nicht Fachmann sein, nicht Spezialist, sondern Mensch, Kämpfer sein für alles Menschliche — dann wird uns die Form von selbst zufallen. Und über die neue Form, die künftige Architektur, wie wir sie alle ersehnen, entscheiden nicht noch so große Errungenschaften der Wissenschaften, der Technik — darüber, über ihren Wert und ihre Dauer entscheidet nichts als die kulturelle Entwicklung der Menschheit.
Die Wirkung einer wahrhaften Architektur kann nur geistig sein — nicht technisch, unabhängig von jedem Größenmaßstab, in der Wirkung der Musik vergleichbar. Ebenso verantwortlich wie die Musik — denn ebenso wie ein Gassenhauer aus dem Ohr nicht herausgeht und die Menschen quält, so kann der Mensch einer schlechten quälenden baulichen Umgebung nicht entrinnen. Die Verantwortung des Architekten ist groß, für Jahrhunderte kann ein Stadtbild erhoben oder vernichtet werden. Man fängt wohl an, diese Verantwortung wieder zu begreifen, aber scheut sich vor den Konsequenzen, die Schwere dieser Verantwortung auch gesetzmäßig zu verankern. Was ist nun also Architektur? In Paul Valérys »Eupalinos oder über die Architektur«, einem Zwiegespräch zwischen Sokrates und Phaidros im Hades — übersetzt von Rilke — sagt Phaidros u. a.:
»Hast du nicht beobachtet, wenn du dich in dieser Stadt ergingst, daß unter den Bauwerken, die sie ausmachen, einige stumm sind; andere reden; und noch

andere schließlich, und das sind die seltensten, singen sogar? — Diese äußerste Belebtheit geht nicht von ihrer Bestimmung aus oder von ihrer allgemeinen Gestalt, ebensowenig wie das, was sie zum Schweigen bringt. Das hängt ab von dem Talent des Erbauers oder vielmehr von der Gunst der Musen. Gut, diejenigen von den Bauwerken, die weder sprechen noch singen, verdienen nichts als Verachtung; das sind tote Dinge; geringer im Range als jene Haufen von Bruchsteinen, die die Karren der Unternehmer ausspeien und die wenigstens durch die zufällige Verteilung, die sie im Falle annehmen, das neugierige Auge unterhalten. Was die Denkmäler angeht, die sich begnügen zu reden, so habe ich, wenn ihre Rede nur klar ist, alle Achtung für sie. Sie sagen zum Beispiel: hier vereinigen sich die Händler. Hier halten die Richter ihre Überlegungen ab. Hier seufzen die Gefangenen. Hier können die, die die Ausschweifung lieben ... (ich sagte da zu Eupalinos, daß ich in dieser letzten Art recht beachtenswerte gesehen hätte. Aber er hörte mich nicht). Diese Kaufhallen, diese Gerichtshöfe, diese Gefängnisse reden, wenn die, die sie erbauen, sich darauf verstehen, die genaueste Sprache. Die einen ziehen sichtlich eine bewegte, immerfort sich erneuernde Menge an, sie bieten ihnen Vorhallen und Eingänge dar; sie laden sie ein, durch Türen und durch die leicht zugänglichen Stiegen einzutreten in ihre geräumigen und wohlerleuchteten Säle, Gruppen zu bilden und sich den Gärungen der Geschäfte zu überlassen... Die Wohnungen der Gerechtigkeit aber sollen den Augen Strenge und Gerechtigkeit unserer Gesetze vorstellen.«
Im ganzen tiefsinnigen und schönen Dialog kein Wort von Technik, selbst im antiken handwerklichen Sinne, kein Wort von Wirtschaft!
Gebt also dem Kaiser, was des Kaisers, und Gott, was Gottes ist! Die Anforderungen der Technik und der Wirtschaft in Ehren, es wäre lächerlich, falsch romantisch, geradezu unschöpferisch, sich daran vorbeidrücken zu wollen und den Kopf in den Sand zu stecken — Technik und Wirtschaft sollen durchaus zu ihrem Recht kommen, sie sollen uns aber nicht versklaven, und wir wollen darüber hinaus noch für unsere Arbeiten etwas von dem einfangen, was nicht für kurze Zeit verblüfft, durch einen lauten Schrei die Aufmerksamkeit zu erzwingen sucht, sondern redet, oder gar singt, wie es auch von der Zukunft verstanden werden kann, einer Zukunft, die nichts mehr weiß von all den Überraschungen, die uns neue technische Erfindungen und Möglichkeiten bereitet haben, sondern nur das versteht, was an ewiger Melodie in unseren Schöpfungen einzufangen uns vielleicht gelungen ist.

## 6 Juni 1931

**Zum unrühmlichen Ende der RFG**

Mit der RFG und ihrem im Verhältnis zu den Arbeitserfolgen anmaßenden Firmennamen ist eine jener schleimigen Organisationen unschädlich gemacht, die schleichend an der kalten Sozialisierung mitarbeiten sollte. Sie hat es zunächst durch die Geste der Wissenschaftlichkeit fertiggebracht, daß ein Teil der mit ehrlichem Willen der Förderung des deutschen Bauwesens Dienenden auf sie hineingefallen ist. Die elegante Art, mit der die verantwortlichen Persönlichkeiten aufzutreten und die Berechtigung ihrer Ziele darzulegen wußten, hat dabei geholfen. Schließlich war es auch nicht ganz leicht, dem wahren Wesen der RFG auf den Grund zu gehen. Die in ganz kurzer Zeit von der RFG produzierten Schriften nahmen bald ein Ausmaß an, daß man es dem beschäftigten Architekten und Baufachmann nicht verübeln konnte, wenn er das Ringen um die Beherrschung dieser Papiermassen aufgab. Endlich ist es dann doch so gekommen, daß die RFG in ihrer ganzen Arbeitsweise den erbitterten Unwillen der überwältigenden Mehrheit der deutschen Fachwelt hervorgerufen hat, die sie nun in Verbindung mit ihrer eigenen Unfähigkeit zu ihrem erbärmlichen Falle gebracht hat. Es ist schade, daß Deutschland erst später Gesetze erhalten soll, die für derartigen Mißbrauch öffentlicher Gelder private Vermögenshaftung und Sühne setzen werden.

## 7 November 1931

**Mehr Echtheit im Bauen, Zeitgenossen!**

Das Schicksal sorgt bekanntlich öfter für Ausgleich, wenn auch auf Umwegen; das sieht man auch beim Stilmalwechsel: farbiger Marmor, mit dem man lange in Miethäusern aristokratische Architektur mimte, wird heute durch unglaublich echten Marmorblechdruck ersetzt. Dann kamen als Ausgleich für Textilwandbezüge die papiernen Webmuster. Sie wurden nach großer Gloria reumütig als unecht abgelehnt. Mies van der Rohe, ein zweirassiger Ausländer, der ausgerechnet für Deutschlands Vertretung im Ausland die fetten Aufträge erhielt, aber auch andere Sachlichkeitsherolde stießen in ihre Hörner, und wieder erklang der

Zu 6 Die Gründung der *Reichsforschungsgesellschaft für Wirtschaftlichkeit im Bau- und Wohnungswesen* geht auf einen Reichstagsbeschluß vom 14.12.1926 zurück. Der Beschluß sah vor, aus den Zwischenkreditmitteln des Reiches 10 Mill. Reichsmark für die Erforschung und Erprobung von Kleinwohnungsbauten abzuzweigen. Auch sollten bautechnische Versuche unternommen werden. Zu den mit Mitteln der RFG errichteten Bauten gehören die Siedlungen Dessau-Törten, Frankfurt-Römerstadt, Stuttgart-Weißenhof sowie Siedlungen in Hamburg, Berlin und München. Die Neuartigkeit der Aufgabe, Ausführungsschwierigkeiten, Widerstand und Druck bestimmter Kreise der Bau- und Finanzwirtschaft und schließlich die Krise nach 1930 bewirken, daß sich die Gesellschaft am 5.6.1931 auflöst.

Ruf nach Echtheit. Das Vaterland ist arm. Die Wände großer Räume erhielten durch die geschickte Hand der Putzer das Echtmaterial der Zeit, geschmückt mit zarten Horizontalbändern.
Jetzt, wo die Putzer auf Arbeit warten, machen die Tempelwächter des neuen Bauens wieder eine neue Propaganda: die Echtmaterial-Imitation! Sie dient auch zur angenehmen Erhöhung der Baukosten und bildet eine Illustration der Wirtschaftlichkeit im Bauen, wie diese Herren sie verstanden ...

## 8  Januar 1931
### Plattenpleite

Von jeher war der Bluff ein etwas anrüchiges Verfahren neuerungssüchtiger Vordränger zum Wege des Ruhms. Bei dem verflossenen Frankfurter Stadtbaurat May war es eine etwas abgeguckte Methode nach seinem alten Frankfurter Vorbild Rothschild, der auch einmal das Weltbild, wie er es vorfand, verändern wollte. May wollte den Hausbau von Ziegelstein und Maurerarbeit befreien; der Menge braver Spießer erzählte die Propaganda von der ungeheuren Verbilligung durch die »große Betonbauplatte«. Zur Einleitung dieses Humbugs durch knallende Schlagworte: Lineal das Maß aller Dinge — uniformer Häuserbau, Ausdruck der Demokratie. Es fehlte noch die Platte, die Gipfelleistung platten Denkens.
Die gute Reichsforschungsgesellschaft lieferte dem Lenin des deutschen Bauens riesenhafte Staatsgelder zur Finanzierung, bis Herrn Mays kleine Sowjetindustrie in Frankfurt in ihren letzten Zügen lag. Noch vor den letzten Kostenrechnungen sauste dann der May nach Rußland ab (er hatte es eilig) und hinterließ leise weinend unsere steinholzeiserne Kollegin in der Mainstadt.
Die Abrechnung wurde verschoben — die enttäuschenden Tatsachen unterdrückt — ramponierte Ergebnisse verheimlicht — alles von wegen der genialen Ideen und so. Nun erzählt die »Frankfurter Post«, daß die teure, teure Plattenfabrik zuletzt zu 4 Prozent ihrer Kapazität beschäftigt war ... Nebenbei: die Hypothekenbanken hatten die Plattenhäuser nicht beleihen wollen, nur deshalb sei die Fabrik zurückgegangen. So wird das Volk angelogen. Die Wahrheit ist, der Plattenrummel stand in stärkstem Mißverhältnis zur technischen Wirtschaftlichkeit. Mit Recht fragt die Fachwelt: Wer hindert das Vorgehen, May für diese horrende Verschwendung öffentlicher Steuergelder vermögensrechtlich zur Rechenschaft zu ziehen und seine bei einer deutschen Großbank liegenden 450 000 RM mit Beschlag zu belegen?

## 9  1931/32
**Bausünden und Baugeldvergeudung**
Aus: Erfahrungen aus Frankfurt a. M. und anderen Städten

Mit einem Riesengeldaufwand, der in der Geschichte des Gemeindebauwesens einzig dasteht, und mit einer revolutionären Tatsucht von großem Ausmaße hat es die Stadt Frankfurt am Main unternommen, neuformend in das Bauwesen einzugreifen... In keiner deutschen Stadt ist nur annähernd so viel Umwälzendes im Bauwesen geschehen wie dort.
Der Agitator dieser vorlauten Bestrebungen war der Stadtbaumeister May, der sein revolutionäres System jahrelang hindurch mit allen Mitteln der äußerlichen Propaganda durch Zeitungsartikel, Vorträge und mit Hilfe einer außerordentlich kostspieligen Bildreklame durchsetzte. Er umgab sich mit einem Stab ganz junger Techniker, die er inspirierte, zu ihrem Nachteil. Erst wurden Einfamilienhäuser und kleine Villen unter Geländeverschwendung erbaut, dann folgten weitab von der Stadt große und oft in der Presse genannte Siedlungen von starker kollektiver Ausdrucksform, mit Wohnzellen, dann Gangwohnungen mit eingebauten Betten unter Beschränkung der Wohnungsgröße auf Mindestmaße. Es sollten rationelle Wohnungen im freien Felde sein. Diese Wohnungen wurden errichtet als Flachdachbauten, als Kleinhäuser mit Dachgärten, als Miethäuser mit durchgehenden Treppenhausfenstern, als Wohnräume mit breiten liegenden Fensterflächen; das alte Fensterkreuz wurde als eine traditionelle Konfession verpönt! Alle Bauten erstanden als konsequent durchgeführte Häuser mit dem Plattdach: eine äußerliche Kennzeichnung, orientalischen Mustern entnommen, hatte die Aufgabe, den grundsätzlichen Unterschied zu den Altbauten zu demonstrieren...
Der fast gewalttätige Einfluß des Bauleiters hatte bei dieser Riesenaufgabe den Einfluß alter Erfahrungen bewährter Baufachleute ausgeschaltet. Jede schwache Opposition wurde... mundtot zu machen versucht. Ullsteins »Bauwelt« kargte

**Zu 9 und 10**  1931 erscheint auf dem Buchmarkt eine Schrift *Bausünden und Baugeldvergeudung*. Sie zeichnet sich vor anderen Kritiken und Polemiken dadurch aus, daß sie versucht, an Hand grotesk aufgebauschter Bauschäden, vor allem an Neubauten von *Ring*-Architekten, das *Neue Bauen* in toto zu diskreditieren. Ihr Herausgeber ist der Hauptschriftleiter des in Hannover erscheinenden Fachblattes *Die Deutsche Bauhütte*, Curt R. Vincentz. Die von den offenen und heimlichen Gegnern des *Neuen Bauens* mit auffälligem Eifer aufgegriffene Broschüre wird gratis an Architekten, Bauämter, Baugenossenschaften, Handwerkskammern usw. gesandt und in 9. (!) Auflage auch in der Schweiz ausgeliefert. Dazu bemerkt die Zeitschrift *werk* (1933, S. 63): »Aus stimmungsmäßiger Opposition wird über alles, was modern ist, kübelweise Unrat ausgeleert.« Kennzeichnend für den Geist der Polemik ist die Reaktion des Herausgebers im Jahr 1933; von einer Firma (Ruberoid-Werke AG) mit Klage bedroht, nimmt er alle die Firma treffenden Unterstellungen mit Bedauern zurück: »Meine Angriffe wollte ich nur gegen die System-Architekten der neuen Sachlichkeit richten.« Etwa gleichzeitig mit dieser Erklärung verschwindet aus der *Deutschen Bauhütte* eine Seite *Kritische Beobachtungen*, auf der nach dem Muster des *Völkischen Beobachters* jahrelang systematisch gegen das *Neue Bauen* gehetzt worden war.

nicht mit Lob. Eine eigene Frankfurter Zeitschrift, die durch ganz Deutschland vertrieben wurde, hatte die Sonderaufgabe, die Ideen Mays nach der Art einer Masseninfektion auszubreiten, während die fachliche Kritik lange Zeit fast allein in der »Deutschen Bauhütte« wachgehalten wurde. Baurat May zog es vor, mit 20 seiner Beamten nach Moskau überzusiedeln, ehe die Abrechnung erfolgte!

## 10  1931/32
### Die Weißenhof-Siedlung
Ein Bericht zum fünfjährigen Bestehen
(Aus der Flugschrift »Bausünden und Baugeldvergeudung«)

Die neue Werkbundreklame (aber) gebietet, Näheres über die technisch verfehlten Leistungen und die Unwirtschaftlichkeit zu zeigen, wie sie vor fünf Jahren von der »Deutschen Bauhütte« vorausgesagt wurde.
Damals nahm das Werkbundschifflein scharfen Kurs: »Laßt alle Segel blähen, es weht ein königlicher Wind«, so fuhr es beladen mit Reform-Architekturplänen nach Stuttgart. Das Schifflein war übervölkert mit Ober- und Unterkapitänen, Steuerleuten und Lotsen für Reklame. Die Stuttgarter Architekten (bis auf 2) wurden nicht zugelassen. So entstand die Siedlung Weißenhof, die das gutmütige schwäbische Volk bald »Neu-Jerusalem« taufte. Der Werkbund hat viel tüchtige und ehrenwerte Mitglieder, sie ahnten nicht, welch einem Klüngel von ausländischen Auch-Künstlern vom Bunde zur Auftragsjagd für hochgeschwellte Geldtaschen Freiheit gelassen wurde. Als die 25 Einfamilienhäuser nagelneuer Baugesinnung und dito Stockwerkswohnungen fertig waren, hatte die lautgespielte Reklameorgel Gläubige von weither gelockt. Da standen nun die Massen vor dem neuen Arbeitseffekt. Villen auf Stahlstelzen gab es, dazu viel orientalische Imitationen. Scheu standen die Leute vor gläsernen Wohnfronten, die freilich von manchen späteren Bewohnerinnen zum Teil mit Wachstuch bezogen wurden. Es erschienen steckengebliebene Wohnmaschinen und fensterlose Wände mit kreischenden Farben. Man sah auch Zementschreibtischplatten und im Parterre-Empfangsraum als Funktionseffekt den Zentralheizkessel. Außerdem fand man jene Schöpfungen, die eher wie ein Operations- oder Arrestlokal als eine Wohnung erschienen. Man bemerkte eine neue übelriechende Wohnkultur, z. B. in Eisenrahmen halbhoch gefaßte Betonwände als Zimmertrennung von Kneipecke und Hausfrauenschlafabteil, in das über die niedrigen Trennwände hinweg der Tabaksqualm zechender Freunde des Hausherrn dringen konnte. Man sah jene halben Wände, über die hinweg etwas längere Hausgäste unter Umständen ein Familienmitglied auf diskreter Sitzgelegenheit sehen konnten. Es waren aber »garantiert vorbildliche Lösungen« angekündigt, »gewonnen aus der Summe der veränderten Zeitfaktoren.«
Das Volk wurde sozusagen überredet, dieses Bauwunder mit einer Werkbund-Hornbrille anzusehen, um die würdigen neuen Futterale für ganz moderne Be-

wohner zu verstehen. Über diese Flachdach-Kunstwerke geriet eine sehr propagierte, jetzt aber verflossene Frankfurter Zeitschrift in wahre Ekstase. Hier handele es sich ja nicht etwa um vergängliche Machwerke für vorübergehende Ausstellungszwecke, nein, um angeblich höchst solide Bauten für wirtschaftliche Dauerbenutzung durch hochwertige Bewohner, die nach Corbusiers etwas gewalttätigen Versuchen eine hohe Lebensbefriedigung finden würden; es waren neue gemauerte Proteste gegen »nationale Rückständigkeit«! ...

Zu dem Fünfhäuserblock von J. P. Oud (Moskau)
Auf diesen kollektivistischen Herrn war man im Werkbund lange Zeit besonders stolz. Man zeigte gern die etwas fremde Andeutung seiner Zeichentechnik. Oud übersetzte bauliche Tierzüchtungsüberlegungen; also etwa die architekturale Pferdebox mit spärlichem Oberlicht als Behälter für Menschen. Seine Sowjetbegeisterung erstrebte kleine enge Häuschen, die man fabrikmäßig aneinanderkleben kann: je 1 Wohnzimmer, 1 Elternschlafzimmer, 2 kleine Kinderschlafzimmer, Kammer, Küche, Bad mit Klosett. Die Zerstörung war fürchterlich. Die Gesundheitspolizei schritt ein. Die Abbruchmenge der Ruberoid-Dachfetzen und -Platten ergab Juli 1932 ca. 2 cbm Schutt ...

Zu den Häusern von Mart Stam
Stam (auch in Moskau notleidend) hatte eine neue architektonische Gesundheitspädagogik bereitgestellt, die den Bewohnern seiner Häuser auf sichtbare Weise die bedeutsamen Vorteile und ökonomischen Vorzüge des Frierens lehrt, was aber an der Dickköpfigkeit der Mieter scheiterte ...

Zu dem Einfamilienhaus von Hilberseimer
... Dem gewöhnlichen Sterblichen erscheint dieses Machwerk als trostlose Kistenarchitektur, in der Form, wie man beim Aufkommen der Rabitzwände in entfernten Dörfern Hühnerställe baute. Hilberseimer verwendete nicht Rabitzwände, sondern er gebrauchte hier Feifelsteine. Zwischenwände und Decken wurden in Holz-Zickzackbauweise ausgeführt. Das Pappdach ist Zugabe. Das Gefälle hat man nach innen verlegt, das Abfallrohr ist ebenfalls innenliegend. Jeder einfache Baumensch ist sich darüber klar, was es bedeutet, wenn eine Hausentwässerung nach innen verlegt wird ...

**11** Dezember 1932

**Der »Fall« Poelzig**
Von Robert Scholz

...Und nun zu der Person des »kommissarischen« Nachfolgers Poelzig. Dieser hat nie einen Hehl daraus gemacht, daß er der Exponent einer künstlerisch und kulturpolitisch linksradikalen Richtung ist. Durch Vermittlung der »B.Z.« teilt Poelzig mit, daß er es für »überflüssig« halte, unsere Anwürfe gegen ihn richtigzustellen, bestätigt aber im übrigen, »daß er es in einer Zeit, in der ein großer Teil der deutschen Industrie durch Aufträge aus der Sowjetunion beschäftigt werde, für seine Pflicht halte, einen Bauplan der Sowjetregierung zu begutachten«. Herr Poelzig scheint demnach kein Gefühl dafür zu haben, daß es etwas völlig anderes ist als ein einfaches Geschäft mit irgendwelchen Maschinen, wenn er sich der Sowjetregierung als künstlerischer Gutachter für den Sowjetpalast zur Verfügung stellt, noch dazu in einem Augenblick, wo unter dem Entrüstungsschrei der ganzen Kulturwelt für denselben Zweck die Erlöserkathedrale in die Luft gesprengt wurde. Das war kein Geschäft mehr, sondern eine Sympathiekundgebung für den Bolschewismus.
Aber nicht nur das allein ist es, was uns die auf Poelzig gefallene Wahl als höchst bedenklich erscheinen läßt. Poelzig besitzt bereits zwei sehr wichtige Ämter, und zwar leitet er ein großes Seminar der Technischen Hochschule und eine Architekturmeisterklasse der Akademie, dazu kommt noch seine private, umfangreiche Bautätigkeit. Es wird jedem sachlich Denkenden einleuchten, daß Poelzig neben dieser Tätigkeit nicht noch den verantwortungsvollen Direktorposten der Hochschule versehen kann. Dem Ministerium war demnach mehr darum zu tun, den Linkskurs in der Kunstpolitik mit aller Gewalt zu halten, als der künstlerischen Jugend einen wirklichen Führer zu geben.
Zudem ist Poelzigs künstlerische Bedeutung stark umstritten. Sein Schaffen trägt den Stempel der zeitlichen Problematik und der inneren Uneinheitlichkeit. Seine wenigen Berliner Bauten, wie die Funkhalle und der Kinopalast an der Gedächtniskirche, sind zum Teil in ihrer kahlen Zweckhaftigkeit alles andere als Kunstwerke. Poelzig gehört zu der Richtung der modernen Architektur, die, absolut kunst- und schmuckfeindlich eingestellt, sowohl die ästhetischen Elemente der Tradition als auch die ergänzenden Künste aus der Baukunst vertrieben hat. Als Repräsentant einer solchen Richtung aber muß Poelzig völlig ungeeignet für die Leitung einer Schule erscheinen, der die Aufgabe zufällt, die Werke der künstlerischen Tradition zu wahren und zu mehren.

## 12 September 1932
### Die politische Hetze gegen das Neue Bauen
Von Paul Renner[1]

Von jeher haben Geister zweiten Ranges vor den Wagen ihres Erfolges, den die Lendenlahmheit ihres Genius allein nicht zu ziehen vermochte, den Patriotismus einzuspannen versucht und Geister dritten Ranges dazu noch den Lokalpatriotismus. Sie haben sich nie gescheut, begabtere Zeitgenossen, deren Genie sich in der ganzen Welt Bürgerrecht erworben hat, als weniger vaterländisch anzuschwärzen. Sie sind daran schuld, daß heute jede Kunst verdächtig ist, die sich als national ausgibt. Wer zum Schutz der heimischen Kunst die Grenzen schließen will, hülfe damit nicht den guten Künstlern, sondern den schlechten, nicht den starken Künstlern, sondern den schwachen. Die heimische Kunst würde dadurch nicht besser, sondern schlechter werden...
Wenn es diese völkische Selbstgenügsamkeit schon in früherer Zeit gegeben hätte, wären die Kirchen, die Rathäuser und Schlösser, auf die wir heute so stolz sind, niemals gebaut worden. Wer alle Bauwerke aus unserer Vergangenheit als undeutsch streichen wollte, deren Formgebung durch Vorbilder aus dem romanischen Westen und Süden mitbestimmt worden ist, ließe außer einigen Bürger- und Bauernhäusern nicht viel übrig. Das weiß jeder Kunsthistoriker. Das wissen auch die unter ihnen, welche heute mit allzu eifrigem Gebrauch des Wortes deutsch bei der politisch erregten Jugend wohlfeilen Beifall ernten.
Jeder Versuch, bewußt vaterländische Kunst zu machen, hat zu einem Provinzialismus geführt, über den die Zeit immer bald hinweggegangen ist. Wer der modernen Baukunst Untreue gegen die herkömmliche, vaterländische Bauweise vorwirft, wer ihr immer wieder unsere Baudenkmäler aus der Vergangenheit als deutsch gegenüberstellt, kann nur bei der Masse der Ungebildeten Eindruck machen, die nicht wissen, wie eng diese alte Bauweise mit der gleichzeitigen Baukunst der anderen europäischen Länder verbunden war und wie unablösbar fest sie in der geistigen Verfassung und in den sozialen Zuständen ihrer Entstehungszeit haftet.
Das Nationale kann nie ein Programm sein; es ist immer nur dann echt und wertvoll, wenn es unbewußt und ungewollt von selbst zum Vorschein kommt.
Es gibt nur einen großen abendländischen Kultur-Verlauf. Alle europäischen Völker, vom griechischen angefangen, haben an ihm teilgenommen. Es scheint, daß sich ihm kein Land entziehen kann. Wenn ein Volk glaubt, sich einen Umweg ersparen zu können, so rächt sich das bitter; und es muß das, was es nicht mitmachen wollte, ganz besonders ausgiebig und heftig nachholen. Man denke an die Gotik, gegen die sich Deutschland so lange gesträubt hat und die es vielleicht darum heute noch nicht ganz los ist, oder an die leidenschaftliche Politisie-

---

[1] Paul Renner, Leiter der Meisterschule für Buchdruck in München, Vorsitzender des Deutschen Werkbundes Bayern.

rung des so lange unpolitisch gebliebenen deutschen Bürgers. Oder man denke an Rußlands langen Widerstand gegen die Ratio des Westens, der es heute um so mehr verfallen ist.
Die nationale Kunst befindet sich deshalb immer am besten, wenn sie innerhalb der europäischen Kunst in vorderster Reihe marschiert. Und weil die deutsche Baukunst diesen günstigen Platz heute endlich zum erstenmal innehat, sind die bösartigen Angriffe des Nationalismus, der sie in dieser glücklichen Position bedroht, gewiß kein Kampf für die deutsche Kultur...
Die junge Baukunst steht zwar nicht im Verdacht, von jüdischen Kunsthändlern aus Frankreich eingeführt worden zu sein, wenngleich ihr Avantgardist Le Corbusier, der besonders grimmig gehaßte, in Paris lebt und arbeitet. Aber seine Gegner rechnen ihn selbst zu den Bolschewisten; und so ist die Schlachtfront dieses Kulturkampfes nur gegen Osten gerichtet. Man gibt sich den Anschein, als wisse man nicht, daß die neue Bauweise erst aus dem Westen durch Holländer, Schweizer und Deutsche nach Rußland gekommen ist und daß man sie dort »deutschen Stil« nennt. Die Angst vor dem Bolschewismus als Werbeargument für die Erteilung von öffentlichen und privaten Bauaufträgen mobil zu machen, scheint die letzte Hoffnung des historisierenden Eklektizismus zu sein. Werbeargumente haben keine suggestive Kraft, wenn man nicht selbst an sie glaubt; warum sollte man aber nicht an den Bolschewismus der neuen Baukunst glauben? Tut sie nicht wirklich ein wenig so, als ob sie bolschewistisch wäre?
Ein Schweizer Architekt[2] hat in zwei Büchern »Krisis der Architektur« und »Die Brandfackel Moskaus« alles zusammengetragen, was die moderne Architektur in den Verdacht bringen könnte, sie sei russisches Propagandainstrument. Es ist nicht uninteressant zu wissen, was dieser Herr, der ja selber baut, unter nationaler Baukunst versteht. Die Schweizer Werkbundzeitschrift hat früher einmal von ihm eine Reihe architektonischer Entwürfe in türkischem Heimatstil veröffentlicht, mit denen die Türkei beglückt werden sollte. Er scheint also den Ehrgeiz zu haben, bodenständig von Profession zu sein. Doch nimmt er es mit dem Bodenständigen nicht allzu genau, denn er hat den Zürichern am Mythenquai das Gebäude der Rückversicherung im Berner Barock hingestellt, dessen Bauformen schon historisch nach Zürich passen wie die Faust aufs Auge...
Als Beleg für seine Denk- und Redeweise einige Zitate: »Der Verfall des archi-

---

[2] Alexander von Senger, Mitglied der Schweizerischen Architektenvereinigung *Neues Bauen für kulturelle Ideale, rassereinen Stil und Nationalität*, entfaltet gegen Ende der 20er Jahre vor allem in Deutschland und Frankreich eine rege Propagandatätigkeit gegen das *Neue Bauen*. Seinen Landsmann Le Corbusier bezeichnet er als *Lenin der Architektur*, Stuttgart-Weißenhof, Dessau-Törten, Frankfurt-Römerstadt als *Bollwerke des Feindes mitten im deutschen Vaterland*. In seinen Reden im Rahmen von KfdK-Veranstaltungen und in den Schriften *Krisis der Architektur* (1928), *Die Brandfackel Moskaus* (1931), *Der Baubolschewismus und seine Verkoppelung mit Wirtschaft und Politik* (NS-Monatshefte, 1934, S. 497 ff.) zieht er außer gegen den *Kulturbolschewismus* auch gegen den Großkapitalismus zu Felde, ein Umstand, der – nach der Machtergreifung – sein weiteres Avancement verhindert. Immerhin wird von Senger, wie sein Kollege Friedrich Nonn, für seine Verdienste in der Kampfzeit 1935 mit einem Lehrauftrag und 1936 mit einer ordentlichen Professur an der TH München belohnt.

tektonischen Sinnes zieht den Verfall des Denkvermögens nach sich.« — »Nicht die Violine, sondern der Violinspieler ist der Schuldige, wenn aus dem Instrument Mißtöne erklingen.« — »Das neue Bauen vernichtet die Sehnsucht nach der großen Gesundheit und erzeugt die Sehnsucht nach der großen Krankheit.« —»Le Corbusier ist der Großinquisitor, Loos der Hoch- und Großmeister des Neuen Bauens. Le Corbusier ist der betriebsame Vulgarisator der Doktrinen von Adolf Loos, der durch seinen Aufsatz ›Ornament und Verbrechen‹ die Magna Charta des Bau-Bolschewismus erließ.«
Man glaubt dem Verfasser aufs Wort, wenn er sich darüber beklagt, daß er in der Schweiz kein Gehör finde. Dafür darf der elegante Genfer, der das Deutsch mit französischem Akzent spricht, als getreuer Eckehard im »Völkischen Beobachter« vor dem Bau-Bolschewismus warnen. Und alsbald geht ein Sturm durch den deutschen Blätterwald, und die ältesten Eichen unter den deutschen Klassizisten schütteln heftig ihre knorrigen Äste. In einer Münchener Zeitung wird unter Berufung auf die Bücher des Schweizers »Das wahre Gesicht der Neuen Baukunst« enthüllt. In Ehren ergraute Regierungsbaumeister a. D. tauchen ihre verrostete Feder in die schwarze Bitternis ihres Herzens und füllen mit ihrem Geschreibe die Spalten der Fach- und Provinzblätter.
Auch wer nicht zu den ängstlichen Naturen gehört, die ihren Gegnern immer gleich eine machtvolle Organisation andichten, hätte allen Grund, wachsam zu sein. Denn hier wird der deutsche Nationalismus, der durch die wachsende allgemeine Not und ihre gewissenlosen demagogischen Nutznießer immer mehr in einen Zustand gerät, daß er sich wie ein verwundeter Stier auf das rote Tuch jedes wirklichen oder vermeintlichen Gegners zu stürzen bereit ist, von bequemen Ausbeutern historischer und übrigens keineswegs nationaler, sondern internationaler Bauformen gegen wertvolle deutsche Pionierarbeit gehetzt. Der verbrecherische Anschlag richtet sich gegen das keimende Leben eines neuen Baustiles, für dessen Geburt, Pflege und Wartung auch Deutschland eine geschichtliche Verantwortung trägt.
Das Volk nennt diesen Stil zu Unrecht Bauhausstil und übertreibt damit gewaltig die Bedeutung des Weimarer und Dessauer Bauhauses, deren Leistungen von uns ja gewiß nicht verkannt werden. Daß sich an dieser Schule, als der Basler Hannes Meyer, der Nachfolger von Gropius, an ihrer Spitze stand, unter der Schülerschaft eine kommunistische Zelle gebildet hatte und daß Hannes Meyer dieser schwierigen Lage nicht gewachsen war und, schnell verabschiedet, nach Rußland ging, ist in den Augen dieser scharfsinnigen Aufspürer und Entwirrer geheimster Fäden Beweis genug dafür, daß der neue Baustil bolschewistisch sei.
Der Anti-Marxismus ist wie der Anti-Semitismus ein Angstzustand, den man vielleicht mit Baldriantropfen, aber nicht mit Vernunftgründen mildern kann. Es wird die Gegner kaum beruhigen, wenn man sie darauf hinweist, daß die ganze europäische Jugend, soweit sie sich politisch betätigt, immer nur auf den äußersten Flügeln der Linken oder Rechten zu finden ist. Wahrscheinlich war es auch früher nicht anders. Denn jugendliches Denken bewegt sich von jeher gern in einem falschen Radikalismus; es vermag nur grobe Richtungsunterschiede zu

sehen und entscheidet sich dann für die eine extreme Richtung oder für die andere. Erst von einer höheren Stufe des Denkens aus sieht man durch dieses Entweder—Oder hindurch und übersieht Richtungszusammenhänge.

Es wäre im Gegenteil erstaunlich, wenn die entschiedensten Parteigänger einer so großen Bewegung wie der des Neuen Bauens nicht unter dieser radikalen Jugend zu finden wären und wenn diese Jugend ihre politischen Meinungen nicht mit ihren künstlerischen Anschauungen zu verbinden suchte. Wer darauf erwidert, die Politik gehöre nicht auf die Schule, sagt etwas, was wir am wenigsten bestreiten. Mies van der Rohe, der leitende Architekt der Weißenhofsiedlung, der zweite Vorsitzende des deutschen Werkbundes, hat ja auch als Nachfolger von Hannes Meyer am Dessauer Bauhaus schnell Ordnung geschaffen. Man schämt sich fast zu sagen, daß weder Mies van der Rohe noch der frühere Frankfurter Stadtbaurat May, auch Gropius nicht, sowenig wie viele andere, die von den Gegnern des Neuen Bauens zu Juden gemacht werden, Juden sind. Mies ist der athletische Sohn eines niederrheinischen Baugewerkmeisters und hat seine schon so oft bewiesene Führernatur auch im Bauhaus bewährt. Die Jugend hat sich schnell diesem Führer gefügt und ihm schon am ersten Weihnachtsfest einen scherzhaften Orden überreicht mit der Aufschrift: »Für Tapferkeit vor dem Bauhaus.«...

Es wäre vergebliche Mühe, die Anwürfe und Verleumdungen abzuwehren, mit denen man die modernen Architekten persönlich zu treffen sucht. Ein guter Architekt pflegt keine schwachen Nerven zu haben und wird sich seiner Haut selbst zu wehren wissen. Und der Siegeszug der neuen Baukunst wird durch Angriffe von so übler Art nicht aufgehalten. Aber die Verhetzung hat dazu geführt, daß ein großer Teil unseres Volkes diesen bedeutenden Augenblick in der Geschichte unserer Architektur unbeachtet vorübergehen läßt und daß, was viel schlimmer ist, nicht nur der Sinn dieser Abkehr von den historischen Stilen unverstanden bleibt, sondern damit auch die Bedeutung und die Eigentümlichkeit dieser Zeit selbst, in der wir leben. Denn das Abbrechen einer jahrtausendealten Formentradition ist ja nur die Oberflächenwirkung eines viel tiefer gehenden Bruches. Das Neue Bauen ist der architektonische Ausdruck eines neuen Zeitalters, zum mindesten einer Zeitwende, die zu einer neuen Zeit überleitet...

## 13 Herbst 1932

**Geleitwort zu Karl Willy Straub: Architektur im Dritten Reich**
Von Prof. Dr. Paul Schultze-Naumburg, M.d.R.

Wenn man dem Leser den Ausdruck der Bauten des Dritten Reiches anschaulich machen will, so bedarf es dazu der Aufzeigung eines Doppelgesichtes: einmal des Gesichtes *des* Hauses, wie es als Zielbild im Sinne eines neuen Deutschland erscheint, zum anderen aber des Gesichtes *der* Bauten, die wir ablehnen, ja, die wir leidenschaftlich bekämpfen, da wir in ihnen die Vertreter einer Weltan-

schauung erblicken, die aus einem neuen Deutschland verschwinden müssen ...
Zu dem, was das Dritte Reich ablehnt, gehört zunächst fast alles das, was das letzte Zweidrittel des gesamten neunzehnten Jahrhunderts hervorgebracht hat. Es läßt sich genau verfolgen, wo die Ursachen des Abstiegs zu suchen sind und welche weltanschaulichen Wandlungen ihnen zugrunde liegen. Kein tiefer Blikkender kann heute daran vorbeisehen, daß diese unheilvolle Wende, wie sie das neunzehnte Jahrhundert brachte, nur mit der Abkehrung von einer blut- und bodengebundenen Kultur und der Übernahme einer liberalistisch-demokratischen Lebenseinstellung zu erklären ist. Dies Gesicht, das im Laufe des neunzehnten Jahrhunderts das allgemein herrschende geworden war, verändert sich nun in der Nachkriegszeit und nimmt unverhüllt anarchistische Züge an. Es gelingt für kurze Zeit, den Schein einer Alleinherrschaft zu erzeugen, die unter denselben Zeichen auftritt wie die gleichzeitige politische Macht: Gleichheit der Menschheit, Internationalität, Kollektivismus und grimmige Verfolgung alles Blut- und Bodengebundenen.
Das deutsche Volk, das in seiner rührenden Bravheit und Gründlichkeit nicht allein den ihm im Grunde durchaus wesensfremden Liberalismus übernahm, hatte sich in den Kopf gesetzt, es sei seine sittliche Pflicht, auch erst einmal die kommunistischen Ideen am eigenen Körper wenigstens zu probieren, ehe es sie zur Tür hinauswerst. Und so läßt heute die brave Gründlichkeit des Deutschen, aber auch seine Gedankenlosigkeit und sein unaustilgbarer Respekt vor allem, was von jenseits der Grenzen kommt, es nicht zu, den baulichen Ausdruck einer ihm gänzlich artfremden Geistesrichtung mit entschiedener Deutlichkeit abzulehnen, sondern er hält es sogar noch für seine Aufgabe, auch dem Feinde, der nichts anderes vorhat, als ihn zu vernichten, »gerecht« zu werden, und, anstatt zu kämpfen, ihn »objektiv« zu betrachten.
Gott sei Dank lebt nun aber neben dieser Engels- und Lammesgeduld des Deutschen auch noch genug von dem furor teutonicus in ihm, der kämpferische Pflich-

Zu 13 Paul Schultze-Naumburg (1869–1949), Begründer der *Saalecker Werkstätten* (1901) und Verfasser der seinerzeit vielgelesenen 9bändigen *Kulturarbeiten* (1903–17), begegnet Hitler 1926 im Hause Wagner in Bayreuth. Zu dieser Zeit steht der Reformer der Jahrhundertwende bereits im Bann der von Gobineau, Günther, Clauss, Fischer, Lenz u.a. vertretenen *Rassenlehre*. Die Bücher *Kunst und Rasse* (München, 1928), *Kunst aus Blut und Boden* (Leipzig, 1934), *Der Kampf um die Kunst* (München, 1934) und nicht zuletzt die *Programmreden der Jahre 1929–1933* im Auftrag des von ihm mitbegründeten KfdK bringen Schultze-Naumburg vorübergehend den Ruf eines NS-Architekturtheoretikers ein. 1930 wird er Fachberater des Thüringischen Innen- und Volksbildungsministers Frick. Als Nachfolger Otto Bartnings in der Leitung der Weimarer Staatlichen Hochschule für Baukunst, bildende Kunst und Kunsthandwerk läßt er im Van de Velde-Bau die Wandfresken von Oskar Schlemmer übertünchen und aus dem Weimarer Schloßmuseum – Generalprobe für den *Sturm* im Jahre 1933 – 70 Werke moderner Maler und Bildhauer entfernen. Ein von ihm verfaßtes Gutachten über das *Bauhaus* in Dessau dient der nationalsozialistischen Mehrheit im Stadtparlament 1932 als Handhabe, die zu dieser Zeit von Mies van der Rohe geleitete Anstalt zu schließen. Nach 1933 werden Schultze-Naumburgs Vorarbeiten nicht im erwarteten Maße honoriert. Ein persönlicher Streit mit Hitler veranlaßt den Protagonisten der völkischen Kunstoffensive, sich auf den Direktorenposten der Weimarer Kunstschule zurückzuziehen, den er bis zu seiner Pensionierung 1939 innehat.

ten wachruft. Und wenn das Signal zum Sturm gegeben wird, dann wirft auch der Deutsche seine lähmenden Hemmungen beiseite. So ist heute der Aufbruch der Nation zu verstehen, der über Nacht gekommen ist und uns zeigt, daß sich das deutsche Volk nicht gewandelt, sondern daß es geschlafen hat. Eine große Wende ist im Anbruch, und mit ihr wird ganz von selbst mit der Befolgung der Lehren, die der Glaube an Blut und Boden lebensgesetzlich zur obersten Pflicht macht, auch das Gesicht aller Taten des Volkes sich wandeln. Also auch das seiner Bauten. Das ist ein Vorgang, der sich nicht künstlich erzeugen läßt, denn die Bauten sollen nicht Gesichter schneiden lernen, sondern es sollen die Gestalten führend hervortreten, deren angeborenes Gesicht die Züge des echten Deutschen trägt.

Der rechte Führer muß zielweisend vorangehen und im Kampfe seinen Mann stehen. Er muß aber auch dafür sorgen, daß sich in seine Truppe nicht Überläufer oder gar Verräter einschleichen. Der Stoßtrupp muß rein und stark erhalten bleiben. Nichts schwächt den Kampfgeist mehr, als eine Beimischung von Flauen und Feigen. So darf das Dritte Reich auch nicht einen Augenblick die Gefahr verkennen, die ihm von den ewig »Objektiven« droht, von den Konjunkturisten, die sich beständig »umstellen«, von denen, die überall dabeisein wollen, von denen, die sich rasch »auf den Boden der Tatsachen stellen«. All die Leute fehlen auch in dem Reich des Bauens nicht...

Neben den selbstverständlichen Folgerungen, die sich aus dem Baustoff hinsichtlich seiner ihm gemäßen handwerklichen Behandlung ergeben, wird man im Dritten Reich aber auch nicht die volkswirtschaftliche Frage des Baustoffes übersehen; ja es wird sie zu einem Grund- und Eckpfeiler ausbauen. Im liberalistischen Zeitalter gaben allein händlerische Gesichtspunkte den Ausschlag. Wer die Stoffe lieferte, und wo sie gewonnen wurden, wer sie verarbeitete und in Form brachte, spielte überhaupt keine Rolle, wenn nur am Umsatz verdient wurde. Im Dritten Reich wird sich das grundsätzlich wandeln. Wenn auch sein Ziel nicht ein reines geschlossenes Wirtschaftssystem sein kann, so wird doch die unbedingte Bevorzugung des eigenen Erzeugnisses den Ton angeben. Und damit wird auch die Frage des Baustoffes wieder von ganz anderen Gesichtspunkten aus angesehen werden. Die Bedeutung der heimischen Erzeugung, die einfache Erreichbarkeit und die Verbundenheit mit den heimischen Handwerkern wird bei allen Bauten sehr mitsprechen, bei den meisten entscheidend werden.

Von alldem soll in diesem Buch ausführlicher die Rede sein. Zweck dieser Zeilen, die ihm das Geleit geben sollen, ist nur in ganz kurzer Form die kulturpolitische Linie anzudeuten, die sich aus den Glaubenssätzen des Dritten Reiches ergibt.

3 Ausstellungsstand des Bundes Deutscher Architekten auf der Leipziger Frühjahrsmesse, 1933 ▷

## II. GLEICHSCHALTUNG

*Nachdem Adolf Hitler zur Überraschung all derer, die im Vertrauen auf das Arbeitsbeschaffungsprogramm des Reichskommissars Gereke sowie die Anzeichen einer sich wiederbelebenden Konjunktur auf die national-autoritäre Linie der Regierung Schleicher eingeschwenkt waren, am 31. 1. 1933 doch noch Reichskanzler wird, nimmt man in Kreisen der Architekten allgemein an, daß der von seiner Mission überzeugte, zahlenmäßig starke und personell einflußreiche »Kampfbund Deutscher Architekten und Ingenieure« versuchen werde, die »Führung« der seit dem Spätherbst des Jahres 1932 bröckelnden »Baufront« erneut an sich zu reißen. An Ankündigungen, Programmen, Kundgebungen und zielstrebigen Aktionen fehlt es nach Ablauf einer kurzen Stillhaltefrist bis zur Reichstagswahl am 5. März nicht. Jedoch bleibt der erwartete »Ruf« der Reichsregierung zunächst aus. Statt dessen können Abonnenten des BDA-Organs »Die Baugilde« ihrer Ausgabe vom 10. April (7/1933) den Nachdruck des im Berliner Lokal-Anzeiger veröffentlichten Briefwechsels Goebbels–Furtwängler lesen, der, wenn auch keine generelle Umorientierung der nationalsozialistischen »Kulturpolitik«, so doch gewisse Konzessionen an den traditionellen Kulturbetrieb verspricht.*

*Die Betrauung des bis dahin auf dem Sektor Kultur kaum sonderlich hervorgetretenen Gauleiters von Berlin (an Stelle von Rosenberg) mit dem »Reichsministerium für Volksaufklärung und Propaganda« wird, wie zuvor bereits die Ernennung Rusts zum Reichsminister für Wissenschaften und Erziehung, von vielen als Bereitschaft der nationalsozialistischen Regierung angesehen, von den reaktionären Tendenzen und Praktiken der »Kampfzeit« abzurücken. Der Eindruck verstärkt sich, als man den Reichsminister und preußischen Ministerpräsidenten Hermann Göring – gelegentlich der Gründung »Reichszentrale für das deutsche Theaterwesen« – in einen offenen Zwist mit Alfred Rosenberg verwickelt sieht. Wörtlich zitiert die »Baugilde« Göring: »Nachdem die Nationalsozialisten die Macht übernommen hätten, brauchten die Kampfbünde nicht mehr in der Richtung tätig zu sein wie bis zum 30. 1. 1933. Nicht das Interesse eines einzelnen Gewerbes, das Vaterland stehe im Vordergrund.« Sogar Hitler läßt sich auf einem Künstlerempfang am Abend des Ermächtigungsgesetzes zu dem Bemerken verleiten: »Wer wirklich etwas kann, der braucht noch lange nicht davor ›Heil‹ zu rufen. Der echte Künstler kommt von selbst zu uns, weil wir aufbauen.« Hans Hinkel schließlich, Staatssekretär im Ministerium Rust und goebbelsfreundlicher Landesleiter des brandenburgischen KfdK, verwahrt sich gegen jegliche Form von »Radau-Antisemitismus«. Er verspricht: »Jüdische Künstler sollen auch künftig Gelegenheit zu wirken haben.«*

*Der völkische Flügel innerhalb der NSDAP läßt sich durch die, wie er meint, »taktischen« Äußerungen der Spitze nicht entmutigen und ver-*

*sucht, durch pseudoplebiszitäre Maßnahmen auf den unteren Rängen auszugleichen, was ihm auf ministerieller Ebene vorerst versagt geblieben ist. Die zum Teil post festum in Anspruch genommene »Legitimation« für den »Sturm« auf die kommunalen und kulturellen Schlüsselstellungen liefert das »Gesetz zur Wiederherstellung des Berufsbeamtentums« (7. 4. 1933), durch das auch eine Reihe befähigter Stadtbaudirektoren, Architekturlehrer und der Architektur verbundene Künstler aus ihren Stellungen verdrängt werden\*.*

*Verhängnisvoller noch als in der Hauptstadt, wo die Anwesenheit des Diplomatischen Korps und der mit der Konsolidierung der Macht befaßten Reichsregierung der Politik eine gewisse Zurückhaltung auferlegt, wirkt sich das von zügellosen Denunziationen und einer Serie gehässiger »Abrechnungen« begleitete Revirement in den Provinzen aus, wo sich mit Ausnahme des Ruhrgebietes Widerstand gegen die nivellierenden Tendenzen der Völkischen nur noch in ganz kleinen, für die Öffentlichkeit nicht erkennbaren Zirkeln und Kreisen zu formieren vermag. Als im Wirbel dieses »Umschwunges« am 25. April in einer Dreizeilennotiz des »Völkischen Beobachters« die von Rudolf Heß unterzeichnete PZK-Mitteilung erscheint, daß der KDAI die von der Partei beauftragte und bevollmächtigte Organisation zur Durchführung der berufsständischen Eingliederung der Architekten und Ingenieure in den kommenden Ständestaat sei (sie wird am 26. Mai auf den gesamten KfdK ausgedehnt), beeilen sich auch die bislang nicht assoziierten Architektenverbände, unter ihnen der »Bund Deutscher Architekten« (BDA), Fühlung mit den Kampftruppen Rosenbergs und Gottfried Feders aufzunehmen. Freilich war die Mehrzahl der um ihren »Platz an der Sonne« besorgten Berufsverbände auch in der Zwischenzeit nicht müßig geblieben. Jedoch sollte man die Vielzahl der Ergebenheitsadressen (Glückwünsche, Entschließungen), die gleich in den ersten Wochen nach der »Machtergreifung« im Reichskanzleramt einlaufen, nicht überbewerten. Sie entsprechen traditionellen Gepflogenheiten und unterscheiden sich von früheren Glückwunschserien allenfalls durch den unterwürfigen Tonfall.*

---

\* Das Gesetz (RGBl. I 175) ermöglicht die Entlassung aller Beamten einschließlich der Hochschullehrer, die aus rassischen oder politischen Gründen nicht tragbar sind. Betroffen werden von den Architekten bzw. den der Architektur nahestehenden Künstlern u. a. Bruno Taut, Martin Wagner, Hans Scharoun, Werner Rading, Ludwig Hilberseimer, Fritz Wichert, Richard Döcker, Robert Vorhölzer, Edwin Redslob, Walter Rietzler, Joseph Gantner, Bruno Paul, Wassily Kandinsky, Oskar Schlemmer, Hans Poelzig, Carl Hofer, Georg Muche, Bernhard Weiß, Clemens Holzmeister, Johannes Molzahn, Lilly Fichel; und die Bürgermeister Konrad Adenauer (Köln), Fritz Hesse (Dessau), Emil Landmann (Frankfurt/Main), sämtlich wegen angeblich unzulässiger Begünstigung bestimmter Architektengruppen oder wegen unerlaubter Bauexperimente.

*Der für die nationalsozialistische Machttechnik charakteristische Prozeß der »Gleichschaltung«, der langwierig, widerspruchsvoll und zumindest in seiner anfänglichen Phase weitaus mehr Merkmale der Freiwilligkeit als der Willkür aufweist, beginnt mit dem Austausch von leitenden Persönlichkeiten und Vorstandsgremien sowie der Auflösung der auf demokratischer Wahlfreiheit basierenden Satzungen durch das autokratische »Führerprinzip«. Die trotz Absplitterungen und Gegengründungen »führende« Architektenorganisation »Bund Deutscher Architekten« (BDA) tut den verhängnisvollen ersten Schritt nach vorangegangenen Sondierungen des kunst- und machtpolitischen Terrains vergleichsweise früh, am 23. März, auf einer Ausschußsitzung in Berlin\*. Der alte Vorstand (Poelzig, Kreis, Kallmeyer) tritt zurück. Neuer und alleiniger Präsident, wie sich der bisherige 1. Vorsitzende fortan nennt, wird der Präsident der Münchner Künstlergenossenschaft, Prof. Eugen Hönig, »ein seit Jahren begeisterter Nationalsozialist«. Hönigs erste Amtshandlung besteht darin, »Gleichschaltungen« auch in den Landesleitungen und Ortsgruppen vorzunehmen. Bis zum 24. April wird der Vorgang z. T. unter dem Eindruck »zufällig« vorbeimarschierender SA-Kolonnen abgeschlossen. Jedoch hat sich, wie der Experte für Siedlungsfragen im KDAI und spätere BDA-Liquidator C. Christoph Lörcher in einer Glosse in der »Baugilde« zutreffend bemerkt, an der Gesinnung und erst recht an den Zielen der Architekten nicht allzuviel geändert.*

*Das aus 15 Punkten bestehende »Nationale Aufbauprogramm«, das der BDA der Öffentlichkeit im Gegenzug zu dem am 1. April bei der Reichsleitung eingebrachten Architekten- und Ingenieurskammer-Entwurf der »Fachgruppe Architektur und Technik« im KfdK am 10. April vorlegt, faßt die Bestrebungen des Berufsstandes auf eindrucksvolle Weise zusammen und unterscheidet sich nicht von vorangegangenen Forderungen und Vorschlägen. Nur die dem Programm zugrunde gelegte wirtschaftspolitische Vorstellung erscheint in Anlehnung an die faschistische Carta del lavoro vom 21. 4. 1927 leicht modifiziert. Im übrigen verrät ein Satz wie dieser: »Staat und Reich haben sich auf ihre Hoheitsaufgaben zu beschränken und der Privatinitiative als geistiger Grundlage jeder freien Wirtschaft freie Hand zu lassen«, wie begrenzt die politische Voraussicht in diesen ersten von der Dämonie dumpfer Gefühle und pseudoplebiszitärer Maßnahmen – bei grundsätzlich ungeklärter kultur- und wirtschaftspolitischer Kompetenz – durchfluteten Wochen und Monaten selbst für diejenigen gewesen ist, die der Sonne nahe wohnten.*

*Im Gegensatz zum BDA hält der KDAI an den sozialrevolutionären Schlagworten und Absichten auch dann noch fest, als diese infolge der*

---

\* Teilnehmende Architekten sind Paul Schultze-Naumburg, Paul Schmitthenner, Eugen Hönig.

von Gottfried Feder nur widerwillig unterschriebenen Verdammung Gregor Strassers vollends inopportun geworden sind. Sie finden ihren bemerkenswertesten Ausdruck auf der freilich bereits von der Ablösung der Gewerkschaften durch die »Deutsche Arbeitsfront« (DAF) überschatteten »Gründungsversammlung« am 16. Mai in Stuttgart.
Im Vergleich zu dieser selbstsicheren Demonstration erscheint die unter dem Eindruck der Veröffentlichung im »Völkischen Beobachter« vom 24. April 1933 zustande gekommene Abstimmung mit dem BDA Anfang Mai eher als Eingeständnis der Schwäche. Der BDA, der über seine Münchner Mitglieder einen direkten Draht zu Hitler besitzt, anerkennt zwar den KDAI als übergeordnete Organisation, macht sich auch dessen »völkische« Grundsätze zu eigen, die »Sammlung« der Architekten aber und damit die standespolitische Führung nimmt er für sich in Anspruch und erhält sie auch definitiv übertragen auf der ersten gemeinsamen »Führertagung« der beiden Verbände am 25./26. Juni in Weimar, und zwar gegen die Versicherung, seinen Mitgliedern die gleichzeitige Mitgliedschaft im KDAI anzuempfehlen. Von der Empfehlung wird Gebrauch gemacht. Allein aus Königsberg meldet der KDAI-Landesleiter, Prof. Kurt Frick, Ende Mai den Zugang von nicht weniger als 180 neuen Mitgliedern.
Wie stark sich die ungleichen Partner in der Vereinigung glaubten, läßt sich u. a. daraus entnehmen, daß sie das Anfang Mai erfolgende Angebot des Reichswirtschaftsministers, den Architektentitel zu schützen — faktisch eine Antwort auf das Titelschutz-Verlangen des BDA vom Herbst 1932 —, mit dem Hinweis auf eigene Pläne zurückweisen. An diesen Plänen zur Errichtung einer autonomen Architekten- und Ingenieurskammer wird im Laufe des Sommers intensiv gearbeitet. Und weder Skepsis in den eigenen Reihen noch die sich häufenden Verlautbarungen von Angehörigen der Wirtschaft und von Hitler selbst über die »Zurückstellung« des »ständischen Wirtschaftsbaues« scheinen den Glauben der Zunft an die Erfüllung ihrer Forderungen im Rahmen einer ständischen Neuordnung beeinträchtigt zu haben.
Die 30. Jahreshauptversammlung des inzwischen mit dem BAI und einigen kleineren Architektenvereinigungen zusammengeschlossenen BDA, am 21.–23. September 1933 in München, steht, wie die »Bauwelt« berichtet, »vollkommen unter dem Eindruck des Schwunges, den das Bewußtsein eines sich neu aufbauenden Staates gibt«. Auch der Stil der von schwarzen Uniformen flankierten und von einem überdimensionalen Hakenkreuz gezierten Zusammenkunft hat sich geändert. An Stelle früherer ermüdender Debatten und Verhandlungen gibt es neben dem dreistündigen »Bericht« des Präsidenten eine Reihe von Programmreden, u. a. von Alfred Rosenberg, Paul Schultze-Naumburg, Paul Bonatz und Peter Behrens, ferner Ausflüge in die schöne Umgebung der bayerischen Hauptstadt und einen erfrischenden Bierabend.

*Sachlich ergibt sich wenig Neues. Die vom Plenum »einstimmig« angenommene Neufassung der Satzungen nach den drei Hauptmotiven Führerprinzip — berufsständische Frage — Arierklausel bestätigt, was de facto bereits im April/Mai des Jahres »geregelt« worden ist, nur daß der Arierparagraph künftig nicht nur auf die Neuzugänge, sondern auch auf bestehende Mitgliedschaften angewendet wird. »Die Aufgaben des Standes und der nationalsozialistische Staat verlangen eine klare Entscheidung«, motiviert die »Baugilde« (10/33) die »Härte«, »es geht nicht an, daß in einem Staat 98 % der Volksgenossen in Gefahr gebracht werden, nur um 2 % zu stützen.« Die »Bauwelt« kommentiert den Vorgang mit einem Orakel, das freilich nach der Proklamation der »rassischen Baukunst« durch Hitler nicht allzu weit zu suchen ist: »Es ist möglich, daß die schärferen Ansprüche bezüglich arischer Herkunft an dieser Stelle der entsprechenden Regelung an anderer nur zeitlich vorausgehen . . .«*
*Die »Bauwelt« sollte recht behalten. Nach Erlaß der »Nürnberger Gesetze« entschließen sich im Herbst 1935 auch die von Dr. Fritz Todt geführten Technischen Verbände, eine entsprechende Selektion vorzunehmen. Der BDA ist übrigens nicht der einzige Architektenverband, der die reichsrechtliche Regelung der »Judenfrage« um rund zwei Jahre vorwegnimmt. Auch die seit 1930 von Fritz Höger geführte WVDA (Wirtschaftliche Vereinigung deutscher Architekten) mit ihren zahlreichen Mitgliedern, insbesondere auch unter den deutschen Minderheiten im Ausland, sowie der von Prof. Emil Högg, Dresden, geleitete AIV (Deutscher Architekten- und Ingenieur Verein) bekennen sich zu den völkischen Grundsätzen. Auf seiner Jahreshauptversammlung in Würzburg vom 29. 9.—1. 10. 33 bestätigt auch der am 10. 6. 33 gegen die Stimmen von Gropius, Wagner und Wagenfeld »gleichgeschaltete« und »gereinigte« »Deutsche Werkbund« (DWB) den Ausschluß seiner nichtarischen Mitglieder. Weitere Programmpunkte der im Gegensatz zu München auffallend schwach besuchten Tagung sind das Führerprinzip sowie die Umwandlung des bis dahin logenähnlichen Zusammenschlusses qualifizierter Architekten, Künstler, Kunsthandwerker und Produzenten in eine »SA der kulturellen Leistung«\**.
*Rückblickend ist es einigermaßen erstaunlich, daß auf keiner dieser herbstlichen Tagungen jene Einrichtung Erwähnung findet, die in nur wenigen Wochen den Prozeß der Gleichschaltung vollenden sollte: die im Rahmen des Reichsministeriums für Volksaufklärung und Propaganda (RMVAP) errichtete »Reichskulturkammer« (RKK). Verabschiedet wird das »Gesetz zur Errichtung der Reichskulturkammer« am 22. 9. 1933. Ob und inwieweit bei seinem Entwurf der von der »Fachgruppe Architektur und Technik« im KfdK am 1. 4. über Hans Hinkel der Reichsregierung zugeleitete Entwurf für eine »Deutsche Architekten- und Ingenieurkammer«\*\* Pate gestanden hat, läßt sich aus*

*den vorliegenden Aktenfunden nicht ermitteln. Auffallend ist die weitgehende Übereinstimmung des Grundgedankens und der Modalitäten. Zeitlich geht der Reichskulturkammer das Gesetz zur Errichtung einer vorläufigen Filmkammer (14. 7. 1933) voran. Sie bildet zusammen mit den Kammern für Schrifttum, Presse, Rundfunk, Theater, Musik und bildende Kunst den Grundstock des zentralen Kontroll- und Leitorgans, das Goebbels den »Kulturschaffenden« in seiner zwischen Drohung und Verlockung eigentümlich schwankenden Eröffnungsrede am 15. November in der Berliner Kroll-Oper als wohlwollendes Patronat schmackhaft zu machen sucht\*\*\*.*

*Die Eingliederung der Architekten in die »Reichskammer der bildenden Künste« (RKbK) ist die Frucht einer spontanen Entscheidung Hitlers, die vor der Fachwelt durch die Erklärung abgeschirmt wird, daß der BDA, der den Grundstock der »Fachgruppe Baukunst« in der RKbK bildet, als Mitglied des am 1. 11. 1933 in eine Körperschaft öffentlichen Rechts umgewandelten »Reichskartells der bildenden Künste« »automatisch« übernommen worden sei. Die Erklärung ist zutreffend, wenn auch die Gründe für die »Übernahme« andernorts, nämlich in dem Selbstverständnis einer Architektengruppe, begründet liegen, die*

---

\* Vorangingen Anfang April 1933 Besprechungen des langjährigen Vorsitzenden des DWB, Prof. Ernst Jaeckh, mit Hitler und Rosenberg. Die aus diesen Unterhaltungen resultierende *Werkbundlösung*, eine de-facto-Eingliederung in den KfdK, wird am 10. Juni 1933 auf einer »aus allen Teilen des Reiches gut besuchten« Vorstands- und Ausschußsitzung heftig diskutiert und schließlich mit 27 gegen 3 Stimmen angenommen. Neuer (kommissarischer) Vorsitzender des DWB wird der KDAI-Landesleiter von Baden-Württemberg, C. Chr. Lörcher; Beisitzer (auf Zeit): Ernst Jaeckh, Richard Riemerschmid, Paul Schmitthenner und ein junger Berliner Architekt namens Wendland, der sich, vom Pamphletisten gegen das *Bauhaus* zum Referenten im Ministerium Rust avanciert, zu dieser Zeit bereits erfolgreich in das sog. Ausstellungswesen (Weltausstellung Chicago, Triennale Mailand) eingeschaltet hat. — Auf der ersten Sitzung des neuen Vorstandes am 3. Juli 1933 wird eine Neugliederung des Werkbundes in zehn Landesbezirke vorgenommen. Die Ablösung der Vorstandswahl durch ein System der Berufungen entspricht dem zu dieser Zeit bereits üblichen *Führerprinzip*. Die Ausgabe von Fragebogen dient offiziell statistischen Zwecken, tatsächlich aber dem Ausschluß aller jüdischen und auch anderer nicht erwünschter Mitglieder. Die geringe Beteiligung an der Jahreshauptversammlung in Würzburg erklärt sich zweifellos aus den Beschlüssen dieser Vorstandssitzung und wohl auch aus der Form der Einladung, in der es u. a. heißt: »Unsere diesjährige Jahrestagung ... soll eine Gemeinschaftstagung sein, auf der die Mitglieder die neuen Ziele des Bundes kennenlernen sollen ohne viel Rede und Gegenrede.« Vergl. dazu auch *Werkbund-Korrespondenz*, 1933, H. 19.

\*\* Im Berliner Document-Center; unveröffentlicht.

\*\*\* Wortlaut der Goebbels-Rede in *Die Baugilde*, Berlin, 1933, H. 22.

*nach außen hin vergleichsweise wenig in Erscheinung tritt, aber um so wirksamer hinter den Kulissen agiert: die um German Bestelmeyer gescharten Baumeister des »Deutschen Künstlerbundes 1933«.*
*Die Gründung des Bundes mit unverhohlener Frontstellung gegen den »Kulturbolschewismus« im allgemeinen und das »marxistische Berlin« im besonderen findet im März des nationalsozialistischen Völkerfrühlings statt und vermag schon im Monat Mai, in dem das Gros der Architekten noch keinerlei Aufträge in Sicht hat, zu vermelden, daß mit Hitler gelegentlich eines Besuches in München umfangreiche Neubaupläne besprochen worden seien. Die Ankündigung löste eine höchst bemerkenswerte Reaktion aus — nicht in München, wo man sich in seinen kunstpolitischen Zielen seit längerer Zeit ziemlich einig weiß, sondern in Berlin, und das ausgerechnet in einem Kreis junger Nationalsozialisten. Es ist die sogenannte »nationale Opposition«, die unter der Führung des Malers Otto Andreas Schreiber einen mutigen und vom Wohlwollen nicht weniger bürgerlich-liberaler Geister unterstützten Abwehrkampf gegen die offen als »Reaktion« bezeichneten Maßnahmen des Rosenbergschen Kampfbundes und anderer Restaurateure führt.*
*Auf einer vielbeachteten Kundgebung des NS-Studentenbundes Berlin im Auditorium Maximum der Berliner Universität am 29. 6. 1933\* beziehen die Redner Hippler, van Leers und Schreiber in ihre Kritik nachdrücklich auch den Akademismus in der Baukunst ein. Sie wenden sich gegen jegliche Form von Restauration und Reglementierung der Kunst und wollen in die lebendige Tradition, aus der sich die »neue deutsche Kunst« entwickeln werde, auch die vorangegangene, als »Kulturbolschewismus« verfemte Phase ausdrücklich einbegriffen wissen. Nolde, Barlach, Heckel, Schmidt-Rottluff sind die Maler, Mies van der Rohe und Tessenow die Architekten, die von ihnen zum Programm erhoben werden.*
*Die Reaktion bleibt nicht aus. In zwei Leitartikeln des »Völkischen Beobachters« nimmt Rosenberg, der vor seiner Emigration in Petersburg Architektur studiert hat und sich, gestützt auf Alexander von Senger und Paul Schultze-Naumburg, berufen glaubt, seinem Wahlfach »Richtlinien« zu erteilen, seine unqualifizierten Attacken gegen die Moderne wieder auf. Er nennt O. A. Schreiber einen »kulturellen Otto Strasser« mit dem Erfolg, daß Hitler in seiner ersten großen »Kulturrede« auf dem Reichsparteitag in Nürnberg in das Verdikt der »geschickten Dialektiker« einstimmt.*
*Nicht minder heftig ist die Empörung über die Berliner »Frechheit« an*

21

---

\* Sympathiebekundungen Hallenser Studenten führen zur vorübergehenden Schließung der dortigen Architektur-Fakultät. Auch aus Greifswald und Darmstadt melden sich studentische Stimmen gegen die reaktionäre *blutgebundene Kunst.*

der Isar. In einer Presseerklärung wendet sich der »Deutsche Künstlerbund 33« dem u. a. die Architekten Troost, Fick, Gall und Bieber angehören, bezeichnenderweise gegen zwei Gruppen: gegen die Völkischen, deren Aktivität ihre eigene Position zu überfluten droht, mit der Mahnung zum Maßhalten, und gegen »Tendenzen, die solche zersetzenden Persönlichkeiten wie Nolde, Klee, Schmidt-Rottluff und Mies van der Rohe nun als die eigentlich neudeutsche Kunst in den nationalsozialistischen Staat einzuschwärzen versuchen«. Der Kampf dieser Gruppe, bemerkt die Schweizer Zeitschrift »Werk« dazu, »geht eindeutig um die kulturelle Machtposition einer bestimmten spätklassizistischen und spätimpressionistischen akademischen Kunstanschauung, die Anspruch auf Alleingeltung erhebt«. Aber »die Plattform, von der aus der ›Deutsche Künstlerbund 1933‹ nach zwei Fronten kämpft, ist zu niedrig, zu provinziell, zu parteiisch, als daß sein Kampf für die deutsche Kunst wirksam werden könnte«.
Das Urteil des Schweizer Beobachters kann auch aus der Distanz von mehr als 30 Jahren schwerlich bestritten werden. Allein in der Einschätzung der Wirksamkeit der Gruppe irrte sich »Werk« aus einem einfachen Grund. Es übersah, daß in diesem Kreise und auf diesem Niveau jener Mann seinen Geschmack und sein Bauherrenbewußtsein gebildet hatte, der nun als »Führer« des Volkes und Baumeister des Reiches in instinktiver Erkenntnis der Rolle, die die Architektur als Instrument der ideologischen Indoktrination wie der Repräsentation der Macht zu spielen vermag, sich anschickte, seine zum Teil langgehegten Baupläne in die Wirklichkeit umzusetzen. Von Hitler wird der Stil der Gruppe, genauer der »Stil« des als Ausstatter von Ozeandampfern hervorgetretenen, seit dem Jahre 1924 der Partei angehörenden Architekten Paul Ludwig Troost zum Baustil des Staates und der Partei erhoben. Und Troost im Verein mit Bestelmeyer ist es, der das nach der Desavouierung des KfdK wieder im ungewissen schlingernde Boot des BDA, in Verkennung der komplexen Natur des Gewerbes, auf das hohe Ufer der »Reichskulturkammer« hinaufzieht.
Der durch die Initiative seiner Münchner Mitglieder um seine autonomen Pläne gebrachte BDA findet sich nach anfänglicher »Überraschung« mit der veränderten Situation ab und eine gewisse Genugtuung darin, daß sein Leiter Prof. Eugen Hönig zum Präsidenten der »Reichskammer der bildenden Künste« ernannt wird. München, das Berlin den Sitz des zentralen Kulturorgans zugestehen muß, wird dadurch entschädigt, daß es zur »Hauptstadt der deutschen Kunst« avanciert. Verlierer im machtpolitischen Spiel ist der KDAI, der seine Mitglieder gleichfalls bei Goebbels eingliedern lassen muß.
Obwohl dieser Akt den Prozeß der Gleichschaltung zumindest äußerlich abschließt und im grundsätzlichen nicht mehr revidiert wird, gibt sich der KDAI noch nicht geschlagen. Am 10. Dezember findet in der

Kroll-Oper, in der Goebbels in Anwesenheit Hitlers seinen Ressortsieg gefeiert hatte, eine Großkundgebung statt, auf der neben Feder seine besten Redner, Alexander v. Senger und der durch seine Angriffe auf das Weimarer »Bauhaus« berüchtigte Schriftleiter des »Zentralblattes für die preußische Bauverwaltung« und spätere Professor der TH Charlottenburg Nonn sprechen.
Hitler zeigt sich beeindruckt und sucht das entschiedene Übergewicht Goebbels' auf dem Gebiet der Kunstpolitik auszugleichen, indem er Rosenberg das »Amt für die Überwachung der gesamten geistigen und weltanschaulichen Schulung und Erziehung der NSDAP« überträgt. Die Einrichtung des Überwachungsamtes mit seinem monströsen Namen, aber nach einiger Zeit der Einübung höchst wirkungsvollen Methoden mag Hitler um so sinnvoller erschienen sein, als die »Reichskulturkammer« mit ihren rund 40 000 Mitgliedern und ihrer vergleichsweise liberalen Personalpolitik sich kaum als ein geeignetes Mittel erwies, den renitenten Gruppen um das Berliner Kronprinzen-Palais und der vom ehemaligen Herausgeber der »Weltkunst« Hartmann und O. A. Schreiber edierten »Kunst der Nation«* — an der u. a. Werner Haftmann, Bruno E. Werner, Winfried Wendland und Hans Schwippert mitarbeiteten — das Handwerk zu legen.
Rosenbergs wirksamstes Instrument wird die im Sommer 1934 gegründete »Nationalsozialistische Kulturgemeinde«. Als institutioneller Rückhalt des »gesunden Volksempfindens«, dessen »Einsatz« als kulturpolitisches Regulativ vom Nationalsozialismus zwar nicht erfunden, aber mit unvergleichlicher Virtuosität gehandhabt wird, bildet die »NS-Kulturgemeinde« sowohl ein Korrelat als auch eine Art Korrektur der »Reichskulturkammer«: Nach den Produzenten und Verteilern werden nun auch die potentiellen Konsumenten von Kultur zusammengefaßt. Das System informaler Kontrollen, das Rosenberg mit Hilfe der durch das »Amt für Kunstpflege« in der Reichsleitung der NSDAP verankerten »NS-Kulturgemeinde« errichtet, ist um so wirksamer, als es bewußt an der »Abwehrgesinnung« der »Kampfzeit« festhält und mit seinem Appell an den »gesunden Instinkt«, die »deutsche Seele« und volkstümliche »Gemütlichkeit« geduldig und aggressiv zugleich jene Laisierung des »Kunstlebens« betreibt, die immer dann üppige Erfolge zeitigt, wenn die »Kritik« behindert oder, wie in Deutschland nach 1936, verboten ist.
Aus dem Organ der NS-Kulturgemeinde »Die völkische Kunst« geht im Jahre 1937 als »führende« NS-Kunstzeitschrift »Die Kunst im Dritten Reich« (nach 1940 »Die Kunst im Deutschen Reich«) hervor. Der Sieg der »völkischen« Kunst über die sich als »Forum« präsentierende, aber in der Folgezeit, den Neigungen ihres Herausgebers folgend, vor-

---

* 1935 verboten.

*nehmlich um die Wiederbelebung seltener kunsthandwerklicher Berufe sich bemühende und bereits im Frühjahr 1935 aus Mangel an Abonnenten und Beiträgen wieder eingehende Hönig-Gründung »Die Kunstkammer« (Redakteur: Stefan Hirzel) ist symptomatisch für das unausbalancierte Verhältnis zwischen Konsum und Produktion wie auch für das Scheitern aller jener restaurativen Bestrebungen im Dritten Reich, die nicht von den Vitalkräften Staat, Wirtschaft, Wehrmacht oder dem zusehends stärker spürbaren »Führerwillen« getragen werden.*

*Im Jahre 1934 haben die »Bürokratisten« (wie der im traditionellen Ressentiment des Ingenieurs wie auch in den Erinnerungen an den »Abfall« im Herbst 1933 befangene »Aktivist« Todt die Kammerarchitekten verächtlich nennt) die Schlacht noch nicht verloren. Jedoch mehren sich die Anzeichen, daß der »Markt« ihrem Einzug in den »Dom des Volkes« bzw. die Erhebung in den Stand »kultureller Hoheitsträger« nicht applaudiert. Während der Präsident der RKbK und seine »ehrenamtlichen« Helfer, einem alten BDA-Prinzip getreu, sich damit beschäftigen, Fragebogen durchzusehen und Werkvorlagen zu begutachten, finden in der Bauwirtschaft eine Reihe von Absprachen und Konzentrationen statt, die unter anderem auch den Zweck haben, die noch nicht einmal formulierten Vorrechte des Architekten-Standes zu unterminieren.*

*Der Boykott der geplanten Reichskammer der Technik durch Fritz Todt mit der Begründung, daß das organisch gewachsene und auf der Funktion (Leistung) anstatt auf dem (Aus)Bildungsprinzip beruhende Verbandswesen nicht zerschlagen werden dürfe, die Revision des Entschlusses der DAF, ihre mit den 126 »Bauhütten« übernommenen Entwurfsbüros zu liquidieren, sowie die vorübergehende Errichtung des »Deutschen Siedlungswerkes« mit Gottfried Feder an der Spitze dienen gleichfalls nicht dazu, die Baukünstler in Sicherheit zu wiegen, zumal die Frage, was denn nun unter den neuen Schlagworten »Nationale Baukultur« oder »rassische Baukunst« zu verstehen sei, unbeantwortet geblieben ist.*

*Die finanzielle Unterstützung des von der Republik vernachlässigten »Althausbesitzes« (Hausinstandsetzungsaktion) bietet irregeleiteten Besitzern diskriminierter Flachdachbauten Gelegenheit, den leidigen Gegenstand durch genehme Giebelaufbauten zu ersetzen. Altertumswissenschaften und Heimatkunde erleben eine unvergleichliche Konjunktur, und das vom »Neuen Bauen« gleichfalls vernachlässigte Bauernhaus wird das beliebteste Studienobjekt von Motivjägern, Sonderkursen und eigens zu diesem Zweck neu eingerichteten Lehrstühlen. Von »Kochenhof« aus, das als »Anti-Weißenhof« eine traurige Berühmtheit erlangt, und »Rahmersdorf«, das im Sommer 34 in den Rang einer Pilgerstätte für künftige Eigenheimerbauer und -besitzer*

*aufrückt, überflutet eine Woge romantisch-restaurativer Bauweisen die deutschen Provinzen. Als dazu noch im Herbst 1934 Prof. Eugen Hönig das »Architektengesetz« erlassen kann, scheint es in dem Prozeß der »Zurückverwandlung«, wie Goebbels die Kulturkammerbestrebungen einmal genannt hat, keine Hemmungen mehr zu geben. »Ein neues Kapitel im Buche deutscher Baukunst ist aufgeschlagen«, jubelt der Hönig-Nachfolger und Liquidator des BDA, C. Christoph Lörcher, auf der 1. Jahrestagung der »Fachgruppe Baukunst« im November 1934 in München unter dem Beifall der Menge.*
*Es sollte nur zu bald wieder zugeklappt werden. Gegen das »Gesetz«, das den Kammerarchitekten neben anderen z. T. sehr weitgreifenden Rechten und Pflichten praktisch ein Planungsmonopol zubilligt, wenden sich mit Macht die alten Widersacher vorangegangener, wenn auch maßvollerer Bestrebungen, vor allem die Bauverwaltung und die ungleich besser organisierte, infolge anlaufender Rüstungsaufträge sich ihrer Bedeutung wohl bewußte Bauwirtschaft. Die Flut entrüsteter Briefe und Telegramme läuft jedoch — bezeichnenderweise — nicht im Ministerium für Volksaufklärung und Propaganda, sondern im Reichswirtschaftsministerium ein, wo Dr. Hjalmar Schacht seine Amtshandlungen Ende 1934 damit beginnt, den erst im Frühjahr bestellten »Reichssiedlungskommissar« Dr. Gottfried Feder wieder auszubooten.*
*Schacht zögert ebensowenig wie der Reichsfinanzminister, dem laut Satzungen gleichfalls ein Einspruchsrecht gegen die Kammergesetzgebung zusteht, von diesem Recht Gebrauch zu machen. Präsident Hönig kann auf das erste vermeintlich »grundlegende« Gesetz noch vier weitere »Anordnungen« folgen lassen. Aber bereits die 6. »Anordnung«, am 28. 6. 1936 von Goebbels selbst getroffen, macht, mit Ausnahme der Gebührenregelung, alles rückgängig, was seit dem 28. 9. 1934 »geordnet« worden ist. Die Kammerarchitekten, die zusammen mit den Innenraum- und Gartengestaltern an Zahl nun etwa 16 000 ausmachen, haben gegenüber anderen Planern keinerlei Vorrechte mehr. Von den Qualitätsgrundsätzen des alten BDA, der 1932 rund 2500 Mitglieder umfaßte, sind sie weit entfernt.*
*Nach einigem Zögern (»Ein Nationalsozialist tritt nicht zurück«) zieht, während die Baupolizei die Garantie für »werkgerechtes« Bauen und »anständige« Baugesinnung übernimmt, auch Prof. Eugen Hönig unter Hinweis auf sein fortgeschrittenes Alter die Konsequenzen aus der vergeblichen Bemühung. Er rückt von der Präsidentschaft der »Reichskammer der bildenden Künste« in den »Reichskultursenat« auf, in dem seit November 1935 u. a. die Architekten Theodor Fischer, Wilhelm Kreis, Leonard Gall, German Bestelmeyer, Paul Baumgarten\*, Albert*

---

\* Nicht identisch mit Prof. Paul Baumgarten, der heute an der Hochschule für bildende Künste in Berlin Architektur lehrt!

Speer als »Gewissen des Volkes« fungieren. Die Übernahme seines Amtes durch den Dekorationsmaler Adolf Ziegler deutet an, welche Rolle der Nationalsozialismus der Architektur als der »Mutter der Künste« fortan zugedacht hat.
Ein Trost freilich ist den in ihren berufsständischen Bestrebungen gescheiterten Architekten geblieben. An Aufträgen herrscht bei dem allgemeinen konjunkturellen Aufschwung kein Mangel. Im Herbst 1936 wird die wirtschaftliche Lage der Architekten als »sehr gut«, die der Gartengestalter als »gut« und die der Kunsthandwerker und Gebrauchsgraphiker als »gesteigert« bezeichnet. Einzig den Malern ist der »Aufstieg« trotz der von Goebbels empfohlenen und vom preußischen Finanzminister mit Rechtsverbindlichkeit versehenen zwei Prozent für »Kunst am Bau« versagt geblieben.

32, 33

Beunruhigend wirkt in dieser Situation (neben Hitlers unberechenbarem politischem Temperament) die Tatsache, daß der bereits durch zahlreiche Verbote (oder Gebote) sowie das von den großen Organisationen unterhaltene Netz von Vertrauensarchitekten und »Beauftragten« verstellte Spielraum des Privatarchitekten im Zuge der Planwirtschaft mehr und mehr eingeengt wird. Während im Jahre 1929 die öffentliche Hand, die Industrie und der Wohnungsbau die Produktion etwa zu gleichen Teilen beansprucht hatten, macht sich nach 1933 sehr bald eine Auftragsverlagerung zugunsten der öffentlichen Hand bemerkbar. Von rund 33 % steigt der Anteil der öffentlichen oder reichsseitig geförderten Bauten im Jahre 1936 auf 67,5 %, 1937 auf 72,6 % an. Im Jahre 1938 beträgt der Anteil der öffentlichen Hand etwa 80 %, um mit Beginn des Krieges die 100-Prozent-Grenze zu erreichen.
Mit der Auftragsverlagerung korrespondiert eine entschiedene Konzentrationsbewegung in der Bauwirtschaft. Gab es in Deutschland im Jahre 1933 noch etwa 250 000 Betriebe des Bau- und Baunebengewerbes mit rund 2 Millionen Erwerbstätigen, so verzeichnet die großdeutsche Statistik (Deutschland und Österreich) im Jahre 1939 etwa 80 000 Baugeschäfte mit 1,8 Millionen Beschäftigten sowie ungefähr 150 000 Betriebe des Baunebengewerbes mit 500 000 Beschäftigten. Trotz der Gebietserweiterung hat sich die Zahl der mit der Bauwirtschaft verbundenen Betriebe um rund 20 000 verringert, hingegen der Personalbestand um rund 300 000 vermehrt. Die Prädominanz der durch Großfirmen errichteten Großbauten ist offensichtlich.
Während Umfang und fachliche Qualifikation der öffentlichen oder halböffentlichen Planungs- und Entwurfsbüros schnell zunehmen, klagen private Architekten, insbesondere die älteren unter ihnen, auf der Höhe der Konjunktur wieder über Mangel an Aufträgen und Anstellungsmöglichkeiten. Auf dem Gebiete des Wohnungsbaues vermag die »Deutsche Arbeitsfront« die ihr von dem Beauftragten für den Vierjahresplan übertragenen Aufgaben zusehends auszuweiten. Sogar der

*im Herbst 1934 aufgelöste KDAI erlebt 1938 in der von Fritz Todt reaktivierten »Deutschen Gesellschaft für Bauwesen« eine Art Wiederkehr. Das sprunghafte Ansteigen ihrer Mitgliederzahl (1942: 23 000) verrät deutlicher als die Kommentare der Todt-Presse, wem sich nun 1938 die Erwartungen der Architekten zuwenden.*

35, 36

*An der Umorientierung des kulturbewußten Architektenstandes ändert sich auch nichts, als im Kriege noch einmal ein Architekt, der Ehrenpräsident des BDA, Wilhelm Kreis, die Präsidentschaft der »Reichskammer der bildenden Künste« übernimmt. Sein düsteres Amt (»Generalbaurat für die Gestaltung deutscher Kriegsgräber«) wirft ein Schlaglicht auf die scheinbar unbegrenzte »Einsatzfreudigkeit« der Baukunst im Dienste nationalsozialistischer Eroberungspolitik.*

*Der Krieg bringt einerseits den erwarteten generellen Baustopp für alle zivilen Bauten, andererseits die Befreiung, um nicht zu sagen Entfesselung ungewöhnlicher planerischer Energien. Insbesondere für die »Gestaltung des neuen deutschen Lebensraumes im Osten« werden nach Richtlinien des Reichsministers SS Pläne und Siedlungsmodelle entwickelt, die im Falle eines deutschen Sieges fraglos auch auf das im Lichte der totalen Planung gleichsam biedermeierlich anmutende »Altreich« zurückgewirkt hätten.*

*Die Vorarbeiten für den »sozialen Wohnungsbau« nach dem Kriege sind insofern bemerkenswert, als sie mit dem Programm Typisierung, Normierung, Serienfertigung mehr oder minder offen auf die gleichgerichtete, vor und nach 1933 als »Kulturbolschewismus« verdammten Bestrebungen der zwanziger Jahre zurückgreifen. Über den tatsächlichen Gehalt und die schließlichen Folgen der Wendung zur »totalen Planung und Gestaltung«, die von kulturphilosophisch versierten Feuilletonisten im Zusammenhang mit der Ernennung Speers zum Minister als Anbruch der Technokratie gepriesen wird, lassen sich neben der Feststellung, daß durch sie die eindeutig reaktionäre Phase in der Baupolitik und Gestaltung überwunden ist, nur Mutmaßungen anstellen. Selbst das als Lebensquell des Volkes gehätschelte Bauernhaus verliert unter dem Gebot optimaler Funktionsfähigkeit seine romantisch-historisierende Drapierung, und von Speer, dem mit nahezu grenzenloser Machtfülle (und Geldmitteln) ausgestatteten »Architekten des Führers«, weiß man durch Rudolf Wolters und andere, daß er sich nach 1943 gleichfalls von dem Monumentalismus seiner im Auftrag der Partei geschaffenen Werke distanziert hat.*

37

38

*Die Tatsache, daß der mit der Kriegführung beschäftigte Hitler praktisch nur noch mittelbar, durch fachlich vorbereitete Erlasse, auf das Planungs- und Baugeschehen Einfluß nimmt, dürfte die durch die technologische Entwicklung provozierte Entideologisierung der Architektur im »Dritten Reich« nicht unerheblich beschleunigt haben. Ob man allerdings der Nachfolge, die sich im Vokabular der »Todt-Presse«, als »or-*

*ganisch-dynamischer Funktionalismus« präsentiert, im Falle eines deutschen Sieges den Vorzug vor den überwiegend restaurativen Tendenzen der dreißiger Jahre gegeben hätte, bleibt um so fragwürdiger, als dieser neue Funktionalismus neben seiner Bindung an den schillernden Begriff Volksgemeinschaft Zusammenhänge mit sittlichen und metaphysischen Werten nicht erkennen läßt.*

**14** März 1933
Was die Deutschen Künstler von der neuen Regierung erwarten
Von Bettina Feistel-Rohmeder

Sie erwarten, daß es auch in der Kunst von nun an nur eine Richtschnur des Handelns geben darf, das ist die Weltanschauung eines leidenschaftlichen, fest in die Wirklichkeit des Blutes und der Geschichte verankerten Volks- und Staatsbewußtseins! Der Erhebung und Stärkung dieses völkischen Gemeinschaftswesens hat die Kunst zu dienen, und alle, die dazu beitragen wollen und können, sind von der Gemeinschaft an dieser Aufgabe zu beteiligen ...
Sie erwarten, daß Materialismus, Marxismus und Kommunismus nicht nur politisch verfolgt, verboten, ausgerottet werden, sondern daß der geistige Kampf, den die völkischen Künstler durch mehr als ein Jahrzehnt ohne jegliche Hilfe des Staates geführt haben, nunmehr vom Volksganzen in die Hand genommen und der bolschewistischen Unkunst und Unkultur Vernichtung geschworen wird, wobei es Ehrensache des Staates zu sein hat, die erprobten Soldaten dieses Kulturkampfes in die vorderste Reihe zu stellen!
Auf dem Gebiete der bildenden Kunst bedeutet das:
1. daß aus den deutschen Museen und Sammlungen alle Erzeugnisse mit weltbürgerlichen und bolschewistischen Vorzeichen entfernt werden. Man kann sie vorher in einer Häufung der Öffentlichkeit vorführen, kann diese mit den dafür aufgewandten Summen, den Namen der dafür verantwortlichen Galeriebeamten und Kultusminister bekanntmachen — woraufhin die Werke der Unkunst nur noch einen Nutzwert haben können: nämlich als Heizmaterial öffentliche Gebäude zu erwärmen;
2. daß alle Museumsleiter, die sich durch die gewissenlose Vergeudung öffentlicher Mittel in schwerster Zeit am verarmten Staat, am darbenden Volke versündigten, die unter der Pressefuchtel volksfremder Kunstgeschichtler allem Undeutschen unsere Kunsthallen öffneten ... sofort »beurlaubt«, ihrer Ämter für immer verlustig erklärt werden ...

Zu 14 Ein Buch *Im Terror des Kunstbolschewismus*, herausgegeben von Bettina Feistel-Rohmeder, erscheint 1937 bei C. F. Müller in Karlsruhe. Die darin gesammelten Texte lieferte der Informationsdienst der *Deutschen Kunstgesellschaft Dresden* in den Jahren 1927 bis 1934 kostenlos an etwa hundert Zeitschriften und Zeitungen im In- und Ausland.

3. daß von einem Tage ab in deutschen Druckwerken die Namen sämtlicher vom Marxismus und Bolschewismus mitgeschwemmter Künstler nicht mehr genannt werden dürfen...

4. daß wir künftig keine Wohnkisten, keine Kirchen, die wie Gewächshäuser mit Schornsteinen oder wie rekonstruierte Wikingerschiffe aus Stein wirken, keine Glaskästen auf Stelzen, keine zufolge Unsachlichkeit und Sachunkenntnis der Architekten wasserdurchlässigen orientalischen Höhlenwohnungen, keine aus öffentlichen Mitteln errichteten Strafkolonien, die als Arbeitersiedlungen gelten sollen, in unserem Vaterland mehr anschauen müssen und daß Wege gefunden werden, den Verbrechern, die sich an solchen Schandtaten gegen die einheimische Kultur bereicherten, ihren Raub wieder abzunehmen, um jene Denkmäler einer entarteten Zeit dem Landschafts- oder Stadtbild anzugleichen oder durch Besseres zu ersetzen;

5. daß die vom Volksempfinden abgelehnten Standbilder oder Bildhauerwerke, die öffentliche Plätze und Gärten verunzieren, schleunigst verschwinden, seien die Urheber auch noch so »geniale« Leute wie Lehmbruck oder Barlach, und den dutzendfach vorhandenen Deutschschaffenden Platz zu machen...

## 15 März 1933

### Ein Schädling soll gutmachen

Am Ende der Ära Landmann–May–Elsässer hatte die Stadt Frankfurt a. M. eine Schuldenlast von 320 Millionen Mark und die städtischen Gesellschaften eine solche von 100 Millionen. Nicht zum geringsten Teil rührte diese Schuld aus den berüchtigten Frankfurter Bauexperimenten her. Alle Posaunen von Jericho wollten alle Gegner umblasen. Inzwischen mußte Herr Landmann sich von den Geschäften zurückziehen. Er dachte nun wohl, wie so viele Bonzen, beschaulich seine Pension verzehren zu können. Aber da hat er, ein Nichtarier, nicht mit dem frischen Geist der neuen Ordnung gerechnet, der jetzt auch in Frankfurt bestimmt. Der nationalsozialistische Stadtrat hat auch dort den Antrag gestellt, die Pensionszahlungen an den früheren Oberbürgermeister einzustellen. In der Begründung heißt es: »... Die Frankfurter Bevölkerung würde es unbegreiflich finden, wenn Landmann seine Pension bis zu seinem Ende weiterbekäme. Die Beschlagnahme seines Vermögens muß folgen. Wir sind der Auffassung, daß es im Sinne der revolutionären Bewegung liegt, Schädlinge des Novembersystems auch finanziell voll zur Rechenschaft zu ziehen, und daß es grundfalsch wäre, sie mit den Früchten ihrer unseligen Tätigkeit in Frieden abziehen zu lassen. Wir sind vielmehr der Auffassung, daß es dringend erforderlich ist, einen Präzedenzfall zu schaffen. Wir sind überzeugt, daß zahlreiche andere Städte unserem Beispiel folgen werden.

## 16 April 1933

### Der Bund Deutscher Architekten BDA zum nationalen Aufbauprogramm

Der Bund Deutscher Architekten BDA wird den nationalen Aufbau durch selbstlose Mitarbeit mit seiner ganzen Kraft fördern helfen und dabei folgende Leitgedanken entwickeln:

1.

Der Einfluß der übermächtig gewordenen Bürokratie ist wesentlich einzuschränken. Staat und Reich haben sich auf ihre Hoheitsaufgaben zu beschränken und der Privatinitiative als der geistigen Grundlage jeder freien Wirtschaft freie Hand zu lassen.

2.

Alle amtlichen und halbamtlichen Wohnungs- und sonstigen Gesellschaften amtlicher Art sind aufzulösen. Hierher gehören insbesondere die Wohnungsfürsorgegesellschaften, die halbamtlichen Siedlungsgesellschaften, Wohnungsämter und Bauberatungsstellen.

3.

Die Bauämter des Reiches, der Länder und der kommunalen Verwaltungen sind in der Folge allein mit der Verwaltung und Erhaltung des baulichen Eigentums der öffentlichen Hand, jedoch nicht mit der Planung und Durchführung von Neubauten zu beschäftigen.

4.

Die Planung und Durchführung aller Bauaufgaben einschließlich derjenigen der öffentlichen Hand ist ausschließlich den freischaffenden Architekten anzuvertrauen. In geeigneten Fällen ist die Ausschreibung von Wettbewerben zur Gewinnung von besten Lösungen und Heranziehung der stärksten Kräfte das einwandfreieste Mittel.

5.

Zu öffentlich vereidigten Sachverständigen und Bauschätzen sind nur freie Bausachverständige zu bestellen. Die bei den Reichsbehörden, Finanzämtern, Ländern und kommunalen Verwaltungen etwa bestehenden Schätzungsämter sind aufzulösen.

6.

Den Baubeamten und -angestellten ist jede außerdienstliche Betätigung zu verbieten, welche das Arbeitsgebiet der freischaffenden Architekten schmälert.

7.

Alle die Bauwirtschaft hemmenden gesetzlichen Bestimmungen sind unverzüglich aufzuheben, um die Bauwirtschaft im Rahmen der Gesamtwirtschaft gesund und leistungsfähig zu machen.

Zu 16 Vergl. Bernhard Gaber, *Die Entwicklung des Berufsstandes der freischaffenden Architekten*, Essen, 1967. Bacht. S. 143 ff.

Alle bestehenden Arbeitsprogramme sind daraufhin zu prüfen und hindernde Bestimmungen zu beseitigen. Jede Subventionspolitik ist zu unterlassen.

**8.**

Die durch Notverordnung ausgesprochene Bautensperre ist unverzüglich aufzuheben und das Hochbauwesen als stärkste produktive Arbeitsquelle einzugliedern, soweit Arbeitsbeschaffungsprogramme aufgestellt werden.

**9.**

Die Bildung von Sparkapital ist mit allen Mitteln zu fördern. Die Aufhebung aller zwangswirtschaftlichen Gesetze ist beschleunigt herbeizuführen. Die Hauszinssteuer ist aufzuheben.

**10.**

Dem Hypothekenwesen muß weitgehende staatliche Förderung zuteil werden, insbesondere durch Hergabe nachstelliger Hypotheken.
Sparkassen sind als Hypothekengeber wieder einzuschalten.

**11.**

Alle baupolizeilichen Bestimmungen sind möglichst klar und einfach abzufassen und müssen als Förderung des Bauwesens wirken. Ihre Handhabung darf nur durch wirtschaftlich denkende, erfahrene Personen erfolgen.
Die Gebühren sind herabzumindern und das ganze Verfahren stark zu vereinfachen, durch Erhöhung der Kompetenzen der Referenten.

**12.**

Zum Schutze ihres Standes und ihrer Berufsausübung muß den freischaffenden Architekten umgehend das längst in Aussicht gestellte Berufsschutzgesetz gegeben werden.
Die Berufsbezeichnung »Architekt« soll in der Folge nur der führen dürfen, der in die Architektenliste eingetragen ist, das heißt den Nachweis ordnungsmäßiger Vorbildung und praktischer Erfahrung erbracht hat und sich nicht gewerbsmäßig im Bauwesen betätigt.
Auf der Grundlage eines solchen Berufsschutzgesetzes ist eine Architektenkammer als Reichskammer, aufgebaut auf Landeskammern, als Zwangskammer zu schaffen und hat alle in der Architektenliste eingetragenen, als Treuhänder arbeitenden, freischaffenden Architekten zu umfassen und deren Standesinteressen zu vertreten.

**13.**

Nur Mitglieder der Architektenkammer sind berechtigt, Baupläne zur baupolizeilichen Genehmigung einzureichen und die Durchführung von Bauten in der Form der Oberleitung zu leiten.

**14.**

In allen Fragen des Siedlungswesens, des Städtebaues, der Landesplanung, der Vorbereitung wichtiger Bauaufgaben in Staat und Gemeinde, der Arbeitsbeschaffung der öffentlichen Hand, der Bildung von beratenden und begutachtenden Fachausschüssen sind geeignete Vertreter der freien Architektenschaft heranzuziehen.

15.
Beschränkung der Ausbildung des baulichen Nachwuchses an allen Lehranstalten auf das Maß des Lehrbaren.
Heranziehung der Meisterwerkstätten des freien Berufes zur weiteren Ausbildung des fachlichen Nachwuchses mit Berechtigungserteilung.

Berlin W 35, Potsdamer Str. 43, im April 1933.
Der Bundesvorstand: Hönig/Altmann/Brunisch/Müller-Jena

**17** Mai 1933

Ziele und Aufgaben
des Kampfbundes Deutscher Architekten und Ingenieure

... Mit unbezwingbarer Gewalt in die Woge der nationalen Erhebung nun auch über die Wirtschaft und alle ihr dienenden Glieder — Bauern, Arbeiter, Angestellte, Beamte, Unternehmer und freie Berufe — hinweggegangen. So mancher hat sich von den Ereignissen der letzten Tage und Wochen überzeugen lassen müssen, daß für ein überlebtes System, wie es Liberalismus und Marxismus verkörperten, im Geschehen der nationalen Erhebung kein Raum mehr war. Manche Größe und Persönlichkeit ist plötzlich ohne viel Federlesens verschwunden, freiwillig oder mit leisem Nachdruck abgetreten oder hat sich beinahe übereilig hinter die nationale Regierung gestellt, auch wenn es mit einem Aufgeben jahrzehntealter Grundsätze und erprobter Tradition und Erfahrung verbunden gewesen war.
Und was hier von Einzelpersönlichkeiten festgestellt wird, gilt in gleichem Maße von wirtschaftlichen Verbänden, Vereinen, berufsständischen Vertretungen usw. Alle haben teils freiwillig, teils mit leisem Nachdruck das aus der Regierungsprogramm-Erklärung unseres Volkskanzlers Adolf Hitler angenommen, dienende Glieder am Staatsneubau werden zu wollen.
Gleichschaltung ist jetzt überall die Parole, aber es ist nicht dem Willen der nationalen Regierung entsprochen, wenn das Aushängeschild eines Verbandes oder Vereins, der Vorstand, sich dadurch ändert, daß man diese Spitze durch Hinzunahme einiger Nationalsozialisten erweitert, Sitz und Stimme aber noch als Mehrheit in den alten Händen bleibt — oder aber, daß die Arbeit eines Verbandes trotz richtiger Gleichschaltung immer noch in den alten Bahnen verläuft.
So manches ist gegenwärtig im Fluß, das wir als Nationalsozialisten beim besten Willen nicht gutheißen können. Soweit die Belange der Architekten und Ingenieure hier in Frage stehen, darf ich feststellen, daß glücklicherweise noch so gut wie nichts verdorben wurde. Trotzdem muß ich auf Grund mir zustehender Vollmachten erklären, daß etwa bei einzelnen Verbänden und Organisationen unse-

Zu 17 Programm-Rede des KDAI-Landesleiters von Württemberg-Hohenzollern auf der *Gründungsversammlung* des KDAI Baden-Württemberg am 16. Mai 1933 in Stuttgart.

rer Berufsschicht schon durchgeführte Gleichschaltungen nur als »vorläufig« zu betrachten sind, so lange, bis der KDAI zu dieser Frage selbst Stellung nimmt. In welch hohem Maße der Träger der nationalen Revolution — die NSDAP — die verschiedenen Berufsbelange anerkennt, ersehen Sie wohl am besten daraus, daß für fast jede Berufsschicht unseres Volkes eine nationalsozialistische Grundstockorganisation vorhanden war.

Für die Belange der Architekten und Ingenieure wurde bereits Anfang 1932 der KDAI innerhalb des Kampfbundes für deutsche Kultur gegründet. Jetzt, nach dem denkwürdigen 5. März, ist der Weg frei, den Ausbau des KDAI so vorzunehmen, wie es seiner Bedeutung zukommt. Unterstützt wird diese Arbeit in besonders wertvoller Unterstreichung durch die Anordnung der PZK vom 13. April d. J., veröffentlicht im »V.B.« vom 24. April 1933...

Wir werden von uns aus überall dort die Initiative ergreifen, wo es gilt, Mißstände zu beseitigen, die bislang dem Beruf und Stand der Architekten und Ingenieure Abbruch taten. Wir sind uns der Größe und Schwere unserer Aufgaben bewußt. Wir gehen aber auch an sie mit vollster Verantwortungsfreude heran, denn der Aufbau von Volk und Staat ist nur dann gesichert, wenn jeder einzelne Berufskollege, ob mit oder ohne akademischer Berufsvorbildung, sich freimacht von Egoismus, Materialismus und Eigendünkelei, der in jedem Kollegen seines Standes ein vollwertiges, ebenfalls nur dienendes Glied für Volk und Vaterland sieht, getreu unserem Grundsatz:

»Gemeinnutz vor Eigennutz!«

Über die Einzelheiten der zu beschreitenden Wege sowie die besonderen Aufgaben des KDAI hier zu sprechen, würde zu weit führen. Das ist vielmehr Aufgabe interner Arbeit der zu bildenden Hauptgruppen und Fachschaften. Ich bin für gute brauchbare Vorschläge jederzeit zugängig und möchte an dieser Stelle danken für die Anregungen, die mir z. B. der Württ. Dipl.-Ing.-Verein als auch der Württ. Baumeisterbund inzwischen zugehen ließen.

Unser Verhältnis, unsere Forderung zu den vielen, allzu vielen Berufsverbänden ist wie folgt zu umreißen:

1. Abbau bzw. Zusammenlegung und Verschmelzung aller vorhandenen gleichgerichteten Organisationen.
2. Vereinheitlichung ihrer Arbeit auf der Basis des nationalen Regierungsprogramms.
3. Ausschaltung aller Klassengegensätze, die das alte System schuf nach der Parole »Hie Akademiker — hie Mittelschultechniker«.
4. Anerkennung jeglicher aufbaufördernder Arbeit, die geeignet ist, Berufsehre und Berufsstolz aller Schichten der Architekten und Ingenieure zu heben.
5. Unbedingte Bejahung und Förderung des sozialen Moments im Verhältnis Arbeitgeber und Arbeitnehmer — jedem das Seine!
6. Absolute Anerkennung des Leistungs- und Eignungsprinzips.
7. Die Arbeiten insgesamt haben zu stehen unter dem Motto: »Alle Möglichkeiten der Technik sollen restlos für die Hebung und die Wohlfahrt der Nation eingesetzt werden.«

Die Gesamtorganisation des KDAI gliedert sich in 8 Hauptgruppen und 17 Fachschaften, die alle unter verantwortlicher Leitung eines Fachkollegen stehen. Wir sind überzeugt, daß die Technik eines der wesentlichsten Mittel zur Rettung aus dem trostlosen Kulturzerfall, der im Gefolge der Arbeitslosigkeit fortschreitet, sein wird.
Die Organisation wird elastisch mit weitem Spielraum für die persönliche Initiative und möglichst erweiterungsfähig von Grund auf gestaltet werden. Erziehung und Schulung durch interne als auch öffentliche Fachvorträge in erzieherischem Sinn sollen dergestalt gefördert werden, daß eine bestimmte Führerauslese nach kürzester Zeit möglich ist.
Voraussetzung für die Mitgliedschaft ist neben gutem Leumund und zuverlässiger Gesinnung ein abgeschlossenes Hochschulstudium oder das Abgangszeugnis eines anerkannten Technikums, einer öffentlichen Bauschule oder auch das Offizierspatent der technischen Waffengattungen. In Ausnahmefällen genügt der Nachweis einer langjährigen Ingenieurtätigkeit bei namhaften Industrieunternehmungen oder hervorragender Leistungen auf den Gebieten der Baukunst und Technik.
Um den inneren Zusammenhalt zu sichern, wird die Reichsleitung des KDAI in aller Kürze ein Mitteilungsblatt herausgeben, das ebenso wie die Nationalsozialistischen Monatshefte und die schon lange bestehenden Monatshefte des NS-Ärztebundes und Juristenbundes ein Baustein für das Dritte Reich werden soll.
Der gewaltige Aufgabenkreis der deutschen Architekten und Ingenieure ergibt sich aus der in unaufhaltbarem Vormarsch begriffenen Staatsidee, die an Stelle eines materialistisch-liberalistischen Staatsgebildes setzen wird den blut- und bodenbedingten organischen Staat, den Staat, dessen oberstes Gesetz wieder das allgemeine Wohl ist. Was stürzt, soll man noch stoßen! Ist hier nicht gerade der Techniker berufen, die Schäden der kapitalistischen und marxistischen Wirtschaftsordnungen am sinnfälligsten aufzudecken, nachdem sich deren volks- und kulturzerstörenden Mächte gerade auf den ungeheuren Werten aufbaut, die er in zäher uneigennütziger Forschertätigkeit und rastloser Arbeit in den letzten Jahrzehnten geschaffen hat. Erst wenn wir schonungslos die Ursachen unseres Kulturzerfalls aufzeigen, können wir auch neue Wege weisen. Auf Grund der Aktenkenntnis seien nachstehend wahllos einige der wichtigsten Probleme angedeutet:
Baubolschewismus, Bauwirtschaft, Siedlungswesen, Arbeitsdienst und Beschaffung, Mensch und Maschine, Technik und Gesetzgebung, der Techniker in Staat und Industrie, Ingenieur und Wehrmacht, Technik und Reagrarisierung usw.
Der Glaube an Deutschland und der zähe Wille, mit allen verfügbaren Kräften und Mitteln mitzuschaffen am Neubau des Staats, werden unsere Arbeit entgegen allen Widerständen vorantreiben. Die gemeinsame Weltanschauung ist die Kraftquelle, die den vielen Fachverbänden, deren Schwerpunkt im Materiellen liegt, nicht zur Verfügung steht. Über dem gewiß notwendigen Fachwissen steht bei uns der Kampfgedanke für eine große Idee, aus dem heraus auch die Vertiefung und Erweiterung der Erkenntnisse und des Wissens ungeahnte Fort-

schritte machen werden. Diese Möglichkeiten auszuschöpfen, ist letzten Endes das Ziel des Kampfbundes der deutschen Architekten und Ingenieure.
Es gilt heute, keine Zeit mehr zu verlieren — die Organisation einer schlagkräftigen technischen Armee, erfüllt von einem Willen und einem Geiste, wird in dem Schicksalskampf unseres Volkes ausschlaggebend sein!
Darum — deutsche Architekten und Ingenieure — an die Arbeit!

## 18 Mai 1933

### Die Architekten als Berufsstand im neuen Staate
Die Architektenliste in Vorbereitung

Der Bundespräsident des Bundes Deutscher Architekten, Professor Hoenig, München, hat den Landesbezirken und Ortsgruppen des BDA in Übereinstimmung mit dem Bundesvorstand und nach Rücksprache mit der Reichsleitung des Kampfbundes für Deutsche Kultur aufgegeben, in den Vorständen der Bezirke und Gruppen ebenfalls eine Gleichschaltung mit den Zielen und Richtlinien der nationalen Regierung vorzunehmen und bei den Neuwahlen die Auffassung des Kampfbundes zu beachten. Die Gleichschaltung ist inzwischen überall durchgeführt worden. Der Bund Deutscher Architekten ist damit zu einem starken Kulturinstrument der nationalen Regierung geworden. Er steht mit allen seinen Kräften hinter der Regierung und dem Reichskanzler und Führer Adolf Hitler.
Der BDA hat die Verbindung mit den übrigen Verbänden der Architektenschaft aufgenommen, um eine einheitliche Organisation zu schaffen, die die berufsständischen Interessen der gesamten Architektenschaft zu vertreten und die Eingliederung der Architekten in den berufsständischen Aufbau vorzubereiten hat.
Die Organisation wird eine Architektenliste aufstellen, für die ein Fragebogen herausgegeben werden soll, den alle Architekten, die die Eintragung in die Liste wünschen, auszufüllen haben.
Die Eintragung in die Architektenliste wird unter Beachtung der kulturellen und völkischen Grundsätze des Kampfbundes Deutscher Architekten und Ingenieure im Kampfbund für Deutsche Kultur erfolgen.

## 19 Mai 1933

### Gleichschaltung
Von Dipl.-Ing. Carl Christoph Lörcher, BDA, Berlin

Was unter Gleichschaltung alles verstanden werden kann, bedarf keines Beweises. Jeder einzelne kann teils an sich selbst, teils an seinem lieben Mitmenschen eigene Beweise feststellen. Daß sehr viele Volksgenossen den eigentlichen Sinn und das darin zum Ausdruck kommende nationalsozialistische Wollen nicht begriffen haben, steht fest.

Gleichschaltung ist nicht etwa Personen- oder Ausdrucksveränderung, so, wie man sich eine andere Maske umbinden kann; man kann so und auch anders; eine äußerliche Maßnahme. Gleichschaltung ist auch nicht ein Tarnen, um unter einer anderen Decke im alten Gleise weiterzufahren, wie man eben seinen bequemen und vielleicht auch »günstigen« Trott so eingefahren hat. Gleichschaltung ist auch nicht ein bequemes Hinüberwechseln und so Mittun und so Dabeisein und Teilnehmen an erhofften bequemen und aussichtsreichen Verbindungen und Beziehungen, liberalistisch gedacht vielleicht mal einträglich. Gleichschaltung ist auch nicht so, daß man an die Stelle »Vergangener« und »Drangewesener« andere, bequeme nun »Drankommende« setzt und vielleicht versorgt und so tut, als ob nun etwa ... usw. und sich freuen könnte, auf diese Weise drangekommen und vielleicht sogar drangeblieben zu sein; beides auf einmal.
Gleichschaltung ist auch nicht, daß man nun plötzlich behauptet, man sei eigentlich schon immer national gewesen. Eigentlich schon längst vorher! Eigentlich halt eben schon immer! Und damit doch das Recht habe zum Dabeisein. Und nun gar sozial? Aber selbstverständlich schon immer! Warum waren diese Herren nicht bei uns, um mit uns Nationalsozialisten zu kämpfen für ein wahres, ehrliches, nationalsozialistisches Deutschland? Offen zu kämpfen, Farbe zu bekennen und etwas zu opfern und zu wagen für dieses neue Deutschland, das nun so vielen, mit einmal selbstverständlich, schon so viele Jahre vorgeschwebt habe? Die Gleichschaltung im nationalsozialistischen Sinne und Wollen gibt Männern die Führung; ob sie zufällig prominent sind oder nicht, ist unwesentlich, welche den aufbauenden Geist und Willen zur selbstlosen Hingabe an die Aufgaben unseres Volkes und seine Zukunft in sich tragen, indem sie eben diesen Willen betätigen und den übrigen Mitarbeitern und Geführten vermitteln und vorleben. Weil Wahlen im bisherigen Sinne nicht mehr vermochten, aus der Verfilzung und Interessenverkoppelung herauszuführen, darum schalten wir gleich. Und merkwürdig, jeder ehrlich Wollende findet unser Vorgehen in Ordnung, und ganz besonders die ausgestoßene Jugend findet plötzlich wieder eine Hoffnung. Der Glaube an die führende Prominenz war längst nicht mehr da, sondern nur noch vorgemacht.


Zu 19 Carl Christoph Lörcher (geb. 1884), Architekt und Siedlungs-Experte, 1923/24 in Jugoslawien und der Türkei, ist der Prototyp des *Parteibucharchitekten*. Als alter SA-Mann übernimmt er 1933 die Leitung der *Reichsstelle für Raumordnung* beim Reichsministerium für Ernährung und Landwirtschaft, die jedoch schon 1934 wieder aufgelöst wird. Im Juni 1933 wird Lörcher 1. Vorsitzender des *Deutschen Werkbunds* sowie nach dem 11. November des Jahres – als Nachfolger des zum Präsidenten der *Reichskammer für bildende Künste* aufgerückten Eugen Hönig – Präsident und – 1935 – Liquidator des BDA. Verschiedene Siedlungsbauten des außerdem mit einer Professur für Bau- und Siedlungswesen an den Vereinigten Staatsschulen Berlin beauftragten ehemaligen KDAI-Funktionärs verraten das intensive Bemühen, traditionelle bäuerliche Bauformen wieder zu beleben.

**20** Juli 1933

**Aufgaben und Zuständigkeit
des Kampfbundes Deutscher Architekten und Ingenieure,
der Unterkommission III b und des BDA**
Von Heinrich Meisner

Auf der Führertagung in Weimar, die vom KDAI gemeinsam mit der Unterkommission III/b der Politischen Zentralkommission der NSDAP zum 24. und 25. 6. 1933 einberufen worden war, wurden Richtlinien für die Arbeit dieser beiden Organisationen bekanntgegeben, die nachstehend abgedruckt sind. Der Inhalt der Richtlinien läßt sich grundsätzlich wie folgt zusammenfassen:
1. Die weltanschaulich nationalsozialistischen Aufgaben innerhalb der Technik werden vom Kampfbund deutscher Architekten und Ingenieure vertreten, der im wesentlichen propagandistisch zu wirken hat, Verbände, Behörden usw. mit diesen Gedanken durchdringen muß und zielbewußte Kämpfer für die nationalsozialistische Idee herausbilden soll.
Der KDAI hat nicht die Aufgabe, einzelne Facharbeiten zu leisten, Sonderreferate für Siedlung usw. einzurichten, oder berufsständische und wirtschaftliche Interessen der Architekten oder Ingenieure zu vertreten.
2. Die U III b in der P.Z.K. bearbeitet Wirtschaftstechnik und Arbeitsbeschaffung, sie soll die Technik für die kommenden Aufgaben in Staat und Wirtschaft mobil machen.
3. Der Reichsbund deutscher Technik ist die Vertretung der berufsständischen Interessen aller Techniker. Er ist jedoch ein Spitzenverband, dem die einzelnen Verbände korporativ angeschlossen sind, woraus sich ergibt, daß die einzelnen Verbände für ihre speziellen berufsständischen Aufgaben auch speziell zuständig sind, während der RDT nur die übergeordnete Spitze ist, der die große berufsständische Idee der Einordnung der Technik zu verfolgen hat.
Wenn in einer früheren Anordnung vom 13. 4. 1933 der KDAI noch als die Stelle bezeichnet ist, die die berufsständische Eingliederung der Architekten und Ingenieure in den kommenden Ständestaat vorbereiten soll, so ist diese Anordnung durch die in Weimar verteilten Richtlinien in diesem Punkte überholt, da die Aufgaben des Kampfbundes nunmehr eindeutig als rein weltanschaulich gekennzeichnet worden sind.
Der Bund Deutscher Architekten ist im Sinne der erwähnten Richtlinien diejenige anerkannte und beauftragte berufsständische Organisation, die die beruflichen, wirtschaftlichen und sonstigen Interessen der Architekten zu vertreten und auch die Einordnung dieses Standes in den berufsständischen Aufbau vorzubereiten hat. Dies ergibt sich nicht nur aus den erwähnten Richtlinien, sondern auch aus einer Vereinbarung, die schon Anfang Mai d. J. mit Dipl.-Ing. Gottfried Feder getroffen worden ist und nach dessen ausdrücklicher Erklärung auch weiterhin gilt.
Es liegt im Sinne der gekennzeichneten Aufgaben, daß die Mitglieder des BDA

gleichzeitig auch noch in den KDAI eintreten, um dort die weltanschaulichen Schulungs- und Erziehungsaufgaben zu unterstützen und gegebenenfalls als Führer für die besonderen Aufgaben der U III b zur Verfügung zu stehen.

## 21 Juli 1933

### Der kommende Stil
### Von Alfred Rosenberg

... Die noch jüdisch gebliebene und die sonst dem neuen Deutschland widerstrebende Presse hat sich mit großem Geschick und sicherem Instinkt auf die künstlich erzeugte Begeisterung geworfen und lobt väterlich den »revolutionären Kulturwillen der nationalsozialistischen Jugend«. Sie wissen alle, warum! Gelingt es nämlich, ein deutsches heroisches Schönheitsideal aus unserer Vorstellungswelt zu verbannen und durch das »expressionistische« Untermenschentum zu ersetzen, dann ist der Rassenkunde ebenso ein unheilbarer Schlag versetzt worden wie dem seelischen Auftrieb, der endlich einmal unsere Zeit beherrscht. Wieder wäre es gelungen, den erwachenden deutschen Instinkt zu vergiften.
Bei alledem ist es charakteristisch, daß die »Revolutionäre«, die auf das Chaotisch-Ekstatische einen so ausschlaggebenden Wert legen, auf dem Gebiete der Baukunst fast alle Anhänger der Richtung des ehemaligen Dessauer Bauhauses sind. Diese Richtung betont ausschließlich den Rationalismus, nüchternste Zweckmäßigkeit. Sie ruft also nur den schematisierenden Ingenieurkopf an, fern aller Ekstase und meilenweit von aller Romantik. Abgesehen davon, daß die aus Dessau inspirierten Wohnmaschinen in höchstem Grade unzweckmäßig waren und schon überlebt sind, zeigt gerade die Parallelität zwischen verzückter Malerei und ödester Architektur, daß Ursprung und Urquelle des Erlebens bei den Revolutionären an sich unecht sind. Denn kämen sie aus gleicher lebensvoller Wurzel, so müßte der Stil der seelisch-geistigen Haltung überall der gleiche sein. Diese Feststellung scheint mir geradezu schlagend zu sein, wenn man ernsthaft das Wesen der heutigen Richtungskämpfe prüfen will.
Die Baukunst erlebte ihren »expressionistischen« Protest im Jugendstil, der aber angesichts der nüchternen Erfordernisse der Architektur schneller zu Ende ging, als dies auf den Gebieten der Malerei und Plastik zu erwarten stand. Zurück zum 19. Jahrhundert ging es nicht mehr, man begann also etwa um 1910 etwas ernsthafter, Wohnkultur von früher mit neuen Erfordernissen zu verschmelzen,

Zu 21 Alfred Rosenberg (1893–1946) gilt als *Chefideologe des Nationalsozialismus*, obwohl sein Hauptwerk *Der Mythos des 20. Jahrhunderts* – eine Blütenlese aus dem rassischen und kulturkritischen Schrifttum der Zeit – parteiamtlich niemals anerkannt und von den wenigsten Parteigenossen gelesen wurde. Sein *Kampf gegen das Neue Bauen* bewegt sich auf der Linie Alexander von Sengers; mit dem Unterschied, daß das, was von Senger als Anschlag der *rotgoldenen Internationale* indiziert, von ihm zu einer Art *Antichrist im entfesselten Weltkampf* überhöht wird. Als Chef des KfdK und Schriftleiter des *Völkischen Beobachters* ist Rosenberg 1933 – auch ohne offizielles Amt – ein gefährlicher Gegner aller oppositionellen Strömungen.

ein Prozeß, der durch den Krieg unterbrochen wurde. Dessau war gewiß Symbol, Gleichnis, daß man — unlustig aller Vergangenheit — auf dem Nullpunkt angelangt war. Das konnte als Beginn zur tieferen Einsicht nützlich sein, aber stolz auf seine Nullität zu werden, blieb nur der literarischen Impotenz der neuen »Baukünstler« vorbehalten. Neben, ohne sie entstanden aus einzelner schöpferischer Hand viele wuchtige, schlichte Bauten in Deutschland als Zeugnis, daß außerhalb alles doktrinären Gezänkes ein unbefangenes Baukünstlergeschlecht heranzuwachsen begann.

Was wir auf den beiden Gebieten an Nebeneinander von Magie und Intellektualismus beobachten können, ist aber nicht Zufall, sondern — es ist immer so gewesen, daß ein Geschlecht des Unterganges chaotisch und nur verstandesmäßig war. Als Griechenland rassisch-seelisch zersetzt im »Hellenismus« verging, da waren es Dämonenkulte, die es beherrschten, konturlose, chaotische Malereien, die überhandnahmen, zugleich aber war es die Zeit einer abstrakten intellektuellen Sophistik. Weil der Wille vergiftet war, wurde er ekstatisch, weil die Vernunft irrlichterte, wurde sie Verstandesschema. Das untrügliche Zeichen einer inneren Gesundung ist die Abkehr von beiden Erscheinungen. Gleichnis der Echtheit eines künstlerischen Erwachens ist die gleiche seelische und Charakterhaltung auf allen Gebieten des Lebens. Streng wie der politisch-soziale Lebensstil also, heroisch wie der Kampf um die staatliche Erneuerung wird deshalb auch der Stil auf dem Gebiet der bildenden Künste sein, oder aber man bestreite der strengen Schlichtheit auch das Recht, sich auf der Ebene des Staatlich-Gesellschaftlichen auszuwirken! Diese Konsequenz namentlich sollten sich alle Nationalsozialisten überlegen, wenn sie an Werke der Malerei, Plastik oder der Baukunst herantreten. Auf der einen Seite winkt die Anarchie als »ekstatischer Expressionismus« und gibt sich als »germanische Willenhaftigkeit«, auf der andern spricht eine greisenhafte Versteinerung der Seelen und preist sich an als »tiefgründige deutsche Sachlichkeit«. Falsches Pathos einer hohlen Propaganda gilt es nunmehr von echter Leidenschaft zu unterscheiden, gebändigten Formwillen von impotenter Armut zu trennen. Wachgerufen werden muß verschütteter gesunder Volksinstinkt ebenso wie irregeleitete Urteilskraft gebildet-verbildeter Kunstgelehrter. Dann ist die erste Voraussetzung dafür gegeben, daß aus der allgemeinen Sehnsucht der Seelen auch die große Kunst geboren wird, der Sänger des Weltkrieges ebenso wie der Bildner der heroischen Gestaltenkämpfe unserer Zeit.

## 22 September 1933

**Aus der Rede Adolf Hitlers auf dem Parteitag in Nürnberg 1933**

Alle geschichtlich feststellbaren Weltanschauungen sind nur verständlich in ihrer Verbindung mit den Lebenszwecken und der Lebensauffassung bestimmter Rassen. Es ist daher sehr schwer, zu der Richtigkeit oder Unrichtigkeit solcher Auffassungen Stellung zu nehmen, wenn man nicht ihre Auswirkungen den Men-

schen gegenüber prüft, auf die man sie angewendet wissen will oder nicht. Denn was einem Volk natürlichste, weil ihm angeborene und damit zukommende Lebensäußerung ist, bedeutet für ein anderes, wesensfremdes Volk unter Umständen nicht nur eine schwere Bedrohung, sondern sogar das Ende.
Das führt zwangsläufig früher oder später zur Auflösung einer solchen widernatürlichen Vereinigung. Soll dies vermieden werden, dann ist entscheidend, welcher rassische Bestandteil sich durch sein Wesen weltanschaulich durchzusetzen vermag. Das bestimmt dann aber die Linie, in der die Entwicklung eines solchen Volkes weiterhin verläuft.
Jede Rasse handelt in der Behauptung ihres Daseins aus den Kräften und Werten heraus, die ihr natürlich gegeben sind. Nur der heroisch geeignete Mensch denkt und handelt heroisch. Die Vorsehung hat ihm die Voraussetzung hierfür gegeben...
Der Nationalsozialismus bekennt sich damit zu einer heroischen Lehre der Wertung des Blutes, der Rasse und der Persönlichkeit sowie der ewigen Auslesegesetze und tritt somit bewußt in unüberbrückbare Gegensätze zur Weltanschauung der pazifistisch internationalen Demokratie und ihrer Auswirkungen...
Wir wissen von uns, daß im Altertum und in der neuen Zeit der arisch-nordische Mensch stets die zwingende Synthese gefunden hat zwischen der gestellten Aufgabe, dem Zweck und dem gegebenen Material. Und es ist daher kein Wunder, daß jedes politisch heroische Zeitalter in seiner Kunst sofort die Brücke sucht zu einer nicht minder heroischen Vergangenheit. Griechen und Römer werden dann plötzlich den Germanen so nahe, weil alle ihre Wurzeln in einer Grundrasse zu suchen haben, und daher üben auch die unsterblichen Leistungen der alten Völker immer wieder ihre anziehende Wirkung aus auf die ihnen rassisch verwandten Nachkommen. Da es aber besser ist, Gutes nachzuahmen, als neues Schlechtes zu produzieren, können sie vorliegenden intuitiven Schöpfungen dieser Völker heute als Stil ohne Zweifel ihre erziehende und führende Mission erfüllen...
Es ist kein Zufall, daß das weltanschaulich verschwommenste Zeitalter in seiner liberalistischen Freizügigkeit — sprich: Unsicherheit — auch auf dem Gebiete des kulturellen Schaffens unsicher war... In dem kubistisch dadaistischen Primitivitätskult hat diese Unsicherheit endlich den einzig passenden, weil sicheren Ausdruck gefunden.
Unter der Parole »neu sein um jeden Preis« kann jeder Stümper etwas Besonderes leisten. Nur wenigen Gottbegnadeten hat zu allen Zeiten die Vorsehung die Mission aufgegeben, wirklich unsterblich Neues zu gestalten.
Das »Noch-nie-Dagewesene« ist kein Beweis für die Güte einer Leistung, sondern kann genausogut der Beweis für ihre noch nicht dagewesene Minderwertigkeit sein. Wenn daher ein sogenannter Künstler seine einzige Lebensaufgabe

Zu 22 Adolf Hitlers sogenannte *Kulturreden* würden, zusammengefaßt, eine stattliche Reihe von Bänden füllen. Die Rede auf dem Reichsparteitag in Nürnberg 1933 verdient insofern besondere Aufmerksamkeit, als es sich um die erste öffentliche Rede dieser Art nach seiner Ernennung zum Reichskanzler handelt.

nur darin sieht, eine möglichst wirre und unverständliche Darstellung von der Leistung der Vergangenheit und auch der Gegenwart hinzustellen, dann werden immerhin die wirklichen Leistungen der Vergangenheit Leistungen bleiben, während das künstlerische Gestammel eines solchen malenden, musizierenden, bildhauenden oder bauenden Scharlatans einst nur ein Beweis sein wird für die Größe des Verfalls einer Nation.

Es ist dabei auch unmöglich, daß ein sich so herabwürdigender Mann plötzlich wieder umlernen und Besseres schaffen könnte. Er ist wertlos und wird wertlos bleiben. Durch bewußte Verrücktheiten sich auszuzeichnen und damit die Aufmerksamkeit zu erringen, das zeugt aber nicht nur von einem künstlerischen Versagen, sondern auch von einem moralischen Defekt. Die Kunst ist eine erhabene und zum Fanatismus verpflichtende Mission. Wer von der Vorsehung ausersehen ist, die Seele eines Volkes der Mitwelt zu enthüllen, sie in Tönen klingen oder in Steinen sprechen zu lassen, der leidet unter der Gewalt des allmächtigen, ihn beherrschenden Zwanges, der wird seine Sprache reden, auch wenn die Mitwelt ihn nicht versteht oder verstehen will, wird lieber jede Not auf sich nehmen, als auch nur einmal dem Stern untreu zu werden, der ihn innerlich leitet ...

Die nationalsozialistische Bewegung und Staatsführung darf auch auf kulturellem Gebiet nicht dulden, daß solche Nichtkönner oder Gaukler plötzlich ihre Fahne wechseln und so, als ob nichts geschehen wäre, in den neuen Staat einziehen, um dort auf dem Gebiete der Kunst und Kulturpolitik abermals das große Wort zu führen. Auf keinen Fall wollen wir den kulturellen Ausdruck unseres Reiches von diesen Elementen verfälschen lassen: denn das ist unser Staat und nicht der ihre.

## 23 September 1933

**An Adolf Hitler, unseren Führer,**
**den deutschen Volkskanzler in schwerer Zeit**
Gruß-Adresse des BDA an Hitler
anläßlich der 30. Jahres-Hauptversammlung in München 1933

Du hast dem deutschen Reich neue Geltung verschafft, die alten deutschen Ideale der Gottesfurcht und Vaterlandsliebe und Einfachheit, Wahrheit und Unbestechlichkeit aufs neue aufgerichtet und jedem Volksgenossen neuen Mut gegeben.

Wir verehren in Dir neben dem weitschauenden Politiker vor allem den künstlerischen Menschen, der dem neugeschaffenen Hause des deutschen Volkes eine würdige Erscheinung nach außen und ein gemütvolles reinliches Innere geben wird.

So sehen wir in Dir bei der Aufrichtung unseres Berufsstandes den ersten deutschen Baumeister, dessen Führung wir vertrauen, weil sie dem Vaterland zu Ehre und Ruhm gereicht.

## 24 September 1933

**Arbeitsgemeinschaft zwischen KDAI und BDA**

... Es wird bekanntgegeben:
Die Reichsleitung des Kampfbundes für Deutsche Kultur begrüßt den ihr bekanntgegebenen Willen der Bundesführung des Bundes Deutscher Architekten, eine enge Arbeitsgemeinschaft mit dem Kampfbund für Deutsche Kultur einzugehen. Der Bund Deutscher Architekten bekundet damit sein Bekenntnis zu dem kulturellen nationalsozialistischen Programm des Kampfbundes für Deutsche Kultur.
Durch die Anweisung des Bundes Deutscher Architekten an seine Mitglieder, die Einzelmitgliedschaft bei dem Kampfbund der Deutschen Architekten und Ingenieure zu erwerben, wird gleichzeitig die Mitgliedschaft im Kampfbund für Deutsche Kultur erworben. Darüber hinaus wird der Kampfbund für Deutsche Kultur in seiner Organisation für die kulturell-künstlerischen Belange der Architektenschaft durch entsprechend geeignete Beauftragte zwischen seiner Fachgruppe »Bildende Kunst« und der Fachgruppe »Baukunst« des Kampfbundes der Deutschen Architekten und Ingenieure eine enge Verbundenheit herstellen.
Der Reichsführer des Kampfbundes für Deutsche Kultur, Alfred Rosenberg, hat deshalb den Präsidenten des Bundes Deutscher Architekten, Pg. Professor Eugen Hönig, in die Reichsleitung des Kampfbundes für Deutsche Kultur berufen.
Der Reichsgeschäftsführer<br>des Kampfbundes für Deutsche Kultur<br>G. Urban

## 25 September 1933

**Die Aufgaben des Kampfbundes**

Der Stellvertreter des Führers erläßt folgende Anordnung:
Die Anordnung vom 25. 4. 33 in der NSK-Folge 478, wonach der Kampfbund Deutscher Architekten und Ingenieure als einzige von der NSDAP anerkannte Organisation für die Sammlung der Architekten und Ingenieure zu gelten hatte, ist überholt. Die größeren technisch-wissenschaftlichen Vereine und Verbände, insbesondere der VDI und die in der Reichsarbeitsgemeinschaft der technisch-wissenschaftlichen Arbeit zusammengeschlossenen Vereine haben sich unter nationalsozialistische Führung gestellt und werden von der NSDAP anerkannt. Wie schon in der Verfügung vom 25. 4. 33 zum Ausdruck gebracht, ist es nicht die Aufgabe des KDAI, die von diesen Verbänden bisher geleistete technisch-wissenschaftliche Arbeit unter Ausschaltung dieser Verbände zu übernehmen.

München, den 26. September 1933             Rudolf Heß

## 26 September 1933
### Kundgebung

Der deutsche Werkbund hat sich auf seiner 22. Jahrestagung in Würzburg nach seiner Überführung in die große deutsche Freiheitsbewegung Adolf Hitlers eine neue Verfassung gegeben. Sie entspricht dem Führerprinzip der Bewegung.
Der Werkbund erstrebt eine neue deutsche Werkgesinnung im Sinne der großen deutschen Kulturüberlieferung und des von Adolf Hitler aufgestellten Prinzips der Leistung.
Der Werkbund will Stoßtrupp werden einer solchen Werkgesinnung in der Künstlerschaft, wie beim Handwerk, den Gewerbetreibenden, wie der Industrie. Er kämpft für das deutsche Werk! Dazu sammelt er alle deutschen Männer und Frauen, die an der sichtbaren Gestaltung Deutschlands mitarbeiten.
Lörcher / Wendland / Schmitthenner / K. J. Fischer

## 27 November 1933
### Die Aufgabe der Reichskulturkammer

Die Reichskulturkammer hat die hohe und einzigartige Aufgabe, die deutsche Kultur in Verantwortung für Volk und Reich zu fördern. Niemals bisher in Deutschland, ja nirgends in den Kulturstaaten der Welt, ist eine solche Aufgabe einheitlich herausgestellt worden. Der Gedanke allein, Förderung der deutschen Kultur durch ein unter direkter Führung des verantwortlichen Reichsministers stehendes Organ, ist in seiner begrifflichen Zusammenfassung eine Tat, die allein auf der ungeheuren, umwälzenden Kraft des Nationalsozialismus beruht und in der wunderbaren einheitlichen Volksabstimmung vom 12. November seine unerschütterlich festen Grundlagen findet. Aus der Zerrissenheit verschiedenster Zuständigkeiten, aus dem Gewirr einander widerstrebender Kulturkräfte, entsteht auch hier der einheitliche Wille, der, obwohl er gesonnen ist, jedem Kulturträger seine künstlerische Freiheit zu lassen, doch über diese individuelle Freiheit das Ganze stellt. Dies konnte nicht treffender gesagt werden als mit den Worten der Verordnung: Förderung der deutschen Kultur in Verantwortung für Volk und Reich. Hier liegt das wesentlich Neue der Aufgabe, die deutsche Kultur ist nicht mehr Objekt widerstrebender Interessen, sie hat die größte aller Verantwortungen, Volk und Reich sind ihre letzten Ziele.
Wenn die Kultur nach Minister Goebbels' Ausführungen höchster Ausdruck der schöpferischen Kräfte eines Volkes ist, so ist der Künstler ihr begnadeter Sinngeber. Er bedarf des Schutzes, wenn er seine Kraft frei entfalten soll. Auch diese Aufgabe hat die RKK übernommen, sie hat die wirtschaftlichen und sozialen Angelegenheiten der Kulturberufe zu regeln, die Sorge für den ausübenden

Zu 27 Vergl. Karl Friedrich Schrieber, *Das Recht der Reichskulturkammer*, Berlin, 1934. Juncker und Dünnhaupt.

Künstler und für jeden Kulturträger tritt neben die ideelle Aufgabe der Kammer. Schließlich soll sie auch Einheit aller Kulturschaffenden herstellen, mit dem Gegeneinander der Berufsgruppen und ihrem Interessenwiderstreit aufräumen und Ausgleich zwischen allen Bestrebungen der ihr angehörenden Gruppen bewirken.

## 28 November 1933

### Erklärung

Um Mißverständnissen zu begegnen, stelle ich fest, daß die Baukunst als Mutter der bildenden Künste innerhalb der am 15. November begründeten Reichskulturkammer der Reichskammer der Bildenden Künste angehört. Alle Architekten, die diesen Namen zu Recht führen, insofern sie künstlerisch tätig sind, gehören danach in die Reichskammer der Bildenden Künste, während die Bautechniker oder Baubeflissenen, einerlei wie sie sich selbst bezeichnen, deren Schaffen im ganzen gesehen nicht unter dem Gesichtswinkel einer künstlerischen Tätigkeit zu beurteilen ist, nicht in die Reichskammer der Bildenden Künste gehören. Die Erstgenannten haben sich, um ihren Beruf weiter ausüben zu können, nunmehr sofort bei der Reichskammer der Bildenden Künste zu melden.

Der Präsident der Reichskammer der Bildenden Künste
Professor Eugen Hönig

## 29 Dezember 1933

### Die Reichskulturkammer und die bildende Kunst im Neuen Reich

Rundfunkrede, gehalten am 20. Dezember 1933 von Professor Eugen Hönig, München, Präsident der Reichskammer der bildenden Künste

Der Nationalsozialismus hat den ganzen Staat erobert und alle Volksgenossen in stärkste Verbundenheit gebracht. Der jahrtausendalte Traum aller wahrhaft deutschen Männer nach einem einigen deutschen Reich mit einigem Wollen ist Wirklichkeit geworden.

Zu 28 Nach der korporativen Eingliederung des BDA in die *Reichskammer der bildenden Künste* ergeben sich Grenzfragen: Welcher Architekt ist Baukünstler? Was geschieht mit den beamteten, was mit den in der Industrie oder im Architekturbüro angestellten Architekten? Was überhaupt ist Baukunst, was Bauen ohne künstlerische Absicht? Hönig löst das schwierige Problem mit einem Machtwort, das sich jedoch in der Folgezeit wegen mangelnder Übereinstimmung von Theorie und Praxis als gänzlich unwirksam erweist.

Zu 29 Eugen Hönig (1873–1945), seit 1896 selbständiger Architekt in München (Geschäftshäuser, Wohn- und Verwaltungsbauten), war von 1906 bis 1913 Professor an der Bauschule in München. Nach dem Ersten Weltkrieg entfaltet der auch als Maler und Gebrauchsgrafiker hervorgetretene spätere Präsident der *Reichskammer für bildende Künste* eine rege Vereinstätigkeit. Der Zusammenschluß und die Überführung der *Sezession*, *Neuen Sezession* und *Münchner Künstlergenossenschaft* in den *(NS-)Reichsverband bildender Künstler* ist hauptsächlich Hönigs Werk.

Die gewaltige Willenskraft und gläubige Zuversicht eines einzigen Mannes, den Gott unserem Volke in der Zeit seiner tiefsten Erniedrigung geschenkt hat, hat dieses Wunder vollbracht, das dem Titanen Bismarck zu erreichen versagt blieb. Auf diesem granitenen Fundament vollzieht sich nun der Neuaufbau der deutschen Kultur, der mit der Gründung der Reichskulturkammer am 15. November d. J. begonnen worden ist.
Der ständische Aufbau des deutschen Volkes hat damit einen der bedeutungsvollsten Schritte zu seiner Verwirklichung gemacht. Das Bekenntnis unseres Führers zur Kunst auf dem Parteitag in Nürnberg und die Eröffnungsrede des Reichsministers Dr. Goebbels am 15. November d. J. in der Philharmonie sind glückliche und hoffnungsvolle Auftakte für die künftige Entwicklung von Kunst und Künstlern.
Wie könnte dem auch anders sein, da doch unser Führer selbst der Kunst sein Leben weihen wollte und der Präsident der Reichskulturkammer sein Studium der Kunstwissenschaft gewidmet hatte.
Noch sind wir über die Periode künstlerischer Probleme nicht hinweggekommen, noch spricht man von Richtungen traditionsgebundener und moderner Art. Es wäre gewiß richtiger, von guter und schlechter Kunst zu sprechen, denn eine Kunst oder auch nur ein Handwerk ohne Tradition gibt es nicht, und ebensowenig kann geleugnet werden, daß jegliche künstlerische Ausdrucksform sich mit dem Zeitgeist wandelt.
Aber diese Änderungen vollziehen sich selten in so plötzlicher Weise wie in den verflossenen Dezennien, sondern meist in einer allmählichen Umstellung.
Die Baukunst hat schon vor Jahrzehnten die falsche Wegrichtung erkannt und ihre Verbindung mit jener Zeit wiederaufgenommen, in der die Fäden der Tradition gerissen waren, sie arbeitet von da ab nach einer Wiederaufnahme der alten einfachen und sympathischen Stilformen erfolgreich auf Neuland zu und erreicht ihr Ziel um so rascher und sicherer, je weniger krampfhaft und unnatürlich sie sich gebärdet. Die Malerei ist auf ähnlichem Wege gefolgt, und in der Neuromantik erleben wir den Anschluß an eine der besten Zeiten malerischer Kultur...
Die künstlerische Zielrichtung im neuen Reich muß sein, die verlorengegangenen oder stark vernachlässigten Bindungen wieder zurückzugewinnen. Ich bin überzeugt davon, daß sich der Streit über Kunstrichtungen in dem Maße erübrigt, als große Gemeinsamkeitsaufgaben Gelegenheit geben, das künstlerische Können auf gesunder handwerklicher Grundlage unter Beweis zu stellen.
Aufgaben müssen der Kunst gestellt werden, Aufgaben in äußerer konvexer und innerer konkaver Form. Die Plastik soll wieder an der Straße, im Garten, an der Mauer stehen, in Form von Reliefs die Wände zieren, die Malerei an Wand und Decken im Rahmen der Baukunst den künstlerischen Klang veredeln helfen, dann erfüllt sich von selbst die vielfach unbewußte Sehnsucht jener Maler, denen der Rahmen eine lästige Fessel und das Material eine Behinderung monumentalen Gedankenfluges war. Der Geist des Nationalsozialismus gebietet, sich als Teil eines Ganzen zu fühlen und im Ganzen Höchstes und Letztes erreichen zu

wollen, erfordert das Aufgehen des Individuums und individueller Gestaltung im Gesamtbild des Geschehens. Wo ist dieser Geist der Verbundenheit bei den neuen Stadt- und Dorfbildern geblieben? Der Städtebau mittelalterlicher Zeit bedurfte der Stadtmauer nicht, um die Gebundenheit des heimischen Bauwillens einprägsam zu machen. Selbst nachdem die Stadtgrenzen über die Mauern hinausgewachsen sind, blieb der Geist der einheitlichen Gestaltung und das Entstehen neuer guter Stadt- und Straßenbilder gewahrt. Kaum ein Jahrhundert trennt uns von dieser Zeit der selbstverständlichen Verpflichtung zum anständigen Sicheinfügen in das Stadt- und Straßenbild. Seitdem ist in erschreckendem Maße das Gefühl der Verpflichtung und Gebundenheit geschwunden, und die modernen Großstadtperipherien, ja die zerfließenden Dörfer, sind abschreckende Beispiele von kultureller Verantwortungslosigkeit.
Kunst und Volk haben sich in gleichem Maße, als die Bindungen lockerer wurden, voneinander entfernt, der Wahlspruch »l'art pour l'art« kennzeichnet die Periode größter künstlerischer Egozentrizität.
Die Kunst ist vielgestaltig, sie kommt vom Handwerk her und zeigt in ihrer Abwandlung alle Phasen mehr oder minder anspruchsvoller Gestaltung und findet ebensolche unterschiedliche Beurteiler.
Gewiß ist, daß alle Kunst, auch die höchste, einen Anklang im Volke finden muß, denn die bleibende Wertung von Kunst und Künstler erfolgt weder durch Künstler selbst noch durch Kunstgelehrte, sondern durch das ganze Volk, soweit dasselbe innerlichen Anteil nimmt. Da das Volk künstlerischen Problemen gegenüber keine rechte Einstellung findet, sein Urteil wohl auch immer an der jüngsten Vergangenheit geschult worden ist und darum immer der Aktualität entbehrt, überdies seine Vorliebe für das Gegenständliche meist die Wertschätzung des künstlerischen Gedankeninhaltes und Willens überwiegt, so ist ohne weiteres klar, daß in Zeiten starker innerer Bewegung Kunst und Künstler gern die Fühlung mit dem Volke verlieren. Sobald die Künstler zur allgemeinen Bindung im Bauwerk, in der Natur und Landschaft zurückgefunden haben, finden sie von selbst zum Volk zurück, und die Einfalt im kindlichen Gemüt ist doch manchmal gerade das, was kein Verstand der Verständigen sieht ...
Indem wir in jüngster Zeit uns bemühen, auch in der Kunst in erster Linie zu handwerklicher Tüchtigkeit zurückzufinden, haben wir einen erfolgreichen Schritt auf dem Wege zur Gesundung getan.
Die Reichskammer der bildenden Künste soll in ihrer Organisation keine Neuauflage der alten Bürokratie sein, vielmehr Ordnung bringen in ein Chaos, das dem Aufkommen der guten Leistung hinderlich war. Entscheidend ist nicht das Programm, auch nicht die Organisation, und seien sie noch so gut, sondern der Geist und die Menschen, welche dieses Programm durchführen.
Die einzelnen Fachsäulen, wie die der Architekten, der Maler und Graphiker, der Bildhauer, Gebrauchsgraphiker, Kunstgewerbler, Kunstgelehrten usw., werden durch Reichsfachvorsitzende und Landesfachvorsitzende geführt, während sämtliche Fachschaften quer geteilt in 12 Landesstellen von je einem Landesstellenleiter betreut werden. Da alles nach dem Führerprinzip geregelt wird, ist

es die vornehmste Sorge, die geeignetsten Persönlichkeiten auf die verantwortlichsten Stellen zu bringen, und aus diesem Grunde eine vorläufige kommissarische Berufung in Aussicht genommen. Von den 12 Landesstellen ist die Landesstelle Bayern mit München als Sitz dem Willen des Führers gemäß, München zur Kunststadt des Reiches zu machen, zu einer zweiten, mehr repräsentativen Spitze ausersehen.

Die Kammer umfaßt alle Personen, die auf dem Gebiet der Erzeugung, der Wiedergabe, der geistigen oder der Vermittlung des Absatzes von Kulturgut tätig sind.

Besorgten Künstlern sei die beruhigende Zusicherung gegeben, daß die Reichskammer der bildenden Künste nicht engherzig bei der Aufnahme vorgehen wird. Nur die Gewissenlosen, Unverantwortlichen, die die Kunst um niedriger Motive willen prostituieren, müssen ferngehalten werden.

Die Reichskammer der bildenden Künste muß ihre nächste Aufgabe darin erblicken, für Arbeitsbeschaffung auf ihrem Gebiet Sorge zu tragen. Es ist mit Ankäufen allein nicht getan. So begrüßenswert es ist, wenn, besonders in Notzeiten, Staat und Gemeinden, Private Kunstwerke kaufen, so ist doch mit einem Auftrag Kunst und Künstlern unendlich mehr gedient. Indem dem Künstler bestimmte Aufgaben gestellt werden, die sich meist einem gegebenen oder in Aussicht genommenen Rahmen ein- oder unterzuordnen haben, wird das künstlerische Schaffen in wohltätiger Weise an konkrete Voraussetzungen von Raum, Technik und Inhalt geknüpft, die, weit davon entfernt, eine Knebelung der Phantasie zu bedeuten, wahrhaft schöpferische Kräfte erst auslösen und in handwerklicher Verbundenheit mit den übrigen Künsten harmonisch zusammenklingen.

Wenn die Wirtschaftsnot unseres Volkes als Grund angeführt wird, die Beteiligung der freien Künste am baulichen Schaffen nicht durchführen zu können, so kann dem nicht zugestimmt werden. Ein Volk, das für Kunst keine Aufwendungen mehr machen zu können oder gar zu dürfen glaubt, ist nicht nur arm, sondern armselig zu nennen.

Zudem lassen sich diese Forderungen ganz gut im Rahmen des üblichen Aufwandes durchführen, man lasse nur einmal ab von der Verwendung der verschwenderisch teuren, teilweise ausländischen Materialien an Stein und Holz, man ermäßige die luxuriösen Ansprüche an Installation, wie sie heute eine zu weitgehende Verweichlichung und Genußsucht fordert, man arbeite mit bescheidenen einheimischen Materialien in jener spartanischen Einfachheit, wie sie wahrhaft nationalsozialistischem Geist gemäß wäre, und man wird so viel Mittel erübrigen, daß man weitgehend künstlerische Mitwirkung sichern kann. Man wird künstlerische Leistungen vornehmster Art auch in schlichtem Material ermöglichen.

So müssen sich Staat und Gemeinden, Gesellschaften und bauende Privatleute die Pflicht vor Augen halten, auch dem bescheidensten Unternehmen durch die auf der einen Seite geübte Zurückhaltung eine Mitwirkung aller bildenden Künstler einschließlich des Kunsthandwerkes zu sichern. Die Reichskammer der bildenden Künste will in ihrer sozialen Fürsorge für die Künstler so weit gehen, eine allgemeine Sozialversicherung der einzelnen Mitglieder in die Wege zu leiten, welche ihnen im Alter, in Krankheit und Not eine kleine Sicherheit gewährleistet, die der einzelne durch freiwillige Aufzahlung nach Belieben erhöhen kann. So soll die Reichskammer der bildenden Künste für Kunst und Künstler, für Heimat und Volk ein Segen, für den sieghaften nationalsozialistischen Gedanken die kulturelle Rechtfertigung sein.

## 30 Oktober 1934

### Das Architektengesetz

Der Präsident der Reichskammer der Bildenden Künste teilt folgendes mit:
Mit dem 1. Oktober d. J. tritt die Anordnung über den Schutz des Berufs und die Berufsausübung der Architekten in Kraft. Ihrem wesentlichen Inhalt nach bestimmt sie, daß, wie bereits in der ersten Verordnung zur Durchführung des Reichskulturkammergesetzes vom 1. November 1933 gesagt ist, die Eingliederung in die Reichskammer der Bildenden Künste durch den Fachverband für Baukunst, den Bund Deutscher Architekten e. V., Voraussetzung für die Ausübung des Berufs als Architekt ist. Die Bezeichnung Architekt kann von jetzt an nur noch von denjenigen Mitgliedern der Reichskammer der Bildenden Künste geführt werden, die durch den Fachverband für Baukunst in die Kammer eingegliedert worden sind. Das Aufgabengebiet dieser Architekten umfaßt jede bauliche Gestaltung und Anordnung, die eigenschöpferische Gestaltungskraft zeigt und nicht lediglich die Anwendung erlernter technischer Kenntnisse ist. Um allen Zweifeln vorzubeugen, ist außerdem gesagt worden, daß Nützlichkeitszwecke des gestalteten Werkes den Begriff der künstlerisch schöpferischen Leistung nicht ausschließen. Es wird also die planende und gestaltende Tätigkeit für alle Bauwerke, bis herunter zu den einfachsten Bauaufgaben, von der Anordnung erfaßt.
Um den deutschen Volksgenossen die Möglichkeit zu geben, ohne weiteres zu erkennen, ob sie mit einem zur Berufsausübung als Architekt berechtigten Mitglied der Kammer zu tun haben, sind die eingegliederten Architekten verpflichtet, diese Berufsbezeichnung von Amts wegen in ihrem gesamten beruflichen Tätigkeitsgebiet zu führen. Es entspricht dem Willen der nationalsozialistischen Regierung, durch die berufsständische Erfassung zunächst berufsständische Pflichten und Verantwortungen festzulegen, aus denen dann auch gewisse Berufsaufgaben folgen. Im Sinne dieser Auffassung ist in der Berufsanordnung gesagt worden, daß die Architekten die Verantwortung tragen, nicht nur für die Einhaltung der gesetzlichen oder baupolizeilichen Bestimmungen, sondern vor allem für die Einhaltung der Richtlinien deutscher Kultur und Baugesinnung und die Einordnung der Bauten in das Bild ihrer Umgebung.
Diese beiden Sätze räumen endgültig mit den Sünden liberalistischer Freiheit auf dem Gebiet des Bauwesens auf und verhindern die weitere Verschandelung

deutschen Landes und deutscher Städte durch Bauwerke, die in keiner Weise deutscher Baugesinnung und dem Verantwortungsgefühl für gemeinsame Arbeit Rechnung tragen. Es wird die wichtigste Aufgabe des Fachverbandes für Baukunst sein, gerade hier einzugreifen und die Schäden zu verhindern, unter denen die deutsche Baukultur so stark gelitten hat. Die Architekten, die in die Kammer eingegliedert sind, unterwerfen sich schweren Bindungen und Berufsgrundsätzen, die im einzelnen in der Anordnung wiedergegeben sind. Die Treu und Glauben gefährdende und zur Korruption führende Unsitte, kostenlose Entwürfe anzubieten oder zu liefern, wird ebenfalls untersagt. Als Norm für die Tätigkeit der Architekten wird die Gebührenordnung genannt. Besonders wesentlich ist die Feststellung, daß der selbständige Architekt seinen Beruf als unbeeinflußter Sachwalter und Treuhänder des Auftraggebers auszuüben hat.

Der kulturell maßgebenden Stellung, die der Stand der deutschen Architekten nach Inkrafttreten dieser Anordnung einnimmt, entspricht die Berechtigung, eigene Entwürfe von Bauten bei den zuständigen Behörden einzureichen und zu vertreten. Entwürfe, die in Zukunft von Nichtmitgliedern der Kammer eingereicht werden, sind von der Baupolizei nicht zu bearbeiten. Diese Anordnung tritt mit dem 1. Oktober 1934 in Kraft. Sie läßt Ausnahmen irgendwelcher Art nicht zu und ergreift auch bereits laufende Verträge[1]. Der Verantwortungspflicht des Architekten entspricht es, daß er nicht nur die Planbearbeitung, sondern auch die Oberleitung des Baues zu übernehmen hat.

Mit dieser Berufsanordnung der Architekten ist ein neues Kapitel im Buch deutscher Baukultur aufgeschlagen worden. Der Stand der deutschen Architekten, wie er durch den Fachverband für Baukunst in die Reichskammer der Bildenden Künste eingefügt ist, ist vor eine große, aber dankbare Aufgabe gestellt, über die das gesamte deutsche Volk Rechenschaft fordern wird.

## 31 November 1934

**Die 1. Jahrestagung des Fachverbandes für Baukunst**
Rede des Präsidenten der Reichskammer der Bildenden Künste,
Professor Eugen Hönig

... Man muß die ungeheure Aufgabe erkennen, die dem neuen Institut gestellt war, um zu begreifen, daß hier nicht in Wochen und Monaten, ja nicht einmal in wenigen Jahren eine Erfüllung der Wünsche erreichbar ist. Vorerst war eine Riesenarbeit an Bereitstellung von Menschen und Sachmaterial Voraussetzung des Wirkens der Kammer. Bedenken Sie, was es heißt, mehr als 40 000 Aufnahmegesuche auf ihre Berechtigung in sachlicher und menschlicher Hinsicht zu prüfen. Diese Riesenarbeit ist ehrenamtlich geleistet worden von einer Un-

---

[1] Vergl. 2. Anordnung des Präsidenten der Reichskammer der Bildenden Künste vom 1. Oktober 1934 auf Seite 701, Baugilde 1934, Heft 19.

menge kleiner Prüfungsausschüsse in allen Teilen unseres Vaterlandes. Allen Künstlern, die sich dieser verantwortungsvollen Aufgabe in so selbstloser Weise gewidmet haben, sage ich an dieser Stelle einstweilen tiefgefühlten Dank, ich hoffe aber, dem Dank späterhin noch eine besondere Form geben zu können. Zu allen Entscheidungen hat der Fachverbandsvorsitzende Stellung nehmen können in bejahendem und verneinendem Sinne, die von ihm gebilligten Ablehnungen sind von mir selbst endgültig verbeschieden worden. Wenn ich auch immer bestrebt war, nach Möglichkeit weitherzig in der Zulassung zu sein, so mußte dort haltgemacht werden, wo es sich nicht mehr um eine Leistung der Kunst gehandelt hat, sondern um Erzeugnisse, die dem Ansehen unserer Kunst und dem Bestreben, erzieherisch auf das Volk einzuwirken, gleichermaßen schädlich waren. Es hat überall größte Gerechtigkeit obgewaltet und höchstes Verantwortungsgefühl. Meine eigene Stellungnahme zu den Ablehnungen ist mir nicht leichtgefallen; ich habe in jedem Einzelfall die Leistung so genau geprüft, als es die beigebrachten Unterlagen zuließen. Kein Zeugnis einer Schule oder eines Mannes, kein Titel, kein Rang hat irgend Einfluß genommen auf diese Entscheidung, die sowohl von den von mir eingesetzten Unterausschüssen wie auch von mir selbst nur nach der erkenntlichen Leistung und menschlichen Eignung ging. Es kann daher wohl vorkommen, daß auch Vollakademiker keinen Eingang zur Kammer gefunden haben, wenn ihre Leistungen eigenschöpferische Gestaltungskraft nicht erkennen ließen.

Alle Unreifen, in der Entwicklung Begriffenen, die zur Zeit eine Aufnahme nicht finden konnten, können sich, gestützt auf neue Arbeiten, innerhalb einer angemessenen Frist erneut um Aufnahme bewerben, müssen aber damit rechnen, daß eine nochmalige Ablehnung ein letztes Ansuchen um Aufnahme erst nach Jahren möglich macht.

Um Ihnen einen Begriff davon geben zu können, welche Arbeit mit der Prüfung der Aufnahmegesuche verbunden war, will ich nur auf die Ziffer hinweisen, die mir von der Landesstelle Hessen-Nassau, Sitz Frankfurt a. M., mitgeteilt wurde, wo der Bund Deutscher Architekten, also ein einziger Fachverband der Kammer, 38 Sitzungen mit je 8 Stunden abgehalten hat. Unser lieber Kollege Thyriot ist über dieser Arbeit gestorben, und es ist gar nicht ausgeschlossen, daß die Unsumme von Unzulänglichkeit, die an ihm vorüberzog, und der Unmut bei dem Gedanken, wie so viele tüchtige Fachkollegen, darunter auch er selbst, ohne jegliche Arbeit waren, indessen Pfuscher reichlich Gelegenheit hatten, Stadt und Land zu verwüsten, sein Ende beschleunigt haben.

Meine Herren Kollegen, ich hätte niemals gedacht, daß die Kulturlosigkeit im Bauen einen solchen Umfang habe. Bei meiner endgültigen Verbescheidung der Aufnahmegesuche zogen an die 10 000 und mehr solcher Schöpfungen an meinen Augen vorüber, und ich kann wohl sagen, ich war zutiefst zerknirscht über all das, was geschehen ist und unentwegt weiter geschehen würde, wenn nicht endlich ein Riegel vorgeschoben worden wäre, den meine berufsständischen Anordnungen vom 1. Oktober darstellen.

Verehrte Kollegen, Sie haben mit diesen Anordnungen ein ständisches Privileg erhalten, das Sie zu stärkster Verantwortung verpflichtet. Zeigen Sie, daß Sie einer solchen Verantwortung gewachsen und würdig sind, und zögern Sie nicht, daran mitzuhelfen, daß unsere Reihen noch fortwährend weiter gesäubert werden. Wir haben mit den unverantwortlichen, kulturlosen Planmachern nichts gemein. Jede, auch die kleinste Aufgabe, muß im Geiste guter Baugesinnung gelöst werden. Lassen Sie sich auch gesagt sein, daß der tüchtige Architekt nicht nur ein Gestalter ist, sondern auch wirtschaftlich in voller Verantwortung seinen Mann stehen muß, um dem Bauherrn und dem gesamten Volk gegenüber die entsprechende Verantwortung übernehmen zu können.

Durch das Architektengesetz ist die Möglichkeit geschaffen, daß eine Reihe von jüngeren Architekten sich mit Gewißheit des Erfolges nunmehr im flachen Lande niederlassen können; denn indem nunmehr den Pfuschern und Unbefugten die Planung entzogen ist, ist die Existenz eines tüchtigen Architekten auch auf den kleinsten Orten gesichert, und damit ist die große Kulturmission eingeleitet, unsere Tätigkeit und Beeinflussung von den Hauptstädten weg in alle kleinsten Zellen des Gemeinlebens hinauszutragen. Dortselbst sind Kunst und gutes Kunsthandwerk wieder zu erwecken, und es ist in günstigem Sinne besonders auf das Handwerk einzuwirken. Ich bitte Sie, auch darauf bedacht zu sein, daß nunmehr diejenigen Bautechniker, welche in Baugeschäften entbehrlich werden, die vielleicht mit einer gewissen Absichtlichkeit rasch auf die Straße gesetzt werden, nach Möglichkeit in unseren Reihen alsbald Aufnahme finden; denn so sicher ich bin, daß in verhältnismäßig kurzer Zeit die geänderten Verhältnisse sich im Sinne von Angebot und Nachfrage wieder ausgleichen werden, so sehr müssen wir bestrebt sein, soziale Härten nach Möglichkeit zu vermindern...

Wie nicht anders zu erwarten war, hat sich der Berufsstand der Bauunternehmer mit Schärfe gegen diese Architektenanordnung gewendet, die ihm das weitere Planen der im Sinne der Verordnung als gestalterisch in die Erscheinung tretenden Werke verbietet. Die Bauunternehmer behaupten, daß eine schwere Wirtschaftsschädigung damit Hand in Hand ginge. Ich habe den Herren bereits mündlich erklärt, daß sie mir den Nachweis bringen müßten, wieso durch diese Architektenanordnung weniger gebaut würde als vorher, und ich bin überzeugt, daß sie mir den Nachweis schuldig bleiben werden. Die Herren operieren auch damit, daß damit das Bauen verteuert würde, indem nunmehr zu den Baukosten das Architektenhonorar hinzukäme. In Wirklichkeit ist das Planen und die projektierende Tätigkeit, also der Hauptbestandteil der kulturschöpferischen Leistung, bei ihnen nur ein Mittel zum Zweck, sich den Auftrag zu sichern, und um den Bauwerber um so sicherer zu machen, werden in der Regel für derartige Entwurfsvorschläge keine oder nur ganz unzulängliche Gebühren in Ansatz gebracht. Dieses Verfahren ist nicht nur vom Standpunkt eines anständigen Wettbewerbes aus zu verurteilen, sondern es trägt die Keime der schwersten Kulturschädigung in sich. Wenn der Bauunternehmer gleichzeitig der Planverfertiger, der Vermittler von Materialien und Konstruktionen für den Bauherrn ist, so ist er Richter und Angeklagter in einer Person. Es war darum höchste Zeit und absolut notwendig, daß der Begriff des schöpferischen Architekten zugleich mit dem Begriff des Treuhänders unzertrennlich verbunden wurde. Der schöpferisch tätige Architekt ist in der Lage, ohne Voreingenommenheit dem Bauherrn erstens eine Kulturleistung zu unterbreiten, wie er sie mit seinem Kulturgewissen verantworten kann, ohne dabei im geringsten durch wirtschaftliche Erwägungen oder Erwägungen höheren oder geringeren Gewinnes irgendwie behindert zu sein. Gleichzeitig ist der treuhänderische Architekt auch derjenige, der dem bauenden Publikum die besten bauausführenden Möglichkeiten vermitteln kann.

Die Behauptung, daß das Architektenhonorar den Bau verteuere, ist nicht richtig, denn das Architektenhonorar ist auch in den Kosten der Baugeschäfte enthalten, wenn es auch nicht in die Erscheinung tritt und dort nur unter einem allgemeinen Unkostenbetrag figuriert; zweitens hat sich immer herausgestellt, daß die höchste Sparsamkeit im Bauen die Sparsamkeit im Planen ist...

Alle Gründe, die gegen die Verordnung ins Feld geführt werden, sind Gründe des Festhaltens an einer alten Gewohnheit, die endlich zu beseitigen aber gerade im Sinne nationalsozialistischer Reformen gelegen sein muß. Die Autonomie der Berufsstände kann nur den einen Sinn haben, sämtlichen Berufsständen die beste Auswirkungsmöglichkeit zu schaffen. Daß dabei kein berufsständischer Eigennutz getrieben werden darf, habe ich schon einmal betont. Es ist eine glatte Selbstverständlichkeit, daß den Baugeschäften an Verdienstmöglichkeiten nichts genommen wird. Die Zahl der Bauten wird nicht gemindert, die Zahl ihrer Aufträge ebensowenig. Das Wegfallen des Planens beseitigt nur eine üble Form des Wettbewerbs, die von der reinen Bauausführung zu trennen dringend geboten war. Wenn die Baumeister von sich aus mit dem Argument operieren, es gäbe eine Reihe von Baufirmen, die künstlerisch wohl in der Lage wären, neben ihrem Geschäftsbetrieb auch gute Pläne verantwortlich zu zeichnen und durchzuführen, so ist dazu folgendes zu sagen: Ohne Zweifel sind in Baugeschäften und waren in denselben Fachleute vorhanden, denen diese Fähigkeit nicht abgesprochen werden kann. Diesen Baugeschäften aber nun die Aufnahme in die Reichskammer der Bildenden Künste zu ermöglichen, würde sie in einen empfindlichen Gegensatz bringen zu jenen Baugeschäften, denen diese Einordnung nicht zugebilligt werden kann, wodurch sehr zum Schaden des soliden Handwerks eine unglückliche Trennung in Baugeschäfte mit und ohne planenden Charakter entstehen würde. Gleichzeitig wäre der Begriff des Treuhänders, der mit dem Architektenberuf verbunden werden soll, durchlöchert. Es kann daher dieser Vorschlag nicht ernsthaft in Erwägung gezogen werden, und zwar um so weniger, als die Reichskammer der Bildenden Künste als eine ständische Vertretung vollkommen homogener Künstlerschichten allein dadurch eine segensreiche Kulturbetreuung ausüben kann, daß sie in jeder Weise über das Schaffen ihrer Mitglieder zu befinden in der Lage ist...

Man komme mir nicht mit dem Behördenapparat und mit der Baupolizeibehörde; es ist weder in den letzten dreißig Jahren der Baupolizeibehörde gelungen, bei allen anerkennenswerten Bemühungen Schädigungen in erkennbarem

Maße hintanzuhalten, noch hat es der sehr verdienstvolle Landesverband für Heimatschutz fertiggebracht, gegen dieses Heer von Bausündern erfolgreich vorzugehen. Das alles kann und wird nur möglich sein durch dieses Gesetz und die Handhabung durch den autonomen Berufsstand; und hier habe ich nicht etwa nur die Hoffnung und Zuversicht, sondern die völlige Gewißheit, daß wir noch zu unseren Lebzeiten eine Veränderung zum Besten erleben werden und daß eine kommende Generation nicht mehr begreifen wird, wieso man so lange ohne eine derartige Handhabe überhaupt ausgekommen ist...
Der Berufsstand hat nun die Mittel an der Hand, sich verantwortungsbewußt in den Schaffensprozeß der Nation einzugliedern, es wird von ihm abhängen, in welcher Zeit tiefgehende Wirkungen ausgelöst werden, denn tatsächlich hört nunmehr jede Verantwortungslosigkeit auf. Eine schlechte Leistung, ein Nichteinhalten von Auflagen, die im wohlverstandenen Interesse des Werkes gemacht werden, zieht unweigerlich eine Verantwortung vor dem Berufsgericht nach sich. Der Präsident der Kammer wird auf Antrag unnachsichtlich Ordnungsstrafen über alle Mitglieder verhängen, die sich gegenüber den Standespflichten und dem Gemeinwohl vergehen, er kann im Wiederholungsfall den Ausschluß aus dem Berufsstand androhen und auch vollziehen. Es ist also ohne eine langatmige Prozeßhandlung ein rasches Gericht über alle Bausünder möglich, und darum steht zu hoffen, daß in absehbarer Zeit das wilde Bauen zum Schaden der Städte, Dörfer und Landschaften von selbst verschwindet.

## 32 Oktober 1934

**»Erbaut unter Adolf Hitler«**

Einer Anregung des Reichsjustizkommissars Dr. Hans Frank folgend, wird in Rosenheim in Bayern an Neubauten, die seit der Machtübernahme durch den Nationalsozialismus entstanden sind, eine Tafel mit den Worten »Erbaut unter Adolf Hitler« angebracht werden. Die Anordnung gilt zunächst für alle städtischen Neubauten.

## 33 März 1936

**Daß wir hier bauen, verdanken wir dem Führer**

Immer wieder lesen wir es. An den Rüstungen der Häuser und Fabriken, der Brücken und Tunnel, an Plätzen und Straßen, an Gebirgsbahnen und am Meeresstrand.
Überall, wo es hämmert und stampft, rattert und rollt, grüßt uns dies Schild. Es dient der Besinnung. Wir sollen unsere Arbeit einmal aus einiger Entfernung betrachten.

Der Führer arbeitet für alle Deutschen. Für jeden einzelnen und jeden Beruf. Wir sind aufgefordert, seine Arbeit zu bejahen.
Die Antwort auf die politische Frage ist selbstverständlich.
Was tat der Führer für das Bauwesen?
Wir hatten nach dem wirtschaftlichen Zusammenbruch von 1931 am Ende dieses Jahres 932 000 arbeitslose Bauarbeiter. Der Kostenaufwand fiel auf 2,2 Milliarden Mark.
Das wurde mit dem Jahre 1933 anders. Heute sind neu fast 600 000 Bauarbeiter in Arbeit gekommen. Der Bauaufwand stieg 1935 auf etwa 8,0 Milliarden Mark.
Und die Baukunst?
Wieder nach langer Zeit haben wir einen Führer, der unmittelbar daran arbeitet, die Kunst zum Ausdruck unseres deutschen Wesens zu machen.
Wenn also mehr Menschen an Bauten arbeiten, wenn mehr Wohnraum hergestellt wird, wenn die übernommenen Häuser instand gesetzt, die Verkehrsverbindungen verbessert werden — all das ist nicht nur wirtschaftlich wichtig —, es gibt unserem Land ein neues Aussehen und ein anderes Ansehen. Die gebaute Umgebung des deutschen Menschen wird zum Ausdruck seines Wesens, nicht dessen, was ihm äußerlich angeheftet worden war, wie so vielen Bauten bedeutungsloser Tand.
Die Arbeit geht weiter. Der Führer gibt dem Handwerk neue Aufgaben. Es ist dazu gerüstet.
Kunst und Wissenschaft, Handwerk und Auftraggeber, alles ist neu geworden, und alles dankt das neue Leben dem Führer.
Ihm gilt es, am 29. März die Versicherung des Vertrauens und der Treue auszusprechen.

## 34 November 1936

**Anständige Baugesinnung**

Ein Erlaß des Reichsarbeitsministers — Kulturpolitik durch die Baupolizei

Verordnung über Baugestaltung vom 10. November 1936:
Auf Grund des Gesetzes über einstweilige Maßnahmen zur Ordnung des deutschen Siedlungswesens vom 3. Juli 1934 (Reichsgesetzbl. I S. 568) wird verordnet:

§ 1
Bauliche Anlagen und Änderungen sind so auszuführen, daß sie Ausdruck anständiger Baugesinnung und werkgerechter Durchbildung sind und sich der Umgebung einwandfrei einfügen. Auf die Eigenart oder die beabsichtigte Gestaltung des Orts-, Straßen- oder Landschaftsbildes, auf Denkmale und bemerkenswerte Naturgebilde ist Rücksicht zu nehmen.

## § 2

(1) Zur Verwirklichung der Ziele dieser Verordnung, vor allem zur Durchführung bestimmter städtebaulicher Absichten, können durch Ortssatzung oder Baupolizeiverordnung für die Errichtung oder Änderung baulicher Anlagen besondere Anforderungen gestellt werden. Ortssatzungen sind im Einvernehmen mit der für den Erlaß von örtlichen Baupolizeiverordnungen zuständigen Polizeibehörde zu erlassen, Baupolizeiverordnungen im Einvernehmen mit der Gemeinde (Gemeindeverband).

(2) Die Anforderungen nach Abs. 1 können sich vor allem beziehen auf die Lage und Stellung der baulichen Anlagen, die Gestaltung des Baukörpers und der von außen sichtbaren Bauteile, besonders des Daches (einschließlich der Aus- und Aufbauten) und der Außenwände, sowie auf die Gestaltung der Grundstückseinfriedigung.

(3) Anforderungen nach Abs. 1 und 2 können innerhalb der Ortssatzung oder Baupolizeiverordnung auch in Form von Plänen (Aufbauplänen) gestellt werden.

## § 3

(1) Ortssatzungen und Baupolizeiverordnungen nach § 2 bedürfen der Genehmigung der höheren Verwaltungsbehörde. Im übrigen regeln sich Zuständigkeit und Verfahren nach den landesrechtlichen Bestimmungen.

(2) Werden Ortssatzungen oder Baupolizeiverordnungen nach § 2 trotz dringendem Bedürfnis nicht oder unzulänglich erlassen, so kann die höhere Verwaltungsbehörde den Erlaß oder die Abänderung der Vorschriften verlangen. Ebenso kann sie die Abänderung von Vorschriften, die bei Inkrafttreten dieser Verordnung gelten, fordern.

(3) Die oberste Landesbehörde bestimmt, ob die Anforderungen nach § 2 im Wege der Ortssatzung oder Baupolizeiverordnung zu stellen sind.

## § 4

(1) Solange bei einem Bauvorhaben den Vorschriften des § 1 oder den besonderen Anforderungen nach § 2 nicht Rechnung getragen ist, ist die baupolizeiliche Genehmigung zu versagen.

(2) Die Rechtsmittel bestimmen sich nach den Landesgesetzen.

## § 5

Für Ausführungen, die einzeln oder zusammengenommen eine erhebliche Veränderung einer baulichen Anlage darstellen, kann die Baugenehmigung auch davon abhängig gemacht werden, daß gleichzeitig die durch die Ausführung an sich nicht berührten Teile der baulichen Anlage, soweit sie den nach §§ 2 und 3 erlassenen Vorschriften widersprechen, mit diesen in Übereinstimmung gebracht werden. Die durch entsprechende Auflagen entstehenden Mehrkosten müssen jedoch in einem angemessenen Verhältnis zu den Kosten der beabsichtigten Änderungen stehen.

## § 6

Weitergehende landesrechtliche Vorschriften bleiben unberührt.

## 35 Juni 1939

**An alle Bauschaffenden**

Schon in der Kampfzeit vor der Machtübernahme hat es sich ein damals noch kleiner Kreis von Architekten und Ingenieuren zur Aufgabe gemacht, die nationalsozialistischen Grundsätze auf dem Gebiete der Technik und des Bauschaffens zur Durchführung zu bringen. Das war der Kampfbund der deutschen Architekten und Ingenieure (KDAI). Die Kämpfer von damals sind zum großen Teil die Mitarbeiter nach der Machtübernahme geworden. Aus dem KDAI wurde im Laufe der organisatorischen Umgestaltung der Nationalsozialistische Bund deutscher Technik. In seinen Reihen stehen kämpferische Naturen, die in der Lage sind, eine Entwicklung voranzutreiben... Ich fordere alle Bauschaffenden auf, der Fachgruppe Bauwesen beizutreten.
Fritz Todt

## 36 Januar 1942

**Mission und Tradition — Elemente des Aufbaues!**
Stellung und Aufgaben der Fachgruppe Bauwesen
Von Pg. Eitelfritz Kühne,
Hauptgeschäftsführer der Fachgruppe Bauwesen im NSBDT

Nach dem Willen des Führers hat die NSDAP auf allen Gebieten des deutschen Lebens den Führungsanspruch. Für den gesamten Bereich der Technik ist die Führung dem Hauptamt für Technik der NSDAP übertragen worden. Um der deutschen Technik eine Ausrichtung nach nationalsozialistischen Grundsätzen zu geben und sie für die Zielsetzung der Partei und Staatsführung einzuspannen, wurde zur Durchführung dieser Aufgaben der NSBDT als angeschlossener Verband der NSDAP gegründet. Der NSBDT unterteilt sich in fünf Reichsfachgruppen, denen die übergeordnete Führung und Ausrichtung der technisch-wissenschaftlichen Organisationen, die als Fachverbände und Arbeitskreise bezeichnet werden, obliegt (s. S. 108). Dr. Todt hat bei der Gründung der NSBDT die bestehenden, in ihrer technisch-wissenschaftlichen Arbeit erfolgreichen Fachvereine mit großer Mitgliederzahl, wie: Verein Deutscher Ingenieure, Verein Deutscher Elektrotechniker, Verein Deutscher Chemiker usw. nicht aufgelöst, sondern war bemüht, sie allmählich in den NSBDT überzuleiten. Er ging damit einen anderen Weg, als die Ärzte, Juristen und Lehrer gehen, die die früher bestehenden Vereine sämtlich auflösten und neue NS-Verbände gründeten. Die Fachvereine trugen wesentlich dazu bei, die der Technik sofort nach der Machtübernahme gestellten Aufgaben — erst Arbeitsbeschaffung und dann Leistungssteigerung — schnellstens zu lösen und vorzutreiben.
Im Bauwesen allerdings ergab sich insbesondere, um die tiefgehende unproduktive Zersplitterung zu beseitigen, die Notwendigkeit, die Fachvereine wie die

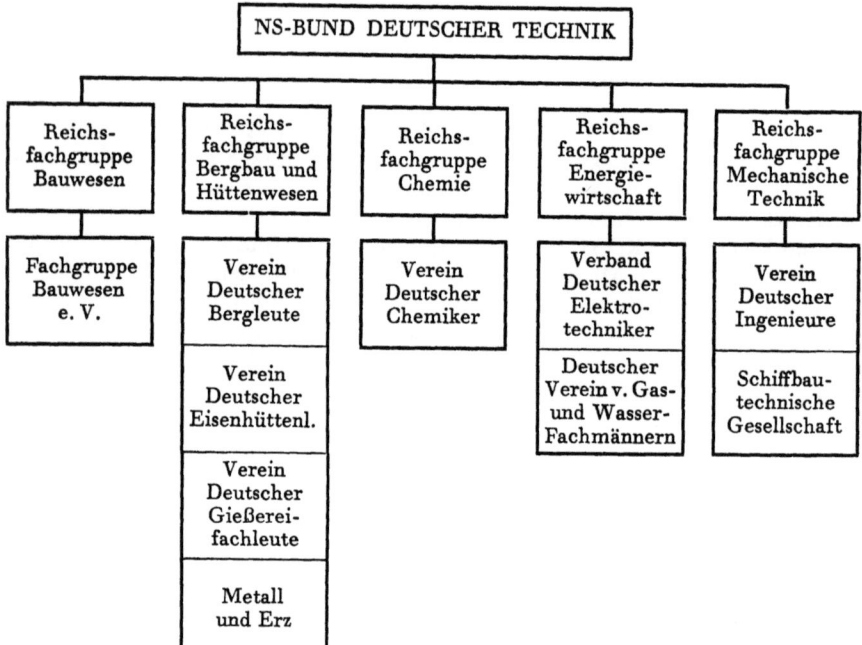

Ingenieur- und Architekten-Vereine, die Deutsche Gesellschaft für Bauwesen usw. aufzulösen. An ihre Stelle wurde Ende 1938 die Fachgruppe Bauwesen e. V. als neuer großer Fachverband der Bauschaffenden gegründet, die als Teil eines NS-Bundes ihre Aufgabe politisch sah und entsprechend ihren Aufbau formte und erst jetzt stärker dazu kommt, auch die technisch-wissenschaftliche Arbeit intensiv vorzutreiben...

Die wertvolle Tradition der technisch-wissenschaftlichen Vereine, die technisch-wissenschaftliche Arbeit muß soweit als möglich mit der Mission der Technik, wie sie der KDAI sah, wie sie die Partei sieht, verbunden werden. Trotzdem wird die Arbeit der fünf Reichsfachgruppen des NSBDT nie nach der gleichen Schablone beurteilt werden können. Im Bauwesen wird stets das Schwergewicht der Arbeit des NSBDT bei der Lösung von technopolitischen Aufgaben liegen. Dies geht aus von der Verbundenheit des politischen Wollens mit dem kulturellen Schaffen und findet seine stärkste Form im Kriege in der engen Gemeinschaft der Bauschaffenden mit der kämpfenden Truppe beim unmittelbaren Fronteinsatz. Diese variierende Schwerpunktbildung der Aufgaben bei den einzelnen Fachgruppen des NSBDT begründet auch die in der Anordnung Nr. 7/41 vom 23. Dezember 1941 des Hauptamtes für Technik bekanntgegebenen organisatorischen Maßnahmen, die den Einsatz der Technik in der Zukunft noch wirkungsvoller gestalten werden. Während die Fachverbände der Reichsfachgruppen in der äußeren Form

sich jetzt einheitlich in Bezirksverbände untergliedern und an ihrer Spitze Bezirksverbandsleiter stehen, die gleichzeitig als Gaufachwalter Politische Leiter im engeren Mitarbeiterstab des Gauwalters sind, bleibt bei der Fachgruppe Bauwesen als Ausnahmeregelung die Bezeichnung Gaufachgruppe und Gaufachgruppenwalter bestehen. Den Bearbeitern der Organisationspläne wäre es gewiß lieber gewesen, diese Ausnahmeregelung nicht zu treffen und für alle Gliederungen der Fachgruppen gleiche Bezeichnungen einzuführen. Die Reichswaltung hat, der Grundeinstellung des NSBDT folgend, auch hier nicht der äußeren Organisationsform zuliebe die freie, zweckmäßigste Entwicklung der Fachgruppen vorschnell in eine organisatorische Zwangsjacke gesteckt, sondern bewußt die Nachteile der uneinheitlichen Bezeichnungen in Kauf genommen, um die individuelle Entwicklung, Aufgabenstellung und Zielsetzung nicht zu stören.
Es bedurfte ernster, grundsätzlicher Überlegungen, nicht den von verschiedenen Seiten gekommenen Vorschlägen zu folgen, die Bezeichnungen und Organisationsformen der alten technisch-wissenschaftlichen Vereine im Bauwesen zu imitieren. Wie z. B. die Fachgruppe Bauwesen e. V. umzutaufen in »Verband Deutscher Bauschaffender (VDB)« und somit im Namen bereits einmal die vereinsmäßigen Aufgaben zu betonen, zum andern eine ähnelnde äußere Bezeichnung aller Fachverbände zu erreichen. Man mußte erkennen, daß das Herausstellen der vereinsmäßigen Aufgaben im Bauwesen nur zeitbedingt und ein von der politischen und wirtschaftlichen Entwicklung beeinflußter Vorgang ist:
1. Vor der Machtübernahme, im Zeichen der politischen und wirtschaftlichen Depression, suchten die aktivsten Ingenieure und Architekten im KDAI die Probleme des technopolitischen Einsatzes der Technik zu lösen. Sie bereiteten die nach der Machtübernahme zu lösenden Aufgaben vor, sie proklamierten die Notwendigkeit einer nach politischen, nationalsozialistischen Grundsätzen gelenkten Technik und sahen darin die Mission der Technik im kommenden Dritten Reich.
2. Nach der Machtübernahme wurden sie zur praktischen Lösung der vorgezeichneten Aufgaben angesetzt. Viele der durch die Not der Systemzeit zum politischen Denken erzogenen Ingenieure wurden unbewußt allmählich wieder unpolitisch. Sie wurden »Technizisten«, die sich für die Zusammenhänge nicht interessieren, sondern lieber basteln und spintisieren wollen. Sie vergruben sich nur zu gern in die gegebenen großen technischen Aufgaben...
3. Die großen, von den Bauschaffenden zu lösenden Aufgaben sind von bürgerlich denkenden, allein auf ihre fachtechnisch-wissenschaftliche Fortbildung bedachten Ingenieuren nicht zu bewältigen. Sehen wir nur das technische Fachproblem, dann wird die Technik nie ihren Führungsanspruch bei der Lösung der harrenden Aufgaben begründen können! Die derzeitigen und kommenden Aufgaben machen immer wieder zwingend das Herausstellen der politischen Mission der Technik jetzt und in der Zukunft notwendig. Auch die kriegswichtigen Aufgaben im Bauwesen, wie Erziehung zur Selbstdisziplin im behelfsmäßigen Kriegsbau, Durchführung des baulichen Luftschutzes, der Fronteinsatz, der Einsatz im Ausland, die Besiedelung des Ostens, das Einspannen der Arbeitskräfte

fremder Nationalitäten für unsere Aufgaben, die Nachwuchswerbung wie auch die kulturellen und sozialen Friedensaufgaben können nur gelöst werden von einem politisch denkenden und politisch ausgerichteten Führerkorps der Bauschaffenden.

Man mag bedauern, daß aus den vorstehenden Erwägungen nicht die einheitlichen Bezeichnungen für alle Gliederungen des NSBDT gefunden werden konnten und dadurch die geschlossene Front der technischen Verbände im NSBDT nach außen scheinbar nicht gezeigt wird. Diese Geschlossenheit der Front — das Bekenntnis zum NSBDT — wird jedoch durch die Gauhäuser der Technik erreicht, die jetzt in allen Gauen vom NSBDT errichtet werden. Sie bilden keine eigene neue Organisation, haben keine eigenen Arbeitsausschüsse usw., sondern greifen auf die fertigen Arbeiten der Reichsfachgruppen und der ihnen angeschlossenen Verbände zurück. Die Gauhäuser der Technik sind die Schmelztiegel, in denen die Elemente des Aufbaues — Tradition und Mission — zu den besten Legierungen verschmolzen werden.

Seit Gründung der Fachgruppe Bauwesen hat Dr. Todt immer wieder klar ihren politischen Auftrag hervorgehoben. Die Fachgruppe Bauwesen hat allen Großveranstaltungen, die sie durchführte, einen betont technopolitischen Charakter gegeben, seien es ihre Schulungskurse auf der Plassenburg oder die großen Gau- und Reichsveranstaltungen. Erst in letzter Zeit hat sie auch stärker die vereinsmäßige Betreuung und die fachtechnisch-wissenschaftliche Fortbildung in Angriff genommen ...

Die Aufgaben der Fachgruppe Bauwesen sind wie folgt eindeutig formuliert:

a) Sammlung aller Bauschaffenden (Ingenieure und Architekten). Auslese und Förderung der fähigsten Bauschaffenden, insbesondere des Nachwuchses.

b) Erziehung zur nationalsozialistischen Berufsauffassung durch technopolitische Schulung. Erziehung zu einer würdigen Baugesinnung.

c) Schaffung einer der Leistung des Bauschaffenden entsprechenden Stellung im öffentlichen Leben.

d) Förderung der technisch-wissenschaftlichen Arbeit bei Überwindung eines lebensfremden Spezialistentums.

Was macht die Fachgruppe Bauwesen, um diese Zielsetzung zu verwirklichen:

a) Durch Abkommen mit der Reichsstudentenführung sollen sämtliche Studenten der Hoch- und Fachschulen während der letzten Semester dem NSBDT zugeführt werden. Den Lehrkräften ist durch den NSLB und Reichserziehungsminister der Eintritt in den NSBDT — Fachgruppe Bauwesen — eindeutig empfohlen worden. Lehrkräfte und Studierende erhalten laufend Ausrichtung durch die Fachgruppe Bauwesen. In den Prüfungsausschüssen der Fachschulen sind Vertreter der Fachgruppe Bauwesen vorgesehen. Hier beginnt das erste Glied der Kette für die Auslese und Förderung des Nachwuchses. Die besten Ingenieure und Architekten werden in die Arbeitskreise der Fachgruppe Bauwesen berufen. In diesen Arbeitskreisen arbeiten sie an der Lösung spezieller Aufgaben mit. Die Arbeitskreise stellen somit die Auslese der Bauschaffenden in bestimmten Fachrichtungen dar.

## NS-BUND DEUTSCHER TECHNIK
### REICHSFACHGRUPPE BAUWESEN

Technisch-wissenschaftl. Fachverband · NSBDT-Mitglieder führend
FACHGRUPPE BAUWESEN E. V.

| ZENTRALSTELLEN | ARBEITS-GEMEINSCHAFTEN | ARBEITSKREISE |
|---|---|---|
| Bautechn. Auskunftstelle | Architektenschulung | Betonbau – Deutscher Betonverein |
| Bauernhofbüro | Baulicher Luftschutz | Stahlbau – Dtsch. Stahlbauverband |
| Der Deutsche Baumeister (*Verlag Deutsche Technik*) | Behelfsmäßig. Kriegsbau | Städtebau u. Landesplan. Akademie f. Städteb. u. Landesplanung |
| | Kolonialbau | |
| Mittelst. Dtsch. Bauernh. (*Amt Rosenberg*) | Leistungssteigerung | |
| | Nachwuchsfragen | Straßenbau Forschungs.-Ges. f. das Straßenwesen |
| Inst. f. Landes- u. Stadtpl. (*vorm. Staatssekr. Professor Feder*) | Osteinsatz | |
| | Preisgestaltung | Wasserbau u. Wasserwirt. Reichsverband d. dtsch. Wasserwirtschaft |
| | Technik und Verwaltung | |
| Reichsaussch. f. baulichen Luftschutz (*RLM*) | Bauforschung | |
| | Baugestaltung (*Arbeitskr.*) | Vermessungswesen Deutscher Verein für Vermessungswesen |
| | Baustatik u. Baupolizei | |
| | Fachausschüsse | Schiffahrtstechn. (*Arbeitsring*) Hafenbaut. Ges.[1] |
| | Schrifttum | |
| | | Tiefbohrtechn. Verein |
| | | Dtsch. Kartograph. Ges. |
| | | Arbeitsring Zement |
| | | Reichsverein deutscher Feuerwehringenieure |

Aufbau der Fachgruppe Bauwesen e.V.

[1]) Zus. mit Schiffsbautechn. Gesellschaft und Ges. der Freunde und Förderer der Schiffbau-Versuchsanstalt.

b) Die Arbeit der Fachgruppe Bauwesen wird sich nicht auf das beschränken, was ihr von anderen Stellen als Aufgabe zugetragen wird. Sie greift sich vielmehr selbst Probleme auf, deren Propagierung und Lösung sie als ihre nationalsozialistische Pflicht ansieht. Sie wird stets Trommler sein für technopolitische Aufgaben, die sie als nationalsozialistischer Fachverband erkennt, die vielleicht von den Staatsstellen noch nicht aufgegriffen werden konnten oder bisher ohne tiefere Wirkung behandelt wurden. Sie wird so lange trommeln, bis die Aufgaben entweder durch sie selbst gelöst sind oder bis sich Stellen finden, die sie übernehmen. Gern stellt dann die Fachgruppe ihre Vorarbeiten zur Verfügung, um so frei für neue Aufgaben zu werden ...

c) Hieran arbeitet die Arbeitsgemeinschaft Technik und Verwaltung, die sich sowohl mit der Stellung des Ingenieurs und Architekten in der Verwaltung und Wirtschaft wie auch mit Fragen des Bauorganismus, Aufbau der Verwaltung, Reichsbaugesetz u. a. beschäftigt. Durch die strengen Aufnahmevorschriften des NSBDT wird die Bezeichnung Ingenieur oder Architekt im NSBDT und durch die Möglichkeit einer Berufung in die Arbeitskreise immer mehr zu einer Kennzeichnung, die auch von sich aus zur Hebung der Stellung des Ingenieurs in Wirtschaft und Verwaltung beiträgt.

d) Hierzu werden die Mitglieder nach Tätigkeit und Berufsbild bei der Aufnahme den Mitgliedergruppen zugeteilt.

Die Obmänner der Mitgliedergruppen sind im allgemeinen die Leiter der bestehengebliebenen, reinen technisch-wissenschaftlichen Organisationen, die als Arbeitskreise der Fachgruppe Bauwesen angeschlossen sind, wie Beton-Verein, Stahlbau-Verband usw. Diese Arbeitskreise übernehmen die fachtechnisch-wissenschaftliche Fortbildung.

Für technisch-wissenschaftliche Aufgaben, für die keine Organisationen, die als Arbeitskreise der Fachgruppe Bauwesen angeschlossen sind, bestehen, werden innerhalb der Fachgruppe besondere Arbeitsgemeinschaften und Fachausschüsse gebildet. Aus den Mitgliedergruppen werden dann die tüchtigsten Fachleute in die Arbeitskreise, Arbeitsgemeinschaften und Fachausschüsse berufen ...

Diese Ausführungen sollen die Stellung und Aufgaben der Fachgruppe Bauwesen im NSBDT zeigen. Sie sollen auch zeigen, daß die Fachverbände des NSBDT eigene Wege in der Entwicklung gehen müssen, um ihre Zweckbestimmung schnellstens zu erfüllen. Der Weg der Fachgruppe Bauwesen ist vorgezeichnet durch die Worte Dr. Todts, die vor dem Kriege ausgesprochen wurden, im Kriege erst recht gelten und auch für die Nachkriegszeit die Richtung weisen:

»Die schwierigen Aufgaben, die die deutsche Bauwirtschaft bei der Knappheit an Arbeitskräften und Baustoffen zu meistern hat, sind uns allen bekannt. Technik und Wissenschaft haben auch genügend Wege gewiesen, die Ziele trotz der Knappheit von Personal und Material zu erreichen. Der Erfolg hängt weniger von der Erkenntnis als von der Energie ab, mit der sich die Erkenntnis in der Praxis durchsetzt. Das ist eine Aufgabe für nationalsozialistische Kämpfer — diese Aufgabe stelle ich der Fachgruppe Bauwesen im NSBDT.«

## 37 Februar 1942

**Landschaftsgebundenes Bauen**
Weisung der Fachgruppe Bauwesen im NSBDT an die Leiter der Gauarbeitskreise und die Baufibelbearbeiter

Der Begriff landschaftsgebundenes Bauen wird häufig mißverstanden. Ich nehme daher Anlaß zu folgender Klarstellung: Die landschaftsgebundene Baugestaltung ist keine zeitbedingte Forderung, sondern die Grundlage für die Wiederherstellung der Harmonie zwischen Bauwerk und Landschaft. Alles für die Gegenwart Notwendige vermag im Rahmen dieser Forderung erfüllt zu werden. Das landschaftliche Bauen kann nicht auf ein Teilgebiet beschränkt werden. Es hat vielmehr alle Gebäudearten zu umfassen vom Rathaus, Schulbau, Hitlerjugend-Heim über den Wohnungs- und Siedlungsbau bis zum Bauernhaus und den technischen Bauten wie Feuerwachen, Brücken, Straßenmeistereien, Garagen, Tankstellen, Umformerhäuschen und dergleichen. Ich bitte die Verfasser der Baufibel, ihren Arbeiten diesen umfassenden Begriff vom landschaftlichen Bauen zugrunde zu legen und ihn in den Fibeln durch überzeugende Beispiele zu vertreten. Zum Schluß erinnere ich daran, daß die Baufibeln Werkbücher für die gegenwärtige landschaftsgebundene Baugestaltung sein sollen. Geschichtliche und städtebauliche Betrachtungen sind auf ein Mindestmaß zu beschränken. Modische Bauformen sind auf jeden Fall zu vermeiden.
 Schönleben
 Ministerialdirektor, Leiter der Fachgruppe Bauwesen e. V.
 im NS-Bund »Deutsche Technik«

## 38 Februar 1942

**Der Mensch der Technik**
Von Gert Theunissen

... Wenn man bedenkt, daß schon die erste Hälfte dieses Jahrhunderts neben zahlreichen Feldzügen zwei Kriege von erdumspannender Weite brachte, und weiterhin erwägt, daß diese Weltkriege nur aus der wachsenden Bereitschaft des Menschen denkbar sind, dann wird es klar, daß wir zwar in einem historischen, das heißt geschichtsbildenden, aber keineswegs in einem historisierenden Jahrhundert leben, sondern vielmehr in einer Epoche, deren Schwerpunkt in der Gegenwart, in der ständigen Bereitschaft, in der Wachsamkeit zum sofortigen Handeln, mit einem Wort: in der Tat liegt.
Das naturwissenschaftliche Gesetz Robert Mayers, daß keine Energie verlorengeht, sondern die Energie sich nur in andere Formen verwandelt, erweist sich auch als anwendbar auf die Bemühungen des Geistes. Man könnte ja angesichts des Sieges, den der im Soldaten und im Techniker erscheinende Homo faber in

unserem ganz auf die Schwertschneide der Gegenwart gestellten Jahrhundert errungen hat, fragen, ob denn die riesigen, alle Ehrfurcht verlangenden historischen Arbeiten des vorigen Jahrhunderts umsonst gewesen oder doch für unser heutiges Leben von nebensächlichem Wert seien. Die Antwort auf diese Frage lenkt nun die Aufmerksamkeit von dem Felde der bisherigen, für alle zivilisierten Länder der Erde mehr oder weniger zutreffenden Betrachtung auf die besondere Haltung, die das neue Deutschland einnimmt.

Die Zukunft als Aufgabe der Gegenwart
Der Nationalsozialismus — und darin liegt sein Daimonion und seine größte, historisch wirksame Macht, wenn wir auf die Entwicklung der Zivilisation im Laufe der letzten hundert Jahre blicken — steht dem Ziel der sich in großer Tiefe vollziehenden Umwandlung aus der historischen Gebundenheit in die Bindung an die Gegenwart am nächsten, denn im Nationalsozialismus ist zwar ein starkes Geschichtsbewußtsein vorhanden, und er orientiert sich auch weitgehend nach großen geschichtlichen Erfahrungen, aber dieses Geschichtsbewußtsein und diese Orientierung drehen sich ausschließlich in den Angeln des Jetzt und Hier. Dabei hat die besonders in Deutschland so starke, sich gerade im 19. Jahrhundert augenfällig beweisende Kraft historischen Denkens sich der Zukunft eines ganzen Volkes bemächtigt. Das historische Denken hat sich als ein planendes, Ziele fixierendes und Wege bereitendes Denken auf die Zukunft geworfen. Nichts geschieht heute in Deutschland, das nicht von diesem planenden Denken bewegt würde. Glitt, bis der Techniker zur breitesten Wirkung gelangt war, im 19. Jahrhundert die Gegenwart immer tiefer in die Beschäftigung mit der Vergangenheit, wobei wir uns seiner großen moralischen und geistigen Werte stets bewußt sein müssen, so bewegen wir uns heute mit jeder Stunde bewußt auf die geplante Zukunft hin.
Es ist nicht von der Hand zu weisen, daß auch in dem Übergang vom Stellungskrieg der Jahre 1914—1918 zum heutigen Bewegungskrieg die Wandlung vom 19. zum 20. Jahrhundert insofern zum Ausdruck kommt, als durch die auf die Zukunft hin mobil gemachte Gegenwart das Handeln in erster Linie eine Frage der Schnelligkeit ist. Dem entschlossenen Handeln in der heutigen Kriegszeit wohnen bedeutend geringere Trägheitsmomente inne als dem Handeln zur Zeit des Weltkrieges. Die letzten Gewichte eines historisch belasteten Denkens und Fühlens sind über Bord geworfen worden.
Der Techniker, der Transporttechniker insbesondere, hat die Herrschaft angetreten. Daß seine Bedeutung vor allem im Kriege klar hervortritt, ist naturgemäß, denn jeder Krieg läßt die Grundstrukturen seines Jahrhunderts hervorleuchten. Wer sie aber doch noch nicht erkannt haben sollte, dem werden sie dann endlich zum Bewußtsein gebracht, wenn zu der an sich schon so stark aktivierten Zeit des Krieges ein neues Ereignis von elementarer Gewalt hinzutritt: so zum Beispiel der Tod eines Mannes, der in der Strategie der Rüstung und des Nachschubs eine besonders wichtige Rolle spielte.

Der Ingenieur-Minister
Ein solches Ereignis, das die Zusammenhänge der Wirklichkeit aufdeckt, war der jähe Tod des Reichsministers Dr. Todt. Zum Opfer eines Unglücksfalles war ein Mann geworden, der nicht als Kaufmann, nicht als Verwaltungsbeamter oder als Jurist, sondern als Techniker an die Spitze eines Ministeriums trat. Damit gelangte nicht nur die Person Dr. Todts in eine der höchsten und verantwortungsvollsten Stellungen, die die Partei und der Staat zu vergeben haben, sondern zugleich wurde dadurch dem Beruf und dem Ansehen des Technikers überhaupt ein neuer Rang in der Gesellschaftsordnung oder, besser gesagt, in der Ordnung der Stände und Berufe zugewiesen. Die soziologische Wandlung, die sich gleichzeitig mit der Wandlung der Denkweise und Lebensgestaltung vollzog, wurde sozusagen von Staats wegen bestätigt. Bekräftigt wurde sie dann, als kaum zwei Tage nach dem Tode des Reichsministers Dr. Todt ein anderer Ingenieur zum Nachfolger ernannt wurde: der Diplom-Ingenieur und Architekt Albert Speer. Diese Nachfolge im Aufstieg eines Technikers zum Minister weist auf die Gesetzmäßigkeit der Entwicklung hin und schließt den immerhin möglichen Einwurf aus, es könne die ministerielle Befugnis eines Technikers, wie sie im Falle Dr. Todts in Erscheinung trat, ein Einzelfall gewesen sein.
Die Möglichkeit, daß ein Ingenieur an die Spitze eines Ministeriums tritt, wäre im 19. Jahrhundert noch undenkbar gewesen — und daß sie auch im Weltkrieg noch nicht zur Wirklichkeit wurde, sondern erst in diesem Krieg, erhellt den bei allem revolutionären Elan doch durchaus evolutionären Charakter in der Veränderung des sozialen und soziologischen Bildes. Sowenig man auch schon bisher auf den Ingenieur verzichten konnte und so sehr man bereit war, ihm die Bedeutung eines tragenden Pfeilers im Bau der Zivilisation zuzusprechen, so befand er sich doch immer in der Rolle des Dienenden. Dennoch formte er wie keiner das Gesicht der Zeit — bis ihn dann die Zeit selbst zum Herrschenden emporhob.
Die Ernennung Dr. Todts und dann Professor Speers ist die logische Konsequenz und Summe, die aus der Epoche der Technik gezogen werden konnte...
Durch diese totale Mobilmachung hindurch ruft nun der in strategischen und taktischen Begriffen denkende Befehlshaber an der Front den nun ebenfalls aus strategischen und taktischen Notwendigkeiten handelnden Befehlshaber in der Heimat auf den Plan: nämlich den mit höchsten Machtbefugnissen und besten Fähigkeiten zur Herrschaft ausgestatteten Ingenieur-Minister.

Das Leben und die Technik
Der auf dem Plan erscheinende befehlsgewaltige Techniker unserer Zeit ist nicht vom Himmel gefallen. Man kann ihn auch nicht einfach »ernennen«, ohne daß er nicht schon vorher herangereift wäre. Wenn man von dem Zeitalter der Planung und der Technik spricht und erst recht von der Kriegszeit, in der Schnelligkeit und Präzision des Handelns maßgebend sein müssen, dann stellt man sich irrtümlicherweise den neuen Typ des Ingenieurs allzu leicht und allzu bequem als eine Art von Roboter, von Maschinenmensch vor. Genau das Gegenteil ist in

der Wirklichkeit der Fall: Der Vorstellung von Maschinenmenschen haftet noch ganz die falsche Utopienseligkeit gewisser Phantasien des 19. Jahrhunderts an, wogegen es doch bei dem herrschenden Techniker, der im Ingenieur-Minister seinen weitesten Wirkungskreis erreicht hat, mitentscheidend auf die Menschen- und Lebenserkenntnisse ankommt.
Erst von diesem Wissen um organische Zusammenhänge und Leistungsmöglichkeiten her können die organisatorischen und technischen Aufgaben gelöst werden. Dafür, daß die Herrschaft des Technikers im heutigen Sinne nicht schon vor Jahrzehnten möglich war, spricht der Umstand, daß der Sozialismus noch nicht reif war, um einen solchen Typus hervorzubringen, denn der Techniker, der es mit Tausenden und Hunderttausenden von Menschen aus allen Volksschichten zu tun hat, muß von einem starken sozialen Denken und Fühlen durchdrungen sein, um Gehör und Bereitschaft zu finden. Bei aller Unerbittlichkeit der Ansprüche, die er zur Bewältigung der vielschichtigen Arbeitskomplexe an seine Mitarbeiter stellen muß, darf der Techniker nicht das Gefühl für die natürliche Grenze der Leistungssteigerung verlieren. Dieses Gefühl besitzt er nur, wenn er sich mit denen eines Sinnes weiß, die ihm unterstellt sind. Die außerordentlichen Leistungen, die Dr. Todt erreichte, wären ohne den sozialen Charakter, der diesen Mann kennzeichnete, undenkbar gewesen. Albert Speer, sein Nachfolger, verfügt über eine nicht weniger große soziale Kraft, die noch vom letzten Arbeiter gespürt wird. Über allen Berechnungen und aller Zahlenpraxis vergißt er nie den Menschen. Die nun von ihm übernommenen hohen Ämter sind in dem phrasenlosen Vertrauen zu seinen Fähigkeiten und seiner schlichten, menschlichen Denkungsart verankert. Wie Dr. Todt, so entspricht auch er dem Bild des neuen Typus, darin sich das Soziale und das Technische zur Einheit fanden ...

Die geistige Verantwortung
Als eine der zentralen Figuren inmitten des heutigen Lebens trägt der Techniker, dem ganze Arbeitsheere unterstellt sind, eine Verantwortung, die sich nicht allein am Gelingen der ihm aufgetragenen Arbeiten rein technischer und organisatorischer Art bemißt. Er, der wieder den Schlag des menschlichen Herzens in den großen, von ihm befehligten Massen spürt, weil er erfahren hat, daß zwischen dem mechanistischen Kollektiv und der von Grundkräften getragenen Gemeinschaft ein Abgrund besteht; er kennt auch die Problematik, mit der sich die Technik fühlt, wenn sie verabsolutiert wird. Das neue Deutschland ist im Begriff, den Willen der Naturwissenschaft und Technik in aller Entschiedenheit zu vollstrecken. Auf dem Wege zum höchsten Nutzen, den man überhaupt aus der Naturwissenschaft herausholen kann, wird man aber auf Erscheinungen stoßen, die sich dem auf Zweckmäßigkeit bedachten Zugriff deshalb entziehen, weil sich in ihnen das Leben in seiner geheimnisvollen göttlichen Ursprünglichkeit offenbart. Man mag es Gott oder Schicksal oder Vorsehung nennen.
Die Naturwissenschaft des 19. Jahrhunderts, beflügelt, aber auch auf weite Strecken hin geblendet durch die Erfolge der Technik, glaubte im allgemeinen, daß dem menschlichen Geist keine Schranken gesetzt seien. Große Naturwissenschaft-

ler dieses Jahrhunderts aber haben diese transzendierende Grenze wieder entdeckt. Und damit haben sie wieder das Maß gefunden, das auch die Techniker einhalten müssen, wenn sie sich nicht in der Materie verlieren wollen. Der höchste Ruhm aber, den der Techniker dieses vulkanischen Jahrhunderts an seine Werkzeuge heften kann, wird der Ruhm sein, das Maß alles Irdischen wiedergefunden zu haben. Hier liegt, weit über den Tag hinaus, seine geistige und menschliche Verantwortung. Hier allein wird sich der Wert seiner Herrschaft entscheiden.

## III. POSITION – OPPOSITION

### Haussuchung im „Bauhaus Steglitz"
#### Kommunistisches Material gefunden.

Auf Veranlassung der Dessauer Staatsanwaltschaft wurde gestern nachmittag eine größere Aktion im „Bauhaus Steglitz", dem früheren Dessauer Bauhaus, in der Birkbuschstraße in Steglitz durchgeführt. Von einem Aufgebot Schutz- war jedoch verschwunden, und man vermutete, daß sie von der Bauhausleitung mit nach Berlin genommen worden waren. Die Dessauer Staatsanwaltschaft setzte sich jetzt mit der Berliner Polizei in Verbindung und bat um Durch-

Alle Anwesenden, die sich nicht ausweisen konnten, wurden zur Feststellung ihrer Personalien ins Polizeipräsidium gebracht.

Die hier zusammengestellten Dokumente mögen verdeutlichen, daß das
»Ringen um die Baukunst« auch im Jahre 1933 noch nicht beendet 39—44
war. Die Positionen, die an dieser Stelle nur angedeutet werden, bedürfen keines Kommentars. Hinzuweisen ist jedoch auf jene Personen
und Stimmen, die zumindest in den ersten Monaten und Jahren offen
und bewußt gegen die Prinzipien und Methoden der völkischen Reaktion opponierten.
Martin Wagners demonstrativer Austritt aus der »Preußischen Akade- 45
mie der Künste« ist ein spontaner »act de résistance«. Der Berliner Stadtbaudirektor bezahlt ihn mit seiner Entlassung, die offiziell durch »un-
zulässige Begünstigung einer bestimmten Architektengruppe« motiviert wird. Auch die Schließung des »Bauhauses« und die Emigration, 46—51
die von Erich Mendelsohn und den Bauhaus-Lehrern angeführt wird,
sind eine Absage an das System des Unrechts. Der »offene Brief« eines
jungen deutschen Architekten (Max Cetto), veröffentlicht in Heft 5 der 52
»neuen stadt« — das Heft 6 der Zeitschrift erscheint in Zürich —, steht
für das idealistische Bestreben insbesondere der akademischen Jugend,
die Kunst und Baupolitik des »Dritten Reiches« aus den trüben Wassern des Akademismus und der Heimattümelei in konstruktive Ideen-
flüsse hinüberzulenken.
Das gleiche Ziel verfolgt Bruno E. Werner in seinem Artikel »Der Auf- 53
stieg der Kunst« (»Deutsche Allgemeine Zeitung« vom 12. 5. 1933)
mit dem Hinweis auf die Beziehungen zwischen dem italienischen Faschismus und dem Futurismus. Werner übertreibt, wenn er Mussolini
gleichsam Arm in Arm mit Marinetti zeigt. Er spekuliert auf die Bewunderung, die Hitler zu dieser Zeit noch für den Duce hegt, und verteidigt geschickt die gemäßigten Positionen des »Neuen Bauens« sowie des frühen Expressionismus. Wie beharrlich und weitreichend die
Hoffnungen waren, die sich an dem italienischen Vorgang entzünde-
ten, geht u. a. auch aus einer Ausstellung junger faschistischer Baukunst
(Mostra dei Progretti di Milano), die am 19. 1. 34 in der TH Charlottenburg eröffnet wurde.
Alphons Leitl (»Rückblick und Ausblick zur Jahreswende 1933/34«) 54
versucht, unter dem Scheinopfer umstrittener Namen und Tendenzen,
wenigstens die Substanz der neuen Ideen über die institutionalisierte
Restauration (Reichskulturkammer) hinüberzuretten. Seine »Vorbemer-
kungen« (zu Bauten Emil Egermanns mit unausgesprochenem Bezug
auf die Hönig-Rede vom 20. 12. 1933) durchleuchtet die epigonalen
Tendenzen des Bauens im »Dritten Reich« in einem vergleichsweise
frühen Stadium. 55
Zu den »Stimmen der Vernunft«, die sich dem Nationalsozialismus zur
Verfügung stellen, um angegriffene Kollegen zu decken und um »grö-

◁ 4 »Berliner Lokalanzeiger« vom 12. April 1933 (vgl. Dok. 46)

ßeres Übel« zu verhindern, zählt Theodor Fischers »*Vermächtnis an die Jugend*«. Wie den Beiträgen Werners folgt auch ihm der Protest Rosenbergs auf dem Fuße. Der Automatik der »*Gleichschaltung*« entzieht sich im Sommer 1933 neben dem »*Bauhaus*« auch die Berliner Gruppe »*Junge Architekten*« (überwiegend Poelzig-Schüler*) durch rechtzeitige Selbstauflösung. Auch der bayerische »*Werkbund*« gibt seine Auflösung bekannt, bevor der KDAI-Funktionär K. J. Fischer »offiziell« die Landesleitung des Bundes übernimmt.
Nach Errichtung der »*Reichskulturkammer*« sind derartige Entscheidungen nicht mehr möglich. Um so größer ist die Sorge nicht weniger Architekten, ihre Erhebung in den Stand kultureller Hoheitsträger könnte die lebendige Weiterentwicklung des Fachs blockieren. Eine vielbeachtete Umfrage der in Berlin erscheinenden »*Deutschen Bauzeitung*« gibt dieser Sorge freimütig Ausdruck mit dem Ergebnis, daß Martin Mächler die erst am 1. 1. 1934 übernommene Schriftleitung des Blattes im Frühjahr 1935 wieder abgibt. Hugo Härings Auseinandersetzung mit der Neuauflage des »*Preußischen Stils*« Möller von den Brucks, veröffentlicht in derselben Zeitschrift, ist eine mutige Kritik am offiziellen Parteibaustil. Schließlich bewirkt die beginnende Konjunktur, was politischer Druck vergeblich angestrebt hat: die mahnenden und sorgenden Stimmen verstummen, während sich die Kritik in jenem Bereich ironischer Rand- und Zwischenbemerkungen begibt, der ohne genaue Kenntnis der jeweiligen Situation nur schwer zu rekonstruieren ist. Um eine solche Zwischenbemerkung handelt es sich fraglos, wenn es in Heft 12/1936 der »*Bauwelt*« heißt: »Das Ringen um die neue Baukunst ist in Deutschland beendet, in anderen Völkern noch nicht.« Drei Jahre später (Bauwelt 52/1939) folgt die Feststellung: »... die widerstrebenden Kräfte werden aufgezehrt oder gliedern sich ein, es ist schlechthin kein Raum mehr für sie da. Aber auch für die wird der Raum knapp, die so oder auch anders können ...«
*Indessen bewährt sich in diesem Augenblick scheinbar äußerster Gefahr die alte Erfahrung, daß eindeutig reaktiven Programmen nur ein verhältnismäßig kurzer Zeitraum zugemessen ist. Die Ablösung des um die Restauration traditioneller Bauformen, Städte- und Landschaftsbilder bemühten sogenannten »Heimatschutzstils« durch ein von den Schlagworten: Typisierung, Normierung, industrielle Vorfertigung ge-*

---

* Hans Poelzig (1869—1936) selbst zieht sich nach 1933 unter dem Druck der völkischen Reaktion von seinen zahlreichen Ämtern und Ehrenämtern nahezu ausschließlich auf seine Büro- und Lehrtätigkeit in den Meisterateliers an der Preußischen Akademie der Künste und den Vereinigten Staatsschulen zurück. 1935 erhält er für seine Wettbewerbsarbeit den 1. Preis und den Auftrag für den Neubau des Theaters in Istanbul. Die von Martin Wagner — der ehemalige Berliner Stadtbaurat emigrierte 1935 — bereits vorbereitete Auswanderung verhindert der Tod am 14. 6. 1936.

*kennzeichnetes Massenbauprogramm geht in Szene, ohne daß Gegenstimmen laut werden. Die Anknüpfungspunkte an die Bestrebungen der zwanziger Jahre sind unverkennbar, die Akteure andere (zum Teil auch dieselben), aber das besagt wenig angesichts der Feststellung, daß die Architektur nun offen das Verhältnis zur Technologie wieder aufnimmt, das sie in Verkennung der realen Kräfteverhältnisse wie auch ihrer eigenen, komplexen Struktur vorübergehend verleugnet hat. Der Haß des politischen Doktrinärs Bormann auf die »sachlichen« Argumente der »Techniker« (Todt und Speer) wirft ein Schlaglicht auf die zunehmende Spannung zwischen der ideologischen Romantik und dem aus der allgemeinen Entwicklung resultierenden Sachzwang. Der Krieg verstärkt die Tendenz zum Neofunktionalismus, verhindert aber auch, zusammen mit der allgegenwärtigen Propaganda, den offenen Austrag des sich bereits mit der Planwirtschaft ankündigenden Konflikts.*

## 39 Juli 1933
**Tradition und Neues Bauen**
Von Prof. Dr.-Ing. Paul Schmitthenner

Die Geschichte eines Volkes erzählt seine Schicksale, und aus der Geschichte erwächst verpflichtende Tradition. Wer gegen den tiefen Sinn der Tradition verstößt, versündigt sich an der Geschichte und damit an den Wurzeln des Volkstums. Die Zeit hinter uns hat nur in engen Grenzen an sich gedacht, anstatt in Generationen zu denken. Ein Geschlecht, das die Arbeit der früheren Geschlechter nicht achtet und die Fundamente nicht wahrt und stärkt, zerstört den Bau und sich selbst. So gesehen ist Tradition das ewig Neue, das wachsende Leben; sie trägt die Seele, den Grundwillen des Volkes von einem Jahrhundert in das andere. Durch die Bauwerke von Jahrhunderten läuft hindurch, was man sehr einfach »das Deutsche« nennen kann. So verschieden Nord und Süd des Reiches, die Landschaft und die Stämme, so verschieden ist Haus und Dorf und Stadt, doch so verschieden nur, wie Geschwister gleichen Blutes sind. Das kann nur der fühlen, der im Volkstum wurzelt, und deshalb wird fremde Art, wenn sie zu Einfluß kommt, leicht zum Zerstörer der Tradition, welche Pflege und Mehrung des »Eigentümlichen« und schlechthin die Grundlage jeder nationalen Kultur ist, die nur aus dem mütterlichen Schoß eines Volkes geboren wird.
Die Gefahr, die für das gesamte Volkstum und seine Kultur im Verlassen sinnvoller Tradition liegt, ist am besten in der Baukunst zu erkennen, die immer der letzte Ausdruck der Gesamtkultur einer Zeit ist. Der Niedergang der deutschen Baukunst beginnt mit der Loslösung der Tradition und fällt zusammen mit dem Beginn des technischen Jahrhunderts, das gleichzeitig das Ende der letzten geschlossenen Kultur- und Bauepoche ist, die wir in dem Namen »Goethe« zusammenfassen können. Die Baukunst zerfällt mit der Entwicklung der Technik.

Schuld daran ist jedoch nicht die Technik, sondern die Unfähigkeit, die Technik dienend einzuordnen. Die baulichen Leistungen der letzten 50 Jahre sind das erschreckende Spiegelbild unseres Kulturstandes. Der 30jährige Krieg hat nicht so viel an kulturellen Werten in Deutschland zerstört, wie das sinnlose Bauen der letzten 50 Jahre. Die verschiedenen Bauepochen unserer Geschichte zeigen eine große Mannigfaltigkeit. Wohl ist es Neues, was jede Bauepoche in Generationen schaffte und ist der letzte Ausdruck des geistigen Lebens einer Epoche, neu aber nur in dem Sinne der Tradition, die das ewig Neue, das wachsende Leben ist. Die alten herrlichen deutschen Städte, an denen Jahrhunderte gebaut haben, bilden eine Harmonie. Durch die Sinfonie der schönen deutschen Stadt geht als tragende Melodie das deutsche Volkstum in schönen Variationen von Nord zu Süd, von Ost zu West. In den Vorstädten der Jahre nach 1870 endet mit der Tradition der deutsche Geist im Bauen. Das Zinshaus, die Mietskasernen in aufgeblasener Verlogenheit, der Geist des ungebundenen Unternehmertums, diese Dokumente des sozialen Elends ergaben diese Städte ohne Gesicht und Seele. Hier ist kein Wille zu erkennen, das Gesicht der Zeit zu formen, und entstanden ist ein Zerrbild, eine Fratze.

Karl Friedrich Schinkel sagt einmal:

»Das Nützliche und Notdürftige, so gut es an sich ist, wird widrig, wenn es ohne Anstand und Würde auftritt, und zu diesem hilft ihm bloß die Schönheit, welche deshalb so wesentlich wird und immer gleichzeitig mit jenem Berücksichtigung verdient.«

Die Auffassung des Begriffs von Schönheit, Anstand und Würde kennzeichnet den einzelnen Menschen und ein Volk und ist für seine Kultur entscheidend.

Schönheit, Anstand und Würde sind unnütze Dinge, die nicht dem Hirn, nicht dem Verstand entspringen, sondern allein dem Herzen. Unser Denken war zu stark von dem alles errechnenden Verstand der Zeit beeinflußt. Ihm wurde allzu leicht Anstand und Würde geopfert, nicht allein auf dem Gebiete des Bauens. Wir sehen die gleichen Erscheinungen in der Literatur, im Theater und in der Politik. Was sich rentierte, war gestattet und gesellschaftsfähig. Dieser rechnende Verstand hat in seiner Rechnung den Menschen vergessen. Am sinnfälligsten zeigte sich dieses neue Denken, dieser überspitzte Verstand, in der sogenannten neuen Sachlichkeit im Bauen. Es gibt keine »neue« Sachlichkeit, sondern nur Sachlichkeit, und der Begriff »neue Sachlichkeit« ist schon eine Unsachlichkeit. Die Architektur nach 1870 wollte neben dem Nützlichen und Notdürftigen der Schönheit nicht entbehren; man verwechselte aber Anstand und Würde mit hohlem Pathos. Mietskasernenelend wird nicht besser durch aufgeklebte Fassaden in deutscher Renaissance, und Postgebäude in Gralsarchitektur sind und bleiben Sinnlosigkeiten. Je sinnloser die Architekturgestaltung in dieser Zeitspanne, desto sinnvoller wurde der Bau der Maschinen. Hier sehen wir Gestalten auf die letzte einfachste Form gebracht, in höchster Qualität und selbstverständlicher Schönheit. Um 1900 setzt eine Besinnung ein zu gesunder Baugestaltung, die langsam, aber sicher an Boden gewann. Die Wege zur neuen Baugestaltung, die damals beschritten wurden, waren verschieden, gleich aber das Ziel: die Rei-

nigung unseres Bauens von hohlem und darum undeutschem Pathos. Schon dadurch, daß man an die Tradition anknüpfte, wo ihre Weiterentwicklung abgerissen, war der Wille zu einer deutschen Baukunst gekennzeichnet. Diese gesunde Bauentwicklung, die bei aller Fortschrittlichkeit eine traditionsgebundene und deutsche war, wurde durch die sogenannte neue Sachlichkeit gestört und bekämpft. Einer im besten Sinne nationalen Baukunst wurden internationale Ziele entgegengesetzt. Der Sieg des neuen Baustils wurde laut verkündet und seine internationale Währung ausdrücklich festgestellt. Während man in den Zeiten der stillosen Stilarchitektur die Maschine mit stilechten Ornamenten verzierte und die Fabriken auf Mittelalter oder Barock frisierte, übertrug man nun in der neuen Sachlichkeit die eigentümlichen Merkmale des Ingenieurbaus und der Maschine gleichwohl auf den Bau von Kirchen, Schulen und Wohnhäusern. Als sichtbarsten Ausdruck dieses Gestaltungswillens prägte man den Begriff der »Wohnmaschine«. War es um 1890 schwer, einen Justizpalast von einer Bierbrauerei zu unterscheiden, so entstand nun manche Kirche, die mit einem Silo verwechselt werden konnte, und bei Schulen und Schuhfabriken war kaum noch ein Unterschied festzustellen. Der tiefere Grund für dieses Denken in neuer Sachlichkeit ist jener »auf Kosten des Herzens verfeinerte Verstand«, von dem Schiller sagt, daß ihm nichts mehr heilig ist. Jede Verpflichtung gegen Tradition, Landschaft, Himmel und Erde wurde vergessen. Man denke nur an die bekannten Siedlungen, in denen diese Sachlichkeit propagiert wurde: Weißenhof-Stuttgart, Dammerstock-Karlsruhe, Breslau u. a. Es wird einem späteren Geschlecht unverständlich sein, aber gleichzeitig ein Zeichen der Verwirrung dieser Nachkriegsjahre, wenn man sich erinnert, daß man diese Schöpfungen als Wohnungsreform anzusprechen wagte. Diese Bauten sind nichts anderes als Dokumente vergewaltigter Sachlichkeit in internationaler Verwässerung. Die gleiche unsachliche Aufgeblasenheit der Stilarchitektur nach 1870, die sich gern als nationale Baukunst ausgab, erscheint mit den umgekehrten Vorzeichen als internationale Baukunst. Der Geist ist der gleiche, nur die Form ist verändert. Man bezeichnete gern die Erscheinungen dieses neuen Bauwillens als ein Stück des neuen Zeitgeistes. Im Bauen der neuen Sachlichkeit hat dieser Geist, der Geist der Revolution von 1819, seinen bleibenden Ausdruck gefunden.
Die nationale Regierung unter Führung Adolf Hitlers hat sich die Aufgabe gestellt, alle Lebensgebiete von dem Geist von 1918 zu reinigen. Entstehen soll der deutsche Ständestaat. Dann aber müssen die Stände wie eine Gemeinschaft von Werkleuten an dem großen Bau zusammenarbeiten, den die Parteien einst unterwühlten. Dazu aber muß jeder auf dem Platz stehen, wozu er durch Begabung, Können und Charakter gehört. Den Platz aber kann nur anweisen der Führer, der nichts für sich will als die Verantwortung. Diesen Weg wird nur ein Volk gehen können, in dem jeder einzelne bereit ist, sich einzuordnen, um durch seine Arbeit an seinem Platz der Gesamtheit, der Nation zu dienen. Das Ziel muß sein, daß nur berufene Baumeister in Zukunft planend ordnen dürfen. Jedes Bauwerk, ob klein oder groß, wird nicht mehr in erster Linie angesehen werden dürfen als ein Stück des deutschen Volksvermögens, sondern als ein

Stück des deutschen Kulturbesitzes. Unter der Vorherrschaft der Wirtschaft gedieh die Bauindustrie, und die Baukunst zerfiel. Der einseitige Gesichtspunkt der Rente ist der Feind der Baukunst, denn Baukunst ist Ordnung, und Ordnung wächst nicht durch Einseitigkeit, denn sie ist Rundung. Sie ist in höherem Sinne eine soziale Angelegenheit, und ihre tiefsten Gründe liegen wie in der Politik im Irrationalen. Die Überbildung führt zur Mittelmäßigkeit, sagt Goethe. Auch in der Erziehung der Bauleute können wir eine bedenkliche Überbildung feststellen. Jeder Maurer-, Klempner- und Schreinerlehrling wird in der Gewerbeschule mit Reißschiene und Winkel verbildet, anstatt beim tüchtigen Meister das Handwerk gründlich zu erlernen und die Gesinnung, daß ohne seine Mitarbeit kein Bauwerk entstehen kann. Die mittleren Bauschulen, die brauchbare Hilfskräfte für das Baugewerbe erziehen und befähigte Handwerker weiterbilden sollen, »machen in Baukunst«. Die Hochschulen setzen als Maßstab der Eignung zum Architektenberuf das Reifezeugnis voraus, ohne genügend die Frage der Berufung zu stellen. Und dann werden Maurer, Klempner, Werkmeister und Diplomingenieure auf Deutschland losgelassen und »gestalten« die deutsche Stadt und Landschaft, wie wir sie erschreckend kennen. Auf allen diesen Gebieten ist gründlicher Wandel notwendig beim Lehren und beim Lernen. Allein entscheidend darf überall nur die Leistung und Gesinnung sein, die zum Führen berechtigt. Nach des Reichskanzlers Worten sollen die entscheidende Führung haben: zuverlässige Männer, die ihre Gesinnung in den Jahren des Niederganges bewiesen haben. Noch ist der Sieg nicht unser. Der Kampf um die deutsche Kultur beginnt erst. Die Führung auf dem Gebiete des Bauens gehört darum in die Hände jener Architekten, die aufrecht den Kampf gegen das Internationale und Undeutsche geführt haben und ihre Gesinnung durch Taten bewiesen. Die Tat des Architekten ist sein Werk, und an seinen Werken sollt ihr ihn erkennen. Der Kampfbund für Deutsche Kultur hat u. a. die wichtige Aufgabe, den Aufbau der berufsständischen Vertretung zu leiten. Seine Aufgabe muß es sein, im Sinne des Führers die Auslese zu treffen, damit jeder an seinem Platze stehe.

An einer Baustelle bearbeiteten drei Steinmetzen jeder einen Stein. Gefragt, was er tue, sagte der erste: ich verdiene hier mein Brot, antwortete der zweite: ich bearbeite einen Stein, der dritte aber: ich baue mit an einem Dom. — Dieser dritte ist der Aristokrat der Arbeit, und nur diese Gesinnung baut auch das Reich auf.

Zu 40 Emil Högg (1867–1954) wird, nach 6jähriger Tätigkeit als Stadtbaumeister in Berlin, 1904 Direktor des Gewerbemuseums in Bremen, wo er die Kunstgewerbeschule, den Verein für Niedersächsisches Volkstum und eine staatliche Bauberatungsstelle gründet. 1911 wird Högg ordentlicher Professor für Baukunst und Ingenieurbaukunst an der TH Dresden. Als Mitglied der Gruppe und Leiter der Architektenvereinigung BAI entfaltet er bereits vor 1933 eine rege Propagandatätigkeit gegen die Republik und die ihr — vermeintlich — assoziierten Architektengruppen.

5 Ehrentempel auf dem Königlichen Platz in München. Arch. Paul Ludwig Troost, 1934 ▷

## 40 Februar 1934

### Deutsche Baukunst — gestern—heute—morgen
### Von Prof. Dr. Dr. Emil Hoegg

In die Trostlosigkeit unserer Baugesinnung brachte der 9. November 1919 eine gewisse Großzügigkeit. Die Trostlosigkeit wurde nämlich zum Gesetz, die Gedankenarmut zur Tugend erhoben, und ihre unfähigen Erzeuger ließen sich als die großen Künstler der neuen Sachlichkeit feiern. Wir erlebten damit den Einbruch rassefremder Eroberer in die widerstandslos gewordene deutsche Kultur. Das hundertprozentig »bolschewistische« Bauhaus übernahm die Führung. Und von jetzt an war nicht nur kalte Seelenlosigkeit höchstes Lob und Ziel — es gab auch nichts Lächerlicheres und Verächtlicheres mehr als die alte überlieferte, nordischem Gefühl entsprungene, romantische deutsche Kunst — als die Kunst Nürnbergs, Rothenburgs oder Danzigs.

Wahrlich eine größere Dreistigkeit hat die Welt noch nie gesehen als die Unbefangenheit, mit der eine Handvoll talentloser Eindringlinge uns Deutsche in unserem eigenen Land zu verhöhnen und unsere Heimat mit den Machwerken ihres Geistes zu schänden wagten. Und die gerechte Entrüstung, die uns heute beim Rückblick auf diese Tage ergreift, kann nur noch überboten werden durch unseren Schmerz über die feige Unterwürfigkeit, mit der die guten Deutschen sich auf den Geschmack dieser Fremdlinge einzustellen bemühten. Es waren Jahre der Schande für die deutschen Baumeister und für die deutsche Baukunst.

Die Märzstürme des deutschen Völkerfrühlings haben das alles weggefegt wie nächtlichen Gespensterspuk. Heute will es keiner mehr gewesen sein! Man trägt heute wieder deutsches Herz mit Steildach und ist braun getarnt. – Das ist ja schön und gut so. Aber es bleibt bei so plötzlicher Umstellung doch ein peinlicher Geschmack im Munde zurück, und allerlei Bedenken steigen auf. Zum ersten läßt sich die Bautätigkeit der letzten 15 Jahre nicht mit einem Federstrich beseitigen wie etwa schlechte Gesetze und Verordnungen. Man kann Schmutz und Schund in Wort und Bild auf dem Scheiterhaufen verbrennen. Aber den Schundbau der Nachkriegszeit kann man nicht so ohne weiteres durch den Arbeitsdienst abtragen lassen. Wenn die Menschen längst andere geworden sind – im Guten oder Bösen –, stehen noch ihre Bauwerke als beredte Zeugen ihrer früheren Gesinnung.

## 41 März 1934

**Baukunst und Gegenwart**
Vortrag von Prof. Dr. German Bestelmeyer, München,
gehalten am 22. März 1934 in Berlin

Wer es unternimmt, über ein Gebiet der Kunst zu sprechen, wird gut tun, sich einige Zurückhaltung aufzuerlegen; denn es ist der tiefste Sinn eines Kunstwerkes, das durch seine Wirkung auszusprechen, was durch Worte nicht mehr auszusprechen ist. Darüber vermögen auch geistreiche Analysen nicht hinwegzutäuschen; denn aus ihnen spricht allzusehr der Intellekt, der sich an unseren Verstand wendet, während beim Betrachten eines Kunstwerkes ein geheimnisvolles Fluidum, das von ihm ausgeht, in unserer Seele Empfindungen auslöst, die den schöpferischen Erlebnissen des Künstlers gleichgeschaltet sind. Deshalb ist auch Kunst als solche nicht lehrbar. In Goethes Schrift »von deutscher Baukunst« findet sich der Satz: »Unsere schönen Geister, genannt Philosophen, erdrechseln aus protoplastischen Märchen Prinzipien und Geschichte der Künste bis auf den heutigen Tag, und echte Menschen ermordet der böse Genius im Vorhof der Geheimnisse.«
Nun ist die Baukunst, insofern als sie konkrete Bedürfnisse erfüllen muß, als sie

Zu 41 German Bestelmeyer (1874–1942) ist neben Theodor Fischer der einflußreichste Architekturlehrer an der TH München zwischen den Kriegen. Er lehrte zuvor in Dresden und Berlin. Weitreichende Verbindungen und zahlreiche Ämter und Ehrenämter – u. a. Präsident der Münchner Akademie der Künste – sichern ihm einen außerordentlichen Einfluß auf das öffentliche Leben der bayerischen Hauptstadt und – nach seinem Eintritt in die NSDAP im Jahre 1932 – auch im übrigen Reich. Seine Rede *Baukunst und Gegenwart* am 22.3.1934 in der Preußischen Akademie der Künste Berlin markiert die geistige Position jener Münchner Architektengruppe, der Hitler lange nachwirkende Impressionen und fragmentarische Kenntnis einer primär formalästhetisch und historisch orientierten Architekturtheorie verdankt. Weitere Exponenten dieser Gruppe sind: Leonhard Gall, Paul Troost, Roderich Fick.

an Technik und Material weit mehr gebunden ist als Plastik oder gar Malerei, sicher weniger abstrakt als ihre beiden Schwesterkünste, soweit sie aber als Kunst angesprochen werden muß, sicher schwerer verständlich und faßbar. Man wird ihr also mit Erläuterungen und Erklärungen zum Teil leichter, zum Teil schwerer als den beiden andern bildenden Künsten beikommen können.
Aus weiter Distanz gesehen, stellen sich uns die verschiedenen Stilarten als Formengebungen dar, die charakteristisch für die jeweiligen Zeitepochen sind. Es ist aber nicht so, daß die Architekturen dann lediglich automatische Spiegelbilder ihrer Zeit sind, sondern in den Zäsuren der Ablösung der verschiedenen Baustile oder in Zeiten besonderer Großtaten der Baukunst sehen wir große Meister am Werk, die, erfüllt von Phantasie und Gestaltungswillen, sich mit der Zeit oft genug im heroischen Kampf auseinandergesetzt und ihr durch ihre Werke den Stempel großer Geschehnisse aufgedrückt haben. Das war so zu den Zeiten des Perikles, zu denen des Trajan, es war so, als durch die Domkuppel Brunelescos das Morgenrot der Renaissance anbrach, als durch Erwin von Steinbach, Enzinger und Roritzer die Gotik ihre Blütezeit erlebte, und es war auch nicht anders, als Balthasar Neumann seine großartigen Barockbauten schuf bis zu der Zeit, da Schinkels unvergleichliche Werke entstanden.
Die seelischen Einwirkungen der Baukunst auf das Volk waren zu allen Zeiten groß. Das Volk selbst hatte ein Gefühl für die magischen Kräfte, die von solch großartigen Bauwerken ausgingen, und die mancherlei Legenden, die sich besonders im Mittelalter an die Entstehung solch erhabener Bauten knüpften, lassen oft genug den Baumeister im Bund mit dem Teufel stehen, schrieben also dem Baumeister gewissermaßen selbst dämonische Kräfte zu, die ihn den Kampf um sein Werk bestehen ließen. Und nach dem Gelingen desselben ist dann gewöhnlich der Verführer der Blamierte — nichts anderes als die Krönung einer heroischen Tat, der Sieg des Idealismus.
Politische Geschehnisse mögen gewiß nicht ohne Einfluß auf die Baukunst gewesen sein, namentlich dann nicht, wenn sie sich nach der wirtschaftlichen Seite auswirkten; aber die eigentlich bewegenden Kräfte werden wir nicht in ihnen erblicken dürfen. Wir haben sie vielmehr in geistigen Bewegungen zu erblicken; ich nenne hier nur die Christianisierung der alten Welt, die Zeit der Kreuzzüge, Reformation und Humanismus, die Auswirkungen der Französischen Revolution; und die Zeit, die wir gegenwärtig durchleben, die einen Umbruch und Aufbruch bedeutet, wird ebenso für die Kunst, also auch für die Baukunst, eine solch bewegende Kraft werden.
Denn Kunst ist eine Angelegenheit der Seele. Wird aber die Seele durch eine neue Weltanschauung bewegt, so wird auch die Kunst bewegt. Sie ist ja auch bewegt worden durch den Zusammenbruch von 1918, freilich, wie man ruhig behaupten darf, in negativem Sinne; es mußte im negativen Sinn sein. Ein gnädiges Geschick hat uns politisch vor dem Chaos bewahrt; aber man sieht es doch der Kunst, auch der Baukunst an vielen Beispielen an, daß die Lehren eines Corbusier nicht spurlos an ihr vorübergegangen sind. Ich zitiere sie hier wörtlich aus einem Vortrag von Sengers:

»Alle Traditionen, ausgenommen diejenigen der Neger und der Sowjets, müssen ausgerottet werden. Das Haus, das der Pflege der Familie diente und den Kultus der Rasse förderte, muß verschwinden und durch die Wohnmaschine ersetzt werden; die Maschine stellt eine neue Welt vor, sie ist vollkommener als die Natur, sie ist die Göttin der Schönheit. Der Mensch hat weder Zukunft noch Vergangenheit, er ist ein geometrisches Tier. Man muß dem Weltkrieg dankbar sein, daß er den Opfersinn verringerte und die Genußsucht gefördert hat. Rußland hat uns auf allen Gebieten, auch in der Politik, das Beste geschenkt, alle Grenzen müssen fallen, wir müssen den käuflichen Gott, den Radikalismus verehren. Lenin ist der Held unserer Zeit, er hat das alte Rußland totgeschlagen. Es gibt keine nationale Kunst. Es dürfen keine Fresken, keine Bilder mehr gemalt werden. Die Gotik, das Barock, die Königstile sind bloß ehrwürdiges Aas. Die Kunst ist hypnotischer Natur, sie ist die stärkste politische Macht. Der Kern unserer Städte mit ihren Domen und Münstern muß zerschlagen und durch Wolkenkratzer ersetzt werden. Große Männer sind überflüssig, Banalität ist vorzuziehen. Das Firmament und der Regenbogen sind nicht so exakt wie eine Maschine, darum weniger schön. Man muß die Geschichte, die künstlerische Erhabenheit, die Häuser zerstören. In den Kot mit den Professoren, mit den Historikern, in den Kot mit Shakespeare, mit Goethe, mit Äschylos, mit Wagner, in den Kot mit Beethoven!«

Abgesehen von der Empörung, die ein solcher Vernichtungskampf gegen jede Tradition auslösen muß, ist doch zu jenen Gedankengängen ein Faktor ganz außer acht gelassen, der Bedingung für jede Art von Kunst ist, nämlich der, daß sie an Volkstum und Rasse gebunden ist. So kam es, daß die Baukunst des Begriffes der Kunst überhaupt entkleidet wurde; die Baukunst erstarrte zur Bautechnik.

Sie kennen sie ja alle, diese seelenlosen Bauten, die uns als steinerne Dokumente noch weiterhin an diese hoffentlich nun überwundene Zeit erinnern werden. Erst wenn sich die Menschheit zum Termitenstaat »entwickelt« hätte, hätten solche Baugesinnungen eine sinnvolle Daseinsberechtigung. Daß aber dies das Ziel einer gottgewollten Weltordnung sein soll, ist wohl undenkbar.

Hier wird uns mit einem Male ohne weiteres klar, daß die Baukunst Sache einer Weltanschauung ist. Darum auch das leidenschaftliche »Für« und »Wider«! Genau wie in den Zeiten, da große geistige Bewegungen ein Volk entzweiten, da sich Leidenschaft zu Fanatismus und Haß steigerte, und wo eine Überwindung des Gegners durch Vernunftgründe nicht mehr möglich war, setzte rücksichtsloser Vernichtungswille ein, der auch vor Mord nicht zurückscheute, wie die Geschichte der Religionskriege und Revolutionen lehrt. Und wenn unsere nationale Revolution so unblutig verlief, so war das nicht nur die Disziplin der Nationalsozialisten zu verdanken, sondern dem sieghaften Gedanken, der in der Bewegung lag. Wozu morden, wenn man überzeugen konnte! Und in der Tat hat sich das deutsche Volk in überwältigender Einmütigkeit zu dieser neuen Weltanschauung bekannt.

Das wäre niemals möglich gewesen, wenn die neue Lehre die Traditionswerte

durchweg verleugnet hätte, an denen ein Volk nun einmal hängt. Im Gegenteil. Gerade die Tradition des Volkes nach seinen Eigenschaften von Blut und Rasse wurde mit unerhörter Kraft herausgestellt im Gegensatz zum Bolschewismus, dessen Zeit für die Guillotine erst reif sein kann, wenn dem Menschen jedes Gefühl für Tradition aus dem Herzen gerissen ist.
Diesem Zweck, das Gefühl für jede Tradition zu vernichten, sollte auch die »neue« Baukunst dienen, damit die Welt reif wird für die Weltrevolution, und es bleibt ein dauerndes Verdienst des Schweizer Architekten v. Senger, daß er die Zusammenhänge zwischen der neuen Baukunst und dem politischen Bolschewismus in seinen Schriften »Krisis der Architektur« und »Die Brandfackel Moskaus« klar aufgezeigt hat.
Die dort vorgebrachten Beweise sind meines Wissens von der angegriffenen Seite bisher noch nicht widerlegt worden, und daraus allein schon muß man schließen, daß sie auch nicht widerlegbar sind.
Bedauerlich bleibt, daß diese Zusammenhänge nach außen hin viel zuwenig bekannt sind; sonst wäre es nicht möglich, daß auch im neuen Staat von einzelnen immer wieder versucht wird, für diese artfremden Gebilde Propaganda zu machen, gleichgültig, ob es sich um Werke der Baukunst oder der freien Künste handelt.
Hierzu schreibt Alfred Rosenberg in seiner Abhandlung: »Revolution in der bildenden Kunst!«
»Geschickte Dialektiker ziehen vor den sehnsüchtig dasitzenden Studenten dann eine Linie von Grünewald über Caspar David Friedrich zu — Nolde und Genossen. Der ›Expressionismus‹ dieser Leute erscheint nahezu als Krönung ›ekstatischer germanischer Willenhaftigkeit‹ als endlich erreichte Höhe echtester deutscher Ausdruckskunst!
Und neben der in dieser Weise angeführten und mit Schlagworten chloroformierten Jugend sitzen die alten jüdischen Kunsthändler und — applaudieren nach Leibeskräften. Politisch sind sie verschwunden, durch die Hintertür ihrer ›Kulturleistung‹ hoffen sie wieder ins deutsche Haus hereinzuspazieren. Sind sie doch die wahren Wegbereiter jener geworden, denen die nationalsozialistische Jugend jetzt zujubeln soll... Die noch jüdisch gebliebene und die sonst dem neuen Deutschland widerstrebende Presse hat sich mit großem Geschick und sicherem Instinkt auf die künstlich erzeugte Begeisterung geworfen und lebt väterlich den ›revolutionären Kulturwillen der nationalsozialistischen Jugend‹.«
Die Verfechter des revolutionären Bauens scheinen indes selbst das Hoffnungslose einer positiven Propaganda allmählich doch zu erkennen. So wird versucht, den Kampf in getarnter Weise fortzuführen. Und die gleichen Männer, die sich früher nicht genugtun konnten im Kampf gegen Traditionswerte, behaupten nun, das neue Bauen sei rein national; man lobt zugleich den Wert der Tradition.
Und wenn so die Revolution in der Baukunst immer noch nicht ganz abgeschlossen erscheint, wenn versucht wird, den offenen Kampf durch einen getarnten zu

verschleiern, so darf man dem das Wort unseres Führers entgegenhalten, das er auf dem letzten Parteitag in Nürnberg am 1. September 1933 sprach: »Ob die Forschung uns alle die Männer schenkt, die dem politischen Willen unserer Zeit und seinen Leistungen einen gleichwertigen kulturellen Ausdruck zu schenken vermögen, wissen wir nicht. Aber das eine wissen wir, daß unter keinen Umständen die Repräsentanten des Verfalls, der hinter uns liegt, plötzlich die Fahnenträger der Zukunft sein können.«
An diesen einfachen und klaren Worten gibt es nichts zu deuten. Neben der unzweideutigen Ablehnung, die sie enthalten, geht aber doch auch die Erwartung daraus hervor, daß die großen Geschehnisse der jüngsten Zeit einen gleichwertigen kulturellen Ausdruck finden sollen, und soweit es sich dabei um das Gebiet der Baukunst handelt, schließt sie für die Architekten eine große Verantwortung in sich ein.
Man schelte uns nicht rückständig, wenn wir Noch-nie-Dagewesenes ablehnen. Wir lehnen es nicht deshalb ab, weil es etwas Neues ist, sondern weil es aus einer Weltanschauung entstanden ist, die wir grundsätzlich ablehnen und deren künstlerische Auswirkung nach unserer Auffassung kein positives Ergebnis zeitigen kann.
Wir haben alle erkannt, daß zwischen der Baukunst, wie sie sich in den letzten Jahrzehnten vor dem Krieg entwickelt hatte, und den Anschauungen des modernen Lebens ein Bruch vorhanden war, und wir sind ehrlich genug anzuerkennen, daß deshalb eine Revolutionierung in der Baukunst kommen mußte, daß sie, freilich mehr im negativen Sinn, doch schließlich auch Positives mit sich gebracht hat.
Um dies zu erkennen, um aus der Verwirrung, die sie angerichtet hat, herauszugelangen, müssen wir bei der Analyse der modernen Baukunst, soweit man sie als Kunstbolschewismus ansprechen muß, all das ausscheiden, was aus politischen Tendenzen in sie hineingetragen worden ist. Dann bleibt doch ein wichtiges Ergebnis:
Unter ihrem revolutionären Angriff ist die längst sturmreife Stellung der geistlosen Anwendung verlogen wirkender, stilistischer, äußerlicher Formen zusammengebrochen. Es gab nur ganz wenige Baukünstler, denen dieses historisch-eklektische Bauen einigermaßen glaubhaft gelang. Man hatte wohl Sinn für die äußerlichen Zutaten historischer Formen, man drang aber nicht in die Tiefe ein; dies konnte nicht gelingen, da inzwischen neue Bedürfnisse sich herausgebildet hatten, die eben nicht von innen heraus zu lösen versucht worden waren. Und wo konstruktive neue Möglichkeiten zu neuen Formen hätten führen können, fühlte man nur, daß sie mit den überkommenen Formen nicht vereinbar waren. Im besten Fall fand man sich mit einer sichtbaren Dissonanz ab, im schlimmeren wurden sie durch dekorative Zutaten maskiert. Beispiele dafür sind vor allem unsere Bahnhofs- und Brückenbauten, wo der Architekt gewöhnlich versagte, während der Ingenieur mit seiner Leistung meist auch heute noch bestehen kann. Ganz natürlich! Der Ingenieur ging sachlich zu Werk, sein Kollege unsachlich.

In diesem Zusammenhang sei es mir gestattet, auf einen Unterschied hinzuweisen. Im Sprachgebrauch reden wir wohl auch von einer genialen Brückenkonstruktion, von einer großartigen Hallenkonstruktion, von einem Kunstwerk; aber selbst wenn ein solches Werk durch edle Linienführung, schöne Proportionen geschmacklich ästhetischen Anforderungen Rechnung trägt, handelt es sich hier nicht um Kunst im Sinn der bildenden Künste. Diese entstammen seelischen Kräften, jenes wendet sich an unseren Intellekt. Es vermag uns zu imponieren, wir können die Kühnheit der Linienführung, die Raumwirkung bewundern, aber seelische Erregungen wie beim Betreten eines alten Domes, wie beim Anhören einer erhabenen Musik verspüren wir nicht.
Deshalb sind auch alle Verheißungen, die uns die Formensprache »unserer Zeit« aus der Maschine ableiten wollte, von vornherein abwegig geblieben.
Trotz allen Siegesgeschreies über die neue Baukunst, die moderne Kunst überhaupt, wurde das Mangelhafte selbst von ihren eifrigen Verfechtern empfunden. Als Entschuldigung, Rechtfertigung und Ziel erfand man das Schlagwort Sachlichkeit. »Die neue Sachlichkeit«! Als ob man die alte Sachlichkeit übertrumpfen wollte. Die alte Baukunst war immer sachlich, unsachlich wurde sie erst, als in der Ära des Intellektualismus und Materialismus die alten Zünfte aufgehoben worden waren und man damit dem Bauhandwerk das gesunde und solide Fundament erschüttert hatte. Obwohl vom rechten Flügel bis zum äußersten linken die Erkenntnis unwidersprochen blieb, daß die Kunst ihre Wurzeln im Handwerk habe, geschah nichts von Bedeutung, um begangene Sünden wiedergutzumachen. Erst vom Ständeaufbau des Dritten Reiches darf man auch hier einen gründlichen Wandel und Besserung erhoffen.
Sieht man die Sachlichkeit der neuen Baukunst genauer an, so ist sie in vielem alles andere eher als sachlich. Die Belichtungsverhältnisse wurden in einer Weise übertrieben, daß sie unsachlich genannt werden müssen, und das sogenannte Flachdach, das die Gemüter einst so erregt hat, hat sich als nicht sachlich berechtigt bei unserm Klima erwiesen. Man spricht schon heute kaum mehr von ihm. Ob und inwieweit an diesen unwirtschaftlichen Dingen die Wirtschaft auf Grund einer sicher falschen Spekulation vielleicht mit schuld war, kann ohne eingehende Untersuchung hier nicht festgestellt werden.
Alle jene Bauten des letzten Jahrzehntes, bei denen die Architekten wirklich ernsthaft bestrebt waren, sich mit den Forderungen der Zeit, des Materials und der Konstruktion auseinanderzusetzen, bei denen einer wirklichen Sachlichkeit Rechnung getragen worden ist, bei denen die Gesetze der architektonischen Proportionen nicht vergewaltigt sind, mögen eine gesunde Grundlage für die zukünftige Entwicklung der Architektur darstellen, nur haben sie im allgemeinen mit Architektur in höherem Sinn nichts zu tun. Soweit es sich um Siedlungen, um einfache Wohnhäuser und dergl. handelt, liegt auch kein Anlaß vor, Ansprüche an eine hohe Architektur zu erheben. Wohin solch mißverstandene Forderungen führen, das zeigt die bauliche Entwicklung unserer Großstädte im letzten halben Jahrhundert in erschreckender Weise. Aber der Stimmungsgehalt z. B. der alten Fuggerei-Siedlung in Augsburg ist auch bei unsern besten

neueren Siedlungen kaum ganz erreicht. Der seelische Gehalt ist hier ein anderer.
Je höher nun in der Baukunst unserer Zeit das Bedürfnis nach repräsentativem Ausdruck je nach dem Objekt vorhanden ist, desto mehr fällt ein Vergleich derselben mit der Baukunst der Alten zuungunsten der ersteren aus. Hier wird die Entwurzelung von jeder Tradition besonders fühlbar, am stärksten beim Kirchenbau. Hier soll die Architektur von stärkstem seelischem Gehalt durchpulst sein. »Antike Tempel konzentrieren den Gott im Menschen, des Mittelalters Kirchen streben nach dem Gott in der Höhe.«
Können unsere neueren Kirchenbauten im Ernst Anspruch machen, solche Empfindungen in uns auszulösen? Zweck und Bedürfnis beim Kirchenbau haben sich gegen früher kaum verändert. Neue Konstruktionsmethoden sind geeignet, hier entscheidend auf die Raumwirkung Einfluß auszuüben. Entspricht es wirklich dem Ernst, den die Aufgabe eines Kirchenbaues erfordert, wenn ich, statt aus den gegebenen Faktoren eine sinnvolle Gestaltung zu suchen, selbst auf die Gefahr hin, an die Tradition knüpfen zu müssen, die Sensation vorziehe und zu krampfhaften Formen gelange? Ein solcher Architekt verwechselt hier Wille und Gestaltung, er übersieht, daß er, statt zu führen, von Schlagworten des Tages geführt wird.
Kein Vernünftiger wird eine Lanze für die vielen mißlungenen stilistischen Kirchen brechen. Aber muß eine Form, weil sie so und so oft geistlos und mißverstanden angewandt worden ist, deshalb a priori verworfen werden? Oder liegt die Sache nicht vielmehr so, daß überkommene Formen, deren Anwendung nach unserer heutigen Auffassung unglaubhaft wirkt, über Bord fallen müssen, daß aber überkommene Formen, die sich sinnvoll mit Konstruktion und Bedürfnis verbinden lassen, so lange angewandt werden können, bis sie durch bessere ersetzt werden können. Ist der Gewölbebau, wenn es die wirtschaftlichen Verhältnisse erlauben, deshalb auszuschalten, weil er nicht aus unserer Zeit stammt, obwohl er seit über 2000 Jahren in den Architekturen aller Zeiten und Länder eine beherrschende Rolle gespielt hat?
Ist es wirklich heute ein Verbrechen, eine Säule anzuwenden, weil sie seit mehreren tausend Jahren schon bekannt ist, und ist der nackte Pfeiler erlaubt, obwohl auch er wohl seit noch längerer Zeit schon ein architektonisches Element ist? Oder darf man sich nicht vielmehr auf den Abbé Lançier berufen, wenn er sagt: »Die Säule ist der erste, wesentlichste Bestandteil des Gebäudes, und der schönste. Welche erhabene Eleganz der Form, welche reine mannigfaltige Größe, wenn sie in Reihen dastehen! Nur hütet Euch, sie ungehörig zu gebrauchen.« Er warnt dann weiter davor, »ihren schlanken Wuchs an Mauern zu schmieden«, worin ihm Goethe widerspricht. Mit der größten Ehrfurcht und in edelster Reinheit hat die Säule unser Altmeister Schinkel angewandt. Es ist mir kein Fall bekannt, in dem er sie nicht freistehend seinen Architekturen eingegliedert hat.
Ich würde meinem eingangs erwähnten Vorsatz untreu werden, wollte ich diese Gedanken weiter fortsetzen und mich schließlich zu unverantwortlichen positiven Vorschlägen fortreißen lassen. Bilde Künstler, rede nicht! Aber eines darf doch noch gesagt werden.

Die moderne Baukunst, wie überhaupt die gesamte neuere bildende Kunst in ihren Auswüchsen, hat niemals im Volk eine merkliche Resonanz gefunden — ein besseres Zeichen für das gesunde Urteil des Volkes als für die Künstler. Der Hauptgrund dafür war wohl der, daß der Begriff der Schönheit bei den Künsten, also auch bei der Baukunst, fast völlig außer Kurs geraten ist.
Diese Schönheit ging nicht nur durch die Gesetzlosigkeit in der Anwendung der Bauformen und -gliederungen verloren; dadurch, daß man auf jeglichen Schmuck verzichtete, wurde auch äußerlich unterstrichen, daß man kein Bedürfnis mehr nach ihr zu empfinden scheine. Wenn es für den ernsten Künstler auch besser sein mag, schmucklos zu gestalten, als mißlungenen Schmuck anzuwenden, so bedeutet der Verzicht auf jeglichen Schmuck aus solchen Erwägungen heraus doch schließlich eine Bankrotterklärung.
Schönheit ist ein relativer Begriff, und wenn schon gefragt worden ist: »Was ist Wahrheit?«, so kann man sicher mit noch mehr Recht fragen: »Was ist Schönheit?« Dürer hat sich zeitlebens mit dieser Frage abgequält und sagt schließlich: »Was Schönheit ist, weiß Gott allein.«
Der Begriff Schönheit ist nicht zu erklären. Allein eine Antwort darauf gibt uns die Stimme unseres Blutes, und wenn auf diese Stimme achtsam gehorcht wird, wird sich auch ein sicheres Gefühl dafür einstellen, was schön ist. Die Griechen hatten ein Schönheitsideal, und als Verwandte ihrer Rasse ist es uns auch heute noch verständlich: wenn wir den Begriff Schönheit in unserer Baukunst herauskristallisieren wollen, so brauchen wir uns nur in das Studium der Baudenkmale zu vertiefen, die auf unserem Boden in den Zeiten entstanden, da unser Volk in seiner Ursprünglichkeit noch rassisch und völkisch empfand. Die Melodie, die uns aus solchen Werken entgegenklingt, wird um so schöner und hinreißender, je mehr sie mit der Stimme unseres Blutes übereinstimmt. Deshalb wird uns für das Studium der Schönheit die Beschäftigung mit exotischen Stilarten, die ihren Völkern auch Schönheitsideale sein mögen, wenig frommen.
Goethe, dem man gewiß nicht den Vorwurf von nationalem Chauvinismus machen kann, hatte doch ein feines Gefühl für den Rassegedanken, wenn er sagt: »Chinesische, indische, ägyptische Altertümer sind immer nur Kuriositäten; es ist sehr wohlgetan, sich und die Welt damit bekannt zu machen, zu sittlicher und ästhetischer Bildung aber werden sie uns wenig fruchten.«
So wird sich unsere Baukunst nur sinnvoll gestalten können, wenn wir wieder anknüpfen nicht an die äußere Form, sondern an den Geist und die Gesinnung, aus der heraus die Bauten unserer Vorfahren entstanden sind. Maßgebend für die Architekturgestaltung waren Bedürfnis und Zweck, Material und Konstruktion, Volkstum und Rasse, und diese Faktoren müssen auch heute wieder bestimmend für unsere Baukunst werden.
... So grüßen wir unser deutsches Volk in den Tagen seiner Volkswerdung, da es sich wieder auf seine Eigenart besinnt, da es sich unter seinem Führer zu einer neuen Weltanschauung durchringt. Von ihrer alles bewegenden Kraft dürfen wir auch eine neue beseelte Ausdrucksform der Baukunst erwarten. Sie ist und bleibt die Mutter der Künste.

## September 1934

### Der Baukünstler, ein Träger nationalsozialistischer Weltanschauung
Von Prof. Dr.-Ing. Otto Klöppel

Die sichtbare Kultur einer Zeit, die Baukunst, hat immer den deutlichsten Spiegel ihres Gesamtkulturstandes gebildet, hat dessen wahren weltanschaulichen Inhalt stets untrüglich versinnbildlicht. Steine lügen nie! So wird auch heute der Baukünstler dem Nationalsozialismus im Kampf um seine hohen Ideale als mutiger Herold, als unermüdlicher Rufer im Streite, als stolzer Verkünder zur Seite stehen müssen.

Das letzte Ziel des Nationalsozialismus aber heißt: das deutsche Volk aus seinem besten Ich heraus zu erneuern, und dieses beste Ich ist ohne jedes Deuten und Zweifeln sein nordisches, blauäugiges, schneegebleichtes Menschentum. Solches Menschentum schuf in seiner ersten Inkarnation als Griechentum die große, europäische, abendländische Kultur, die den denkbar stärksten Gegensatz gegen sämtliche Kulturen irgendwie farbigen Menschentums Asiens und Afrikas bildete, und seitdem wird die gesamte Weltgeschichte beherrscht von dem nie enden wollenden Kampf des weißen, nordischen, europäischen Okzidents und des farbigen asiatisch-afrikanischen Orients. Wer aber möchte zweifeln, daß als stärkster Ausdruck der einstigen unvergleichlichen griechisch-römischen Kultur nordischen Ursprungs, als ihr jedem verständlicher pars pro toto, die antike Baukunst vor uns steht, die uns ein lebendiges Bild von der vergangenen Größe dieser Zeit vermitteln würde, auch wenn nicht der kleinste Schriftzug von damals auf uns gekommen wäre? Als das Weltreich der alten Zeit, durch orientalische Einflüsse innerlich zermürbt, germanischen Scharen unterlag, erfuhr Europa seine zweite Inkarnation nordischen Blutes. Allenthalben diente sie zur Auffrischung niedergegangenen antiken Volkstums, am stärksten aber wirkte sich diese rassische Erneuerung dort aus, wo sie sich am reinsten durchsetzen konnte, im Heiligen Römischen Reich Deutscher Nation. Die große, wirklich deutsche Kultur des Mittelalters, wie die der Renaissance, wurde von der gleichen Blutwelle getragen, und wieder ist es die Baukunst, die uns von diesen Dingen am deutlichsten erzählt.

Aber alles hat seine Zeit. Seine ungeheuren Leistungen in Wissenschaft und Technik während des 19. Jahrhunderts mußte Europa mit einem seltsamen Erlahmen seiner Kulturkraft, der besten Blüte des Gebüts, bezahlen. Wieder spiegelt die Baukunst der Zeit diese Dinge am untrüglichsten. Die Französische Revolution brachte uns eine geistige Strömung, welche die Menschen nur noch als Masse nahm und alle organischen Bindungen von Mensch zu Mensch auflöste. Und auch hier brachten uns blutgebundene orientalische Menschen einen neuen Orient. Diesmal einen kubischen Primitivismus, nacktes Gestaltungsnichts, brüsteten sich damit und nannten das die »reinste Sachlichkeit«. Daß Deutschland in der Architektur der letzten Jahrzehnte eine führende Rolle spielte, ist unverkennbar, aber diesen Allerweltsstil als »deutschen Stil« zu bezeichnen, ist eine glatte Unverschämtheit, ebenso wie z. B. Marx und Lassalle geistig als Deutsche bezeichnen zu wollen. Der größte Wahnsinn der Geschichte Europas, der Weltkrieg, hat ein Chaos hinterlassen — ein Chaos nicht nur politisch, sondern auch kulturell. Der Nationalsozialismus aber hat erkannt, woran Europa wirklich krankt, und mutig den Weg zur Erneuerung des deutschen Volkes, des nordischen Blutes, des nordischen Wesens beschritten.»Deutsche Architekten von heute, geht hin und verkündet durch das Werk Eurer Hand das Gelingen dieser Deutschen Erneuerung — Steine lügen nie.«

## 43 Dezember 1935
Aus der Antrittsrede von Prof. Friedrich Nonn an der TH Berlin, gehalten am 10. Dezember 1935

... Die Baupolitik der Städte ging folgerichtig dieselben marxistischen Bahnen. Für die zusammengeballten Arbeiter war man im Begriff, den sowjetmäßigen Kasernenbau in den Städten schrittweise einzuführen. Die Führung auf dem Gebiete des Wohnungswesens hatte die international, bolschewistisch eingestellte, angeblich deutsche Architektenvereinigung »Der Ring« übernommen. Man forderte auch hier getreu nach dem kommunistischen Prinzip die Industrialisierung des Wohnungsbaues und bekämpfte damit den Mittelstand des kleinen Bauhandwerkers. Man bevorzugte außerdem ganz bestimmte Arten von Baustoffen und Bauweisen, die hauptsächlich im Großbau und im Massenbau Verwendung finden. In der Gestaltung der Wohnungen selbst steuerte man auf eine dem Familienleben, der Bevölkerungszunahme und der Sittlichkeit höchst abträgliche Verknappung des Wohnungsraumes zu. Der Ringarchitekt Ernst May, nach Sowjetrußland berufen, hielt über seine dortigen Tätigkeiten im ehemaligen preußischen Herrenhause einen Vortrag über diese neuen Wohnungspläne in Rußland. Man billigte dem Arbeiterehepaar nichts weiter als einen Schlafraum von 8 qm Größe zu: ein Zuchthäusler hat in Preußen 14 qm in Einzelhaft zu beanspruchen ... Ich habe die zynische Niedrigkeit, welche in dem Vortrag des Ringarchitekten zum Ausdruck kam, seinerzeit im »Völkischen Beobachter« gebührend niedriger gehängt und ein anderes Mal an gleicher Stelle sämtliche 27 Ringarchitekten und ihre Zusammenhänge mit dem Marxismus gekennzeichnet

Bekanntlich fehlen diesen Erzeugnissen einer angeblich sachlichen Baukunst alle künstlerischen Merkmale, die darin bestehen, daß der Mensch seine gesamte Umgebung würdig gestaltet, wie es seinem Bewußtsein zukommt, ein göttlich belebter Teil des Alls zu sein. Da aber der Kommunismus sein Bekenntnis zur

Zu 43 Friedrich Nonn, Architekt, ist seit 1930 Mitarbeiter des *Völkischen Beobachters* und wird 1933 Leiter der *Fachgruppe Architekten und Ingenieure* im KfdK. Einen gewissen Einfluß auf die Baupolitik erlangt Nonn durch die Übernahme der Schriftleitung des *Zentralblattes der Bauverwaltung* am 1.10.1933 in Berlin.

Gottlosigkeit deutlich genug ausgesprochen hat, war alles Gerede von Kunst, das aus diesen kommunistischen Kreisen der Ringarchitekten kam, nichts als Lug und Trug...
Das unverhohlene Bekenntnis zur Verlogenheit der sogenannten »dadaistischen Kunst«, die auch von den Ringarchitekten anerkannt und in Form der »neuen Sachlichkeit« geübt wurde, liefert der Kommunist Piscator in seinem jetzt beschlagnahmten Buch über das politische Theater...
Diese nicht mehr wegzuleugnenden niedrigen Tatsachen entheben jeden kulturbewußten Nationalsozialisten seiner Pflicht, etwa mit irgendeinem jener bekannten 27 Ringarchitekten oder auch mit einer ihrer früheren und jetzigen Mitläufer über Kunst und Kultur in unmittelbare Auseinandersetzung sich einzulassen... Innerhalb des für alle Zukunft lebenswichtigen Siedlungswesens kann aber jetzt jede Fortführung kommunistischer, auch noch so geschickt getarnter Versuche endlich mit Staatsgewalt verhindert werden.

## 44  April 1938

**Gegen den deutschen Baustil?**
Von Julius Schulte-Frohlinde

Die »Bauwelt« stellt sich nun als Sprachorgan für diejenigen Kreise zur Verfügung, die die große Wende nicht begriffen haben oder nicht begreifen wollen... Daß Beispiele moderner Baukunst bei ausländischen Erörterungen manchmal einen Ehrenplatz innehaben, läßt uns ganz kalt, denn die Zeitschriften sind leider nicht immer das Spiegelbild der Volks- und Staatsmeinung. Das hat die »Bauwelt« jetzt ja am schlagendsten bewiesen, und das beweisen auch andere Zeitschriften, wenn sie in einem willkürlichen Durcheinander jüdische, marxistische und deutsche Kunstwerke veröffentlichen. Vielleicht hält es die »Bauwelt« auch für richtig, uns auch aus diesen Veröffentlichungen etwas zur Nachahmung zu empfehlen, zum Beispiel die Bauten von Erich Mendelsohn. Wir verwahren uns dagegen, daß das sogenannte »Neue Bauen« erörtert wird, als wesentlich deutschen Ursprunges hingestellt wird. Es ist marxistischen Ursprungs und inso-

Zu 44 Julius Schulte-Frohlinde (geb. 1894), Bonatz-Schüler und seit 1929 Stadtbaurat in Nürnberg, wird von Albert Speer in die Bauabteilung der *Deutschen Arbeitsfront* geholt. 1936 wird er Leiter des stark expandierenden Baubüros der DAF, 1938 Leiter des Arbeitskreises *Baugestaltung im NS-Bund Deutscher Techniker* und Beauftragter für die Überwachung der gesamten geistigen und weltanschaulichen Schulung und Erziehung des Architektennachwuchses. 1940 erscheint der von ihm herausgegebene 3. Band der Reihe *Heimat und Haus* mit dem Titel *Die landschaftlichen Grundlagen des deutschen Bauschaffens* (für Band 1 *Das Dorf, seine Pflege und Gestaltung* und Band 2 *Die Stadt, ihre Pflege und Gestaltung* zeichnen Erich Böckler und Werner Lindner verantwortlich). Im Rahmen der Planungen für den sozialen Wohnungsbau nach dem Kriege erhält Schulte-Frohlinde einen *Sonderauftrag für Typenentwicklungen*. 1943 wird er auf Vorschlag Speers Professor an der TH München. 1951/52 – nach seiner Ernennung zum Stadtbaudirektor von Düsseldorf – steht Schulte-Frohlinde im Mittelpunkt eines kurzlebigen Architekturstreits.

fern nicht national, sondern jüdisch-international. Unsere Staatsform hat mit dem Begriff »Modern«, den der Führer schon einmal sehr deutlich in seinem Wesen gekennzeichnet hat, nichts zu tun ...

## 45 Februar 1933
## Aus dem Sitzungsprotokoll der Preußischen Akademie der Künste vom 15. Februar 1933

... Herr *Wagner* billigt das Verhalten des Präsidenten durchaus. Man kann formal Bedenkliches feststellen wie die Einberufung zu einer so wichtigen Sitzung binnen sechs Stunden, doch möchte er dies nicht weiter berühren. Tatsache ist, daß der Akademie ein Ultimatum gestellt worden ist. Es war sehr richtig, daß der Präsident mit einem Ultimatum erwidert hat. Die Verhandlung des Präsidenten mit dem Herrn Reichskommissar wird, wie er versichert, sicher sehr kühl und ruhig gewesen sein. Der Redner möchte aber glauben, man hätte die Angelegenheit auch mit Leidenschaft behandeln können. Es ist zwei Mitgliedern ein Unrecht getan worden. Nach welchem Recht ist dies geschehen? Es gibt kein formales Recht. In dem Aufruf steht nichts Strafbares. Beide Mitglieder haben nur von ihrem Staatsbürgerrecht der freien Meinungsäußerung Gebrauch gemacht, das durch die Verfassung garantiert ist, wie der Herr Präsident, die Minister, der Herr Reichskommissar selbst beschworen haben. Zu bedenken ist, zu welchen Konsequenzen es führen kann, wenn abgewichen wird von der klaren Linie, die das Recht gezogen hat. In diesem Hause handle es sich nur um Kunst, nicht um Politik. Der Präsident hätte dem Herrn Reichskommissar erwidern müssen: Das Plenum muß entscheiden! Er hätte nicht den Kopf zweier Mitglieder anbieten dürfen. Er selbst (Wagner) werde sich bis zum Ende der Sitzung überlegen, ob er dieser Akademie weiter angehören will.

*Geßner* erwidert dem Vorredner mit der Frage, mit welchem Recht Herr Stadt-

Zu 45 Anfang Februar 1933 erscheint in Berlin ein *Aufruf*, der zur Bildung einer Einheitsfront von SPD und KPD für die Wahlen am 5. März auffordert. Er ist unterzeichnet u. a. von Käthe Kollwitz und Heinrich Mann. Beide sind Mitglieder der Preußischen Akademie der Künste. In einer Unterredung mit dem Präsidenten der Akademie, Max von Schillings, versucht der Reichskommissar für Erziehung und Unterricht, Bernhard Rust, die Akademie für die Haltung ihrer Mitglieder haftbar zu machen. Er droht mit Auflösung für den Fall, daß die Akademie nicht von sich aus die Angelegenheit bereinige. In einer vertraulichen Sitzung am 15. Februar stellt von Schillings fest, daß das Vorgehen der beiden Mitglieder mit ihrer Stellung in der Akademie unvereinbar sei. Käthe Kollwitz habe auf die Vorhaltung des Präsidenten hin ihren Austritt erklärt. Heinrich Mann wird zur Sitzung telefonisch herbeigerufen und im Dienstzimmer des Präsidenten über das von ihm Verlangte aufgeklärt. Anschließend gibt der Präsident dem Plenum bekannt, daß Heinrich Mann sein Amt als Vorsitzender der Abteilung Dichtung niedergelegt und auch auf seine Mitgliedschaft verzichtet habe. Diese Mitteilung löst unter den Versammelten einen längeren Disput aus, in dessen Verlauf auch der Berliner Stadtbaurat Martin Wagner seinen Austritt aus der Akademie erklärt.

baurat Wagner der Akademie angehöre. Er sei nur durch einen Machtspruch des Ministers Grimme ernannt, aber nicht gewählt worden, wie es seit 240 Jahren in der Akademie üblich sei.

Der Präsident betont wiederholt, daß er sich nur zu überlegen hatte, ob er die ganze Akademie um zweier Mitglieder willen opfern wolle. Die Mitglieder, die den Aufruf unterzeichnet haben, mußten aus der Tatsache ihrer Mitgliedschaft gewisse Konsequenzen ziehen. Durch die Unterzeichnung haben sie zum mindesten gegen das Taktgefühl verstoßen. Herr Heinrich Mann hat offenbar den Inhalt des von ihm unterzeichneten Aufrufs gar nicht genau gekannt.

*Wagner* erwidert auf Geßners Ausführungen: Die Akademie selbst ist durch einen Machtspruch eines Fürsten ins Leben gerufen worden! — Er selbst habe nichts zu seiner Berufung in die Akademie getan. — Er widerspricht der Bemerkung des Präsidenten, daß das Verhalten der beiden Mitglieder gegen das Taktgefühl verstoßen habe, und stellt den Antrag: Es soll festgestellt werden, ob die Veranlassung, die für den Präsidenten maßgebend war, den beiden Mitgliedern ihren Austritt nahezulegen, ein Verstoß gegen das Taktgefühl war. Die Abstimmung hierüber wird von der Versammlung abgelehnt. Wagner formuliert seinen Antrag erneut dahin: die Versammlung solle feststellen, ob die Akademie damit einverstanden ist, daß die beiden Mitglieder aus den von dem Präsidenten angegebenen Gründen ausscheiden müssen.

*Dr. Benn* hält Herrn Dr. Wagner vor, daß dieser Antrag die Sachlage verschiebe. Es handele sich lediglich darum, ob der Präsident richtig gehandelt hat, und dies sei der Fall. Herr *Wagner* erklärt, daß er seine Mitgliedschaft niederlege, und verläßt den Saal ...

Max von Schillings                                                         Dr. Amersdorffer

# 46  April 1933

**Haussuchung im »Bauhaus Steglitz«**

Kommunistisches Material gefunden
Auf Veranlassung der Dessauer Staatsanwaltschaft wurde gestern nachmittag eine größere Aktion im »Bauhaus Steglitz«, dem früheren Dessauer Bauhaus, in der Birkbuschstraße in Steglitz durchgeführt. Von einem Aufgebot Schutz-

Zu 46 Ausländische, mit dem unmittelbaren Anlaß der Gründung nicht vertraute Beobachter haben nie recht verstehen können, daß Walter Gropius sein *Bauhaus* 1919 ausgerechnet in der nach Oberbayern sozialökonomisch rückständigsten deutschen Provinz, in Thüringen, ansiedelte. Tatsächlich sah sich das *Bauhaus* während seiner Weimarer Zeit ständig von deutsch-völkischen Aktionen bedrängt. Seine Übersiedlung nach Dessau war im wesentlichen von diesen völkischen Kreisen erzwungen, die von der rechtsgerichteten Landesregierung unterstützt wurden. In Dessau hielt Bürgermeister Fritz Hesse (SPD) seine schützende Hand über die auch an diesem Ort heftig befehdete Anstalt. 1932 gelingt es jedoch der nationalsozialistischen Mehrheit im Stadtparlament, gestützt auf ein Gutachten des mehrmals vergeblich um den Direktorposten der Weimarer Kunstschulen

polizei und Hilfspolizisten wurde das Grundstück besetzt und systematisch durchsucht. Mehrere Kisten mit illegalen Druckschriften wurden beschlagnahmt. Die Aktion stand unter Leitung von Polizeimajor Schmahel.
Das »Bauhaus Dessau« war vor etwa Jahresfrist nach Berlin übergesiedelt. Damals waren bereits von der Dessauer Polizei zahlreiche verbotene Schriften beschlagnahmt worden. Ein Teil der von der Polizei versiegelten Kisten war jedoch verschwunden, und man vermutete, daß sie von der Bauhausleitung mit nach Berlin genommen worden waren. Die Dessauer Staatsanwaltschaft setzte sich jetzt mit der Berliner Polizei in Verbindung und bat um Durchsuchung des Gebäudes. Das Bauhaus, das früher unter Leitung von Professor Gropius stand, der sich jetzt in Rußland aufhält, hat in einer leerstehenden Fabrikbaracke in der Birkbuschstraße in Steglitz Quartier genommen. Der augenblickliche Leiter hat es aber vor wenigen Tagen vorgezogen, nach Paris überzusiedeln. Bei der gestrigen Haussuchung wurde zahlreiches illegales Propagandamaterial der KPD gefunden und beschlagnahmt.

# 47 1933
### Das dreimal tote Bauhaus

Man fragt sich, über die Baugefilde blickend, wer eigentlich die Zähigkeit aufgebracht hat, das bereits einmal aus Weimar vertriebene und später in Dessau verjagte Bauhaus noch zum drittenmal aus der Lethargie zu reißen? Viel Geld müssen die Mäzene noch für den dritten Betrieb in Berlin übrig gehabt haben. Aber diesem dritten Leben war nur eine kurze Dauer zugemessen. Die Geheime Staatspolizei hatte hier eine kommunistische Giftzelle erkannt und die Schließung des Bauhauses verfügt. Das preußische Kultusministerium zeigte Milde; wer sich bessert, wird in Gnade aufgenommen. Wenn sich das Bauhaus grundlegend neugestaltet, soll einer Wiedereröffnung nichts im Wege stehen. Was das heutige Deutschland mit der grundlegenden Umgestaltung meint, daran ist nicht herumzudeuteln. Und diese Pille haben die Bauhäusler nicht schlucken können. Den Mäzenen ist die Puste ausgegangen, man sagt, daß viele von ihnen im Ausland sitzen. So wollen wir uns denn von diesem Lieblingskind unserer Kritik endgültig trennen. Das aufreizende Schreckbild, das es uns jahrelang bot, ist verblaßt.

bemühten Alldeutschen Paul Schultze-Naumburg, es auch aus Sachsen zu vertreiben. Der damalige Leiter Mies van der Rohe begrüßte die Übersiedlung nach Berlin, weil, wie er meinte, die Bibliotheken und Forschungsinstitute der Metropole einen besseren Nährboden für das Bauhaus abgäben als die begrenzten Einrichtungen der Provinz. Als *Freies Lehr- und Forschungsinstitut* nimmt das *Bauhaus* im Herbst 1932 in einer provisorisch hergerichteten Fabrik in Berlin-Steglitz seine Arbeit wieder auf. Nach der Machtergreifung bewirkt ein Antrag der Dessauer Staatsanwaltschaft, die nach Belastungsmaterial gegen Fritz Hesse fahndet, die Durchsuchung des Hauses. Über die weiteren Vorgänge, die im Juli 1933 zur Schließung der Anstalt führen, informieren die hier wiedergegebenen Dokumente.

## 48 April 1933

**Gedächtnisprotokoll Mies van der Rohes**

Betrifft: Am 12. April mit Alfred Rosenberg geführte Unterredung
Ich richtete an Rosenberg die Frage: »Wie stehen Sie als kultureller Führer des neuen Deutschland zu den Gestaltungsfragen, die durch die technische und industrielle Entwicklung aufgeworfen werden? Halten Sie die Bearbeitung dieser Fragen für kulturell wichtig?«
Rosenberg: »Warum fragen Sie das?«
Mies: »Weil die Bearbeitung solcher Probleme das Hauptprogramm des Bauhauses bildet und ich gerne wissen möchte, ob die Fortsetzung dieser Arbeiten Sinn hat.«
Rosenberg: »Werden diese Fragen denn nicht an den Technischen Hochschulen behandelt?«
Mies: »Nein. An den Technischen Hochschulen sind diese Gebiete in zu viele Sonderdisziplinen aufgeteilt, und man müßte gerade den umgekehrten Weg gehen. Nur in der Zusammenfassung lassen sich diese Gestaltungsprobleme behandeln. Außerdem muß hieran wirklich gearbeitet werden. Das ist aber an den Hochschulen gar nicht möglich, wo der einzelne Dozent hundert bis hundertfünfzig Studenten hat...«
Rosenberg: »Warum wollen Sie sich denn auf die politische Macht stützen? Wir denken nicht daran, die private Initiative zu unterbinden. Wenn Sie sich Ihrer Sache so sicher sind, wird sie sich ja auch durchsetzen.«
Mies: »Zu jeder kulturellen Arbeit braucht man Ruhe, und ich möchte wissen, ob man uns diese Ruhe läßt.«
Rosenberg: »Werden Sie denn in Ihrer Arbeit behindert?«
Mies: »Behindert ist nicht der richtige Ausdruck. Man hat uns das Haus versiegelt, und ich wäre dankbar, wenn Sie sich der Angelegenheit annehmen könnten.«
Das versprach Rosenberg...

## 49 April 1933

**Schreiben von Bauhaus-Studenten
an die Fachgruppe für Architektur und Technik im KfdK
nach der Razzia vom 11. April**

Auf Veranlassung der Dessauer Staatsanwaltschaft wurde das Bauhaus Berlin am 11. April 1933 von der Polizei nach kommunistischen Druckschriften durchsucht und vorübergehend geschlossen. Die Razzia war der äußere Anstoß, der die Studierenden des Bauhauses dazu trieb, mit dem Kampfbund für Deutsche Kultur in Verbindung zu treten. — Die Studierenden des Bauhauses sind sich der durch die nationale Revolution geschaffenen neuen Lage wohl bewußt. Sie halten daher für ihre Pflicht, zunächst einmal die jetzigen Zustände am Bauhaus klarzulegen, um dadurch dem Kampfbund eine objektive Beurteilung zu erleichtern. — Es dürfte vielfach unbekannt sein, daß sich gerade am Bauhaus im Laufe der Zeit die verschiedensten gegensätzlichen Strömungen abwechselten. — So ist es z. B. Tatsache, daß das Bauhaus unter Hannes Meyer stark mit der Kommunistischen Partei sympathisierte. Mies van der Rohe, der als Nachfolger von Hannes Meyer nach Dessau berufen wurde, versuchte eine Entpolitisierung des Hauses durchzuführen. Zunächst sah er sich jedoch von der Mehrzahl der Bauhäusler auf das schärfste bekämpft und angegriffen. Infolge schärferer Kontrollen der Neuaufnahmen und insbesondere der Entfernung einer Reihe marxistischer Studierender (etwa ein Fünftel der Gesamtstudierenden) gelang es, langsam einer neuen Richtung im Hause Geltung zu verschaffen. In demselben Maße, wie im Reich der Marxismus verdrängt wurde, geschah dies auch im Bauhaus. Gerade diese Tatsache hat man draußen übersehen, nicht zuletzt deshalb, weil es sich dabei nicht um einen plötzlichen Umschwung, sondern um eine langsame, aber stete Wandlung handelte. — Die unterzeichneten Studierenden glauben, daß durch die Entpolitisierung am Bauhaus bereits jene Grundlagen geschaffen wurden, die unbedingte Voraussetzung für eine positive Mitarbeit im neuen Deutschland sind. Ohne Zweifel wird erst die Zukunft lehren, in welche Richtung sich die künstlerische Gestaltung im neuen Deutschland wendet. Hier wegweisend zu sein ist Aufgabe des Kampfbundes. Hier mitzuarbeiten ist auch Pflicht jedes deutschen Künstlers, jeder Hochschule und jedes Studierenden. Das Bauhaus will sich dieser Pflicht nicht entziehen, im Gegenteil, es ist gewillt, ehrlich mitzuarbeiten und alle Kräfte in den Dienst der Sache zu stellen. Die in nachfolgender Liste angeführten deutschen Studierenden haben beschlossen, um die Aufnahme in den Kampfbund nachzusuchen. Eine Aussprache mit den maßgebenden Persönlichkeiten im Kampfbund wäre uns sehr erwünscht.

## 50 Juli 1933
Schreiben des Geheimen Staatspolizeiamts an Mies van der Rohe

Betrifft: Bauhaus Berlin-Steglitz                                    21. Juli 1933
Die Wiedereröffnung des Bauhauses Berlin-Steglitz wird im Einvernehmen mit dem Herrn Preußischen Minister für Wissenschaft, Kunst und Volksbildung von der Behebung einiger Anstände abhängig gemacht.
1. Die Herren Ludwig Hilberseimer und Wassily Kandinsky dürfen nicht mehr tätig sein. An ihre Stelle haben Persönlichkeiten zu treten, die die Gewähr bieten, daß sie auf dem Boden der nationalsozialistischen Ideenwelt stehen.
2. Der bisher aufgestellte Lehrplan genügt nicht den Ansprüchen des neuen Staates für seinen innerlichen Aufbau. Es ist daher ein entsprechend abgeänderter Lehrplan dem Herrn Preußischen Kultusminister vorzulegen.

3. Die Herren des Lehrkörpers haben einen Fragebogen, der den Anforderungen des neuen Beamtengesetzes genügt, auszufüllen und einzureichen.

Von der umgehenden Beseitigung der Anstände und der Erfüllung dieser Bedingungen wird die Entscheidung über das Weiterbestehen und die Wiedereröffnung des Bauhauses abhängig gemacht werden.

Im Auftrage: Dr. Peche

## 51 Juli 1933

**Mitteilung über die Auflösung des Bauhauses**
z. Hd. Herrn Ministerialrats Diels                              20. 7. 1933

Sehr geehrter Herr Ministerialrat!
Ich erlaube mir, Sie davon in Kenntnis zu setzen, daß das Lehrerkollegium des Bauhauses sich in einer gestern stattgefundenen Sitzung gezwungen gesehen hat, in Anbetracht der durch die Stillegung des Hauses eingetretenen wirtschaftlichen Schwierigkeiten das Bauhaus Berlin aufzulösen.
Mit vorzüglicher Hochachtung                          Mies van der Rohe

## 52 Mai 1933

**Brief eines jungen deutschen Architekten an den
Herrn Reichsminister für Propaganda und Volksaufklärung Dr. Goebbels**

»Die deutsche Kunst der nächsten Jahrzehnte wird heroisch, wird stählern romantisch, wird sentimentalitätslos sachlich, wird national mit großem Pathos, sie wird gemeinsam verpflichtend und bindend sein — oder sie wird nicht sein.«

Sehr geehrter Herr Reichsminister!
Die Worte, die im Mittelpunkt Ihrer Ansprache an die deutschen Theaterleiter standen, sind als wegweisender und maßgebender Ausdruck des Kunstwollens im neuen Staat weit über den ersten Hörerkreis hinaus erwartungsvoll aufgenommen worden.
Die vorangegangenen Wochen waren voll gewesen von Einzelaktionen, die sich gegen radikale Künstler auswirkten und die, machtpolitisch verständlich, jedoch ohne geistige Leitlinie, Gefahr laufen mußten, für nichts anderes als spießbürgerlich und reaktionär gehalten zu werden.
Gewiß waren die führenden Sachwalter in jener ersten Zeit mit der Sorge ums tägliche Brot, mit Dringlicherem beschäftigt als dem Schutz des gleich dem Wein edlen, aber zusätzlichen Wachstums Kunst. Aber schließlich konnte ihnen doch nicht unbemerkt bleiben, wie häufig sich bei den unpfleglichen und robusten

Zu 52 Max Cetto verläßt Deutschland 1938 und lebt heute in Mexiko-City.

6 Wohnhaus Mattern in Bornim/Potsdam. Gartenseite. Architekt Hans Scharoun, 1934

Eingriffen unter dem Deckmantel der nationalen Erhebung der liberalistische Atelierneid sein Mütchen kühlte. Wie häufig holte hinter dem Tugendschild der Gesinnung ein steriles und vergrämtes Handwerkertum zum Stoß gegen den Glücklicheren aus – sei er von den staatlichen Museen oder aber nicht minder von den göttlichen Musen begünstigt gewesen. Wildgewordene Spießer witterten Morgenluft und nahmen sich, der Kunst in Wahrheit immer fremd, die Vollmacht, ihren Jüngern wegen Mißachtung des Volkes oder Verführung der Jugend kurzen Prozeß zu machen.
Diesen Helden, die Bilder so mutig stürmen, wie sie vor den Barrikaden sich gewiß gedrückt hätten, schlagen Ihre programmatischen Äußerungen, verbunden mit der rücksichtslosen Kampfansage gegen den Dilettantismus, hoffentlich schleunigst die Regenschirme aus der Hand. Der neue Staat darf, je mehr er seiner Reinheit sicher ist, je eher den Künstlern ein paar ungezwungene Atemzüge gönnen, während welchen die Überzeugung wachsen möchte, daß seine ideellen Ziele sich mit den in ihrem Werk geschauten Bildern decken, mit den in ihrer Brust gehegten Träumen, die gewiß am allerwenigsten materialistische waren. Er wird die Haltung auch der Besinnlichsten zu schätzen wissen, da er weiß, daß die, welche nach dem 30. Januar mit ihrem Kommen zögern, eher die

Geistesbrüder seiner tapfersten Vorkämpfer sind, als die Unzahl der allzu Behenden und Wendigen, der aalglatten Geschäftemacher.
Und wenn nach Dampf und Brodem eines Tages ein edler Gehalt des Neuen sich unter dem Blick jener Unbeirrbaren kristallisieren konnte, dann möge das Wort des Ministerpräsidenten Göring, daß es immer noch leichter sei, aus einem großen Künstler mit der Zeit einen anständigen Nationalsozialisten zu machen, als aus einem kleinen Parteigenossen einen großen Künstler, nicht bloß seine Bestätigung finden — sondern hoffentlich dann auch jeden, den großen Künstler wie den kleinen Parteigenossen, auf dem ihm gebührenden Platz.
Vorläufig aber haben die meisten von uns, die keine Parteigenossen sind, das Gefühl, nicht gebraucht zu werden. Vorläufig muß die negative Wendung gegen den nationalen Kitsch, wirksame Maßnahmen gegen Überschwemmung des Volkes mit Erzeugnissen des naivsten Dilettantismus ankündigend, der bildenden Künstler einzig realer Trost sein. Es bleibt ihnen überdies zu hoffen, daß eine radikale Verallgemeinerung dieses Gedankens es auf allen Gebieten der Kunst unmöglich machen wird, das Talent durch stramme Haltung zu ersetzen.
Handgreiflicher sind schon die Vorschläge für Film und Theater gefaßt und mehr noch ist die Erklärung einer Olympiade der Gesänge, zu der Sie Herrn Dr. Leyhausen autorisierten, eine kulturelle Verheißung, der die dramatische Muse, im Zusammenprall starker Disziplinen einer Wiedergeburt entgegensehend, ihren Dank abstatten wird.
Wie aber steht es um die andere große Kunst, ähnlich zwischen allen Bezirken des menschlichen Schaffens vermittelnd wie das hohe Drama, ähnlich späteren Zeiten noch volles Zeugnis des Staates gebend, den sie überlebt: das Bauen? Zwar ist darüber schon mehr diskutiert worden und es liegt ein zusammenfassendes Buch über die Architektur im Dritten Reich schon seit längerem vor, aber wir wagen zu hoffen, daß dessen Verfasser Karl Willy Straub nicht zu jeder seiner Äußerungen autorisiert war oder daß man sich die Freiheit nimmt, nach dem Sieg anders darüber zu sprechen.
Denn mit diesem Buch verbindet uns Junge nicht viel mehr als wiederum eine Negation: die Ablehnung der architektonischen Leistungen in den letzten zwei Dritteln des vorigen Jahrhunderts. Sein formelhaft befangenes Verhältnis aber zum Heutigen kennzeichnet sich bereits durch den Satz, mit dem die Dachform kurzerhand zum Symbol der Gesinnung gestempelt wird: »Das Steildach ist so gut zum Panier der nationalen Bewegung geworden wie das Flachdach zum Aushängeschild der internationalen Einstellung.« Eine derartig sentimentale Gedankenführung verfehlt natürlich, etwa dem wundervollen Bild von Wimpfen am Neckar, das die Bedeutung der großen Dachflächen für den Zusammenhalt des Stadtbildes demonstriert, ein solches aus der engeren Heimat des Reichskanzlers, nämlich einem der Städtchen an der Salzach oder am Inn an die Seite zu stellen, deren köstliche formale Geschlossenheit auch ohne sichtbare Dachflächen das Gegenteil beweisen kann. Ein Hinweis auf die italienische Beeinflussung dieser durchaus bodenständigen Bauweise dürfte die Gültigkeit unseres Beispiels in den Augen derer nicht herabmindern, die sich nicht daran stoßen,

wie sehr manche Bauten ihrer gesinnungsverwandten Architekten auf das Vorbild des französischen Barocks zurückgreifen.
Die Frage der Qualität bleibt durch eine solche Feststellung ebenso unberührt wie durch jenen anderen Einwand, der uns Jungen jeder Richtung gegenüber der Baugesinnung der Professoren Schultze-Naumburg und Schmitthenner wichtiger erscheint: nämlich, daß ihre Erzeugnisse bewußt oder unbewußt einem bürgerlichen Ideal gefestigten Besitzes schmeicheln, einen Ausdruck jener idyllisch-zufriedenen Wohlhabenheit darstellen, für die unsere militanten Herzen gewiß nicht schlagen. Das individuelle Eigenheim kann, da es leider nur selten zu einem historisierenden Schlößchen langt, dann nur in einem höchst persönlichen Gartenlaubenstil seinen Besitzer restlos glücklich machen, indem es so zum »Spiegel seiner Persönlichkeit« wird und ihn fühlen läßt, »daß er mehr ist als nur ein Rädchen im großen Uhrwerk«. Es erübrigt sich, weitere Formulierungen genannten Buches zu dem Thema »Individualismus oder Kollektivismus in der Architektur« zu zitieren, um zu erhellen, wie hier die Entscheidung gleichzeitig gegen das neugestärkte Ethos der Gemeinschaft wie gegen den eigentlichen, im Tiefsten unverstandenen Sinn der modernen Architektur gefällt worden ist.
Die hunderttausend tapferen Persönlichkeiten, die in Frankreich ihr ewiges Leben unter dem gleichen schmucklosen Kreuzzeichen führen, sollen in diesem Sinne das ehrfurchtgebietende Beispiel eines typischen Massenstils von hinreißender Bescheidenheit vergeblich dargebracht haben? Hunderttausend Persönlichkeiten, die stolz darauf sind, daß ihr braunes Hemd auf der Straße das höhere Gemeinsame und nichts sonst ausdrückt, sollten dafür ihren vier Wänden die ebenso sentimentale wie kostspielige Aufgabe zumuten, ein steinernes Eigenkleid ihrer Seele zu sein? Legt diese Parabel auch die Frage des Individualismus in der Architektur nicht bis in ihre feinsten Falten frei, so ist, im großen gesehen, mit ihr doch der Gedanke gerechtfertigt, daß der Instinkt für das Uniforme, das wahrhaft Sozialistische in der Haltung, ebenso wie der revolutionäre Mut in der Wahl der Mittel, die siegreiche politische Bewegung, wenn anders sie im Kulturellen folgerichtig handeln will, mit der radikalen Architektengeneration zusammenführen müßte.
Diese hält seit Jahren die formalen Disziplinen bereit, sie hat die Gedankengüter bearbeitet, auf die ein Staat wie der neue sich beziehen muß, und ist deshalb immer wieder von den Spießbürgern aller Richtungen angefeindet worden, die sie jetzt, gemeinsam mit dem Verfasser unseres Traktätchens, von der Götterdämmerung getroffen sehen möchten. Mag man uns übelnehmen, daß die Herausarbeitung des Nationalen, das sich dennoch stets für unsere Herzen von selbst verstand, nicht ausdrücklich genug auf dem Panier stand: Ironie des Schicksals, daß eine spezifisch deutsche architektonische Haltung in dieser neuen Form zur Weltgeltung gebracht zu werden begann, eine eigene Note, die das Zeug in sich hat, wenn ungezwungene und organische Pflege den Architekten noch dahin führt, das Ohr enger an den geliebten Boden zu halten, unseren nationalen Charakter zu einer repräsentativen Ausprägung zu bringen.

Gewiß aber ist, daß kraft ihrer dem individuellen Idyll abholden Sachlichkeit, kraft ihrer heroischen Schlichtheit, kraft ihrer konstruktiven Glut und am meisten kraft der Unerbittlichkeit und Reinheit ihres Formwillens gerade die radikale Architektur Ihren an die Spitze dieses Briefs gestellten Worten kongenial, Herr Minister, dazu fähig sein könnte, das steinerne Denkmal einer kühnen deutschen Staatskunst für die Jahrhunderte zu bilden.

Vielleicht sogar mit dem Sinn, wie ihn die folgenden Sätze von Gottfried Benn visionär umrissen haben: »Eine antimetaphysische Weltanschauung, gut — aber dann eine artistische.« Dies Wort aus dem »Willen zur Macht« bekäme dann für den Deutschen den Charakter eines ganz ungeheuren Ernstes, als Hinweis auf einen letzten Ausweg aus seinen Wertverlusten, seinen Süchten, Räuschen, wüsten Rätseln: das Ziel, der Glaube, die Überwindung hieße dann: das Gesetz der Form. Es bekäme dann für ihn den Charakter einer volkhaften Verpflichtung, kämpfend, den Kampf seines Lebens kämpfend, sich an die eigentlich unerkämpfbaren Dinge heranzuarbeiten, deren Besitz älteren und glücklicheren Völkern schon in ihrer Jugend aus ihren Anlagen, ihren Grenzen, ihren Himmeln und Meeren unerkämpft erwuchs: Raumgefühl, Proportion, Realisierungszauber, Bindung an einen Stil, also ästhetische Werte in Deutschland, Artistik in einem Land, wo man von Haus aus so viel träumt und trübt? Ja, die gezüchtete Absolutheit der Form, deren Grade an linearer Reinheit und stilistischer Makellosigkeit allerdings nicht geringer sein dürften als die inhaltlichen früherer Kulturepochen, selbst bis zu den Graden vor dem Schierlingsbecher und vor dem Kreuz — ja nur aus den letzten Spannungen des Formalen, nur aus der äußersten, bis an die Grenze der Immaterialität vordringenden Steigerung des Konstruktiven könnte sich vielleicht eine neue ethische Realität bilden — nach dem Nihilismus!

Eine große Frage für unser Volk. Überzeugt, daß man denen, die sie stets aus innerstem Trieb aufwerfen, die Antwort, soweit ein einzelner Mensch sie nur »verantworten« kann, nicht verweigern wird, bleibe ich in ehrfurchtsvoller Erwartung

Ihr sehr ergebener
Max Cetto

## 53  Mai 1933

### Der Aufstieg der Kunst
Von Bruno E. Werner

Kein Zufall, daß eigentlich nur in zwei Staaten eine solche klare Besinnung auf den eigentlichen Geist des Landes und des neuen Jahrhunderts erfolgt ist: in Deutschland und in Italien. Kein Zweifel, daß die junge italienische Kunst wie die junge deutsche am schärfsten der Vergangenheit den Kampf ansagte (die Avantgarde Frankreichs arbeitet unter anderen Voraussetzungen). Denn diese

**Zu 53** Bruno E. Werner (1896–1965), Kunst- und Theaterkritiker in Berlin, Herausgeber der *neuen linie*, wird 1934 aus der Reichspressekammer ausgeschlossen.

Künstler waren bewußt oder unbewußt in ihrem Schaffensraum die Träger der nationalen Revolution. In Deutschland waren es die Künstler der »Brücke«, wie Nolde, Otto Müller, Heckel, Schmidt-Rottluff, Pechstein, die Künstler des »Blauen Reiter«, wie der gefallene Franz Marc, dessen Briefe zu den wertvollsten Kriegsdokumenten gehören, Macke (ebenfalls gefallen), Klee und Feininger, die Bildhauer Kolbe, Barlach, die Architekten Poelzig, Tessenow, Mies van der Rohe, um nur einige Namen aus vielen herauszugreifen. Sie waren auf dem rechten Wege. Die Jugend ist ihnen gefolgt. In Italien waren es die Futuristen, die unter der Führung Marinettis das neue Italien auf ihre Fahnen geschrieben hatten. Aus ihnen ist dann der novecento italiano hervorgegangen. Marinetti ist heute führendes Mitglied der Academia d'Italia. Die Novecentisten erfreuen sich der Unterstützung des neuen faschistischen Staates und des persönlichen Wohlwollens von Mussolini. Diese Künstler und keine anderen sind die Repräsentanten des Faschismus in der Kunst.

In Deutschland ist auf den zunächst starken Auftrieb eine Stockung gefolgt. Zwar verfolgten die führenden Künstler unbeirrt weiter ihre Linie, aber sie gerieten immer mehr in eine Isolierung. Der Grund war nicht zuletzt im Versagen des Staates zu suchen, der durch sein Wesen abgrundtief vom Willen dieses Künstlergeschlechtes getrennt war. Eine Verwirrung entstand. In ihr kam das Wort »Kulturbolschewismus« auf, das häufig mißbraucht und falsch verstanden wurde. Gerade gegen jene Künstler fand man es zuweilen angewendet, die auf ihre Weise Vorkämpfer der nationalen Gesinnung in der Kunst waren, Männer, die dem Materialismus wie dem Liberalismus Feindschaft angesagt hatten ...

Wir haben es in den vergangenen Wochen, während die regierenden Persönlichkeiten mit dem politischen und moralischen Aufbau des neuen Reiches beschäftigt waren, erlebt, daß in den Bezirken der Kunst Maßregelungen von untergeordneten Stellen vorgenommen worden sind, die sicher nicht im Sinne Adolf Hitlers und der führenden Männer des neuen Reiches waren. Es wird jedoch niemandem gelingen, die nationale Revolution zu kompromittieren. Durch Görings Schritt wird verhindert und in Preußen wiedergutgemacht werden, was Voreilige aus Unkenntnis begingen ...

Die Kunst ist ein besonderes Reich. Hier entscheiden Können, Wollen und Werk. Daß kleine Maler ihr Ressentiment benutzen, um größere zu vertreiben, daß die persönliche Feindschaft der Maler untereinander und der bisherige liberalistisch-demokratische Künstlerstreit sich jetzt im Mantel des Nationalsozialismus verkappt, das werden die Führer des neuen Staates zu verhindern wissen.

## 54 Januar 1934

**Deutsche Baukunst**
Rückblick und Ausblick zur Jahreswende 1933/1934
Von Alfons Leitl

Ehrlich bereit, dem neuen Rufe zu folgen, haben sich viele dem zugewandt, was einzelne als persönliches künstlerisches Bekenntnis vertreten, was als solches meist hohe Anerkennung verdient, aber doch nur als Teiläußerung zu bewerten ist. Angesichts des würdevollen Entwurfes zum Haus der Deutschen Kunst wurde manche Säulenfeindschaft revidiert, angesichts der schönen Häuser Schmitthenners dem flachen Dache gründlich abgeschworen. Es scheint eine Untersuchung wert zu sein, ob es nötig ist, eine ganze Entwicklung auszulöschen, wenn Einzelheiten zur Ablehnung herausfordern oder wenn sich neue fruchtbare Einflüsse geltend machen. Besteht nicht vor dem ernsten Urteil auch unserer neuen Zeit vieles, was gebaut und gedacht wurde; soll man dieses Bauen und Denken abbrechen und aufgeben? ... Selbst frühere Gegner glauben, im heutigen Staatswesen manches auch von ihnen Erstrebte vollendet zu sehen, und es soll ja auch der Sinn aller gegenwärtigen und kommenden Arbeit sein, die großen und zeitbestimmenden Gedanken aus aller Verkrampfung zu lösen und zu fruchtbarer Vollendung zusammenzufügen. So gut wie auf politischem Gebiet läßt sich dies für die Baukunst sagen.
... Die Baukunst des Dritten Reiches wird die großen in ihren Anfängen vorgezeichneten Linien weiterführen, nicht an den Bruchstellen des bisher Gewordenen wird das Neue wachsen, sondern als organische Weiterführung der vorhandenen echten Ansätze. Wohl keine Zeit ist in dem Bemühen, die menschlichen Lebensnotwendigkeiten zu erfüllen, so weit gegangen wie die unsere. Daß aber gerade die größten Eiferer den Menschen selbst nicht gefunden haben, liegt in zwei großen Irrtümern begründet, denen insbesondere die »Vorkämpfer« zum Opfer gefallen sind. Mit der Erkenntnis dieser Irrtümer hatte sich auch die Zeit der Vorkämpfer erfüllt und ihre unbeschränkte Stellung erledigt, noch ehe jemand daranging, sie gründlich auszulöschen.
Zum mindesten die erste Fehlannahme, man könne den Menschen im Atelier ausrechnen, offenbarte bald ihre Denkfehler. Sehr schnell wurde sichtbar, daß die exakte Ermittlung aller Bedürfnisse der leiblichen Notdurft eben nur die Hälfte erfaßt. Eine peinliche Überschätzung des Körperlichen, Hygienischen war das Ergebnis dieser Rechnung mit verkehrten Größen: der platte Rationalismus, wie ihn das Wohnhotel der Pariser Werkbundausstellung und der deutschen Bauausstellung zeigte. Diese Fehlgedanken brauchen nicht entschuldigt zu werden, aber wenn man sie in ihren Hauptmerkmalen kennzeichnet, als zeitbedingte Abirrung, so erübrigt sich heute der Kampf gegen eine tote Sache...
Der zweite Grundirrtum im neueren Bauen, vor dem das neueste Bauen bewahrt

Zu 54 Alfons Leitl (geb. 1909) ist ständiger Mitarbeiter der *Bauwelt* unter Friedrich Paulsen. 1947 gründet er die Zeitschrift *Baukunst und Werkform*.

bleiben möge, ist eine alte Erbschaft. Trotz der Verkündung eines völligen Bruchs mit der Vergangenheit, blieb deren schwerste Belastung erhalten: die ästhetische Betrachtungsweise, die die Kunst lediglich als Formproblem auffaßt; die gleiche Betrachtungsweise, die das gewordene Formgut vorher so gröblich mißbrauchte, daß die Baukunst seit hundert Jahren kein eigenes Gesicht mehr fand. Der Schweizer Architekt Alexander von Senger hat vor einigen Wochen erneut Le Corbusier wegen seiner respektlosen Kundgebungen gegen die Überlieferung als den Urheber aller Verwirrungen angeführt. Er vergaß jedoch, daß der Kampf gegen den Mißbrauch der Überlieferung einige Jahre älter war als der Schweizer Revolutionär. Die Übersteigerung dieser Ablehnung bis zum Kampf gegen die Tradition schlechthin blieb allerdings den Nachkriegsjahren vorbehalten. Aber so verschieden auch die Gegenstände waren, die der Reihe nach an die Stelle des Alten gesetzt wurden, im wesentlichen ging es immer um die Erscheinung. Die allmählich festgefahrene Dogmatik eines bestimmten Kunstkreises, der öde Formalismus technischer Motive ist hieraus zu erklären. Man suchte Erscheinungsmerkmale, Stil. Das Ornament war verboten; dafür übernahmen bestimmte Bau- und Werkstoffe seine Rolle. Und leise schlich sich auch das Ornament wieder ein. Denn was ist die geschwungene Kurve des Stahlstuhles bisweilen anderes als ein zum Nutzgegenstand verbogenes, in den Raum gestelltes Ornament? Daß das Stahlmöbel und das flache Dach bekämpft und verteidigt wurden, ist ein Zeichen, daß sie hier wie dort als Stilmerkmale aufgefaßt wurden. Ornament waren die Betonkragplatten – eine Zeitlang unerläßlich modern –, Stilmerkmale die durchlaufenden Glas- und Ziegelbänder, Motiv die Eckbalkone, die Mendelsohnschen Treppenhäuser, die Schiffstreppen, Luken, Relings und nicht zuletzt die ganz entgegengesetzten Klinkerkünste. Die Ornamentik ging sogar bis in den Grundriß. Die Gebrauchsanweisung für den Kunstgenuß: man müßte wegen der Bänder um die Häuser herumfahren, macht den vorwiegend formalen Charakter mancher Kunstbemühungen offenbar. Die Erkenntnis dieser überwundenen Fehler wird uns hoffentlich davor bewahren, heute ähnliche zu begehen. Vorläufig scheint es aber noch eine Aufgabe zu sein, den reinen Formeneifer, auch wenn er mit anderen Vorzeichen auftreten sollte, zurückzudrängen, um den Weg zum wesentlichen Inhalt offenzuhalten.

Das Bewußtsein von der Volksverbundenheit, von der Verpflichtung, für eine bestimmte Gemeinschaft zu schaffen, kann für die Baukunst eine große Befreiung sein. An die Stelle des »modernen Menschen«, einer unsichtbaren Größe, ist der eher faßbare Volksgenosse getreten. Das entlastet den Bauenden der irrtumsbelasteten Spekulation. Der Inhalt ist gegeben. Freilich nur der Inhalt. Nichts ist über die Form gesagt. Schwächen und Irrtümer haben ein neues Werden verunklart. Aber das Vorhandensein dieses neuen Werdens ist doch nicht zu übersehen und ist schwerlich nur politisch zu begreifen. Im letzten Ende berührt es eine weitgespannte Entwicklung nicht, wenn ein Teilabschnitt in eine Zeit politischen Gärens fällt. Die Reihe der Leistungen, die bestehenbleiben, weil sie dieses neue Werden rein verkörpern, ist groß, und man könnte sie in dieser Zusammenstellung beliebig erweitern! Manches wird, wenigstens vorläufig, kaum besser gemacht werden können. Kein ehrlich Urteilender wird das bisher Erarbeitete nicht gelten lassen wollen, und deshalb wird die kommende Zeit auf den vorliegenden Leistungen aufbauen müssen. Bestimmte Aufgaben, die erst von der neueren Zeit gestellt und mit ihren Mitteln von Grund auf durchgeführt worden sind, sind einfach nicht mit rückwärtsgewandtem Blick zu lösen.

Auf die Frage, wie das neue Bauen sich in Zukunft in Deutschland entwickeln werde, antwortete ein Architekt, es werde eine Mischung von Schmitthenner und Mies van der Rohe sein. Eine Faustregel, die doch das Wesentliche andeutet. Es könnten hier auch andere Namen und Begriffe stehen. In dem einen ist das ehrliche Suchen nach echter Sachlichkeit verkörpert, in dem anderen die Betonung des Seelischen und der Gemütswerte...

Die Forderung nach dem Handwerk kann nur so aufgefaßt werden, daß alle zur Verfügung stehenden Mittel werkgerecht eingesetzt werden, gleichgültig welcher Herstellungsart sie sind. Handwerk und Industrie werden sich nicht gegenseitig ersetzen, sondern müssen sich ergänzen. Es wäre ein Mißverständnis, wollte man das Handwerkliche wiederum nur zu einer Erscheinungsform machen. Die Werkgerechtigkeit (Sachlichkeit) geht weit über die technische Ausführung hinaus, sie bedeutet das immer wieder neue Durchdenken aller Aufgaben und Beziehungen, und hierfür sind die Vorarbeiten, die Schulung des Denkens und deren Ergebnisse, ein fester Ausgangspunkt. Vor der Kritik über Einzelheiten darf diese große Leistung der vorausgegangenen Jahre nicht gering gemacht werden. Sie bleibt als Leistung bestehen.

Die Schlacken des Modernismus sind beseitigt. Eine breite Ausgangsebene ist geschaffen; die geistige und seelische Durchdringung des Technischen und Praktischen wird das Bauen zwangsläufig zu dem Ziel führen, das mit dem Ruf nach der deutschen Kunst bezeichnet ist. Es wird dann nicht nötig sein, erst die Bauaufgaben zu suchen, in denen sich das neue Gemeinschaftsgefühl symbolisch verwirklichen soll. Alles Bauen wird ein Zeichen dieses Gemeinschaftsgefühls sein. Denn Architektur ist Symbol.

## 55 November 1934

**Norddeutschland und Süddeutschland**
Von Alfons Leitl

> Dort rauscht das Meer — hier wächst der Wein
> *Paul Schmitthenner*

Angestrengt lauschten Deutschlands Architekten nach Süden, beglückt vom weichen Sang des Stuttgarter Lautenschlägers. Und all die rauhen Gesellen räusperten die trocknen Kehlen. Leise zupften sie die schlanken Fenstersprossen, und der Wind strich durch die zarten Brüstungsgitter und streichelte sie wie eine Äolsharfe. Laßt Lyrik um mich sein! Und es begann ein großes Singen in

7 Wohnhaus für einen Arzt in Offenbach/Main. Gartenseite. Arch. Rudolf Schwarz, 1934

deutschen Landen. In Dresden und Hannover, in Ramersdorf und Bremen. Durch alle Wettbewerge zogs: nur weich, recht zart und zierlich. Sanft und zart ist halb gewonnen. Belcanto.
Und überall blüht jetzt der Wein.
Als Ludwig Hoffmann die Heilstätte in Buch fertiggestellt hatte, war er sehr entzückt und führte voll Freude die Besucher. Ist das nicht liebenswürdig, fragte er abschließend. Und gehorsamst antwortete Friedrich Paulsen: Jawohl, Herr Geheimrat, aber jetzt wollen wir endlich Schwarzbrot essen . . .
Laßt uns wieder Schwarzbrot essen, laßt uns dabei auch einen Trunk Weines nehmen, das steht uns gleichfalls an. Es muß nicht grad der süße sein. Denn er birgt die Kraft der Erde und den Strahl der Sonne und bringt seine Freunde der Erde und dem Himmel näher.

Süddeutschland ist der Erde und dem Himmel näher als der Norden. Fester und herzlicher umfassen hier das Auge und die Hand das Sichtbare und Greifbare, und damit auch das Leben, das sich darin verbirgt. Der Fuß steht auf einem Boden, den 1000 Jahre Kultur gefestigt haben, den man darum so leicht nicht verlieren kann. Ist es da verwunderlich, daß sich alles leichter und beschwingter formt als anderswo, daß hier auch das Neue herzhafter und natürlicher zuwächst?

Wie anders dagegen der kühlere Norden. Er ging auf der Spur der neuen Ideale die seltsamsten Wege der Selbstentäußerung. Er erntete einen kurzen Ruhm und ein wenig Reklame. Aber dafür trägt er nun um so schwerer an dem drückenden Vorwurf, mit seiner Askese die Kunst verraten und die Menschen arm gemacht zu haben — es scheint aber, daß die Last leichter werden und sich verlieren wird. Mit größerem Zeitabstand wird man in ruhiger Betrachtung gerade dieses richtig werten und kaum als Zufall erkennen: daß jene nüchternen bis zur Selbstaufgabe eifrigen Sucher nach neuen Zielen im mittleren und nördlichen Deutschland saßen. Wenn Karlsruhe sein Dammerstock haben mußte, so geschah das wohl nur am Rande der Entwicklung, deren Wellen gelegentlich über die Grenze spielen. Irgendwo muß sich jedoch das Gute jeder Entwicklung niederschlagen, denn so leicht geht nichts im Raume verloren — und wenn der Wert einer Bewegung nur der wäre, eine Gegenbewegung hervorzurufen: So wie die nördliche Kälte der Sachlichkeit den Wunsch nach der südlichen Wärme des Herzens hervorrief.

Denn seitdem die Architekten, die in ihrer Laboratoriumsluft der Funktion nachspürten, jenen kalten Zug gewahrten, dem technisch nicht mehr beizukommen war, blickten sie nach Süden. Sie sahen, wie dort mit weniger Verbissenheit, aber mit größerem Erfolg das Neue gestaltet wurde. Nicht gewaltsam, losgelöst von allem Bewährten, wurde das Neue erzwungen. Aus dem eingeborenen Bewußtsein, daß alles Werden seine Zeit braucht, wuchs und wächst die Gestaltung dieser Zeit. Die größere Erdnähe und Sinnlichkeit Süddeutschlands bewahrte dort die Neuerer vor dem Glauben, daß der Werkstoff allein schon symbolische Kraft habe oder daß die Form eine Art absoluter Wert, geometrisch zu erzeichnen, oder etwas kristallisch in sich Ruhendes sei. Die ewige Aufgabe, die Kraft der Stoffe zu erfühlen und sie dem Leben entsprechend zu gestalten, erfaßte der Süden als eine Lebensfrage der neuen Baukunst sicherer und früher als der Norden.

So stehen viele Bauten in Süddeutschland, die dem Ideal nahekommen, Leistung und gute Form zu verbinden, die sachlich sind, ohne jene heute überwundene Verkrampfung und — menschlich. Und dieses Menschliche lieben wir in den süddeutschen Bauten der bayerischen und der schwäbischen Färbung. Ja, es erregt unsere Freude und Bewunderung, selbst bei jenem Künstler, der mit allzu feiner Virtuosität die vieltönige Klanggleiter des Gemütes meistert.

Warum aber soll nun alles gleichmäßig eingefärbt werden, süddeutsch und schwäbisch auf eine ganz bestimmte Art?

Man wird dabei immer an die Reisenden erinnert, die in die Berge fahren und stets bemüht sind, sich »in Kleidung und Sprache den Sitten des Landes anzupassen«, als sähe man nicht auf den ersten Blick, ob in einer Gamsledernen schon gerauft worden ist oder nicht. Sie schämen sich immer etwas vor sich selbst, die gewohnte Strenge einmal aufzulockern und tarnen sich. Eine Äußerlichkeit nehmen sie als Hilfsmittel, ja als Symbol, um in den Bezirk einer freieren Menschlichkeit vorzustoßen. Sie vergessen nur, daß es beim Jodeln nicht auf die Hose ankommt, sondern auf die Kehle, und daß beim Dichten nicht die Einhaltung eines bestimmten Versmaßes entscheidet, sondern Inhalt und Herz. Das Gültige und Wichtige, das unser funktionales Bauen durchdringen muß, ist Menschlichkeit; und die hat vielerlei Erscheinungsformen. Die jeweils richtige zu finden, das ist das »Problem«. Und wenn wir in Norddeutschland so herbe, dabei doch so freie und schöne Häuser finden, wie die hier kürzlich gezeigten von Rudolf Lodders in Altona und Hans Köhler bei Berlin, so wundern wir uns leise über die sonstige Neigung zur Idylle. Denn die Idylle ist nur eine Erscheinungsform der neuen Herzlichkeit, und es ist fraglich, ob sie so allgemein gültig ist und unserer Zeit entspricht, wie es offenbar angenommen wird.

## 56  November 1933

**Theodor Fischers »Vermächtnis an die Jugend«**
Aus einem Vortrag, gehalten auf einer Feier des KfdK in Augsburg

Alles Sein ist aus Gottes Hand. Alles Sein erkennen wir in der Form. Form ist alles: Baum und Berg, Bau und Bild; auch der Gedanke muß geformt werden, um zu sein, und selbst den Urgrund alles Seins muß der Mensch nach seinem Bilde formen, um anbeten zu können.
Die Form aber ist vergänglich. Sie wird und vergeht nach unerschütterlichen Gesetzen, die Gott sich und dem Sein von Ewigkeit an gesetzt hat. Also sind diese Gesetze Gottes, und die Form ist ihr Ausdruck und ihr Spiel. In ihnen leben und schaffen wir.
Die Kreatur lebt. Das ist: sie nährt sich, zeugt und stirbt — und sie schafft, das ist: sie formt, formt Gedanken aus ihrer Seele und formt Gedanken in den Stoff hinein.
Aber das Schaffen und Formen des Menschen ist nur ein fernes Echo göttlichen Schöpferlärms.

Zu 56 Theodor Fischer (1862–1938) ist Mitarbeiter Wallots am Reichstagsbau in Berlin, dann – 1893 bis 1901 – Baubeamter in München. 1901 wird er Professor an der TH Stuttgart, von 1908 an lehrt er in München. Zu seinen Schülern zählen so unterschiedliche Begabungen wie Bruno Taut, Erich Mendelsohn und Paul Bonatz. Als Mitbegründer des *Deutschen Werkbundes* hat Theodor Fischer starken Einfluß auf die kunstgewerbliche Entwicklung seiner Zeit. Seine Bauten verraten eine betont anti-repräsentative malerische Haltung, die *Sechs Vorträge über Stadtbaukunst* (1920) eine nicht allen Reformern eigene geistige Unabhängigkeit. Die Wiederauflage dieser Schrift im Jahr 1941 steht in spannungsreichem Gegensatz zu den eifrig vorangetriebenen Stadtbauplänen der NSDAP.

Wie das Echo dem Ton verbunden ist, also auch das menschliche Schaffen dem göttlichen Tun. Beide sind den von Ewigkeit seienden Gesetzen anheimgegeben. Das Gesetz der Form, der Wechsel ist am sichtbarsten im Lebendigen. Das Kunstwerk ist ein Lebendiges. Wenn nun auch der Wechsel ein Gesetz der lebendigen Form ist, so ist da freilich noch ein Tieferes, das dem Wechsel entzogen bleibt, das nahe an den Untergrund aller Dinge hinreicht, das ist Maß und Zahl — ein Geheimnis, von dem die neuere Kunst in ihrer Schrankenlosigkeit nichts weiß. Aber aus dem Unterbewußtsein konnte es dem Menschen nicht ganz verschwinden. Es wird einmal — vielleicht bald! — wieder in das Licht des Bewußten emportauchen. Die Kunst, im besonderen die neue Baukunst ist reif dazu ...

Der Spiegel unserer Zeit zeigte keine schöne Physiognomie: nämlich das Bild der Wirtschaft als der alleinigen Herrin mit ihrem Doppelgesicht: Übermaß und Mangel.

Wie trugen wir schwer am Übermaß und an der Kompliziertheit aller Dinge! Wie selbstverständlich war der Wunsch, die Notwendigkeit, zu vereinfachen, und immer wieder zu vereinfachen. Wir ließen uns gerne Puritaner, Arme-Leute-Architekten nennen, wußten wir doch, daß der Weg richtig war.

Aber das Schlimmste traf ein, was begegnen konnte: das neue Bauen wurde Mode! Die Mode ist der Feind alles Tiefen. Tief innerlich war die Bewegung gemeint. Mode, Mittelmäßigkeit und Snobismus waren am Werk, sie umzubringen. Das verhängnisvolle Schlagwort von der bolschewistischen Kunst konnte auch auf das neue Bauen angewendet werden. Aus dieser Prüfung wird es aber geläutert hervorgehen, denn sein tiefer Sinn ist und bleibt eine Erneuerung, welche auf Vereinfachung und Wahrhaftigkeit beruht. Diese Erneuerung läuft der großen völkischen Erneuerung, die wir staunend erleben, ganz gleich. Sie ist deutsch.

Zum erstenmal in der deutschen Kunstgeschichte sehen wir den Keim einer neuen Ausdrucksform im deutschen Sprachgebiet entstehen. Wir hatten eine herrliche deutsche Gotik, aber ihre Herkunft ist Frankreich; wir hatten die deutsche Renaissance, aber schon der Name macht schamrot: denn da Renaissance Wiedergeburt heißt, nennen wir deutsche Wiedergeburt, was in Wahrheit eine welsche Invasion war. Wir hatten den großen deutschen Barock, aber auch seine Heimat lag ultra montes. Und von unserem Klassizismus reden wir mit berechtigtem Stolz: deutsch aber, das heißt volkstümlich, war er nicht.

Das Wort deutsch kommt vom altdeutschen diot = das Volk; diutisk = deutsch heißt also volkstümlich im Gegensatz zum Höfischen. Die Höfe holten das Fremde. Höfisch war der aus Italien bezogene Barock und das aus Frankreich kommende Rokoko und Empire.

Die Frage ist nun, ob es schicksalsmäßige Notwendigkeit ist, daß Deutschland immer wieder fremde Anregungen verarbeitet, weil es im Bereich des aus der Kraft des lateinischen Imperiums sich immer wieder erneuernden Kulturkreises liegt. Trifft das zu, so gilt es, sich zu bescheiden und mit dem uns überlassenen Pfund zu arbeiten. Wie aber, wenn die letzte Welle lateinischer Emanation, die wir Eklektizismus nennen, weil kunstgeschichtliche Bildung die Auswahl bot —

wie, wenn diese alle vorhergegangenen zusammenfassende Welle die letzte gewesen sein sollte?

Objektiv betrachtend, können wir sagen: Die kulturelle Einheit des europäisch-lateinischen Kreises, die im Mittelalter eine fast vollkommene war, ist im Rückgang in gleichem Maße, wie die zivilisatorische Übereinstimmung, die technische im besonderen, zunimmt. Der Nationalismus, ausgehend von dem Frankreich der Revolution, trennt die Völker mehr und mehr trotz des erleichterten Verkehrs. So wäre also äußerlich der Boden für eine völkische Kultur vorbereitet. — Die Läuterung mußte von Deutschland ausgehen. Sie ist da ausgegangen, und heute kommen Engländer und Italiener zu uns, um das neue deutsche Bauen zu sehen, wie um 1200 der deutsche Steinmetz nach Frankreich ging oder um 1500 Albrecht Dürer und die anderen nach Italien.

Daß diese Wendung zusammentraf mit einem von der Wirtschaft eifrig propagierten Angebot unerprobter Baustoffe und neuer Konstruktionen, war eine der Gefahren, die das neue Bauen begleiteten.

Die Idee der Erneuerung ist deutsch und nicht international. International ist die technisch-konstruktive Komponente. Das ist nicht das Wesentliche; viel mehr der Bruch mit dem Formalismus toter Tradition, die Rückkehr zum Gedanken, die Aufrichtigkeit der Gesinnung, kurz — ich wage trotz allem das von beiden Seiten mißhandelte Wort — die Sachlichkeit.

Freundliche Menschen haben mich, da ich alt geworden war, einen deutschen Baumeister genannt. Ich bin nicht eitel darauf, aber das Recht darf ich wohl daraus nehmen, über deutsche Kunst zu reden. Bewußte Absicht war es nie, daß ich deutsche Kunst getrieben habe; es war wohl eine Selbstverständlichkeit.

Die Kunst soll und muß gar nichts; sie wächst wie ein Stück lebendiger Natur von Gottes Gnaden als Ausdruck des Menschengeistes. Immer ist sie ein Spiegel der menschlichen Gesellschaft. Auch ihre Zerrissenheit und Roheit ist eben nur ein Spiegelbild dessen. Wenn nun die Gesellschaft einheitlich wird, wenn Klassen- und Glaubenshaß verschwindet, wird die Kunst von selbst einheitlich und gut...

Deutscher Geist, in deutscher Arbeit zur Form geworden, ist deutsche Kunst. Was aber deutsch ist, »entschlüpft der Definition«, sagt Nietzsche. Die Definition entbehren wir gern. Nicht einmal allzuviel nachdenken wollen wir, was deutsch sei. Aber ein anderes Wort Nietzsches soll gelten:

»Der Deutsche ist nicht, er wird.«

Nicht dem Behagen satten Seins sich hinzugeben ist unsere eigentliche Art, die vom Spießbürger verfälscht wurde, sondern dem Kampf des Werdens gehört unser Wille, dem ewigen Fortschreiten. Fortschritt ist ein abgetaner Begriff, sofern darunter der Wahn einer Annäherung an ewige Glückseligkeit verstanden wird. Fortschreiten ist die des Menschen einzig würdige Bewegung und Bewegtheit. »Nur der verdient sich Freiheit und das Leben, der täglich sie erobern muß.« Die Forderungen des Tages anpacken, das heißt Leben.

Die Forderungen des Tages sind heute andere für die Baukunst, als sie bei den Griechen oder im Mittelalter waren. Deshalb muß auch die Form eine andere sein. Unsere Kirchen sind Häuser Gottes und des Volkes, nicht Götterwohnungen, zu denen dem Volke der Zutritt versagt ist. Als Häuser der Gemeinde, die sich um das heilige Zentrum sammelt, sind sie im Begriff, ihre eigene Form zu gewinnen. Gerade diesen Vorgang beobachtet man in Augsburg besser als in vielen anderen Städten. Auch andere Gebiete der Baukunst sind lebendig geworden, das will sagen, sie suchen nach ihrer Form. Der Wohnhausbau ist unsere schwerste Sorge. Er wird und muß sich gestalten, wenn erst die Gesellschaft gesundet, wenn die Familie wieder das Element der völkischen Struktur geworden ist. Der Schulhausbau, jahrzehntelang hochgetriebener Kasernenbau, wendet sich zum breiten Flachbau mit lichterfüllten Sälen und offenen Hallen. Er wird so im Wesen dem griechischen Gymnasium ähnlich, und – das Wunder geschieht – auch die große Form wird der des griechischen Gymnasiums ähnlich, unbeschadet der Unterschiede, die das Klima fordert. Aber das ist das Entscheidende: diese neue Form ist selbst erarbeitet, ist nicht entlehnt. Wenn verstanden sein wird, daß Form in diesem Sinn mit stilistischen Formen, mit Dekoration nichts zu tun hat, dann ist der Hauptgrund allen Haders unter denen, die gemeinsam am vaterländischen Werk arbeiten sollten, statt sich zu hassen und zu kränken, beseitigt.

Architektur ist solche aus der klaren Zweckerfüllung erarbeitete harmonische Form, aber nicht angehängter traditioneller Schmuck. Es kommt auch sicher wieder die Zeit, wo wir mit eigenen neuen Symbolen schmücken und spielen können. Schmuck ohne hohe Symbole ist Phrase. Unsere Zeit wird, so hoffen wir, ihre Symbole schaffen. –

Die süße Gewohnheit! Welche Macht in allen menschlichen Dingen ist der Gewohnheit verliehen! So viel Gutes sie aber auch verhindern mag, ein Gutes ist ihr zuzugestehen: sie hemmt den allzu raschen Ablauf des Weltgeschehens. Heroisch ist das Geschäft des Bremsens auf keinen Fall, so notwendig es ist.

Heroisch ist der Sinn zum Neuen – und deutsch dazu.

Alles, was ich sage, gilt der Jugend. Als alter Mann, der generationsmäßig einer Übergangszeit angehört, und als solcher noch mit dem Formalismus des retrospektiven 19. Jahrhunderts behangen ist – als alter Mann mit noch leidlich klaren Augen sehe ich die Jugend bereit, in das gelobte Land einer deutschen Kunst einzuziehen. Sie steht gerüstet noch im dämmerigen Tal des Arbeitsmangels. In harter Zeit erzogen, bar aller weichlichen Vorstellungen vom nur Gefälligen, feind dem nur Gewohnten, ist sie würdig, der großen Zeit des deutschen Volkes die neue künstlerische Form zu geben. Und nun wolle man sie schalten lassen, wie der Gott sie treibt!

Heil dem Volk, das in der Kunst ehrfürchtig werden läßt, was da werden soll!

## 57 Dezember 1934

**Stellung und Aufgabe des Architekten**
Eine Rundfrage der Deutschen Bauzeitung

... Ist schon die kulturgeschichtliche Entwicklung des Baumeisterberufes wohl wert, in ihrem Ablauf und ihren Folgen zur Diskussion gestellt zu werden, so ist für eine grundsätzliche Neuordnung eine Erfassung der kulturpolitischen Aufgabe notwendig, die dem Architekten in der Zukunft obliegt. Wir glauben, daß diese Aufgabe weit über das hinausgeht, wofür das Kammergesetz sich einsetzt, oder wofür es die Voraussetzungen schaffen will. Das Kammergesetz gibt dem Architekten nunmehr einen gewissen staatlichen, ja sogar beinahe beamteten Charakter. Wir glauben, daß diese Tendenz, sofern sie in der Berufsauffassung auch des Privatarchitekten sich ausdrücken wird, dem Beruf des Architekten nicht zur Förderung gereichen wird. Wir glauben, daß der Architekt noch in viel höherem Maße als früher als Pionier in wirtschaftlicher und in geistiger Hinsicht auftreten muß, denn niemand ist da, der ihn hier auf wichtigem Boden und in wichtigen Gebieten vertreten könnte...

Eben die Tatsache, daß der Architekt sich seither nicht um viele Aufgaben gekümmert hat, daß er sich in dem engen Auftragsrahmen seines Berufes eingebunden fühlte, hat die große Verwahrlosung des gesamten baulichen und gewerblichen Schaffens mitverschuldet. Dem hat einmal der Deutsche Werkbund (DWB) zuerst Einhalt getan; von dieser Werkbundidee darf der Architekt nicht mehr abgetrieben werden. Sie muß ihm sogar noch nähergebracht werden und muß ihn auch bei Großproblemen und nicht nur im Kleingewerblichen leiten. Die Festlegung der bauanwaltlichen Verantwortlichkeit des Berufes halten wir mit dem Kammergesetz für eine dringende Notwendigkeit. Dann müßte aber auch dem Architekten eine der größeren Verantwortlichkeit entsprechende größere Freiheit in technischen Dingen eingeräumt werden, nach dem Vorbild vieler ausländischer Regelungen, die gerade das pionierhafte Vordringen des Architekten in technischer und in wirtschaftlicher Hinsicht fördern.

Die Schriftleitung wäre dankbar, wenn sie zu den hier angedeuteten Problemen eine allgemeine Rückäußerung von Ihnen zur Veröffentlichung erhalten würde. Zur Vereinfachung erlaubt sie sich aber gleichzeitig, Ihnen folgende präzise Fragen vorzulegen:

1. Ist die Trennung von Architekt und Handwerker ein unaufhebbares Ergebnis der Kulturgeschichte? Oder ist es möglich und wünschenswert, diese Kluft wieder zu überbrücken?
2. Wie sind die Aufgaben des Architekten an der Entwicklung einer zukünftigen Kultur zu umreißen:
a) in wirtschaftlicher Hinsicht? b) in kulturpolitischer Hinsicht?
3. Wie ist demnach die Ausbildung und die organisatorische Einbindung des Architekten in das Gemeinschaftsleben anzulegen:
a) in wirtschaftlicher Hinsicht? b) in kulturpolitischer Hinsicht?

**Die Antworten**

Reichsverband des Ingenieurbaues e. V., Berlin:
Die Anordnung des Präsidenten der Reichskammer der bildenden Künste betreffend den Schutz des Berufes und die Berufsausübung der Architekten und die Fragen, die dadurch berührt sind, eignen sich u. E. nicht für eine öffentliche Auseinandersetzung in der Presse. Wir können uns jedenfalls unsererseits an einer solchen nicht beteiligen und sehen uns deshalb auch nicht in der Lage, Ihrer Bitte zu entsprechen.

Theodor Fischer, München:
... Die Vorstellung, daß der Ingenieur nicht Baukünstler sein könne, weil ihm dazu die Vorbildung fehle, ist einseitig und unrichtig. Sie hat den Wahn zum Hintergrund, daß die Ausübung der Baukunst auf der Kenntnis erlernbaren Formengutes beruhe. Der Ingenieur wird einsehen lernen, daß er den dritten Akt des Dramas schreiben muß, wenn er nicht halbe Arbeit machen will: nach der wirtschaftlichen Vorbereitung und der technischen Durcharbeitung die Gestaltung! Oft entsteht der dritte Akt vor oder mit dem ersten und zweiten — das sind Autorengeheimnisse. Im Grund wird nicht verlangt, daß der Ingenieur mehr Arbeit aufwende, sondern nur, daß er sich anders einstelle, daß er anerkenne, die Form sei das Endgültige des Werks.
Die Arbeitsteilung kann gleichwohl gedeihlich sein; sie ist aber keine Notwendigkeit, keinesfalls eine Arbeitsmethode in dem Sinne, daß der Architekt die Arbeit des Ingenieurs nachträglich formal herrichtet.
Für die Erziehung ergibt sich aus dieser Sachlage, die man immerhin ein Wunschbild nennen mag, daß das Gemeinsame in den Vordergrund gerückt werden, das Trennende mehr dem Leben außerhalb der Schule überlassen bleiben sollte. Die Schule selbst ist ihrer Lebensfremdheit zu entkleiden. So gern man der Mittelschule zugesteht, sogar wünscht, daß sie lehren möge, was nicht unmittelbar im Leben gebraucht wird, sosehr ist die technische Hochschule eine Berufsschule, also eine Schule des Lebens. Handwerk aber ist die lebendige Grundlage allen Bauens, Technik ist das wissenschaftlich gegründete Handwerk. Beides kann nicht im vollen Umfang dem Hochschüler (nur von diesem wird hier gehandelt) nahegebracht werden. Es genügt, wenn er von einem Handwerk durch eigenes Handanlegen eine lebendige Vorstellung gewinnt; dabei wird er den Gewinn mit forttragen, daß er auch vom Handarbeiter eine lebendige Vorstellung bekommt. Die Technik aber, d. i. die mathematisch-naturwissenschaftliche Gründung des Handwerks, sollte auch nicht in vollem Ausmaß, sondern in elementarer Vereinfachung an den Anfang gelegt werden. Die Möglichkeit wirklicher Vertiefung gehört an den Schluß des Studiums, wo durch das Vorhergehende und die segensreiche Zwischenpraxis das Verständnis für das Wozu und Warum aufgeschlossen ist und Sonderbegabungen bewußt geworden sind. So ergeben sich zwanglos unterschiedliche Richtungen in der Oberstufe. Für Architekten im engeren Sinn kann man im Meisteratelier mit gleichlaufenden Kursen

eine mögliche Form der Oberstufe sehen. Wie denn überhaupt der unter der Herrschaft des Standesgefühls großgezüchtete Schematismus heute wieder größere Freiheit in der Ausbildung weichen sollte...

Fritz Schumacher, Hamburg:
Angesichts der Fülle von Fragen, welche die Rundfrage der Deutschen Bauzeitung hervorruft, scheint es mir klärend, davon auszugehen, was gerade unsere Tage vom Architekten verlangen. Vor mir liegt ein Blatt, in dem von vier Wettbewerben die Rede ist: einer für Kleinhaustypen, einer für eine auf 20 000 Menschen berechnete Kongreßhalle, einer für ein Ehrenmal und einer für die Anlage einer Stadt.
Wir werden damit an die äußersten Extreme baulichen Tuns geführt: den Punkt, wo sich der Beruf berührt mit den einfachsten Überlieferungen des Handwerks, den Punkt, wo er sich berührt mit den kompliziertesten Zukunftsgedanken des Ingenieurs, den Punkt, wo er sich berührt mit den monumentalsten Vorstellungen des bildenden Künstlers, und den Punkt, wo er sich berührt mit den verwickeltesten Überlegungen des Sozialpolitikers und Wirtschaftspolitikers.
Die Frage, welche Anforderungen für die Entwicklung unserer Kultur an den Architekten gestellt werden, ist damit beantwortet, denn keiner dieser Wettbewerbe ist »zufällig«. Sie sind alle vier für die Bedürfnisse unserer Zeit charakteristisch
Es ergibt sich daraus, daß das Wesen dessen, was man heute unter Baukunst versteht, sehr verschiedene Querschnitte zeigt:
1. Es reicht vom einfachen Handwerksbrauch früherer Zeiten und ihrer Baumaterialien bis zu den neuesten Konstruktionsgedanken unserer Zeiten und ihrer neuen Materialien. In dieser weiten technischen Spannung etwa — wie es heute noch bis zu einem gewissen Grade geschieht — eine Berufsscheidung nach Baumaterialien zu machen, d. h. die Behandlung von Eisen und Eisenbeton als Sache des Ingenieurs, im Gegensatz zum Architekten, zu betrachten, würde zur ärgsten Verkrüppelung der weiteren Entwicklung des Architektenberufs führen. Die Richtung der Weiterentwicklung liegt da, wo jetzt der Ingenieur steht.
2. Es reicht von einfachster handwerklicher Formüberlieferung bis zu den anspruchsvollsten Schöpfungen künstlerischer Phantasie. In dieser weiten, alle Gebiete des Geschmacks und des Gestaltungsvermögens berührenden Spannung etwa eine Unterscheidung zwischen einem technischen und einem künstlerischen Architektenberuf machen zu wollen, hieße den Berufsbegriff verkümmern und veräußerlichen. Künstlerischer Geist kann und muß im Einfachsten wie im Anspruchsvollsten stecken.
3. Es reicht von der kleinsten Bauzelle bis zum großen Lebensorganismus menschlicher Gemeinschaften. In dieser weiten, die Gebiete der Soziologie und der Organisation berührenden Spannung dem Architektenberuf etwa die Rolle des Dirigenten nehmen und sie anderen Händen überantworten zu wollen, hieße ihn der wichtigsten Errungenschaften berauben, die er in den Zeiten mangelnder autoritativer Führung in hartem Kampfe gewonnen hat...

Was bedeutet das für die Erziehung zu diesem Beruf?... Das heißt für den Lehrenden: Er muß den Schüler von vornherein geistig mitnehmen mitten in das Gestalten einer einfachen Aufgabe herein, in der verschiedene Beziehungen zu möglichst vielen dieser verschiedenen Seiten stecken. Dabei muß er bei seinem Schüler das Handwerkliche und das Städtebauliche, das Künstlerische und das Technische, als wäre es etwas schon Errungenes, gleichsam vorwegnehmen, und muß ihn seine eigenen Überlegungen auf allen diesen Gebieten bis ins einzelne miterleben lassen.

Was der Lehrende weitergeben kann als zentrale Kraft aller ferneren Entwicklung, ist seine architektonische Gesinnung. Aus ihr heraus muß er das architektonische Denken im weitesten Sinne des Wortes lehren, ähnlich wie auch der Jurist zunächst nichts anderes als das juristische Denken im weitesten Sinne lernt...

Die Schule kann den Architekten zwar nicht in geregelter Bahn durch alle Werkplätze, Werkstätten, Ateliers und Geistesräume führen, aber sie kann ihm Gelegenheit geben, im wahren Sinne des Wortes in die offenen Türen aller dieser Räume hereinzublicken. Man kann die Wichtigkeit der persönlichen Berührung, die der Lernende mit den besonderen Betätigungen aller möglicher anderen Mitlernenden außerhalb der Lehrgänge hat, gar nicht hoch genug einschätzen. Sie vermittelt fast unmerklich den Einblick in das Wesen der vielartigen Gebiete, die mit unserem Beruf in Beziehung stehen, und gibt dem Werdenden den einzigen einigermaßen sicheren Anhaltspunkt dafür, auf welchem dieser Gebiete, die man während des Studiums nicht in gleichem Schritt und Tritt durchwandern kann, er der Ergänzung bedarf, und wo er sich besonders ansiedeln will...

Was aus dieser Auffassung des Bauberufes für die organisatorische Einbindung des Architekten in das spätere Gemeinschaftsleben der Gesamtheit hervorgeht, ist theoretisch leicht erkennbar: die gleiche Spannweite des Berufsbegriffes, die sich aus den Aufgaben, die dem Architekten heute gestellt werden, und aus den Forderungen für seine Erziehung ergibt, muß auch in der Art gewahrt bleiben, wie er in die Organisation dieses Gemeinschaftslebens eingegliedert wird. Der Raum, in den er organisatorisch gestellt wird, darf nicht zerrissen oder verkümmert oder einseitig geweitet sein.

Was das praktisch bedeutet für die Kunst organisatorischer Grenzziehung und organisatorischen Aufbaus, läßt sich nicht am Schreibtisch ausbrüten, das kann sich nur aus den weitergreifenden Überblicken, den Reibungen und den Klärungen praktischer Mitarbeit entwickeln.

Hans Poelzig, Berlin:
Es ist mir nicht gut möglich, auf die von der Redaktion gestellten Fragen ausführlich zu antworten, da ich in meinem Vortrage vom Jahre 1931 den gesamten Fragenkomplex eingehend behandelt habe, und ich mich wiederholen oder selbst zitieren müßte. Nun haben in der Nummer 12 der Deutschen Bauzeitung von diesem Jahre Herr Mächler über »Architekt und Handwerk« und Herr Veit über »Ingenieur und Architekt« Ausführungen gemacht. Es sei mir gestattet, kurz hierzu Stellung zu nehmen. Beide Aufsätze zielen ja schon auf einige we-

8 Wohnhaus Dr. B. in Berlin-Dahlem. Architekt Egon Eiermann, Mitarbeiter Günther Andretzke, 1935

sentliche Dinge hin, an denen wir kranken. Es ist ja freilich unmöglich, daß der Architekt in allen, ja nur auch einigen Handwerken persönlich etwas einigermaßen Vollendetes herstellen kann. Das Bestreben hiernach kann nur zu einem handwerklichen Dilettantismus führen. Es ist gut oder sogar notwendig, wenn der Architekt ein Handwerk gründlich gelernt hat, um den Sinn des Handwerks überhaupt zu begreifen. Im übrigen ist er wie der Dirigent eines vielfältigen Orchesters zu bewerten, der seine eigenen Kompositionen ausführt, und von dem niemand verlangen kann, daß er in allem einzelnen ein fertiger Musiker ist.

Es handelt sich hier immer wieder um das Begreifen der Möglichkeiten eines Handwerks. Bauen ist im letzten Sinne eine rein geistige Angelegenheit. Der führende Architekt zumindest muß auf der Höhe der Bildung seiner Zeit stehen, und es ist deshalb auch kein Wunder, daß die Architekten des 18. Jahrhunderts Mathematiker, Militäringenieure waren oder aus dem gebildeten Laienstande hervorgegangen sind. Das führt uns ohne weiteres auf den Aufsatz von Dipl.-Ing. Veit, der die Ausbildung des Architekten soweit wie möglich auf eine Gemeinsamkeit der Ausbildung mit Bauingenieuren gestellt wissen will.

Versuche, wie sie Herr Veit andeutet, sind schon gemacht worden, und in meinem Seminar wird die Statik im wesentlichen mit den Aufgaben zusammen betrieben.

Um hierin aber weiterzukommen, handelt es sich eigentlich um die Wiederaufrichtung einer Bauakademie, die wiederum nach der einen Seite sich an die übrigen Abteilungen der Technischen Hochschule, vor allem Maschinenbauwesen, anschließen, aber auch nach der anderen Seite einen ebenso engen Anschluß und eine Überschneidung mit der Hochschule für die bildenden Künste haben müßte. Wenn die Ausbildung des Architekten in einzelnen künstlerischen Disziplinen gemeinsam mit den Schülern der Kunsthochschule erfolgen kann — und auch umgekehrt —, so wäre hier ein wertvolles gegenseitiges Verständnis gesichert, an dem es heute noch mangelt ...

Über die Auslese der Architekten kann ich wieder nur auf meinen Vortrag »Der Architekt« vom Jahre 1931 hinweisen. Jetzt ist die Kammer erreicht, um die die Architekten damals noch kämpften. Sie hat allerdings einen Umfang angenommen, wie es früher nicht beabsichtigt war. Vielleicht war es notwendig, zunächst die breite Front aller überhaupt für das bauliche Schaffen in Betracht Kommenden zu erfassen. Es wird die Sorge der Führer sein müssen, zu verhindern, daß die Masse das Niveau senkt und daß durch die unvermeidliche Bürokratisierung der notwendige Kampf verhindert wird. Der Kampf ist der Vater aller Dinge, ohne Reibung keine Funken und keine Entwicklung.

Die deutsche Architektur hatte und hat noch Weltgeltung. Die In- und Auslandspropaganda hatte im wesentlichen der Deutsche Werkbund übernommen. Auch bei ihm bestand zuweilen die Gefahr der Beruhigung und der Bonzenherrschaft. Aber immer wieder sorgten die »feindlichen Brüder«, aus denen die Brüderschaft des Werkbundes bestand, dafür, daß das Leben nicht erstickte. Die sehr schweren Stunden, die die jeweiligen Leiter auf den Tagungen durchzumachen hatten, machten sich bezahlt durch neuen Auftrieb.

Jetzt ist auch der Werkbund in die Kammern eingegliedert, und einige Zeitungen brachten Nachrufe auf sein Hinscheiden. Der Werkbund war nie eine Berufsgemeinschaft, nie ein Fachverband, nie eine Zwangsorganisation. Gerade die »Laienbrüder«, die ohne jedes wirtschaftliche oder persönliche Interesse sich zu ihm gefunden hatten, machten neben Künstlern, Handwerkern, Industriellen seine Stärke aus.

»Der Werkbund ist tot, es lebe der Werkbund«, so müßte es jetzt heißen, gerade jetzt, nachdem den Fachleuten durch die Kammer das Bett bereitet ist, nach dem sie sich so lange sehnten. Als dauernder Aufwecker und Anpeitscher müßte der Werkbund eine Aufgabe vor sich haben wie nie, wäre er auch viel gehaßt und viel gescholten, wie früher ebenfalls. Wird er, in eine große Behörde eingeschaltet, nicht viel zu flügellahm sein, um seine Aufgabe erfüllen zu können? Auch hier wird es Sache der verantwortungsbewußten Führer sein, für den Werkbund eine Wirkungsmöglichkeit zu finden, die ihm, an seine große Vergangenheit anknüpfend, eine größere Zukunft sichert.

K. Wach, Düsseldorf:
... Die Schaffung des Reichskulturkammergesetzes bedeutet nicht das Schema eines äußeren Berufsschutzes, sondern dieses Gesetz ist ein Erziehungsfaktor von weitesttragender Bedeutung. Gesetze werden geschaffen. Die Schäden sind nicht zu erfassen, die dem Unternehmer, dem Architekten und dem Bauherrn durch jene Architekten zugefügt wurden, die nicht im Sinne ihres Standes handelten. Die Gründung des BDA geschah seinerzeit nicht, um einen neuen Verein von Architekten zu schaffen, sondern aus der Notwendigkeit heraus, baukünstlerisch und moralisch befähigte Architekten zusammenzuschließen. Diese kleine Gruppe BDA-Architekten, die sich innerliche Anständigkeit geschworen und künstlerische Qualitäten bewiesen hatten, setzen sich bei Behörden und Privaten mit überraschender Schnelligkeit durch. Die spätere Erweiterung des Verbandes aus politischen Erwägungen heraus verwässerte die Grundsätze stark und nahm ihm seine klare Basis. Hier griff der Führer ein mit dem Reichskulturkammergesetz, das die Voraussetzungen enthält, für die Eignung zum Architekten, wie er vorher geschildert wurde. Damit ist die grundlegende Bedingung zur weiteren Entwicklung der Baukunst gegeben.

J. J. P. Oud, Rotterdam:
Zu Frage 1: Ich halte die Trennung von Architekt und Handwerker für ein zeitweilig unumgängliches, nicht für ein unaufhebbares Ergebnis der Kulturgeschichte.
Eine Aufhebung dieser Trennung scheint mir erst möglich, nachdem die heutige Periode ihren Höhepunkt erreicht hat, was bis jetzt meiner Meinung nach noch nicht der Fall ist...
Zu Frage 2 und 3: Ich sehe die Tätigkeit des Architekten als eine vorstoßende und gerade heute vor allem als eine synthetische (eine zusammenfassende). Die Möglichkeit des Alles-Wissens auf dem Gebiete seines Faches ist in der Gegen-

wart für den Architekten völlig ausgeschlossen. Ich halte dieses auch für unerwünscht.

Eine grundfassende Einsicht in die Spezialfächer halte ich für wichtiger als exaktes Wissen auf jedem Einzelgebiet (wozu die Spezialisten da sind).

Mussolini schrieb einmal anläßlich des Verlangens der Technokraten, die Regierung zu übernehmen, daß nicht die Wissenschaftler, nicht die Geldmänner, nicht die Arbeiter, nicht die Künstler usw., nicht die Einzelgruppen also, den Staat führen sollen, sondern der Politiker, dessen Aufgabe es sei, das Gleichgewicht unter den Einzelgruppen im Staat herzustellen.

So sehe ich bei einem Bau den Architekten vor allem als den Leiter, dem sich alles, was als Spezialfall auftritt, geistig unterzuordnen hat.

Es geht daraus hervor, daß ich vom Anbeginn eine andauernd aufs Ganze gerichtete Erziehung für den Architekten als notwendig empfinde.

Weil die schöpferische Kraft des Menschen aus seiner Veranlagung stammt und nicht zu erlernen ist, halte ich für den Augenblick die Erziehung durch eine Technische Hochschule für das beste, vorausgesetzt, daß sie stattfindet im Rahmen des vorher Gesagten.

Meiner Einsicht nach läßt sich künstlerisches Temperament von Wert auf die Dauer nicht von exaktem Lehrstoff unterdrücken (braucht im Gegenteil diesen), während Kunstschulen jeder Sorte für den »technischen« Künstler sehr bald zum Dilettantismus führen.

R. Riemerschmid, München:
Möglichkeiten, die andere Zeiten nicht erhoffen durften, sind heute gegeben — auch für die bildenden Künste, auch für die Baukunst. Aber sie im höchsten und edelsten Sinn zu nützen, das könnte nur einer Zeit hoher Kultur gelingen. Also: Geduld! Aber in gleichem Atem auch: Entschlossenheit, ohne Zögern an die Arbeit zu gehen. Oder darf man im Frühjahr das Säen unterlassen, weil zum Ernten doch nicht vor dem Herbst die Zeit gekommen sein wird?

Den wissenschaftlich-technischen Anforderungen, die unsere Zeit stellt, wird auch in der Baukunst nur ein gutes Zusammenarbeiten gerecht werden können. Auch der erfahrenste Architekt wird — wenn er aufrichtig sein will — zugestehen, daß er größeren und außergewöhnlichen Aufgaben gegenüber böse aufsitzen würde, wenn er das Sonderwissen und die Erfahrung des Ingenieurs und der Fachmänner aus den Werkstätten und industriellen Unternehmungen nicht heranziehen dürfte; und für den künstlerischen Teil seiner Aufgabe gilt auch, daß der planende, erfindende, in der Vorstellung und im großen formende Kopf viele im einzelnen formende und ausführende Hände braucht... Eine »Trennung von Architekt und Handwerker« — um den Ausdruck, den Sie in Ihrer Frage benützen, zu wiederholen — für unvermeidlich halten, hieße so viel, wie den Verfall der Baukunst für unvermeidlich halten.

Der Deutsche Werkbund hat vor geraumer Zeit den Weg nicht nur gezeigt, er hat ihn auch betreten, hat über diese Fragen ernsthaftes Nachdenken und lebendigen Gedankenaustausch veranlaßt, hat manche amtlichen und nicht amtlichen

Augen geöffnet und manchem guten Kunstwerk und Bauwerk zum Dasein oder zur Anerkennung verholfen. Immer wieder weisen seine Veröffentlichungen hin auf die unermeßliche, für die Wirtschaft wie für die Kultur gleich große Bedeutung einer unbeirrbaren und freudigen Entschlossenheit, der sichtbaren Arbeit deutscher Hände vollendete, ausdruckstarke Form und dauerhafte Wertigkeit zu sichern, dadurch, daß alle künstlerische Kraft im Volk in den Dienst dieser Aufgabe gezogen wird. Hier liegt deutlich vor uns und kann nicht verfehlt werden der Weg zu einer lebendigen und kräftigen deutschen Kunst und Baukunst...
Wie sollen nun die Schulen mitarbeiten, daß so hohe Anforderungen überhaupt gestellt werden können?
Wann wollen wir brechen auf unseren Staatsschulen und Hochschulen mit dem eitlen Wahn, als wüchsen die genialen Schüler in großen Scharen heran? Schöpferische Begabung ist »Cosa rara«. Die große Mehrzahl kann nur einen Unterricht verstehen und brauchen, der schöpferische Begabung nicht voraussetzt...
Die Schulen, die ja zumeist ohne Nachweis besonderer Eignung zugänglich sind, sollen alles lehren, was bewältigt werden kann, auch ohne schöpferische Begabung; sie sollen alles Erlernbare lehren, Mathematik und Mechanik, Betonbau und Stahlbau, Rechnen und Prüfen, Geschichte und Theorie, alles Erlernbare. Alte und neue Meisterwerke werden unendliche und vorzügliche Lehrbeispiele bieten. Wenn aus allen vorbereitenden Arbeiten und Zeichnungen, die für ihren Aufbau und ihre Ausführung gemacht werden mußten, die geeigneten ausgewählt werden, um sie im Unterricht noch mal zu machen, wird ohne ein Wort von Kunst und eben nur der guten Ausführung guter Werke bis in alle Einzelheiten nachgehend, die Gewöhnung an das Vorzügliche still ihre Wirkung tun...

Martin Wagner, Berlin:
Zu Frage 1: Mir scheint die gestellte Frage nicht genau genug zu sein. Waren denn Architekt und Handwerker je eine Einheit? Prof. Poelzig formulierte die These in seinem denkwürdigen Vortrage auf dem 28. Bundestag des BDA in Berlin richtiger so: »Früher war die Kunst die höchste Spitze handwerklicher Gestaltung, sie fügte zum Zweckhaft-Gegenwärtigen das Ewig-Zwecklose.« Die Beziehung zwischen Architekt und Handwerker kann ich mir darum niemals anders denken als in dem Sinne, daß der Architekt der Führer, der Dirigent und Obermeister des Handwerks war, ist und bleiben wird.
Diese Feststellung schließt aber nicht aus, daß wir den Begriff des Architekten wie den des Handwerkers heute von den Fehlfärbungen befreien müssen, die ihm eine Zeit des Verfalls alter und des Werdens neuer Kulturformen aufgetragen hat. Der Begriff des »Architekten« ist heute ebenso verfärbt und verdunkelt wie der des »Handwerkers«. Der Architekt — auch der »Kammer-Architekt« — ist heute ein Begriff geworden, der horizontal wie vertikal völlig aufgespalten und spezialisiert ist in Außen- und Innenarchitekt, in Kirchen- und Krankenhausarchitekt, in Theater- und Wohnhausarchitekt, in Entwurfs- und Konstruk-

teurarchitekt, in Grundstücks- und Hypothekenarchitekt u.a.m. Wir werden diese Aufspaltung und Spezialisierung der Kräfte nach ihren Begabungen und Neigungen auch in der Zukunft nicht entbehren können. Nur müssen wir uns im klaren darüber sein, daß sie damit auch den Begriff des Architekten in dem Sinne des Gestalters einer Totalität des Lebens vernichten. »Architekt sein« – so sagte Poelzig sehr richtig – »heißt nicht Fachmann sein, nicht Spezialist, sondern Mensch und Kämpfer sein für alles Menschliche – dann wird uns die Form von selbst zufallen.« Wir müssen heute einsehen, daß die verschiedenen Auf- und Abspaltungen in unserem Beruf einen ganz neuen Typ des Architektur-Handwerkers erzeugt haben. Und das Ziel der weiteren Entwicklung kann nur sein, diese Handwerker so vollkommen wie nur irgend möglich weiterzuschulen. Aber sie werden Handwerker bleiben und nicht Baumeister sein! Die Baumeister als Schöpfer und Gestalter neuer Lebensformen müssen aus einer anderen Auslese herauswachsen, auf die einzugehen hier zu weit führen würde...

Zu Frage 2: Kultur wird, aber kann nicht »gemacht« werden. Schon das Wort Kulturpolitik ist die ganz unmögliche Formulierung einer Zeit, die alles Künstlerische auf Kommando entstehen lassen will. Wollen wir die architektonische oder besser: baumeisterliche Kultur fördern, dann können wir nichts anderes tun, als den wirklich schöpferischen Kräften unseres Volkes ein Höchstmaß von Freiheit und ein Höchstmaß von Bindung, d. h. von gesellschaftlicher und landschaftlicher Bindung geben. Kunst und Kultur wollen in Freiheit werden und in Bindung aufgehen. Aufgabe der Architekten kann es darum nur sein, Forderungen an sich selbst und an die Gesellschaft zu stellen. An sich selbst mögen sie die Forderung höchster Leistung stellen und mit Ehrfurcht und Begeisterung (aber ohne Neid und Haß!) die Meister herausheben, die den Namen eines Baumeisters von ihrem Gott empfangen haben. 10 000 Architekten als wirkliche »Baumeister« gab es in Deutschland niemals und wird es in Deutschland niemals geben. Und wenn ein Wallot es zu seiner Zeit schon kategorisch verneinte, daß es auch nur 100 Architekten gebe, so erscheint mir eine solche Feststellung, vom Standpunkt höchster Leistung aus gesehen, keineswegs sehr übertrieben. Die Auslese der Wenigen ist nach meiner Ansicht die wesentlichste »kultur-politische« Aufgabe des heutigen Architektenstandes. Und dies nicht mit dem Ziel, »Prominente« und »Bonzen«, sondern Meister zu schaffen, fähig, größte Werke und höchste Begeisterung zu erzeugen. In wirtschaftlicher Hinsicht kann die Aufgabe der Architekten an der Entwicklung einer zukünftigen Kultur nur darin bestehen, daß sie ihr Leistungsstreben und ihre Wertarbeit so tief fundieren, daß sie mit den ökonomischen Gesetzen unserer Zeit in Übereinstimmung stehen oder ihnen gar vorauseilen. Wirtschaftlich bauen wird für den Baumeister der Zukunft nicht heißen, einen einzelnen Bau zu seiner höchsten »Rentabilität« und zu seiner niedrigsten Preisgestaltung bringen. Dieses war die Aufgabe der Spezialisten in einem spezialisierten Zeitalter und wird von den kommenden Spezialisten weiter zu verfolgen sein. Der Baumeister der Zukunft, der das totale Leben formt, der alles Menschliche und Gesellschaftliche als eine große Einheit sieht, wird den Bilanzstrich der Wirtschaftlichkeit auf einer anderen Ebene des Erkennens und des Wirkens ziehen. Er wird den Staat und die Gesellschaft erst darauf aufmerksam zu machen haben, daß es neben dem Parzellenbau und Einzelbau noch höhere ökonomische Wirklichkeiten gibt und daß nur das Denken und Handeln in größeren Einheiten (in Stadt-, Landeinheiten!) den Lebensraum der Familie, der Stämme und der Nation wirklich fruchtbar gestalten kann. Der Weg der Entwicklung ging vom Baumeister (gegen den Städtebau!) zum spezialisierten Architekten, und er wird mit dem Beginn einer neuen Wir-Zeit wieder gehen vom spezialisierten Architekten zum Städte-Baumeister, als Dirigenten eines ganzen Orchesters von schaffenden und formenden Kräften.

Zu Frage 3: Die kommende Ausbildung des Architekten hat nach meinem Urteil die elementare Voraussetzung, daß die bestehenden technischen Mittel- und Hochschulen zu einer einzigen Studienanstalt zusammengelegt werden und daß dieses Studium in zwei Teile, und zwar in die elementare und in die höhere Ausbildung, zerlegt wird. Die »handwerklich«-praktische Ausbildung wird in dieses Studium organisch einzugliedern sein, und zwar derart, daß die Schüler während ihres Studiums in den Meisterstuben ihrer Lehrer arbeiten. Wenn ich von »Meisterstuben« spreche, dann will ich damit sagen, daß mir der Typ der »Nur-Lehrer« an unseren Bauschulen einer vergangenen Zeit anzugehören scheint und daß der neue Lehrertyp mit beiden Beinen in der Praxis stehen, d. h. mit laufenden Bauaufgaben beschäftigt sein müßte...

Auf Lebenszeit angestellte Professoren erscheinen mir als ein zu frühzeitig eingesargtes Leben, und wenn diese Professoren gar noch lediglich durch gute Beziehungen zu dem Personalreferenten des maßgebenden Ministeriums oder der maßgebenden Parteien auf ihren »Lehrstuhl« gelangen, dann will mir der Leistungskampf des Lebens vollends ohne Sinn erscheinen. Da er aber eine göttliche Einrichtung ist, so ist anzunehmen, daß sich die Menschen irren, die da glauben, ihn mit Beziehungs- und Parteiprofessoren umgehen zu können. Rechte setzen Pflichten voraus!

Solche Pflichten sehe ich aber auch ganz generell für den Stand der gesamten Architektenschaft erwachsen. Sosehr ich auch das neue Kammergesetz der Architekten als einen mächtig ausholenden Schritt zu einem neuen Aufstieg technischen und künstlerischen Schaffens begrüße, sosehr vermisse ich an diesem »Gesetz« die Selbstauflage verpflichtender Auslese. 10 000 Architekten im Sinne von großen Baumeistern gibt es in Deutschland nicht und kann es auch nicht geben. Diese Summierung der Kräfte auf der Grundlage »liberaler« Gleichberechtigung ist eine biologische Unmöglichkeit. Es ist auch eine Unmöglichkeit und etwas Unnatürliches, für unterschiedliche Wertarbeit den gleichen Lohn zu dekretieren. Ein solches »Gesetz«, das mit dem höheren Gesetz des Leistungskampfes in offenem Widerspruche steht, muß schon nach nicht allzu langer Zeit den Weg seiner inneren Auflösung beschreiten, der auch das Zunftwesen im Mittelalter ausgesetzt war, als es den Boden des Leistungskampfes verließ, den numerus clausus einführte und die Meisterschaft auf Meistersöhne und auf Anverwandte vererbte. Der Berufstand der Architekten wird es sich darum sehr zu überlegen haben, ob er dem ersten Schritt nicht baldigst einen zweiten folgen läßt und aus seinen 10 000 Mitgliedern die Berufspyramide aufbaut, die aus den Gesellen die Meister, aus den Meistern die Obermeister und aus den Obermeistern ihren Präsidenten ausgliedert und diese Gliederungen wieder zu einer organischen Einheit zusammenfaßt. »Das erste steht uns frei, beim zweiten sind wir Knechte«, sagte Goethe. Eine Unterlassung straft sich genauso unerbittlich wie ein falscher Vorstoß. Revolutionen auch in unserem Berufsstand müssen gekonnt sein!

Wassili Luckhardt, Berlin:
... Die neue Baubewegung hat das formale Fundament unserer Baukunst geschaffen, d. h. die neue Form als solche ist da; was ihr fehlt, das, weshalb die Masse heute noch ablehnend und verständnislos ihr gegenübersteht und von »Öde und Nüchternheit« spricht, sind die nicht entwickelten, metaphysischen Zusammenhänge, jene Sehnsucht nach dem Mystischen, die im deutschen Wesen liegt und deren Gestaltung heute nach Ausdruck ringt. Wie so oft in der deutschen Baugeschichte ist heute wieder der Blick auf Griechenland gerichtet. Es ist jener Drang nach Vollendung, das Streben nach Einfachheit, Klarheit, Unkompliziertheit, die deutschem Wesen so schwer erreichbar ist und daher auch so heiß erstrebt wird. Wenn es gelingt, die technische Form im Sinne einer solchen Schönheit weiter zu entwickeln und zu vollenden, erscheinen Möglichkeiten von außerordentlichem Ausmaß. Wir Deutschen müssen uns aber darüber klar sein, daß andererseits die Weiterentwicklung unserer Baukunst hier an einem Scheidewege angelangt ist, der nicht nur Anfang, sondern auch Ende bedeuten kann, das ist: »Das Zurücksinken in den Klassizismus.«
Der deutsche Klassizismus liegt als ein abgeschlossener Zeitabschnitt unserer kulturellen Entwicklung hinter uns. Auf dem Gebiete der Baukunst ist die letzte und zu gleicher Zeit höchste Blüte dieser Entwicklung Schinkel gewesen. Wir wissen heute, daß diese Epoche der deutschen Baukunst – gesehen im Gesamtgeschehen der Kunstgeschichte – bei aller Feinheit im einzelnen doch nur ein Nacherleben ohne Ursprünglichkeit und Kraft gewesen ist.
Die formale Vollendung eines Schinkel heute wieder zu erreichen, womöglich zu übertreffen, erscheint wenig wahrscheinlich. Die wahre Achtung vor der Größe des griechischen Geistes und vor der Schönheit seiner Form verlangt, daß diese Form weder direkt noch indirekt übernommen und nachgeahmt wird. Die Kunstgeschichte lehrt, daß das Zurückgreifen auf die griechische Form immer ein Ende, niemals ein Anfang gewesen ist.
Deutschland hat im Verlauf der letzten Jahre führend in der Entwicklung der Baukunst gestanden. Es scheint, als wenn es sich heute selbst als erstes und bisher einziges Land die Aufgabe gestellt hat, die Synthese zu finden zwischen technischer Form und metaphysischem Ausdruck. Die Voraussetzung zu einer schöpferischen Entwicklung ist Ursprünglichkeit der Gestaltung, die von den Elementen ausgeht und das Bauwerk von innen heraus formt. Es ist daher folgerichtig, wenn die heutige Bauform oft primitiv erscheint. Denn es bestehen »ewige Zusammenhänge zwischen Primitivität und Form, die Stil immer nur in der Morgenfrühe einer künstlerischen Entwicklung entstehen lassen«.

Wird der deutsche Baumeister dieser selbstgestellten Aufgabe auszuweichen suchen durch Zurückfallen in einen nachgelebten Klassizismus? Oder werden die Kräfte stark genug sein, zum ursprünglichen neugestaltenden Schöpfertum? Wird das Volk erkennen, wo die wirklichen entwicklungsfähigen Anfänge seiner Baukunst und seiner Baukünstler zu suchen sind?

Hermann Sörgel, München:
... Bin ich ein Prophet? ... Sie erwarten von denen, an die Sie Ihre Rundfrage gerichtet haben, offenbar, daß Sie blindlings an das Tausendjährige Reich glauben! — Ich bin ein Anhänger der Kulturkreislehre und weiß, daß jede Kultur ein Organismus ist, dessen Lebensdauer durchschnittlich 2000 Jahre beträgt. Auf S. 71 meines Atlantropabuches finden Sie ausgeführt, wie ich mir das Fundament »einer zukünftigen Kultur« vorstelle. Und »die Aufgaben des Architekten an der Entwicklung einer zukünftigen Kultur: 1. technisch, 2. wirtschaftlich, 3. politisch« finden Sie in dem ganzen Buch »Atlantropa« so genau, als ob es direkt für Beantwortung Ihrer Frage geschrieben worden wäre ...
Um praktisch der Lösung 2 näherzukommen, habe ich vorgeschlagen, Deutschland solle eine Weltausstellung veranstalten. (Die Spannung in Europa ist so groß, die Luft so dick, daß ein Krieg nur durch eine ganz große, eindeutige Friedensdemonstration vermeidbar ist. Was wäre dazu geeigneter als eine Weltausstellung?!)

Otto Bartning, Berlin:
... Je vielfältiger und verwickelter diese Voraussetzungen heute sein mögen, desto notwendiger scheint mir, daß der Architekt immer wieder den großen und beherrschenden Standpunkt in sich selbst, in seiner Weltanschauung und seinem Leben findet und erlebt. Und dieser Standpunkt ist heute sicherlich die Gemeinschaft. Aus dem Ergebnis der Gemeinschaft heraus, wie sie als Familie, als Arbeitsgemeinschaft und im großen als Volksgemeinschaft besteht, entspringt die Schau, die dem Architekten von der ersten Entwurfsskizze bis zur letzten handwerklichen Einzeldurchführung die einzig zuverlässige Führung ist.
Der schulmäßige Teil der Ausbildung des Architekten kann daher nur versuchen, aus den verschiedenen, obengenannten Gebieten das erforderliche Wissen und Können zu vermitteln. Dazu muß möglichst ausgedehnte Ausbildung auf der Baustelle und in einigen wesentlichen Werkstätten hinzutreten.
Die Erprobung der eigenen Kräfte und die entscheidende Entfaltung derselben aber kann nur im Meisteratelier oder im praktischen Bauatelier durch das Beispiel des Meisters, durch den unmittelbaren persönlichen Einfluß und das Erlebnis einer echten und praktischen Arbeitsgemeinschaft erfolgen.
Die Staatliche Bauhochschule in Weimar hat durch ihre Verbindung von handwerklicher, technischer und wissenschaftlicher Ausbildung, Werkstättenlehre und Mitarbeit im aktiven Bauatelier mit wirklichen Bauaufgaben nicht nur genau diesen Plan verfolgt, sondern die Beobachtung über den Lebensweg meiner damaligen Schüler hat mir gezeigt, daß aus dieser Schulung praktisch wirklich

verwendbare und zur geistigen Aufgabe der Zeit befähigte Architekten hervorgegangen sind.

Richard Döcker, Stuttgart:
Zu 1.: Diese Kluft zu überbrücken? — wäre weder möglich noch wünschenswert, da das Aufgabengebiet Architekt und Handwerker sich völlig verschoben hat und eine Kluft so gar nicht besteht. Die Handwerkerbetriebe hätten die Aufgabe, ausschließlich Qualitätsarbeiter in ihren Fachgebieten heranzubilden, deren sichere Hand bestens Werkzeug und Maschinen bedient und deren Auge und Verstand — technische Zeichnungen zu lesen vermag.
Warum diese harte Meinung? Meist ist der Handwerker keiner, sondern ein Unternehmer, ein Geschäftsmann. Das Handwerk, d. h. die Leistung, ist abhängig mehr und mehr von der Geschicklichkeit und Güte des Arbeiters und schließlich noch von der Einrichtung des Betriebes und der Aufsicht des Inhabers — Meisters. Ausnahmen bestätigen nur die Regel.
Zu 2.: Eine zukünftige Kultur kann nicht im voraus umrissen werden, sowenig wie man eine Kultur organisieren oder vorschreiben kann. Sie wird, d. h. sie wächst und entsteht aus Quellen, deren Ursprung man nie kennen wird.
Die Aufgaben des Architekten an der Entwicklung sind nicht wichtig, sondern die Art der Arbeit des Architekten für die Entwicklung ist entscheidend. Alles, was in dieser Entwicklung nicht steht, lebt, wächst, was nicht in wahrhaft sachlicher Bemühung des Architekten im Sinne des Fortschrittes geleistet wird, muß sogar in wirtschaftlicher wie kulturpolitischer Hinsicht im Hinblick auf eine deutsche Zukunft abgelehnt werden. Die Aufgaben für den Architekten bringt die Zeit. Es ist nicht Aufgabe der Baukunst, ihre Aufgaben zu erfinden, wirtschaftlich zu errechnen oder zu finanzieren, sondern ausschließlich sie zu gestalten. Das war nie anders.
Zu 3.: Mit der organisatorischen Gliederung des Architektenberufes ist weder seine Ausbildung noch seine Leistung besser oder schlechter gestellt. Die Ausbildung ist neben dem angeborenen Talent Voraussetzung für die Leistung. Es ist nicht möglich, Generelles in diesen Zeilen über die Ausbildung des Architekten unterzubringen; man kann nur sagen, daß die heutige Ausbildung nicht richtig ist. Sie wäre leicht richtiger zu organisieren, so daß man sogar auf eine bessere im Sinne einer richtigeren und wahrhaften Leistung hoffen könnte. Die Einbindung des Architekten in das Gemeinschaftsleben ist immer vorhanden gewesen, weil der Architekt sich mit allen Dingen des Lebens bei seiner Arbeit beschäftigen muß und weil eine solche selbstverständliche Einbindung in das tägliche Leben natürlicher als jede organisierte eine Gemeinschaft herstellt, wenn der Architekt seine Pflichten der beruflichen Arbeit gegenüber richtig erkannt hat.
Auch kulturpolitisch, nachdem die D.B.Z. danach fragt, wird diese Einbindung von selbst sich ergeben — immer dann, wenn die Arbeit des Architekten neu, eigenschöpferisch, in der Zeit liegend, fortschrittlich ist und aus der Zeit horcht, die Zeit überschaut und Wege der Entwicklung aufweist.

. . .

**58** Januar 1935

»Der Preußische Stil« von Moeller van den Bruck
Ein Beitrag zum Problem der Stilbildung
Von Hugo Häring, Berlin

»Auch Preußen, dieser karge und harte Staat, in dem die Menschen zu Disziplinen gefroren erscheinen, ist den Problemen der künstlerischen Formung nachgegangen, hat in der Lösung auch sie, die draußen in der Welt seit langem nur noch der Vortäuschung dienten, wieder zur Sache und Sachlichkeit zurückgeführt und eine letzte künstlerisch überdauernde Wahrheit über sein staatliches sittliches, geistiges Ich hervorgebracht, an der man in Einfachheit, aber auch in Großartigkeit der Äußerungen alles Preußischen immer erkennen wird: die deutliche Einheit eines preußischen Formenbaus: einen preußischen Stil.«
In der zweiten Hälfte des XVIII. Jahrhunderts zeigten sich in Frankreich hinter einem verebbenden Barock bereits die Umrisse einer neuen Architektur, in denen Emil Kaufmann (E. Kaufmann, Von Ledoux bis Le Corbusier) mit Recht die ersten Regungen jenes neuen Gestaltungsprinzips erkennt, um das letzten Endes in der ganzen Architekturgeschichte des XIX. Jahrhunderts in der Tiefe gekämpft wurde und um das auch heute noch gekämpft wird. Auch Ideen und Gedanken müssen entfaltet und schrittweise erobert werden. In jener Zeit entstand, erstmalig in der Geschichte der Architektur, der Kampf um Sachlichkeit und Rationalismus in der Architektur. In der Forderung nach Sachlichkeit und vernunftgemäßer Gestaltung wandte man sich zunächst wieder zu den elementaren Grundformen alles architektonischen Schaffens, zu den reinen Formen der Geometrie, zu Quadrat, Kreis und Dreieck. Man näherte sich diesen geometrischen Elementen jedoch nicht mehr, um sie auf neue konstitutive Inhalte hin zu untersuchen und auszuwerten, sondern lediglich, um zu den reinen Elementen alles architektonischen Gestaltens zurückzukehren, also auch bereits in einem durchaus sachlichen und rationalen Sinne. Aber auch die allgemeine Forderung nach Sachlichkeit bezog sich in dieser ersten Phase des Kampfes nur auf den vernunftgemäßen und sachlichen Aufbau des räumlichen und körperhaften Gefüges, bezog sich nur auf das rein Geistige des Gestaltens und auf die Sachlichkeit dieser Arbeit. Und der körperlichen Majestät der einfachen geometrischen Gebilde verdankte man eine Großartigkeit der Erscheinung, die dem »Drang der Romantik nach Steigerung, nach Erhöhung des Objekts, und ihrem Willen zum Außerordentlichen« (E. Kaufmann) entsprach. Das Ausdrucksproblem konnte zwar an dem konstitutiven Gehalt der geometrischen Figuren nicht vorbeigehen — wir erleben hier und mehr und mehr in der ganzen nachfolgenden Zeit immer deutlicher das Bemühen der Architektur, gerade auch für die geometrischen Figuren,

Zu 58 Hugo Häring (1882–1958) ist Mitbegründer der *Kongresse für Internationales Bauen* (CIAM) in Schloß Sarraz 1928. Er gilt als der führende Theoretiker der organischen Richtung des neuen Bauens. Häring war Sekretär des Berliner Architekten-*Rings* bis zu dessen Auflösung 1933.

ihren Ausdruckswerten und dem Auszudrückenden selbst eine innere Identität herzustellen, was letzten Endes eben nur auf dem Boden des Konstitutiven geschehen kann — aber im ersten Anlauf gelangt auch das Ausdrucksproblem nur bis zur Allegorie und zum Symbol, konnte es noch nicht bis zu den Zusammenhängen im Konstitutiven vordringen.

Doch war mit dieser Bewegung, die von dem französischen Architekten Claude-Nicolas Ledoux ausging (1732 bis 1806), einer der Wege beschritten, auf dem man zu den späteren Problemen des neuen Bauens gelangte, der Weg von der rein architektonischen Seite her. In Frankreich selbst blieb dieser Vorstoß ohne eigentliche und anhaltende Wirkung, es sei denn, daß man ihr noch eine vorbereitende Wirkung auf die Entwicklung der erst später einsetzenden Gestaltungsfragen der Ingenieure anrechnen will, denn diese mit dem Ingenieurbau neu auftauchende Formproblematik marschierte von Anfang an auf dem Boden der Sachlichkeit und der Leistungsform und eroberte sich dann auch Schritt für Schritt das Ausdrucksproblem, indem sie das Recht des eigenen Ausdrucks eroberte. Erst über ein Jahrhundert später greift in Frankreich Le Corbusier in dem Verlangen nach einer Erneuerung der Architektur wieder auf die Forderungen Ledoux' nach Sachlichkeit und Rationalismus zurück und in der Tat zurück, denn er griff zu jener Phase zurück, in die bereits Ledoux gelangt war, während die Idee der Sachlichkeit sich inzwischen nicht nur bei den französischen Ingenieuren weiterentwickelt hatte, sondern diese Idee besonders in den germanischen Ländern zu ihrer vollen Entfaltung in der Idee der Leistungsform gebracht und auch das Ausdrucksproblem als die Forderung des identischen Ausdrucks bis zu den Wurzeln im Konstitutiven herangebracht worden war. Befreien wir Le Corbusier von dem, was an seiner Erscheinung durch die Zeit und ihr inzwischen sehr verändertes Milieu bedingt ist, so erkennen wir in ihm den Nachfolger Ledoux' und den Zeitgenossen Gillys.

Die Wirkung dieser Bewegung war außerhalb Frankreichs stärker als in Frankreich selbst. Sie hat den Klassizismus ganz Europas und das Biedermeier Deutschlands angeregt. Insbesondere aber war in Preußen der Boden für sie vorbereitet. Sowohl die Forderung nach Sachlichkeit und Rationalismus in aller geistigen Arbeit begegnete hier voller Zustimmung als auch das Ausdrucksproblem, in dem das Preußentum sofort eine tiefere Verwandschaft und eine neue Ausdrucksmöglichkeit erkannte. Obwohl diese neue Revolutionsarchitektur im Grunde durchaus nichts mehr mit der Antike zu tun hatte, war doch die äußerliche Verbindung mit ihr für das starke Staatsbewußtsein Preußens nicht ohne Bedeutung, denn »es steigerte sein soldatisches und diszipliniertes Wesen zu einer monumentalen Sichtbarkeit«. Dazu kam, daß der »Märker und Klassizist« Winkelmann die Antike für sich und als Preuße wieder entdeckt hatte und sie nicht nur Deutschland, sondern im besonderen seinem Preußen wieder entgegenhielt. »Schönheit entsteht, sobald eine Sache ist, was sie sein soll«, das war Winkelmannsches preußisches Griechentum.

»Die Arbeit, auf die es damals für die Baukunst ankam: vom Motive zu befreien und zur Funktion zurückzukehren, das Motiv wieder in Funktion umzudeuten,

indem man im Anfänglichen einsetzte — sie war nur von Preußen aus zu leisten«, so formulierte, 1916, Moeller van den Bruck diese Situation. Dies ist zwar nicht ganz richtig, denn diese Arbeit war bereits auf französischem Boden geleistet worden, aber Preußen sollte doch zum stärksten Förderer dieser in dem heiligen Tempel der Architektur selbst sich entfaltenden Idee der Sachlichkeit und des Rationalismus werden.
Es war Gilly, der »den Sinn von Preußen verstand und ihn durch Baukunst zu verwirklichen suchte«. Gilly schuf Moeller van den Brucks Idee eines preußischen Stils. »Unter seinen Entwürfen ist nicht einer, vor dem nicht Schalen stehen könnten.« — »... so daß wir, wenn wir von einem preußischen Stil sprechen, vor einem Stil an sich stehen. Es war kein neuer Klassizismus, der entstand, es war Klassizität. Klassizismus entsteht nur dort, wo die Baukunst in Abhängigkeit von den Motiven bleibt, die sie vorfindet: Klassizität hingegen entsteht durch Herrschaft über die Funktion. Von der preußischen Klassizität, die Schinkel hernach durchführte und in sich vollendete, wurde die palladeske Motivkunst, die in den letzten Jahrhunderten in Europa allmächtig gewesen war, durch eine natürliche Ausdruckskunst überwunden, in der die Funktionen wieder auf den Elementen des Architektonischen beruhten.
Mit dieser preußischen Klassizität, die auf innere, nicht auf äußere Gebundenheit sich gründete und alle zufällige Form durch gesetzliche ablöste, brach die große Zeit des Preußentums an. Sie wurde Epoche, der sie den Stil gab, und war ein Ausdruck des kantischen Denkens, das immer und überall im Preußentum lag und das sich in der Folge von Preußen aus als preußische Geschichte zwischen den europäischen Ereignissen behauptete. Aber sie war niemals verheißungsvoller, ein hingegebenes ver sacrum des neuen Dorertums, das in der Norddeutschen Tiefebene entstand, als in jener Frühzeit, da Friedrich Gilly entwarf und in silberner Silhouettierung dem Berlin der Befreiungskriege die idealische Linie gab.«
Nach allem, was Moeller van den Bruck sonst in seinem Buche Tiefes und Wesentliches über das Preußentum sagt, muß es überraschen, daß er gerade in Gilly die vollkommenste Verkörperung des Preußentums erkennt, denn das Preußentum Gillys ist ein Preußentum einer bereits sehr bürgerlichen Gesellschaft, die die Antike studierte und den wahren Heroismus seiner Vergangenheit in die Sprache des Gebildeten zu übertragen begann. Es war zwar nicht höfisch wie Versailles — seine Herrscher waren selbst das Vorbild eines Bürgers —, aber es war auch ebensowenig mit dem Volke und dem Volkhaften verbunden. Es war ein Bürgertum, das seinen Kulturhunger bei den Griechen, den Erfindern des Bürgertums, stillte.
Für Winkelmann begann der Verfall der Baukunst und damit der Kultur mit Michelangelo, und das Preußentum Gillys teilte diese Auffassung. In Michelangelo rang aber ein elementares bildnerisches Ausdrucksverlangen um seine Verwirklichung; rang Metaphysisches um seine Erformung, rang Volkhaftes um Ausdruck.
(Vielleicht war das Preußentum noch mehr Preußentum, als es gotisch baute, als

es Brandenburg, Chorin und die Marienburg errichtete, vielleicht war es elementareres, lebensnaheres, volkhafteres Preußentum, als es Barock baute, als der michelangeleske Schlüter dem Großen Kurfürsten ein Denkmal setzte, und auch in dem Rokoko des Alten Fritz war noch echtestes Preußentum.)
In seinem Bedürfnis nach Sachlichkeit und Rationalismus begegnete das Preußentum schon immer einem verwandten Zuge der französischen Kultur. Vielleicht können wir aus dieser Beziehung auch das Interesse erklären, das der echte Preuße Fritz in seinem Bedürfnis nach Sachlichkeit und Rationalismus, in allen materiellen und geistigen Dingen, dem er bis zur Dämonie nachhing, dem Französischen entgegenbrachte. Auch der Hugenottenenkel Gilly konnte auf diesen Zusammenhängen aufbauen, und vielleicht blieb er gerade wegen seiner eigenen Gebundenheit an Französisches auch im Ausdrucksproblem am Symbolischen hängen, wurde er aber auch dadurch leichter dem Pathos des Heldischen und Kriegerischen gerecht, das ihn auf dem Wege des Idealischen begleitete.
»Ein Gotisches war im Preußentum nun gar nicht mehr möglich.« So kennzeichnet Moeller van den Bruck die Situation vollkommen richtig. Und eben diese Tatsache ist es, die auf das tiefere Wesen dieser von Gilly geschaffenen Situation hinweist.
Gillys Verlangen nach Sachlichkeit beschränkte sich auf das rein Geistige, sein Ausdrucksverlangen bezog sich auf die Idee einer heroischen Kultur. Die Idee der Sachlichkeit sollte aber über die Grenzen Gillys weit hinausführen, und das Ausdrucksproblem konnte auf die Dauer nicht im Symbolischen hängenbleiben. Hier liegen die tieferen Gründe, warum Gillys Architektur nur Phase war, schöner Durchgang, aber ohne Zukunft bleiben mußte. Schinkel, der von Gilly ausging, führte sofort zur Vertiefung der Idee des Sachlichen wie zur Vertiefung des Ausdrucksproblems – sein ganzes Ringen um die Gotik ist eben nur dieser Kampf um das tiefere Wesen des Ausdrucks. Er ist wohl weniger glänzend als Gilly und weniger idealistisch als er, aber er ist für die Entwicklung weit wesentlicher als Gilly, er geht auf dem Wege der Idee der Sachlichkeit als auch der Vertiefung der Fragen des Ausdrucks einen Schritt weiter. Und diese Gewissenhaftigkeit und Konsequenz Schinkels ist nicht weniger preußisch als der heroisierende Idealismus Gillys.
Moeller van den Bruck wird Schinkel nicht gerecht. Er erkannte nicht den Fortgang einer tieferen Entwicklung, er sah nur den Verfall an der Oberfläche, den diese tiefere Entwicklung forderte. Moeller van den Bruck ist selbst zu sehr Gilly-Preuße, um Preußen nur als einen Durchgang sehen zu können. Sein Programm ist dieses: »Wir wollen nicht das Verhängnis aller reinen Kulturvölker teilen: wie Griechen ruhmvoll durch Künste, aber würdelos in der Haltung unterzugehen. Und wir wollen uns auch nicht mit dem Schicksal aller reinen Staatsvölker begnügen: vielleicht wie Römer weltgebietend durch Politik zu werden, aber abhängig in der Kultur zu bleiben. Wir werden vielmehr, als höchstes Ziel, die Verbindung von beiden suchen müssen: des verschwendenden Schöpfertums, das als das Genie, aber auch als die Tragik des Deutschtums von jeher in uns gelegen hatte mit jener bewußten und vorausschauenden Staatlichkeit, von der uns erst

9/10 Notkirche, als Scheune getarnt, in Lothringen. Der eingemauerte Gewölbebeschluß-stein einer zerstörten Dorfkapelle war mit Lehm zugeschmiert. Architekt Emil Steffann, 1943

durch Preußen der Begriff und der Besitz gegeben worden ist und die das Rückgrat unseres Volkstums in unserer neueren Geschichte war.«
Wir glauben nicht, daß man Kulturen erzeugen kann, denn wir halten Kulturen für Organismen, deren Wachstum nicht von unseren Wünschen und unserer Macht abhängig ist und die ohne jedes Vorbild nach den Gesetzen ihrer eigenen Wesenheiten wachsen.
Vielleicht empfand auch Schinkel tragisch, weil ihm die Bereinigung der Konflikte, die er deutlich genug fühlte, weil ihm die Befreiung aus den historischen Bindungen selbst nicht gelang, weil er aus Mangel an ihm identischen Formen in griechischen Formen baute, während er dem Wesen der Gotik nachhing; doch ist ein Satz wie dieser: »Der Mensch hat den Beruf, die Natur weiterzubilden nach der Konsequenz ihrer Gesetze mit Bewußtsein und ohne Willkür« ein Satz echt preußischen Geistes und ohne jede Tragik. Ihm gegenüber wirkt Gilly wie Vergangenheit und im letzten Grunde unpreußisch. Gilly gab nur die Pose des Heroischen, Schinkel aber suchte das Heroische selbst und suchte selbst heroisch.
Zwei Jahrzehnte nach Moeller van den Bruck wird erneut eine Beziehung des Dorertums zum Preußentum hergestellt und betont, u. a. auch von Gottfried Benn. Dieser sagt noch dazu, daß er ein imperatives Weltbild heraufkommen sehe. Geschieht das in der Tat, so kann es nur ein kantischer Imperativ sein, und der ist eine Überwindung des dorischen, ist ein Imperativ auf einer höheren Ebene.
Die wirkliche Tragik des Deutschtums ist, daß es sich immer an fremden Zielen entzündet, statt in der Richtung zu wandern, die ihm selbst als ein inneres Gesetz einverleibt ist.
Quadrat und Kreis sind die Grundelemente aller Architektur. Dies erscheint auch Moeller van den Bruck immer wieder wichtig. Zu ihnen führte Gilly das Bauen wieder zurück. Von ihnen ging Ledoux aus, mit ihnen arbeitete auch Peter Behrens, zeitweilig wenigstens, und zu ihnen bekennt sich auch Le Corbusier, noch und wieder. Schinkel aber suchte diesem Gesetz zu entrinnen, er suchte den Weg zum Bauen. Und dieser Weg zum Bauen ist inzwischen auch der Weg des übrigen Deutschlands und der Weg aller germanischen Völker geworden. Es ist der Weg des organhaften Bauens, der Weg zum Bau als Organ. Es ist die Verwirklichung der Worte des kantischen Preußen Schinkel: »Die Architektur ist die Fortsetzung der Natur in ihrer konstruktiven Tätigkeit.«...

11 Festschmuck der Straße »Unter den Linden«, Berlin, anläßlich Mussolinis Besuch, von Albert Speer und Benno von Arent, 1937 ▷

# IV. PARTEI- UND STAATSBAUTEN
»Führerbauten«

Hitler hatte auf seinem Schreibtisch in der Reichskanzlei ständig einen Skizzenblock liegen, gewärtig, die Einfälle des potentiellen Michelangelo, für den er sich hielt, augenblicks festzuhalten und seinem »Baustab« zur Überarbeitung weiterzuleiten. Der Byzantinismus des »Dritten Reiches« befleißigte sich, den »Führer«, wann immer sich Gelegenheit bot, mit dem Titel »Baumeister« anzureden, der in der »Kampfzeit« von Esser, Dietrich, Eckart und — am wirkungsvollsten — von ihm selbst (»Mein Kampf«) »aufgebaut« worden war, um die Eignung des österreichischen Bohemiens zum »Baumeister des Reiches« zu unterstreichen. Hitler hat zwar keinerlei Anstrengungen unternommen, seinen insbesondere jungkonservativen Vorstellungen schmeichelnden Ruf durch ernsthafte Entwurfsstudien zu begründen, aber er hat auch als Politiker die »Kunst« der Architekturmalerei gepflegt, die ihm während seiner Jugend in München und Wien gelegentlich als zusätzlicher Broterwerb diente*.

Durch seinen Umgang mit Münchner Verlegern und Baumeistern, vor allem dem Hause Lehmann und Bruckmann, eignete sich Hitler neben der »Liebe« zur Baukunst auch eine gewisse literarische Kenntnis und eine freilich durch den Geschmack seiner Lehrmeister begrenzte Urteilsfähigkeit an. In die Baumeister-Rolle fügte er sich um so williger ein, als er von dem Architekten seines liebsten Malobjekts (der Wiener Oper) wußte, welche außerordentlichen Dienste die Architektur der Macht in der Tat zu leisten vermag: »Die Menschengeschichte würde nur von chaotischen Zuständen der Gesellschaft zu berichten haben, ohne das jeweilige Eingreifen bewegender und ordnender Kräfte, mächtiger

59

---

* Das Studium der Äußerungen Hitlers und der ihm Nahestehenden (vergl. Werner Maser, *Die Frühgeschichte der NSDAP — Hitlers Weg bis 1924*. Frankfurt/M., 1965, Athenäum-Verlag) läßt es höchst unwahrscheinlich sein, daß dem deutschen Volke das *Dritte Reich* erspart geblieben wäre, wenn, wie Speer meinte, Hitler vor dem Ersten Weltkrieg von einem wohlhabenden Münchner oder Wiener Bauherrn mit dem Entwurf einer Villa beauftragt worden wäre. In den Dokumenten nennt sich Hitler Kunstmaler, Schriftsteller, Student, niemals Architekt oder Baumeister. Von der Absicht, Architekt zu werden, ist erstmals in einem im ehemaligen NS-Hauptarchiv aufgefundenen, für einen Anonymus verfaßten Lebenslauf die Rede; Maser datiert ihn auf das Jahr 1921. Inhaltlich deckt sich dieser Text mit der Version in *Mein Kampf*, die den Ursprung des Baumeistermythos bildet. Aufschlußreich ist in diesem Zusammenhang, daß die von dem Jugendfreund Kubizek verfaßten, erst 1953 veröffentlichten Erinnerungen *Adolf Hitler — mein Jugendfreund*, die lange Zeit die Hauptquelle für die Darstellung der Jugendjahre Hitlers bildeten, schon 1938 mit dem NS-Hauptarchiv abgesprochen und gemäß dieser Absprache begonnen wurden. Ähnlich fragwürdig wie die Erinnerungen Kubizeks ist die Darstellung Reinhold Hanischs, die von den frühen Biographen Heiden und Olden und — 1956 — von Jetzinger benutzt wurde. Über den Umfang und Wert der vielgepriesenen Baupläne und Zeichnungen des Führers vergl. Albert Speer, *Spiegel*-Interview, 1966, H. 46.

178

*Einzelerscheinungen oder Körperschaften, die mit dem gewaltigen Übergewicht ihres Geistes die dumpfen, gärenden Massen lenken, sie zwingen, sich um weltgeschichtliche Ideenkerne zu verdichten und bestimmte, geregelte Bahnen anzutreten. Die Geschichte ist das sukzessive Werk einzelner, die ihre Zeit begriffen und den gestaltenden Ausdruck für die Forderungen der letzteren fanden. Wo aber immer ein neuer Kulturgedanke Boden faßte und als solcher in das allgemeine Bewußtsein aufgenommen wurde, dort fand er die Baukunst in seinem Dienst, um den monumentalen Ausdruck zu bestimmen. Ihr mächtiger zivilisatorischer Einfluß wurde stets erkannt und ihren Werken mit bewußtem Wollen derjenige Stempel aufgedrückt, der sie zu Symbolen der herrschenden religiösen, sozialen und politischen Systeme erhob. Aber nicht von den Architekten, sondern von den großen Regeneratoren der Gesellschaft ging dieser neue Impuls aus ...«*
*Dieses Zitat Gottfried von Sempers (aus seiner Rede »Über Baustyle« 1869 in Zürich) kann als Schlüssel sowohl des politischen als auch des künstlerischen Selbstverständnisses Hitlers angesehen werden. Vielleicht hat Hitler in späteren Jahren sogar geglaubt, was er Parteigenossen, Botschaftern und Militärs, teils selbstgefällig plaudernd, teils in bestimmter politischer Absicht (Henderson gegenüber) erzählte, nämlich, daß er sich eines Tages von der Politik zurückziehen werde, um nur noch das zu sein, was er immer habe werden wollen, ein »großer Baumeister« ... Wie immer sich Einbildung und Absicht in Hitlers Reden mischten, zu den Eigentümlichkeiten der nationalsozialistischen Herrschaft zählt die Tatsache, daß ihr »Führer« auf den Höhen der Macht und im Tale der Niederlagen unentwegt mit dem Gedanken kokettierte, eigentlich nicht als Politiker, sondern als Künstler »gesandt« zu sein. Auf die Reflexe dieses Sendungsbewußtseins in der Staatspolitik haben verschiedene Biographen hingewiesen. Auch die Architektur im »Dritten Reich« hatte Anlaß, das romantische Selbstverständnis des »Führers« ernst zu nehmen. Als Inkarnation der »Volksgemeinschaft« glaubte sich Hitler nicht nur berechtigt, als Künstler-Politiker aufzutreten, er wähnte sich auch zum Theoretiker und Kunstrichter befugt. Sein erster Eingriff in eine Wettbewerbsentscheidung geschieht im Sommer 1933 anläßlich des Berliner Reichsbankneubaues. Bei dem im Sommer 1934 unter großem Propagandaaufwand veranstalteten Wettbewerb »Häuser der Arbeit« genügt seine Indignation, um das gesamte Projekt in der Versenkung verschwinden zu lassen. Im Jahre 1940, gelegentlich des Wettbewerbs für eine neue »Reichsuniversität«, wird ihm die Konfrontation mit einem evtl. nicht konformen Jury-Urteil gar nicht erst zugemutet. Er allein fungiert, laut Ausschreibung, als Preisrichter. Nivellierend wie die Einwirkungen des Staatsoberhauptes auf Wettbewerbsentscheidungen wirken auch seine vom Chauvinismus der Alldeutschen und dem Kulturpessimismus und Judenhaß eines Chamber-*

*lain, Langbehn, Schultze-Naumburg gespeisten »Baureden«. Von der Fachwelt des Auslandes mit Staunen quittiert, versetzen sie die wenigen Architekten, die noch im Ausland reisen und Vorträge halten (dürfen), in nicht geringe Verlegenheit. Gleichwohl werden in den »Gauen« und »Kreisen« daheim nicht geringe Anstrengungen darauf verwandt, goldene, in das Schweigen von Hunderttausenden hineingesprochene Hitler-Worte in die kleine Münze alltäglicher Bauten und Baubetrachtungen umzuwechseln. Von Speer und Todt, die mit Hitler eng zusammenarbeiten, wird er weniger als »Baumeister« denn als »starker«, »fanatischer«, »genialer« Bauherr gepriesen. Daß er bei seiner Gleichgültigkeit gegenüber materiellen Fragen, beispielsweise den Kosten, auch ein angenehmer Bauherr war, bleibt unerwähnt, kann jedoch nicht übersehen werden.*

*Angesichts des fanatischen Kunstwollens und der Aufgeschlossenheit des »Führers« gegenüber technischen Neuerungen ist es erstaunlich, daß keiner der prominenten Baumeister des »Dritten Reiches«, zu denen 1936 auch der aus Wien heimgekehrte Peter Behrens zählt, den Versuch unternommen hat, den Geschmack Hitlers von seinen antiquierten Idealen abzulenken. Von Paul Ludwig Troost, dem »ersten Baumeister des Führers« und, nach dessen Worten, »größten Baumeisters seit Schinkel« ist eine solche Revision nicht zu erwarten. Sein »Stil« ist es ja, der den überstürzt kreierten offiziellen Baustil prägt.*

*Der Tessenow-Schüler Albert Speer, auf dessen noch nicht dreißigjährige Schultern im Januar 1934 der Mantel des Führerbaumeisters fällt, mag zu jung gewesen sein, um sich dem Zauber der »Deutschen Renaissance« zu entziehen. Der Assistent Speer wird 1929 von Studenten für die NSDAP angeworben. Sein Talent als Arrangeur des Massenzeremoniells stellt er erstmalig am 1. Mai 1933 auf dem Tempelhofer Feld unter Beweis. Die monumentale Variante dieses »Aufmarschplatzes« ist das, ursprünglich von Troost geplante, »Reichsparteitagsgelände« in Nürnberg, eine einzigartige Szenerie für den quasi religiösen Führerkult. Als »Sinnbild des neuen deutschen Lebensgefühls« wird die 65 m hohe, mit Werkstein verkleidete Stahlkonstruktion für die Weltausstellung 1937 in Paris projektiert, während der Umbau der Reichskanzlei dazu dient, die Macht des Reiches und die Leistungsfähigkeit vor allem des deutschen Kunsthandwerks zu »repräsentieren«.*

*Während sich die Monumentalbauten der Partei im Detail an klassizistische Vorbilder anlehnen, orientieren sich die Ordensburgen, die ihre logische Entsprechung in den gleich zu Beginn des Kriegs geplanten »Totenburgen« finden, bei genereller Beachtung der Achsiometrie, an der romanischen Burg, während die auf eine Gesamtzahl von 50 000 berechneten Hitlerjugend-Heime, je nach dem Standort, entweder örtlichen Wohnbauweisen oder — in Berlin — dem Monumentalbaustil der Partei folgen.*

*Eine äußerste Steigerung erfährt die Aufmarschplatzgestaltung, die den bedeutendsten Beitrag des Nationalsozialismus zur Baukunst des Jahrhunderts darstellt, in den Stadtumbauplänen, mit denen im Jahre 1937 unter ähnlichen Umständen begonnen wird wie 1933 mit dem Autobahnbau. Die Vorarbeiten sowie die kommunal- und sozialpolitischen Motive (Sanierung, Verkehrsführung, Grünplanung usw.) werden in die Kulissen gedrängt, auf der von der Propaganda grell ausgeleuchteten Szene agieren allein der Führerwille und seine zunächst für Berlin und die »Gauhauptstädte« Hamburg, Linz, Stuttgart, Dresden, Weimar, Augsburg, Würzburg, Bayreuth, Köln und München ernannten Generalinspektoren. Realisiert wird in der kurzen Zeit bis zum Kriege jedoch nur ein Teil des Speer-Planes für Berlin. Es charakterisiert den Grad der inneren Gleichschaltung, daß das Kernstück dieses Planes, Achsenkreuz und überragende Kuppelhalle, im Zuge der »totalen Planung und Gestaltung« selbst auf Dörfer und Kleinstädte übertragen wird. Gebaut werden indessen die neuen NS-Monumente nirgends. Selbst der »zweite Baumeister des Führers« und »größte Baumeister seit der Antike« — Speer — wandte sich, wenn man Rudolf Wolters glauben darf, von dem an Simplizität unüberbietbaren Schema »gestaltete Siedlungsmasse« und »überragende Mitte« ab, nachdem die Bomben unerwartete Möglichkeiten für eine »Neuordnung aus nationalsozialistischem Geist« geschaffen hatten. Beträchtlich ist die Zahl der Wehrmachtsneubauten, vor allem der Luftwaffe. Überwiegend außerhalb der Städte, oft ohne jeden Zusammenhang mit bestehenden Gemeinden angelegt, bedingen sie eine Reihe von Folgeeinrichtungen, für die das Geld ebensowenig fehlt wie für andere Rüstungsausgaben.*

## 59 1926
### Hitler über Architektur und Städtebau

...Was die neuere Zeit zu dem kulturellen Inhalt unserer Großstädte hinzugefügt hat, ist vollkommen unzulänglich. Alle unsere Städte zehren von dem Ruhm und den Schätzen der Vergangenheit... Das Wesentliche ist aber auch noch folgendes: Unsere heutige Großstadt besitzt keine, das ganze Stadtbild beherrschenden Denkmäler, die irgendwie als Wahrzeichen der ganzen Zeit angesprochen werden können. Dies aber war in den Städten des Altertums der Fall, da fast jede ein besonderes Monument ihres Stolzes besaß. Nicht in den Privatbauten lag das Charakteristische der antiken Stadt, sondern in den Denkmälern der Allgemeinheit, die nicht für den Augenblick, sondern für die Ewigkeit bestimmt schienen, weil sich in ihnen nicht der Reichtum eines einzelnen Besitzers, sondern die Größe und Bedeutung der Allgemeinheit widerspiegeln sollte. So entstanden

Denkmäler, die sehr wohl geeignet waren, den einzelnen Bewohner in einer Weise mit seiner Stadt zu verbinden, die uns heute manchmal fast unverständlich vorkommt. Denn was dieser vor Augen hatte, waren weniger die ärmlichen Häuser privater Besitzer als die Prachtbauten der ganzen Gemeinschaft. Ihnen gegenüber sank das Wohnhaus wirklich zu einer unbedeutenden Nebensächlichkeit zusammen ...
Wie wahrhaft jammervoll aber ist das Verhältnis zwischen Staats- und Privatbauten heute geworden ... Schon der für Staatsbauten aufgewandte Betrag ist meistens wahrhaft lächerlich und ungenügend ... Es werden nicht Werke für die Ewigkeit geschaffen, sondern meist nur für den augenblicklichen Bedarf. Irgendein höherer Gedanke herrscht dabei überhaupt nicht vor ...
So fehlt unseren Städten der Gegenwart das überragende Wahrzeichen der Volksgemeinschaft, und man darf sich deshalb auch nicht wundern, wenn diese in ihren Städten kaum Wahrzeichen ihrer selbst sieht. Es muß zu einer Verödung kommen, die sich in der gänzlichen Teilnahmslosigkeit des Großstädters am Schicksal seiner Stadt praktisch auswirkt. Auch dieses ist ein Zeichen unserer sinkenden Kultur. Die Zeit erstickt in kleinster Zweckmäßigkeit, besser gesagt im Dienste des Geldes. Da aber darf man sich auch nicht wundern, wenn unter einer solchen Gottheit wenig Sinn für Heroismus übrigbleibt ...

## 60 September 1933

**Der Markstein**
Von Dr. Franz Hofmann

Das große klassische Kriterium des Stils ist dadurch erfüllt, daß der Bau[1] selbstverständlich erscheint. Klassik ohne imitiertes Griechentum ist hier gefunden. Schon aus dem Grundriß spricht diese wunderbare Klarheit. Wie nach der Sage Pallas Athene gewappnet dem Haupt des Zeus entsprungen ist, so steht dieser Bau leicht und anmutig und zugleich hoheitsvoll wie aus einem Guß da. Die Säulenfüße und Kapitelle sind frei gestaltet. Die Akzentuierung der Ecken des Baues über dem Architrav ist gar nicht wegzudenken. Und auch hier ist eine billige archaistische Stilisierung vermieden. Der Führer äußerte sich auf die forschende Frage, ob es nicht gewagt sei, der viel entweihten Säule wieder zu Ehren verhelfen zu wollen, mit unbefangener Bestimmtheit dahin: Die Rundung der ragenden Säule im Gegenspiel zur strengen Horizontalen sei es gerade, die dem Bau die musikalische Harmonie verleihe. Fernab von der mit kaltem Intellekt in Eisen, Beton und Glas hergestellten Ingenieurbaukunst liegt dieser Tempel deutscher Kunst ... Er werde zu einem Markstein in der Kunst des neuen Deutschlands ...

Zu 60 Hofmann ist Kunstreferent und Kritiker des *Völkischen Beobachters* und 1937 maßgeblich an der Säuberung der deutschen Museen beteiligt.
[1] „Haus der Deutschen Kunst" in München

**61**  Januar 1937

**Germanische Tektonik**
Von Dr. Hans Kiener

Man kann das reiche baukünstlerische Schaffen Paul Ludwig Troosts in drei große Gruppen scheiden, seine Tätigkeit auf dem Gebiete des Wohnungsbaues, seine Tätigkeit für den Schiffbau, seine Tätigkeit im Dienst der Bewegung. Professor Paul Ludwig Troost blickte auf ein reiches baukünstlerisches Schaffen zurück, als der Führer in ihm den Mann seiner Wahl erkannte. In zahlreichen Villenbauten... hat er sich als hervorragender Meister des »Münchner Stils« der Vorkriegszeit erwiesen, jener aus der Bauaufgabe entwickelten, sach- und materialgerechten, schlichten, aber schaubaren, fast einzig und allein mit edlen, harmonisch zusammengestimmten Verhältnissen arbeitenden Bauweise. Entsprechend den verschiedenen Glücksumständen der Bauherren hat Troost einfache und reiche, immer sehr geschmackvolle Lösungen gefunden. Mit der gleichen Meisterschaft hat er die verschiedenen Typen und Motive des Wohnhauses behandelt. Das schlichte deutsche Giebelhaus, mehr hoch als breit mit behaglich in der weiß verputzten Fläche verteilten Fenstern, mit gemütlichen Läden und der breiten Fenstergruppe im Erdgeschoß, das anspruchsvollere breit hingelagerte Haus mit Walmdach, dem die besondere Liebe des Architekten gehörte.
Das baukünstlerische Problem der Verteilung der Tür und der Fenster auf der Fläche der Fassade erscheint so einfach, so selbstverständlich, und doch erweist sich gerade hier der Künstler im Architekten. Es ist sehr schön, wie Troost durch das feine Abwägen der Geschoßhöhen, die rhythmische Verteilung der Fenster, die mittlere Dreiergruppe und die etwas abgerückten Seitenfenster, die Betonung der Ecken durch die schlichten Lisenen — der Fassade Reiz und Spannung und festen Halt gegeben hat, wie er die Höhe des Baublocks mit der Höhe des Daches zur Einheit zusammengestimmt hat. Die schützende Gartenmauer gibt dem Hause etwas heimelig Abgeschlossenes und vornehm Distanziertes...
Im edelsten paladianischen Stil erscheint eine andere bedeutende Villa in Bogenhausen, und es ist etwas Großes um die Beherrschung dieser Ausdrucksmittel, ihre weise Beschränkung, ihren folgerichtigen Aufbau, ihre klare Gliederung, ihre ruhige und einheitliche Einordnung. Nichts prallt vor, nichts ist verzettelt. In einem wahlverwandten Geistesempfinden ordnen sich die Freitreppe der säulengetragenen Balkone, die Pilastergliederung des Mittelrisalits mit kräftigen Gesimsen und der mit schönen Figuren gekrönten Attika sowie die seitlichen Rücklagen einem System unter sich paralleler Reliefschichten ein...
Paul Ludwig Troost war Meister darin, reiche und vornehme, ins Festliche gesteigerte Wirkungen mit rein künstlerischen Mitteln zu erreichen. Ausgangspunkt sind für ihn immer die Verhältnisse; die Gesamtproportionen der Höhe, Breite und Tiefe des Raumes werden abgewandelt und bereichert durch die har-

Zu 61 Hans Kiener ist Dozent an der Staatsschule für angewandte Kunst in München.

12 »Haus der deutschen Kunst« in München. Architekten Paul Ludwig Troost, Leonhard Gall und Gerdy Troost, 1936/37

monisch abgestimmten Verhältnisse der Türen, Fenster und Spiegel, der einzelnen Paneelabschnitte, und es brauchte dann nur das Ganze in edlem, farbig fein zusammengestimmtem Material mit zurückhaltender Dekoration, Betonung der wichtigsten Teilungslinien, der »Gelenke« des Raumes, wie das Troost so ausgezeichnet konnte, ausgeführt zu werden; es bedurfte dann nur einiger farbig fein dazu gestimmter Textilien, der Teppiche und Vorhänge und der Bezüge, der gleichfalls von Troost entworfenen harmonisch dazu gestimmten Möbel, der geschickt verteilten, geschmackvollen Beleuchtungskörper — und der Raum war fertig, harmonisch und aus einem Guß, und charakterlich ein »echter Troost«. Ein paar dazu gestimmte Gemälde gaben einige erhöhte farbige Betonungen...
Aus dieser seelisch-geistigen Haltung heraus, von dieser Höhe eines kultivierten Lebensstils aus hat nun Troost den Innenausbau einiger großer Überseedampfer des Norddeutschen Lloyd, ihre Wohn- und Gesellschaftsräume gestaltet und damit schöne und wirksame Propaganda für deutsches Wesen und deutsche Art geleistet... Troost hat in glücklicher Weise die richtige Linie gefunden, in der sich der Ausdruck gehaltener Repräsentation mit dem Ausdruck vornehmer und doch behaglicher Geselligkeit verbinden läßt. Ob man sich in der Vorhalle mit der breiten, von einem Mosaikband, Marmorgewänden und edlen Hölzern umrahm-

13 »Deutsches Haus« auf der Weltausstellung in Paris 1937. Architekt Albert Speer.

ten Tür befindet oder ob man die weiträumige Wohnhalle 1. Klasse mit den klaren und architektonisch eindrucksvollen Säulenstellungen, den hohen Fenstern und der dezent mit Mäander geschmückten Decke überblickt oder sich in diesem Speisesaal in eine der gemütlichen Fensternischen zurückzieht oder ob man den Kunstsalon betritt, wo die hochwertige deutsche Werkkunst in fernen Landen Zeugnis von deutscher Kunst und deutschem Können ablegt, immer wird man sich in einer gehobenen Lebensstimmung befinden, in der das Banale und Kleinliche zum Schweigen kommt, einer inneren Haltung, zu der unbemerkt und unbewußt hinzuführen die schöne und hohe Aufgabe der Kunst, besonders der Baukunst und der angewandten Kunst ist.
Es geht ein einheitlicher, in der künstlerischen Art Troosts verankerter Zug durch sein Schaffen. Er war reich und aufgeschlossen genug, um alles Fremde, alles ihm Wesensfremde abzulehnen und in seiner Entwicklungslinie zu verharren. Und als das dem feinsinnigen Mann Wesensfremde, das Formlose, Unschaubare und Zersetzende, als der Baubolschewismus auch in Deutschland anfing, Bauherren und Baumeister zu tyrannisieren, da gab Troost nicht nach, er hatte Charakter. Lieber nahm er das Odium auf sich, als »unzeitgemäß«, als »unmodern« zu gelten — als daß er die Kunst und sein künstlerisches Ich verraten hätte.

So war es eine Erfüllung des Geschicks, daß der Führer, als er mit Troost bekannt wurde, begeistert von seinem künstlerischen Werk und ergriffen von seiner charakterlich festen Ablehnung des Kunstbolschewismus, diesen Mann in seine weitausschauenden architektonischen Pläne einweihte, daß er in Paul Ludwig Troost seinen Architekten gefunden hatte.
Als die erste Frucht der idealen Zusammenarbeit zwischen dem Führer und seinem Architekten entstand der Umbau des Braunen Hauses. Es ist bedeutsam, wie nun Troosts Ausdrucksstil bei unveränderter künstlerischer Grundlage entsprechend den anderen Aufgaben eine Umstilisierung ins Einfache, Monumentale und Heroische erfährt. Einfach und groß ist in der Fahnenhalle das Zusammenstehen der mit Stein verkleideten, durch Pilaster gegliederten Wände mit der klar und ruhig wirkenden Kassettendecke. Es sind quadratische Felder zwischen Stegen gleicher Breite. Im Senatorensaal spricht mit Glück der Ausdruck des Ernstes und der Würde. An der Stirnwand des Saales kennzeichnet das Hoheitsabzeichen als einziger Schmuck die Bedeutung des Raumes, flankiert von den wichtigsten Daten der jungen Bewegung ... Der Schmuck der schachbrettförmig gemusterten Decke ist mit dem Hakenkreuzmotiv bestritten. Nichts zeigt deutlicher die große Siegesgewißheit, die traumwandlerische Sicherheit, mit der der Führer seinen Weg ging, als die Tatsache, daß er schon Jahre vor der Machtergreifung Professor Troost den Auftrag gegeben hat, seine großen Projekte in Plänen und Modellen auszuarbeiten. In engster Fühlung mit dem Führer sind so in jahrelanger, stiller, schöpferischer Arbeit das »Haus der Deutschen Kunst«, der Führer- und Verwaltungsbau an der Arcisstraße und die beiden Ehrentempel erwachsen. Man wird der historischen Bedeutung dieser Bauten nur gerecht, wenn man sich vergegenwärtigt, wie die kunstpolitische Situation damals war. Gewiß, die echte Tradition deutscher Kunst ist niemals abgerissen. München war noch die einzige große geschlossene Stellung des künstlerischen Sehens und architektonischen Empfindens in ganz Deutschland. Aber es kämpfte einen schweren Kampf, und von allen Seiten drohte das Chaos; an Einbrüchen des Formlosen fehlte es nicht. Ohne die hohe kulturelle Gesinnung des Führers wäre es nie gelungen, das Zersetzende des Baubolschewismus und die öde Gleichmacherei seines technoiden Wahns aufzuhalten, wie es ohne die rettende Tat des Nationalsozialismus nie gelungen wäre, die Gefahr des immer bösartiger drohenden Baubolschewismus zu bannen. Und in dieser Zeit und allen technoiden Spielereien zum Trotz, von der führenden Stelle wieder das Bekenntnis zu klarer Darstellung der baulichen Funktionen, zu leichter Schaubarkeit, schönen Verhältnissen, geschlossener Umriß- und Flächenwirkung in edlem Material.
Der Führer nannte Troosts Bauten ... Werke »edelster germanischer Tektonik«. Das ist einmal in jenem nächsten Verstande richtig, als der ausgesprochene Sinn für klare Gestaltung des Konstruktiven, das Herausarbeiten der Grundkräfte des Tragens und Lastens überall spürbar ist, wo Germanen, im weiteren Sinne Indogermanen, gebaut haben, so sehr, daß Klarheit des Konstruktiven überall das leuchtende Zeichen arischen Geistes ist im Gegensatz zu den dumpfen unklaren Massenbauten nichtarischer Völker ...

## 62 Juni 1933

**Die Aufbauten auf dem Tempelhofer Feld in Berlin zum 1. Mai 1933**
Von Albert Speer

Die Ausgestaltung staatlicher Festlichkeiten hat in diesen Tagen eine grundlegende Änderung erfahren. Die Idee des Staatswesens ist mit neuem Leben erfüllt, neu aus dem Volk heraus erstanden und damit auf das innigste mit seiner Lebensart verwachsen. Das Volk ist zum lebendigen Träger des Staates geworden. Seine Feste sind darum im tiefsten Sinne des Wortes »Volksfeste«. Sie tragen in allem und jedem die typischen Merkmale von solchen. Während früher im Ablauf großer nationaler Festlichkeiten die Machtmittel des Staates paradierten, umsäumt von den Mauern einer neugierigen, unbeteiligten Menge, marschieren heute die Millionenmassen des erwachten Volkes auf. Das Fassungsvermögen der bisher für Versammlungen in Berlin gewählten Plätze – des Stadions wie auch des Lustgartens – ist für Kundgebungen von so gewaltigem Ausmaß keineswegs mehr genügend. Aus diesen Erkenntnissen wurde das Tempelhofer Feld mit einer Größe von 800 m auf 500 m zum Aufmarschgebiet bestimmt.
Während das Stadion mit seinen hohen, ringsumfassenden Menschenmauern jedem Teilnehmer einen lebendigen Begriff von der demonstrativen Wucht einer Riesenkundgebung vermittelt und zugleich auch das Gefühl der unbedingten Zusammengehörigkeit gibt, kann das Tempelhofer Feld mit seiner riesigen Ebene nur ungenügend das Bewußtsein des gemeinsamen Erlebens der aufmarschierten Millionenmassen erzeugen. Es bestand daher die Gefahr, daß – ohne die Verwendung gewaltiger künstlicher Mittel – dem einzelnen nur ein ungenügender Bruchteil der Gesamtgröße einer solchen Kundgebung zum Bewußtsein kommt.
Die gigantischen Ausmaße des Feldes lassen jede räumliche Begrenzung als unzulänglich und primitiv erscheinen. Es wurde deshalb der Versuch gemacht, den Gesamteindruck konstruktiv auf einen sichtbaren Mittelpunkt hin zu richten. Sein optisches Zentrum mußte so groß und gewaltig sein, daß er als Symbol des Geschehens, als Willensausdruck der aufmarschierenden Menschenmassen derart wirkte, daß er auch von der entferntesten Stelle aus noch als wirkungsvoll und bedeutend empfunden werden konnte. Es wurde eine Fahnentribüne errichtet, die in einer Länge von rund 100 m sich terrassenförmig bis zu einer Höhe von 10 m erhob. Über 1000 Fahnen und Banner der aufmarschierenden Verbände fanden dort, allen sichtbar, ihre Aufstellung. Inmitten der Fahnentribüne nahm

Zu 62 So grundlegend neu, wie Speer meint, ist der Einsatz der Architektur als Instrument der Lenkung und Beteiligung der Massen am politischen Zeremoniell nicht. Bereits die Französische Revolution von 1789 verstand sich, wie u. a. Gilly d. J. zu berichten weiß, auf die optisch einprägsame Inszenierung politischer *Volksfeste.* Vergl. Ulrich Lehmann-Haupt, *Art under Diktatorship.* New York, 1954. Oxford University press; Hans Sedlmayr, *Verlust der Mitte.* Salzburg, 1948. Otto Müller.

die Reichsregierung mit ihren Ehrengästen Platz. Zur Übersteigerung dieses an sich schon gewaltigen Bildes erhoben sich hinter den Fahnen und Standarten bis zu einer Höhe von 32 m und mit einer Breite von über 6 m drei gewaltige Gruppen von Fahnensegeln.
Die mit Absicht gewählte Zeit der Kundgebung bei hereinbrechender Dämmerung unterstützte die Wirkung der Konzentration auf diesen Mittelpunkt in vollendetster Weise, denn durch die Anstrahlung des Fahnenberges mit ungeheuren Lichtmengen stand dieser in leuchtendem Rot gegen den in dunklem Blau versinkenden Nachthimmel in starkem Kontrast, während alle nebensächlichen und störenden Beiwerke im Dämmerlicht des Abends verschwanden.

## 63 September 1937

### Die Bauten des Dritten Reiches
Aus der Kulturrede des Führers auf dem Reichsparteitag 1937

Niemals wurden in der deutschen Geschichte größere und edlere Bauwerke geplant, begonnen und ausgeführt als in unserer Zeit. Und dies ist das Wichtigste. Denn die Architektur bestimmt auch Plastik und Malerei. Sie ist neben der Musik die urgewaltigste Kunst, die der Mensch erfunden hat. Auch sie wurde jahrzehntelang entehrt. Unter dem Motto der »Sachlichkeit« erfolgte ihre Degradierung zum künstlerischen Unsinn, ja zum Betrug. Während der schöpferischen Armut eines bürgerlichen, liberalen Zeitalters schrumpften die Bauten der Gemeinschaft immer mehr zusammen gegenüber den Industriewerken, Banken, Börsen, Warenhäusern und Hotels usw. bürgerlicher Kapitals- und Interessengemeinschaften. So wie der Nationalsozialismus aber über diese Interessengemeinchaften die größere Gemeinschaft der Nation, des Volkes stellt, wird er auch den Werken dieser Gemeinschaft den Vorrang in der Repräsentation gegenüber den Privaten geben. Dies ist entscheidend. Je größer die Anforderungen des heutigen Staates an seine Bürger sind, um so gewaltiger muß der Staat auch seinen Bürgern erscheinen.
Wenn man aber so oft »von volkswirtschaftlichen Notwendigkeiten« redet, dann möge man bedenken, daß die meisten dieser Notwendigkeiten schwere Anforderungen an die Opferbereitschaft eines Volkes stellen, ohne daß dieses die Gemeinschaft auch so sichtbar sehen und verstehen lernt, weshalb nun ein höherer Zweck ihren eigenen Interessen übergeordnet sein soll.
Es gibt daher keine große Epoche im Völkerleben, in der nicht die Interessen der Gemeinschaft ihre überragende Bedeutung durch den sichtbaren Eindruck großer Architekturen anzustreben versucht haben.
Die Leistungen und Ergebnisse dieses Strebens aber haben der Menschheit erst den richtigen Gemeinschaftsgeist vermittelt und damit die Voraussetzung für die Schaffung und Erhaltung der menschlichen Kultur gesichert und nicht das emsige Streben nur wirtschaftlicher Interessen nach Gewinn oder Dividenden usw. Diese

große monumentale Betonung der Gemeinschaft hat mitgeholfen, eine Autorität aufzurichten, ohne die es weder eine dauerhafte Gesellschaft noch eine Wirtschaft der Gesellschaft geben könnte. Ob diese Autorität nun ihre Wurzel in religiösen Institutionen oder in weltlichen fand, ist dabei einerlei. Die Autorität, die jedenfalls das deutsche Volk im 20. Jahrhundert vor dem Zusammenbruch gerettet, es vor dem Chaos des Bolschewismus zurückgerissen hat, ist nicht die eines Wirtschaftsverbandes, sondern die der nationalsozialistischen Bewegung, der Nationalsozialistischen Partei und damit des nationalsozialistischen Staates! Die Gegner werden es ahnen, aber vor allem die Anhänger müssen es wissen: zur Stärkung dieser Autorität entstehen unsere Bauten! Dieser Autorität soll nützen, was sie hier in dieser Stadt sich erheben sehen, was in Berlin und München, in Hamburg und in anderen Orten in der Planung begriffen und zum Teil schon zur Ausführung reif ist oder schon jetzt vor ihnen fertig aufgerichtet steht! Dies ist die Tendenz, die diesen Bauwerken zugrunde liegt! Und weil wir an die Ewigkeit dieses Reiches — soweit wir in menschlichen Maßen rechnen können — glauben, sollen auch diese Werke ewige sein, das heißt, sie sollen nicht nur in der Größe ihrer Konzeption, sondern auch in der Klarheit ihrer Grundrisse, in der Harmonie ihrer Verhältnisse ewigen Anforderungen genügen.
Die kleinen Tagesbedürfnisse, sie haben sich in Jahrtausenden verändert und werden sich ewig weiter wandeln. Aber die großen Kulturdokumente der Menschheit aus Granit und Marmor stehen ebenfalls seit Jahrtausenden. Und sie allein sind ein wahrhaft ruhender Pol in der Flucht all der anderen Erscheinungen. In ihnen hat die Menschheit sich in Zeiten des Verfalls stets von neuem die ewige Zauberkraft gesucht und auch immer wieder gefunden, um ihrer Wirrnis wieder Herr zu werden und aus dem Chaos eine Neuordnung zu gestalten. Deshalb sollen diese Bauwerke nicht gedacht sein für das Jahr 1940, auch nicht für das Jahr 2000, sondern hineinragen gleich den Domen unserer Vergangenheit in die Jahrtausende der Zukunft.
Und wenn Gott die Dichter und Sänger heute Kämpfer sein läßt, dann hat er aber den Kämpfern jedenfalls die Baumeister gegeben, die dafür sorgen werden, daß der Erfolg dieses Kampfes seine unvergängliche Erhärtung findet in den Dokumenten einer einmaligen großen Kunst!
Dies mögen die kleinen Geister nicht verstehen; aber sie haben ja unseren ganzen Kampf nicht begriffen. Dies mag unsere Gegner verbittern, allein ihr Haß hat unsere Erfolge auch bisher nicht zu verhindern vermocht. Einst aber wird man in höchster Klarheit begreifen, wie groß der Segen ist, der aus den gewaltigen Bauwerken dieser geschichtemachenden Zeit in die Jahrhunderte hinausstrahlt. Denn gerade sie werden mithelfen, unser Volk politisch mehr denn je zu einen und zu stärken, sie werden gesellschaftlich für die Deutschen zum Element des Gefühls einer stolzen Zusammengehörigkeit, sie werden sozial die Lächerlichkeit sonstiger irdischer Differenzen gegenüber diesen gewaltigen gigantischen Zeugen unserer Gemeinschaft beweisen, und sie werden psychologisch die Bürger unseres Volkes mit einem unendlichen Selbstbewußtsein erfüllen, nämlich dem: Deutsche zu sein!

Diese gewaltigen Werke werden aber zugleich auch die erhabenste Rechtfertigung darstellen für die politische Stärke der deutschen Nation. Dieser Staat soll nicht eine Macht sein ohne Kultur und keine Kraft ohne Schönheit. Denn auch die Rüstung eines Volkes ist nur dann moralisch berechtigt, wenn sie Schild und Schwert einer höheren Mission ist. Wir streben daher nicht nach der rohen Gewalt eines Dschingis-Khan, sondern nach einem Reiche der Kraft in der Gestaltung einer starken sozialen und beschirmten Gemeinschaft als Träger und Wächter einer höheren Kultur!

## 64 September 1938
### Das Reichsparteitagsgelände in Nürnberg
Von Wilhelm Lotz

Das Reichsparteitagsgelände in Nürnberg ist zeitlich genommen nach dem Königlichen Platz in München die nächste große städtebauliche Gestaltung des Nationalsozialismus. Dort hat der verstorbene Professor Troost nach dem Plan des Führers zum erstenmal in unserer Zeit gezeigt, daß einem Platz in der Stadt ein tiefer Sinn innewohnen kann, wenn man ihn nicht als einen der Abwechslung halber nicht bebauten Raum ansieht, der vielleicht auch als dekoratives Element gelten kann, sondern wenn er aus geistiger Kraft entsteht, die in der Gestaltung zur Monumentalität führt. Machtvoll sind die Ideen des ersten Bebauers dieses Platzes, des Baumeisters Ludwigs des Ersten, Leo von Klenze, aufgegriffen worden. Aus dem Gefüge der alten schönen Bauten ist durch straffe Zusammenfassung ein Platz geworden, der seine Krönung durch den Führer- und Verwaltungsbau erhält und dem die Ehrentempel eine letzte Weihe geben. Weihe und Würde bestimmen die Schöpfung, nicht ein äußerer Zweck.
So ist auch die Schaffung des Reichsparteifeldes nicht als eine Befriedigung einer Notwendigkeit anzusehen, sondern als Ausdruck einer Idee. Auch hier fußt die Planung des Architekten Albert Speer auf gewachsenen alten geschichtlichen Gegebenheiten. Aber das Geschichtliche hat eine symbolische Verklärung erhalten. Gerade diese Tatsachen muß man sich vor Augen halten, wenn man den Plan und die Bauten einer genaueren Betrachtung unterzieht.
Betrachten wir vorerst einmal die Einordnung der Bebauung in das Gefüge des Stadtbildes! Die Stadt Nürnberg ist eine alte Handelsstadt, durch die die alten großen Handelswege aus allen Richtungen Deutschlands hindurchziehen. Es ist eine Straßenspinne, die aus etwa 14 Straßen gebildet wird. Im Treffpunkt dieser Straßen liegt die alte Kaiserburg. Die Stadt hat sich von diesem Kern aus wie die Jahresringe eines Baumes rundum hinausentwickelt und in die Zwischenräume zwischen den Straßen hineingeschoben. Nun setzte das Reichsparteitagsgelände in einem dieser Zwischenräume am Rande der heutigen Stadtbebau-

Zu 64 Wilhelm Lotz war vor 1933 zusammen mit Walter Rietzler Redakteur der Werkbund-Zeitschrift *Die Form*.

14 Entwurf für das »Märzfeld« auf dem Reichsparteigelände in Nürnberg. Architekt Albert Speer, 1936

15 Vorläufige Kongreßhalle auf dem Reichsparteitaggelände in Nürnberg (Umbau). Architekt Albert Speer, 1935

ung an und nimmt so den Rhythmus des Wachstums der Stadt auf und führt ihn weiter. Das ist auch der Grund für die Keilform der Anlage. So kommt es, daß das Gelände mit einer Längsseite an der alten Reichsstraße liegt, die von Nürnberg nach Wien führt. Liegt nicht darin der Ausdruck einer Sehnsucht, die in diesem Jahr ihre große Erfüllung fand!
Die großen Baulichkeiten wie die alte Kongreßhalle, die Bauten auf der Insel des Dutzendteiches mit der neuen Kongreßhalle liegen dem Stadtkern näher, während die Aufmarschfelder, in der Größe sich steigernd, sich von der Stadt entfernen, um dann in die Lager überzugehen. Die natürliche und organische Einfügung des Geländes in die alte Struktur der Stadt und in ihren Wachstumsorganismus führt dann auch zu solchen überraschenden Schönheiten wie die Ausrichtung der großen Straße auf das Bild der alten Burg hin, die von jeder Stelle der Straße aus zu sehen ist, während man nach der anderen Seite hin über das Märzfeld auf die bewaldeten Höhen sieht, vor denen später das große Hoheitsabzeichen der Mitteltribüne des Märzfeldes stehen wird.
Man kann hierbei durchaus von einer städtebaulichen Gestaltung reden, denn für den Nationalsozialismus ist die Stadt nicht nur Wohn-, Geschäfts- und Arbeitsraum für eine Menge von Menschen, sondern der Lebensraum einer Gemeinschaft, die in dieser Schöpfung sich ein Symbol, eine Verkörperung ihrer tragenden Idee schafft. Das ist auch der tiefere Sinn der Umgestaltung der Reichshauptstadt durch den Führer und seinen beauftragten Architekten Albert Speer. Auch das Reichsparteitagsgelände ist der Lebensraum einer Gemeinschaft; er ist das große Forum der Partei, der Feierplatz für ihre höchsten Festtage.
Das bedingt auch die gewaltigen Ausmaße dieses Feldes, denn es ist das große Heerlager der Soldaten der politischen Armee und zugleich ihr Aufmarschplatz vor dem Führer. Sowohl die Gesamtplanung wie auch die Gestaltung der einzelnen Bauten und Platzgruppen werden bestimmt von dem für die nationalsozialistische Ordnung so grundlegenden Verhältnis zwischen Führer und Volk. Die Führung ist allgegenwärtig, denn in jedem Versammlungsraum und auf jedem Aufmarschplatz ist die Stelle, an der der Führer steht, architektonisch besonders hervorgehoben und festgelegt. Immer steht er vor der Versammlung, die in bestimmter Ordnung vor ihm aufmarschiert ist. Dieses Auge-in-Auge-Stehen, der Führer vor dem Volk und das Volk vor dem Führer, ist immer die bestimmende Ordnung der Anlage. Die Hervorhebung des Führerplatzes ergibt sich aus der Haltung des Mannes, der sich mit allen seinen Taten und Handlungen als Beauftragter seines Volkes stets verantwortlich fühlt.
Er bildet nur den Mittelpunkt eines großen Bildes, einer Gruppierung von Fahnen und Standarten, die als Symbole der aufmarschierten Einheiten ihm zur Seite stehen. Man kann das am eindrucksvollsten beim Zeppelinfeld beobachten, weil es in seiner baulichen Gestalt fertiggestellt ist und schon bei den letzten Parteitagen in seiner endgültigen Form den großen Rahmen für die Veranstaltung abgegeben hat. Hier wird besonders deutlich, wie die Architektur in ihren Formen und Ausmaßen mit dem Geschehen selbst zu einer gewaltigen Einheit zusammenschmilzt. Die Formationen der aufmarschierten Gliederung, die Men-

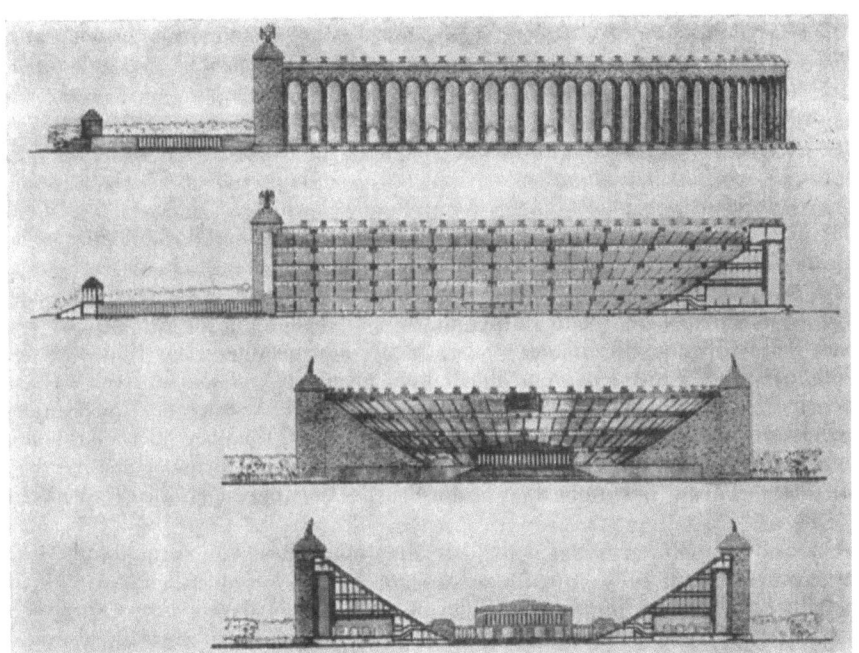

16 Projekt für das »Deutsche Stadion« mit 405 000 Plätzen in Nürnberg.
Architekt Albert Speer, 1937

schen auf den Wällen und Tribünen geben den Maßstab ab für die Gestaltung des großen steinernen Rahmens, der die Veranstaltung unter freiem Himmel wie in einem großen Raum zusammenschließt. Jeder einzelne Teilnehmer sieht vor sich das große farbenprächtige Bild der Tribünen mit dem gewaltigen Abschluß aus steinernen Pfeilern, deren Rhythmus und Abmessung durch die in den Zwischenräumen aufgespannten Fahnen gegeben ist. Dort stehen die Standarten und Fahnen, und in der Mitte, weit vorgeschoben gegen das Feld, ist der Platz des Führers. Diese zwingende Ausrichtung der Massen durch die Anordnung der Architektur bewirkt, daß jeder Teilnehmer den gewaltigen Zusammenklang des Willens aller Beteiligten wie in einem großen Spiegel vor sich erblickt, als eine kraftvolle Zusammenfassung und Sinngebung des Geschehens.

Es wird vielleicht notwendig sein, daß man auch noch auf die Einrichtung dieses großen Gebildes des bebauten Feldes in die Landschaft hinweist. Die große Straße, die sich von der Halbinsel des Dutzendteiches über das Wasser hinweg bis zum Märzfeld erstreckt, ist die Mittelachse der Anlage. Von der Höhe der Kongreßhalle mit ihren 57 Metern Höhe wird man das gewaltige Gelände mit einem Blick überschauen können. Das Zeppelinfeld ist ganz in die Nähe des Dutzendteiches hingeschoben, so daß es sich ebenso wie das gegenüberliegende

Deutsche Stadion in den Wassern spiegeln wird. Mit seinen Ecktürmen wird sich das Stadion bis zu einer Höhe von 100 Metern erheben, und sein langgestreckter granitner Rumpf, der die Tribüne einschließt, mißt eine Länge von 540 Metern bei einer Breite von 445 Metern.
Das riesenhafte Hufeisen umfaßt ein Spielfeld von 55 000 Quadratmeter und kann 405 000 Zuschauern auf seinen fünf Rängen Raum geben. So wird es seine Längsseite dem Beschauer auf der Kongreßhalle darbieten. Zwischen dem Zeppelinfeld mit seinem hellen Jurakalkstein und dem Stadion verläuft die große Straße mit einer Breite von 95 Meter. Das Stadion greift mit einem Vorhof bis hart an die Straße, und hier wird eine Tribüne mit einer Standartenhalle den Vorhof abschließen und dem Führer und seiner Begleitung die Möglichkeit geben, den Vorbeimarsch auf der großen Straße abzunehmen. Das Bild wird an Schönheit noch gewinnen, wenn die Bauten in einem großen Hain von Eichen stehen. Der jetzt bestehende Föhrenwald weicht einer Aufforstung. Im Hintergrund erheben sich die 26 Türme des Märzfeldes bis zu über 36 Meter Höhe und umgrenzen ein Feld von 611 × 955 Meter. 115 000 Zuschauer können dort auf den Tribünen das großartige Schauspiel der Vorführungen der Wehrmacht verfolgen.
Man muß einmal versuchen, sich diese ungewöhnlichen Abmessungen zu vergegenwärtigen, um auch ermessen zu können, welche Aufgaben den Architekten gestellt sind. Welche Sorgfalt man hier anwendet, geht daraus hervor, daß von den einzelnen Bauten erst Holzmodelle in natürlicher Größe aufgestellt werden, damit die Abmessungen richtig ausgewogen werden können. Ein Fassadenteil der großen Kongreßhalle ist an Ort und Stelle aufgestellt, ebenso zwei Modelltürme des Märzfeldes. Im letzten Jahr wurde in der Nähe Nürnbergs an einem Berghang ein Modell der Stufen des Stadions errichtet. Wie die Abmessungen, so wird auch die Wirkung des Materials genau erprobt, überall auf dem Gelände in der Nähe der Baustellen befinden sich Proben von Kalkstein und Granit. Noch niemals ist ein solcher Reichtum an edlen Natursteinen aus deutschem Boden herausgeholt worden und an einem Bauwerk zur Anwendung gekommen. Aus allen deutschen Gauen gibt der Boden seine schönsten Gesteine hin, ebenso wie deutsche Werkleute aus allen Gegenden Anteil haben an dieser großen und einmaligen Schöpfung. Aus deutscher Erde gebrochen, von deutschem ererbten Können gemeistert und geformt ersteht hier nach den Ideen und Anweisungen des Führers nach dem künstlerischen Entwurf und unter der Leitung von Albert Speer ein Denkmal deutschen Wollens und deutscher Tatkraft.

17 Tribünenbau auf dem Zeppelinfeld des Reichsparteitaggeländes in Nürnberg. Eingangsseite. Architekt Albert Speer, 1937

## 65 Januar 1939

### Neuplanung der Reichshauptstadt
Von Albert Speer

Wenn wir heute die Äußerungen des Bauwillens unserer Zeit überblicken, so sehen wir in deutschen Städten und deutscher Landschaft die neuen Bauten sich zusammenfügen zu einem immer mehr sich abrundenden Bild. Es ist das Bild unserer selbstbewußten und starken Epoche, die wir durchleben und selber eigenwillig formen.

Die Worte, die der Führer schon 1924 in seinem Buch niedergeschrieben hat, die Gedanken über Baukunst und Städtebau sind heute bereits in großem Ausmaße Wirklichkeit geworden.

Das gewaltige Autobahnnetz, das schon in 3000 km Länge das Reich durchzieht und die Landschaften miteinander verbindet, ist bleibendes Symbol unserer Zeit, die Denken und Fühlen eines immer größer gewordenen Volkes in wenigen Jahren völlig gewandelt hat. Mit der Anlage des umfassenden Autobahnnetzes und mit der gesamten Neuordnung des Reiches überhaupt, beginnt auch in den großen und kleinen Städten der Anfang eines neuen Städtebaues sichtbar zu werden.

Der Führer selbst hat auch hier die Initiative ergriffen und den Entschluß gefaßt, einige große Städte des Reiches planmäßig auszubauen. Am 30. Januar 1937 hat der Führer vor dem Reichstag erklärt, daß der Ausbau Berlins zu einer wirklichen und wahren Hauptstadt des Deutschen Reiches an der Spitze der städtebaulichen Äußerungen unserer Zeit stehen soll.

Nach den Ideen des Führers, die bereits viele Jahre zurückliegen, habe ich einen Plan für die neue Reichshauptstadt aufgestellt, dessen Gerippe das Kreuz der beiden großen Achsen ist, die Berlin von Osten nach Westen und von Norden nach Süden durchqueren und die Innenstadt an den Ring der Reichsautobahnen anschließen. War die Ostwestachse bereits zu einem Teil da und bedurfte sie lediglich einer erheblichen Verbreiterung und konsequenten Weiterführung bis an die Reichsautobahn im Osten und Westen, so bedeutet die Nordsüdachse — das eigentliche repräsentative Kernstück der neuen Reichshauptstadt — eine völlige Neuanlage im Herzen der Stadt.

Diese gewaltige neue Straße, die von Reichsautobahn zu Reichsautobahn 38,5 km mißt, wird ihr Hauptgewicht in einem rund 7 km langen Mittelteil haben, an dem die größten und repräsentativsten Bauten des Deutschen Reiches neu errichtet werden sollen. Abgeschlossen wird diese innerstädtische Nordsüdachse von zwei großen Fernbahnhöfen, die — im Norden und Süden Berlins neu angelegt — nicht weniger als zehn heute vorhandene, veraltete Fernbahnhöfe ersetzen werden. Damit werden die gesamten Eisenbahnanlagen einer durchgreifenden Erneuerung unterzogen, und gleichzeitig verschwinden auch die ungeheuren Güterbahnhofs- und Abstellflächen der Reichsbahn aus der Innenstadt. Eines der größten dieser Bahngelände, das Gebiet südlich vom Potsdamer und Anhalter Bahn-

18 Projekt für das Oberkommando des Heeres an der geplanten Nord-Süd-Achse in Berlin. Vorn die »Soldatenhalle«. Architekt Wilhelm Kreis, 1942

19 Innenraum der Soldatenhalle (Projekt OKH Berlin)

20 Projekt für neue Museen in Berlin. Architekt Wilhelm Kreis, 1942

hof, wird von der neuen Achse und ihrem Hintergelände in Anspruch genommen. Etwa an der Stelle, wo die beiden Achsen sich im Herzen der Stadt schneiden, wird sich das größte Bauwerk Berlins erheben, die Große Halle des deutschen Volkes.
Mit den beiden Achsen, die einen flüssigen Verkehr von den vier Himmelsrichtungen bis in das Herz der Stadt bringen, vor allem mit der neuen Nordsüdachse, wird der gesamte Bauplan Berlins eine neue Ausrichtung erfahren. Denn nicht nur die großen öffentlichen Gebäude werden die großen Straßen säumen, auch die größeren Neubauten privater Bauherren werden nunmehr einen Platz zugewiesen bekommen, der die beherrschende Wirkung der neuen städtebaulichen Mitte Berlins noch steigern soll. So wird der private ebenso wie der öffentliche Großbau in Zukunft nicht mehr an beliebiger Stelle wie bisher irgendwo im Weichbild der Stadt stehen, sondern durch einen planmäßig bestimmten Standort Anteil haben an einer neuen Stadtkrone, die das gesamte große städtische Weichbild beherrscht.
Die Bauzonen werden sich jedoch nicht an den Ringen, sondern an den Achsen orientieren. Das heißt, die Höhe der Bebauung wird nicht wie bisher in konzentrischen Kreisen von der Stadtmitte nach außen hin abnehmen, das Zentrum wird vielmehr das ganze Achsenkreuz selber sein und die Bebauung wird von

hier aus nach den Seiten abnehmen, in niedrigere, offene Bebauung und schließlich in große freie Erholungsflächen übergehen. Einige der größten bereits bestehenden, von außen in die Stadtmitte vorstoßenden Ausfallstraßen werden hinzutreten und im Zonenplan ähnliche Funktionen wie die großen Achsen haben. So werden damit später große Keile zusammenhängender Grünflächen so tief wie möglich in das Stadtinnere vorgetrieben. Vorhandene Grünflächen werden zu diesem Zweck im Laufe der Zeit miteinander verbunden, indem in notwendigen Verbindungsteilen die weitere Bebauung zunächst verhindert wird. Gleichzeitig wird das vorhandene Schnellbahnnetz korrigiert und mit den hinzukommenden Neubauten ebenfalls auf das radiale Bebauungsschema ausgerichtet. Als eine der wichtigsten Aufgaben bei der Neugestaltung Berlins sehe ich den Wohnbau an. Bevor an die Sanierung altstädtischer Viertel herangegangen wird, sollen große zusammenhängende Neubauviertel entstehen. Durch den Ausbau der großen Achsen wird, vor allem im Süden, in nächster Nähe des Stadtzentrums ausgedehntes Freigelände neu erschlossen, das die Errichtung einiger hunderttausend neuer Wohnungen ermöglicht.

Heute, zwei Jahre nach dem Erlaß des Führers, ist nicht nur die Planung in den Grundzügen bereits abgeschlossen. Darüber hinaus ist der Neuaufbau an zahlreichen Punkten der Reichshauptstadt in vollem Gange. Schon ist der erste Großbau, die neue Reichskanzlei an der Voßstraße, seiner Bestimmung übergeben. Die Ostwestachse erhält eine doppelte Breite und wird in wenigen Monaten bereits vom Brandenburger Tor bis zum Adolf-Hitler-Platz — in einer Länge von rund 7 km — fertiggestellt sein und dem Verkehr übergeben werden. Mit dem Neubau des Wehrtechnischen Instituts ist die neue Hochschulstadt im Aufbau begriffen. Am 14. Juni vergangenen Jahres endlich wurden mit dem Arbeitsbeginn an 16 Großbaustellen gleichzeitig Einsatz und Tempo gesteigert.

## 66  Juli 1936

### Die Bauten des Reichssportfeldes
Von Regierungsbaumeister a. D. Werner March, Berlin

... Es war eine außerordentlich schwierige Lage, in der wir uns befanden, als wir nach dem Weltkrieg vor der Planung eines vergrößerten deutschen Olympia-Stadions standen. Das alte Deutsche Stadion war das erste europäische Stadion, das nach neuzeitlichen Gesichtspunkten entwickelt war. Es war aber im Ausmaß seiner Arena zu groß. Es hatte eine 600 m lange Laufbahn und eine 666 m lange Radrennbahn. Die Folge dieser zu großen Ausmaße der inneren Kampfbahn war, daß die Fühlung zwischen den Kämpfern und den Zuschauern verlorenging. Jeder, der einmal athletische Kämpfe in unserem Stadion erlebt hat, wird bei aller Anerkennung seiner überragenden Schönheit und seiner hervorragenden Einfügung in die Landschaft vermißt haben, daß eine wirklich lebendige Verbundenheit zwischen Kämpfern und Zuschauern eintrat. Daher gingen

auch die Leistungen zurück. Die Amerikaner haben über diese Zusammenhänge sehr sachliche Untersuchungen angestellt. Ihren Ergebnissen sind auch wir später gefolgt.
Wir haben das Einheitsmaß, das die amerikanischen Großstadien besitzen, nämlich die 400 m lange Laufbahn, zur Grundlage gemacht. Damit lautete die Richtlinie für den Neubau: kleinerer Innenraum und größeres Zuschauerfassungsvermögen; die Zuschauer so dicht wie möglich an die Kämpfer heran!
Bei der Beharrlichkeit, mit der Berlin sich den neuen Planungen verschloß, blieben wir auf das alte Stadion angewiesen. Seine Beibehaltung empfahl sich auch, weil die verkehrsmäßigen Voraussetzungen am alten Stadion einzigartig günstig schienen. Die großen Verkehrsbetriebe hatten sich seinerzeit in der Erwartung einer endgültigen großen Benutzung unseres Stadions bei den Olympischen Spielen von vornherein auf einen Ausbau größten Stils ihrer Verkehrsanlagen eingestellt. Die Reichsbahn hat ein fünfbahniges Rangiergeleise im S-Bahnhof Reichssportfeld gebaut, und auch die Untergrundbahn hat eine sehr stattliche Gleisanlage geschaffen, die eine Stundenleistung von annähernd 40 000 Menschen gewährleistet, während die Reichsbahn 70 000 befördern kann. Hinzu kam daß auch die Heerstraße an die Kampfbahn heranführte.
Die Schwierigkeiten einer Erweiterung des alten Stadions lagen nur darin, daß wir mit allen vermehrten Zugängen unter dem Geläuf der Pferderennbahn hindurch mußten, ferner aber auch darin, daß jede Überhöhung im Bau des Stadions verboten war, weil man sonst die Sicht auf das Pferdegeläuf für die Rennbahn vernichtet hätte.
Diese Schwierigkeit löste der Entwurf dadurch, daß man einfach die ganze Arena vertiefte, so daß eine kleinere Kampffläche entstand, was uns an sich erwünscht war. Man hätte damit ein doppeltes Fassungsvermögen des alten Stadions erreicht.
Die Reichsakademie für Leibesübungen, die damalige Hochschule für Leibesübungen, sollte nur durch den Bau einiger Übungshallen und eine gewisse medizinische Ausrüstung zur Versorgung der olympischen Spieler vergrößert werden.

Der Plan des Führers
Mit diesem Rumpfprojekt traten wir am 5. Oktober 1933 vor den Führer. Er ließ sich in zweistündigem Vortrag die Anlagen erläutern, um dann zum Schluß mit wenigen großen Richtlinien den ganzen Plan auf eine völlig neue Grundlage zu stellen. Er erklärte: »Die Grunewald-Rennbahn muß verschwinden. Das Stadion ist damit wohl auch erledigt und bedarf einer völligen Neubearbeitung; eine Verbindung von Stadion und Rennbahn wird immer nur halbe Lösung bringen; wir bauen entweder etwas Ganzes oder gar nichts!«
Nachdem er rückhaltlos die Notwendigkeit der neuen Stadiongestalt mit der kleinen Arena anerkannt hatte, forderte er die Anlage eines besonderen Aufmarschgeländes neben dem Stadion. Er stellte die Forderung, das Athletik-Stadion und dieses Aufmarschgelände zu einem einheitlichen Ganzen so zu verbinden, daß beide Anlagen in eine innige harmonische Beziehung zueinander treten.

Dann genehmigte er die Dietrich-Eckart-Freilichtbühne als einen Vorschlag, der in seiner Größe von der Landschaft her hierfür vorbereitet schien.
Endlich forderte er den Ausbau der Reichsakademie in großem Stil. Im wesentlichen durften dabei die Grundgedanken eines alten Planes, der mir und meinem Bruder Walter noch im Jahre 1926 den ersten Preis in einem Wettbewerb eingebracht hatte, wieder aufgenommen werden.

Das Gesamtbild der Bauten
Aus deutschem Geiste wurde eine Anlage geschaffen, die in ganz ähnlicher Weise wie das alte Olympia Geistiges, Erzieherisches, Kämpferisches und Vaterländisches miteinander verbindet. Neben dem Athletik-Stadion bauten wir ein Schwimmstadion, ein Hockey-Stadion, ein Reiter-Stadion, ein Tennis-Stadion und zu Füßen dieser Kampfstätten ein Gymnasium, eine Akademie, mit der eine Verwaltungsanlage, die Reichssportverwaltung, verbunden ist. Wir besitzen ferner ein Forum, eine große vaterländische Kundgebungsstätte und ein Theatron, eine musische Weiheanlage, und alles das zusammen mit einem Bezirk, der in ganz eigenartiger Weise von der Natur dazu vorausbestimmt zu sein scheint. Das Gelände des Reichssportfeldes ist eine Hochfläche über Berlin, rings frei von Bebauung, auf höchster Stelle, von Industriewinden und schlechter Luft fern, umzogen von dem tiefen Einschnitt der Hamburger Fernbahn im Osten, der S-Bahn im Süden und im Westen, und im Norden von der Morellenschlucht, dem Übungsgelände des Reichsheeres. So ist gleichsam ein tiefer Graben um diesen Bezirk herum gezogen. Hierdurch war es dem Architekten möglich, eine städtebaulich mit großer Bestimmtheit und Klarheit entwickelte Anlage auch wirklich von allen Punkten dem Beschauer sichtbar werden zu lassen. Wo man auch stehen mag, überall ergeben sich nicht etwa aus ästhetischer formalistischer Spielerei, sondern aus dem organischen Aufbau des Ganzen einfache, natürliche und schöne Gruppen.

Die neue Lage des Stadions
Nachdem das Stadion in seiner alten Fassung nicht mehr zu gebrauchen war, hätte jeder Versuch, sich an seine frühere Form mit den völlig veränderten neuen Formen irgendwie anzulehnen, doch wieder zu halben Maßnahmen geführt. Es hatte keinen Zweck, zu versuchen, sich mit den Grundmauern dieses alten Stadions irgendwie auseinanderzusetzen. Ich habe mich deshalb kurz entschlossen vom alten Stadion vollständig gelöst, so als ob es überhaupt nicht da sei, und habe das neue Stadion so gelegt, wie man es gelegt haben würde, wenn man überhaupt nichts vorgefunden hätte.
Daraus ergab sich die Verschiebung des Stadions, des bedeutsamsten oberirdischen Baues in die Achse der beiden Hauptzuwege, nämlich der Hauptzufahrt, die vom Süden, von der Heerstraße, heranführt, und in die zweite große Zufahrt, die vom Osten von der Schwarzburgallee mit der Brücke über die Fernbahn in einer riesigen Auffahrt zum Stadion führt. Im Achsenkreuz dieser beiden Zufahrtstraßen liegt jetzt das neue Stadion.

21 Olympia-Stadion in Berlin. Umgang. Architekt Werner March, 1935/36

Erstmalig in einem Bau der Neuzeit sehen wir hier eine Verschiebung, wie wir sie bei antiken Tempeln in Sizilien und an vielen anderen Stellen antreffen, Verschiebungen, über die wir uns heute vergeblich den Kopf zerbrechen. Hier können wir, die wir diese Anlage geschaffen haben, noch erklären, welche Überlegungen uns leiteten. Aber andere werden später auch nicht mehr verstehen, weshalb man zu einer solchen Verschiebung gelangt ist.

Aber jeder wird ohne weiteres zugeben, daß diese Verschiebung notwendig und richtig war, der einmal erlebt hat, wie stark der Stimmungsabfall war, wenn man das alte Stadion verließ und in gequältem und gequetschtem Zustande durch die Schleife der alten Zufahrtstraße langsam den Verkehrsmitteln zuströmte, während man, wenn man das heutige Stadion verläßt, mit dem Blick auf eine weite Linie ein vielleicht noch gesteigertes Gefühl seiner Erlebnisse gewinnt und behält.

Langsam steigt jetzt im Osten, von der Brücke her, die Zufahrt an in einem einzigen Steigerungsverhältnis bis heran an die Kampfbahn. Schon von weitem gewährt sie einen großen und festlichen Eindruck und läßt die Kampfbahn größer erscheinen als sie ist.

Wenn man so von außen an das Stadion herankommt, dann sieht man nun aber, in der Achse durchgehend, in das Stadion hinein, dann senkt sich nach innen zu ein Unterring von noch einmal so großer Höhe ab. Ein überwältigender Eindruck, der sich jedesmal von neuem geltend macht.

Eine ähnliche Wirkung ergibt sich bei der Freilichtbühne, wo man zunächst in einem Kiefernwald dahinwandert und keine Ahnung von dem unerhört starken Abfall von über 30 m hat, bis man hart an der Freilichtbühne steht und plötzlich in dieses riesige Oval hineinblickt.

Die Mulde des alten Stadions haben wir nicht etwa zugeschüttet, sondern einfach als eine riesige Tunnelanlage unter dem neuen Stadion erhalten, die es ermöglicht, die Zufahrten des alten Stadions auch heute noch zu benutzen. Durch den alten Tunnel können jetzt die Sportler unterirdisch in die Kampfbahn hineingelangen. Zugleich können so auch sämtliche Ehrengäste, vor allem der Führer, ungesehen ihre Logen erreichen.

Der riesige Keller, der so entstand, ist ein reines Eisenbetongebilde, das dem Architekten willkommene Gelegenheit gab, einmal in reiner technischer Sachlichkeit zu arbeiten.

## Die Bedeutung des Aufmarschgeländes für künftige Kundgebungen

Der Forderung des Führers entsprechend wurde das Aufmarschgelände in inniger Beziehung zum Stadion entwickelt. In einer späteren Besprechung in der Reichskanzlei hat der Führer noch einmal die leitenden Gedanken entwickelt. Zu der Durchführung großer nationaler Kundgebungen, etwa bei den späteren Maifeiern, sollen die Anlagen des Reichssportfeldes eine Aufgliederung der Festgemeinde ermöglichen, die eine enge Beziehung zum Führer oder zu den einzelnen Sprechern eintreten läßt. Die einzelnen Formationen sollen sich dann getrennt versammeln, etwa die Arbeitsfront in der Kampfbahn, die SA und die SS

im Aufmarschgelände und die Hitlerjugend in der Freilichtbühne. Sie werden dort vorweg vom Führer begrüßt. Zum Schluß tritt der Führer, durch das Olympia-Stadion hindurchschreitend, auf seinen Rednerstand, und dann wird durch Lautsprecher, für alle Anlagen vernehmbar, die große Rede des Führers übertragen.
Um die vom Führer geforderte harmonische Verbindung von Stadion und Aufmarschfeld zu verwirklichen, war eine portalartige Öffnung des Stadions nötig. Wir haben hierfür einen radikalen Einschnitt gewählt, der mit zwei kräftigen Blöcken die Riesenbewegung der Zuschauerränge auffängt und von dem aus eine Monumentaltreppe in die Arena hinabführt. Hier mündet auch der schon erwähnte Tunnel, so daß das obere Tor mit dem Olympischen Feuer, die große Freitreppe und der Tunnel sich zu einer einzigartigen und festlichen Portallösung, dem Marathontor, vereinigten. Nach Westen zu wird das Aufmarschgelände durch einen großen Wall, eine Art Limes, mit einer leichten Schwenkung, die die Rundung der Kampfbahn aufnimmt, abgeschlossen. In der Mitte dieses Walles ist als Monumentalbau die Langemarck-Halle mit dem Glockenturm errichtet. Dieses Bauwerk soll über die Olympischen Spiele hinaus der Anlage einen tief symbolischen Inhalt geben, und zwar schien uns das Schönste die Ehrung der im Weltkrieg Gefallenen, der singend in den Tod gezogenen Jugend von Langemarck zu sein. Später, wenn einmal die Glocke nicht mehr zu den Olympischen Spielen klingt, soll sie mahnen an diese Schar, die uns Sinnbild und Vorbild sein soll.
Wenn man von Osten her in die Kampfbahn eintritt und durch das Marathontor auf den Glockenturm der Langemarck-Halle blickt, so tritt eine schöne Verbindung der Motive ein.

Die Lösung der Verkehrsaufgaben
Ein weiterer leitender Gesichtspunkt bei der Anlegung des Reichssportfeldes war, die Kampfbahnen, die einen ständigen starken Fußgänger- und Zuschauerstrom zu bewältigen haben, so nahe wie möglich an die Verkehrsmittel heranzulegen. Das führte dazu, vor allem das Olympia-Stadion dem U-Bahnhof und dem S-Bahnhof am nächsten zu errichten und ferner das Hockey-Stadion, das Tennis-Stadion und das Schwimm-Stadion ebenfalls möglichst nahe bei den Ausgangspunkten der Verkehrsmittel anzulegen.
Die Reichsakademie, die in ihrer Lage gegeben war, liegt auch verkehrsmäßig gut zur U-Bahn und zu dem später ständig geöffneten Ostausgang des S-Bahnhofes. Dagegen liegen die großen einmalig benutzten Weihe- und Feststätten, das Aufmarschgelände und die Freilichtbühne, die nur drei- oder viermal im Jahre benutzt werden, etwas mehr abseits.
Die von der Brücke oder von der Heerstraße herankommenden Fahrzeuge gelangen bis in die unmittelbare Nähe des großen Stadions. In der Mittelbahn der breiten Zufahrtstraße können die Fahrzeuge, die nicht an bestimmte Besucher gebunden sind, die Omnibusse und Kraftdroschken, von hinten ohne weiteres nachgeschoben werden, während auf den seitlichen Parkplätzen die Privatkraft-

wagen parken. Die Fußgänger gelangen ohne jede Kreuzung mit den Kraftwagen in die Kampfbahn.
Von Döberitz, vom Olympischen Dorf herkommend, können die Sportler entweder oben in die große Garderobenanlage der Reichsakademie geführt werden oder sie können durch die erwähnte alte Tunnelanlage in die Kampfbahn gelangen, ohne daß überhaupt eine Kreuzung der Wege der Zuschauer und der Sportler entsteht.

Bauwerk und Landschaft
Ein wichtiges Gebot war es, unsere empfindliche und zarte märkische Landschaft nicht zu schwer mit Großbauten zu belasten. Wenn man die Architektur der großen Vorfahren verfolgt, so wird man übereinstimmend erkennen, daß bei Schlüter, Knobelsdorff und Schinkel sich eine große Zartheit des Maßstabes bemerkbar macht. Das ist sicherlich geschehen, weil unsere Landschaft eine große Feinheit und Zartheit in Farbe und Form besitzt, die eine schwere Architektur nicht verträgt.
Ich habe, der ich ja von Kind auf in diesem Gelände umherstreifte, oft Beziehungen zur japanischen Landschaft gefunden, und es wird manchem Beschauer ebenso gegangen sein. So bin ich zu einer bewußten Auflösung des großen Körpers des Olympia-Stadions gelangt. Selbst bei der großen Monumentalität der Aufgabe mußte das Beherrschende immer die Landschaft bleiben, weil sie uns gerade hier in so besonders unberührter Schönheit erhalten war. Um diese Landschaft einzubeziehen, mußte das Bauwerk so gestaltet werden, daß man von ihm aus stark den Einklang von Bauwerk und Landschaft empfand. Wenn die Menschenmengen das innere Rund der Arena verlassen und aus den oberen Toren heraustreten auf die großen Arkaden, und wenn sie dann draußen in der Pfeilerhalle wandeln mit dem Blick in die Landschaft, so wird sich ihnen nach dem in der Arena erlebten Schauspiel noch einmal ein zweites, vielleicht ebenso schönes Schauspiel in der Landschaft darbieten.

# 67 Januar 1941

Richtlinien für die Errichtung von Gemeinschaftshäusern der NSDAP in den Ortsgruppen
Herausgegeben vom Reichsorganisationsleiter der NSDAP

*A. Allgemeines:*
1. Der Begriff des Gemeinschaftshauses
Die Gemeinschaftshäuser der NSDAP dienen der Betreuung der Volksgenossen auf allen Gebieten des täglichen Lebens sowie der Vertiefung des Gemeinschaftslebens in den Ortsgruppen. Das Gemeinschaftshaus muß daher die diesen Aufgaben entsprechenden Räume enthalten. Diese sind:

Zu 67 Vergl. Das DAF-Projekt *Häuser der Arbeit* aus dem Jahr 1934.

I. Die Dienststellen der Partei, Gliederungen und angeschlossenen Verbände.
II. Der Feierraum mit entsprechenden Nebenräumen.
III. Die kleine Gaststätte mit Küche.
IV. Die Gesundheitsstation.
V. Ein Kindergarten.
VI. Eine Sportanlage.
Nach dem Willen des Führers soll im Laufe der kommenden Jahre in jeder Ortsgruppe ein solches Gemeinschaftshaus errichtet werden. In den neuen Wohn- und Siedlungsgebieten wird dabei fast immer das gesamte Bauprogramm erfüllt werden müssen, während in den alten Wohn- und Siedlungsgebieten jeweils an Ort und Stelle der Umfang des Bauprogramms bestimmt werden muß.
Auf jeden Fall ist bei allen diesen Überlegungen davon auszugehen, daß die Errichtung des Gemeinschaftshauses der NSDAP in der Ortsgruppe die Zusammengehörigkeit der Gemeinschaft pflegt und fördern soll.
2. Zweck der Gemeinschaftshäuser der NSDAP
a) Zusammenfassung aller Dienststellen der Partei, ihrer Gliederungen und angeschlossenen Verbände; b) Abhaltung von Kundgebungen, Mitgliederversammlungen, Appellen; c) Führerbesprechungen; d) Durchführung von Feierstunden; e) Durchführung kultureller Veranstaltungen, z. B. künstlerischer Darbietungen, Kraft durch Freude und wissenschaftlicher Vorträge; f) Veranstaltung von Filmabenden; g) Durchführung der verschiedenartigen Kurse des Volksbildungswerkes; h) Geselliges Zusammensein bei Spiel, Musik und Literatur; i) Vorsorgende ärztliche Betreuung der Volksgenossen; k) Gesundheitliche Betreuung der werdenden Mütter; l) Reihenuntersuchungen; m) Kinderbetreuung; n) Durchführung jeder Art von Leibesübungen.
Damit wird das Gemeinschaftshaus der volksbetreuende, volkskulturelle, sportliche und gesellschaftliche Mittelpunkt der Ortsgruppe. Jeder Volksgenosse findet hier die Betreuung und die Erholung, die er sucht.
3. Landschaft und Gestaltung des Gemeinschaftshauses
Das Gemeinschaftshaus der NSDAP soll, wie bereits oben festgestellt, Mittelpunkt des gesamten Gemeinschaftslebens einer Ortsgruppe sein. Dementsprechend ist auch die Planung durchzuführen. Der Bau selbst muß im Mittelpunkt des Wohn- und Siedlungsgebietes einen beherrschenden Platz einnehmen. Seine Gestaltung muß Ausdruck der nationalsozialistischen Weltanschauung und Baukunst sein.
4. Räumliche Trennung der Parteiverwaltung von Stadt- oder Staatsverwaltung
Der Generalbauinspektor Prof. Speer fordert die städtebauliche Zusammenfassung der Diensträume der Partei, des Staates und der Stadtverwaltung sowie des Kundgebungsplatzes auch bei den Ortsgruppen. Es ist jedoch grundsätzlich dafür zu sorgen, daß die Amtsräume der Partei von denen der Staats- oder Stadtverwaltungen baulich getrennt werden, d. h. es ist nicht wünschenswert, daß beide Verwaltungen in einem Gebäude untergebracht werden. Es muß jedem Volksgenossen klar sein, daß die Geschäfte des Staates oder der Gemeinden von denen der Partei getrennt sind. Das Bürgermeisteramt kann zwar in der Grundhaltung eine ähnliche Planung aufweisen, jedoch soll das Dienstgebäude der

NSDAP als solches deutlich erkennbar sein. Das Bindeglied zwischen Parteihaus als Sinnbild der weltanschaulichen Führung und dem Bürgermeisteramt als Zentrale des praktischen Vollzuges kann die Feierhalle bilden, die in ihrem architektonischen Ausdruck immer der künstlerische Schwerpunkt sein soll.

5. Freihaltung von Plätzen für Gemeinschaftshäuser in Siedlungen und Städten
In jedem neuen Wohn- und Siedlungsgebiet muß für die Errichtung des Gemeinschaftshauses ein geeignetes Gelände vorgesehen werden. Der Generalbauinspektor Prof. Speer kann sich bei der Standortwahl und bei der Gestaltung des Lageplanes entscheidend einschalten. Die Größe und der Umfang des Bauprogramms sind aus den Richtlinien zu entnehmen. Es ist an Ort und Stelle mit dem zuständigen Hoheitsträger durchzusprechen und ungefähr festzulegen. Bei diesen Überlegungen und Feststellungen ist ein genügend großer Platz für das Gemeinschaftshaus vorzusehen. Mit den zuständigen Stellen des Staates werden entsprechende Erlasse für die Freihaltung dieser Plätze vorbereitet.

6. HJ.-Heim und Gemeinschaftshaus
Im Gemeinschaftshaus muß sich grundsätzlich auch die Dienststelle des örtlichen HJ.-Führers befinden. Ob dort, wo noch kein HJ.-Heim errichtet ist, in Zukunft auch dieses Haus am Platz des Gemeinschaftshauses errichtet werden soll, wird jeweils von den örtlichen Gegebenheiten sowie von der Möglichkeit der Unterbringung der für das Gemeinschaftshaus notwendigen Anlagen abhängig sein. Es besteht jedenfalls keine grundsätzliche Forderung, das HJ.-Heim mit dem Gemeinschaftshaus örtlich und gestalterisch in Verbindung zu bringen.

7. Größe der Aufmarschplätze und Feierräume
Vor Festlegung der Raumgröße der Feierräume und der Aufmarschplätze sind eingehende Untersuchungen darüber anzustellen, welcher Art die Feierhallen und Aufmarschplätze der Gauforen und Kreisforen sein werden und welchen Umfang sie haben können. Dabei ist besonders zu beachten, daß in bereits erbauten Städten oft für mehrere Ortsgruppen zusammen nur ein Feierraum gebaut werden kann. Gleichzeitig kann diese Stadt z. B. auch Gauhauptstadt und Kreisstadt sein. Die einzelnen Feierhallen und Aufmarschplätze sind daher entsprechend diesen Überlegungen in das Gesamtbild der Stadt einzuordnen.

8. Ehrenhof für die Gefallenen
Die Ehrung der Gefallenen der Bewegung und der Gefallenen dieses Krieges, die im Kampf um die nationalsozialistische Revolution und den nationalsozialistischen Endsieg ihr Leben geopfert haben, ist Aufgabe der Partei. Es ist deshalb notwendig, einen würdigen Ehrenhof der Gefallenen bei der Anlage der Gemeinschaftshäuser vorzusehen. Innerhalb der Gebäude soll jedoch ein Ehrenhof nicht eingebaut werden.

9. Baukünstlerische Gestaltung
Die baukünstlerische Gestaltung sämtlicher Gemeinschaftshäuser der Partei unterliegt der Verantwortung des Generalbauinspektors Prof. Speer.

10. Finanzierung und Ausführung
Die Finanzierung und Ausführung sowie die spätere Verwaltung und Erhaltung der Gebäude erfolgt durch den Reichsschatzmeister der NSDAP als Bauherr. . . .

22 Schulungsburg der Deutschen Arbeitsfront (Horst-Wessel-Halle) in Erwitte.
Bauabteilung der DAF, Leitung Julius Schulte-Frohlinde, 1936

## 68 August 1936

**Die Ordensburgen Vogelsang und Crössinsee**
Von E. Bender, Köln

Die Ordensburgen, insbesondere Vogelsang und Crössinsee*, sind im Gegensatz zu allen anderen Großbauten der Partei nicht das Ergebnis eines nach Art und Umfang klar umrissenen Programms oder einer einzigen schöpferischen Tat. Wie ihre endgültige Zweckbestimmung und selbst ihr Name die letzte Stufe einer stürmisch durchlaufenen Entwicklung darstellt, so wuchs das ursprünglich bescheidene Bauvorhaben während der Planung und noch nach Beginn der Arbeiten ruckweise in seine bis heute sichtbar gewordene Gestalt, die wiederum nur als Teil, freilich auch als Kernstück, eines viel größeren künftigen Ganzen auftritt.

Man muß das wissen, nicht nur um die ungewöhnlichen Schwierigkeiten der Aufgabe und dementsprechend die Größe der baukünstlerischen Leistung zu ermessen, sondern auch um den Anteil eines der nationalsozialistischen Weltanschauung ganz und gar verhafteten Architekten an der Ausformung eines eben erst geborenen Gedankens zu würdigen. Hier in Vogelsang wurde nicht gebaut, sondern wahrhaft gestaltet. So sehr, daß erst aus dem von der Landschaft der Eifelberge bestimmten Charakter der Bauformen der ritterliche Name »Burg« abgeleitet werden konnte, der in Verbindung mit dem von Rosenberg neugeschaffenen Begriff des »Ordens« begrifflich eine deutsche Vergangenheit mit der in die Zukunft weisenden Gegenwart verknüpfte.

Nur auch, weil er sich in das Wollen seines Auftraggebers voll einzuschalten vermochte, konnte der Architekt die letzten wirtschaftlichen, technischen und baukünstlerischen Forderungen des Gedankens in allen ihren Folgerungen so sicher im voraus erkennen, daß die Bauwerke des nächsten Abschnitts sich ohne Bruch in die heutige Anlage eingliedern lassen. Er hat ihm alle Kraft zum Wachsen gegeben, sein Wesen aber schon im Keim für immer vorherbestimmt. Es erscheint angebracht, gerade vor Fachmännern des Bauens auf das im besonderen Sinne Schöpferische im Rahmen der Gesamtleistung eines Berufskameraden hinzuweisen.

Nur wer davon weiß, kann, besonders in Crössinsee, noch die Spuren der entscheidenden Programmänderung erkennen. Sonst sieht man es den beiden Ordensburgen nicht mehr an, daß sie anfänglich als die ersten einer großen Zahl primitiver Barackenlager gedacht waren, die überall in den Gauen an landschaft-

---

Zu 68 Clemens Klotz (geb. 1886 in Köln) erregt 1934 Aufsehen mit einem für Köln geplanten Modell und Entwurf zum *Nationalhaus der Deutschen Arbeit*, einer 370 m langen und 150 m breiten tempelartigen Anlage mit zentralem Kuppelbau. Der Plan wurde nicht realisiert. Als Baugelände war das Messegelände zwischen Rhein und Mühlheimer Straße in Deutz vorgesehen; Abels Messehallen und der Pressaturm sollten demonstrativ abgebrochen werden.

* von Architekt Clemens Klotz, Köln

23 Ordensburg Vogelsang in der Eifel. Architekt Clemens Klotz, 1934—1936

24 Projekt für die »Hohe Schule der NSDAP« am Chiemsee. Architekt Hermann Giesler, 1938

lich bevorzugten Orten entstehen und den zu Ferienkursen zusammengezogenen Politischen Leitern der Partei in den Sommermonaten Unterkunft bieten sollten. Schon im Juli 1933 war dem Reichsorganisationsleiter Dr. Ley die als vordringlich erkannte Schulungsaufgabe vom Führer übertragen worden. So klar wie das Ziel, war der Weg nicht; auch fehlten fast alle Hilfsmittel. Trotz des Mangels an geordneten Lehrstoffen, Lehrplänen, geeigneten Lehrern und Unterkünften mußte gehandelt werden, auch wenn das erste Ergebnis nur die Stärkung des Zusammengehörigkeitsgefühls innerhalb des Stabes der Politischen Leiter der Partei und der angeschlossenen Verbände gewesen wäre. Diese Gauschulungskurse aber leisteten mehr, die unentbehrliche Pionierarbeit, wertvoll auch dann, wenn sie auf ungebahnten Wegen langsam und nicht immer in Zielrichtung vorankam.

Inzwischen hatte sich auch die Notwendigkeit der Aufspaltung des allgemeinen politischen Schulungsprogramms in eine weltanschauliche Erziehung, die allein das Werk der Partei sein durfte, und in eine reine Fachausbildung herausgestellt, die man den Verbänden überlassen konnte. Es entstanden (schon mit der von den Ordensburgen abgeleiteten Bezeichnung) einerseits die Reichsschulungsburgen der DAF (Erwitte, Lobeda, Saßnitz auf Rügen), andererseits wurde die Umwandlung der Gauschulen in Gauburgen vorbereitet, auf denen wie bisher die im Amt befindlichen Politischen Leiter jährlich zu »Reserveübungen« versammelt werden sollten. Die wichtigste Aufgabe aber, die Heranbildung eines leistungsfähigen, gefestigten, dauernd einsatzbereiten Führernachwuchses, war auf diesem Wege nicht zu lösen. Dafür waren die vier- bis sechswöchigen Kurse zu kurz, der Lehrplan zu begrenzt, das System zu locker. Nur ein mehrjähriger, umfassender, dichtgefüllter Lehrgang konnte zu diesem Ziel führen. Aus solcher Erkenntnis wurde der Schulungsbegriff der Ordensburgen geboren, und im gleichen Augenblick nahmen die in Crössinsee und Vogelsang fertig geplanten und schon in Angriff genommenen Bauanlagen ihre entscheidende, vom Architekten vorgeahnte und ersehnte Wendung zum monumentalen Großbau.

Denn nun handelte es sich nicht mehr um die Bereitstellung lagermäßiger Unterkunfts- und Verpflegungseinrichtungen, die jeweils dem einzelnen für wenige Wochen genügen mochten. Hier sollten vielmehr zunächst 500, später 1000 junge Männer für drei entscheidende Jahre ihres Lebens eine Heimstätte finden, zwar gemeinsam, aber mit angemessener Raumzuteilung, schlafen und wohnen. Sie sollten verpflegt und in jeder Beziehung betreut werden, vor allem aber einen weitgespannten Lehrplan erfüllen, der von wissenschaftlicher Schulung bis zur Erledigung eines ungewöhnlich reichen Sportprogramms alle zur Entwicklung vorausgesetzter Führereigenschaften und Erlangung politischer Bildung geeigneten Disziplinen umfaßte. Ein Stab von Lehrern und zahlreichen Angestellte mußten untergebracht werden. Der technische Apparat konnte gar nicht vollkommen genug sein, die Bauwerke selbst aber sollten nach Dr. Leys Auftrag »denjenigen, die in ihnen zu nationalsozialistischen Führern erzogen werden, jeden Tag von neuem ein Sinnbild der Größe und Würde der nationalsozialistischen Weltanschauung sein«.

25 Ordensburg Crössinsee. Blick aus der Ehrenhalle auf die Sporthalle. Architekt Clemens Klotz, 1937

Dies war die neue und letzte Formung des Bauprogramms, und man muß schon sagen, daß die Möglichkeit, zugleich in der Eifel und in Pommern auf landschaftlich so verschiedenem Boden sich an ihm zu erproben, eine der reizvollsten Aufgaben war, die einem Architekten gestellt werden konnten ...

## 69 Januar 1940
**Vom Bauen der Hitler-Jugend**
Künstlerisch-soldatische Erziehung der jungen Generation
Von Dipl.-Ing. Hanns Dustmann, Reichsarchitekt der Hitlerjugend, Berlin

Überzeugt von der Größe und Bedeutung ihrer Aufgabe, ist die Hitler-Jugend seit Jahr und Tag ans Werk gegangen. Die künstlerischen Kräfte der Jugend sind frühzeitig geweckt, systematisch geschult und in praktischer Arbeit angesetzt worden. Die Jugend hat sich zur Kunst bekannt und stellt in ihrem Bereich ihre Forderungen an die deutsche Kunst der Zukunft.
Unter einheitlicher Leitung, Zielsetzung und Ausrichtung sind in unserem weiten Vaterland bereits zahlreiche Bauten aus dem großen Bauprogramm der Jugend entstanden. Vom kleinsten Heim im Dorf bis zu den großen Erziehungs-

26 Projekt für das HJ-Heim der Stadt Hamburg, 1937

stätten, den Führerschulen, den Akademien und Adolf-Hitler-Schulen. In ihnen allen erfolgt die Erziehung des jungen deutschen Menschen im Sinne der Aufgaben, die von der nationalsozialistischen Bewegung gestellt werden, eine Erziehung, die neben der körperlich-wehrmäßigen Ertüchtigung durch Schwimmen, Schießen, Leichtathletik und Spiele die weltanschaulich-politische Schulung, das Erschließen kultureller und geistiger Werte, die Pflege deutscher Musik und die Ausbildung im Handwerklichen umfaßt.

Das Bauen der HJ.-Heime ist in ländlichen, dörflichen und kleinstädtischen Bezirken gleichzeitig zu einer Frage der Landschafts-, Dorf- und Stadtgestaltung geworden.

Darum ist den in den 38 Gebieten der Hitler-Jugend von der Reichsjugendführung eingesetzten Gebietsarchitekten die wichtige Aufgabe erwachsen, beispielgebende Arbeit zu leisten, für gute Planungen der Architekten zu sorgen, auf echte handwerksmäßige Baudurchführung im Geiste bodenständiger Baugesinnung zu achten und damit wieder die Grundlagen für eine landschaftsgebundene Baukultur zu schaffen, während die Berliner Zentrale des Arbeitsausschusses für HJ.-Heimbeschaffung sämtliche Bauvorhaben vor der Ausführung nochmals in den Plänen prüft und nach Zustimmung einen Bauschein für das Heim ausstellt, der zum Baubeginn berechtigt und dem Bau gleichzeitig den vom Reichsjugendführer verliehenen Titel »Heim der Hitler-Jugend« gibt, verbunden mit der Erlaubnis, das Heimsymbol am Heim anzubringen. So ist durch eine bewußte Dezentralisation den Menschen und Künstlern der einzelnen deutschen Landschaften die aktive Verantwortung für ihren Kulturraum in die Hände gelegt worden, wobei aber die einheitliche Linie im ganzen Reich gewährleistet bleibt, da

Zu 69 Die von Baldur von Schirach gegründete und geführte *Hitler-Jugend* kann mit ihren Bauten auf ein reiches Erbe aus der Zeit der Republik zurückgreifen. Sie hätte unter einem Chefarchitekten anderen Zuschnitts, als es Dustmann war, möglicherweise Gelegenheit gehabt, diese Tradition des Bauens für die Jugend fortzuführen. Bauherr Baldur von Schirach weist in seinen Reden mehrmals darauf hin, daß es dem Geist der HJ nicht widerspreche, ihre Bauten auch in Stahl und Glas auszuführen. Die durchweg jungen Reichs- und Gebietsarchitekten lassen die Gelegenheit ungenutzt.

27/28 HJ-Musterheim auf der Ausstellung »Gebt mir vier Jahre Zeit« in Berlin 1937. Feierraum, Eingangs- und Obergeschoß. Arch. Hanns Dustmann mit Robert Braun.

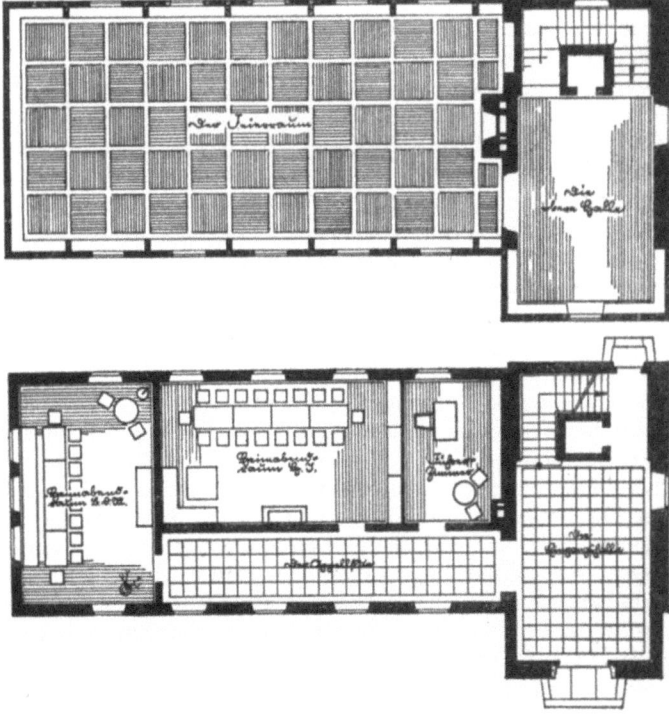

von oben die großen künstlerischen Richtlinien gegeben werden, da zentral laufend eine eingehende Schulung der mitwirkenden Fachkräfte und des künstlerischen Nachwuchses in allen Fragen der Gestaltung erfolgt und die straffe Organisation des Arbeitsausschusses für HJ.-Heimbeschaffung den inneren und äußeren festen Zusammenhalt gibt.

»Die Bauten der Jugend singen das Lied ihrer Landschaft«, so lautet die Weisung des Reichsjugendführers. Tausende von Heimen sind im Reich zu erstellen, damit jede Einheit der Hitler-Jugend ihre eigene Erziehungsstätte erhält. Es liegt auf der Hand, daß mit dem künstlerisch-vorbildlichen Bau dieser Heime der Grundstein gelegt werden kann für ein allgemeines kulturelles Verständnis in den breiten Schichten unseres Volkes, da der Träger dieser Werke der lebendige junge deutsche Mensch ist, der sich außer Schule und Haus in seinen Heimen durch Kameradschaft selbst erzieht und bildet.

Das Bauen wird damit wieder mit der Landschaft und den Menschen durch die einigende Idee untrennbar verbunden. Die herrliche Aufgabe, in den Bauten der Jugend Werke und Denkmale der Gemeinschaft zu errichten, birgt in sich die hohe Verpflichtung unserer Architekten und der ganzen jungen Generation, die gute Tradition unserer deutschen Lande in Ehrfurcht zu wahren, fortzusetzen und zur Bereicherung der überlieferten Dorf- und Stadtbilder beizutragen. Die Bauten der Jugend singen das Lied ihrer Landschaft, sie steigen aus dem tiefen Quell deutschen Volkstums und werden widerspiegeln die Mannigfaltigkeit unserer Gaue und die Vielfalt ihrer Stammesart.

Voraussetzung für das Gelingen dieses Bauens ist eine gute handwerkliche Gesinnung. Fern aber möge bleiben leere Romantik und bequeme Nachahmung! Unsere Heime und Bauten wollen über allem das soldatisch-disziplinierte Lebensgefühl der Jugend verkörpern und sind daher in Schlichtheit, Klarheit und preußischer Strenge zu gestalten. Die Baugesinnung unserer Baumeister und ihre bauliche Haltung mögen in ländlichen Gegenden ländlich, in dörflichen dörflich, in den Städten aber städtisch sein! Dabei werden diese Bauten die angeborene, oft verlorengegangene Sprache ihrer Heimat sprechen. Sie werden Zeichen dafür sein, daß der Kampf aufgenommen ist gegen die Verschandelung des vorigen Jahrhunderts, der Kampf auch gegen das heute noch geübte kümmerliche, mittelmäßige und gedankenlose Bauen in unseren Städten und Dörfern, der Kampf um Schönheit und Harmonie wiederherzustellen.

Die junge Generation wird es dann einmal nicht mehr zulassen, daß ihrer geistigen Haltung die dörfliche und städtische Umgebung nicht entspricht, auch das bürgerliche und private Bauen wird von dem gleichen Geist erfaßt werden.

Wie die Bauten in den Dörfern und Städten ihre Aufgabe erfüllen, wie sie oft den neuen Mittelpunkt der Gemeinschaft bilden oder zusammen mit anderen übergeordneten Bauvorhaben des Gemeinwesens und der Bewegung zu neuen städtebaulichen Planungen Anlaß geben, so wird die Großstadt Bauwerke der Jugend von Größe und sammelnder Kraft hervorbringen und sie so gestalten, daß sie die Jugend über die Gleichgültigkeit der planlosen Stadtwesen des 19. Jahrhunderts emporführen und mit Freude und Stolz erfüllen können.

In den deutschen Städten, die durch Staat oder Bewegung ihr besonderes Gepräge erhalten haben, ist die Reichsjugendführung ebenfalls bestrebt, Bauten von Bedeutung und kraftvoller architektonischer Gestaltung zu errichten. Die einzelnen Bauvorhaben werden frühzeitig in die großen städtebaulichen Planungen eingefügt und gemeinsam mit den Baumeistern des Führers überlegt. So ist in der Reichshauptstadt im Einvernehmen mit dem Generalbauinspektor und der Stadt Berlin in großzügiger Weise ein Gesamtplan für die zu errichtenden Heime und Bauten entstanden, wobei städtebaulich bevorzugte Plätze für die größeren Projekte zur Verfügung gestellt wurden, während die Heime ihre beste Lage in Verbindung mit vorhandenen oder zukünftigen Grünflächen, mit Sport- und Spielplätzen gefunden haben.

Mit stolzen und schönen Worten hat der Jugendführer des Deutschen Reichs dem Sinn unseres Bauens Ausdruck gegeben:

»Wer hätte angesichts unserer Bauten und Menschen noch den traurigen Mut, die Gewalt des Symbols zu leugnen! Wir Jungen der Nation sind durch Gleichnisse und Sinnbilder miteinander verbunden. Aber wir unterscheiden uns von der Jugend von einst dadurch, daß wir mit beiden Beinen auf der Erde stehen. Auch die Jugend vor uns hat gesungen, aber wir singen und bauen.

Wenn ich in bezug auf die charakterliche Erziehung junger Menschen vorbehaltlos glaube und bekenne, daß die Macht des persönlichen Vorbildes mehr vermag als jede schriftliche und mündliche Belehrung, so bin ich ebenso fest überzeugt, daß für die künstlerische Erziehung unserer Jugend der vorbildliche Raum ein wesentlicherer Bildungsfaktor ist als alle theoretischen Kunstbetrachtungen. Wenn wir grundsätzlich jedem Bauwerk, das wir errichten, in solcher Weise eine kunsterzieherische Aufgabe stellen, bekennen wir uns damit zu einem pädagogischen Gedanken von unerhörter Tragweite.

Die Jugend und das Genie müssen immer verbündet sein. Möge also der stolze Name Hitler-Jugend, der zum erstenmal symbolisch das unzertrennliche Bündnis aller Jugend mit dem größten Genius der Deutschen in Worte prägt, in diesem Sinne ein Richtspruch sein für alle Zeiten!...«

## 70 April 1939

**Die Kasernen Adolf Hitlers**
Von Walter Deissner

*Im Bauschaffen des Dritten Reiches ist einer der größten Auftraggeber die Wehrmacht. Der Aufsatz ist ein Ausschnitt aus ihren Arbeiten. Als Grundlage der Betrachtung wurde die Kaserne des Heeres gewählt.*

Die Entwicklung im Kasernenbau setzt ein, als im 18. Jahrhundert die Fürsten dazu übergehen mußten, ihre Heere anders als in Bürgerquartieren unterzubringen. Am Anfang dieser Entwicklung stehen bereits architektonische Leistungen ersten Ranges, was nicht wundernehmen darf, da Fürsten und Könige die Träger der Baukunst ihrer Zeit waren und die Baumeister ihrer Schlösser auch mit dem Bau der Kasernen beauftragten. Interessante Beispiele sind die erhaltenen Kasernenentwürfe für Stuttgart, Ludwigsburg und Ansbach. Es entspricht der Kultur dieser frühen Kasernen, daß sie über die Jahre des baukünstlerischen Niederganges des ausgehenden 19. Jahrhunderts hinaus bis in unsere Tage als Vorbild hingestellt worden sind. Allein der Dienst des Soldaten verläuft heute in weiteren und anderen Bahnen als damals. Der Organismus der Kaserne ist dementsprechend umfangreicher und verzweigter geworden. Und sosehr die Haltung jener frühen Kasernen unsere Bewunderung erregt, so wissen wir doch, daß die Kasernen des Volksheeres des Dritten Reiches einen anderen Ausdruck, eine andere Haltung zu vermitteln haben als jene Söldnerunterkünfte im absolutistischen Gewande.

Bewußt geht das Heer mit seinen Bauten eigene Wege. Es will in der Zielsetzung des Führers mit der Kraft des Nationalsozialismus den eigenen Ausdruck der Heeresbauten finden...

Der Heeresaufbau stellte die damals kleine Heeresbauverwaltung, die mit einem umfangmäßig großen, kulturell aber überwiegend zweifelhaften Erbe belastet war, vor riesige Aufgaben. Neuorganisation und Bauten mußten gleichzeitig in Angriff genommen werden. Pünktlichkeit in der Fertigstellung, höchste organische Nutzbarkeit und die selbstverständliche, hier durch die Not einer anlaufenden Wirtschaft besonders bedingte Sparsamkeit, das waren die Gebote, die ihren Eigenwert in den Pflichten des Bauleiters gegenseitig steigerten.

Eine der ersten Aufgaben der Organisation lag darin, die Fülle der neuen und ständig weiterentwickelten truppenseitigen Anforderungen den neueingerichteten Heeresbaudienststellen mit ihrem noch ungeschulten Personal so zu vermitteln, daß sie in ihrer Auswirkung auf die Bauten selbst dem entlegensten Bauleiter an des Reiches Grenze sofort anschaulich wurden. Denn schnell war auszuführen, um möglichst bald Erfahrungen zu sammeln und um diese dann für den weiteren Aufbau verwerten zu können. Die bisherigen Erkenntnisse des Kasernenbaues sind in den wenigen Jahren des Heeresaufbaues entstanden. Eine große Zahl von Bestimmungen ist der Niederschlag dieser heftigen Entwicklung... Wir erkennen in den Bestimmungen die alte preußische Sparsamkeit

Zu 70 Einer der größten Auftraggeber des Bauschaffens im Dritten Reich ist – nach Einführung der allgemeinen Wehrpflicht 1936 – die Wehrmacht. Jedoch erscheint das Bauherrenbewußtsein der einzelnen Waffengattungen unterschiedlich entwickelt. Während Heer und Marine, preußischer Tradition folgend, mit der Herabsetzung der Wohnfläche für Mannschaften von 7 auf 6 und für Unteroffiziere von 10 auf 9 qm sowie der Weisung, die generell 3geschossigen, mittelflurigen Anlagen von eigenen Baustäben entwerfen und überwachen zu lassen, spartanische Grundsätze entwickeln, leistet sich die Luftwaffe ausgesprochenen Luxus. Sie errichtet nicht nur repräsentative Kommandogebäude, sondern auch meist ebenerdige, unter dem Vorwand der Luftgefährdung weit auseinandergezogene, in Grünflächen eingebettete und zum Teil mit kostspieligen Folgeeinrichtungen (Schwimmbädern, Sportanlagen usw.) ausgestattete Truppenunterkünfte, meist unter Hinzuziehung renommierter Künstler und Privatarchitekten. Die Berichte sind aus Gründen der Geheimhaltung sachlich wenig ergiebig, vermitteln aber einen Eindruck vom Geist und von der Sprachregelung in den Heeresbauleitungen.

29 Kaserne der SS-Standarte »Deutschland«. Architekten Bieber, Lechner, Moßner, Tischler, etwa 1937

30 Fliegerhorst der Luftwaffe in Oberbayern.
Bauabteilung des Reichsluftfahrtministeriums (erstmals veröffentlicht Juni 1940)

und das bewährte soldatische Ordnungsprinzip, das sich überall herausbildet, wo Mannszucht und Gerechtigkeit herrschen sollen: »suum cuique«. Es stellt zutiefst auch ein nationalsozialistisches Prinzip dar und gilt, wo der Kameradschaft keine materiellen Hindernisse erwachsen dürfen. Es gilt auch im Großen. Denken wir uns z. B. die Lageplangestaltung einer Regimentskaserne. Unter allen Umständen wird versucht, dem Bataillon — der Kompagnie — einen eigenen Bereich zuzuteilen, der nicht besser und nicht schlechter ist als der des Nachbarbataillons. Die klare Unterteilung erleichtert den Dienstbetrieb und ermöglicht ein scharfes Durchgreifen in disziplinarischer Hinsicht.
Die Bedeutung jenes alten Ordnungsprinzips liegt für den Architekten nun darin, daß es den Aufbau einer Kaserne architektonisch am stärksten bestimmt. Gleichberechtigt stünden dann die Kompagnieblöcke (Mannschaftshäuser) nebeneinander, vielleicht sogar ausgerichtet wie im Glied. Ihre erheblichen Ausmaße — durchschnittlich 60—70 m Länge und 16 m Breite bei Dreigeschossigkeit —, ihr Abstand untereinander und die Gruppierung der Stabshäuser, Wirtschaftsgebäude und der Fahrzeug- und Stallbauten können der Kaserne bereits einen festen Charakter und Rhythmus geben, die der Architekt in künstlerische Formen zu bringen hat ...
Im allgemeinen ist die Bauaufgabe der Kaserne nicht durch Monumentalbauten zu lösen. Die Lösung liegt auch nicht in dem der Kritik der Öffentlichkeit so sympathischen Flachbau. Die dreigeschossige Bauweise auf sparsam bemessenem Platz wurde als wirtschaftlich und zweckmäßig erkannt und hat sich unter normalen Verhältnissen bewährt ...
Es erübrigt sich, darauf hinzuweisen, daß mit der Beachtung der Belange des Heeres allein die Frage der Gestaltung noch nicht zu beantworten ist. Die Seele des Soldaten, der Geist der Truppe, das sind die höheren Komponenten einer Baukunst des Heeres, die vom Erbauer erlebt werden müssen, wenn sie wirksam werden sollen. Die Bauten des Heeres sind von Natur Bauten der Gemeinschaft. Sie sind darüber hinaus Pflegestätten kämpferischer Bereitschaft. Den Ausdruck solcher Gemeinschaft und ihres Geistes zu finden, das ist die künstlerische Aufgabe, die dem Architekten gestellt ist. Wir erwarten weiter von dem Ausdruck der Bauten des Heeres die Schlichtheit des Soldaten. Nicht Primitivität, aber eine gesunde Einfachheit, die ihres inneren Wertes bewußt kraftvoll in Erscheinung tritt. Wir erwarten Sparsamkeit! Der Soldat soll bei der Sparsamkeit gehalten werden, die ihn in den meisten Fällen im Elternhause umgab. Wer sie nicht kannte, soll sie kennenlernen. Wir wollen an unseren Anlagen eine kristallene Klarheit des Aufbaues, der Grundrisse und der Fassaden, und wir erwarten schließlich an den Häusern der Soldaten vorbildliches handwerkliches Können, solide Baustoffe und eine anständige Baugesinnung, die auch die bauwirtschaftlichen Sorgen der Nation mit Würde trägt.
In der Gesamtheit bedingen alle diese Forderungen eine härtere Disziplin im Entwurf. Härtere Disziplin ist aber auch die Vorbedingung einer angestrebten höheren Kunst, denn erst in der Beschränkung zeigt sich der Meister ...
Die Wahl der Baustoffe wird grundsätzlich von dem Bestreben bestimmt, die

Heeresbauten nach Möglichkeit in das Stadtbild oder die Landschaft einzugliedern. Dieses führt zur weitestgehenden Anwendung heimischer Bauweisen und zur Verwendung ortsgebundener und ortsüblicher Baustoffe. In Gegenden, in denen Naturstein zur Verfügung steht, wird z. B. dessen Verwendung nicht nur auf einzelne Zierteile usw. beschränkt. Die Fragen, ob Ziegel- oder Schieferdeckung, ob Steil- oder Flachdach, ob Ziegelrohbau oder Putzbau zur Ausführung kommen sollen, werden in gleicher Weise durch die örtlichen Verhältnisse entschieden.

Die Pflege überlieferter Bauweisen führt nun allerdings nicht so weit, daß die Sorgen der deutschen Bauwirtschaft übergangen würden. Das Heer lehnt deshalb ein heute öfters gepflegtes Bestreben, alte ehrwürdige, aber teure Handwerkstechniken wiederaufzuwärmen, für den Kreis seiner schlichten Aufgaben ab. Es steht z. B. unter dem Eindruck der Holzknappheit auch all denjenigen Bildveröffentlichungen fremd gegenüber, die an keineswegs wesentlichen Bauaufgaben den Fachwerkbau (mit »architektonisch bestimmten Holzabmessungen«!) preisen oder womöglich eine auf Traditionsbedürfnis beruhende Holzverschwendung im Innenausbau (»schwere Balkendecken!«) als Muster vorstellen. Für solche Romantik hängen die Kontingente zu hoch. Wir haben mit unserem Holze Wichtigeres zu schaffen.*

Bei der Durchführung der Bauvorhaben des Heeres wird besonderer Wert darauf gelegt, daß auch die ortsansässigen, meist mittleren und kleineren Betriebe zu den Ausschreibungen herangezogen werden. Wo sie im einzelnen der Aufgabe nicht gewachsen sind, werden in Verbindung mit dem Reichstand des deutschen Handwerks Arbeitsgemeinschaften gebildet. Der Arbeitszuwachs, der daraus für die Bauleitungen entsteht, muß in Kauf genommen werden. Die Förderung der Leistungssteigerung geht hier verständlicherweise andere Wege als in der Arbeit mit Großbetrieben.

Die Vergabe der Aufträge erfolgt nach den Grundsätzen der VOB. Dabei werden technische Anlagen, die überall gleich ausfallen, zentral vergeben. Im übrigen ermöglicht gerade der häufig angefeindete, für das Heer aber unentbehrliche Typenbau für die einzelnen Gebäudegattungen eine besondere Erleichterung der Vergebung und Abrechnung.

---

* Die Bemerkung ist eine unmißverständliche Kritik an den Forst- und Jagdhausbauten, die der Reichsjägermeister, Luftwaffenchef und Verantwortliche für den »Vierjahresplan« Hermann Göring auch noch nach Inkrafttreten der Baustoffkontingentierungen errichten läßt. Sie weist auf die Spannungen zwischen Göring und dem Verantwortlichen für die Bauwirtschaft Fritz Todt hin, in denen verschiedene Beobachter die Ursache für den Flugzeugabsturz Todts im Februar 1942 vermuten.

# 71 März 1943

**Kriegermale des Ruhmes und der Ehre
im Altertum und in unserer Zeit
Von Generalbaurat Professor Dr.-Ing. Wilhelm Kreis**

Das Denkmal erzählt und singt, und der Sinn des Betrachtenden wird mitbewegt. Die Baukunst ist eine Volkssprache, sie entwickelt sich nicht im Gehirn eines einzelnen, sondern ein Volk erfindet und schafft Stein auf Stein diese Lettern einer Sprache! Die Begabten des Volkes tragen dazu bei, obgleich vorbereitet durch Wissen und Können. Aus Tradition und Werkschaffen tritt naiv das Neue und Unvergängliche, Werk auf Werk hervor und formt in der Gemeinschaft von Geschlechtern diese Sprache. Aus ihr schafft der Dichter unter den Baumeistern den Runengesang der Steindenkmale. Angesichts der Welt- und Völkergeschichte, die aus den alten Zeichen und Malen uns gegenübertritt, begreifen wir dieses ewige Schaffen auf so gewaltigem Untergrund. Wir Künstler dieser schweren, aber auch so großen Zeit erleben ein Geschehen, das alle diese ältesten und alten Zeiten an Größe übertrifft; wir haben keinen Grund, zu fürchten, daß die Quellen der Schöpferkraft heute versiegt sein könnten.
Die Heldentaten unserer Zeit, die groß und größer als alle vergangenen, rufen uns auf zu ihren Zeugen, ohne Scheu, aber in Ehrfurcht und Hingabe weit über das hinaus, was uns täglich berührt, unser Innerstes zu öffnen und auszuschöpfen: Eine Ahnung des Großen der heroischen Tat unserer Geschichte sind wir verpflichtet, fernsten Geschlechtern zu überliefern ...
Die Monumente — die Hymnen und Lieder brauchen zu ihrer Entstehung keine Ruhmredigkeit und Übertreibung. Wie das Meer, der Fels und der Wald größte Eindrücke durch ihr Dasein ohne jede Pose erwecken, so kann die ruhende Seele nach tiefsten Erschütterungen erst die Geburt einer künstlerischen Idee erwarten.
Keine Kunst ist so groß, so ernst und heilig, als die Tat des Helden, das Leben hinzugeben für das Vaterland. Kein Wort kann ganz erfassen, was des Helden Sinn und Opfergang bedeutet.
Die Kunst hat ihre höchsten menschlichen Werte hierbei gefunden. Auch da, wo mit geringen Mitteln gewerkt wurde, hat sie das Werk gesegnet, wenn der Sinn der Arbeit getreu zum Ausdruck brachte, was das Herz erschüttert hat.
Die Welt- und Völkergeschichte hat einen zeitlosen Stil unvergänglich im Geist

Zu 71 Wilhelm Kreis (1873–1955) wird 1909 nach Wettbewerbserfolgen auf dem Gebiet des damals hochaktuellen Denkmalwesens Direktor der Kunstgewerbeschule in Düsseldorf und 1920 Professor an der dortigen Kunstakademie. 1926 übernimmt er eine Professur an der Staatlichen Kunstakademie in Dresden. 1928 bis 1933 ist Kreis 1. Vorsitzender, von 1933 an *Ehrenpräsident des BDA*. Mit seinen monumentalen Industrie- und Warenhausbauten steht er Peter Behrens nahe. Gegen Ende der 20er Jahre löst er sich vom antikisierenden Gerüstbau (Deutsches Hygiene-Museum Dresden). Sein *Rückfall* nach 1933 erscheint als geradlinige Konsequenz einer von der Kunstpolitik Wilhelm II. und der *Stilarchitektur* (Klassizismus und Barock) nie ganz befreiten individuellen Entwicklung.

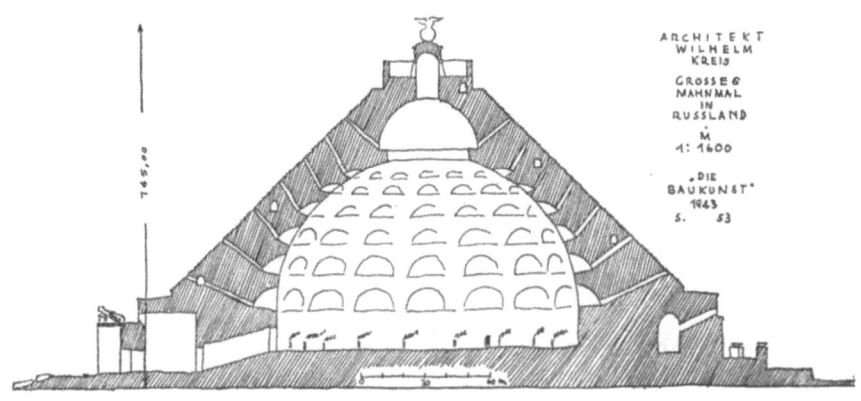

31/32 Schnitt und Skizze eines Kriegerdenkmals in Rußland.
Architekt Wilhelm Kreis, 1943

der betrachtenden Menschheit durch Jahrtausende bewahrt, den wir auf unsere Weise neu erstehen lassen...

Meine ersten Denkmalsgedanken waren beim Wettbewerb um das Völkerschlachtdenkmal entstanden. Mein Entwurf, der eine neue Bauidee mit vier großen halbrunden Bogenöffnungen als Hauptmotiv vorsah, erhielt den ersten Preis. Der Baugedanke von Schmitz, ein zylindrischer Turm, erhielt den vierten Preis. Wohl meiner Jugend wegen erhielt ich trotz des Erfolges meiner Idee nicht die Ausführung. Es freut mich aber heute, daß Schmitz meine Idee übernahm, sie nach seinem Stil umformte und erweiterte und die Ausführung daraufhin erhielt. Es wurde ein bedeutendes und volkstümliches Werk, die Bekrönung seiner Werke.

Der gewonnene Wettbewerb der Bismarcksäulen gab mir Gelegenheit, mich an einer Aufgabe zu erproben und bei vielfacher Abwandlung desselben langsam und sicher zu einer Einsicht in der Frage des Maßstabes und der Begrenzung des Schmuckes und alles übrigen Beiwerkes zu gelangen. Besonders beim Bau des ebenfalls durch Wettbewerb gewonnenen Planes eines Bismarckdenkmals an der Odermündung mußte ich Schlichtheit der Konzeption, einheitlichen Maßstab, Einmaligkeit des Motives und in Einfühlung die Landschaft erreichen.

Der Wettbewerb um das Nationaldenkmal des großen Kanzlers und Reichsgründers war ein Ereignis. Ein heißer Kampf zwischen dem Siegfried-Denkmal — Figur im Steinring — und dem Hallendenkmal führte im zweiten Gang zum Sieg des letzteren. Mir als dem Schöpfer des Hallen-Entwurfes wurde Teutschtum und Barbarei vorgeworfen. Die Nationalisten wählten meinen Entwurf. Der Krieg brach aus und beendete die Vorbereitungen zur Grundsteinlegung. Der Entwurf blieb in meinem Empfinden ein stolzes Gefühl. Meine Lebensarbeit, die Krönung einer Reife, war mir Genugtuung — ich zog als Freiwilliger ins Feld.

Unter den Ehrenmalen des Krieges, die ich erbauen durfte, ist das von Everc, zwar unfertig geblieben, doch das Einfache, Klare und Starke geblieben. Mancher Kamerad hat damals echte Soldatenhaine und Feldfriedhöfe mit schlichten, ergreifenden Steinfügungen geschaffen. Sehr bald nach dem ersten Weltkrieg, und zwar trotz der Schwierigkeiten und des anfänglichen Mangels an Verständnis großer Volksteile und der Staatsführung, gründeten Patrioten und Frontkämpfer den Volksbund deutscher Kriegsgräberfürsorge. Der Ehrenhain von Langemarck mit den am Kanal gelegenen und verwendeten Bunkern und der mächtig wirkende Eingangsbau wirken bei aller Schlichtheit und geringen Höhe mächtig und stark. Dieser volkstümliche und vielbesuchte nationale Wallfahrtsort ist eine Tat, die immer wieder hervorgehoben zu werden verdient. Der Volksbund deutscher Kriegsgräberfürsorge hat besonders durch die Gründung und den Ausbau der handwerklichen Betriebe ein künstlerisches Fundament für die schönen, mustergültigen Ausführungen geschaffen.

Ludwig Troost, der Erneuerer der monumentalen Staatsbaugestaltung, schuf auch das erste große und würdige Ehrenmal für die Gefallenen der Bewegung in München. Seine Gestaltung in zwei offenen Hallen mit vertiefter Beisetzungsstelle ist eine der eindringlichsten Verherrlichungen und beginnt mit großer Würde durch diese Ewige Wache den gewaltigen neuen Stil des Dritten Reiches. In dem ruchlos herbeigeführten Krieg Englands und Frankreichs mit Verhetzung der Polen gegen das aufstrebende neue Deutsche Reich hat mich bald nach den siegreichen Feldzügen gegen Polen, den Norden und Frankreich der Führer zum Schaffen und Betreuen der Ehrenfriedhöfe und Ehrenmale dieses Krieges berufen. Als Frontkämpfer des Weltkrieges und Erbauer und Planer so vieler Denkmale und Kriegermale habe ich im Gedenken an die eigene Soldatenzeit des ersten Weltkrieges das Amt übernommen.

Der Plan der Soldatenhalle in Berlin, eines gewaltigen Ehrenmales der deutschen Helden mit einer Krypta unter der hochgewölbten Feierhalle, war schon bald weit fortgeschritten. Seine Krypta ist der erste Gedanke der Heldenehrung dieses Krieges. Der Blick aus der Krypta gegen den großen Aufgang zur Ehrenhalle fällt auf den Heldenstein mit dem Schwert und Kranz.

Wenn auch eine Ausführung von Ehrenmalen erst späterem Beschluß vorbehalten ist, so sind doch die Gedanken schon mit ganzer Seele bei den Vorstellungen der einst entstehenden Heldengedenkstätten. Bei Warschau liegt ein Eichwald mit starken alten Bäumen; dort denke ich mir ein ragendes Mal aus Backsteinen, das einen Ehrenhof mit Heldenmal umschließt. Bei Oslo liegt auf dem Eckeberg ein bereits schön ausgebauter Ehrenfriedhof und den Berg ansteigender Ehrenhain. Dort soll sich ein runder Unterbau aus dem Wald herausheben. Über diesem starken Unterbau soll ein Ring-Ehrenmal weit hinaus über den Fjord sichtbar werden. Bei Drontheim und Narvik werden Ehrenstätten geschaffen werden, die dem nordischen Charakter der düsteren Landschaften entsprechen. Über Bergen wird ein Kriegsverletzter des Nordfeldzuges einen Ehrenfriedhof planen. Ein junger Soldat gestaltete für die steile Höhe bei Castel an der Saar das charaktervolle Modell eines Rundmales mit kleinem, stimmungsvollem Raum. Für den siegreichen Feldzug in Holland, die Erstürmung der Grebbelinie, schuf ein Hauptsturmführer der Waffen-SS ein trotziges Mal in einem vorzüglichen Holzmodell. Der Durchbruch über die Bergstellung der Metaxas-Linie soll durch ein Ehrenmal am Eckpfeiler derselben hervorgehoben werden. An der Struma in sehr heraustretender Lage ist in Form eines Kastells von großer Kraft dieses Mal erdacht.

Im Innern Rußlands in ehrfurchtsvoller Weihe vor soviel Opfern und im Gedenken der gewaltigen Siege und standhaften Winterschlachten und an den größten Heldenkampf der Geschichte ist das größte Ehrenmal geplant. Auf ansteigender breiter Kuppe aus weiter, weiter Ebene soll sich ein steinerner Hügel von großer Form erheben. Ein Ring bildet den ausladenden Sockel, viele Stufen bilden den Hügel, der von einem Adler bekrönt ist. Um ihn stehen auf Schilde gestützt die gepanzerten steinernen Recken aller mitkämpfenden Nationen. Das gewaltige Portal ist von vier Pfeilern gefaßt, auf denen Löwen Wache halten. Im Innern des steinernen Ehrenhügel tritt man durch den von oben erhellten Vorraum und in einen gewölbten Gang durch die Stärke der mächtigen Mauern und gelangt in die Halle der toten Helden. Aus der Höhe strahlt ein verdecktes

Licht in die Halle. Im versenkten Boden der Mitte ist aus allen Teilen des weiten russischen Kriegsschauplatzes Erde unter einer großen runden Steinplatte vereinigt. Das gewaltige Ehrenmal wird für alle Helden des Ostens die Ruhmeshalle sein.
Ich möchte diese Betrachtungen mit den Worten schließen, die ich schon der studierenden Jugend einmal vortrug:
»Der Adel der heroischen Menschen, die in freier Erhebung über sich selbst die höchste Tugend erreichen, für das Vaterland lieber zu fallen, als dem Feind zu weichen, verdient nicht allein höchste Bewunderung und Ehre — ihm gebührt die ewige Liebe des Volkes bis in alle Geschlechter.
Ihnen, diesen Unabhängigen vom eigenen Ich — denen, die vergaßen, daß die Gefahr tödlich war, deren Sinnen und Trachten der Sieg war, gebührt Edles zur Ehre, ihnen den Ehrenpreis zu überliefern, daß die Kommenden wissen, zu welchen Taten Deutsche bereit waren, damit sie einst bereit sein werden, ihnen zu folgen.
Ein heiliger Boden bedeckt sie. Es ist die Erde, die Mutter alles Seins. Erdhaft groß, einfach und edel sei die Form dieser Steine, stolz aber auch, wie wir auf diese Toten sind.
Wir sind uns der Ehrfurcht bewußt und werden keine Steine aufeinandersetzen, die nicht letztem Fleiß, tiefster Demut und höchstem Stolze ihre Bedeutung verdanken.«

33 »Feierstätte« auf dem Heiligen Berge bei Heidelberg. Architekt H. Alkers, 1937 ▷

# V. DIE DRITTE BÜHNE

*Um die theatralischen Bedürfnisse des »Naturdeutschen« zu stillen, »lichthaft, körperfroh und auf Gemeinschaft und Kameradschaft gerichtet«, wird im Jahre 1933 vom »Reichsbund Deutscher Freilicht- und Volksschauspiele« eine »Thingbewegung« initiiert, die das Signum der »Reichswichtigkeit« zwar bereits im Herbst 1937 wieder verliert, aber gleichwohl bleibende Spuren in der nationalen Kulturlandschaft hinterlassen hat. Im Gegensatz zur Antike, die ihre monumentale Theaterarchitektur erst errichtet, nachdem die großen Dramen und Komödien geschrieben sind, wird die Szenerie des »nationalsozialistischen Bekenntnistheaters« gebaut, bevor ein entsprechendes Repertoire vorhanden ist.*

*Richard Euringers »Einfleischung christlichen Geistes in den germanisch-deutschen Leib« (»Deutsche Passion 1933«) und die Stadionspiele von Gustav Goes (»Deutschlands Aufbruch« und »Brot und Eisen«), in denen am 1. 10. 1933 im Berliner Grunewaldstadion mehr als 17 000 Uniformierte vor 60 000 Zuschauern agieren, dienen den von den Landesstellen des Reichspropagandaministeriums ausgewählten Architekten (auch einem Architekten-Wettbewerb) als vorläufige inhaltliche »Richtlinie«. Etwa 400 Thingplätze sollten mit Hilfe des »Reichsarbeitsdienstes« auf »geweihtem deutschem Boden« errichtet werden. Etwa ein Zehntel werden von 1934—1938 in beziehungsreicher Nähe zu Hünengräbern, Schlachtfeldern, Heldengedenkstätten, Burgen und ähnlichen heldischen bzw. romantischen Requisiten gebaut.*

*Kaum eine der amphitheatralisch in die Landschaft »eingelassenen« Spiel- und Aufmarschstätten strebt ernsthaft eine Rekonstruktion des altgermanischen Thing (Gerichtsplatz freier Männer) an, fast alle folgen in Übereinstimmung mit der Monumentalarchitektur dem Baugedanken des antiken griechischen Theaters, ohne sich jeweils auf die elementaren technischen Voraussetzungen desselben (Klima, Felsen) stützen zu können. Durch die im Interesse der »wahren Öffentlichkeit der Zehn-, Zwanzig- und Fünfzigtausend« (Goebbels) angestrebte Weiträumigkeit ergeben sich eine Reihe von optischen und akustischen Schwierigkeiten, die durch den erhöhten Aufwand an Apparaturen (Lautsprecher, Scheinwerfertürme) und die Inszenierung (Chöre und Gruppen an Stelle von Einzelspielern) nur teilweise behoben werden. Häufig entstehen alleine durch das Versagen der Apparate groteske Fehlwirkungen, noch häufiger beeinträchtigen Wind und Wetter die zeitlich und räumlich überdehnten Massenschauspiele.*

*Neben dem anhaltenden Mangel an geeigneten Stücken ist es vor allem diese angesichts der leidenschaftlichen Bemühung um die landschaftliche Bauweise einigermaßen erstaunliche Fehleinschätzung der effektiven Möglichkeiten des Massentheaters im Freien, die den »Neubau des deutschen Theaters aus nationalsozialistischem Geist« so abrupt, wie er begonnen, wieder zum Stillstand bringt. Auch als politische*

*Kultstätte verliert der Thingplatz seine Bedeutung, nachdem die Regisseure der Aufmärsche und Massenveranstaltungen erkannt haben, daß Granitpflaster und großstädtische Prachtstraßen die Kommandos und den Marschtritt der Kolonnen besser reflektieren als moosige Erde und Waldestiefe.*

## 72 Oktober 1935
### Die Thingstätte und ihre Bedeutung für das kommende deutsche Theater
Von Ludwig Moshamer, Berlin

... Obwohl von maßgebender Stelle die Thingstätte einzig als Stätte der Feier und Geisteserhebung für das geeinte deutsche Volk bestimmt ist, wird darüber hinaus von vielen in der Thingstätte der Ansatz zur Erneuerung des deutschen Theaters gesehen. Ob diese Ansichten richtig sind, kann nur die Zeit lehren, hier soll nur der Versuch unternommen werden, zu zeigen, welche Möglichkeiten die Thingstätte als mögliche Bestätigung dieser Ansichten bietet, wobei der Verfasser lediglich seine eigene Meinung hierüber zum Ausdruck bringen will.
Für die Aufstellung der Entwürfe zu Thingstätten galten in der Hauptsache folgende Gesichtspunkte:
1. Beste Eingliederung in die gegebenen natürlichen Verhältnisse.
2. Innige, überfließende Verbindung zwischen Zuschauerraum und Flächen der Spielfelder.
3. Erfüllung der Erfordernisse neuzeitlicher Regie für Einsetzen von Einzeldarstellern und Massenchören.
4. Lösung der Verkehrsfragen zur Bewältigung der Massenzu- und wegführung.
5. die Wahl der richtigen Himmelslage für die Achse der Anlage.
6. Genügender Abstand vom Lärm durchgehender Verkehrsstraßen und Eisenbahnen.

Beste Eingliederung in die gegebene Natur
Hierzu ist es notwendig, die jeder Thingstätte eigenen Bedürfnisse, d. h. für alle gleichbleibenden Bedürfnisse kennenzulernen. Dies sind einmal der abfallende Zuschauerraum und der gegenüber wieder ansteigende Raum für die Spielflächen. Als die zweckmäßigste Lage für eine Thingstätte kann demnach ein Gelände gelten, das einen Hang mit Gegenhang aufweist. Bei nur einseitigem Hang muß die notwendige Erhebung der Spielflächen durch Aufschüttung geschaffen werden, wobei die Möglichkeit gegeben ist, die für Darsteller, Chöre und Regie erforderlichen Umkleide- und Aufenthaltsräume in die Aufschüttung einzubauen. Die Anlage im ebenen Gelände verlangt die künstliche Schaffung

---

Zu 72 Vergl. zum Thema Wilhelm von Schramm, *Der Neubau des deutschen Theaters*, Potsdam, 1934; Rainer Schlösser, *Das Volk und seine Bühne*, Berlin, 1935; Ilse Pitsch, *Das Theater als politisch-publizistisches Führungsmittel im Dritten Reich*, Diss., Münster, 1952; Hildegard Brenner, *Kunstpolitik im Dritten Reich*, Hamburg, 1963, S. 95 ff.

des Hanges mit Gegenhang durch Aushub und Aufschüttung. In diese drei Grundformen ist das allen Anlagen gleiche Erfordernis der Zuschauerterrassen und der Spielfeldterrassen hineinzukomponieren...

Innige überfließende Verbindung zwischen Zuschauerraum und Spielflächen
Das letzte Glied in der 2000jährigen Entwicklung des Theaters, das Opern- oder Schauspielhaus mit der sogenannten Guckkastenbühne, trennt den Zuschauer vom Darsteller, das Bühnenhaus ist beleuchtet, der Zuschauerraum ist verdunkelt, nach jedem Aktschluß fällt der Vorhang und zerreißt den Fortgang künstlerischen Gestaltens und Erlebens, setzt an dessen Stelle gesellschaftliches Paradieren, schickt zwischen die Stunden der Feier den profanen Alltag...
Die Thingstätte hat auf der einen Seite den ansteigenden, durch breite Zu- und Quergänge durchzogenen Zuschauerraum, auf der anderen Seite die terrassenförmig gestaffelten, frei durch Stufen untereinander verbundenen Spielflächen, Vor-, Mittel-, Hoch- und Seitenspielflächen. Diese Spielfeldterrassen schwingen zurück zu den Gängen des Zuschauerraumes und bilden mit diesem ein architektonisches Ganzes, in dem es keine Trennung mehr gibt. Mitten aus den Zuschauermassen können die Darsteller und Chöre zu den Spielfeldern strömen, und mitten unter die Zuschauer hinein kann von den Darstellern das Spiel getragen werden, das so die geistige Spannung des Zuschauers bis zu dem Gefühl der völligen Verbundenheit mit dem Spiel und des Selbstmitwirkens steigert. Darin liegt auch der große Unterschied zwischen Thingstätte und antikem griechischem Theater, das wohl mit einem Vorspielfeld, der Orchestra, in den Zuschauerraum halbkreisfömig hineinragt, sonst aber keine räumliche architektonische Einheit zwischen beiden kennt. An Stelle der verbindenden rückschwingenden Terrassen ist beim antiken Theater die scharfe Trennung durch die senkrecht hochsteigenden Abschlußmauern des Zuschauerhalbkreises. Diese Verschiedenheit wird noch größer, wenn wir die Bühnenanlage selbst dieser beiden Theaterformen vergleichen: Das antike griechische Theater hat den zweigeschossigen, den Zuschauerhalbkreis quer abriegelnden, mit diesem aber architektonisch nicht verbundenen Bühnenbau, aus dem heraus und von dem herab gespielt wurde; die Thingstätte hat die freien, offenen Spielfeldterrassen als organische Fortführung des Zuschauerraumes...

Erfüllung der Erfordernisse neuzeitlicher Regie
In den Theaterpalästen mit der Guckkastenbühne nimmt der Platz für diese und die Zuschauer noch nicht die Hälfte des Raumes ein, den Hinterbühnen, Magazin- und Kulissenräume und Verwaltung umfassen. Versenktes Orchester, Drehbühne, Kulissen, Schnürböden, Rundhorizont, eiserner Vorhang verlangen eine Anlage von der technischen Genauigkeit einer Maschinenhalle. Hinter allem Stimmungs- und Spannungszauber steht für den Zuschauer das ernüchternde Wissen um die papierne Fläche an Stelle der Plastik, um die oft lächerlichsten Behelfe an Stelle der Wirklichkeit. Das Spiel auf den Thingstätten geht frei und offen vor aller Augen unverdeckt durch Kulissen oder »Staffage« vor

sich. Die für möglichst vielseitige Verwendbarkeit gestalteten Spielflächen können spiegelgleich oder, wenn die natürlichen Verhältnisse es verlangen, unregelmäßig angelegt sein. Die Höhenunterschiede zwischen den einzelnen Terrassen sollen nicht zu gleichmäßig sein, zwischen Mittel- und Hochspielfeld ist ein stärkerer Absatz von Menschenhöhe erwünscht, ebenso auch die Anlage von Feuerbecken. Hierfür ist zweckmäßig auf dem obersten Spielfeld ein Unterbau zu schaffen, der auch zu einem wichtigen Glied der architektonischen Bühnengestaltung werden kann. Vielseitige Auftritts- und Abgangsmöglichkeiten für die Darsteller sind vorzusehen, und für Chöre sind — gedeckt gegen Sicht vom Zuschauerraum aus — Sammel- und Ordnungsplätze vor den Umkleideräumen und Zugänge zu den Quergängen des Zuschauerraumes für Auftritte von rückwärts anzulegen...

Verkehrsfragen und Himmelslage
Das Heranführen und Wegführen von vielen tausend Menschen, meist in geschlossenen Formationen, verlangt eine genügend breite Verbindung der Thingstätte mit den nächsten Verkehrsstraßen, am besten nach zwei Richtungen, wobei eine Trennung des Fußgängerweges vom Autoweg zweckmäßig ist...
Da die Kosten für die neu zu schaffenden Verbindungswege oder für die Verbreiterung vorhandener größer sein können als die für die ganze Thingstättenanlage, so ist die Untersuchung der Verkehrsfrage bei Auswahl des Platzes für eine Thingstätte von größter Wichtigkeit. Die richtige Wahl der Himmelsrichtung für die Achse der Thingstättenanlage ist notwendig durch die Gepflogenheit, die Thingspiele in den Abendstunden beginnen zu lassen. Der Zuschauer darf nicht durch die untergehende Sonne beim Blick auf die Spielfelder geblendet werden. Die Lage der Spielfelder nach Westen ist also zu vermeiden. Die beste Lage für die Achse ist die Nord-Süd-Richtung mit den Spielfeldern im Norden, da diese Lage auch Versammlungen und Vorführungen auf der Thingstätte während der Vor- und Nachmittagsstunden ohne Belästigung des Zuschauers durch grellen Sonnenschein zuläßt...
Ein wichtiges Kapitel ist noch das der richtigen Größenabmessungen der Anlagen. Vor der Platzwahl und vor Inangriffnahme der Planung ist darüber Klarheit zu schaffen, mit wieviel Menschen bei den Feiern zu rechnen sein wird. Es hat sich hierbei gezeigt, daß meist zu hohe Zahlen angenommen wurden. Dabei ist noch zu unterscheiden, ob die Thingstätte in Verbindung mit einem Aufmarschplatz angelegt werden kann oder allein für sich gestaltet werden muß, wenn Plätze von den Ausmaßen, die eine verbundene Aufmarschplatz- und Thingstätten-Anlage verlangt, nicht vorhanden sind.
Die Verbindung mit einem Aufmarschplatz ist die ideale Anlage. Sie kommt meist nur für große Städte in Frage, wo an nationalen Festtagen für viele Hunderttausende Platz geschaffen werden muß, für die Thingspiele aber, weil sie an mehreren Tagen hintereinander gespielt werden, eine wesentlich geringere Anzahl von Besuchern anzunehmen ist. Sie ist aber auch für kleinere Anlagen überall da zu empfehlen, wo das Gelände es zuläßt.

Bei den für sich allein zu gestaltenden Thingstätten muß, wenn auch die großen nationalen Feiern darauf abgehalten werden sollen, eine Trennungsmöglichkeit vorgesehen werden, derart, daß für die eigentlichen Thingspielbesucher die Sitzplätze in der notwendigen Zahl angelegt werden, im Anschluß daran dann Stehplatzterrassen für die aufmarschierenden geschlossenen Formationen. Zwischen beiden liegt zweckmäßig ein genügend breiter Quergang, der bei Thingspielaufführungen dann durch Flaggen und Banner gegen die Stehplätze abgeschlossen wird, wodurch auch bei geringerer Besucherzahl eine räumliche Geschlossenheit der Anlage gegeben ist...
Die Form der Thingstätten ist geschaffen, geschaffen als edler Raum und Rahmen für große, nationale Festgestaltungen. Auch für dramatische Festgestaltung? Dann müssen aber, gleichwie diese räumliche Form sich unterscheidet von den bisherigen Theaterformen, auch die dichterischen Werke — für die dieser neue Raum geschaffen ist — sich von den vorhandenen Werken dramatischer Kunst meist schon im Inhalt, bestimmt aber in der Form unterscheiden.
Wilhelm von Schramm schreibt in seinem vor kurzem erschienenen Buch: Neubau des Deutschen Theaters, Ergebnisse und Forderungen (Schlieffen Verlag, Berlin SW 11): »Im männlichen Spiel sollte gemeinsames Volksschicksal dargestellt werden, und zwar in einer Theaterform, deren Wesen die helle, nordische Rasse bestimmte. Diese neue Theaterform war notwendig nicht mehr individualistisch, sondern chorisch.« Weiter Seite 41ff.: »Das chorische Theater stellt nicht mehr den Einzelfall, sondern das Gemeinsame, Völkische vor die Augen der Zuschauer: Die Darstellung des Einzelschicksals tritt hinter der eines Gemeinschaftsschicksals zurück, an das es, wie das letzte Menschenalter erwies, ja immer gebunden ist. Dementsprechend wird auch, im Gegensatz zu dem Theater der bürgerlichen Gesellschaft, kein einzelner, kein Privatmann, sondern der Typus dargestellt. Also braucht man auch für das chorische Spiel die Öffentlichkeit, die am besten der freie Platz gibt oder auch Zelt, Halle und Zirkus. Auf der Guckkastenbühne kann es sich um persönliche oder private Dinge handeln, draußen im Freien aber müssen allgemeine Leiden und Freuden zur Darstellung kommen, wenn eine Gemeinschaft von vielen Tausenden ergriffen werden soll. Das chorisch-völkische Spiel gehört buchstäblich in die Mitte des Erlebenden. Es ist in seiner Art auch nicht mehr im alten Sinne geschlossen, weil es eben durch andere Elemente wirken kann als etwa durch strukturelle Spannung und Steigerung und bringt im Gegensatz zum attischen Drama wieder die offene Form und Freiheit, den nötigen Spielraum, wie er der Eigenart unserer nordischen Rasse entspricht. Zu der offenen Form aber als ordnende Elemente die chorischen und korporativen Elemente: Aufmärsche, Chöre, Kampflieder, Fahnen und Symbole.«
Wilhelm von Schramm läßt die Guckkastenbühne, das individualistische Theater, neben dem neuen chorischen bestehen, es ist müßig, hier prophezeien zu wollen, ob nicht doch die neue Form die alte ganz verdrängen wird. Es wäre denkbar, daß die Dinge, die das persönliche Leben des deutschen Menschen betreffen, auf das Gebiet des Films und des kommenden Fernsehfunks übergehen, und daß

dann das chorische Theater das deutsche Theater allein sein wird. Die Zukunft wird das lehren!

Das Spiel auf den Thingstätten wäre von der Gunst oder Ungunst der Witterung abhängig. Der für das chorische Theater in der Thingstätte gesuchte Raum muß von dieser Abhängigkeit befreit werden, es muß also neben der Thingstätte im Freien, auf der Feiern sehr hohen Ranges stattfinden, der gedeckte und heizbare Raum für die Regentage und die kalte Jahreszeit geschaffen werden: für kleinere Städte die Form der Halle, für Großstädte die des Zirkus. Die geeignetste Hallenform hierfür wäre der Rundbau, dessen Konstruktion bis zu riesenhaften Ausmaßen von 200 und mehr Metern Durchmesser keine Schwierigkeit mehr ist, und bei dem die Frage der Hörsamkeit der oft eigenwilligen Kuppelform durch zweckmäßige Wandbekleidung gelöst werden kann. Diese Hallen wären dann nicht mehr wie das individualistische Theater nur auf eine Verwendbarkeit beschränkt, sie sind auch Versammlungshallen, Konzerthallen und auch Sporthallen.

Zusammenfassend kann man also sagen, daß die Thingstätte unter der Voraussetzung der Neuformung und Neugestaltung bestimmter dramatischer, das Volk als Ganzes betreffender Stoffgebiete des Mythos und Epos Ausgangspunkt in der Entwicklung des neuen deutschen Theaters sein kann.

# VI. PRIVAT- UND KOMMUNALBAUTEN
»Bauten des Volkes«

*Fraglos hatte Adolf Hitler die Absicht, nicht nur das deutsche Volk, sondern auch den »Deutschen Raum« (Landschaft, Städte, Einzelbauwerke) nach dem nationalsozialistischen Image »Führer und Gefolgschaft« umzumodellieren. Jedoch war seine Zeit zu kurz bemessen, als daß es ihm gelingen konnte, mehr als ein paar Akzente und Strukturen in die durch Jahrhunderte geformte Kulturlandschaft einzuziehen. Außerdem verweigerte das volkswirtschaftliche Potential, das die »Zweckkunst« Architektur zur Zeit der Krise in so hohem Maße anfällig gemacht hatte, gegenüber den Verlockungen der Diktatur, der Ideologie die Planerfüllung überall dort, wo sie elementaren Bedürfnissen zuwiderlief.*

*Auf dem Grunde der hochentwickelten Zivilisation zeigen sich die »Bauten des Volkes« (unter denen nationalsozialistische Simplifikateure alles zusammenfaßten, was nicht der »Repräsentation« des Staates und der Partei diente) weder gewillt noch imstande, zu jener »unbedeutenden Nebensächlichkeit« herabzusinken, die ihnen Hitler gern zugemessen hätte. Allenfalls im Wohnungsbau wird durch die Flut einschränkender Verordnungen, Richtlinien, Werk- und Merkblätter eine oberflächliche Uniformität erzielt.*

73, 74

*Die sogenannten Kulturbauten (Theater, Museen, Konzert- und Feierhallen) entziehen sich dem durch das »Haus der deutschen Kunst« in München nahegelegten pseudosakralen Stil durch den Rückzug auf das Repräsentationsgebaren der Wilhelminischen Ära. Nur wenige größere Projekte – das Theater in Dessau als private Stiftung, das Theater in Saarbrücken als »Geschenk« des »Führers« anläßlich der »Saarbefreiung« und das erwähnte »Haus der deutschen Kunst« (an Stelle eines Abel-Entwurfes für den ausgebrannten »Glaspalast«) – werden ausgeführt. Die Mehrzahl erliegt dem Rotstift bzw. dem von der Partei angekündigten NS-Kulturbauprogramm.*

77

*Auch der Kirchenbau der Zeit bietet, von Ausnahmen (Gustav-Adolf-Kirche in Berlin), die noch vor 1933 geplant wurden, abgesehen, ein überwiegend restauratives Bild. Unverhohlene Drohungen und »Richtlinien«, wie sie beispielsweise das von Hans Hinkel gegründete evangelische »Reichsamt für kirchliche Kunst« erteilt, beschleunigen den Rückzug auf die »Kleinkirche«, der unter dem Eindruck der theologischen Reformbewegung nach dem Ersten Weltkrieg eingeleitet worden war. In der Ablehnung der »modernen« Bauweise und der Hinwendung zum »Heimatstil« trifft sich ein reaktivierter Traditionalismus mit dem verständlichen Verlangen, den neuen Machthabern nicht auch noch durch die Bauform unangenehm aufzufallen. Die durch Sparmaßnahmen motivierte Nutzung von Gemeindesälen als Kirchen-*

76

◁ 34. Fabrikgebäude der Mannesmann-Werke. Architekt Hans Vaeth, 1936

*räume erhält eine bemerkenswerte illegale Variante in den naturgemäß erst nach 1945 bekanntgewordenen »Scheunenkirchen«, die der Kreis um Rudolf Schwarz in elsässischen Bauerndörfern einrichtet.
»Bescheiden« wie die Gotteshäuser sind auch die Kommunal- und Sozialbauten (Rathäuser, Schulen, Kindergärten, Krankenhäuser, Altersheime usw.). Von einem eisernen Zwang zur Sparsamkeit bedrängt und von den (geplanten) Parteibauten in die Distanz verwiesen, folgen sie, soweit sie überhaupt errichtet werden, gleichfalls Altbewährtem. Lediglich die Stadien, Sportplätze, Bäder, die der »Gesundung des Volkskörpers« und der »Wehrertüchtigung« dienen, sind besser dotiert und erlangen eine schöne Zweckmäßigkeit überall dort, wo Architekten und Gartengestalter Hand in Hand arbeiten. Monumentales Gepräge erhalten die Zweckbauten, wenn sie, wie das Berliner Olympia-Stadion, der Flughafen Tempelhof oder das KdF-Bad Rügen, gleichzeitig die Funktion »nationaler Repräsentation« übernehmen.
Weitgehend befreit von finanziellen und ideologischen Auflagen bleibt jener Bereich, für den auch von dem findigsten Altertumswissenschaftler keine historischen Vorbilder aufzutreiben sind: der breite Fächer der sogenannten Ingenieurbauten und der Industriebau. Vor allem der letztere darf sich, wie zuvor, nach den »Gesetzen der Maschine« entwickeln und auch Materialien verwenden, die anderen Gebäudearten, beispielsweise dem Bauernhaus, versagt bleiben. Eine Liste vorzüglicher Industriebauten ließe sich um so leichter zusammenstellen, als im Fieber der Rüstung und Verkehrsentwicklung nicht nur gut und teuer, sondern auch viel gebaut wird. Der monumentale Expressionismus eines Fritz Schupp wäre in einer solchen Kollektion durchaus atypisch. Auch die Bürobauten des Handels und der Industrie legen, im Gegensatz zu den Verwaltungsbauten des Staates und der Wehrmachtskommandos, in der Regel mehr Wert auf einen funktionellen Grundriß und eine auffällige Lage als auf überhöhte Portale, Kuppelhallen und »eindrucksvolle« Natursteinfassaden.*

## 73  Juni 1934

**Randbemerkungen zur Deutschen Siedlungsausstellung München**
Von Guido Harbers

»Ich will dem deutschen Volke die Lebensfreude wiedergeben«, hat unser Führer verkündet.
Was München zu seinem Teil im ersten Jahr des Neuen Reiches zur Verwirklichung dieses Wunsches, soweit es sich um Lebensfreude durch Umweltgestaltung handelt, beitragen konnte, zeigt die Rahmersdorfer Siedlung. Wer der Ordnung, der täglichen Ordnung, der Ordnung des Berufslebens und etwa noch der

Verkehrsordnung glücklich entronnen ist, freut sich jeden freien Hauches, den Mutter Natur noch zu ihm dringen läßt. Darum herrscht alter Baumbestand und das frische Grün nicht allzu regelmäßig angelegter Anger und Wiesen in der Siedlung Rahmersdorf vor. Darum sind die Einfriedungen nicht hochgemauert und sperrig, nicht massig und abweisend, sondern nieder und kaum sichtbar gehalten und von grünen lichten Hecken umfangen. Darum auch sind die Straßen nicht schnurgerade gezogen, sondern leicht geschwungen und von verschiedener Richtung und Länge, sind die Bordsteine nicht kantig hoch, sondern flach und niedrig. Zwischen den Fahrstraßen vorgeschriebener Breite und Bürgersteigen sind nicht starr Alleebäume gepflanzt, sondern stehen auf hellgrünen Rasenstreifen, hier und dort verteilt, wechselnde Blütensträucher (Jasmin, Flieder, Forsythia, Zierkirsche usw.).

Aus dem äußeren Gesicht eines Hauses spricht der Geist, in dem es bewohnt wird oder werden soll. In unserer Siedlung soll die Lebensfreude herrschen. Sie ist darum hell und freundlich und man spricht deshalb wohl nicht mit Unrecht von ihren »sonnigen Dächern«. Die Außenwände sind weiß getüncht, die Fensterläden und Türen sind in hellen Farben gehalten und nicht in jenem dunklen oder giftigen Grün, das vielleicht im Steinmeer der Stadt eine gewisse Berechtigung hat, nicht aber draußen, wo es mit dem Naturgrün der Bauernwiesen und Gärten in Konkurrenz treten würde. So einheitlich die geschmackliche Haltung der Häuser auch ist, so sehr ist doch jede Gleichmacherei in der Anordnung der Typen oder bezüglich der Neigung der Dächer vermieden. 30 verschiedene Typen sind für die verschiedenen Bedürfnisse der Bewohner entwickelt worden. Durch die Lage zur Himmelsrichtung, zum Garten sind auch die Häuser gleichen Typs nicht durchaus einander gleich. Und doch entstand ein völlig harmonisches Bild, sei es in der Handhabung der Grünflächen oder in den Räumen der einzelnen Straßen.

Ein schönes Wohnen kann allerdings nur dann Lebensfreude bieten, wenn es den Haushalt auch wirtschaftlich nicht zu sehr belastet. Somit war der Ausstellung eine wichtige neue Aufgabe gestellt. Die Wohnlichkeit und Behaglichkeit auch im kleinen Raum, sei es im Wohnraum des Hauses oder im freien Raume des Gartens, zu schaffen und nachzuweisen. Endlich hatte sie auch zu zeigen, wie man auf verhältnismäßig kleiner Fläche für die Erholung wirklich geeignete und wirksame Grünflächen anordnen kann. Dies alles im Sinne eines bestmöglichen Wirkungsgrades, der im Bereich der Wohntechnik nicht durch reine Verstandesarbeit des Ingenieurs, sondern durch den technisch geschulten Gestalter erreicht zu werden vermag. Diese für die Kultur einer Nation nicht ganz unwesentliche Erkenntnis dem Volke überzeugend und nachhaltig zu vermitteln, ist die Hauptaufgabe der Deutschen Siedlungsausstellung.

Zu 73 Guido Harbers ist städtischer Baurat in München und Herausgeber der bei Bruckmann erscheinenden Zeitschrift *Baukunst*.

## 74 März 1935

Häuser und Gärten
Von Alfons Leitl

... Wie Häuser, die Architekten für sich selbst bauen, meistens als Bekenntnis und reinste Nutzanwendung ihrer Arbeit oder ihrer Lehre bemerkenswert sind, so auch die eigene Lösung »Haus und Garten« bei einem Gestalter, der diese Aufgabe ständig für andere zu lösen hat. Das Haus, das Hans Scharoun für den Gartenarchitekten Hermann Mattern in Bornim errichtet hat, und der dazugehörige Garten verraten nun wirklich auf den ersten Blick eine weit über das Herkömmliche hinausgehende Verbundenheit der Bewohner mit dem Leben außerhalb ihrer Mauern; so sehr, daß sie bisweilen die Trennung aufzuheben suchen, um den Garten in das Haus zu ziehen und umgekehrt. Es scheint, als wäre dieses Bauwerk kaum noch als Haus gedacht, sondern eher als ein »Pavillon der Gartenfreude«. — Aber auch wegen der Persönlichkeit des Architekten ist das Haus Mattern der Betrachtung wert. Die bekannte Eigenart Hans Scharouns drückt sich in diesem Bau sehr deutlich aus. Wenn jedoch dieser besonderen Art bei manchem anderen Bau nicht eben viele folgen können, so ist hier die künstlerische Zielsetzung klar verständlich und in ihrer Wirkung nachprüfbar. In dem Bestreben, den Bewohnern seiner Häuser stets besondere Erlebnisse zu geben, neuartige, bisher nicht versuchte Raumstimmungen zu schaffen, kommt der Architekt nicht selten an die Grenzen des Architektonischen (wenigstens wie wir es im allgemeinen verstehen). So ist auch dieses Haus nicht eigentlich Architektur in dem gewohnten Sinne, sondern eine überraschende Einheit aus eigenartigen und für den Bewohner erlebnisreichen Raumbildungen, drinnen wie draußen. Den Fortschritt der Architektur empfinden wir meistens und mit Recht nur da, wo ein Fortschritt im Typischen gefunden ist, wo neue Gesetze entwickelt werden und wo diese Gesetze auch ablesbar sind. Scharouns Bauten liegen oft außerhalb der Kreise der typischen Gesetze. Vielleicht kann mancher seiner Gedanken einmal zur Bereicherung dieses Kreises dienen, vielleicht aber wird dieses künstlerische Streben beschränkt bleiben auf Menschen, die durch Bildung oder Naturgabe aufnahmefähig für solche nicht alltäglichen Raumbildungen sind. So ist es nicht verwunderlich, daß wir auf unsere Fragen an die Bewohner des Hauses nur befriedigte Antworten erhielten und zur abschließenden Beurteilung noch diese bemerkenswerte Feststellung:
»Ganz neugierigen Fragern möchten wir sagen, daß wir schon zwei Winter im Haus mit dem vielen Glas verbrachten, und daß es wärmer ist als jede Wohnung, die wir bisher kannten. Die Stahlkonstruktionen der Fenster sind vollkommen winddicht, die großen Glasflächen fangen im Winter die tiefstehende Sonne, die Räume werden so gewärmt, daß sich Heizen an Sonnentagen fast erübrigt. Das Haus des Nordens!«

## 75 März 1936

### Schulneubauten im Verwaltungsbezirk Berlin-Neukölln
Von Karl Bonatz

Zum Schulbauprogramm sind noch einige grundsätzliche Ausführungen zu machen. Gegenüber den übertriebenen und zum Teil auch deshalb nicht zur Durchführung gekommenen Raumanforderungen des früheren Systems hat sich die neue Verwaltung bewußt auf die neben den Stammklassen allernotwendigsten Räume für allgemeine Zwecke beschränkt. Sie hat aber auch davon abgesehen, kostspielige Versuche zu machen, sei es in Auflösung der Schule in einstöckige Flachbauten (nach dem Krankenhaus-Pavillonsystem) oder sei es in der Einzelausstattung der Räume. Es sei nur vergleichshalber noch einmal erwähnt, daß vor einigen Jahren Schulleiter nicht ohne eine ganz freie Möblierung der Klasse, ohne Oberlicht, große gläserne Versenkwände, Vorhallen vor jeder Klasse und dergleichen auskommen zu können glaubten.
Die jetzige nationalsozialistische Schulverwaltung richtet gegenüber diesen kostspieligen Äußerlichkeiten ihr Augenmerk vielmehr darauf, schlichte, aber ansprechende Zweckbauten für möglichst wenig Geld zu errichten und in der Art der Unterrichtserteilung dem Schulbetrieb einen hohen geistigen und sittlichen Gehalt zu geben, der sich mit Äußerlichkeiten allein niemals erzielen läßt. Großer Wert wurde allerdings darauf gelegt, daß die Bauten nicht allzu nüchtern und gehaltlos blieben, sondern auch eine ihren Zweck versinnbildlichende Gestaltung erfuhren. Dabei sollte an entsprechenden Plätzen und mit betonter Zurückhaltung auch die belebende Ergänzung durch farbigen oder bildhauerischen Schmuck wieder zu seinem Recht kommen.
Nach Feststellung der programmatischen Grundforderungen war es die Aufgabe der Hochbauverwaltung, den zweckmäßigsten Typus für die Erfüllung des Bauprogrammes zu ermitteln. Selbstverständlich war es nicht möglich und nicht beabsichtigt, für die verschiedenen Bauplätze hier eine Normung zu erreichen. Es ergab sich aber doch, daß für die Außenbezirke Bauten mit höchstens zwei Geschossen und einem Unter- oder Kellergeschoß für Betriebsräume, ferner mit zweiseitig bebauten Gängen im allgemeinen am zweckmäßigsten und billigsten waren. Das schloß nicht aus, daß besondere Flügel mit Räumen für allgemeine Zwecke auch einseitig bebaute Gänge erhielten. Eine eigene Gestaltung mußte außerdem für die Grundrisse von Turnhallen und Aulen mit Nebenräumen sowie die Haupteingänge gefunden werden...

---

Zu 75 Vgl. dazu Hermann Henselmanns Kritik *Apoll und Dionysos* in Zehlendorf, in *Bauwelt*, Berlin, 1936, H. 43.

## 76  1940

### Die Kunst der Kirche
### Von Winfried Wendland

... Die Entwicklung des Kirchenbaues in Deutschland seit 1933 zeigt, wie stark die evangelische Kirche auch ihrerseits bemüht gewesen ist, den Forderungen der Gegenwart nach einer sorgfältigen und heimatgebundenen Architektur zu folgen. Die hinter uns liegenden »modernen« Versuche zur Erneuerung des Kirchenbaues sind zwar für dessen Fortentwicklung im einzelnen wichtig gewesen — vor allem in der Grundrißgestaltung —, können uns aber heute in ihrer äußeren Gestalt nicht mehr befriedigen. In den letzten Jahren sind jedoch besonders in Bayern, aber auch sonst in Süddeutschland, wie an vielen Stellen Norddeutschlands, eine Reihe von ausgezeichneten Kirchen geschaffen worden, die wirklich als Kirchen angesprochen werden können und die einen echten evangelischen Charakter tragen. Die Kirche hat damit bewiesen, daß sie gerade heute wieder als Bauherrin schöpferisch wirkt und sich selbstverständlich in den Aufbau des Volkes einfügt, denn nichts zeigt die innere Umstellung so sehr wie der Geist dieser Bauten, an denen niemand vorübergehen kann. Eine innerlich junge Generation ist hier am Werk und schafft in Anlehnung an eine große Tradition aus dem Geist unserer Zeit vorbildlich Neues. Nach dem Krieg wartet ein umfangreiches Bauprogramm auf Durchführung, das während der Kriegszeit zurückgestellt werden mußte. Auch die Kirche wird sich in absehbarer Zeit vor neue und größere Aufgaben gestellt sehen. Denn wenn sie wirklich innerlich neu gestaltet ist, wird sie diese neue innere Gestalt auch äußerlich durch größere Bauten dokumentieren müssen. Ja, solche großen Bauten können und werden auch zum Sammelpunkt neuen Lebens werden. Die Kirche bedarf auch der Repräsentation durch entsprechende Verwaltungsgebäude und großstädtische Repräsentationskirchen, die besonders zum Mittelpunkt größerer kirchenmusikalischer Feste werden müßten. Das ist sie ihrer Stellung im Volke schuldig. Der Berliner Dom ist als Repräsentationskirche des deutschen Protestantismus heute eine innere Unmöglichkeit. Eine neue Kirche muß auch einen neuen protestantischen Dom schaffen, der als Zeichen unserer Zeit in die späteren Jahrhunderte hinübergreift und zeigt, daß das heutige Geschlecht auch der Kirche nicht so klein ist, daß es sich mit Kirchengebäuden abseits der Straße oder Kirchen in den Katakomben zufriedengeben könnte.
Bei der gewaltigen Völkerwanderung, die die Umsiedlung weiter deutscher Volksteile heute darstellt, brauchen wir ferner für einen großen Teil dieser Menschen eine Fülle von neuen Kirchengebäuden. Wir brauchen Kirchen in den neu entstandenen Industriesiedlungen sowie in weiten großstädtischen Gebieten der größten deutschen Städte, wo seit Jahren keine richtige kirchliche Versorgung besteht. Kurzum, ein weiter Acker harrt seiner Bestellung. Daneben sind Gemeindehäuser und Pfarrhäuser erforderlich. All das gilt es zu sehen, um sich der Größe der Aufgabe bewußt zu werden, die uns jetzt bevorsteht ...

35 Friedhofskapelle in Teltow. Architekt Winfried Wendland, 1934

**Zu 76** Als Kunstreferent im Reichskulturausschuß der Glaubensbewegung *Deutsche Christen* zählt Wendland zu den Mitbegründern des ev. *Reichsamtes für kirchliche Kunst* (Schirmherr Reichsbischof Müller). Vergl. dazu Winfrid Wendland, *Die Lage der kirchlichen Kunst*, in *Die Form*, Berlin, 1934, H. 2.

## 77 Mai 1935

**Das Theater in Dessau und die Baukunst von heute**
Von Egon Eiermann

Auf die Gefahr hin, als Durchgefallener bei diesem Wettbewerb zu denjenigen gezählt zu werden, die ihrem Unwillen durch eine Kritik gern Luft machen möchten, unternehme ich es, diese Aufgabe, ihre Behandlung und ihre Lösung zu erörtern.

Das Ergebnis dieses Wettbewerbs, das für viele unserer jungen Generation einen Fingerzeig und die ersehnte Hoffnung einer künftigen Entwicklung geben sollte, ist bedrückend. Der Kontakt mit jeder vor uns getanen Arbeit und ehrlichen Anstrengung ist unterbrochen, die Verwirrung der Formen ist nicht mehr zu überbieten.

Pseudo-Barock und Pseudo-Renaissance, Gründerzeit, höfische und Biedermeier-Weltanschauung müssen herhalten, um einer neuen Zeit neuen Ausdruck zu geben. Falsche Monumentalität feiert Feste. Manche suchen entgegen der Ausschreibung mit mehreren Entwürfen, einmal klassizistisch, einmal modern und einmal sonstwie Beachtung und erringen einen Preis. Unter 250 Arbeiten im besten Falle zehn, die ehrlich ihren Weg suchen, denen der Gewinn von Geld wenig ist im Verhältnis zu der inneren Zufriedenheit, zur Lösung der Aufgabe beigetragen zu haben.

Der städtebauliche Erfolg liegt auf ähnlicher Linie wie der formale. Der Erfolg ist Mißerfolg.

Die Stadt Dessau besitzt in ihrer Mitte einen schönen, mit alten Bäumen bestandenen Platz, tausend Menschen umwohnen ihn, viele durchfahren ihn auf mitten hindurchgehender Verkehrsstraße. Die eine Platzhälfte trägt einen Schulbau. Er liegt im Grünen außerhalb der Platzachse, beinahe verloren. Verloren auch, weil kein noch so begabter Ekklektizist das Theater ähnlich schaffen würde oder sollte. Auf der anderen Platzhälfte soll das neue Gebäude erstehen. Städtebau setzt ein. Ich habe immer geglaubt, Bäume sind schön, Luft, Sonne, Ausblick ins Grüne inmitten einer Stadt — nein — Städtebau ist schön, Fassade ist schön.

Das ist prämiiert worden: Wie mit Fangarmen umschlossen, wird dieser alte Schulbau gezwungen, eine theatralische, traurige Rolle zu spielen. Schon von allein schamhaft in der Ecke stehend, wird er hervorgekramt, das alte Haus in Kraftstellung zum neuen Theater.

Weiter: Die den Platz umsäumenden Straßen, jetzt frei mit Sonne, Park und Luft, werden künstlich zu beiderseitig bebauten Straßen gemacht. Dessau hat vier langweilige Straßen mehr. Dafür keine Bäume, keinen Park. Dafür einen stein- und staubbedeckten Platz. Mehr als über die Schönheit müßte der moderne Städtebau sich über die Sinnlosigkeit dieser aus der Historie stammenden Platzanlagen einig sein. Alle preisgekrönten Arbeiten zeigen diesen Versuch mehr oder weniger geschickt. Da sich das Preisgericht über die städtebaulich schlechte

36 Theater in Dessau. Architekten Friedrich Lipp und Werry Roth, 1938

Lösung fast sämtlicher preisgekrönter Arbeiten klar war, dürfte doch wohl die Frage auftauchen, ob nicht die die geforderte Lösung gefunden haben, die in zurückhaltender Überlegung das Theater frei in den Platz komponiert haben, und zwar mit den geringstmöglichen Gebäudehöhen, denn auch der alleinige Bau eines Theaters kann ohne Randbauten, Pergolen und nur aus Verlegenheit gezeichneten Umgängen eine einwandfreie städtebauliche Lösung bringen. Abgesehen davon macht das Fehlen jedes genaueren Programms für diese Platzbebauung und die anscheinend beschränkte finanzielle Kraft beim Bau des Theaters, die doch von wesentlicher Bedeutung sein sollte, alle diese Lösungen unmöglich. Wie dann bei dem an erster Stelle ausgezeichneten Entwurf das Theater ohne die Randbauten aussehen soll, bleibt dahingestellt. Einer der ausgezeichneten Entwürfe setzt das Theater dem Schulbau unmittelbar gegenüber und schafft auf dem frei bleibenden Teil einen viereckigen hochgeschossigen Block mit einem Innenhof in gerade noch von der Baupolizei zugelassenen Ausmaßen. Großstadtkaserne, beziehungslos und fatal, anstatt freiem grünem Platz. So lautet denn das Urteil des Kreisgerichts:
»Das Theater ist schlecht, die zeichnerische Darstellung der Fassaden gut, wenn auch... Die städtebauliche Lösung ist mißglückt. Der Verfertiger erhält einen Ankauf.«
Warum, wofür? Welche Gründe liegen vor? Nun zum Theatergebäude selbst. Im Protokoll sind dem Städtebau rund zwei Drittel der Kritik gewidmet. Dann

erscheint das Theater, und ich bitte es mir nicht zu verargen, wenn ich sage: Die Aufgabe war ein Theater, die Kritik betrifft den Städtebau, prämiiert wurden Darstellung und Fassaden.

Da die Frage der technischen Einrichtung feststand, ergaben sich also nur Lösungen für Zugänge, Garderoben und den Zuschauerraum selbst.

Der Theaterentwurf ist eine der zugleich reizvollsten und schwierigsten Aufgaben der Baukunst. Es muß in ihm Verbindung geschaffen werden zwischen einem rein technischen großen Apparat mit Maschinen, sagen wir ruhig, Industriebau, und einem unmittelbar damit verbundenen Gebäude, in dem die Menschen von dem Erlebnis und Leben des Alltags zu der feierlichen oder fröhlichen Stimmung eines Theaterspiels hinübergeführt werden sollen. Also ein Dreiklang aus Bahnhof, festlichem Raum und technischen Betrieb. Ohne Zweifel gibt es nur wenige einwandfreie Lösungen in der Geschichte, und es ist anzunehmen, daß ein großer Teil der städtebaulichen Randbebauung aus dem Wunsch entstanden ist, das technische Gebäude den Augen des Theaterbesuchers möglichst zu entziehen, um sich der störenden Entwicklung dieser Gebäudemasse mit ihrem Einfluß auf die Gestaltung der Eingangsseite zu begeben, und es gelingt nur einzelnen, diese drei einander so fremden Bestandteile des Theaterbetriebes in eine lebendige Form zu gießen, und da die Hauptmasse des Gebäudes rein technischen Zwecken dient, so sind wohl die am besten, die die feierliche Haltung nicht mit paradierenden Säulen, sondern durch größte Einfachheit der Ansichten und feingefühltem Ausgleich der kubischen Massen und durch eine großzügige vereinigende Wirkung zielen.

Falsch dürfte es aber sein, die Pracht der Eingangsfassade auf alle Teile des Bühnenhauses zu übertragen, wobei ich außer acht lasse, daß eine sparsame Gestaltung des Entwurfs eine Grundbedingung des Auslobers war. Ein weiteres ernstes Problem ist die Führung des Theaterbesuchers zu seinem Platz. Eine Lösung ist von keinem der preisgekrönten Entwerfer gesucht, geschweige denn gefunden worden. Drei von den 253 haben daran gedacht, auch den Autofahrer trockenen Fußes ins Theater gelangen zu lassen und Fußgängerzugang von Autofahrerzugang zu trennen. Was in manchem modernen Theater vorhanden ist, ist hier nicht weiterentwickelt worden: In der Kassenhalle beginnt wieder das Suchen nach den Treppen, das wirre unfeierliche Durcheinander. Immer noch liegen die Kleiderablagen an den Umgängen und schaffen das unangenehme Beisammensein von nassen Mänteln und Abendkleidern und das Gedränge beim Verlassen des Zuschauerraums infolge des zu kurzen zurückgelegten Weges. Obwohl es keinen eindeutigeren Weg gibt als den, der von einem Theaterbesucher zurückzulegen ist, nämlich: Ankunft, Karten lösen, sich in Rang oder Parkett zu begeben, die Mäntel abzulegen, und möglichst durch das Foyer, also von der Rückseite, den Blick auf die Bühne gerichtete, den Zuschauerraum zu betreten, ist kein Schritt getan worden, eine zwangsläufige, nicht verschachtelte Lösung dafür zu finden. Wo ist die erstrebenswerte Einheit Foyer–Zuschauerraum? Wo ist die Lösung des Zuschauerraums selbst? Dem ersten Preis wird bescheinigt, daß fast 20 vH. der Sitzplätze den an eine gute Sicht zu stellenden

Anforderungen nicht entsprechen. Hier hat das höfische Theater über das Volkstheater den Sieg davongetragen, und die Preisrichter haben ihm dabei geholfen, obwohl auf alle diese Punkte und ihre neuzeitliche einwandfreie Lösung in der Ausschreibung hingewiesen war. Drei Ränge Logen übereinander, aus denen zum Teil die Bühne sehr schlecht übersehen werden kann. Die Entwicklung der Logen ist kulturgeschichtlich, nicht aber formal bedingt, und ein Logentheater wie das Straumersche von vornherein abzulehnen. Außerdem hinterläßt die dauernd durchbrochene Wand den Eindruck eines unbegrenzten Raumes, genauso wie die mannigfaltigen Entwürfe, die ein Ineinandergehen von Decke und Wänden vorschlagen, eine Lösung, die in neuer Zeit nur der Meisterhand eines Poelzig gelungen ist.

Was aber bedingt den Rückfall in Schnörkel und Girlanden, was sollen schwere Kassettendecken über akustisch fehlerhaften Räumen, was sollen große, staubige Glaslüster und dito Samtportieren? Die Fehler und Übertreibungen einer eben vergangenen Zeit mit solchen Rückfällen vermeiden wollen, heißt den Teufel mit dem Beelzebub austreiben. Dieses Geschehen gutheißen, ein Leben lang sich umsonst gemüht zu haben, es heißt auch, den Fortschritt und die ernste Arbeit tüchtiger Menschen vor uns nicht kennen oder nicht kennen wollen. Die Reinheit der Grundrisse, die Lösung des Raumes, die geistige Überlegenheit der inneren Form vor der Fassade kann wieder von vorn erarbeitet werden. Man merkt dem Protokoll die Unzufriedenheit der Preisrichter, auch mit den bevorzugten Arbeiten, sehr deutlich an. Und das ist verständlich. Denn die Unechtheit und innere Unwahrheit der Entwürfe, selbst von Architekten mit Namen, ist allzu erschütternd. Ohne Zweifel wäre sowohl der fortschrittliche Gehalt wie der äußere Eindruck der Arbeiten bei einer anderen Zusammensetzung des Preisrichterkollegiums ein anderer gewesen, und es bleibt zu bedauern, daß Herr Speer, der einzige der jungen Generation, nicht anwesend war. Es liegt in der Natur der Sache, daß keine baureife Arbeit bei einem Wettbewerb erzielt wird, aber es war die Aufgabe der Preisrichter, die auftauchenden neuzeitlichen Gedanken an die Oberfläche zu heben und damit die Entwicklung zu fördern. Sonst, wie in diesem Fall, erscheint der Gewinn außerordentlich problematisch.

## 78 Juli 1943

**Kriegsgemäßer Industriebau**
Ein Querschnitt durch die heutigen Aufgaben und ein Beispiel

Nur scheinbar hat der durch den Krieg bedingte Zwang zu unbedingter Sparsamkeit und zum Verzicht auf einige Baugewohnheiten dem Industriebau eine Umstellung gebracht. Im Grunde genommen bedeutet dieser Zwang nur eine Rückführung des Industriebaus auf das ihm eigene Maß und die vom volkswirtschaftlichen Standpunkt gegebene Gesetzmäßigkeit.
Die Bauentwicklung der letzten zehn Jahre war bestimmt durch einen bis da-

37 Zentralkokerei der Zeche Nordstern. Arch. Fritz Kremmer, Martin Schupp, 1936/37

38 Versuchsanstalt für Luftfahrt in Berlin-Adlershof. Windkanal und Montagehalle. Architekten Hermann Brenner und Werner Deutschmann, 1936/37

hin nicht bekannten Auftrieb des dokumentarischen Bauens, d. h. einer Bautätigkeit, die in starkem Maße dem Ausdruck wirtschaftlicher Entfaltung und politischer Grundsätze diente. Das hat auch auf Gebiete gewirkt, die nicht eigentlich der hohen Baukunst angehören, sondern ihrer Natur nach eine eigene Form und Arbeitsweise zu entwickeln genötigt sind. Gedanken des repräsentativen Bauens haben unwillkürlich auch die Architekten des Industriebaus bestimmt und bisweilen zu Formen geführt, die eigentlich dem Industriebau nicht zukommen. So verwunderlich es wirken muß, wenn Aufgaben der reinen Zweckmäßigkeit mit Kunstmitteln gelöst werden, die einem ganz bestimmten Gebiete der Baukunst vorbehalten sein sollten, so ließ sich doch das Eindringen monumentaler Bestrebungen auch im Industriebau nicht übersehen. Nicht immer ist den planenden Architekten, die etwa Industriehallen mit üppiger Verwendung von Werksteingesimsen und Natursteingewänden planten, deutlich gewesen, daß die Hereinnahme solcher dem Monumentalbau entlehnter Kunstmittel nicht nur eine Verwischung der von ihnen zu lösenden technischen Aufgabe bedeutete, sondern zugleich dem Monumentalbau selbst nur Abbruch tun konnte. Sobald nämlich einem bestimmten Bezirk des Bauens, der durch seine Würde aus der Fülle der alltäglichen Aufgaben herausgehoben werden muß, seine Einmaligkeit genommen wird, indem die ihm zustehenden und gemäßen Ausdrucksformen beliebig

auch bei den alltäglichsten Bauaufgaben verwendet werden, verliert er seine Besonderheit...
Schon im Wohnbau, der gewöhnlich auf mehrere Generationen hin gedacht ist, wirkt die Übernahme von Ewigkeitsansprüchen und eine entsprechende Gestaltung ungemäß, viel stärker noch bei den Bauten, die ihrer Natur nach einem starken Wandel des wirtschaftlichen und technischen Standes unterliegen und mit deren Änderung, Abbruch oder Verschleiß in etwa einer Generation zu rechnen ist. Insofern ist der durch den Krieg besonders scharf fühlbare Zwang äußerster Wirtschaftlichkeit in der Verwendung der Baustoffe und Konstruktionen nichts anderes als das notwendige Zurückfinden zu den Grundlagen des Industriebaus.
Der Erlaß des Reichsmarschalls vom 20. 6. 41 über den behelfsmäßigen Ausbau der Rüstungsindustrie schien zunächst eine starke Einschränkung der bisher im technischen Bauen unerschöpft gebotenen Möglichkeiten zu sein. Die Wirklichkeit aber erwies sehr bald, daß mit dem Verzicht auf die kritiklose Verwendung technischer Hilfsmittel keineswegs ein Hemmnis für die Entfaltung des Technischen notwendig gegeben sei. Die kritische Sichtung vieler Industrieplanungen durch das von dem Generalbauinspektor für die Reichshauptstadt, Professor Speer, eingerichtete Prüfungsbüro, dem die Überprüfung der Rüstungsbauten im Hinblick auf den Sparerlaß des Reichsmarschalls übertragen wurde, zeigte vielmehr, daß der Industriebau nicht nur durch die vorher erwähnten Architekturbestrebungen (der Erlaß des Reichsmarschalls und die Ausführungsbestimmungen von Professor Speer machten den Verzicht auf besondere kostspielige ästhetische Bemühungen zur Pflicht), sondern auch durch allzu unüberlegte Verwendung bestimmter Konstruktionen an Lebendigkeit eingebüßt hatte...
Die in dem Erlaß des Reichsmarschalls vorgeschriebene Umstellung von privatwirtschaftlichen Grundanschauungen der Planung zu gemeinwirtschaftlichem Denken zog lediglich in verbindlicher Weise die Folgerungen aus einem längst gegebenen gesamtwirtschaftlichen Zustand, sie verpflichtet zur Beschränkung auf das Notwendigste, zur überlegten Verwendung der jeweils geeignetsten Konstruktionen und Baustoffe, zum Verzicht auf unangebrachte technische Glanzleistungen in Fällen, die den gleichen Nutzen auch einfacher und geräuschloser erreichen lassen. Das Wesen des kriegsgemäßen Industriebaus — des guten Industriebaus überhaupt — liegt demnach im einfachen Denken...
Ist es nun eine Überraschung oder eine zwangsläufige Folge des Gesetzes, daß die Not zum Anreger des Fortschritts wird: Auf alle Fälle ist festzustellen, daß der Sparzwang dem Industriebau auch technisch neue Wege eröffnet hat. Es ist z. B. keineswegs zu beobachten, daß der ungeheure Aufwand an Schalholz den Betonbau ausgeschaltet hätte. Der Betonbau hat sich im Gegenteil — da es ihm gelang, unter dem Zwang der Not den Nachteil des Holzverbrauchs zu überwinden — neue Gebiete erobert. Heute kann er sogar in Fällen, die früher eindeutig für Eisen- oder Holzkonstruktion entschieden wurden, zur Wahl gestellt werden. Dies ist möglich geworden durch eine geradezu erstaunlich schnelle Entwicklung des Fertigbetonbaus. Mit vielfach verwendbaren Schalungen werden Fertigbe-

tonteile auf der Baustelle hergestellt und dann montiert. Die Fertigbetonbauweise verlangt allerdings, weil sie mit zusammenfügbaren Einzelteilen arbeiten muß, die statisch einfacheren Formen von Balken und Stütze gegenüber der bisher üblichen Rahmenkonstruktion. Es gibt wohl auch Versuche, beim Fertigbeton den Rahmen beizubehalten, doch macht es einige Schwierigkeiten, die Einzelteile so steif miteinander zu verbinden, daß wirklich ein Rahmen entsteht. Geht man aber — schon um das Bauverfahren zu erleichtern — von der monolithischen Bauweise ab, so scheint es sinnvoll, auch statisch das einfachere Prinzip des Balkens auf Stützen zugrunde zu legen. Man könnte einen Grundsatzstreit darüber führen, ob die Fertigbetonbauweise mit ihrer Zergliederung in Einzelteile als Fortschritt oder Rückschritt im Betonbau anzusehen sei. Der Theorie nach bedeutet der Verzicht auf die unzusammengesetzte, in einem Stück gegossene und statisch auch so wirkende Form einen Verlust. Er wird jedoch aufgewogen durch die ungeheure Vereinfachung des Bauvorgangs selbst. Dies ist auch der Hauptgrund, zu vermuten, daß der Fertigbetonbau sich nach dem Kriege weiterentwickeln wird, vor allem, wenn es gelingt, alle konstruktiven Möglichkeiten des Betons, wie es etwa mit Schalendächern gelungen ist, auch bei diesem Verfahren nutzbar zu machen. Dazu kommt, daß Balken und Träger ohnehin das Versetzen fertiger Teile erfordern ...

# VII. DER SOZIALE WOHNUNGSBAU

Durch nichts hat der Nationalsozialismus die Vielzahl seiner kleinbürgerlichen Anhänger so sehr enttäuscht wie durch seine Immobilität auf dem Gebiete des Wohnungsbaues. Jahrelang war (von Gottfried Feder) »jedem deutschen Menschen sein Häuschen im Grünen« versprochen worden, hatte Gregor Strasser die »Wohnungsfrage« als »soziales Problem Nr. 1« propagiert. Selbst Hitler, von sozialistischer »Mitleidsmoral« gänzlich unangekränkelt, ließ sich in der »Kampfzeit« hinreißen, jedem Arbeiter sein Heim zu versprechen, »in dem er sich fühle wie in einer Burg«. Was der deutsche Mensch und Arbeiter indessen nach 1933 an Wohnungen erhielt, blieb nach Standard und Zahl weit hinter dem zurück, was die Republik der minderbemittelten Bevölkerung angeboten hatte.

Die Gründe für die Zurückhaltung sind vielfältig. Gregor Strasser, und mit ihm die konstruktive Sozialpolitik, waren im Dezember 1932 aus der NSDAP ausgebootet, Gottfried Feder nach dem kurzlebigen Experiment »Deutsches Siedlungswerk« im Dezember 1934 kaltgestellt. Der wirtschaftlichen Problemen gegenüber unsichere, einseitig an der Konsolidierung der Macht interessierte »Führer« geht zur Zeit der beginnenden Aufrüstung, auch auf dem Felde der Wohnungsbaupolitik, den Weg des geringsten Widerstandes. Der von der Republik unter dem Druck konservativer Interessengruppen eingeleitete »Abbau der Subventionswirtschaft« wird bestätigt und der unumgängliche Rest an öffentlicher Wohnungsfürsorge dem Arbeits- und Sozialministerium (Seldte) übertragen. Mit preußischem Idealismus und Pflichtgefühl bemüht sich die Hauptabteilung III dieses Ministeriums von 1935 bis 1940, das infolge strikter finanzieller Auflagen unvermeidbare Absinken im Standard durch Typenentwicklungen bzw. die Zugabe eines Stückchen Landes zur vorherrschenden »Kleinsiedlung« wie zur »Volkswohnung« zu kompensieren.

79, 80

81

Die Kehrseite der Politik der geringen Mittel ist die Reprivatisierung des Wohnungsbaues, die vor allem dem gut verdienenden Mittelstand und den Privatarchitekten zugute kommt. Erst die Planwirtschaft mit ihren veränderten finanziellen und sozialen Bedingungen und dann der Krieg, der das Wiederaufleben der »antikapitalistischen Sehnsucht« ebenso begünstigt wie das Wiedererstarken autokratischer Tendenzen in Technik und Management, schaffen die Voraussetzung für die »Wende« zum »sozialen Wohnungsbau«, der von einem führenden Funktionär dahingehend definiert wird: »Sozialer Wohnungsbau ist derjenige Wohnungsbau, der Wohnungen nach durchschnittlichen Bedürfnissen in Serie für die breite Masse herstellt.«

◁ 39 Siedlung Leegebruch bei Oranienburg. Links angeschnitten das Gemeinschaftshaus der Heinkel-Werke. Architekt Herbert Rimpel, nach 1936

*Vereinfachend läßt sich der Wohnungsbau im »Dritten Reich« in drei Phasen einteilen:*
*1. Fortsetzung des aus den Notverordnungen der Republik resultierenden Kleinsiedlungsbaues bei Verlagerung des Schwergewichts von den Großstädten auf kleine und mittlere Gemeinden sowie dünn besiedelte Land- und Grenzgebiete (1933–1935).*
*2. Errichtung von »Heimstätten« für die »Gefolgschaften« der Wehrmacht und für »Stammarbeiter« der Vierjahresplanbetriebe in Form gartenstadtähnlicher Siedlungen und vereinzelter Neustädte (1936 bis 1939).*
*3. Vorbereitung des »sozialen Wohnungsbaues« nach dem Kriege im Rahmen der »totalen Planung und Gestaltung« des vermeintlich um den Ostraum erweiterten »Deutschen Lebensraumes« (1940–1943).*
*Kennzeichnend für alle drei Phasen ist das Bestreben der nationalsozialistischen Regierung, die Kontrolle und Lenkung des Wohnungsbaues in zunehmendem Maße an sich zu ziehen, die Lasten jedoch nach Möglichkeit auf die durch die generelle Senkung der Zinssätze von ca. 9 auf 5 %, die Gewährung von »Reichsbürgschaften« sowie den allgemeinen Konjunkturaufschwung spürbar belebte private Baufreudigkeit (Sparer, Wohnungsbaugesellschaften, Industrie) abzuwälzen. Diese Tendenz ist unmittelbar aus dem Rückgang der Subventionen abzulesen. Wurden beispielsweise in den besten Baujahren der Republik (1924–1929) annähernd die Hälfte aller Wohnungsbauten mit Hilfe der sogenannten Hauszinssteuerhypotheken gebaut, so sinkt der Anteil der öffentlichen Gelder im Jahre 1933 auf 20 % und im Jahre 1937 auf 10 % ab (Reichsbürgschaften nicht eingerechnet).*
*Selbst diese vergleichsweise geringe Beteiligung der öffentlichen Hand geht nur teilweise zu Lasten des Steuerzahlers. In steigendem Maße nährt sie sich von den »Rückflüssen« aus dem vielgescholtenen »Block« der insgesamt 5 Milliarden Reichsmark, den die Republik in Erkenntnis der Unmöglichkeit einer privatwirtschaftlichen Regelung der Wohnungsfrage in den Wohnungsbau für die minderbemittelten Bevölkerungsschichten investiert hatte. Freilich wird ein Teil der ursprünglich von den Ländern aufgebrachten und an den Ort des Aufkommens gebundenen Gelder auch zweckentfremdet zur Bezahlung von Beamtengehältern, für die Rüstung und vom Jahre 1937 an auch für die Stadtumbaupläne des Generalinspektors für die Reichshauptstadt verwendet. So sinkt der 1933 zunächst hinter den Autobahnbau, die Wehrhaftmachung des Volkes, die Autarkie der Ernährung und den Export »zurückgestellte« Wohnungsbau in der Hierarchie der »nationalen Aufgaben« noch weiter zurück, was unter anderem ein Ansteigen des Fehlbedarfes von ca. 900 000 Wohnungen im Jahre 1933 auf 1,5 Millionen im Jahre 1938 zur Folge hat. Insgesamt wurden von 1933 bis Kriegsbeginn – bei einem Jahresdurchschnitt von ca. 300 000 Wohnungen –*

1 983 964 Wohnungen\* gebaut (gegenüber 2 036 453 von 1919—1932). Rekordbaujahr ist das Jahr 1937 mit einem Rohbauzugang von ca. 340 000 Wohnungen (339 000 im Jahre 1929). Im Jahre 1938 sinkt diese Ziffer infolge einschneidender Restriktionen für die Bauwirtschaft (Rohstoffkontingentierungen, Anzeigepflicht, vorübergehende Bausperren) um ca. 12 % ab, um im Jahre 1939 vollends in jenen Prozeß der »Überführung der Friedenswirtschaft in die Kriegswirtschaft« (Schulze-Fielitz) hinüberzugleiten, der seit dem Jahre 1936 vorgezeichnet liegt.
Der als »Magna Charta« begrüßte »Führererlaß« vom 15. 11. 1940, der eine hektische Planung für den deutschen Wohnungsbau nach dem Kriege einleitet, ist weit weniger durch die Kriegsverluste als durch die Tatsache motiviert, daß das »Volk ohne Raum« infolge der Landeroberungen im sog. deutschen Osten ein Volk mit nur zuviel Land geworden ist. Weitgreifende Umsiedlungspläne und voraussehbare soziale Umschichtungen verleihen dem völkischen Wunsch nach einer möglichst hohen Kinderzahl stärkeren Nachdruck als die rousseauistische Blut- und-Boden-Ideologie. Ein weiteres bemerkenswertes Kennzeichen des »Führerlasses« vom 15. 11. 1940 besteht darin, daß die »Führung« auf dem Gebiete der Wohnungsbaupolitik vom Ministerium Seldte auf jene Institution übergeht, die sie seit längerer Zeit beharrlich gefordert hatte: auf die »Deutsche Arbeitsfront«.

83

Läßt man die Spekulationen um den »wahrhaft sozialistischen Volksstaat«, die die Begleitmusik zur Planung für den Sozialen Wohnungsbau nach dem Kriege abgeben, einmal außer acht, bleibt als entscheidendes Merkmal der Übergang von der »individuellen, handwerklichen und heimatlichen« Bauweise zur industriellen Vorfertigung des Wohnungsbaues. Während die unentwegten Propagandisten die geplanten neuen Methoden — Typisierung, Normierung, Serienproduktion — als originäre Leistung der von dem Generalbevollmächtigten für die Bauwirtschaft, Fritz Todt, offiziell im Jahre 1938 eingeleiteten »Deutschen Rationalisierung« feiern, weisen Fachberichte offen auf die Vorarbeiten der zwanziger Jahre, insbesondere auf die in Frankfurt/Main, hin. Auch in der baulichen Anordnung der geplanten Typen zeichnet sich ein bemerkenswerter Wandel ab. Beispielsweise wird in die generelle Regelung: 2- bis 3geschossige Gebäude in Kleinstädten, 3- bis 5geschossige Gebäude in Großstädten, die Möglichkeit der Errichtung von Hochhäusern ausdrücklich eingeschlossen. Insgesamt wurde in dem vor Beginn des Bombardements der deutschen Städte formulierten Bauprogramm des »Reichskommissariats für den sozialen Wohnungsbau« die Errichtung von 6 Millionen Wohnungen (in 10 Jahren) vorgesehen. Ihre Größe und Ausstattung entsprachen der »Bescheidenheit«, die das »Dritte Reich« den Bauten des Volkes im Gegensatz zu den Monumenten von Staat und Partei zugewiesen hatte.

84

85, 86

\* Vergl. dazu: Der soziale Wohnungsbau in Deutschland. Berlin 1942, H. 21.

## 79 Mai 1934

**Verwurzelung des Arbeiters mit dem Boden**

Gelegentlich des ersten Spatenstichs des großen nationalsozialistischen Siedlungswerks im Aachener Kohlenrevier äußerte Dr.-Ing. J. W. Ludowici, Siedlungsbeauftragter im Stabe des Stellvertreters des Führers, u. a.:

»Siedlung heißt nicht, eine dieser Formen herausgreifen und unter Vernachlässigung der übrigen fördern! Dies ist Klassenpolitik; Siedlung heißt dagegen, die ganzen Formen jeweils richtig auf der Grundlage einer geopolitischen Reichsplanung aufeinander abstimmen und so nicht eine Klasse, sondern das ganze deutsche Volk in einer wahren Gemeinschaft auf den deutschen Boden zurückzuführen. Es ist heute die Gefahr im Verzug, daß der unselige Geist, welcher die deutschen Städte verunstaltete und durch ein ungesundes, bodenfremdes Wachstum sinnlos vergrößerte, heute ausbricht und das deutsche Land überflutet. Die »Stadtrandsiedlung« in der Art und Weise, wie sie bisher durchgeführt wurde, ist, von den marxistischen Einflüssen abgesehen, nichts als eine mißverstandene Auswirkung der gesunden Rückwanderung von der Stadt auf das Land. Siedlung geht über die Pflanze und das Tier — eine Untersuchung der Gartenwirtschaft und der Tierhaltung in diesen Stadtrandsiedlungen zeigt den Geist ihrer Urheber.

Neben den deutschen Bauern muß dem deutschen Arbeiter der Weg zum deutschen Boden frei gemacht werden; es ist das einzige Mittel, unser Volk und unsere Wirtschaft auf lange Sicht hinaus wieder gesund zu machen. Ebenso verlangt der Luftschutz kategorisch die Dezentralisation der deutschen Produktionsstätten, wenn nicht unser Schicksal von feindlicher Willkür abhängig sein soll.

Die Zukunft Deutschlands wird durch den mit dem Boden verwurzelten Bauern und den ebenso mit dem Boden verwurzelten Arbeiter entschieden. Keiner von ihnen allein kann den Staat tragen. Nur beide zusammen sind der Aufgabe gewachsen, wobei immer der schwächere Teil entscheidend sein wird.

Rasse, Kultur und Nation können nur bestehen, wenn sie fest im Heimatboden verankert sind. So ist vor allem anderen der Erbhofbauer für das Bauerntum und der Stammarbeiter für das Arbeitertum das Fundament, auf dem alles andere errichtet werden muß.«

## 80 1939

### Sozialpolitik im Dritten Reich 1933—1938
Von Franz Seldte

Der Gedanke, den deutschen schaffenden Menschen mit dem Grund und Boden zu verbinden, geht in seinen Anfängen auf die »vorstädtische Kleinsiedlung« zurück, die sich im Jahre 1931 herausgebildet hat. Damals war aber der überwiegende Zweck dieser Maßnahme auf die Bekämpfung der Arbeitslosigkeit gerichtet. Es waren deshalb namentlich Erwerbslose, die angesiedelt wurden. Der politische und geistige Umbruch des Jahres 1933 hat selbstverständlich auch für die Kleinsiedlung eine grundlegende Wandlung mit sich gebracht. Aus der Erwerbslosen- und Kurzarbeitersiedlung wurde die Kleinsiedlung im heutigen Sinne. Es galt jetzt nicht mehr, den arbeitslosen Proletarier von der Straße weg auf eine Siedlerstelle zu führen, sondern dem deutschen werkschaffenden Volksgenossen eine bleibende Heimat auf eigenem Grund und Boden zu geben. Die Erwerbslosensiedlung wurde damit zu einer Siedlung vollbeschäftigter Arbeiter, die nicht nur ihrem Heimatboden in Treue verbunden sind, sondern auch für das Werk, in dessen Dienst sie stehen, eine treue Stammarbeiterschaft bilden...
Es ist hier nicht der Platz, alle Vorteile der Kleinsiedlung nochmals aufzuführen. Ich habe sie in meinen Jahresberichten für 1935, 1936 und 1937 eingehend dargelegt. Hier sollen nur die besonderen Vorzüge der Kleinsiedlung nochmals hervorgehoben werden:
1. Die Kleinsiedlung, bei welcher die Vierraumwohnung die Regel bildet, ist die beste und billigste Siedlungsform für den deutschen Arbeiter.
2. Die Förderung der Kleinsiedlung ist nicht nur eine Aufgabe der Wohnungs- und Siedlungspolitik, sondern vor allem auch der Sozialpolitik im allgemeinen. Die Kleinsiedlung bietet dem Arbeiter ein zusätzliches, gesichertes Einkommen aus der Siedlerstelle und schützt ihn auch in ungünstigen Zeiten (bei Not und Krankheit in der Familie, bei vorübergehender Arbeitslosigkeit und dgl.) vor den schlimmsten wirtschaftlichen Sorgen. Sie hebt gleichzeitig den Lebensstand des Arbeiters und vermehrt auch seine Kaufkraft. Die Kleinsiedlung ist das soziale Wohnungsideal für diejenigen Arbeiter, die aus der breiten Masse der arbeitenden Schichten zu Eigentum kommen wollen.
3. Die Kleinsiedlung ist auch allgemein staatspolitisch von höchster Bedeutung. Sie verbindet den werktätigen Arbeiter mit dem Grund und Boden und macht ihn damit zu einem heimatverbundenen und politisch gefestigten Mitglied der Volksgemeinschaft.
4. Die Kleinsiedlung ist auch besonders geeignet, bevölkerungspolitische Aufgaben zu erfüllen. Auf eigenem Grund und Boden wird der Wille zum Kind gestärkt; es ist auch zugleich die beste Grundlage für die Heranziehung eines gesunden Nachwuchses gegeben. Besonders wichtig ist, daß die Kleinsiedlung stets ausbau- und erweiterungsfähig ist und daß Hof und Garten der Siedlerfamilie weiten Raum geben.

5. Erhebliche Bedeutung kommt der Kleinsiedlung aber auch innerhalb der Vierjahresplan- und Rüstungsbauten zu. Hier ist die Kleinsiedlung berufen, besonders bei Gründung neuer Gemeinden und Errichtung umfangreicher Industriewerke, der Gefahr der erneuten Zusammenballung der Industriebevölkerung entgegenzuwirken. Gleichzeitig mit der Auflockerung der Industriebevölkerung ist die Kleinsiedlung geeignet, eine Stammarbeiterschaft zu schaffen, die auch bei vorübergehender Beschränkung der Beschäftigung gesichert und bodenständig bleibt. Die Kleinsiedlung bleibt daher im Hinblick auf ihre überragende Bedeutung in sozial-bevölkerungspolitischer und allgemein staatspolitischer Hinsicht die beste Form der Arbeiterwohnstätte, auf deren Förderung ich nach wie vor größten Wert lege ...

## 81 August 1933

Die Förderung des Baues von Volkswohnungen —
Ist es möglich, 3000-M-Wohnungen zu bauen?
Von Oberregierungsrat Dr. Joachim Fischer-Dieskau, Sachbearbeiter im RAM

In den letzten Jahren hat sich in der Wohnbautätigkeit ein sehr wesentlicher struktureller Wandel vollzogen: Der Bau von mehrgeschossigen Miethäusern, insbesondere in größeren Baublöcken, ist stark zurückgetreten zugunsten der Kleinhäuser mit höchstens 4 Wohnungen, der Eigenheime und der Kleinsiedlung. In der amtlichen Statistik kommt dieser Wandel deutlich zum Ausdruck. Der Anteil der Kleinhäuser mit 1—4 Wohnungen am gesamten Wohnungszugang, der 1930 75 vH betrug, ist im Jahre 1932 auf 90 vH und 1933 auf 92 vH gestiegen und hat 1934 91 vH betragen.
Die Gründe, die zu dieser Entwicklung geführt haben, sind verschiedener Art. Vor allem ist hier die Sehnsucht breiter Bevölkerungskreise bestimmend gewesen, wieder ein eigenes Heim, eine eigene Scholle zu besitzen. Diese gesunde Bewegung ist von der Reichsregierung kräftig gefördert worden. Seit Jahr und Tag sind — abgesehen von den Reichszuschüssen für Wohnungsumbauten und Wohnungsteilungen — öffentliche Mittel im wesentlichen nur noch für die Förderung des Baues von Eigenheimen und vor allem der Kleinsiedlung gegeben worden. Aber auch abgesehen hiervon erklärt sich das Zurücktreten des Mietwohnungsbaues rein wirtschaftlich aus der Tatsache, daß die Finanzierung von Mietwohnungen, namentlich soweit es sich um größere Baublöcke handelt, ganz besonders schwierig ist. Läßt sich bei Eigenheimen und Kleinsiedlungen das Eigenkapital in erfreulichem Umfange aus der opferbereiten Sparkraft der Siedler, aus Beihilfen der Arbeitgeber oder auch im Wege der Selbsthilfe beschaffen, so finden sich nur wenige Träger, die in der Lage und gewillt sind, ausreichendes Eigenkapital für Mietwohnungen zur Verfügung zu stellen. Sosehr nun die günstige Entwicklung bei den Kleinhäusern zu begrüßen ist, so darf doch auf der anderen Seite nicht verkannt werden, daß auch der Bau von Mietwohnungen,

40 Siedlung Mascherode. Architekt Julius Schulte-Frohlinde, nach 1936

namentlich solchen für die minderbemittelten Kreise, eine unumgängliche Notwendigkeit darstellt. Es gibt Gemeinden, in denen die Beschaffung des Geländes für Kleinsiedlungen in ausreichendem Umfange einfach nicht möglich ist. Weiterhin ist es ein Gebot wirtschaftlicher Vernunft, die Baulücken im Stadtkern, die naturgemäß für eine Bebauung mit Kleinsiedlungen in der Regel nicht in Frage kommen, allmählich zu schließen. Vor allem aber kommt nur ein Teil aller wohnungssuchenden Familien für das Eigenheim oder eine Kleinsiedlung in Frage, weil viele sich für eine Siedlung nicht eignen oder auch eine Siedlung nicht haben wollen, weil beispielsweise die Art des Berufes eine leichte Beweglichkeit erfordert oder aber die nötige Zeit zur Bewirtschaftung einer Stelle nicht läßt. Unter diesen Umständen ist also im Hinblick auf unsere starke Haushaltzunahme der Bau von Mietwohnungen eine dringende Notwendigkeit. Dabei kann es jedoch nicht in Frage kommen, einfach Mietwohnungen schlechthin zu bauen. Der Kenner der Verhältnisse weiß, daß Wohnungsnachfrage und Wohnungsmangel bei weitem am vordringlichsten bei den Kleinwohnungen bis zu etwa 3 Räumen einschließlich Küche ist. Solche Kleinwohnungen müssen also ganz vorwiegend gebaut werden. Aber auch die Kleinwohnungen können nur dann den Wohnungsmangel der breiten Schichten unserer minderbemittelten Volksgenossen befriedigen, wenn sie zu Mieten abgegeben werden können, die in angemessenem Verhältnis zu dem Einkommen dieser Schichten stehen. Dieses Ziel

kann bei den heutigen Baukosten und Zinssätzen nur dann erreicht werden, wenn bewußt jeder nicht unbedingt notwendige Aufwand vermieden und die Ausstattung der Wohnung entsprechend einfach gehalten wird ...
Nun sind auf Grund des Gesetzes zur Förderung des Wohnungsbaues vom 30. März 1935 dem Reichsarbeitsminister für Zwecke der Kleinsiedlung und des Kleinwohnungsbaues vom Reichsminister der Finanzen etwa 185 Millionen M. zur Verfügung gestellt worden. Dadurch ist der Reichsarbeitsminister in die Lage versetzt worden, auch für die Förderung von Mietwohnungen der eben beschriebenen Art Mittel auszuwerfen. Das ist geschehen durch den Erlaß vom 27. Juli 1935, durch den zunächst 35 Millionen bereitgestellt worden sind. Dieser Erlaß, der in Einzelheiten durch das Rundschreiben des RArbMin. vom 6. August 1935 ergänzt worden ist, führt einleitend zunächst aus, daß mit der Kleinsiedlung allein den dringendsten Notständen nicht begegnet werden könne. Es sei daher auch die Errichtung »billigster Mietwohnungen in ein- und mehrgeschossiger Bauweise, die hinsichtlich Wohnraum und Ausstattung äußerste Beschränkung aufweisen«, erforderlich. Für derartige Wohnungen wird der Name »Volkswohnung« geprägt, um anzudeuten, daß hiermit Dienst an der breiten Masse der Bevölkerung geleistet werden soll, für die früher nicht genug geschehen ist ... Bei der Unterbringung in diesen Wohnungen sind kinderreiche Familien und Schwerkriegsbeschädigte vorzugsweise zu berücksichtigen ...
Der Umstand, daß der Kreis der Darlehensempfänger auf Gemeinden und gegebenenfalls gemeinnützige Wohnungsunternehmen beschränkt ist, zeigt erneut, daß die Maßnahme »Volkswohnungen« keine rein wirtschaftliche Angelegenheit ist; die Grenzen für die Baukosten und für die Mieten mußten übrigens ... so eng gezogen werden, daß praktisch andere Träger als Gemeinden oder gemeinnützige Wohnungsunternehmen kaum in Frage kommen könnten, selbst wenn sie zugelassen wären. Die Bestimmungen über die Träger der Maßnahme zeigen eine Ähnlichkeit mit denen über Not-, Behelfs- und Flüchtlingswohnungen, die im Rahmen des Arbeitsbeschaffungsprogramms 1933/34 mit 15 Millionen M. vom Reich gefördert worden sind ... Auf jeden Fall laufen viel mehr Fäden zu den Not- und Behelfswohnungen als zu dem System der Hauszinssteuerhypotheken. Dieses System stellte eine allgemeine Subventionierung der Wohnbautätigkeit dar, die jetzt vom Reich keinesfalls beabsichtigt ist.
Der Erlaß vom 27. Juli d. J. begrenzt die Gesamtherstellungskosten der Volkswohnungen auf 3000 M., wobei aber die Kosten für Gelände und Geländeerschließung außer Betracht bleiben. Bei Vorliegen besonderer Gründe ist eine ausnahmsweise Erhöhung der Gesamtherstellungskosten bis zu 3500 M. möglich. — Gerade diese Begrenzung der Baukosten hat gewissen Widerspruch hervorgerufen; die ist von mancher Seite als zu niedrig bezeichnet worden. Dem ist gegenüberzuhalten, daß die 3000-M.-Grenze nicht etwa am grünen Tisch erdacht ist, sondern aus der Praxis, eben aus den Erfahrungen mit den Not- und Behelfsheimen heraus gestaltet ist, und daß das Ziel der Maßnahme, wirklich billige Wohnungen zu schaffen, nur durch äußerste Begrenzung der Baukosten und Verzicht auf jeden nicht lebensnotwendigen Komfort erreicht werden kann. Dabei

hat sich für solche Einfachwohnungen das Doppelhaus mit je einer Einliegerwohnung als sehr zweckmäßig erwiesen ...
Der ergänzende Erlaß vom 6. August betont hierzu, daß auch bei dem Bau der Volkswohnung das Ziel der Reichsregierung im Auge behalten werden müsse, nicht nur den Wohnungsmangel an sich zu beheben, sondern hierbei möglichst viele Familien wieder in gesunde Verbindung mit dem Boden zu bringen. Die Bevorzugung des Flachbaues wird daher zur Pflicht gemacht, wo dies nach Lage der Verhältnisse möglich ist. Keinesfalls darf die grundsätzliche Zulassung der mehrgeschossigen Bauweise im ganzen genommen zu einem Überwiegen dieser Bauweise führen. Für Geschoßwohnungen wird der Dreispänner-Typ empfohlen, weil damit für den Fall einer allgemeinen Hebung der Wohnansprüche die Zusammenlegung von 3 in 2 Wohnungen ermöglicht wird.
Die Volkswohnungen sollen möglichst nicht für sich allein in geschlossenen Bauanlagen für einen bestimmten Bevölkerungskreis errichtet werden. Nicht nur mit Rücksicht auf die Volksgemeinschaft, sondern auch aus städtebaulichen und wirtschaftlichen Gründen sollen Gemeinschaftssiedlungen entstehen, in denen alle Schichten der Bevölkerung in gesunder Mischung beisammen wohnen ... Das verhindert ein Herabdrücken des Niveaus in den Volkswohnungen.
Die Hilfe des Reichs besteht im einzelnen darin, daß für jede Wohnungseinheit ein Darlehen bis zu 1000 M. gewährt wird; für Wohnungen, die zur Unterbringung kinderreicher Familien bestimmt sind, kann ein Zusatzdarlehen bis zu 300 M. bewilligt werden. Da vorwiegend kinderreiche Familien untergebracht werden sollen, wird von dieser Möglichkeit, das Darlehen zu erhöhen, voraussichtlich in vollem Umfange Gebrauch gemacht werden, so daß im Reichsdurchschnitt das Reichsdarlehen je Einheit 1000 M. übersteigen wird. Im übrigen sollen die Reichsdarlehen nur zur Deckung der Spitzenfinanzierung dienen; um die knappen Mittel zu strecken, wird daher, wo es sich in Einzelfällen ermöglichen läßt, auch unter den zulässigen Höchstbeträgen zu bleiben sein.
Die Reichsdarlehen sind mit 4 vH zu verzinsen und mit 1 vH zu tilgen. Die Verzinsung mag auf den ersten Blick hoch erscheinen. Es darf aber zweierlei nicht übersehen werden: die Mittel für die Volkswohnungen stammen bekanntlich in erster Linie aus der sogenannten Hauszinssteueranleihe, die vom Hausbesitz aufzubringen ist. Diese Anleihe ist gleichfalls mit 4 vH zu verzinsen, aber wegen ihrer verhältnismäßig kurzen Laufdauer mit 3,1 vH jährlich zu tilgen. Es bedeutet also vom Reich aus schon ein Entgegenkommen, wenn es eine niedrigere Tilgung verlangt, als es selbst zu leisten hat. Abgesehen hiervon liegt es im Zuge der Entwicklung, den öffentlichen Beihilfen immer mehr den Charakter von Geschenken oder Subventionen zu nehmen, d. h. eine dem Kapitalmarkt angenäherte Verzinsung zu fordern. Bei Einhaltung der vorgesehenen Baukosten ist es möglich, auch bei dieser Verzinsung des Reichsdarlehens zu Mieten zu kommen, die, wie der Erlaß dies vorschreibt, ein Fünftel des durchschnittlichen Bruttoeinkommens der Kreise, für die die Wohnungen bestimmt sind — zu denken ist hier an das Bruttoeinkommen der ungelernten Arbeiter —, nicht übersteigen.

## 82 Februar 1937

### DAF und Wohnungsbau (Sondersiedlungswerk)

Die bisherigen Erfahrungen im Arbeiter-Wohnstättenbau zwingen zu Schlußfolgerungen und Forderungen in bezug auf eine Änderung der Siedlungsverfahren, die die DAF mit aller Energie vertreten wird: Wenn auf der einen Seite die Reichsregierung Mitte 1935 70 Mill. M. für die Kleinsiedlung bereitgestellt hat und bis Ende 1935 davon nur 2,4 Mill. M. in Anspruch genommen werden konnten; wenn 1936 Ermächtigungen zu weiteren Reichsdarlehensbewilligungen für die Kleinsiedlung im Gesamtbetrage von 80—90 Mill. M. erteilt wurden und auf der anderen Seite (in den Groß- und Mittelstädten) nur 5800 bzw. 6900 Kleinsiedlerstellen in den verflossenen zwei Jahren gebaut werden konnten, so ist es an der Zeit, die Ursachen für dieses ungewöhnliche Mißverhältnis zu beseitigen. Nach dem Bericht der Arbeitsgemeinschaft für den Arbeiterwohnstättenbau für 1935 hat die Industrie mit rund 40 Mill. M. nur rund 20 000 Wohnungseinheiten fördern können, also ihre Mittel verhältnismäßig unrationell einsetzen müssen, und zwar im wesentlichen, weil die Reichsrichtlinien für die Kleinsiedlung nicht mit den tatsächlichen Verhältnissen der Praxis in Einklang standen. Die Bestimmungen zur Förderung der Kleinsiedelung vom 21. April 1936 haben gewisse Erleichterungen gebracht; trotzdem sind nach wie vor für unsere Verhältnisse in der Baufinanzierung bemerkenswert hohe Kontingente an Reichsdarlehen vorhanden, von denen die Praxis im Rahmen der zur Zeit geltenden Bestimmungen keinen Gebrauch machen kann. Wir können uns künftighin nicht mehr den Luxus leisten, zahlreiche Siedlungsvorhaben zurückzustellen, ausschließlich weil Beleihungsgrenzen für öffentliche Mittel von 80 vH der Gesamtkosten für erforderlich gehalten werden, und die auf dieser Grundlage notwendigen Eigenkapitalien von den Siedlungswilligen, auch mit Unterstützung der Industrie, nicht beigebracht werden können. Es ist zweckmäßiger, den Anteil der öffentlichen Mittel je Wohnungseinheit zu erhöhen und dadurch eine etwas kleinere Zahl brauchbarer Siedlerstellen mit tragbareren Lasten als vorgesehen zu errichten...
Neben den Fragen der erleichterten Restfinanzierung und der Zinssenkung bei den öffentlichen Mitteln erscheint die Vereinfachung der Behördenvorschriften für den Siedlungs- und Wohnungsbau besonders dringlich, die in dem Stadium einer Geheimwissenschaft für einen auserwählten Kreis von Sachkennern und Kommentatoren zu belassen nicht unbedingt Veranlassung besteht.
Die großen Aufgaben der Beeinflussung des Wohnungsbaus durch planmäßige Lenkung der Kapitalien, Baustoffe und Arbeitskräfte sind bereits durch die Anordnungen des Beauftragten für den Vierjahresplan festgelegt.
Die der Deutschen Arbeitsfront im Rahmen des Vierjahresplans gestellte Sonderaufgabe besteht in der schnellen Schaffung von 30 000 bis 50 000 Wohnungen für die Stammarbeiter der neuen Rohstoffindustrien. Für dieses Sonder-Siedlungswerk hat die Deutsche Arbeitsfront einen Finanzierungs- und Organisa-

tionsplan ausgearbeitet, auf Grund dessen Herr Ministerpräsident Generaloberst Göring die Zentralstelle für den Vierjahresplan bei der Deutschen Arbeitsfront mit der zusammenfassenden zentralen Bearbeitung und Betreuung aller mit der Schaffung der Arbeiterwohnstätten für die neuen Industrien des Vierjahresplans zusammenhängenden Fragen beauftragt hat...
Für die im Zuge des Vierjahresplans zu errichtenden Industrien müssen z. T. Standorte gewählt werden, an denen weder die erforderlichen Facharbeitskräfte noch Wohnungen für die Arbeiter und Angestellten vorhanden sind. Die Erstellung der neuen Arbeiterwohnstätten muß hier mit größter Schnelligkeit erfolgen, und zwar gleichzeitig mit den Werkanlagen, weil die Ingangsetzung der Erzeugungen ohne befriedigende Unterbringung der Fachkräfte nicht möglich sein würde.
Aufgabe der Zentralstelle der Deutschen Arbeitsfront für den Vierjahresplan ist es, ohne Aufbau neuer großer Sach- und Personalapparate bei einem Mindestmaß an Verfügungen und Eingriffen in bestehende Zuständigkeiten und ohne Gesetzesänderungen alle beteiligten Kreise für eine schnelle Durchführung der Bauvorhaben zusammenzufassen. Die Tätigkeit der Zentralstelle setzt ein, sobald die Standortauswahl für die neuen Werkanlagen abgeschlossen ist und die Bebauungs- und Typenpläne für die Siedlungen und Wohnblöcke, in denen die Arbeiter untergebracht werden sollen, ausgearbeitet werden können. Bei der Durchführung der Bauvorhaben sollen die für den Wohnungsbau allgemein geltenden Vorschriften voll eingehalten werden, soweit die zuständigen Behörden und Dienststellen im Einzelfall nicht Ausnahmen bewilligen. Ebenso bleiben die zuständigen Aufsichts- und Kommunalbehörden eingeschaltet.
Die Zentralstelle der DAF wird die erforderlichen Kontingente an erst- und zweitstelligen (reichsverbürgten) Hypotheken beschaffen; die benötigten Reichsdarlehen für Kleinsiedlungen und Volkswohnungen stehen ihr zur Verfügung. Zur Sicherung der Restfinanzierung hat sie einen neuartigen Plan vorgelegt, der zur Ergänzung der Industriemittel den Einsatz von Kapitalien u. a. privater Hypothekengeber mit bestimmter Unterstützung des Reiches und der DAF vorsieht. An der Aufbringung der erforderlichen Kapitalien, deren Umfang, gemessen an der Gesamtbeanspruchung des Kapitalmarktes durch den Wohnungsbau der nächsten Jahre, verhältnismäßig gering ist, müssen sich außer den Sozialversicherungsanstalten und den Sparkassen auch die privaten Versicherungsunternehmungen beteiligen. Durch Darlehen ihrer eigenen Versicherungsgesellschaften sichert die DAF, die im übrigen einen Anlaufkredit bereitstellt, die Finanzierung eines Teilprogramms.
Für die Durchführung der Sonderaufgabe setzt sie ihren Bauapparat und die Heimstättenämter mit ein. Als Träger für die einzelnen Bauvorhaben kommen alle geeigneten Unternehmungen, und zwar vornehmlich die provinziellen Heimstätten und die gemeinnützigen Wohnungs-Unternehmungen, in Frage.
Die Neuorganisation der für den Wohnungsbau maßgeblichen Stellen der DAF, die Reichsorganisationsleiter Dr. Ley im Zuge der durch seinen Aufruf zu Jahresbeginn angeordneten Neugliederung der Ämter innerhalb der DAF vorge-

nommen hat, wird ihrerseits dazu beitragen, die schnelle Durchführung des Siedlungswerks des Vierjahresplans zu sichern und darüber hinaus das Verhältnis der DAF zur Wohnungsbaupraxis noch wesentlich fruchtbarer als bisher zu gestalten.
Durch Anordnung vom 12. Januar 1937 ist die Planungsabteilung aus dem Reichsheimstättenamt ausgegliedert worden; sie wird zusammen mit der des Amtes »Schönheit der Arbeit« und der Bauabteilung der DAF zu einem »Architektenbüro der Deutschen Arbeitsfront« zusammengefaßt. In den Händen seines Leiters, des Baurats Schulte-Frohlinde, liegt die Leitung der Gesamtplanung, die Überwachung sämtlicher Entwurfsarbeiten und im allgemeinen die Bauleitung für die Bauten der DAF. Die Oberaufsicht und Entscheidung über architektonische Fragen bei allen Bauvorhaben der DAF obliegt Prof. Speer.
Alle bauwirtschaftlichen Aufgaben der DAF (einschließlich der des Reichsheimstättenamts) werden nur von der Abteilung »Bauwirtschaft« im Schatzamt der DAF bearbeitet, der auch die Wohnungsbau- und Verwaltungsgesellschaften der DAF und ihre Häuserverwaltung unterstehen.
Eine zweckentsprechende enge Zusammenarbeit des Reichsheimstättenamts mit den für eine wirtschaftliche Gestaltung der Bauvorhaben maßgeblichen Organen der DAF ist sichergestellt worden.

## 83 November 1940

### Erlaß des Führers
### zur Vorbereitung des deutschen Wohnungsbaues nach dem Kriege

Der erfolgreiche Ausgang dieses Krieges wird das Deutsche Reich vor Aufgaben stellen, die es nur durch eine Steigerung seiner Bevölkerungszahl zu erfüllen vermag. Es ist daher notwendig, daß durch Geburtenzuwachs die Lücken geschlossen werden, die der Krieg dem Volkskörper geschlagen hat.
Deshalb muß der neue deutsche Wohnungsbau in der Zukunft den Voraussetzungen für ein gesundes Leben kinderreicher Familien entsprechen.
Um die sofortige Inangriffnahme eines diesen Grundsätzen entsprechenden Wohnungsbauprogramms nach dem Kriege zu gewährleisten, sind schon jetzt vorbereitende Maßnahmen hierfür zu treffen. Ich ordne daher an:

Zu 83 Im Zuge der Vereinfachung der Verwaltung gehen nach einem *Dritten Führererlaß über den deutschen Wohnungsbau* (23.10.1942) auch die nachstehenden, bis dahin beim Reichs- und preußischen Arbeitsminister verbliebenen Befugnisse sowie das Personal der Hauptabteilung III auf das Kommissariat Ley über: Alle Aufgaben und Zuständigkeiten auf dem Gebiet des Wohnungs- und Siedlungswesens einschließlich des *Gefolgschafts-* und Behörden-Wohnungsbaus, die Aufstellung der Bebauungspläne für die durch die städtebauliche Planung ausgewiesenen Wohngebiete, die Aufgaben und Zuständigkeiten auf dem Gebiet des Kleingartenwesens, der Wohnungswirtschaft sowie der Bewirtschaftung der zur Durchführung der vorgenannten Aufgaben gehörigen alten und neuen Geldmittel. Der Reichskommissar für den Sozialen Wohnungsbau erhält den Titel *Reichswohnungskommissar*, seine Behörde wird *oberste Reichsbehörde*, das Organ *Der Soziale Wohnungsbau in Deutschland* bekommt den Titel *Der Wohnungsbau in Deutschland*.

I. Die Erfüllung der von mir gestellten Forderungen ist Aufgabe des Reiches. Zu ihrer Durchführung bestelle ich einen Reichskommissar für den sozialen Wohnungsbau, der mir unmittelbar untersteht.

II. Wohnungsbauprogramm
Der Wohnungsbau wird nach einem von Jahr zu Jahr festzustellenden Wohnungsbauprogramm durchgeführt. Die Zahl der in den einzelnen Jahren insgesamt zu bauenden Wohnungen wird von mir festgesetzt. Hierzu legt mir der Reichskommissar einen gemeinsam mit dem Generalbevollmächtigten für die Regelung der Bauwirtschaft aufgestellten Jahresplan vor. Der Generalbevollmächtigte für die Regelung der Bauwirtschaft ist dafür verantwortlich, daß der für das Jahr vorzusehende Umfang von Wohnungsbauten mit den allgemeinen Bauaufgaben im Reichsgebiet, die auf die jeweilige Leistungsfähigkeit der Bauwirtschaft abzustellen sind, in Einklang steht.
Der Landarbeiterwohnungsbau ist innerhalb des Gesamtwohnungsbauprogramms besonders zu fördern. Das gleiche gilt für den Bau von Eigenheimen und Kleinsiedlungen bei vorhandenem Eigenkapital. — Für das erste Nachkriegsjahr ist der Neubau von insgesamt 300 000 Wohnungen vorzubereiten und durchzuführen.

III. Durchführung des Bauprogramms
Bei der Finanzierung sind, soweit möglich, die Einrichtungen der Wirtschaft heranzuziehen. Die Baudurchführung und Verwaltung geschieht, soweit sie nicht von den Gemeinden übernommen wird, durch gemeinnützige Wohnungsunternehmen oder sonstige geeignete Träger auf Grund besonderer Zulassung. Die Einweisung der Mieter erfolgt durch die Gemeinden mit Zustimmung der Partei nach Grundsätzen, über die besondere Richtlinien erlassen werden.

IV. Miethöhe
Die Lasten und Mieten des neuen deutschen Wohnungsbaues sind so zu gestalten, daß sie in einem gesunden Verhältnis zu dem Einkommen der Volksgenossen stehen, für die die Wohnungen bestimmt sind. Zur Erreichung dieses Zieles ist die Förderung des Wohnungsbaues aus Mitteln des Reiches soweit auszudehnen, daß tragbare Mieten und Lasten erreicht werden.

V. Baulandbeschaffung
a) Ausweisung von Wohnsiedlungsbauten
In Orten, in denen nach dem Kriege mit einem erhöhten Wohnungsbedarf zu rechnen ist, sind, soweit noch nicht geschehen, auf Grund des Gesetzes über die Aufschließung von Wohnsiedlungsgebieten vom 22. September 1933 (RGBl. I S. 659/27. 9. 1938 RGBl. I S. 1246) Wohnsiedlungsgebiete auszuweisen und Wirtschaftspläne aufzustellen.
b) Richtpreise für Wohn- und Siedlungsflächen
Für das im Wirtschaftsplan als Wohn- und Siedlungsfläche ausgewiesene Bau-

land haben die Preisbildungsbehörden im Benehmen mit der Gemeinde Richtpreise festzusetzen.
c) Umlegung von Grundstücken
Die Umlegung von Grundstücken wird durch Reichsgesetz erleichtert.
d) Erleichterte Beschaffung von Bauland
Die Beschaffung von Bauland wird durch ein Reichsgesetz geregelt, durch das der freihändige Erwerb von Grundstücken erleichtert und beschleunigt sowie die Möglichkeit zu einer Enteignung gegen angemessene Entschädigung gegeben wird.

VI. Geländeerschließung und Gemeinschaftseinrichtungen
Die Deckung der Kosten, die den Gemeinden durch die Erschließung von Baugelände und durch die Errichtung von Gemeinschaftseinrichtungen entstehen, wird zum Zwecke der Vereinheitlichung und Vereinfachung der geltenden Bestimmungen durch Reichsgesetz geregelt.
Die von den Gemeinden an die Aufschließung zu stellenden Anforderungen haben sich in den durch Volksgesundheit, Verkehr und Sicherheit bedingten Grenzen sparsam zu bewegen.

VII. Planung
a) Formen des Wohnungsbaues
Der neue deutsche Wohnungsbau nach dem Kriege erfolgt in der Form der Geschoßwohnung, des Eigenheims (mit Gartenzulage) und der Kleinsiedlung (mit Wirtschaftsteil und Landzulage). Die Anwendung der einzelnen Form bestimmt sich nach der Lage des Bauortes.
b) Gliederung der Wohnung
Bei der Planung von Wohnungsbauten in den ersten fünf Jahren nach dem Kriege ist von folgender Raumgliederung auszugehen:
aa) 80 Prozent der neuen Wohnungen enthalten eine geräumige Wohnküche und drei Schlafzimmer, außerdem einen Duschraum mit getrenntem Abort. Wohnungen in zwei- und mehrgeschossigen Bauten erhalten tunlichst einen Balkon.
bb) 10 Prozent der neuen Wohnungen sollen einen Raum mehr und 10 Prozent einen Raum weniger erhalten.
cc) Außerdem soll in allen Fällen ein Speise- und Abstellraum vorgesehen werden.
Bei der Planung von neuen Städten oder von Großbauvorhaben, die das Gefüge einer Gemeinde von Grund auf ändern, kann mit Zustimmung des Reichskommissars von den Verhältniszahlen abgewichen werden.
c) Größe der Räume
Die Räume bzw. die Wohnungen sollen folgende Mindestmaße nicht unterschreiten:

aa) 1 Wohnküche . . . . . . . . . . . . . . . . . 22 qm
　　1 Elternschlafzimmer . . . . . . . . . . . . . . . 16 qm
　　1 weiteres Schlafzimmer . . . . . . . . . . . . . 10 qm
　　1 Duschraum mit getrenntem Abort . . . . . . . . . 5 qm
　　1 Flur . . . . . . . . . . . . . . . . . . . . 6 qm
　　1 Balkon . . . . . . . . . . . . . . . . . . . 3 qm
　　　　　　　　　　　　　　　　　　　　　　　　62 qm
bb) 4-Zimmer-Wohnung einschließlich Wohnküche:
　　1 Wohnküche . . . . . . . . . . . . . . . . . 24 qm
　　1 Elternschlafzimmer . . . . . . . . . . . . . . . 16 qm
　　2 Schlafzimmer zu je 10 qm . . . . . . . . . . . . 20 qm
　　1 Duschraum mit getrenntem Abort . . . . . . . . . 5 qm
　　1 Flur . . . . . . . . . . . . . . . . . . . . 6 qm
　　1 Balkon . . . . . . . . . . . . . . . . . . . 3 qm
　　　　　　　　　　　　　　　　　　　　　　　　74 qm
cc) 5-Zimmer-Wohnung einschließlich Wohnküche:
　　1 Wohnküche . . . . . . . . . . . . . . . . . 26 qm
　　1 Elternschlafzimmer . . . . . . . . . . . . . . . 16 qm
　　3 weitere Schlafzimmer mit je 10 qm . . . . . . . . 30 qm
　　1 Duschraum mit getrenntem Abort . . . . . . . . . 5 qm
　　1 Flur . . . . . . . . . . . . . . . . . . . . 6 qm
　　1 Balkon . . . . . . . . . . . . . . . . . . . 3 qm
　　　　　　　　　　　　　　　　　　　　　　　　86 qm

Geringfügige Abweichungen sind zulässig, sofern die Beschaffenheit des Geländes dies erfordert.

d) Berücksichtigung der Luftkriegserfahrungen
Die aus dem Luftkrieg gewonnenen Erfahrungen sind bei der Standortwahl der Wohnstätten, bei der Bebauungsdichte, bei der Konstruktion des Hauses und bei der Anlage von Luftschutzräumen zu berücksichtigen.

Soweit hiernach der Bebauungsplan Luftschutzräume vorsieht, sind sie bombensicher zu errichten und so zu bemessen, daß alle Hausbewohner darin eine Schlafgelegenheit finden.

VIII. Normung und Rationalisierung
Eine Verbilligung der Herstellungskosten der Wohnung muß mit allen Mitteln erreicht werden, ohne daß dadurch die architektonische Gestaltung beeinträchtigt wird.
Es sind daher für die Wohnungsgrößen Grundrisse zu entwickeln und vorläufig für die Dauer von fünf Jahren für verbindlich zu erklären. Darüber hinaus sind die Geschoßhöhen, die Wandstärken und die Konstruktionen für Dächer, Decken und Treppenhäuser einheitlich festzulegen.
Die eingebauten Teile der Versorgungseinrichtungen sowie die Fenster und Tü-

ren sind weitestgehend zu normen. Die Arbeiten an der Baustelle sind zu mechanisieren mit dem Ziel, die Handarbeit soweit wie möglich auszuschalten. Es sind Methoden zu suchen und in größeren Versuchen praktisch zu entwickeln, die in absehbarer Zeit zu einer wesentlichen Vereinfachung und Beschleunigung der Arbeiten am Bau führen.

### IX. Bauwirtschaftliche Voraussetzungen

Die bauwirtschaftlichen Voraussetzungen für die Durchführung des Wohnungsbauprogramms regelt der Generalbevollmächtigte für die Regelung der Bauwirtschaft. Er bestimmt den Einsatz von Baustoffen und Arbeitskräften für das jeweilige Jahresbauprogramm, bezüglich des Arbeitseinsatzes im Einvernehmen mit dem Reichsarbeitsminister.

Für die Bereitstellung der notwendigen Baustoffe ist schon jetzt eine Ausweitung der Produktionsstätten zu betreiben. Daneben ist die Herstellung neuer geeigneter Baustoffe zu entwickeln.

### X. Verfahrensvereinfachung

Die auf dem Gebiete des Wohnungsbaues geltenden Vorschriften werden im Sinne dieses Erlasses durch ein Gesetz über den neuen deutschen Wohnungsbau für das gesamte Reich vereinfacht und vereinheitlicht.

### XI. Gauwohnungskommissar

Für die gebietliche Lenkung des Wohnungsbaues und seine Steuerung im Rahmen des gesamten Bauwesens in den Gauen sind die Gauleiter als Gauwohnungskommissare verantwortlich. Sie bedienen sich zur Erfüllung dieser Aufgabe der vom Reichsminister des Innern zu bestimmenden staatlichen Verwaltungsstellen und können im Rahmen der Gesetze und nach Maßgabe der ihnen von den Obersten Reichsbehörden erteilten Weisungen allen unmittelbar oder mittelbar mit dem Wohnungsbau befaßten Behörden des Gaugebietes Anordnungen geben.

Soweit auf Grund des Gesetzes über die Neugestaltung deutscher Städte besondere Beauftragte berufen worden sind, bleibt deren Zuständigkeit unberührt.

Die Durchführung des Wohnungsbauprogramms in der Reichshauptstadt Berlin obliegt dem Generalbauinspektor für die Reichshauptstadt nach Maßgabe näherer Regelung.

### XII. Übergangsbestimmungen

Die Bestimmungen dieses Erlasses gelten nicht für die auf der Baustelle begonnenen sozialen Bauvorhaben.

Die in der Planung und Finanzierung abgeschlossenen Bauvorhaben können nach den bisherigen Bestimmungen durchgeführt werden, jedoch mit der Einschränkung, daß die Zahl der Klein- und Kleinstwohnungen in einer Gemeinde 20 Prozent der für das erste Wohnungsjahr vorgesehenen Wohnungen nicht übersteigt.

XIII. Der Reichskommissar erläßt im Einvernehmen mit den beteiligen Obersten Reichsbehörden die zur Durchführung und Ergänzung dieses Erlasses erforderlichen Rechts- und Verwaltungsvorschriften.
Berlin, 15. November 1940 gez. Adolf Hitler

## 84 März 1941
**Die neue sozialistische Ordnung der Gesellschaft**
Von Dr. Hans Wagner,
Geschäftsführer des Reichskommissars für den sozialen Wohnungsbau

... Wir wollen es offen bekennen: wie oft haben wir uns seit 1933 die Frage vorgelegt, warum faßt der Führer den Wohnungsbau nicht an, warum gibt er auf einem so wichtigen Gebiet der Sozialpolitik nicht den Befehl zur Neuordnung, den Befehl zum Losschlagen? Bewegt ihn diese Frage nicht, oder unterläßt es seine Umgebung, ihm die Nöte des Volkes auf diesem Gebiet vorzutragen? Heute wissen wir genau, es waren törichte Fragen, die wir hier und da gestellt haben. Alles, was der Führer bis zum Ausbruch dieses Krieges in Angriff genommen hat, galt nur dem einen Ziel, die Freiheit unseres Volkes, seine Wehrhaftigkeit und seine wirtschaftliche Unabhängigkeit so sicherzustellen, daß sie auch bei der äußersten Eventualität eines Krieges gewährleistet blieben. Nun, nachdem dieser Fall eingetreten ist und der Krieg in Europa in einem in der Geschichte einmaligen Siegeszug durchgeführt wurde und wir in diesem Jahr lediglich noch vor der Endabrechnung mit England stehen, nunmehr eilen bereits des Führers sorgende Gedanken weit über das augenblickliche Geschehen hinaus in die Zeit nach dem Kriege. Nunmehr hält er die Stunde für gekommen, die Vorbereitung zu treffen, Deutschland in einem neuen Europa zum ersten wahrhaft sozialistischen Volksstaat zu machen, die Früchte des kommenden Endsieges umzuwerten in eine neue sozialistische Ordnung der Gesellschaft...

## 85 März 1941
**Serienproduktion**
Von Dr. Hans Wagner

Wir wollen die Produktion von Wohnungen steigern und sie auf eine noch nie dagewesene Höhe bringen, und das in einer Zeit, in der die Mittel der Produktion, nämlich die Arbeit und das Material, der im Rahmen der Gesamtaufgaben der deutschen Wirtschaft dem Wohnungsbau verbleibt, so ökonomisch umgehen, wie es irgend geht. In die Sprache des Technikers übersetzt heißt das, wir müssen rationalisieren, wir müssen typisieren, wir müssen mechanisieren, wir müssen dazu übergehen, am laufenden Band zu produzieren, wir müssen zur Serienherstellung kommen ...

**86** Mai 1941

**Typung und Normung**
Von Prof. Dr.-Ing. Hans Spiegel, Berlin, Leiter des Hauptreferats »Gebäudeplanung« beim Reichskommissar für den sozialen Wohnungsbau

Im Umbruch aller Erscheinungsformen unserer Zeit wird nach dem Willen des Führers auch das Feld des Wohnungsbaues umgebrochen, daß als neue Ernte die bessere Wohnung heranreifen kann. Diese Wohnung wird in einer neuen Wohnungsform, in neuen Grundrissen und mit allen technischen Erfahrungen den Wohnbedürfnissen der heranwachsenden Generation die beste Erfüllung bringen müssen.

Die betriebstechnischen Anforderungen (das Kochen und Wirtschaften in der Küchenzelle, das Baden und Waschen in der Gesundheitszelle, ausreichende Abstellgelasse), die zweckmäßige Beheizungsform, die richtige Ausbildung der Verkehrswege im Haus (Treppe und Wohnungsflur) und ausreichende Raumanzahl und Raumgröße, sind die technischen Grundlagen für die Typung; gesunde, besonnte Räume und im ganzen ein behagliches, die Familie umfriedendes Heim, in dem in kinderreichen Familien gesunde Kinder als junge Mannschaft unserem Führer zuwachsen werden, das sind die politischen Forderungen für die Wohnungstypung. Aus der Erfüllung der technischen und der politischen Forderungen wächst der Wohnungstyp.

In den Städten werden zwei- und dreigeschossige Wohnungen in weiträumiger Bebauung als Eigenheime oder Geschoßwohnungen entstehen; an die Stelle der zusammengeballten Wohnungen an engen Straßen, in Hintergebäuden und hinter engen Höfen werden in einzelnen Städten viergeschossige Bauten und selbst Hochhäuser in weiten Grünflächen geplant; in der Stadt wie auf dem Lande wird die kinderreiche Familie durch einzeln oder in Reihen über Gartenflächen verteilte Eigenheime wieder mit dem Boden verankert; in bestimmten Gegenden werden Kleinsiedlungen entstehen.

Aus dieser Vielfalt von Erscheinungsformen der Geschoßwohnungen, der Hochbauten, der Eigenheime, der Beamten- und Angestelltenwohnungen, der Kleinsiedlungen und der Landarbeiterwohnungen ergibt sich eine große Zahl von Wohnungsgrundtypen, die dem Städtebauer als Werkzeug zu einer abwechslungsreichen Gestaltung der neuen Stadtteile an die Hand gegeben werden. Diese Typen sind als Struktur-Grundrisse für die Ausführung der Wohnungsbauten verpflichtend.

In den einzelnen Gauen, richtiger in den entwicklungsgeschichtlich entstandenen Hauslandschaften, und in den Städten mit eigenen Hausbauformen werden über diesen Struktur-Typen nunmehr die Zeichnungen für die einzelnen Typen entworfen. Diese Entwurfszeichnungen und Bauausführungszeichnungen werden entwickelt einerseits aus den örtlichen Werkstoff-Vorkommen (natürliche Baustoff-Vorkommen und Baustoffe aus der ortsansässigen Bauwirtschaft), aus den in einzelnen Gauen vorhandenen besonderen handwerklichen Fähigkeiten

und durch Einschaltung der Erzeugnisse guter handwerklicher oder industrieller Werkstätten. Bei der Gestaltung der Hausansichten und der Gebäudeeinzelheiten wird der planende Architekt in seiner Landschaft an die aus guten Stilperioden überlieferten heimischen Bauformen anknüpfen, die gute Bautradition mit den Anforderungen unserer Tage verbinden und für jede Landschaft das landschaftliche Gesicht selbst für die Geschoßwohnung heute oder morgen herauskristallisieren. Hier werden Wettbewerber ein dankbares Betätigungsfeld finden! Aus diesen Entwürfen der einzelnen Gaue werden sich, auf den Typengrundrissen aufbauend, Vorbilder entwickeln, die in jeder Hauslandschaft in den »Landschafts-Bautypen« die bodengebundenen Hausformen für die Geschoßwohnung, für das Eigenheim und für die Kleinsiedlung entwickeln werden. Trotz der durch den Grundriß gegebenen gleichmäßigen inneren Ausrichtung wird keine nüchterne Gleichmacherei über das ganze Reich, wird keine Eintönigkeit und keine die lebendige Weiterentwicklung unterbindende starre Uniformierung eintreten — aber an Stelle des eigenbrötlerischen Wirrwarrs tritt eine die gesunde Überlieferung und die heutige Erfahrung auswertende Ordnung!
Die Gestaltung des Hauses wird wesentlich bestimmt von der Art der Werkstoffe und der Baukonstruktionen und von den handwerklichen und industriellen Leistungen. Werkstoff und Baukonstruktion werden in zwei Formen genormt werden: erstens die Reichsnorm für die in allen Gegenden vorkommenden Baustoffe und für die in allen Teilen Deutschlands gleichmäßig vom Handwerk oder von der Industrie gefertigten Bauteile — zweitens die Landschaftsnorm für die auf bestimmte örtliche Vorkommen beschränkten Werkstoffe (Bruchsteine, Bimskies, Vormauerungsziegel, Hohlziegel, Biberschwänze oder Hohlfalzziegel, Dachschiefer, Asbestzementplatten, Gipsplatten oder Gipshohlkörper für Decken) oder an bodenständiges Handwerk (Steinzeugtöpferei, Drechslerei, Schmiede, Glasbläserei) oder an bestimmte Fabrikationsstätten gebundene Erzeugnisse (bestimmte Montagedecken, Dachbinderformen, Betonmontagetreppen usw.). Zu den landschaftsgebundenen Normen für Baustoffanwendung und Baukonstruktionen werden zur Gestaltung des Hauses Baueinzelheiten aus den handwerklichen Gepflogenheiten oder aus überlieferten Formen in einzelnen Landschaften Landschaftsnormen entwickelt und festgestellt werden, z. B. für Haustür, Wohnungseingangstür, Fensterstock, Fensterladen, Treppengeländer, Dachgesims, Dachverschalung, Dachgaube, Zaun usw. . . .
Erst eine planmäßige Typung und Normung schaffen die Grundlagen und Voraussetzungen für eine wirtschaftliche und großzügige Herstellung der Wohnungen. Nunmehr können Bauhandwerk und Bauindustrie auf weite Sicht disponieren; die Facharbeiterkolonne wird bei Schlechtwetter von der Baustellenarbeit produktiv zur Herstellung genormter Bauteile angesetzt; die Fertigung der genormten Werkstoffe und Bauteile kann gleichmäßig über das ganze Jahr verteilt und so eingeteilt werden, daß in Schlechtwetterabschnitten oder während des Winters in einfachen Unterkünften oder in geschlossenen Werkstattbetrieben auf Vorrat gearbeitet wird. Die damit bewirkte Stabilisierung des Baubetriebes, die Ausschaltung des Saisoncharakters, der Fortfall der Arbeitslosigkeit

der Baufacharbeiter und die Möglichkeit, alle maschinellen Einrichtungen im Baubetrieb auszunützen, werden eine durchgreifende Veränderung des Baustellenbetriebes und der Bauherstellungskosten bewirken. Das gute Handwerk wird sich mit seinen reichen Erfahrungen in den Arbeitsbereich des Hausbaues durch Lieferungen aus Werkstattbetrieben und durch Leistungen auf der Baustelle eingliedern, sei es durch Zusammenfassung einzelner Betriebe oder durch Ausweitung kräftiger, leistungsstarker Handwerksbetriebe. Der selbständige und erfinderische Handwerksmeister wird sich für die handwerkliche Herstellung der nicht genormten Baueinzelheiten einsetzen, die das Gesicht des Hauses bestimmen; er wird frei für vorbildliche, handwerkliche Leistungen in öffentlichen Bauten, Parteibauten oder auch für einmalige Arbeiten der Wohnungsausstattung.

Auf der Baustelle wird der wertvolle deutsche Facharbeiter durch ungelernte Hilfsarbeiter und Jungarbeiter weitgehend ersetzt durch planvollen Einsatz von Baumaschinen und Baumethoden: Mechanisierung des Bauvorganges. Die Facharbeit wird von der Baustelle hinein in die Handwerksbetriebe und Fabrikbetriebe gelegt; auf der Baustelle wird die Facharbeit weitmöglichst eingeschränkt; das Ziel ist weitgehende Einführung der Montagearbeit unter Verwendung von Fertigbauteilen. Aus den Baustoffen, den handwerklichen Leistungen und den ingenieurtechnischen Erfahrungen einzelner Architekten, einzelner Ingenieure und einzelner Betriebe wurden für den Bauvorgang auf der Baustelle bestimmte Bauweisen entwickelt: der Stahlbeton, der Stahlgerippebau, der Schüttbeton in Tafelschalung, Montagedecken, Stahlsaitenbeton, Montagetreppen, Impuleitung usw. Aber Bauverfahren und Bauweisen können für die Hausherstellung erst wirtschaftlich eingesetzt werden, nachdem die Festlegung des Wohnungstyps erfolgt und die Normung der Baustoffe und Baukonstruktionen durchgeführt ist. Typung, Normung und Mechanisierung des Bauvorganges erschließen den auf anderen Wirtschaftsgebieten bereits zum Vorteil einer wirtschaftlichen Fertigung weitgehend eingeführten technischen Erfahrungen und Erkenntnissen und maschinellen Erfindungen erst den Weg zur Einwirkung auf den Wohnungsbau.

Der Wohnungsbau mobilisiert die technischen Erkenntnisse und Erfindungen unserer Zeit, um bei einer grundsätzlichen Gütesteigerung der Wohnungsform und Wohnungsherstellung eine Leistungssteigerung und eine wesentliche Herabsetzung der Bauherstellungskosten zu erzielen. Bei solcher Auswertung unserer technischen und wissenschaftlichen Erfahrungen aber können keine ortsfremden, eintönigen und wesenlosen Massenprodukte entstehen, da die Ausrichtung der Wohnungsgestaltung auf die guten, landschaftsgebundenen Hausformen, auf die gute handwerkliche Tradition der Zeit vor 100 Jahren und der Einbau der Wohnungsgestaltung in die neuen Wege der Raumordnung, Raumplanung und Stadtbauplanung der neuen Wohnung ein Gepräge geben werden, das in unsere Zeit und in unsere Landschaft hineinpaßt, weil es aus beiden entwickelt ist.

41 Hof in der Siedlung Amalienthal, Sprottebruch/Schlesien. Arch. Carl Ch. Lörcher, 1936

# VIII. DER BAUERNHOF

Mit dem Gesetz über die »Neubildung deutschen Bauerntums« (*14. 7. 1933*), das eine Reihe von Subventionsmaßnahmen für die Landwirtschaft einleitet, greift die nationalistische Regierung einen Erlaß des preußischen Ministeriums für Volkswohlfahrt vom *15. 12. 1931* auf, der die Errichtung neuer Siedlerstellen (insgesamt 120 000), vor allem auf unrentablen ostelbischen Gütern, vorsah. Durch die »Stärkung und Mehrung des deutschen Bauerntums«, als dem vermeintlichen »Bluts- und Lebensquell« des Volkes, hofft sie, wie seinerzeit die Regierung Brüning, der Zusammenballung von besitzlosen Arbeitern und Angestellten in den Großstädten entgegenzuwirken, die in Verkennung der realen Bedürfnisse der Volkswirtschaft einseitig als »Marxistische Bedrohung« verstanden wird.

Ein weiteres Ziel der ländlichen Siedlung ist die »Sicherstellung der Nahrungsfreiheit«, die dem Nationalsozialismus sowohl im Rückblick auf den vergangenen als auch in der Voraussicht auf kommende Kriege erstrebenswert erscheint. Das Fernziel Ostsiedlung, als Vorstufe der geplanten Industrieverlagerung, verliert seine Leuchtkraft, nachdem die betroffene Industrie den solchermaßen markierten »Umbau des deutschen Lebensraumes« durch Gottfried Feder zu Fall gebracht hat.

Die Lenkung des bereits 1932 zentralisierten ländlichen Siedlungswesens übernimmt die »Stelle für Siedlungsplanung« im Reichsministerium für Ernährung, Forsten und Landwirtschaft, während sich die »Mittelstelle deutscher Bauernhof« vor allem auf die Propaganda sowie die Verteilung von Merkblättern und Richtlinien für die baukulturelle und bautechnische Gestaltung der Neuansiedlergehöfte konzentriert. Insgesamt wurden von 1933—1939 21 206 neue Siedlerstellen geschaffen, ca. 6000 weniger als in der Republik.

Auffällig wie die Inkongruenz von Propaganda und tatsächlicher Leistung ist die Wandlung, die der Bauernhausbau im Zuge der allgemeinen Rationalisierung erfährt. Werden beispielsweise von 1932 bis 1936 vielfältige Energien darauf verwandt, die neue Siedlung ohne Rücksicht auf die zunehmende Mechanisierung des Betriebs den idealisierten Vorstellungen von Heimatfreunden und Landschaftspflegern anzunähern, so treten nach dem Zurückfluten der romantischen Welle wiederum betriebstechnische und funktionelle Argumente in den Vordergrund. In den vom Reichsministerium Darré in Zusammenarbeit mit dem »Reichsministerium für die Festigung des deutschen Volkstums« ausgearbeiteten Bauplänen für die neuen Ostgebiete wird aus naheliegenden Gründen die traditionelle Auflage gänzlich fallengelassen. Jedoch auch für die nach Aussiedlung eines Teils der ländlichen Bevölkerung geplante »Aufrüstung« der Landwirtschaft im Altreich wird in Übereinstimmung mit der Umorientierung im Wohnungsbau eine Revision der »Wahrung bäuerlicher Bautraditionen« zugunsten des »gesunden Fortschritts« angekündigt.

## 87 Mai 1935

**Runderlaß des Reichs- und Preußischen Ministers
für Ernährung und Landwirtschaft vom 9. 4. 1935**

Allgemeines
In der baukulturellen Prägung und bautechnischen Ausführung der Neubauerngehöfte und Neubauerndörfer soll in folgerichtiger Fortsetzung bereits eingeleiteter Maßnahmen eine bäuerliche Baukultur ihren Ausdruck finden. Die Neubauerngehöfte und Neubauerndörfer sollen deshalb bodenverbunden, handwerksgerecht, technisch und betriebswirtschaftlich einwandfrei ausgeführt sein. Auf die kulturell bedingten Eigenarten der Baugestaltung in den einzelnen Landschaften, auf Klima und Wirtschaftslage in den verschiedenen Gauen Deutschlands ist Rücksicht zu nehmen. Harmonische Einordnung der Neubauerngehöfte und -dörfer in den deutschen Lebensraum ist das Ziel.
Die Beachtung dieser Grundsätze ist wesentliche Voraussetzung für die Gewährung und sparsamste Verwendung der Baukredite aus Reichsmitteln gemäß den von mir gegebenen Richtlinien. Die Grundsätze werden in folgendem kurz erläutert:

1. Bauart und Grundrißgestaltung der Neubauernhöfe
Der Neubauernhof muß als Glied des Neubauerndorfes ein in sich geschlossenes harmonisches Ganzes bilden. Der Einsatz umfangreicher Reichsmittel in der Form der Baukredite und die im Verhältnis zu den Aufwendungen des Reichs und zum Werte des neu erstellten Hofes niedrig bemessene Anzahlung des Neubauern erfordern im Interesse der Allgemeinheit eine einfache, dauerhafte und zweckdienliche Ausgestaltung und Ausstattung der neuen Höfe.
Die Errichtung eines Neubauernhofes ist nicht allein ein technisches, organisatorisches und wirtschaftliches, sondern ganz besonders ein kulturelles Werk, dessen Ausführung an die Architekten der bäuerlichen Siedlungen hohe Anforderungen im Verständnis für das Bauerntum, für Handwerkskunst, Stammeseigenschaften der ansässigen bäuerlichen Bevölkerung und der Neubauern, für bodenständige Baustoffe, Bauweisen, Bauteile usw. stellt.
In Grundriß, Aufriß und Formung handwerklich gut durchgebildeter Einzelheiten soll ein organisches, harmonisch wirkendes Ganzes geschaffen werden. Das Gesicht des Bauernhofes wird bestimmt durch Form und Gestaltung des Baukörpers, durch die zur Anwendung kommenden Baustoffe und Bauteile und die handwerkliche Ausführung, Ausstattung und Einrichtung des Bauernhofes. Das Bauernhaus soll seiner Bodenverbundenheit durch seine Gestalt Ausdruck verleihen. Die sinnvolle Anlehnung an die uns überkommenen, noch in guter baukultureller Haltung vorhandenen alten Bauernhöfe ist zu erstreben. Bewährte technische Neuerungen und betriebswirtschaftliche und hygienische Anforderungen der heutigen Zeit sind zu beachten. Durch Verwendung geschmackvoller

Zu 87 Vgl. Erich Kuhlke, *Vom deutschen Bauernhof*. München, 1940. Hoheneichen.

einwandfreier Farben usw. ist die Haltbarkeit der Bauteile zu erhöhen und das Aussehen der Gebäude zu fördern.
Die drei Grundformen des Bauernhofes: Wohnung, Stall und Scheune in einem Bau unter einem Dach vereinigt (als Längs-, Winkel- oder Kreuzbau), — Wohnung, Stall und Scheune jedes für sich in einem besonderen Gebäude — und Wohnung und Stall unter einem Dach, Scheune in einem besonderen Gebäude oder Wohnung in einem besonderen Gebäude und Stall und Scheune unter einem Dach — sind abwandlungsfähig. Sie können und müssen so lebendig gestaltet werden, daß jede Schematisierung vermieden wird. Der Neubauernhof soll auch bei einfachster Ausführung ein Kunstwerk sein.
Aus der Art und dem Umfange der zu gründenden bäuerlichen Wirtschaften ergeben sich die Anforderungen, die an Stall und Scheune zu stellen sind. Ihre Anlage soll zweckmäßig sein und die Arbeit des Bauern erleichtern helfen. Der Stall ist auszubauen. Umfang und Art der Stalleinrichtung müssen eine gesunde Viehwirtschaft gewährleisten...
Die Wohn- und Wirtschaftsgebäude müssen in ihrer Anlage einen bäuerlichen Hof bilden, der bei genügender Breite und Tiefe die Führung eines geregelten Wirtschaftsbetriebes sicherstellt. Für möglichste Einbeziehung bestehender Baumanlagen in die Hoflage, für Einzäumung und Anpflanzung von Bäumen und Hecken ist zu sorgen. Bei der Ausführung der Gebäude nach der Himmelsrichtung ist auf eine genügende Besonnung zu achten. Dungstätte und Jauchegrube sind zweckmäßig anzulegen, zu bemessen und auszuführen (genügende Entfernung vom Wohnteil bzw. -haus mit Richtung möglichst nach Norden)...
Bei der Gestaltung der Wohnung ist in Anzahl, Art und Abmessung der einzelnen Räume darauf Rücksicht zu nehmen, daß der Neubauernhof die Grundlage für die volkliche Erneuerung unseres Volkes darstellt. Neben der Küche bzw. Wohnküche, Futterküche und dem Elternschlafraum sind Schlafkammern in genügender Anzahl, je nach Anzahl der Kinder der Bauern, zu schaffen bzw. Einbaumöglichkeiten (im Dach) vorzusehen. Elternschlafraum und Schlafkammern müssen ausreichende Stellflächen für Betten, Schrank, Tisch und Stuhl sowie genügende Bewegungsfläche aufweisen.

2. Baustoffe, Bauweisen, Bauteile
Die Gebäude der Neubauernhöfe werden für Generationen errichtet. Fundamente, Außenwände, Decken und Dächer sind bei den Gebäuden des Bauernhofes (Wohnhaus, Stall und Scheune) mit technisch einwandfreien, möglichst bodenständigen Baustoffen, Baumaterialien und Bauteilen handwerksgerecht auszuführen. Die Bauten müssen den Anforderungen auf Wärme- und Feuchtigkeitsschutz, Dauerhaftigkeit und Feuersicherheit entsprechen. Insbesondere ist auf eine sorgfältige Ausführung der Fundamente und ihre Sicherung gegen Feuchtigkeitseinflüsse sowie der Außenwände, Dächer und Decken zu achten. Den klimatischen Verhältnissen in den verschiedenen Gauen Deutschlands ist bei der Gestaltung, Bemessung und Ausführung des Roh- und Ausbaues der Gebäude in jeder Weise Rechnung zu tragen.

Bei der Formung und Ausführung von Außen- und Innentüren, Fenstern, Fensterläden, Dächern, Dachrinnen, Schornsteinen usw. ist auf Verwendung einwandfreier Baustoffe und ihre handwerkliche Verarbeitung zu achten.
Der Einbau besonderer technischer Mittel zum Schutze von Außenwand, Decke und Dach usw. der Gebäude (Isolierplatten, Dämmstoffe usw.) ist nur dann zu empfehlen, wenn die in der Nähe der Baustelle vorhandenen Baustoffe den Anforderungen auf Wärme- und Feuchtigkeitsschutz usw. nicht entsprechen, und zum anderen für die neuen Baustoffe der Nachweis der Güte und Bewährung einwandfrei vorliegt...

3. Eingliederung der Neubauernhöfe und -dörfer in den ländlichen Raum
... Die Anlage von Neubauernhöfen in Dörfern, Weilern, Gruppen oder als Einzelhöfe richtet sich im allgemeinen nach den Stammeseigenheiten der angesessenen Bevölkerung. Gewohnheiten der Neubauern aus anderen Gegenden Deutschlands (West-Ost-Siedler) sind nur insoweit zu berücksichtigen, als es die örtlichen Gegebenheiten, insbesondere Boden, Klima, Geländegestaltung und Wirtschaftslage ohne Schaden für den Neubauernhof zulassen. Die Lage der Einzelhöfe in Gruppen, Weilern und Dörfern ist aus der Landschaft heraus zu gestalten.
Der Kern des Neubauerndorfes (Gruppe, Weiler) ist der Dorfanger bzw. Dorfplatz, der, wenn nicht vorhanden, neu anzulegen ist.
Der Dorfanger soll nicht unmittelbar an einer Verkehrs- oder Landstraße liegen, sondern im Rahmen der gesamten Dorfanlage eine ruhige, in sich geschlossene, landschaftlich schöne (alter Baumbestand in der Nähe des Dorfteiches, des Baches usw.) Gemeinschaftsanlage bilden. Um den Dorfanger gruppieren sich zweckmäßigerweise Gemeinschaftshaus, Kirche, Schule, Sport-, Spiel-, Thingplätze, Friedhof usw. Bei der Aufstellung des Dorfbebauungsplans sind u. U. die notwendigen Flächen hierfür sowie die etwa später notwendig werdenden Ergänzungs- bzw. Neubauten usw. im oder am Dorf von vornherein vorzusehen.
Wesentlich für die Anlage des neuen Bauernhofes ist die Verkehrsverbindung mit den Absatzstätten für die bäuerlichen Produkte. Auf die sachgemäße Anlage dieser Verkehrsverbindungen in Linienführung und Ausführung ist größte Sorgfalt zu legen. Sie sollen den neuen Bauerndörfern eine Erleichterung und nicht eine Belastung durch unverhältnismäßige Instandhaltungskosten bedeuten. Bei Neugründungen von Dörfern rückt das Bauerndorf zweckmäßig von der Hauptverkehrsstraße (Autobahnen) etwas ab, um Gefährdung von Mensch und Tier und ständige Unruhe zu vermeiden.
Bei der Aufteilung von alten Gutsanlagen ist unter allen Umständen mittels Durchbrüchen, Abreißen von überflüssigen und baulich nicht mehr einwandfreien Gebäuden der frühere Rittergutscharakter zu beseitigen. Bei der Aufteilung der Gutslage und der Gebäude ist, wenn irgend möglich, für jeden Neubauern eine in sich geschlossene Hoflage zu schaffen. Mehr als zwei Neubauerngehöfte unter einem Dach sind nicht zulässig. Bei der Beurteilung der Verwendbarkeit alter Gebäude ist von dem Grundsatz auszugehen, daß durch das Bauernsiedlungswerk Neubauernhöfe für Generationen von Bauernfamilien geschaffen

werden, die auch in baukultureller Hinsicht Zeugnis für die nationalsozialistische Aufbauarbeit ablegen sollen. In diesem Sinne sind technisch einwandfreie, aber für die Zwecke der Bauernwirtschaft nicht geeignete und baukulturell wertlose Gutsgebäude zu verwerten.

4. Vorbereitung und Ausführung der bäuerlichen Siedlung

Für die baukulturelle und bautechnische Gestaltung und Ausführung der Neubauernhöfe und -dörfer sind die von mir vorläufig zugelassenen Siedlungsunternehmungen verantwortlich. Die Aufstellung des Aufteilungsplanes und des Bauprogramms der Siedlungsvorhaben haben die Siedlungsunternehmungen unter Mitwirkung ihrer Bausachverständigen in Verbindung mit der zuständigen Siedlungsbehörde, den örtlichen Stellen der allgemeinen Landesverwaltung sowie den zuständigen Stellen des Reichsnährstandes durchzuführen (s. Erlaß vom 18. 1. 1935 — VII 20590 —). Der zukünftige Neubauer ist möglichst schon bei der Aufstellung der Baupläne heranzuziehen, um die Familien- und sonstigen persönlichen Verhältnisse im Rahmen der gegebenen finanziellen Grundsätze und Richtlinien zu berücksichtigen.

Die Siedlungsbehörden stehen auf Grund besonderer Vereinbarungen zwischen mir und dem Herrn Reichswehrminister, dem Herrn Reichsminister der Luftfahrt und dem Herrn Generalinspektor für den deutschen Straßenbau in ständiger Verbindung mit den Dienststellen dieser Ressorts, so daß die Siedlungsunternehmungen durch die Siedlungsbehörden jederzeit die entsprechenden Weisungen über die von den einzelnen Ressorts beabsichtigten Maßnahmen in ihrem Dienstbereich erhalten können.

Die Siedlungsunternehmungen haben mit der Baugestaltung der Neubauernhöfe (Aufstellung der Bebauungs- und Baupläne sowie künstlerische Oberaufsicht) der einzelnen Siedlungsvorhaben im bäuerlichen Bauwesen erfahrene und bodenverbundene Architekten zu beauftragen, die Mitglieder der Reichskammer der bildenden Künste sind. Bei der Planung und Ausführung der Bauten sind die örtlichen Verhältnisse zur möglichsten Senkung der Baukosten weitestgehend zu berücksichtigen (insbesondere Verwertung von Baustoffen und Baumaterialien von nichtverwendungsfähigen Altgebäuden usw.) . . .

## 88 September 1942

### Wiedergesundung und Neuausrichtung des ländlichen Bauwesens
Zu dem Bauernhof-Wettbewerb 1941—42
Von Wilhelm Grebe, Berlin

Nach Beendigung dieses Krieges wird das ländliche Bauen im Rahmen der vordringlichsten Bauaufgaben neben dem sozialen Wohnungsbau eine bevorzugte Rangstellung einnehmen. Noch niemals in seiner Geschichte hat das Landvolk vor größeren Bauaufgaben — als diese jetzt der Lösung harren — gestanden. Die Stärkung und Festigung des deutschen Bauerntums in den Altreichsgebieten, die Wiederbesiedlung und Eindeutschung der Lebensräume, die in harten, schweren Kämpfen zurückgewonnen wurden, sind zum nicht geringen Teil eine bauliche Aufgabe. Die Aufrüstung unserer alten Dörfer und die Schaffung neuer Dörfer größten Umfanges erfordern eine entsprechende Vorbereitung und vorausschauende Planung. Für die Durchführung der geradezu gigantischen ländlich-landwirtschaftlichen Bauaufgaben sind die Voraussetzungen für einen Großeinsatz der deutschen Baufachleute, der Architekten, Baumeister, Bauingenieure und des Handwerks, nicht gerade günstig. Das gilt sowohl hinsichtlich der erforderlichen Fachkenntnisse als auch des möglichen zahlenmäßigen Einsatzes...
Im landwirtschaftlichen Bauwesen befinden wir uns in einer tiefgreifenden Krise, deren Ursachen fast mehr als ein halbes Jahrhundert zurückreichen. Während die Landwirtschaftstechnik eine fast sprunghafte Aufwärtsentwicklung nahm und ihr augenblicklicher Hochstand in der Landmaschine und den mechanischen Förderungseinrichtungen sichtbar ist, hat das Bauen auf dem Lande eine entgegengesetzte Entwicklung genommen. Als Begleiterscheinung der allgemeinen Unterbewertung der bäuerlichen, landwirtschaftlichen Aufgaben wurde namentlich das landwirtschaftlich-dörfliche Bauen vernachlässigt. Die Ausbildung der Ingenieure, Architekten, ja selbst des Handwerks war seit Jahrzehnten einseitig auf die industriellen und städtischen Aufgaben gerichtet. Die Landwirtschaft war außerdem nicht in der Lage, ihre Gebäude den ständig wachsenden Erfordernissen entsprechend zu verbessern und zu ergänzen. Nur die allerdringendsten An- und Zubauten wurden — mit den Maßstäben der Industrie gemessen — meist unvollkommen ausgeführt.
So hat sich denn im Laufe der letzten Jahrzehnte ein Zustand herausgebildet, der die wachsende Sorge der Landwirtschaftsführung in Anspruch nimmt. Es gibt in Deutschland keinen Bauern- und Gutshof, auf dem nicht dringende Baumaßnahmen durchgeführt werden müssen. Ist diese Erkenntnis allgemein, so ist die Frage, wie gebaut werden soll, nicht nur nicht geklärt, sondern die Meinungen gehen oft weit auseinander. Im Hinblick auf die eingangs dargelegte Entwicklung ist das zwar sehr bedauerlich, aber als Ergebnis einer jahrzehntelangen Unterbewertung dieser Bauaufgaben verständlich.
Zwei Dinge sind es, um die es sich hier dreht, nämlich um bäuerliche Bautradition und um die Technik in der Landwirtschaft. Mit anderen Worten: Es

ist ein Ringen um die Wahrung baulicher Überlieferung und um den gesunden Fortschritt. Wenn auch in gutgemeinter Absicht, so doch in einer oft bedauernswerten Unkenntnis der Notwendigkeit der »Mechanisierung und Technisierung« der Hofwirtschaft werden die Baugewohnheiten früherer Geschlechter als allein gültig anerkannt. Andererseits kann man nicht sagen, daß hinsichtlich der technischen Einrichtungen, wie Greifer- und Förderanlagen u. a. m., übertriebene Forderungen gestellt werden, angesichts der Arbeitsüberlastung in der Hofwirtschaft in absehbarer Zeit auch wohl kaum gestellt werden können.
Im Vergleich mit dem heutigen Stand der Landwirtschaft, insbesondere der Landmaschinentechnik, hinkt der bauliche Zustand den Verhältnissen und Erfordernissen um Jahrzehnte nach. Die Aufgaben müssen im Zusammenhang mit der gesamten Feld- und Hofwirtschaft beurteilt und gelöst werden. Es ist notwendig, die Architektenschaft, die Baufachleute und das Bauhandwerk mit dem Bauern, der Bäuerin und den landwirtschaftlichen Sachkennern zur Zusammenarbeit zu bringen...
In unserem Lebensraum kennen wir rund 70 verschiedene Bauernhofformen. Es ist nun das Bestreben der Landschaftspfleger und der Heimatfreunde, alle überlieferten Eigenarten zu erhalten und möglichst fortzuentwickeln; im ganzen gesehen, ist dieses Bestreben zunächst gescheitert. Man hatte übersehen, daß die Unterschiede der Höfe mehr das äußere Erscheinungsbild als das Hofgefüge, die Zueinanderordnung der Räume und Gebäudeteile betreffen. Dabei sei jedoch gern festgestellt, daß der Fachbeauftragte des Deutschen Heimatbundes ernstlich bemüht ist, den Gegebenheiten Rechnung zu tragen. Art der Ackernutzung, am Bauort oder in der Nähe vorhandene Baustoffe, Klima und Charakterzüge des Landvolks sind bestimmend für den Bauernhofbau gewesen. So gesehen, zeichnen sich vier große Räume, die wir Hauslandschaften nennen wollen, ab. Es sind dies der niederdeutsche Raum mit dem Niedersachsenhaus, der oberdeutsche Raum mit dem sogenannten Streckhof, der mitteldeutsche Raum mit der sogenannten fränkischen Hofanlage und der ostdeutsche Raum mit dem jüngeren Kolonistengehöft. Innerhalb dieser großen Hauslandschaften sind die Unterschiede der Höfe nur Abweichungen und Ergänzungen der Urform, die jedoch noch viel früher im gesamten germanischen Lebensraum in eine Form einmünden dürften. Sehr viele Unterschiede hinsichtlich der Erscheinungsform unserer Bauernhöfe sind das Ergebnis der vorbildlichen Arbeit sogenannter »Handwerker- und Zimmermeister-Dynastien«. Sehr gut ist heute noch das Wirken solcher hervorragender Meister zu erkennen. Selbst wenn es so wäre, daß sich tatsächlich 70 verschiedene Bauernhaustypen aus den vier genannten Grundlagen — Art der Ackernutzung, ortsgebundene Baustoffe, Klima und Charakterzüge — in den rund 70 verschiedenen Hauslandschaften entwickelt hätten, kann diese Vielheit heute nicht mehr erhalten, noch weniger fortentwickelt werden. Die Gründe hierfür sind:
1. In der Art der Landnutzung ist bereits vor fast hundert Jahren eine Vereinheitlichung im Fluß. Durch Dränung, Vorflutverbesserung in Verbindung mit entsprechenden Ackergeräten wird heute, wo früher nur Gras wuchs, Hackfrucht

und Getreide gebaut. Auf leichteren Böden, wo früher z. B. nur Kartoffeln und Roggen gebaut wurden, wird heute dank der Fortschritte der Pflanzenzucht Grünfutter, Landsberger Gemenge u. ä. gebaut. Wir sehen also eine Angleichung in der Art der Ackernutzung in Richtung der viehstärkeren Hofwirtschaft. Die Anwendung des Handelsdüngers beschleunigt diese Entwicklung. Da viele alte Höfe nach früheren Voraussetzungen errichtet worden sind, die heute aber vielfach entfallen und neue aufgetreten sind, haben natürlich diese alten Höfe für die heutigen Verhältnisse bestimmte, immer wiederkehrende typische Fehler. Somit war es notwendig, auch Umbaugehöfte in den Wettbewerb einzubeziehen.

2. Nicht mehr im gleichen Ausmaß wie ehedem werden die am Ort oder in der Nähe des Bauorts vorhandenen Baustoffe verwendet, obwohl das auch heute noch weit mehr geschehen könnte. Man erkundige sich bei der Reichsbahn nach den Baustofftransporten vom Westen nach dem Osten und vom Süden nach dem Norden oder umgekehrt. Rheinische und schlesische Dachziegel z. B. werden in all den Gebieten, wo das Weichdach — leider — im Schwinden begriffen ist, verwendet. Gerade die Bedachung hat einschneidende Veränderungen im Erscheinungsbild unserer Bauernhöfe bewirkt. Holz, namentlich Eichenholz, scheidet für das Bauen, insbesondere aber für die äußere Gestaltung, völlig aus. Wo vor etwa 50 Jahren noch ausschließlich mit Holz, Lehm und Schindeln gebaut wurde, herrscht bereits der Massivbau vor. Noch viele andere bauwirtschaftliche Gründe könnten angeführt werden.

3. Die Ausbildung des Handwerkers, noch weniger die der Architekten und Ingenieure, ist nicht mehr auf den engeren Heimatraum, sondern auf allgemeine handwerkliche, technische und architektonische Dinge ausgerichtet. Der einzelne Zimmermeister z. B. gibt also nicht mehr wie früher den Bauten seine Haltung, die meist durch viele Handwerkergenerationen hindurch gepflegt und entwickelt wurde. Hier muß namentlich in der Heranbildung des Nachwuchses eine Abkehr von den Verfahren der letzten Jahrzehnte eingeleitet werden.

4. Für die Mechanisierung und den technischen Fortschritt in der Hofbewirtschaftung sind wir an unabänderliche bauliche Voraussetzungen gebunden. So muß z. B. beim Scheunenbau die Dreschmaschine in Verbindung mit Förderanlagen in ihren Abmessungen, Arbeitshöhen usw. berücksichtigt werden. Da die Ausmaße der Landmaschinen weitgehend genormt werden, wird diese Tatsache sich im ganzen Reichsgebiet in einer entsprechenden baulichen Normung auswirken. Ein neues Gebäude für die Unterstellung von Wagen, Maschinen und Geräten in Verbindung mit einer Werkstatt u. a. ist bei dem hohen Wert der Wagen, Maschinen und Geräte unerläßlich. Aus mehreren Gründen wird es sich meist um eine zusätzliche, den Erfordernissen angepaßte Gebäudeeinheit handeln.

5. Die Verdichtung des Verkehrs, der Austausch der Jugend, die großräumige Wirtschaftsplanung und eine Reihe anderer Gründe könnten noch als neue Voraussetzungen angeführt werden. Wir sehen also, daß im Laufe der Zeit eine Reihe wesentlicher Voraussetzungen entfallen und ebenso wichtige neu aufgetreten sind, die gebieterisch eine Vereinheitlichung im ländlichen Bauen erfordern. Wir werden eine gesunde Normung und Typung vorantreiben müssen...

# IX. SCHÖNHEIT DER ARBEIT –
## SCHÖNHEIT DES WOHNENS

*Das als Unterabteilung der NS-Gemeinschaft »Kraft durch Freude« errichtete und von Dipl.-Ing. Albert Speer geführte Amt »Schönheit der Arbeit« übernimmt im Januar 1934 einen Teil jener mit der Ablösung der Gewerkschaften (2. 5. 1933) durch die »Deutsche Arbeitsfront« eingeleiteten »Befriedung der Arbeitswelt«, die dem Nationalsozialismus als Voraussetzung für die »Mobilisierung der Wirtschaft zum Nutzen von Staat und Volk« (Leistungssteigerung) dringend wünschenswert erscheint.*

*Die Aktion ist ein vergleichsweise bescheidener Ersatz für die »Häuser der Arbeit«, für die Anfang 1934 ein Ideen-Wettbewerb ausgeschrieben wird mit dem Ziel, den »Gemeinschaftssinn des neuen Deutschlands eindeutig auszuprägen«\*. Das Ergebnis des Wettbewerbs ist spektakulär, sowohl was die hohe Zahl der Beteiligungen als auch was den »Stilwandel« so mancher profilierten Architektenpersönlichkeit anbetrifft. Gebaut werden die für »alle Länder, Städte, Dörfer« vorgesehenen Häuser nicht. Hitler ist mit dem Ergebnis unzufrieden, und die beginnende Rüstung bewirkt, daß der Eifer der Sanierer der Arbeitswelt auf weniger aufwendige Aufgaben umgelenkt wird.*

*Die (gut verdienenden) Unternehmer lassen sich die Durchlüftung und Belichtung ihrer Personal- und Arbeitsräume gern gefallen, weil das die Aktivität der Partei zumindest vorübergehend von der Einmischung in betriebsinterne Vorgänge ablenkt. Außerdem liegt die Modernisierung der Betriebe nach sozialpsychologischen Gesichtspunkten in der Luft. Insgesamt werden von 1933 bis Ende 1937 für die Aktion »Schönheit der Arbeit« von Unternehmerseite mehr als 6 Millionen Reichsmark aufgebracht. Die Einzelaufstellung ergibt (für den gleichen Zeitraum) die Verschönerung von 23 000 Arbeitsräumen, 17 000 Speise- und Aufenthaltsräumen, 13 Wasch- und Umkleideräumen, 6000 Werkräumen, 800 Kameradschaftshäusern und 1200 Sportanlagen. Auf Schiffen werden insgesamt 3600 Mannschaftsräume saniert, und an der*

\* Robert Ley: »Dieses Haus der Arbeit soll und muß das Zentrum des geselligen kulturellen Lebens werden. Es muß äußerlich architektonisch das Schönste sein, was die Stadt zu bieten hat. Und im Innern vornehm und zweckmäßig vor allem Einrichtungen enthalten, die zur Freude und zur Ausspannung der Menschen dienen sollen. Spielzimmer, Clubzimmer, Sportsäle, Bäder, Theater, auch Schlaf- und Heimstätten für durchwandernde Volksgenossen und in der Mitte ein großes Forum, wo 10 000 und 15 000 Menschen zusammengerufen werden können.« (Bauwelt, 1934, H. 4). — Die Parallele zu den Club- und Kulturhäusern des faschistischen Italiens und des kommunistischen Rußlands (vor Stalin) ist offensichtlich, ihre Wiederauflage in Form der geplanten nationalsozialistischen Gemeinschaftszentren aufschlußreich für die soziale Entwicklung.

◁ 42 Bayern-Halle der »Kraft-durch-Freude-Stadt« in Berlin. Architekten Rogler, Augusten, Brandi, Schmidt unter Leitung von Julius Schulte-Frohlinde, 1936

*von dem Amt betriebenen »Dorfverschönerungsaktion« beteiligen sich rund 5000 Gemeinden. Die von 1936 an unter dem Titel »Schönheit der Arbeit« erscheinende Zeitschrift des Amtes, in der hauptsächlich nationalsozialistische »Musterbetriebe« Revue passieren, erhält auf der Weltausstellung 1937 in Paris den Grand Prix der Gruppe »Presse und Propaganda«. Im selben Jahr wird der Organisation auch die Ausgestaltung der staatlichen Diensträume übertragen. Durch Zusammenschluß mit der Planungsabteilung des Reichsheimstättenamtes und der Bauabteilung der DAF erlangt das »Amt für Schönheit der Arbeit« unter der Leitung von Baurat Schulte-Frohlinde (künstlerische Oberleitung Albert Speer) maßgeblichen Einfluß auch auf den Wohnungsbau. Die Durchdringung des gesamten privaten Lebensbereiches (»Schönheit des Wohnens«) ist das letzte proklamierte Ziel des Amtes, dessen Tätigkeit von Hitler als »edelster Sozialismus« gepriesen wird.* 90, 91

## 89 Juli 1934
### Über die Aufgaben des Amtes für »Schönheit der Arbeit«
Von Dipl.-Ing. Karl Kretschmer, Berlin

> In einem nationalsozialistischen Betrieb muß die Anerkennung der Arbeitsehre und Menschenwürde auch äußerlich zum Ausdruck kommen. Nur an einem gesunden, ordentlichen Arbeitsplatz wird mit Lust und Liebe gearbeitet. Wer mit Freude schafft, kann Gutes leisten.
>
> Leiter des Amtes für »Schönheit der Arbeit«

Wenn uns die Irrungen der letzten Jahrzehnte im Gestalten einen Nutzen gebracht haben, so war es der, daß wir nun wieder wissen, wie wichtig jedes Ding in unserer Umgebung ist, weil es durch seine Sprache unser Lebensgefühl mitbestimmt. Die Marxisten als treue Anhänger der Milieutheorie haben diese Wahrheit, die mit jedem Frühling neu bestätigt wird, scheinbar übersehen, denn sonst hätten sie nicht soviel Armseliges, Leeres und Trostloses entstehen lassen. Es sei denn, es wäre ihr bewußtes Ziel gewesen, durch die häßliche Gestaltung der Umwelt den deutschen Menschen freudlos, unzufrieden, nihilistisch zu stimmen ...
Heute steht das junge nationalsozialistische Deutschland vor der Aufgabe, seine Umwelt nach seiner neuen Weltanschauung zu gestalten: naturnah, lebensbejahend, edel und stark. Noch stehen um uns die traurigen Zeugen des Verfalls, die Kulissenbauten der Wilhelminischen Zeit und die funktionellen Kästen der Republik. Es wird Jahrhunderte dauern, bis sie verschwunden sind. Solange aber werden sie uns warnend sagen, daß, wenn ein Volk auseinanderfällt, auch seine

Kultur stirbt, daß dann aber auch geborgte Schönheiten und eifrigster Nützlichkeitsfanatismus nichts mehr helfen können.
Der Anfang eines neuen Gestaltens! Wir wollen uns indessen nicht in große Pläne verlieren, sondern schon heute tun, was möglich ist, um den deutschen Alltag schöner zu gestalten. So gilt es vor allem, den Stätten der Arbeit ein besseres Gesicht zu geben. Hier verbringen die Millionenmassen deutscher Volksgenossen den größten Teil des Lebens. Im Dienste nüchterner und ernster Arbeit? Jawohl, aber man soll nicht vergessen, daß alle Arbeit wiederum im Dienste unseres Lebens steht, und dieses Leben will immer wieder Aufschwung und Freude, um stark sein zu können für den ernsten Einsatz.
Zehntausende von Arbeitsstätten befinden sich in trostlosem Zustande. Profitgier und Gedankenlosigkeit standen bei der Gründung Pate und haben sie ihr Leben lang nicht verlassen. Für die Maschinen wurde gesorgt, sie wurden mit sauberen Kacheln und mit aller erdenklichen Sorgfalt umhegt, weil man wußte, sie würden sonst ihren Dienst versagen. Aber an den wertvollsten Träger der Arbeit, den schaffenden Menschen, dachte man leider meistens nicht, man glaubte wohl, er reagiere nicht so fein wie die Maschine. Es mußten erst Gesetze kommen, Paragraphen und Polizei und eine Behörde mußte gebildet werden, um hier Wandel zu schaffen. Aber Gesetze wirken am Ende nur, wenn sie Ausdruck eines allumfassenden Volkswillens sind, und diesen Volkswillen gab es im vergangenen Deutschland nicht; so blieb denn noch vieles oder alles in den Betrieben im Argen. Nur der vernünftige Betriebsführer hatte von jeher gewußt, daß die Produktionsstätten auch Stätten des Lebens sind, wo Menschen wirken, die gesund und froh sein müssen, um etwas Rechtes schaffen zu können. Er sorgte daher schon bei der Anlage seines Betriebes für das Wohl seiner Gefolgschaft, indem er für genügendes Licht und gute Luft, für Gesundheit und Sauberkeit, für Erholung und für die Erfrischung des Auges alles Nötige bestimmte. Er wußte auch, daß sein Werk als Bau Symbol sein mußte für den Geist der hier wirkenden Leistungsgemeinschaft, und daß dieser Bau das Bild der Landschaft oder Straße, die allen gehört, wesentlich beeinflussen würde. Deshalb verzichtete er auch darauf, seine Fabrik als Reklamesäule zu benutzen. Denn er sagte sich, der gute Ruf seines Betriebes würde mehr wert sein als alle Reklame. Und er erreichte damit schließlich, daß sein Werk von der ganzen Gefolgschaft geachtet und gepflegt wurde, daß jeder von »seinem Werk«, »seinem Arbeitsplatz« sprach, und daß die Menschen in der Umgegend mit Stolz auf dieses Werk blickten.
In den Betrieben der gedankenlosen Geldsäcke sieht es dagegen anders aus. Da finden wir alles, was nur die Arbeit freudlos und am Ende verhaßt machen kann. Da herrschen Gefahr und Krankheit, Dreck, Enge, Muffigkeit und Stumpfsinn, da türmt sich das Gerümpel auf den Höfen, und statt schöner Bilder hängen nur lauter Tafeln an den Wänden mit der Aufschrift: Verboten ... verboten ... Hier wird hinter staubblinden Fensterscheiben in kalten unfreundlichen Räumen mürrisch die Arbeit getan, weil es sein muß. »Bruchbuden« nennt der Volksmund solche Arbeitsstätten, und dagegen hilft nun auch das kitschigste Reklameschild am Eingang nichts.

Diesen Betrieben geht das Amt für »Schönheit der Arbeit« zu Leibe.* Das ist die erste und dringendste Aufgabe, diese armseligen, ungesunden Fronstätten in Stätten froher Arbeit zu verwandeln. Eine Propaganda beginnt, die in alle Betriebe, Büros und Werkstätten dringen wird, so lange, bis unsere Parole auch für den letzten Betrieb zum verpflichtenden Imperativ geworden ist. Schafft schöne Arbeitsstätten! Dazu braucht es keiner Paragraphen und Ausführungsbestimmungen; jeder weiß am Ende selbst, was gemeint ist, und wo es der Chef nicht wissen sollte, da wird es ihm die Gefolgschaft gern erklären.
Daneben gilt es, alle fähigen Kräfte für diese große Arbeit, die eine Kulturaufgabe sein wird, einzuspannen. Erst dadurch, daß der Begriff »Schönheit der Arbeit« im ganzen Volk lebendig wird, kann die Wissenschaft der Betriebshygiene mit ihren Erkenntnissen auf breiter Front wirksam werden, können Gesetze und Bestimmungen bis in den letzten Betrieb hinein nützlich werden und wird schließlich die Grundlage geschaffen für eine würdige und schöne Gestaltung von neuen Arbeitsstätten, bei der die Bestrebungen der besten deutschen Städtebauer, Ingenieure, Architekten, Ärzte, Bildhauer und Gartengestalter zu ihrem Recht kommen.
Die Struktur der Arbeitsstätten ist mannigfach, mannigfach sind daher auch die künstlerischen Gestaltungsmöglichkeiten. Freilich, die gußeisernen Stilkapitäle werden ebensowenig wieder auferstehen wie jenes bekannte statische Kraftmeiertum in Beton und Stahl, dem man hier und da begegnet. So, wie die Arbeitsstätten für den Menschen da sind, so sind letzten Endes auch die Baustoffe und Konstruktionen für die Gestaltung da. Das Profil der Arbeitsstätten wird knapp und edel in einem Falle sein, reicher oder natürlicher im andern, der Charakter der Arbeit gibt den Ausschlag. Das Uniforme z. B. unserer Bürohäuser, innen und außen, wird verschwinden. Noch spricht man im Hinblick auf die bauliche Gestaltung der Fabriken von der Welt der Maschinen und deren »Stilgesetz«. Aber man bedenke, wie kurz die Lebensdauer einer modernen Konstruktionsart und ihres Erscheinungsbildes ist gegenüber den ewigen Gesetzen des Auges. Und die Maschine als Ausgangspunkt für ein neues Formgefühl kann wohl nur für dynamische Dinge gelten. Wo kämen wir hin, wenn wir jedem Gebäude eine »dynamische Form« geben wollten, weil sie in ihm etwas bewegt! Gerade der Ingenieur würde sich das aus sehr sachlichen Gründen verbitten. Im übrigen werden Umfang und Form der Maschinen ständig knapper, ihr Bild wird gleichsam ruhiger. So scheint also, nicht nur vom Menschen her gesehen, das Industriewerk in seiner baulichen Form immer mehr eine von der »Maschinenwelt« unabhängige Bauaufgabe zu werden, bei der Material und Konstruktion im Dienste einer wahren Gestaltung benützt werden. Gewiß wird das straffe Gesicht der Fabriken innen und außen kein spielendes Ornament vertragen, aber das heißt noch nicht, daß es sich z. B. restlos der Prägung des Betonschalbrettes zu unterwerfen hätte.

* Seit Beginn der Arbeit des Amtes im Mai 1934 sind von deutschen Betriebsführern bis Ende Dezember 1934 bereits 30 Millionen Mark für eine schönere Gestaltung ihrer Betriebe aufgewandt worden.

Man kann etwa das Innere einer Maschinenhalle kalt und ausdruckslos und man kann es stark und imponierend gestalten. Das rechnerische Kalkül des Bauherrn, oft auch das technische des Ingenieurs, vor allem aber alle diejenigen, welche am Nüchternen und Kalten sich begeistern zu müssen glauben, vergessen immer wieder den Menschen und sein Auge.
Bevor aber diese letzten Gestaltungsfragen gelöst werden, gilt es vor allem das nachzuholen, was längst ohne Diskussion hätte getan werden müssen: Schöne Arbeitsstätten schaffen!...

## 90 Januar 1941

### Schönheit des Wohnens — ein politisches Problem
Von Hauptabteilungsleiter Hermann Doerr, Reichsheimstättenamt der DAF

Seit der Jahrhundertwende hat es immer wieder Einzelpersönlichkeiten und Gruppen von Architekten und Innenraumgestaltern gegeben, die sich um die Schaffung einer neuen deutschen Wohnkultur bemüht haben (Tessenow, Riemerschmid, Werkbund).
Die praktischen Auswirkungen dieser Bemühungen zeigten sich jedoch immer nur an einem relativ kleinen Kreis von Menschen, der infolge eines gehobenen Lebensanspruchs, infolge eigenen guten Geschmacks und auf Grund einer gewissen Wohlhabenheit für das Verständnis kultureller Fragen prädestiniert schien. Das Volk — die sogenannte »breite Masse« — sah in jenem neuen »Wohnstil« nicht so sehr einen »Stil« als eine »Mode«. Es fehlte diesen Menschen das Verständnis dafür, daß hier etwas gänzlich anderes werden wollte, als eine Mode, daß eine ganz neue Auffassung des Wohnens an sich bei der Schaffung des neuen Stils Pate gestanden hatte. Es geschah auch von seiten der Schöpfer der neuen Wohngestaltung nichts oder nur sehr wenig, um dieses Verständnis zu schaffen. Man glaubte, genug getan zu haben, wenn man den neuen Stil in den »Oberschichten« des Volkes durchzusetzen sich bemühte, in der Hoffnung, daß die »breite Masse« dann schon nachkäme ...
So blieben denn die Spitzenleistungen unserer besten Gestalter eine Angelegenheit der oberen Zehntausend, weil das ganze Problem Wohnkultur eben nur vom rein ästhetischen Standpunkt aus betrachtet wurde.
Erst der Nationalsozialismus schaffte hier Wandel. Er erkannte eindeutig und klar, daß hier nicht ein ästhetisches Problem zur Debatte stand, sondern daß mit der Bindung des Einzelmenschen an wichtige Aufgaben der Volksgemeinschaft der Wert dieses Einzelmenschen eine ganz bestimmte Bedeutung erlangte. Jeder einzelne muß demnach im Sinne der Volksgemeinschaft auf seinen höchsten Leistungswert gebracht werden. Damit ist für das Problem Wohnkultur ein neuer Gesichtspunkt gewonnen. Es handelt sich um ein Problem von größter sozialpolitischer, gesundheitspolitischer, kulturpolitischer und vor allem auch bevölkerungspolitischer Bedeutung.

Der Nationalsozialismus fördert das gesunde Familienleben mit allen Mitteln, weil er erkannt hat, daß hier die Quellen der Kräfte liegen, die nötig sind, um unser völkisches und staatliches Leben für alle Zukunft zu sichern. Ohne eine Wohnkultur, die nationalsozialistischem Geist entspringt, ist aber ein gesundes und harmonisches Familienleben nicht denkbar. Die Partei legt deshalb den größten Wert darauf, daß die Wohnung des deutschen Menschen in der Zukunft diesen nationalsozialistischen Geist widerspiegelt.
So gesehen, ist das Problem »Schönheit des Wohnens« ein politisches Problem ersten Ranges.
Der Erlaß des Führers vom 15. 11. 1940, der die Vorbereitung eines Wohnungsbauprogramms für die Nachkriegszeit anordnet, schafft nun die Grundlage zu einer positiven Lösung dieses Problems.
Hunderttausende von Wohnungen werden im Rahmen des neuen deutschen Wohnungsbaues erstellt werden. Und hier ist für die Partei eine einmalige Gelegenheit, klar herauszustellen, welche Gesetze für das Wohnen des deutschen Menschen für die Zukunft zu gelten haben.
Es wird genauso, wie der Bau der Wohnungen nach einem genauen Plan gelenkt werden wird, auch die Herstellung von deutschem Hausrat nach einheitlichen, politisch bedingten Richtlinien durchgeführt werden, wobei Industrie und Handwerk klar umrissene Aufgaben zugewiesen bekommen werden. Die Vorbereitungen hierzu sind durch die Arbeit des Reichsheimstättenamtes schon so weit gediehen, daß mit Kriegsende eine mengenmäßig und qualitativ ausreichende Produktion anlaufen kann. Daneben wird durch großzügige Erziehungs- und Propagandaaktionen dafür gesorgt werden, daß das Volk das Wohnen an sich wieder lernt...

## 91 Oktober 1941

**Deutscher Hausrat**
Der Reichskommissar für den sozialen Wohnungsbau

Die nach dem Kriege einsetzende Wohnungsbautätigkeit kann sich in ihrer politischen Bedeutung nur dann voll auswirken, wenn neben der Erstellung von ausreichendem Wohnraum auch dafür Sorge getragen wird, daß die innere Ausgestaltung der Wohnräume unserer Weltanschauung entspricht. Die Wohnung, als das Heim der deutschen Familie, soll in ihrer kulturellen Haltung nationalsozialistischen Geist widerspiegeln.
Berlin, den 20. Oktober 1941　　　　　　　　　　　　　　i. V. Simon
　　　　　　　　　　　　　　　　　　Stellvertreter des Reichskommissars

43 Skulpturengruppe von Josef Thorak vor dem »Deutschen Haus« auf der Weltausstellung in Paris 1937. Architekt Albert Speer

# X. KUNST AM BAU

Der Traum vom »Gesamtkunstwerk« und die Sehnsucht nach einer Reintegration der Künste in die Gesellschaft — zwei elementare, aus dem »Niedergang der Ausdruckskultur« resultierende Impulse des 19. Jahrhunderts — nehmen im 20. die Intensität einer kategorischen Forderung an, nachdem der Erste Weltkrieg die Verrohung des Geschmacks allgemein ins Bewußtsein gerückt hat. Ob »Novembergruppe« oder »Arbeitsrat für Kunst«, »Gläserne Kette« oder »Bauhaus«, »De Stijl«, »Esprit Nouveau« oder »Konstruktivismus«, in keinem der revolutionären Manifeste und Programme vor und nach dem Ersten Weltkrieg fehlt das Postulat einer erneuten Vereinigung der Gesellschaft und der Kunst sowie der Künste untereinander.

Daß keine dieser Bestrebungen über Experimente und Modellvorstellungen hinausgelangt, hat seine Gründe weniger in der mangelnden Imagination und Konsequenz der Beteiligten als in dem Umstand, daß die wirtschaftlich und sozial unsicheren Positionen der europäischen Nachkriegsgesellschaft keine tragfähige Basis hergeben. Insbesondere der mit Reparationszahlungen schwer belasteten Deutschen Republik verbietet die angespannte Finanzlage jeden größeren Aufwand. Im Hochbau dominiert der (öffentliche) Wohnungsbau. Der Monumentalbau, der entsprechend seiner Bestimmung, kollektive Kräfte in Symbole umzusetzen (Giedeon/Sert), die »Wiedervereinigung der Künste unter den Flügeln einer großen Baukunst« (Gropius) möglicherweise begünstigt hätte, ruht fast ganz.

In der Zeit der »Kulturabwehrbewegung« machen das Fehlen repräsentativer Bauaufgaben und die nicht immer glücklich vorgetragene Ablehnung des Ornaments es den Hütern traditionell-dekorativer Kunstvorstellungen leicht, das inbrünstige Kunstverlangen der »Neuen Zeit« und des »Neuen Bauens« als Kunstfeindlichkeit zu denunzieren. Goebbels greift, als er im Frühsommer 1934 dem preußischen Finanzminister die »Anregung« zukommen läßt, einen »angemessenen« Betrag der Gesamtbausumme aller öffentlichen Bauten für die Kunst aufzuwenden, in mehrfacher Hinsicht ein aktuelles Thema auf, ohne sich seiner Ambivalenz je bewußt zu werden. Nach dem Wortlaut und de facto dient die Beteiligung der Kunst am Bau der Unterstützung »notleidender«, sprich nicht arrivierter Künstler. Einmal mehr wird, wie Paul Ortwin Rave bemerkte, ein kunstpädagogisches Problem gegen ein sozialpolitisches ausgetauscht.

Inwieweit die Subvention von Malern, Bildhauern und Kunsthandwerkern — Industrie-Designer werden ausdrücklich ausgenommen — als Einlösung von Quittungen aus der »Kampfzeit« zu verstehen ist, wird noch zu klären sein. Ein weiterer gewichtiger Beweggrund für die fiskalische Förderungsmaßnahme ist das Verlangen der vom Kulissenzauber kirchlichen Zeremoniells beeindruckten nationalsozialistischen Führer, ihre eigenen Feiern und Feste mit einem ähnlich wirksamen

Rahmen auszustatten. Allein der Bedarf an Adlern, Fahnen, Standarten und Pylonen strapaziert den Schatzmeister der NSDAP in einem solchen Maße, daß eine öffentliche Finanzierungshilfe dringend wünschenswert erscheint.
Schließlich verlangt auch die oberflächliche Apperzeption klassizistischer Bauideale die Ergänzung durch das schöne, symbolhaltige Dekor (auf der Ebene der »heimatlichen Bauweise« durch das Kunsthandwerk). Der additive Charakter der »Kunst am Bau« tritt um so deutlicher in Erscheinung, als der formal und inhaltlich beschränkte Themenkreis — gewünscht und fast ausschließlich produziert werden Landschafts-, Tier- und Menschenbilder sowie mythologische Motive — in ausschließlich gegenständlicher Darstellungsweise in der Regel nicht imstande ist, über das Dekorative hinaus auch raumbildnerische Funktionen zu übernehmen. Einzig in der Bauplastik zeichnen sich Ansätze einer fruchtbaren Verbindung von Architektur und Skulptur ab. Nicht selten erscheinen freilich die idealisierten Menschen- und Tierdarstellungen so sehr »ins Heraldische hinstilisiert« (Dittrich), daß der Eindruck unfreiwilliger Komik selbst ihren Schöpfern nicht verborgen blieb.
Einzigartig ist die Absorption von Phantasie und Arbeitskraft, die die Gestaltung der Hoheitszeichen im Gefolge hat. Nicht nur die Gliederungen der Partei, auch die Kommandos der Wehrmacht und die Ministerialbürokratie sind gehalten, ihre »Standorte« mit einem plastischen Adler zu zieren. Jedoch dürfen keine Reproduktionen verwandt werden. Um der finanziellen Auflage zu genügen, muß das Tier in tausendfacher Wiederholung von »individueller« Schöpferhand »gestaltet« werden.

## 92 Juni 1934

**Aufträge an bildende Künstler und Kunsthandwerker bei Bauaufgaben der Staatshochbauverwaltung**

Der Reichsminister
für Volksaufklärung und Propaganda                Berlin, den 22. 6. 1934

1. Baukunst ist Sinnbild des Staatslebens. Die Richtigkeit dieses Satzes beweist in bedauerlichem Maße die Baukunst der Nachkriegszeit, deren materialistische Einstellung nur zu häufig zu jener überspitzten, öden, sogenannten »neuen Sachlichkeit« führte. Die Sachlichkeit verzichtete auf die Mitwirkung der bildenden Kunst und des künstlerisch schaffenden Handwerkes und nahm damit den deutschen Kulturschaffenden die Möglichkeit, an den großen Aufgaben der Baukunst den künstlerischen Ausdruck des Volksganzen mitzuformen. Die national-

sozialistische Regierung, in Sonderheit mein auf diesem Gebiet federführendes Ministerium, hat die Aufgabe, hier Wandel zu schaffen und im Rahmen des großen allgemeinen Arbeitsbeschaffungsprogramms — in Sonderheit auf dem Gebiete des Bauwesens — den kunst- und kulturschaffenden Menschen wieder Arbeits- und Gestaltungsmöglichkeiten zu gewähren. Zur Erreichung dieses Zwecks müssen die Bauverwaltungen des Reiches, der Länder und der Gemeinden voranschreiten und durch ihr Beispiel anregend auf den privaten Bauherren wirken.

2. Ich halte es hierbei für unerläßlich, daß bei allen Hochbauten (Neu-, Um- und Erweiterungsbauten) des Reiches, der Länder, der Gemeinden, der Körperschaften des öffentlichen Rechtes und der Körperschaften, bei denen Reich, Länder oder Gemeinden die Aktienmehrheit oder die Mehrheit der Geschäftsanteile besitzen, grundsätzlich ein angemessener Prozentsatz der Bausumme für die Erteilung von Aufträgen an bildende Künstler und Kunsthandwerker aufgewendet wird. Als Bausumme sind die gesamten Herstellungskosten des Baues anzusehen mit Ausschluß der Kosten des Erwerbs und der Aufschließung des Baugrundstückes.

3. Von diesem Grundsatz dürften, abgesehen von Bauten für untergeordnete Zwecke, die in keiner Beziehung zu Straßen oder Plätzen stehen, noch Bauten ausgenommen werden, deren Bausumme den Betrag von 10 000 RM nicht übersteigt.

4. Zu den Arbeiten der bildenden Kunst und des Kunsthandwerks rechnen sich u. a. Kunstschöpfungen auf dem Gebiete der Malerei, der Bildhauerei, der Schmiedekunst, der Gießerei, der Kunstglaserei, der Kunstschnitzerei, der Kunsttischlerei und ähnlicher Kunsthandwerke. Ich rechne hierbei nicht — alle serien- und fabrikmäßig hergestellten Erzeugnisse sowie rein handwerkliche Arbeiten ohne künstlerische Bedeutung, wie Anstreicherarbeit, Stukkaturarbeiten üblicher Art und dergleichen.

5. Ich bitte ferner Vorsorge zu treffen, daß das mit dem Bau verbundene oder innerhalb des Baues angebrachte Kunstwerk nicht um seiner selbst willen als zwecklose Zutat, sondern sinnvoll in Beziehung zu dem Zweck des Gebäudes, zu den örtlichen Begebenheiten und zur Umgebung gebracht wird. Endlich bitte ich mit Rücksicht auf die furchtbare Notlage der freischaffenden Künstler und Kunsthandwerker bei den von mir gewünschten zusätzlichen Arbeiten für die bildende Kunst und das Kunsthandwerk Künstler, die einen Lehrauftrag haben oder die in irgendeinem Beamten- oder Angestelltenverhältnis stehen, nur ausnahmsweise heranzuziehen.

## 93 Dezember 1935

**Malereien am Bauwerk**
Von W. A. Gut, München

Mit der ihm eigenen Leidenschaft für das als richtig Erkannte setzt sich der Reichsminister für Volksaufklärung und Propaganda immer erneut für die Wiedervereinigung der bildenden Künste ein. Er geht dabei davon aus, daß die Baukunst Sinnbild des Staatswesens ist. Das war sie in vergangenen Zeiten — damals oft und in vorbildlicher Weise in erhebender und bejahender Form —; das war sie mit ihrer überspitzten »neuen Sachlichkeit« aber auch in der durch den Nationalsozialismus überwundenen Epoche, in dieser jedoch in anderem Sinne. Diese Sachlichkeit verzichtete auf die Mitwirkung der bildenden Kunst und des künstlerisch schaffenden Handwerks und nahm damit den deutschen Kulturschaffenden die Möglichkeit, an den großen Aufgaben der Bauten den künstlerischen Ausdruck des Volksganzen mitzuformen.

Die nationalsozialistische Regierung hat sich die Aufgabe gestellt, hier Wandel zu schaffen. Sie hat bereits erreicht, daß bei öffentlichen und halböffentlichen Bauten ein bestimmter Hundertsatz der Baukosten für Werke der bildenden Künste und des Kunsthandwerks verwendet wird. Das Beispiel der Behörden und halbamtlichen Stellen wirkt anregend und vorbildlich für die privaten Bauherren.

Allerdings muß man darauf aufmerksam machen, daß bei der Heranziehung der bildenden Künste zur Ausstattung der Bauten die Malerei gegenüber der Bildhauerei und dem Kunsthandwerk stark in den Hintergrund getreten ist. Man hat sich deshalb neuerdings für eine wesentlich verstärkte Mitarbeit der Maler eingesetzt und dabei u. a. auch auf die bayerischen Postbauten hingewiesen, deren »Außenwände durch Malerei eine vorbildliche Gestaltung erfuhren«. In Bayern beruht die Bemalung der Häuser auf einer durch Jahrhunderte hindurch geübten Überlieferung. Gerade auch der bayerische Bauer liebt es, sein Haus mit Malereien zu schmücken. Ganze Orte — genannt seien nur Mittenwald, Garmisch, Bad Tölz — sind durch ihre Malereien an den Bauwerken berühmt und Sehenswürdigkeiten ersten Ranges. Diese wie etwas Heiliges geübte Überlieferung hat den Vorteil, daß die Kenntnisse des Handwerklichen und Technischen jüngeren Geschlechtern nicht verlorengegangen sind.

Als Beispiel für die Art der Verwendung der Wandmalerei bei den Postbauten in Bayern sei hier ein Wandausschnitt von dem Postamt in Bayrischzell wiedergegeben und als Ergänzung zu dieser behördlichen Förderung ein Beispiel wie ein ebenfalls in Bayern ansässiger privater Bauherr, von ähnlichen Überlegungen ausgehend, sein Anwesen mit einer Wandmalerei geschmückt hat.

Es ist ein anderes, ob ein Kunstwerk nur für sich oder ob es in Verbindung mit einem Werk der Baukunst gestaltet wird. Das gilt ganz allgemein, es gilt aber im besonderen für Malereien an Bauwerken. Mit Recht hat der Reichsminister für Volksaufklärung und Propaganda verlangt, daß das mit dem Bau — sei es im Äußern oder im Innern — zu verbindende Kunstwerk nicht um seiner selbst willen als zwecklose Zutat erscheinen darf, sondern sinnvoll in Beziehung zu dem Zweck des Gebäudes, zu den örtlichen Gegebenheiten und zur Umgebung stehen muß. Wenn Bau und schmückendes Kunstwerk eine Einheit bilden sollen, dann gilt als Grundforderung, daß beide von vornherein einheitlich geplant werden müssen, das Kunstwerk nicht erst nachträglich hinzugefügt werden darf. Bei allzu vielen Malereien an Bauwerken überwiegt noch der Eindruck eines Abziehbildes. Bild und Bauwerk sind nicht in eine künstlerisch einheitliche und geschlossene Verbindung gebracht.

Aufs engste zusammen hängt damit die Frage des Stils. Es ist überflüssig zu betonen, daß damit nicht an einen Formenstil gedacht ist. Ein Wandgemälde ist kein Tafelbild. Es entsteht unter ganz anderen Voraussetzungen und muß ganz anderen Anforderungen genügen. Wie es das tut, ist eine Frage des Stils. Eine seiner Teilkräfte ist der Maßstab, der auf alle möglichen Gegebenheiten Bedacht nehmen muß, Türen, Fenster, Straßen- und Platzbreite und auch die Menschen, die um das Haus herum sind. Zeichnung, Durchbildung im einzelnen, Art der Füllung der Flächen gehören dazu und tragen das ihrige zum Gesamteindruck bei. Dieser muß schließlich in allem und — zuletzt, doch nicht zum wenigsten — insbesondere in der Farbe, je nachdem, ob das Haus im engen Raume steht oder in freier, weiter Sicht liegt, auf Nahwirkung oder Fernwirkung abgestellt sein.

Die Frage des Gegenständlichen erheischt ebenfalls Beantwortung. Es ist naheliegend, auf das zurückzugreifen, was im Volksleben der betreffenden Gegend, des Stammes, des Gaues, des Ortes lebenswichtig ist, etwa die Landwirtschaft, die Schiffahrt, das Holzgewerbe oder ein bestimmtes Handwerk. So wird das Kunstwerk volksnahe und volksverbunden, weil es inhaltlich verstanden wird. Volksgemeinschaft wird aber nur dann zum künstlerischen Erlebnis, wenn der Künstler die Volksverbundenheit in seinem Innern trägt; wenn er malt, was in ihm lebt; wenn in ihm lebt, daß er das Glied eines großen Volkes ist, dem er durch Blut und Boden von Ewigkeit zu Ewigkeit verbunden ist.

Die Baukunst ist glücklich, ihren Schwesterkünsten wieder eine Stätte bieten zu können, an der sie ihre Daseinsberechtigung unter Beweis stellen können. Die neue Verbundenheit zwischen Baukunst und Malerei muß aber mehr sein als eine heitere Spielerei, mehr als eine vorübergehende Laune, mehr auch als die Erfüllung des Wunsches nach schmückender Gestaltung von Haus und Heim. Sie muß uns sein die mit fanatischer Leidenschaft ergriffene Gelegenheit zur Schaffung wertvollsten Kulturguts in Form künstlerischer Spitzenleistungen, an denen auch der einfachste Mann auf der Straße teilhat, und zugleich Sinnbild des in seinen Stämmen und Ständen wieder geeinigten Volkes.

## 94 1938

### Architektur und Bauplastik der Gegenwart
### Von Werner Rittich

Bei der Betrachtung der Bauplastik der Gegenwart ist ebenfalls zunächst einmal festzustellen, daß die meisten und wohl auch die größten Aufträge noch unfertig in den Ateliers stehen und zum Teil erst in der Skizze vorliegen. Jene Aufträge nämlich, die für die geplanten oder im Bau befindlichen Großbauten geschaffen werden. Trotzdem ist das, was in den wenigen Aufbaujahren geschaffen und aufgestellt wurde, rein zahlenmäßig schon so umfangreich, daß auch hiervon nur eine knappe Auswahl gegeben werden kann, die mehr charakterisieren als aufzählen soll.
Es bestätigt sich hier wieder die Tatsache, daß eine monumentale, aus der Idee stammende Architektur die Plastik zu ihrer eigenen Vollkommenheit braucht. Der Erlaß des Reichsministers für Volksaufklärung und Propaganda vom 22. Mai 1934 — nach dem »bei allen Hochbauten des Reiches, der Länder, der Gemeinden, der Körperschaften des öffentlichen Rechts und der Körperschaften, bei denen Reich, Länder oder Gemeinden die Aktienmehrheit oder die Mehrheit der Geschäftsanteile besitzen, grundsätzlich ein angemessener Prozentsatz der Bausumme für die Erteilung von Aufträgen an bildende Künstler und Kunsthandwerker aufgewendet werden muß« — hat die fiskalischen Hemmungen, die der Verwirklichung der Einheit von Architektur und Plastik vereinzelt noch im Wege standen, beseitigt.
Mit Hinblick auf die gemeinsame Sinnbestimmung der Architektur und der Plastik »aus einer Idee heraus« muß der Begriff der Bauplastik heute weiter gefaßt werden als in den vergangenen letzten Jahrzehnten. Es ist die Parallele zur Ausweitung des Begriffes der Architektur auch auf die städtebauliche Planung. Eine Ausweitung, die bei beiden Künsten allerdings nur vorgenommen zu werden braucht, wenn man von dem ausgeht, was die letzten zwei oder drei Generationen darunter verstanden; den großen Zeiten der Baukunst und der Plastik war der umfassende Begriff selbstverständlich: daß nämlich der Architekt nicht nur seine jeweilige abgesteckte Baustelle im Auge zu haben hat, sondern die umgebenden Bauwerke mit berücksichtigt, auch dann, wenn er z. B. nicht die Oberleitung über die Gesamtgestaltung einer neuangelegten Straße oder eines Platzes hat; daß die Plastik sich auch dann in ihren Maßen, in ihrer Form und Haltung dem Gesamtbild als einer höheren Ordnung einzufügen hat, wenn sie z. B. in der Mitte eines Platzes steht, räumlich von den umgebenden Bauten getrennt ist, und wenn vielleicht — wie es bei Denkmälern oft der Fall war — keine direkte innere Beziehung zwischen Plastik und umgebender Architektur vorhanden ist.
So umfaßt die Bauplastik der Gegenwart nicht nur die dem Bau einkomponierten Reliefs und die ihm nahestehenden Rundplastiken, sondern z. B. auch jene Darstellungen sportlicher Idealgestalten, die in der Nähe eines Schwimmstadions stehen und z. B. jene Gestaltungen von Bogenschützen, die auf den freien Plät-

zen an den Standorten der Luftwaffe symbolisch die Bestimmung und den Geist der dort stationierten Mannschaften umreißen und für sich gesehen auch eine Bewertung als »freie« Plastiken zulassen würden.
Die Beispiele, auf die in diesen Andeutungen Bezug genommen wird, sind auch mit anderen Inhalten schon so zahlreich, daß sich eine eigene Darstellung rechtfertigen ließe. In Zusammenhang mit den Neubauten der Luftwaffe, der Kriegsmarine und des Heeres ist eine große Zahl von bildhauerischen Aufträgen vergeben worden, die Beachtung verdienen, obwohl sie oft der Öffentlichkeit schwer zugänglich sind. Allein die Vorschrift, an jedem Standort das Hoheitszeichen anzubringen, und zwar jeweils eine neue, nicht genormte Lösung, bot und bietet eine Fülle von Auftragsmöglichkeiten. Diese Zeichen aber sind auch bei den Bauten der Wehrmacht — wenn man von den größeren Adlern, die W. E. Lemcke für den Ehrenhof des Reichsluftfahrtministeriums schuf, absieht — die kleineren Aufträge. Das Hoheitszeichen fand seine bisher monumentalste Lösung in den Bronzeadlern, die Kurt Schmid-Ehmen für die Eckpfeiler der Luitpoldarena auf dem Reichsparteitaggelände und für das Deutsche Haus auf der Pariser Weltausstellung geschaffen hat.
An diesem Bau kam die Beziehung und Bestimmung der Plastik in unserer Architektur bisher am klarsten zum Ausdruck, wurde das Entstehen aus einer gleichen Idee deutlich. Das Hoheitszeichen und die beiden überlebensgroßen Figurengruppen von Josef Thorak sind schon bei der Planung des Bauwerkes konzipiert worden. Der Bau sollte Sicherheit, Stolz, Selbstbewußtsein, Klarheit, Disziplin und damit den Begriff des neuen Deutschland verkörpern; die Plastiken gaben mit den Motiven der Kameradschaft und der Familie die Eckpfeiler des Baues und umrissen die tragenden Kräfte dieses Reiches, dessen Symbol Bau und Pfeiler überkrönte. Auch der äußere Zusammenklang war so, daß keines fehlen durfte, ohne daß die Gesamtkomposition gestört wurde. Die Gruppen haben für sich gesehen die Struktur des ganzen Baues; als Einzelheit leiten sie das stolze Aufstreben, die selbstbewußte, hoheitsvolle Struktur des Gesamtwerkes ein.
Als symbolische Einleitung für eine ganze Raumfolge und als Ausdruck der Kräfte, die das politische Leben nach innen und außen im heutigen Deutschland bedingen und bestimmen, stehen im Ehrenhof der Neuen Reichskanzlei zu Berlin die Bronzeplastiken »Partei« und »Wehrmacht« von Arno Breker, die mit der würdigen Architektur zusammen einen hoheitsvollen Eindruck ergeben.
Den mannigfaltigsten und zahlenmäßig bisher auch größten Einsatz hat die Bauplastik auf dem Reichssportfeld gefunden, dessen bildhauerische Aufgaben auch hier vom Architekten aus der Gesamtplanung entwickelt wurden. Die Aufgaben wurden zum Wettbewerb gestellt, aus dem neben einigen bekannten Meistern auch einige jüngere Kräfte als Sieger hervorgingen, die damit hier zum erstenmal eine größere, weithin sichtbare Aufgabe erfüllen konnten und heute in der ersten Reihe unserer gegenwärtigen Bildhauer stehen.
Die Absicht, alle verschiedenen Bauten und Anlagen des Reichssportfeldes — die jeweils einen eigenen durch den unterschiedlichen Zweck bedingten baulichen Charakter haben und zudem noch inmitten weiträumiger Grünflächen oder in

44 »Schicksalsstunde«, Relief von Willy Meller, ausgestellt auf der Großen Deutschen Kunstausstellung in München 1944

bewegter Landschaft mit unterschiedlichem Bewuchs liegen — zu einer geschlossenen optischen Wirkung zusammenzufassen, war eine schwierige Aufgabe. Die sechs zur Regie der Spiele und Feiern geforderten Befehlstürme und die langen Trennungsmauern erfüllten sie nur zum Teil. So gab der Architekt Professor Werner March in glücklicher Weise der Bauplastik die Aufgabe, diese Verbindung zu schaffen. Er wählte Standorte, die von den einzelnen Bauwerken abgelegen sind und so die Möglichkeit geben, die Plastiken wie »freie« Werke zu betrachten und zu werten, die aber den Blick des Beschauers zu anderen Anlagen überleiten und damit unmerklich Beziehungen schaffen...
Besondere Beachtung innerhalb unserer gegenwärtigen Bauplastik verdient das Relief, das seinem Wesen nach immer in symbolischer Form die Bestimmung des Bauwerks kennzeichnen will, in seiner Struktur aber heute schon zu mannigfaltigen Formen geführt hat. Ihre schlichteste ist der einfache Steinschnitt, der an den Innenseiten der vielen Eingangspfeiler zum Reichsluftfahrtministerium sichtbar ist, wo die Zeichen des Eisernen Kreuzes, des Pour le mérite, des Hakenkreuzes und des Luftwaffenzeichens die Richtpunkte in der Entwicklung des preußisch-deutschen Heeres kennzeichnen. In ihrer künstlerischen Form sich steigernd folgen die ruhigen sinnvollen Supraporten von Josef Wackerle am Ausstellungspavillon im Neuen Münchener Stadtpark; die schon wändebeherrschenden, auch in ihrem Zueinanderstehen innerhalb der Architektur wohlausgewogenen Reliefs von Arno Breker am Nordsterngebäude und von Adolf Wamper an der Reichsgetreidestelle am Fehrbelliner Platz in Berlin; die raumbeherrschenden, symbolischen Reliefs »Kämpfer« und »Genius« von Arno Breker im Runden Saal der Neuen Reichskanzlei in ihrer Dynamik; die in ihrem Grundakkord gleichen Reliefs von Josef Thorak am Reichsbankneubau in Berlin, die in strenger, männlicher Komposition immer wieder die das Volksvermögen bedingenden Kräfte und Werte darstellen; die Arbeit und Sinn der Luftwaffe symbolisierende Gestaltung von Karl Albiker am Gebäude des Luftgaukommandos in Dresden; das große, in seiner rhythmischen und grundsätzlichen Durchdachtheit und Durcharbeit symphonische monumentale Relief, das Arnold Waldschmidt für die Wandelhalle des Reichsluftfahrtministeriums geschaffen hat; schließlich die gleicherweise Architektur und Plastik verkörpernden Arbeiten, die Adolf Wamper für den Eingangsbau der Dietrich-Eckart-Bühne auf dem Reichssportfeld geschaffen hat (sie deuten symbolisch die doppelte Bestimmung dieser Freilichtbühne an: musisches Weihespiel und vaterländische Feier) und der prophetische Fackelträger auf dem Sonnenwendplatz der Ordensburg Vogelsang von Willy Meller, der schon direkt zur Rundplastik überleitet...

45 Waschmühltalbrücke der Reichsautobahn Saarbrücken–Kaiserslautern. Architekt Paul Bonatz (Mitarbeiter der OBL. Frankfurt/M.), 1935–1937

# XI. DIE REICHSAUTOBAHNEN

*Nach dem Ersten Weltkrieg werden in fast allen europäischen Ländern Pläne für den Bau von Straßen erwogen, die ausschließlich dem Kraftfahrzeugverkehr vorbehalten bleiben sollen. Die ersten Ausführungen erfolgen, sieht man einmal von der ursprünglich als kaiserliche Rennstrecke geplanten Berliner Avus ab, auf Initiative des Mailänder Straßenbauunternehmers Dr. Puricelli — mit Unterstützung der faschistischen Regierung — in Oberitalien. Ein von Dr. Puricelli initiierter, auf dem »Ersten Internationalen Autobahnkongreß« am 1. und 2. September 1931 in Genf diskutierter Plan für ein europäisches Autobahnnetz scheitert an der Ungunst der Zeit (Weltwirtschaftskrise!) sowie an der mangelnden Berücksichtigung nationalökonomischer Belange.*

*In Deutschland sind es in erster Linie die Städte, die im Verein mit dem Automobilsport, dem Kraftfahrzeugbau, der Treibstoffindustrie, einzelnen Tiefbauunternehmen und der Verkehrswissenschaft den Autobahnbau vorantreiben. U. a. sind Strecken zwischen Mannheim—Heidelberg, Hannover—Braunschweig, Leipzig—Halle, Köln—Aachen, München—Leipzig—Berlin und Frankfurt—Basel geplant. Eine Teststrecke Köln—Bonn kann gebaut und am 6. August 1932 dem Verkehr übergeben werden. Pläne für ein zusammenhängendes, innerdeutsches Autobahnnetz werden von einer privaten Interessengruppe mit Sitz Frankfurt/Main, der sog. HAFRABA (»Verein zur Vorbereitung der Autobahn Hansestädte—Frankfurt—Basel«) ausgearbeitet. Sie bilden die Unterlagen für einen Antrag auf Ausnahmegenehmigung für den Bau von Kraftfahrzeugbahnen, der im Sommer 1930 dem Reichstag vorgelegt wird, aber, von den großen Parteien befürwortet, von der NSDAP und KPD abgelehnt, in dem schnellen Wechsel der Regierungen Brüning/Papen/Schleicher untergeht\**.

*Außer durch die »parlamentarische Aktion« ist die NSDAP über ihre Frankfurter Gauwirtschaftsberatung und durch Besprechungen in der Münchner Parteizentrale über den Fortgang der Planungen und Verhandlungen unterrichtet. Im Februar 1933 erhält Hitler, der dem zu jener Zeit alles andere als populären Autobahnbau vor anderen möglichen Maßnahmen zur Beseitigung der Arbeitslosigkeit vor allem deshalb den Vorrang gibt, weil er sich von den vielen Hunderten von Baustellen als sichtbarem Ausweis nationalsozialistischer Arbeitsbeschaffung den größten politischen Effekt verspricht, sämtliche Pläne der HAFRABA ausgehändigt. Mit Hilfe dieser Unterlagen gelingt es ihm im März, das Kabinett zu bewegen, dem Gesetz über die Errichtung eines reichseigenen Unternehmens »Reichsautobahnen« zuzustimmen.*

*Den Widerstand des entschiedensten Gegners gegen den Bau von Autostraßen, den der Reichsbahn, beseitigt Hitler dadurch, daß er ihr die Trägerschaft und die Ausführung des Unternehmens überträgt. Ferner*

---

\* Dazu ausführlich Kurt Kaftan, *Der Kampf um die Reichsautobahnen*. Berlin, 1955, Wigankow.

wird durch das am 27. 6. 1933 erlassene Gesetz die Stelle eines »Generalinspektors für das deutsche Straßenwesen« geschaffen, der über die Linienführung sowie über die Ausgestaltung der Kraftfahrbahnen zu befinden hat. Die Stelle wird am 30. 6. mit dem Straßenbauingenieur und langjährigen Fachberater der NSDAP, dem KDAI-Landesleiter Dr. Fritz Todt, besetzt. Todt wandelt die HAFRABA, deren rund siebenjährige Vorarbeit die Voraussetzungen für die schnelle gesetzliche Regelung sowie für den Baubeginn am 23. 9. bei Frankfurt liefert, in eine GE-ZU-VOR (»Gesellschaft zur Vorbereitung der Reichsautobahnen e. V.«) um, die offiziell mit der Aufstellung von Vorentwürfen für ein rund 7000 km langes Grundnetz beauftragt wird und ihren Mitgliederkreis schnell auf ganz Deutschland auszudehnen vermag.

Die hervorragende technische Ausführung der bei Kriegsausbruch über 4000 km langen Autobahnen, die vor allem auf der stärkeren Berücksichtigung der Bodenmechanik, auf Vorbeugungsmaßnahmen gegen Frostschäden, auf der verfeinerten Technik des Brückenbaues sowie der sorgfältigen Einbindung der Straße in Natur und Landschaft beruht, ist das Ergebnis einer von Todt geschickt koordinierten Zusammenarbeit von Bauwirtschaft, Straßenbauwissenschaft, Ingenieuren, Architekten und Landschaftsgärtnern.

Wie zahlreiche andere Errungenschaften der dreißiger Jahre wird der Autobahnbau, der in verkehrstechnischer, wirtschaftspolitischer, strategischer Hinsicht sowie als Instrument der neuen »Raumordnung« dem Straßenbau der Antike vergleichbar ist, einseitig von der nationalsozialistischen Propaganda in Anspruch genommen. Tatsache ist, daß er bis zum Beginn der forcierten Aufrüstung (1936) das wirksamste Mittel der allgemeinen Konjunkturbelebung bleibt. Als solches und als technische Glanzleistung hat er sich der Mitwelt (im In- und Ausland) eingeprägt. Das Zusammenwirken der beiden Komponenten erklärt auch die Zählebigkeit der systematisch aufgebauten Legende von den »Straßen Adolf Hitlers«, die durch Weisungen an die Fachpresse, alle Hinweise auf pränationalsozialistische Autobahnprojektierungen zu tilgen, wirksam gestützt wurde.

## 95 1924

**Des Basses Grundgewalt**
Von Prof. Dr.-Ing. Robert Otzen, Vorstandsmitglied der HAFRABA

... Die Mechanisierung der alten Postkutsche hat in stürmischer Entwicklung Schnelligkeit und Massenförderung bezwungen. Diesen Vollblüter setzen wir auf die gleiche Bahn wie den Ackergaul! Natürlich ruiniert er mit seinem Temperament die behaglichen alten Einrichtungen. Behördliche Kappzäune aller Art, von denen der wirksamste der finanzielle zu sein pflegt, nehmen ihm die Schwungkraft. Lebensnotwendigkeiten, die man 1840 freigebig der Eisenbahn zu Füßen legte, werden ihm vorenthalten. Hier liegt ein Gärungskeim, der ungeahnte Wucherungen zeitigen wird. Ich bin schwer belastet und angegriffen als Rufer im Streit für die freie Bahn, die man dem Tüchtigen schaffen soll. Ich glaube aber an seine Zukunft, denn er ist geeignet, den Austausch zwischen Angebot und Nachfrage am besten zu bewältigen, und das ist des Basses Grundgewalt in dem Orchester des Verkehrs ...

## 96 April 1934

**Objekt — Subjekt**
Von E. Neumann

... Denn mit dem Kraftwagen hat uns die Technik wieder ein individuelles Verkehrsmittel geschenkt, nachdem sie uns mit Eisen- und Straßenbahn, Miethaus und Fabriksaal zum Herdenmenschen gemacht hat ... Durchaus einseitig ist es, die Benutzung des Kraftwagens nur vom Standpunkt der Wirtschaftlichkeit und des Ertrages zu betrachten. Denn schon längst sprechen andere Beeinflussungen psychologischer Art mit. Der im Arbeitsprozeß eingespannte Mensch ist nicht mehr Herr seiner selbst, er hat mit tausend anderen täglich mehrmals im öffentlichen Verkehrsmittel den vorgeschriebenen Weg und zur vorgeschriebenen Zeit zu und von seiner Arbeitsstätte zurückzulegen. In seiner Beschäftigung ist jeder Schritt, jede Handreichung geregelt. Die aus der Rationalisierung der Arbeit sich ergebenden Abhängigkeiten finden wir nicht nur bei den Handarbeitern, sondern bis weit in die Kreise der Angestellten und Kopfarbeiter und sogar freien Berufe hinein. Es ist ein natürlich zu erklärender Vorgang, daß der in seinem Recht der Selbstbestimmung eingeschränkte Mensch nach einer Möglichkeit sucht, sich in irgendeiner Richtung frei zu machen, auch einmal einem andern Individuum seinen Willen aufzuzwingen. Hierzu bietet ihm der Kraftwagen das geeignete Mittel, der Mensch, der sonst nur Objekt ist, kann sich hier ausnahmsweise als Subjekt fühlen und am Gashebel seinen eigenen Willen durchsetzen.
Es ist das Irrationale im Menschen. Die Verkehrswirtschaft wird auch solche Aufgaben, die nicht allein vom wirtschaftlichen Standpunkt aus betrachtet werden

können, sondern ihm das Leben lebenswerter gestalten sollen, fördern müssen. Daraus erklärt sich dann auch der sehnlichste Wunsch der Bevölkerung nach dem Besitz eines Kraftwagens und der Anteil am Straßenbau und der Straßengestaltung. Der Reichskanzler Adolf Hitler möchte dieses Lebensgefühl im deutschen Menschen wecken und ihm neue Antriebe geben ...

## 97 März 1942
### Dr. Todt und seine Reichsautobahn
Von Paul Bonatz

Auf einer abendlichen Autofahrt erzählte Dr. Todt, wie ihm im Sommer 1933 vom Führer der Auftrag zur Schaffung der Autobahn gegeben wurde, wie er von dem gigantischen Maß und dem geforderten Tempo zunächst einmal erschüttert gewesen sei, wie ihm aber im Schlaf der Nacht aus dem Befehl die Kraft und der Mut gewachsen seien, so daß er am folgenden Morgen mit vollem Eifer sofort ans Werk gehen konnte.
Der erste Spatenstich des Führers war im September 1933 bei Frankfurt/M. Am gleichen Tage nach drei Jahren meldete Dr. Todt bei der Übergabe des 1000. Kilometers bei Breslau dem Führer: In etwa 900 Arbeitstagen wurden 1000 Kilometer der Reichsautobahn fertiggestellt. Nach vier Jahren waren es 2000, nach fünf Jahren 3000 Kilometer, das bedeutet in diesen zwei letzten Jahren mehr als 3 Kilometer in einem Tage. Was dies einschließlich Planung, Grunderwerb, Erdarbeiten, Fahrbahnherstellung und allen Brücken unter und über der Bahn als Arbeitsleistung bedeutet, kann nur der Fachmann ermessen. Möglich war es nur, weil von 15 Obersten Bauleitungen an Dutzenden von Stellen zugleich gearbeitet wurde. Diese vielen Einzelstrecken schlossen sich neben Radial- und Querlinien zunächst einmal zu dem bedeutsamen Ring Berlin-Nürnberg-München-Stuttgart-Karlsruhe-Frankfurt-Köln-Ruhrgebiet-Hannover-Berlin.
Die Reichsautobahn folgt nicht dem alten Siedlungszug der Täler, die überbeansprucht sind. Sie sucht bei der Verbindung großer Städte den freien Raum, führt über Hochflächen und Bergrücken, überspringt Taleinschnitte, sie hat ein neues rhythmisches Gesetz der Bewegung erfunden, einer schwingenden Bewegung, die dem Fliegen am nächsten kommt.
Wie oft wurde die Befürchtung laut, dieses breite Straßenband müsse die Landschaft entstellen. Wir haben das Gegenteil erlebt, und der Erfolg war: Die Autobahn ist geradezu eine Neuentdeckung Deutschlands geworden. Die Reichsautobahn wäre eine Verunstaltung der Landschaft geworden, wenn nicht »eine

Zu 97  Paul Bonatz (1877–1951), Schüler und Nachfolger von Theodor Fischer an der TH Stuttgart, wird im April 1935, ohne die Mitgliedschaft der Partei anzunehmen, *Vertrauensarchitekt* und Berater des *Generalinspekteurs für den deutschen Straßenbau*, Dr. Dritz Todt. Im Krieg ist Bonatz in der Türkei tätig. Über seine Bauten vergl. Friedrich Tamms, *Paul Bonatz*. Stuttgart, 1937.

schöpferische Persönlichkeit«, wie der Führer beim letzten Abschied an seiner Bahre Dr. Todt nannte, sie zu anderen Zielen geführt hätte. In diesem Wort liegt beschlossen, daß Dr. Todt die Aufgabe nicht als Nur-Techniker auffaßte, sondern von einer hohen Schau aus als Gestalter und Meister.
Ein gutes Schicksal führte ihm den richtigen Mann zur Seite, Alwin Seifert. In unermüdlichem Ringen haben diese beiden die Gesetze gefunden, nach denen die Bahn nicht als technisches Gebilde aus der Landschaft hart abgelöst, sondern in schmiegsamer Führung, in Anpassung an die Bodenwellen, in weichen seitlichen Übergängen so eingebettet wurde, als sei sie natürlich gewachsen. Bezeichnend für die Achtung vor der Natur und ihrem langsamen Wachstum ist die Pflege, die dem Mutterboden zugewandt wurde. Die erste Arbeit vor Beginn war der sorgfältige Abhub, seitliche Lagerung und Kompostierung der Muttererde mit dem Erfolg, daß ein Jahr nach Vollendung keine Wunde der Erde mehr zu sehen war, daß alles so eingewachsen war, als läge die Straße seit vielen Jahren. Wenn gesagt wurde »in unermüdlichem Ringen«, so ist dies Wort Ringen beinahe wörtlich zu nehmen. Seifert stand Dr. Todt zur Seite wie das Gewissen. Es mußten unendlich viele Vorstellungen und schlechte Gewohnheiten aus dem Straßenbau der letzten Jahrzehnte überwunden werden. Das mag manchmal unbequem gewesen sein, aber es zeigt den starken und großen Menschen Todt, daß er diesen Auseinandersetzungen nie auswich. Die Bereitwilligkeit, aus gemachten Fehlern zu lernen, wurde geradezu das Geheimnis und die Grundlage der raschen Entwicklung. Und Fehler wurden wahrlich zuerst genug gemacht. Es war geradezu so, als sei es nötig, erst durch alle Fehler hindurchzuschreiten, um sie endgültig zu überwinden. Die heute in allen ihren Teilen so vollendete Autobahn war also nicht als fertige Gestalt von Anfang an da. Dem Akt des Willens mußte das Lernen aus Erfahrungen folgen, denn alles war neu. Hier war Dr. Todt unvergleichlich. Er schreibt im Januar 1935:
»... ich bin erschüttert über das schlechte Aussehen der zahlreichen Brücken, die dort über die Fahrbahn gehen. Es hat aber keinen Zweck, gemachten Fehlern lange nachzutrauern. Jeder Fehler wird dann positiv, wenn wenigstens aus der negativen Erfahrung gelernt wird. Ich möchte daher den fertigen Abschnitt einer Kritik unterziehen lassen, um ihn mit allen positiven und negativen Wirkungen zum Lehrbeispiel zu machen. Auf diese Weise können negative Erscheinungen auch noch ihren positiven Wert erhalten.«
Dr. Todt wollte also ein kritisches Lehrheft haben, in welchem neben jedem nachgewiesenen Fehler der Hinweis gegeben wurde, wie beim nächsten Beispiel dieser Fehler zu vermeiden sei, Gegenbeispiel und Beispiel, und setzt in menschlich schöner Weise hinzu:
»Es wird sicher möglich sein, die Kritik so zu fassen, daß sie sachlich hilft und nicht das Empfinden des Verdrusses über die Kritik aufkommen läßt.«
Das war der Anfang der Schulung. Es folgten Zusammenkünfte der Brückenbauer und Architekten, in denen jede der 15 Obersten Bauleitungen Fertiges und Geplantes vorzeigte. An jede Vorführung schloß sich die Kritik Dr. Todts, des Architekten oder eines Ingenieurs. Diese Zusammenkünfte der Leiter, Brük-

46 Stahlbrücke über den Rhein bei Krefeld. Entwurf Friedrich Voß, 1934/35

kendezernenten und Architekten wurden jedoch bald überholt von den Schulungskursen auf der Plassenburg, bei denen es Dr. Todt darauf ankam, nicht nur die Alten, sondern hauptsächlich seinen jungen Nachwuchs zu erziehen. Auch hier war er selbst der erste Lehrer und immer wieder Richtungweisende. Neben politischen Vorträgen nahmen einen breiten Raum die biologischen Dinge ein, die pflegliche Behandlung der Natur. Das Kernstück der Schulung aber war die Sorge um gute Gestaltung der Brücken, in die sich Ingenieure und Architekten teilten. Ein lebendiger Anschauungsunterricht ergab sich bei den Ausfahrten in mehreren Omnibussen auf der Strecke. Bei jedem Beispiel, das im Guten oder Schlechten bemerkenswert war, wurde haltgemacht und am Exempel vorgeführt, wie man es machen müsse oder nicht machen dürfe. In Wort und Beispiel hat Dr. Todt der Arbeit eine neue höhere Moral gegeben. »Nur der darf das hohe Vorrecht genießen, an der Gestaltung des Angesichts unserer Heimat mitzuwirken, der bis zum Letzten und Kleinsten mit gleicher Treue und Sorgfalt durchhält.« Für ihn gab es nichts Nebensächliches. Über einen mangelhaften Wassereinlauf oder einen zementierten Vorkopf eines Bachdurchlasses konnte er sehr ungehalten werden: »Und wenn wir den steingemauerten Vorkopf nur für die paar Bauern machen, die hier ihr Feld pflügen, diese werden daraus lernen, auch ihre kleinen Aufgaben anständig zu machen, und wenn es nur die Mauer um den Misthaufen ist, wir wollen die Menschen wieder zur Baukultur erziehen.«
Er betreute das lang vernachlässigte werkgerechte Arbeiten, vor allem hat er das beinahe zum Erliegen gekommene Steinhauerhandwerk neu belebt. Wie viele Probemauern hat er angesehen und hart kritisiert, bis das Beste herauskam. Dabei haben wir wieder gelernt, wie jedes Steinmaterial sein anderes Gesetz in sich hat, vom schiefrig brechenden Wesersandstein bis zum großen Block des Nagelfluhs, daß eine Stützmauer aus Urgestein einen anderen Charakter hat als Stützmauern aus gesägtem Tuff. Wir haben gesehen, wie je nach Rang des Bauwerks auch die Behandlung des gleichen Materials wechseln kann von der Verwendung kleinerer Abfälle zu hammerrechtem Mauerwerk bis zum sorgfältig bearbeiteten und engfugig gesetzten Quader. Wir sahen, wie durch geeignete Behandlung der Oberfläche der Stein zum Leben gebracht oder abgetötet werden konnte.
Sogar den Beton hat die Reichsautobahn aus der Rolle einer Ersatzbauweise zu vollwertigem Rang gehoben. Die Stampfbetonstützmauer am Irschenberg, in die Moränenkiesel bis zu Ei- und Faustgröße eingemischt sind, Quarze, Porphyre, weiß bis schwarz über gelb und rot, Kiesel, die bei der Bearbeitung mit dem Spitzhammer gespalten werden, ist so schön und altert ebenso würdig wie eine Mauer aus Nagelfluh. Beim Eisenbeton, der mit feinerem Spitzhammer bearbeitet wurde, wurde der Aberglaube zerstört, als hielte nur die häßliche Guthaut mit ihren Bretterschalungsrückständen das Gebilde zusammen.
Über alle diese Dinge wurde bei den Schulungskursen auf der Plassenburg berichtet. Die eigentliche Arbeit aber geschah in der Zusammenarbeit der von Dr. Todt beauftragten Ingenieure und Architekten der Zentrale mit den 15 Obersten Bauleitungen. Diese Zusammenarbeit stellte den Austausch der Er-

47 Brücke der Reichsautobahn am Drackensteiner Hang. Architekt Paul Bonatz (als Mitarbeiter der OBR. Stuttgart), 1935—1937.

fahrungen her. Die Zentrale, die alle Brückenpläne kannte, konnte verhindern, daß einmal gemachte Fehler an anderen Stellen wiederholt wurden. Jede Brückenbaustelle wurde besucht, ehe ein Plan festgelegt wurde, um aus dem Gesetz der Landschaft zu lesen, ob hier eine mächtige und schwere oder aber mit Rücksicht auf den zarten Maßstab der Umgebung eine schlanke und leichte Brücke am Platze sei, ob Stein oder Stahl, ob Bogen oder Balken, enge oder weite Teilung. Die ersten Reisen führte Dr. Todt selbst an, nachher mußten seine Vertrauensmänner sehen, wie weit sie ohne ihn sich durchsetzen konnten. Jeder wesentliche Entwurf mußte ihm selbst vorgelegt werden, und zwar immer in mehreren Lösungen, damit er vergleichend abwägen und entscheiden konnte. Eine der ersten Reisen in der Mark Brandenburg ist den Beteiligten unvergeßlich, bei welcher der damalige Reichssparkommissar den Generalinspektor begleitete. Der Sparkommissar wollte »5 Prozent für Kunst«, das heißt für die Forderungen der Architekten über das Notwendige hinaus, zugestehen. Mehr sei wirtschaftlich nicht vertretbar. Aus dieser Nötigung fand Dr. Todt einen prachtvollen Ausweg. Für Zusätzliches wolle er gar nichts haben, aber er wolle dafür den Ingenieurbau von vornherein so anlegen und ausbilden, daß man nichts weiter brauche. Werkstein oder steinmetzmäßige Bearbeitung des Betons oder flach ausgezogene Flügelmauern mit flachen Böschungen gehören eben von vornherein zur Brücke. Was ist wirtschaftlich? Eine knappe steile Flügelmauer mit steiler Böschung, die in jedem Jahr vom Regen abgeschwemmt wird, oder aber flache Dämme, die der Rasenwuchs endgültig sichert? Bei der Frage »wirtschaftlich« muß man immer die Vorfrage stellen: Für welche Zeitspanne soll das Bauwerk wirtschaftlich sein? Wenn es nur kurz halten soll, muß man natürlich billig bauen. Wenn man aber von einer Brücke nur fünfhundert Jahre Dauer verlangt, so ist eine massive Steinbrücke unter Umständen wirtschaftlicher als eine halb so teure Stahlbrücke, die fortwährend gegen Rost gesichert und in dieser Zeit vielleicht dreimal ausgewechselt werden muß.

Nachdem der Götze »Wirtschaftlichkeit« entthront war, konnten die Entscheidungen über das zu wählende Brückensystem nach höheren Notwendigkeiten getroffen werden. Beim Kampf um die Form der guten Brücke setzte Dr. Todt dem Ingenieur den Architekten zur Seite. Hier wurde miteinander gerungen, bis gegenseitiges Vertrauen jede Eifersucht besiegte. Dr. Todt wollte die zwei starken gestaltenden Kräfte, den rechnenden Verstand und das verantwortungsbereite Gefühl, aneinanderbinden, und es ist in diesem Maße zum erstenmal bei der Reichsautobahn gelungen.

Nicht jede statisch richtige Lösung ist schön. Es ist im Gegenteil so, daß unter einem Dutzend statischer Möglichkeiten nur eine oder zwei den Keim zur Schönheit in sich tragen. Zur Schönheit kommen sie aber nicht von selbst, sondern nur, wenn eine sichere Hand sie dorthin führt. Schönheit bedeutete für Dr. Todt nicht das Dazugefügte, wie etwa die Architektur bei den Rheinbrücken der Jahrhundertwende. Sein höchstes Lob war: »Es ist schön geworden aus der Ingenieurnotwendigkeit allein, ohne irgendein zugefügtes Beiwerk.« Die Dinge, auf die es ankommt, sind: das Kräftespiel sinnfällig zu machen, zu unterscheiden

zwischen Tragen und Lasten, die einzelnen Teile in Gleichgewicht zu bringen. Wenn es eine feste Stütze ist, wird man sie breit und schwer machen und kräftig über die Balkenebene vortreten lassen. Wenn es eine Pendelstütze ist, wird sie durch ihre geringe Stärke ihre Funktion ausdrücken. Das allzuschwer Lastende des Balkens wird bekämpft durch ein weit vorschattendes Gesims. Die Dicke dieses Gesimses richtet sich nicht nur nach der Höhe, sondern auch nach der Länge des Bauwerks. Eine schwere Stahlkonstruktion muß als Auflage mehr als das statische Minimum haben. Die Weite und Länge der Flügelmauern muß im Verhältnis stehen zum ganzen Brückenmaß. Jede Einzellösung hat ihr Gesetz in sich. Es gibt keine Rezepte. Man kann auch nicht eine Brücke, die in einer bestimmten Größe gut war, in gleicher Proportion vergrößern oder verkleinern. So bewegt sich die Zusammenarbeit zwischen Ingenieur und Architekt dem gleichen Ziele zu. Es ist nicht etwa so, daß der Ingenieur erst das Gerippe, der Architekt nachträglich dazu die Hülle mache, sondern je mehr vom ersten Anfang an beide Kräfte sich verständigen, desto höhere Ziele werden erreicht.
Von Dr. Todt stammt die Unterscheidung in »Brücken, die dienen, und Brücken, die herrschen«. Die einen soll der Fahrer nicht wahrnehmen, auf die anderen soll er durch angemessene Ankündigung vorbereitet werden. So gibt es eine Mainüberquerung, bei der die Autobahn, von der Höhe kommend, schräg am Abhang abwärts führt, um nach der Ebene beinahe rechtwinklig abzuknicken. Gerade in diesem Gelenkpunkt liegt die Brücke, die jede Bewegung der Bahn mitmacht: Gefälle, Kurve und Quergefälle. Hier soll weder Anfang noch Ende der Brücke dem Fahrer zum Bewußtsein gebracht werden.
Wo aber das Brückenbauwerk an sich hohen monumentalen Rang hat, da soll die Strecke sich schon von weitem her auf die Brücke vorbereiten, damit sie mit größter Stetigkeit in den Vorhof der Brücke einlaufe. Dr. Todt hat gezeigt, daß die Brücke nicht beim Auflagerpunkt oder Widerlager endigt, sondern wie sie sich weit darüber hinaus in Gefälle und Kurven auswirkt. Er hat jede Baustelle von Belang selbst gesehen, sogar vom Flugzeug aus hat er die Stetigkeit der Linienführung geprüft.
Der letzte große Appell, bei dem Dr. Todt auf der Plassenburg seine Reichsautobahner, Ingenieure und Architekten um sich versammelte, war Ende August 1940. Diese Tagung befaßte sich hauptsächlich mit den Hochbauten, d. h. Tankstellen, Straßenmeistereien, Rasthöfen und zugehörigen Wohnungen. Auch hier gab Dr. Todt wie beim Brückenbau die Richtung. Seine Gedankengänge waren etwa: Unmittelbar neben der Bahn dürfen nur Tankstellen stehen. Alles andere muß so weit abgerückt werden, »daß man der Autobahn nicht ihre schönste Eigenschaft, die Freiheit in der natürlichen Landschaft, nimmt«. Also nie die Bahn bedrücken. Wo es dennoch geschehen war, wurde die »Eitelkeit des Architekten«, der sich nicht nahe genug präsentieren konnte, hart gerügt. Eine häßliche Tankstelle, die das Bild seiner Bahn störte, wurde abgerissen, auch wenn sie von einem Mann mit Namen gebaut war.

# XII. STÄDTEBAU, REICHS- UND LANDESPLANUNG

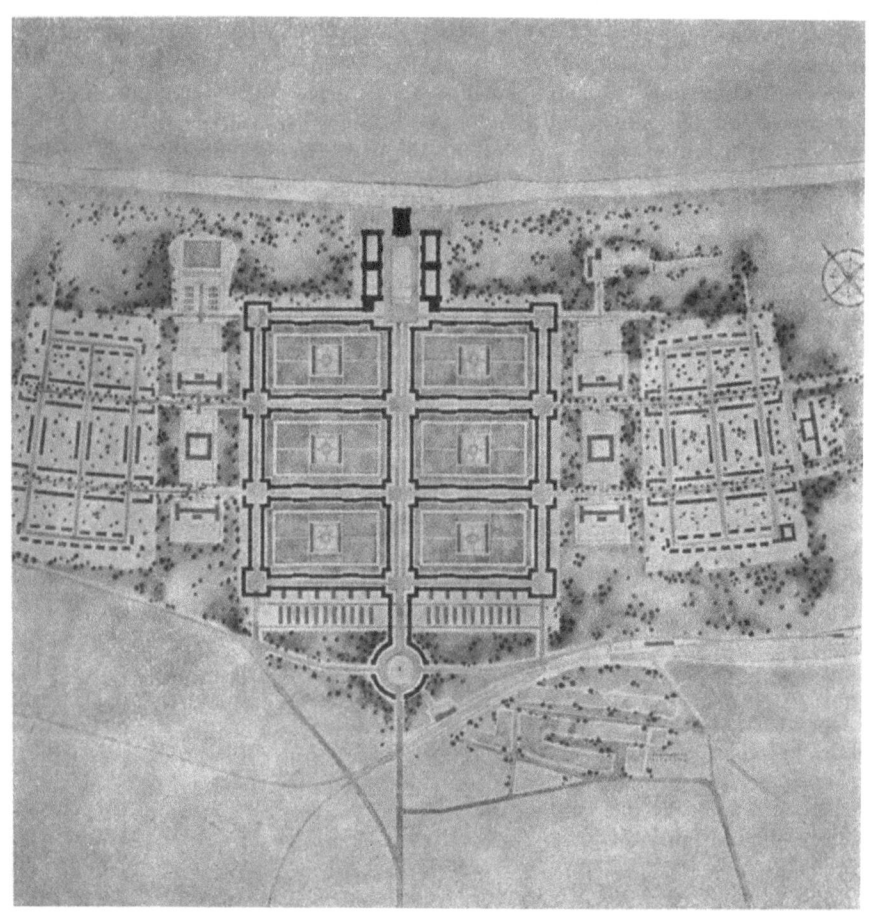

*In Abwehr der vordergründig apokalyptischen Prophezeiungen Spenglers vom »Untergang des Abendlandes« weist Fritz Schumacher in einer kleinen Schrift »Der Fluch der Technik«, 1932, darauf hin, daß von der vielgeschmähten Erfindung des Industriezeitalters vor allem eines verwandelt worden sei: das Bewußtsein von Zeit und Raum. Bedeutsamer als die faktische Einengung des »Lebensraumes« (durch Gebietsabtretungen im Vertrag von Versailles) sei die Tatsache, daß der Raum infolge der Entwicklung neuer technischer Medien, insbesondere der schnellen Verkehrsmittel Eisenbahn, Auto, Flugzeug, in einem bis dahin unbekannten Sinne faßbar und disponibel geworden sei. »Hat unsere Zeit die Umstellungsmöglichkeit, die sich daraus ergibt, fruchtbar ausgenutzt?« fragt Schumacher, »sie fängt kaum erst an.«*
*Der Nationalsozialismus sollte sich das neue, »geopolitische Raumerlebnis«, wie Schumacher es nennt, um so nachdrücklicher zu eigen machen. Die Erfahrungen seiner Führer auf ungezählten Wahlreisen dürften zur Konkretisierung der in »Mein Kampf« postulierten Einheit von Volk und Raum in einem quasi religiösen »völkischen Lebensraum« nicht unerheblich beigetragen haben. Andererseits standen Aufgaben einer überregionalen Raumordnung und Raumforschung sowie eines systematischen Landschaftsaufbaues seit langem an, so daß die Errichtung bzw. die Erweiterung und Umbenennung des im März 1935 geschaffenen »Amtes für Landesbeschaffung der öffentlichen Hand« in eine dem »Führer« unmittelbar unterstellte »Reichsstelle für Raumordnung« nicht nur von Nationalsozialisten begrüßt wird.*
*Im Gegensatz zu dem vorangegangenen kurzlebigen Experiment »Deutsches Siedlungswerk« (März–Dezember 1934), das einen weitgehenden »Umbau« des »deutschen Lebensraumes« nach ausschließlich »bevölkerungspolitischen« (agroindustriellen) Gesichtspunkten vorsieht, dominiert in der von Reichsminister Kerrl geleiteten Reichsstelle zumindest bis zum Beginn der nationalsozialistischen Eroberungskriege ein auf realistischer Einschätzung der nationalen Belange basierender Pragmatismus. Er erlangt um so größere Wirksamkeit, als die Reichsstelle auf die Aufstellung eines eigenen Planungsstabs verzichtet und sich in Erfüllung ihrer primär koordinierenden Tätigkeit der bestehenden bzw. neuerrichteten Landesplanungsgemeinschaften einschließlich des mit den Gauleiterbereichen keineswegs identischen Siedlungsverbandes Ruhrkohlenbezirk bedient.*
*Programmiertes Ziel (Gesetz vom 26. 6. 1935) der »Reichsstelle für Raumordnung« ist die »zusammenfassende, übergeordnete Planung*

◁ 48 Stadt für 20 000 Einwohner. Entwurf von Architekt H. Eggerstedt und dem Architektenbüro der Deutschen Arbeitsfront (Leitung Albert Speer), 1943.

und Ordnung des deutschen Raumes für das gesamte Reichsgebiet«. Beides erscheint um so dringlicher, als nicht nur von den mehr oder minder unkoordiniert und unter mangelhaften planungsrechtlichen Bedingungen, vor allem in den Industriegebieten tätigen Regionalplanungen — sie umfassen im Jahre 1932 eine Fläche von rund 135 000 km² (29 % der Reichsfläche) und 58 % der Bevölkerung —, in zunehmendem Maße Raumansprüche erhoben werden, sondern auch von der öffentlichen Hand (Partei, Wehrmacht, Verkehr usw.).

Hemmend im Sinne einer vernünftigen, planvollen und zukunftsträchtigen Raumwirtschaft macht sich, neben der ideologisch bedingten Koppelung des Wohnungs- und Siedlungsbaues an den »heiligen« Boden, die Tatsache bemerkbar, daß der Nationalsozialismus, infolge des Kompromisses, nach dem er angetreten ist, das private Eigentumsrecht an Grund und Boden im Prinzip unangetastet läßt. (Einschränkungen wie in dem »Gesetz zur Aufschließung von Siedlungsgebieten« vom 22. 8. 1933, das die «wilde Siedlung« ausschließt, oder in dem »Gesetz über die einstweiligen Maßnahmen zur Ordnung des deutschen Siedlungswesens« vom 3. 6. 1934, die dem Gesetzgeber das Recht geben, gewerbliche Ansiedlungen, die dem öffentlichen Interesse zuwiderlaufen, zu unterbinden, haben überwiegend prohibitiven Charakter und lassen eine konstruktive Bodenpolitik nicht erkennen.)

Auch vor der Neufassung des Bau- und Bodenrechts, für die vor allem von der »Deutschen Akademie für Städtebau, Reichs- und Landesplanung« (vormals »Freie deutsche Akademie des Städtebaues«) Vorarbeiten geleistet werden, schreckt die NS-Regierung, nicht zuletzt aus spekulativen Gründen, zurück. Als eine positive Maßnahme dagegen kann die Einrichtung der »Reichsarbeitsgemeinschaft für Raumforschung« vom Dezember 1935 verbucht werden. Sie strebt die Zusammenfassung aller die Raumplanung betreffenden oder tangierenden Wissenschafts- und Forschungszweige an und will die Praxis mit den notwendigen theoretischen Voraussetzungen, z. T. auch neuen Aufgabenstellungen, versehen.

Freilich wird dieses der »Reichsstelle für Raumordnung« zugeordnete Instrument frühzeitig korrumpiert. Bereits die im Frühjahr 1937 auf der westpreußischen Marienburg stattfindende Tagung der Arbeitsgemeinschaft kündigt die Ausweitung (»Ausrichtung«) der durch den Erlaß vom 15. Februar 1936 auf die örtlichen (regionalen) Aufgaben konzentrierten Forschung auf die »Großraumplanung« an, in deren Verlauf der Ordnungsgedanke zu einer skrupellosen Ausnutzung der »Fremdvölker« pervertiert*. Die Funktionalisierung des Raumbegriffes (der Raum wird zur Waffe im Kampf um die völkische Existenz) ist eine bemerkenswerte Nebenerscheinung dieser von dem ursprünglich

---

* Vergl. Theodor Häring, Der Begriff des Raumes im Sinne deutscher Raumforschung, in Raumforschung und Raumordnung, Heidelberg, 1942, Heft 11.

*fruchtbaren Ansatz ablenkenden, die Planung weltweit diskriminierenden »Großraumgestaltung«.*

*Bezeichnend für den sich erst allmählich festigenden imperialen Charakter des »Dritten Reiches« ist die Aufwertung, die das Siedlungsgebilde »Stadt« erfährt. Hatte es zur »Kampfzeit« und auch noch in den ersten Jahren der nationalsozialistischen Herrschaft bisweilen den Anschein, als wollte man die bereits im Jahre 1932 hochentwickelte deutsche Industrie-Nation (68 % der Bevölkerung wohnen in den Städten) durch »Auflösung« der die Volkskraft angeblich auslaugenden Städte in ein Volk von Bauern und Ackerbürgern zurückverwandeln, so erscheint nach Proklamierung des dem ideologischen Wirrwarr entsteigenden, im Sommer 1935 allgemein anerkannten »Primats der Wirtschaftlichkeit« das fragwürdige Postulat nur mehr in der abgeschwächten Form der »Auflockerung«.*

*Die im Zusammenhang mit der »Wehrhaftmachung des deutschen Volkes« erstmalig in der nationalen Stadtbaugeschichte erhobene Forderung nach umfassendem »Luftschutz« im Verein mit dem typischen, nicht auf Deutschland beschränkten Mißverständnis der Gartenstadtidee bewirkt, daß sich die Planvorstellungen über einer aus gleichförmigen und überschaubaren Siedlungszellen zusammengesetzten Stadtlandschaft einpendeln, die ihren Sinn und ihre »Mitte«, wenn nicht aus den Analogon »Führer und Gefolgschaft«, so doch aus dem Vorhandensein einer dem einzelnen übergeordneten zentralen Staatsgewalt bezieht.*

102-105

## 98 Mai 1934

Das deutsche Siedlungswerk
Aus einer Rede von Staatssekretär Gottfried Feder,
Reichskommissar für das deutsche Siedlungswesen

... Es war naheliegend, daß mit der Machtübernahme durch den Nationalsozialismus auch die NSDAP und die Arbeitsfront sich mit Siedlungsfragen beschäftigten. Der Reichskanzler hat es deshalb für erforderlich gehalten, mit sofortiger Wirkung Vorkehrungen dafür zu treffen, daß unter Ausnutzung aller vorhandenen Erfahrungen, insbesondere zur Vermeidung in der Vergangenheit gemachter Fehler und unter Zusammenfassung aller mit dem Siedlungswesen bisher beschäftigten Stellen bei dem Reichswirtschaftsministerium eine einheit-

Zu 98 Gottfried Feder (1883–1940), Parteimitglied der NSDAP noch vor Hitler, Herausgeber der *Nationalsozialistischen Bibliothek* und der *Deutschen Wochenschau*, wird nach 1933 Staatssekretär im Reichswirtschaftsministerium und 1934 kurzfristig *Reichssiedlungskommissar*. Aus seinen Parteiämtern entlassen, übernimmt Feder eine Professur sowie die Leitung der *Reichsarbeitsgemeinschaft für Raumforschung* an der TH Berlin-Charlottenburg. Das Institut für Städtebau und Landesplanung an dieser Hochschule ist seine Gründung. Sein Buch *Die neue Stadt* zählt zu den Standardwerken der Städtebauliteratur in den 40er Jahren.

liche sichere Führung des Siedlungswerks für das ganze Reich gewährleistet wird. Zu diesem Zweck ist unter dem 29. März 1934 im Reichsgesetzblatt Teil I, Nr. 37, S. 295 der von dem Herrn Reichspräsidenten von Hindenburg, dem Herrn Reichskanzler Adolf Hitler, dem Reichswirtschaftsminister Dr. Schmitt und dem Reichsarbeitsminister Dr. Seldte gezeichneter Erlaß erschienen:
Erlaß über den Reichskommissar für das Siedlungswesen. Vom 29. März 1934
»Für die Förderung des Siedlungswerkes wird ein Reichskommissar für das Siedlungswesen bestellt, der vom Reichskanzler ernannt wird. Sein Geschäftsbereich umfaßt alle Aufgaben der Siedlung mit Ausnahme der Aufgaben, die dem Reichsminister für Ernährung und Landwirtschaft hinsichtlich der Neubildung des deutschen Bauerntums zustehen.
Der Reichskommissar für das Siedlungswesen untersteht dem Reichswirtschaftsminister. Er trifft seine Maßnahmen in Zusammenarbeit und im Einvernehmen mit dem Reichsarbeitsminister.«
... Die Aufgabe, die hier gestellt ist, bedeutet in weitestem Umfang praktischen Nationalsozialismus.
Als Instrument für die Durchführung der Aufgabe werden dem Reichssiedlungskommissariat alle Dienststellen eingegliedert, die mit dem Gesamtgebiet des Wohn- und Siedlungswesens befaßt sind. Auch das Heimstättenamt der NSDAP, das nach dem Erlaß des Stellvertreters des Führers, Reichsminister Rudolf Heß, allein als zuständig für die nicht-bäuerliche Siedlung anerkannt worden ist, wird durch die Person des Leiters des Heimstättenamts, Dr.-Ing. Ludowici, dem Reichssiedlungskommissariat angegliedert. Der Herr Reichskanzler hat Herrn Dr.-Ing. Ludowici zum Stellvertreter des Reichssiedlungskommissars ausersehen. Auf diese Weise wird die Einheit von Partei und Staat auf dem so ungeheuer wichtigen Gebiet für die Erneuerung von Volk und Wirtschaft gewährleistet. Die Fragen der bäuerlichen Ansiedlung verbleiben beim Herrn Reichsminister für Ernährung und Landwirtschaft, während die Reichsplanung in engem Einvernehmen mit dem Herrn Reichsminister für Ernährung und Landwirtschaft vom Reichskommissar für das Siedlungswesen gemeinsam mit der Planungsstelle des Reichsbauernführers durchgeführt werden wird.
Wie man schon aus der gestellten Aufgabe zu erkennen vermag, handelt es sich um ebenso wichtige technische wie wirtschaftspolitische Fragen, zunächst aber um eine außerordentlich große Aufgabe in organisatorischer Hinsicht.
Die Zusammenfassung verschiedener Referate aus verschiedenen Ministerien, die Gleichrichtung der verschiedenen Abteilungen in verschiedenen Ländern, die verschiedenen Ministerien unterstellt sind, ist durchzuführen, nicht minder die Zusammenfassung der verschiedenen Landesplanungsstellen bzw. deren Neueinrichtung, wo solche Zentralstellen noch nicht bestehen.
Ohne gegenseitigen Zusammenhalt, ohne einheitliche Führung konnten die bisherigen Stellen im wesentlichen nur den jeweiligen lokalen oder persönlichen Zwecken oder Absichten ihrer Auftraggeber und Interessenten dienen. Es war dies auch gar nicht anders zu erwarten, da sie eben alle noch Kinder des liberalistischen Zeitalters waren, so daß von einer einheitlichen Führung und Lenkung

der Siedlung als nationalwirtschaftliches Postulat, das mit der so eminent wichtigen Industrieverlagerung hätte verbunden werden können, keine Rede sein konnte.

Hier liegt die entscheidende Wendung im Siedlungswesen, hier liegt der Übergang von der Zerrissenheit und Uneinheitlichkeit der bisherigen Siedlung, die sich in Arbeiter- und Arbeitslosensiedlung, in Kleinsiedlung und Stadtrandsiedlung meist unorganisch und zusammenhanglos erschöpfte, zum deutschen Siedlungswerk, wie es der Kanzler bezeichnet hat.

Mit großer Freude habe ich die Berufung meines Führers zur Lösung dieser gewaltigen Aufgabe entgegengenommen.

In meinen zahlreichen öffentlichen Verlautbarungen und Reden habe ich die Wichtigkeit der Siedlung als bevölkerungspolitisches Problem immer mit allem Nachdruck unterstrichen, aber vor der Romantik derjenigen Siedlungen gewarnt, die den in solchen Siedlungen angesetzten Menschen nicht auch gleichzeitig die Garantie für dauernde Beschäftigung geben. Siedlungen, und zwar Neusiedlungen, neue Landstädte sollen nur dort entstehen, wo die wirtschaftlichen Voraussetzungen für die weitere Existenz gegeben sind, für dauernde Beschäftigung der angesiedelten Bevölkerung auf Grund örtlicher Rohstoffquellen, die an Ort und Stelle veredelt werden oder durch Schaffung neuer Industrien oder durch Verlagerung schon vorhandener.

Die Stadtrandsiedlungen mit ihren oft übermäßig weiten Entfernungen zum Stadtmittelpunkt und zur Arbeitsstätte können nur in dem Ausmaß gebilligt werden, als die ungesunden Altstadtquartiere niedergelegt werden können, damit unsere Großstädte Licht und Luft — gewissermaßen also frische Lungen — bekommen.

Zur Ansiedlung taugt nicht jeder beliebige; man wird zu prüfen haben, ob die rassenhygienischen Voraussetzungen vorliegen, ob gute Erbmassen und Kinderreichtum bei den Voreltern festgestellt werden können; das Fehlen von Geisteskrankheiten und erblichen Belastungen ist ebenfalls Voraussetzung für die notwendigen rassenhygienischen Qualitäten der Siedlung.

Die persönlichen Gesichtspunkte: erwiesene Tüchtigkeit im Beruf, anständige und gesunde Lebensführung sind ebenso wichtig wie die Auswahl der Siedler nach ihrer sozialen Schichtung.

Planvoll angesetzte Neusiedlungen sollen schon in ihrem ersten Siedlungskern ein Spiegelbild der gesunden Mischung der verschiedenen Berufe im ganzen sein, so daß die Siedlungen aus eigener Kraft wachsen können.

Die Standortfrage bedarf einer ganz besonders gewissenhaften Prüfung. Es werden für den Standort zunächst die verkehrspolitischen Voraussetzungen zu prüfen sein: Nähe der Reichsautobahnen, die Nähe von Seen, Flüssen, Wäldern usw., günstige klimatische und Bodenverhältnisse und anderes mehr.

Bevölkerungspolitisch wird die Siedlung zu einer gradezu zwingenden nationalen Notwendigkeit, die nur durch die folgenden zwei Zahlenvergleiche verhärtet werden soll.

Die Berliner Verkehrs-Gesellschaft (BVG) als größtes kommunales Verkehrsunternehmen Deutschlands beschäftigt rund 24 000 Arbeiter, Angestellte und Beamte, davon ist die Mehrzahl verheiratet. Die BVG ist somit Brotherr von rund 40 000 erwachsenen Menschen. Diese 40 000 Erwachsenen haben insgesamt 14 400 Kinder.

Noch erschütternder ist aber das Verhältnis bei den höheren Angestellten und Beamten der BVG, die bei einer Zahl von 2000 Gehaltsempfängern, also von etwa 3500 Erwachsenen, nur 700 Kinder haben.

Würde man die oben genannte Zahl der 40 000 auf die Nation übertragen, so würde dies bedeuten, daß ein Volk von 40 Millionen der heutigen Generation in der nächsten Generation auf 14,4 Millionen zusammenschrumpfen würde! Mit anderen Worten: Die Großstadt ist der Tod der Nation.

Die Auflockerung der Großstädte, die Wiederbodenständig- und Seßhaftmachung der Bevölkerung, eine der größten bevölkerungspolitischen Aufgaben des Dritten Reichs, die Erlösung aus Großstadtelend und die Schaffung gesunder Lebensbedingungen, besonders für die heranwachsende Generation, wird zur unabweisbaren Pflicht für eine volksbewußte Reichsregierung.

Ihr soll das deutsche Siedlungswerk dienen!

Die Spezialaufgaben, die mit dem deutschen Siedlungswerk verbunden sind, sind derart umfassend, daß sie neben den vorgenannten ganz großen bevölkerungspolitischen Gesichtspunkten zunächst nur angedeutet werden sollen.

Der Städtebauer wird ein reiches Betätigungsfeld finden. Im Rahmen der städtebaulichen Grundgedanken, die bei aller Beweglichkeit im einzelnen doch ganz klare Grundlinien aufweisen müssen, werden den Architekten und Baumeistern unendlich reizvolle Aufgaben gestellt, sowohl in der Anlage des geschlossenen Siedlungskernes wie in der Errichtung inmitten ausreichend großer Gärten liegender Einzelhäuser.

Der Bautechniker wird in der Anwendung der besten technischen Einrichtungen ebenso wertvolle Mitarbeit leisten können wie der Gartengestalter in der besten Ausnützung des zu jedem Siedlerhaus gehörenden Grundstücks. Es reihen sich an: energie- und wärmewirtschaftliche Fragen sowie Fragen des Straßen- und Verkehrswesens, und nicht zuletzt wird die Finanzierung des deutschen Siedlungswerks alle mit Realkredit beschäftigten Institutionen in den Dienst des deutschen Siedlungswerkes stellen.

Für eine enge Verbindung zur AS und Arbeitsfront sowie zum Reichsbauernführer wird ebenso gesorgt werden wie für die Schaffung eines Beirats aus allen Kreisen der Wirtschaft und den politischen Dienststellen der Partei, um die dort gemachten Erfahrungen und Anregungen dem deutschen Siedlungswerk nutzbar zu machen.

Diese neuen Siedlungen und Städtchen werden Musterbeispiele bester deutscher Baukunst sein in ihrer Einfügung in die Landschaft, in ihrer Eingliederung in den großen Rhythmus des neuerwachten deutschen wirtschaftlichen Lebens, in ihrer Begründung gesunder sozialer Verhältnisse, in Kameradschaft und Erdverbundenheit mit der deutschen Muttererde und ihrem Wiedererwecker und Neugestalter Adolf Hitler.

## 99 Januar 1937
### Raumordnung
Von Direktor W. H. Blöcker,
Stellvertretendem Leiter der Reichsstelle für Raumordnung, Berlin

Die technische und zivilisatorische Entwicklung des letzten Jahrhunderts, begleitet von einem ungeheuren Volkswachstum, hatte zur Folge, daß die Verteilung der Menschen im deutschen Raum einen unorganischen, gefahrdrohenden Verlauf nahm. Unter einem hemmungslosen Wirtschafts- und Staatsliberalismus vollzog sich die Entwicklung in einer Weise, die zwar als Fortschritt gepriesen wurde, aber schließlich zu einem Kampf aller gegen alle führen mußte. Die Gesetze der allgemeinen Freizügigkeit und die diesem Geist entwachsenen Bodengesetze verursachten eine anhaltende Flucht der deutschen Menschen vom Land in die Stadt, von der Agrarwirtschaft zur Industrie, von wo sie in der Zeit der Scheinblüte als Arbeitskräfte gierig aufgesogen wurden. Das Ergebnis war ein ungesundes Anwachsen der Städte, eine Zusammenballung der Menschen in den Industriestandorten mit den schlimmen Folgen der Proletarisierung der Massen. Bis zum Weltkrieg ging die Staatsführung, ohne z. B. an die notwendige Ernährung des Volkes während eines Krieges, geschweige denn an die fernere Zukunft zu denken, sorglos an der tieferen Ergründung dieser damals schon augenfälligen Tatsachen vorüber. Und nach dem Weltkrieg, dem Diktat von Versailles und dem Zusammenbruch des alten Wirtschaftssystems stand das deutsche Volk mit einer ratlosen Führung vor den Folgen dieser liberalistischen Gleichgültigkeit.

Die aus dieser unorganischen Entwicklung zu erwartenden schweren Erschütterungen für unser Volk nahmen ihren Anfang mit der Demobilmachung. Nach der Entlassung aus dem Heeresdienst fing das sich immerfort vermehrende Leid der Arbeitslosigkeit an, das 1932/33 seinen Höhepunkt erreichte.

Der letzte Grund für dieses ganze Unheil lag in der Politik der früheren Staatslenker, die nicht erkannten, was, dem deutschen Wesen gemäß, für die Gestaltung der deutschen Nation notwendig war. Dem früheren Staat ging jedes Gefühl für die gestaltenden Kräfte des Bodens, für die geschichtsbildende Wirkung des Raumes und das organische Leben seines Volkskörpers ab. Das Problem deutscher Volksgemeinschaft in der deutschen Raumgemeinschaft wurde in seiner schicksalhaften Bedeutung nicht erkannt.

Adolf Hitler erst rief das deutsche Volk zur Besinnung auf, bewies die richtige Einsicht in die Fehler der Vergangenheit und stellte für die Staatslenkung den Grundsatz auf, nur noch einem Ziele zu folgen: der Sicherung des Bestandes der Nation, ihres Volkstums und ihrer Rasse.

In den früh industrialisierten Gebieten wurde die ungeheure Gleichgewichtsverlagerung im deutschen Volkskörper am brennendsten fühlbar. So entstanden in diesen Gebieten die ersten Ansätze zu einer planvollen Lenkung der Raumnutzung, die infolge des Zusammenwachsens industrieller und ländlicher Gemeinden zu einer kommunalpolitischen Notwendigkeit geworden war. Es handelte sich dabei um einen gewissen örtlichen Ausgleich, das Aufstellen von Fluchtlinien- und Bebauungsplänen, die Linienführung von Verkehrswegen, Erhaltung von Grünflächen, oft diktiert von dem Abbauprogramm der Kohle usw. Diese Planungen gingen aber über die Grenzen des Bezirks nicht hinaus. Im Ruhrkohlenbezirk, im mitteldeutschen Revier, in Oberschlesien, in Hamburg entstanden in der Nachkriegszeit die ersten Landesplanungsverbände, an deren Arbeit neben den kommunalen Behörden auch schon verschiedene staatliche Stellen beteiligt waren. Wenngleich auch in diesen Planungsverbänden wertvolle Aufbauarbeit geleistet wurde, und es hier nicht an Stimmen fehlte, die, aus der Erkenntnis der Notwendigkeit eines Abstimmens der einzelnen Gebietsplanungen mit dem Ganzen, eine Reichsplanung forderten, so wurde von den Regierungen der Nachkriegszeit die Bedeutung dieser Ansätze für die Gesamtheit nicht erkannt.

Das änderte sich von dem Augenblick an, als die organische Staatsidee des Nationalsozialismus politische Wirksamkeit erhielt. Eine umfassende, übergeordnete Reichsplanung drängte um so mehr zur Verwirklichung, als die einzelnen Fachressorts der nationalsozialistischen Regierung große Planungen vornahmen und ein zunehmender, sehr bedeutender Landbedarf der öffentlichen Hand eintrat, so daß bei der Fülle der Aufgaben sachliche und regionale Überschneidungen nicht zu vermeiden waren. Neben diesen praktischen Gründen war es aber die Erkenntnis der lebenswichtigen und ausschlaggebenden Bedeutung für die Weiterentwicklung unseres Volkes und Staates, die den Führer veranlaßte, durch das Gesetz vom 29. März 1935 und seine Erlasse vom 26. Juni 1935 und 18. Dezember 1935 die Reichs- und Landesplanung und Raumordnung zu einer staatlichen Hoheitsaufgabe zu erheben und die Durchführung einer unabhängigen, ihm direkt unterstellten obersten Reichsbehörde zu übertragen. Zum Leiter dieser obersten Reichsbehörde bestimmte der Führer den Reichsminister Hanns Kerrl. Im Vorspruch zum Gesetz über die Regelung des Landbedarfs der öffentlichen Hand vom 29. März 1925 (RGBl. I, S. 468) ist der Leitgedanke klar vorangestellt: Grund und Boden sind die Grundlagen von Volk und Reich.

Im § 3 ist die bedeutungsvolle Aufgabe der Reichsstelle nur in einem großen Rahmen angedeutet: »Die Reichsstelle hat darüber zu wachen, daß der deutsche Raum in einer den Notwendigkeiten von Volk und Staat entsprechenden Weise gestaltet wird.« Ferner ist bestimmt, daß die obersten Reichsbehörden alle Auskünfte zu erteilen haben, welche die Reichsstelle zur Erfüllung ihrer Aufgaben erfordert, und daß die Reichsstelle gegen die Durchführung eines Vorhabens Einspruch erheben kann.

Die Reichsstelle mußte also, um einem Vorhaben der öffentlichen Hand zustimmen zu können oder einen Einspruch dagegen begründen zu können, sich einen Gesamtüberblick über alle Vorgänge im deutschen Raum verschaffen und die Vorhaben der einzelnen Ressorts unter- und miteinander ausgleichen und auf das Gesamtwohl abstimmen. Dies wurde in dem Erlaß des Führers vom 26. Juni 1935 (RGBl. I, S. 793) bestimmt, in dem die Reichsstelle auf Antrag des Reichsministers Kerrl gleichzeitig die Bezeichnung »Reichsstelle für Raumordnung« erhielt. Hier heißt es: »Die Reichsstelle für Raumordnung übernimmt die zusammenfassende, übergeordnete Planung und Ordnung des deutschen Raumes für das gesamte Reichsgebiet. Die Reichsstelle für Raumordnung kann sich zur Durchführung ihrer Aufgaben der bestehenden Planungsbehörden und Verbände bedienen. Diese haben ihren Weisungen Folge zu leisten.« Aber auch diese Grundlage reichte für die sichere Erfüllung der der Reichsstelle gestellten großen Aufgaben noch nicht aus, es mußten in bezug auf die Reichs- und Landesplanung, die durch Erlaß vom 4. Dezember 1934 (RGBl. I, S. 1225) vom Wirtschaftsministerium auf das Arbeitsministerium übergegangen war, klare Verhältnisse geschaffen werden. Der Begriff der Reichs- und Landesplanung war nach der Errichtung der Reichsstelle für Raumordnung ein ganz anderer, viel umfassenderer, größerer geworden. Die in dem Gesetz vom 29. März 1935 angedeuteten großen Aufgaben gehen weit über das hinaus, was bisher als Reichs- und Landesplanung angesehen wurde. Daher bestimmte der Führer durch seinen Erlaß vom 18. Dezember 1935 (RGBl. I, S. 1515), daß die Reichsstelle für Raumordnung nunmehr für die Reichs- und Landesplanungen zuständig ist, daß der Leiter der Reichsstelle für Raumordnung die Organisation und Rechtsverhältnisse der Planungsverbände regelt und die Aufsicht über sie ausübt. Weiter heißt es in diesem Erlaß: »Die Sonderplanung in den einzelnen Arbeitsgebieten bleibt weiterhin Aufgabe der zuständigen Ressorts. Diese haben die Verpflichtung, ihre Planungsvorhaben der Reichsstelle für Raumordnung bekanntzugeben.«

Durch diesen letzten Erlaß vom 18. Dezember 1935 werden die Grundlagen für den Aufbau einer den großen Aufgaben der Reichsstelle für Raumordnung entsprechenden Organisation gegeben, und bereits am 15. Februar 1936 (RGBl. I, S. 104) erließ Reichsminister Kerrl im Einvernehmen mit dem Reichs- und Preußischen Minister des Innern und dem Reichs- und Preußischen Arbeitsminister die erste Verordnung zur Durchführung der Reichs- und Landesplanung. In dieser Verordnung wird unterschieden zwischen Planungsbehörden und Landesplanungsgemeinschaften.

Die Planungsbehörden sind die Reichsstatthalter, in Preußen die Oberpräsidenten, im Saarland der Reichskommissar, in Berlin der Staatskommissar. Sie sind der Reichsstelle für Raumordnung unterstellt. Wenngleich bei der Bestimmung der Planungsräume Korrekturen erforderlich waren, so sind doch in der Hauptsache die den Planungsbehörden entsprechenden Verwaltungsgebiete als Planungsräume festgesetzt worden. In diesen Planungsräumen setzt die Planungsbehörde als staatlicher Hoheitsträger die Planungsarbeit im Hinblick auf das Gesamtwohl durch.

Die planvolle Gestaltung eines Gebietes erfordert die lebendige Mitarbeit aller in diesem Raum tätigen Kräfte. Es ist daher durch die Landesplanungsgemeinschaften die Plattform geschaffen, auf der sich alle Kräfte der Landschaft, die Partei, die Behörden der Wehrmacht, der Arbeits-, der Verkehrs-, der land- und forstwirtschaftlichen Verwaltung, des Bergbaues usw., die Deutsche Arbeitsfront,

der Reichsnährstand, Industrie- und Handelskammern, Handwerkskammern usw. sowie die Wissenschaft in enger Gemeinschaftsarbeit zusammenfinden sollen. Mit der Ausnahme einzelner weniger Gebiete, die wegen ihres wirtschaftlichen Zusammenhanges bisher schon gemeinsam geplant wurden, decken sich die Gebiete der Landesplanungsgemeinschaften mit den Planungsräumen der Reichsstatthalter, Oberpräsidenten usw. So sind insgesamt 23 Planungsgemeinschaften entstanden, die innerhalb ihres Gebietes für eine dezentrale Förderung ihrer Aufgaben wiederum Bezirksstellen in den Regierungsbezirken einrichten werden und mit den angrenzenden Landesplanungsgemeinschaften enge Fühlung halten sollen. Diese 23 Planungsgemeinschaften sind: Schleswig-Holstein, Mecklenburg, Lübeck, Pommern, Ostpreußen, Oldenburg, Hannover, Provinz Sachsen, Brandenburg, Grenzmark, Westfalen, Rheinland, Hessen-Kassel, Thüringen, Sachsen, Schlesien, Saarpfalz, Rhein-Main, Baden, Württemberg, Bayern sowie das Gebiet des Siedlungsverbandes Ruhrkohlenbezirk, Berlin und Hamburg. Den beiden größten Städten des Reiches und dem Ruhrgebiet ist mit Rücksicht auf ihre besonderen sozialen und wirtschaftlichen Probleme eine Sonderstellung zuerkannt worden...
Die Landesplanungsgemeinschaften wurden auf Grund eines mit dem Innen-, Arbeits- und Finanzministerium aufgestellten Musters einer Satzung gegründet. Aus dem sehr umfangreichen Wortlaut, der die Aufgaben umreißt, die Mitgliedschaft und die Organisation eingehend erläutert, sei nur hervorgehoben, daß der Leiter der zuständigen Planungsbehörde gleichzeitig der Vorsitzende der Landesplanungsgemeinschaft ist. Von den Kosten der Landesplanungsgemeinschaft trägt das Reich im Durchschnitt 51 %; die restlichen Mittel werden von den Selbstverwaltungskörperschaften, den Wirtschafts- und berufsständischen Organisationen, Verbänden und Einzelunternehmungen aufgebracht...
Auch die Forschung ist in wissenschaftlicher Gemeinschaftsarbeit auf dem Gebiet der Planung und Raumordnung unter einheitlicher Führung eingesetzt durch die vom Reichsminister Kerrl und Reichsminister Rust am 16. Dezember 1935 gegründete Reichsarbeitsgemeinschaft für Raumforschung, die an allen Universitäten und Hochschulen im Reich Arbeitsgemeinschaften eingerichtet hat. Der Obmann der Reichsarbeitsgemeinschaft für Raumforschung, Professor Dr. Konrad Meyer, stellte drei Hauptaufgabengebiete heraus: Erstens die Erziehung der Wissenschaftler selbst durch die Hinwendung zu Volk und Raum und damit zur Landschaft als Ausrichtungspunkt des Wissens. Zweitens den planvollen Einsatz der Forschung für die Ziele der Volks- und Raumordnung und drittens die Schaffung und Ausbildung eines geeigneten Nachwuchses. Durch die Beteiligung an den Aufgaben der Reichs- und Landesplanung sind Praxis und Wissenschaft auf glücklichste Weise vereint. Da Reichs- und Landesplanung als Grundlagen für eine neue Raumordnung heute als etwas ganz anderes angesehen werden müssen, wird eine besondere Schulung und Ausbildung der in den Planungsgemeinschaften tätigen Kräfte erforderlich.
Für den Anfang der Planungsarbeit ist erst einmal die Grundlage zu schaffen in einer eingehenden Bestandsaufnahme aller Gegebenheiten im deutschen

Raum. Das bedeutet die folgerichtige Durchdenkung eines großen Fragenkreises und das rückhaltlose Hineinleuchten in seine Tiefen. Es gilt, die zahllosen Bindungen, Verflechtungen, geistigen und materiellen Beziehungen, aus denen die eigentliche Leistung der Landschaft erwächst, klarzulegen und nach der Wichtigkeit für Volk und Staat abzuwägen und zu ordnen. Die Neugestaltung des deutschen Raumes für unser Volk ist zugleich eine Ordnung der künftigen Wirtschaft, richtig verstanden im nationalsozialistischen Sinne. Wie der Staat ist auch die Wirtschaft an Volk und Raum gebunden und kein selbständiger Organismus; sie hat sich den Notwendigkeiten für die völkische Existenz lebendig zu fügen. Die Wiederherstellung des Gleichgewichts innerhalb des deutschen Wirtschaftsgebietes verlangt vor allem eine Stärkung der Landwirtschaft, dazu die innere Verknüpfung der Landwirtschaft mit allen Wirtschaftszweigen und ferner die Stärkung der eigenen Rohstoffgewinnung. Damit hängt die erstrebte bessere Wirtschaftsverteilung im deutschen Raum, die Angleichung der Bevölkerungs- und Betriebsdichte im Reich zusammen. Wirtschaftlich begünstigte Gebiete werden stets dichter besiedelt bleiben. Wesentlich ist nur, daß eine weitergehende Verstädterung des deutschen Menschen aufhört und daß in den dünnbesiedelten Gebieten des Reiches die Voraussetzungen geschaffen werden, um eine bevölkerungs- und wirtschaftsmäßige Auffüllung herzuführen.

Wie die Bevölkerungspolitik heute den richtigen Weg geht zur Stärkung der Rasse und der qualitativen Vermehrung und die Wirtschaftspolitik die Sicherung der Ernährungsgrundlage, der Rohstoffgrundlage und die zweckmäßige Arbeitsbeschaffung zum Ziel hat, so soll durch eine auf das Gesamtwohl ausgerichtete Reichsplanung nicht nur für die Gegenwart Willkür und Zufall ausgeschaltet, sondern vorausschauend für die zukünftige Entwicklung vorgesorgt werden. Eine solche Planung kann nicht, wie es bisher in allen Ansätzen von Planungen der Fall war, nur Teilgebiete für sich behandeln. Es gilt jetzt, die Grundlagen für die Reichsplanung im gesamten deutschen Raum zu erstellen, denn wenn auch in einzelnen Gebieten fast lückenlose Grundlagen erarbeitet sind, so fehlen sie doch noch vom größten Teil des deutschen Raumes.

Die Ursachen der deutschen Not sind bekannt. Aus dieser allgemeinen Erkenntnis nimmt nach dem Umbruch alles einen gesünderen Verlauf, ohne daß bisher ein Abstimmen der einzelnen Maßnahmen oder ein Ausgleich innerhalb einer Reichsplanung möglich war. Die Reichsstelle für Raumordnung und ihre Organisation arbeitet daher vorläufig nach großen Richtlinien und hat bereits in einer Unmenge von Einzelfällen segensreich eingreifen können. Daneben wird an den Grundlagen der Reichsplanung und einer Methodik gearbeitet, um alle Kräfte in den deutschen Landschaften auf ein gemeinsames Ziel und die Gesamtleistung der einzelnen deutschen Räume zum höchstmöglichen Einsatz für das Gesamtwohl von Volk und Staat bringen zu können. Ähnlich wie beim menschlichen Körper, dessen Leistungs- und Lebensfähigkeit gefährdet ist, wenn eine kleine unscheinbare Wunde unbeachtet bleibt, ist es beim Volkskörper. Und hier sind noch manche Wunden aus früherer Zeit, die sorgfältiger Behandlung und vorausschauender Pflege bedürfen.

## 100 Januar 1937

**Raumforschung**
Von Konrad Meyer, Obmann der »Reichsarbeitsgemeinschaft für Raumforschung«

... Die Gründung der Reichsarbeitsgemeinschaft bedeutet (also) die Zusammenfassung aller sich mit Raumforschung beschäftigenden wissenschaftlichen Kräfte an den deutschen Hochschulen und die entschlossene Hinwendung aller auf ein gemeinsames Ziel. Wesen und Arbeitseinsatz der Reichsarbeitsgemeinschaft ist in den weiter unten beigefügten Satzungen klar umrissen.
Diese Organisationsform der Forschung — von hoher Stelle aus geschaffen — ist, abgesehen von ähnlichen Bestrebungen in der Landbauwissenschaft, erstmalig und neu. Es ist der kühne Versuch, den nationalsozialistischen Gedanken der Gemeinschaft und Zusammengehörigkeit sowie die in dieser Idee wurzelnden Grundsätze der Ordnung, Führung und Gefolgschaft auch in der Wissenschaft wirksam werden zu lassen. Gemeinschaft ist ja nicht Einförmigkeit, sondern Einheit in der Mannigfaltigkeit; sie verkörpert nicht die Masse, sondern die Zusammengehörigkeit von Persönlichkeiten, die gleichen Willens und gleicher Verantwortung gegenüber Ordnung und Gesetz sind. Es handelt sich also bei diesem Zusammenschluß nicht darum, die lebendige und notwendige Vielfalt wissenschaftlichen Schaffens über einen Kamm zu scheren, sondern die Mannigfaltigkeit aller beruflichen Neigungen und Begabungen so auszurichten, daß sie zu einem geschlossenen, auf das gleiche Ziel gerichteten Ganzen werden.
Wir wollen über Enge und Hemmung der Fachdisziplinen und Institutsinteressen hinausstreben und uns den Blick wieder frei machen für die Weite und Vielseitigkeit der großen Aufgaben. Indem wir so die Schranken der Fakultäten, Fächer und Institute wegräumen, gelangen wir zu einer wirklich von gegenseitigem Vertrauen getragenen und einander ergänzenden Gemeinschaftsarbeit, die angesichts unserer arbeitsteilig so vorgetriebenen Forschung die Kräfte nicht mehr zersplittert, sondern verbindet.
Die Führung liegt bei allen Gliederungen der Reichsarbeitsgemeinschaft in den Händen von Hochschullehrern. Dadurch erscheint mir die Freiheit und Selbstführung der Wissenschaft am besten gewährleistet. Die Reichsarbeitsgemeinschaft für Raumforschung mit allen ihren Organen ist daher weder eine Abteilung des Reichserziehungsministeriums noch ein Referat der Reichsstelle für Raumordnung. Wie ein großer Selbstverwaltungskörper führt hier die Wissenschaft sich selbst und entscheidet innerhalb ihres Bereiches über fachliche Fragen selbstverantwortlich. Man kann eben schwerlich von der Zentrale eines Ministeriums aus die Forschung in allen ihren Aufgaben, Zielen und Verästelungen verwalten, ohne zugleich ihre Lebendigkeit und Vielfältigkeit zu gefährden. Die Zentralverwaltung einer Reichsbehörde kann einem stark differenzierten Gebilde gegenüber nur mechanisch und schematisch verfahren ... Die weitgehende Selbstverwaltung und Selbstführung der Wissenschaft ist ein Gebot der Erhaltung ihrer lebendigen Einheit und inneren Vielgestaltigkeit.

Selbstverständlich ist der Obmann der Reichsarbeitsgemeinschaft dem Reichserziehungsminister verantwortlich dafür, daß sich die Arbeit im Sinne nationalsozialistischer Wissenschaftsgestaltung vollzieht, und er bürgt dem Leiter der Reichsstelle für Raumordnung für die Einhaltung der von ihm hinsichtlich der Reichsplanung und Raumgestaltung gegebenen Grundlinien. Es entspricht das auch durchaus dem Gebot vom Primat der Politik und der inneren gewissensmäßigen Bindung, die der nationalsozialistische Staat von dem heutigen Gelehrten und seiner Arbeit fordern muß.
Die hier niedergelegten Grundsätze setzen ein neues Führertum in der Wissenschaft voraus. Es müssen Gelehrte sein, die auf ihrem Fachgebiet nicht nur etwas leisten, sondern auch mit sicherem politischem Instinkt die Notwendigkeiten und Möglichkeiten des Forschungseinsatzes erkennen und einen freien Blick besitzen für das wunderbare Ineinandergreifen aller Gebiete und Zweige der Forschung. Sie müssen den politischen Kampf mit allen seinen täglichen Wendungen und Entscheidungen ebenso bejahen wie die ruhige Abgeschiedenheit der Studierstube. Es gibt aus dem alten preußischen Kultusministerium der liberalen Zeit den Erfahrungssatz, daß Professoren im allgemeinen die schlechtesten Treuhänder ihrer Wissenschaft sind, weil sie in Überschätzung ihres eigenen Spezialgebietes die anderen in der Pflege und Förderung vernachlässigen. Hüten wir uns also, in alte Standesgewohnheiten zurückzufallen. Wir wollen weder »Päpste der Wissenschaft« noch selbstherrliche Autokraten, sondern Männer, die im Recht zur Führung Dienst an der Gemeinschaft erblicken!
Der Leiter einer Reichsarbeitsgemeinschaft ist daher Primus inter pares, er vollzieht den Willen der Gemeinschaft und richtet die verschiedenen Kräfte auf die gemeinsame Aufgabe aus.
Nur in einer solchen vertrauensvollen Zusammenarbeit zwischen Leiter und Mitarbeitern kann auch der Grundsatz der Ordnung Verwirklichung finden. In gemeinsamen Aussprachen über die Forschungsvorhaben ist Gelegenheit gegeben, Überschneidungen und Parallelarbeiten zu erkennen und auszuschalten. Hierbei erhält auch ein jeder einen Einblick in die Tätigkeit des andern.
Die organisatorische Form der Reichsarbeitsgemeinschaft gewährleistet auch die enge Zusammenarbeit mit den Planungsbehörden und Landesplanungsgemeinschaften. Der Aufbau der Reichsarbeitsgemeinschaft hat bewußt ein lockeres Gefüge erhalten, das weitgehend das Schwergewicht vom Mittelpunkt abrückt und in die Hochschule selbst verlegt. Wir können die Arbeit der Hochschularbeitsgemeinschaften mit den Arbeiten der Landesplanungsgemeinschaften und ebenso die Tätigkeit unserer Hochschulleiter mit der der Landesplaner in gewisse Beziehung setzen. Hier wie dort vollzieht sich in den jeweiligen Planungsräumen die eigentlich wissenschaftliche bzw. praktische Planungsarbeit. Die meisten Aufgaben erwachsen aus der Landschaft.
Durch die Berufung des Leiters der örtlichen Arbeitsgemeinschaften in den Beirat der Landesplanungsgemeinschaften wird dafür Sorge getragen sein, daß auch in der Landschaftsarbeit die ständige Querverbindung zwischen Praxis und Wissenschaft der Planungsarbeit besteht und auf diese Weise unmittelbar An-

regungen und Ergebnisse gemeinsamer Arbeit ausgetauscht werden können. So kann gerade hier die Wissenschaft für die Planung und Gestaltung unserer Räume brauchbare Vorarbeiten und Pionierdienste leisten ...

## 101 Juli 1942

**Planung und Gestaltung des deutschen Lebensraumes**
Von Ministerialdirektor Dr. Ernst Jarmer, Berlin

... Es wurde schon betont, daß der Führer die Zusammenfassung der Großraumplanungen nach den allen fachlichen und örtlichen Interessen übergeordneten politischen Gesichtspunkten angeordnet hat. Es ist damit zum Ausdruck gebracht, daß nicht wirtschaftliche, verkehrliche, bauliche oder kleinräumige Gesichtspunkte bei der Abstimmung der sich manchmal hart im Raume stoßenden Planungen entscheidend sein sollen, sondern daß vielmehr gesamtpolitische Erfordernisse, also zum Beispiel bevölkerungspolitische oder wehrpolitische Belange, über die Fach- und Ortsinteressen hinweg den Ausschlag geben müssen. Rein technische Ausgleichsgesichtspunkte kommen schon deshalb nicht in Frage, weil, selbst wenn man einen sehr umfassenden Begriff für die materielle Technik aufstellt und darunter mit Sombart »den Inbegriff aller Fertigkeiten und Kenntnisse versteht, die dazu dienen, zweckmäßigerweise die Dinge der äußeren Natur zu nutzen«, die Technik ein Mittel zur Erzielung eines Erfolges, also bei der Lebensraumgestaltung eines politischen Erfolges, bleibt, nicht aber selbst Ziel sein kann. Die Ziele werden der Raumordnung von der politischen Führung gestellt. Sie sind mit der natürlichen Struktur des Raumes in Einklang zu bringen, wobei sich die Raumordnung der verschiedensten, auch technischen, Arbeitsmethoden bedient. Es kommt ihr darauf an, die Förderung einer Landschaft nach jeder Richtung hin zu erreichen. Die Entfaltung des Lebens der Bevölkerung, die Schaffung lebendiger Beziehungen zwischen dem Gebiet und seinen Bewohnern, die ihrem Wirkungskreis als ihrer Heimat innerlichst verbunden sind, stellen die wesentlichen Voraussetzungen für die Ordnung des deutschen Lebensraumes dar. Die lebendigen Menschen mit ihren seelischen und materiellen Bedürfnissen und völkischen Bedingtheiten stehen für die Raumordnung im Mittelpunkt ihrer planerischen und gestaltenden Erwägungen. Auch hier hat uns der Führer den Weg gewiesen, als er bei dem Neuerwerb von Gebieten in diesem Kriege als besonderes Ziel für alle Grenzzonen die Festigung deutschen Volkstums aufstellte und für dessen Pflege ein Reichskommissariat bestimmte. Würden wir die Lebensraumgestaltung nur als die technische Aus-

---

Zu 101 Vgl. Lehnemann: *„Die Organisation behördlicher Lenkung und Planung"* in *Der deutsche Baumeister 3/4, 1942;* in diesem Artikel wird die Zusammenfassung aller organisatorischen Maßnahmen — von der Großraumplanung bis zur Baulenkung — in einer einzigen Dienststelle verlangt, d.h. Ablösung der juristischen und technischen Verwaltung durch ein universales Management.

gestaltung natürlicher Gegebenheiten auffassen, hätten wir den Begriff zu eng gefaßt, ebenso wenn wir nur die wirtschaftlichen Erfordernisse einseitig in den Vordergrund stellen würden. Die Lebensraumgestaltung will aus dem Staatsraum und seinen Teilen einen günstigen Volkswachstumsboden und eine äußerlich ebenso schöne wie wirtschaftlich und sozial gesicherte Kulturlandschaft machen. Es handelt sich also bei ihr nicht nur um eine technische oder juristische, sondern um eine politische Verwaltungstätigkeit, die Ausfluß der Raumhoheit ist. Solange wir noch in einer Staatsauffassung lebten, bei der die Verwaltung in der Hauptsache darin bestand, Tatbestände nach gesetzlichen Bestimmungen zu werten, konnte man die Verwaltung als eine überwiegend juristische bezeichnen. Dies hat sich jetzt wesentlich geändert. »Die Verwaltung ist eine besondere Erscheinungsform des ›Richtens‹, und Richten ist so viel wie Ausrichten, Richtunggeben, Lenken, ordnendes Gestalten«...
Nur derjenige soll in einer solchen Stelle führen, der die Kunst des vorausschauenden Planens und des zukunftsicheren Lenkens am besten versteht. Da der moderne Verwaltungsjurist so ausgebildet sein sollte, daß er nicht nur juristische Entscheidungen zu treffen versteht, sondern auch schöpferische Ausrichtungen vornehmen kann, ist er neben dem phantasiebegabten Techniker oder Volkswirt auch in der Lage, an der vielseitigen raumordnerischen Tätigkeit mitzuarbeiten.
Die Behördenorganisation muß sich nach den Aufgaben richten, die sie zu erfüllen hat. Da die Lebensraumgestaltung eine politische Hoheitsaufgabe des Staates darstellt, kann auch nur der in seinem Verwaltungsraum leitende oberste staatliche Hoheitsträger für sie verantwortlich sein. Die Reichsstelle für Raumordnung muß deshalb selbständig und dem Führer unmittelbar unterstellt bleiben. In der Gauinstanz kann die Dienststelle für Raumordnung nicht einer Abteilung eingegliedert werden, da sie keiner Fachsparte zuzurechnen ist. Es hat sich bewährt, Generalreferate für Raumordnung zu schaffen, die dem Reichsstatthalter oder seinem Vertreter unmittelbar unterstehen. Daneben kann es durchaus gerechtfertigt sein, die sämtlichen sich mit Bauaufgaben beschäftigenden Sparten in einer großen technischen Abteilung für Bauwesen zusammenzufassen; ihre Planungen müssen aber mit den übrigen Abteilungen für allgemeine Verwaltung, Volkspflege, Wirtschaft und Arbeit abgestimmt und in die Gesamtplanung des Gauraumes eingefügt werden.
In der Gemeindeinstanz bereitet die Abgrenzung von Raumordnung und Städtebau immer noch Schwierigkeiten. Was wir unter Raumordnung verstehen, wurde bereits dargelegt. Sie ist die hoheitliche Lenkung der Entwicklung eines Gebietes im Rahmen der Raumplanung. Raumplanung nennen wir die großräumige Zusammenfassung der Fach- und Ortsplanungen nach den fachlichen und kleinräumigen übergeordneten politischen Gesichtspunkten. Neben der Ausweitung der Planung auf alle Lebensgebiete ist also das Charakteristische der Raumplanung die Betrachtung vom größeren Raum aus. Die Raumplanung übt ihre Wirkung auch auf das Gemeindegebiet aus, kann aber niemals von der Gemeinde her betrieben werden. Der Städtebau faßt zwar auch im Stadtgebiet alle Fachplanungen zusammen, plant aber im übrigen vom Stadtraum, d. h. vom Stadt-

interesse aus. Dies ist seine besondere Aufgabe, während umgekehrt die Raumplanung — im Reich Reichsplanung, im Gau Landesplanung genannt — die Bedürfnisse des größeren Landschaftsraumes, also die des Gaues und des Reiches, in den Vordergrund zu stellen hat. Aus dieser Erkenntnis der verschiedenen Aufgaben von Raumordnung und Städtebau ergibt sich neben anderen aus den folgenden Ausführungen ersichtlichen Gesichtspunkten ein wesentliches Moment für die Abgrenzung ihrer Zuständigkeiten und die Regelung der Organisation.
Die Raumplanung bezieht sich stets auf größere Landschaftsräume, also vor allem auf das Gaugebiet und den Reichsraum. Wird allerdings die Raumstruktur eines Gebietes besonders stark umgestaltet, so kann es notwendig sein, der Stadtinstanz eine raumordnerische, dem Generalreferenten für Raumordnung fachlich unterstehende Dienststelle anzugliedern. Dann wird es auch häufig zweckmäßig sein, eine solche Stelle dem Stadtbaurat, der in sonstiger Beziehung dem Oberbürgermeister verantwortlich ist, in Personalunion zu übertragen. Dies darf aber nicht hindern, den Gemeinderaum im Zusammenhang mit dem größeren Landschaftsraum zu betrachten, da er raumplanerisch niemals in der Vereinzelung gesehen werden darf. Der Gauleiter ist für die Entwicklung seines Gaugebietes einschließlich der Gemeinden zuständig. Er muß deshalb auch in der Lage sein, für die Gemeinden die großräumigen, politischen Entwicklungslinien anzugeben. Er wird durch sein Generalreferat für Raumordnung bestimmen lassen, welche Funktion der Stadt im größeren Raum zukommt, wie die großräumigen Verkehrswege im Gemeindegebiet geführt werden sollen, wo militärische oder zivile Planungen von Gaurang oder von sonst übergeordneter Bedeutung im Gemeindegebiet untergebracht werden müssen und ähnliches mehr. Nach diesen Weisungen hat sich die Planung des Gemeindegebietes zu richten. Sie untersteht im übrigen aber in der kreisfreien Stadt der alleinigen Verantwortung des Oberbürgermeisters, der sich hierbei von einem leitenden Stadtbaurat unterstützen lassen wird ...
Der Städtebau muß seine Planungen von vornherein abstellen auf die raumordnerischen Richtlinien, die für das Stadtgebiet von der Landesplanung aufgestellt werden. In diesem Rahmen kann und soll sich der Städtebau, alle einschlägigen städtischen Interessen umfassend, frei im Stadtraum entfalten. Sämtliche Planungen, die sich auf das Stadtgebiet beschränken, können insoweit als städtebauliche bezeichnet werden, wenn man sich nur stets darüber klar ist, daß sie sich innerhalb der von der Landesplanung gegebenen raumplanerischen Richtlinien zu halten haben. Der Flächennutzungsplan für das Stadtgebiet ist städtebaulicher Natur, wenn er sich auch den landesplanerischen Erfordernissen anpassen muß. Alle über ein Stadtgebiet hinausgehenden Flächennutzungspläne sind dagegen in erster Linie Raumordnungspläne und deshalb von der Landesplanung aufzustellen. Sosehr deshalb auch der Städtebau auf die Raumplanung auszurichten ist, er ist in dem bisher vielfach angenommenen Umfang nicht schlechthin wesensgleich mit ihr. Die Stadtplanung gehört im Rahmen der raumordnerischen Richtlinien grundsätzlich zur Zuständigkeit der Gemeinde. Die Landesplanung ist als überörtliche Planung Sache des Gaues ...

**102** September 1939

Die Stadt der Hermann-Göring-Werke
Architekt: Herbert Rimpl

Im Vorland des Harzes, zu beiden Seiten des Salzgitterhöhenzuges, entstehen zur Zeit zahlreiche Bergwerksanlagen, ein großes Hüttenwerk, Kokereien, Stahl- und Walzwerke und deren zahlreiche Neben- und Hilfsbetriebe. Eine gewaltige Zahl von Technikern, Arbeitern und Angestellten muß für diese großen Betriebe im Gebiet des Bergbaues und der Hüttenwerke angesiedelt werden. So entstehen für den Bergbau über das weite erzhöffige Gebiet hin verstreut an erzfreien Stellen zahlreiche Siedlungen in einer Größenordnung zwischen 10 000 und 20 000 Einwohnern.

Den eigentlichen Mittelpunkt des großen neuen Industrie- und Siedlungsraumes aber bildet die Stadt der Hermann-Göring-Werke, die vornehmlich zur Aufnahme der Gefolgschaft des Hüttenwerkes und der nördlichen Bergbaubetriebe errichtet wird. Die Standortwahl hing von der Lage der Hütte ab. Diese wiederum wurde zur Ersparung langer Transporte möglichst nahe an die Erzlagerstätten gelegt. Die Stadt mußte also zur Erreichung kürzester Anmarschwege für die Gefolgschaft der Hütte in deren größtmögliche Nähe gelegt werden. Bei den vorherrschend südwestlichen Winden ergab sich die günstigste Lage im Süden der Hütte. Da jedoch noch zahlreiche andere Gesichtspunkte für die Standortbestimmung maßgebend waren, wurden auch die anderen Gebiete in der Nähe der Hütte eingehend untersucht.

Die Planung der Hermann-Göring-Stadt ging von folgenden Grundlagen aus. Wichtig war zuerst die Lage der Stadt zum Werk. Sie bestimmte die Ausrichtung des Verkehrsnetzes für den Verkehr zwischen Arbeitsstätte und Wohnstätte nach Osten, zu den beiden wichtigsten Werkseingängen im Süden und Norden des Hüttengeländes. Zweitens war zu beachten die Lage der nördlichen Bergbaubetriebe zur Stadt, deren Gefolgschaft ebenfalls in der Stadt untergebracht werden muß. Dies erforderte günstige Verkehrsbänder nach den Lichtenberger Höhen, in denen die Bergwerke liegen. Diese Straßen verbinden zugleich das waldreiche schöne bergige Erholungsgebiet mit der Stadt. Neben dem Verkehr zwischen Arbeitsstätte und Wohnstätte beeinflußte auch der Fernverkehr die Planung, und zwar hier erstens die Lage der großen Fernverkehrsstraßen und insbesondere die in der Nähe gelegenen Reichsautobahnen; weiteren wichtigen Einfluß auf das Verkehrsnetz in der Stadt hatte auch die Anordnung der Bahnhöfe der neu zu errichtenden Bahnstrecken Braunschweig—Hildesheim und Braunschweig—Kreiensen. Durch diese Linien wird die Stadt an das Netz der großen D-Zug-Strecken Deutschlands angeschlossen. Zur Verbindung mit der nahe gelegenen Großstadt Braunschweig wurde im Zuge des Hauptverkehrsgerippes eine neue Straße nach Braunschweig geplant.

Das Gelände selbst ist ein weites Flachland mit geringen Höhenunterschieden. Es besitzt nur wenig Baumbestand im Zuge der alten Landstraßen und an den

Rainen der Wiesen in der Talniederung der Fuhse und der Flothe. Der Boden ist verhältnismäßig schwer, jedoch für die Anlage von Hausgärten und Siedlerstellen durchweg geeignet.

Es zeigte sich, daß die Standorte im Südwesten der Hütte den Vorteil bester Windlage und günstigster verkehrsmäßiger Verbindung zum Industriegebiet und zum Bergbaugebiet boten. Der Standort bei Steterburg hat den großen Vorteil der unmittelbaren Nähe der beiden Städte Braunschweig und Wolfenbüttel. Er kommt jedoch nur für die Hüttenarbeiter in Frage und liegt zu den Bergbaugebieten in zu großer Entfernung. Ähnlich verhält es sich beim Standort am Oderwald, der noch den weiteren Nachteil der großen Entfernung nach Braunschweig hat. Diese Feststellungen und die Ergebnisse der Untersuchungen über die Entwicklungsfähigkeit der neuen Stadt in bezug auf ihre gemeindliche, kulturelle und wirtschaftliche Selbständigkeit, die Fragen günstiger Be- und Entwässerung, die Lage der Wohnstätten zu den natürlichen Erholungsgebieten, die Fragen des Fern- und Nahverkehrs und nicht zuletzt die Gesichtspunkte der späteren gesunden und gedeihlichen Weiterentwicklung und Vergrößerung des Stadtgebietes, führten zu dem Ergebnis, daß der Standort I im Westen der Hütte von den fünf näher untersuchten Standorten der günstigste ist...

Das Verkehrsgerippe der Stadt wird durch ein Straßenkreuz gebildet. Im Tal der Flothe führt ein dreifacher Straßenzug vom Herzen der Stadt aus nach Osten. Die mittlere dieser drei Straßen ist als breite Promenade gedacht, für den Fahrverkehr sind zwei begleitende Straßen vorgesehen. Am Ende dieser Hauptstraße liegt inmitten des Ostteiles der Stadt ein Verkehrsplatz, von dem aus drei wichtige Verkehrslinien ausgehen: die mittlere nach dem Nordausgang des Werkes und nach Braunschweig, die südliche nach dem Südeingang des Werkes und nach der Reichsautobahn Hamburg–Harz, die nördliche nach der Reichsautobahn Hannover–Berlin. Im Herzen der Stadt wird die Hauptstraße gekreuzt von einer breiten Querstraße, die vom Hauptbahnhof im Norden der Stadt nach den Bergbaugebieten der Lichtenberger Höhen im Süden führt.

Für den Verkehr in der Stadt und den Sammelverkehr nach den Arbeitsstätten ist ein Verkehrsring angelegt worden, der als Grünstreifen ausgebildet und an den wichtigsten Kreuzungen niveaufrei geführt wird. Von diesem Ring aus führt im Westen ein Straßenzug nach Hildesheim–Hannover. In diesen Grünring ist gleichzeitig eine Straßenbahn gebaut, die den Verkehr nach dem Werk aufnehmen soll. Die Straßenbahn fährt außerhalb der Stadt als Schnellbahn. Die Verkehrsstraßen und die Wohnstraßen sind im gesamten Stadtgebiet weitgehend getrennt, so daß die Wohnviertel vom Verkehrslärm unberührt liegen.

Der Flächenaufteilungsplan der Stadt sieht vor, daß sich die Verwaltungsbauten um den Hauptplatz gruppieren, der von der Volkshalle beherrscht wird. Die Schulbauten und die kleineren Sportanlagen verteilen sich gleichmäßig über das gesamte Stadtgebiet. Etwa störende Industrieanlagen liegen im Osten der Stadt in der Nähe des Güterbahnhofes und der beiden Autozubringer der Reichsautobahn Berlin–Hannover und Hamburg–Harz.

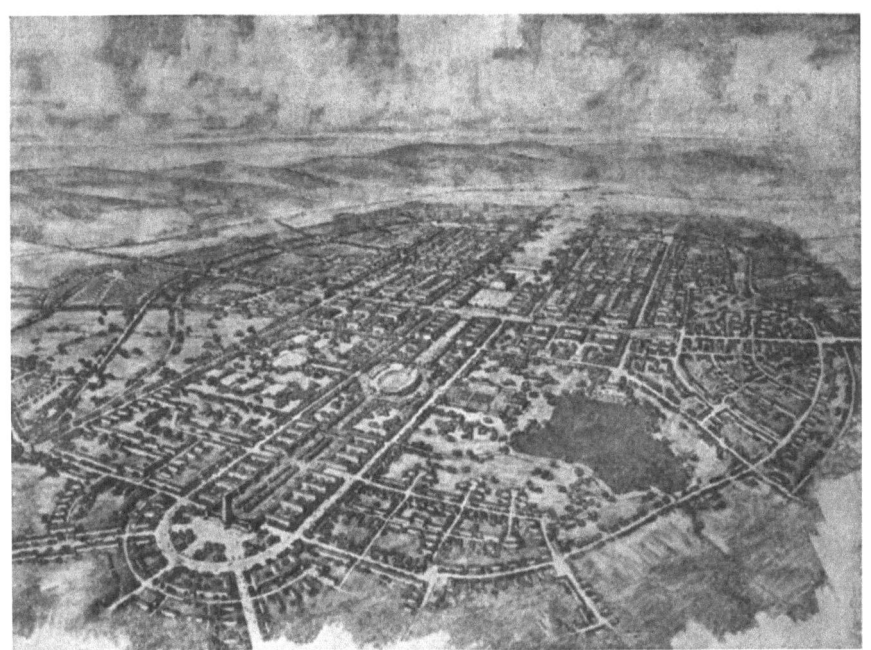

49 Stadt der Hermann-Göring-Werke (Salzgitter), Entwurf von Herbert Rimpl, 1939

Das gesamte Stadtgebiet teilt sich folgendermaßen auf:
18 vH Bauland, einschl. der zum Bauland gehörigen Höfe
19 vH Straßenverkehrsflächen
4 vH Bahnverkehrsflächen, einschl. städt. Schnellbahn
39 vH Gärten, einschl. der Hausgärten
20 vH öffentliche Grünflächen.
Das gesamte Stadtgebiet der ersten Ausbaustufe umfaßt eine Fläche von 1925 ha. Diese erste Ausbaustufe hat Platz für eine Einwohnerschaft von 130 000 Menschen, die bei der Fertigstellung der Hermann-Göring-Werke einschließlich der nördlichen Bergbaubetriebe erreicht werden. Es wohnen dann also 67 Menschen auf 1 ha. Für die weiterverarbeitende Industrie ist bereits jetzt eine Erweiterung der Stadt im Westen vorgesehen. Da die Stadt aber auch Mittelpunkt der Bergwerkssiedlungen und der Trabantensiedlungen der Hütte werden soll, ist mit einer Einwohnerschaft von rund 300 000 Menschen in dem gesamten neuen Industriegelände zu rechnen.
Die Hauptbauten müssen diesem Umstand Rechnung tragen und darüber hinaus auch noch der Tatsache, daß es sich bei der Stadt der Hermann-Göring-Werke um den Mittelpunkt eines gewaltigen neuen großen Industriegebietes in

Deutschland handelt, das sich am größten deutschen Erzvorkommen entwickeln wird.
Mit dem Bau der Stadt ist bereits im Osten begonnen worden. Zuerst wird der Ortsteil errichtet, der sich um den Verkehrsmittelpunkt am Ostende des Hauptstraßenzuges gruppiert. Hier werden die reinen Wohngebiete ausgebaut einschließlich der notwendigen Laden- und Schulbauten. Die Bebauung der Hauptverkehrs- und Geschäftsstraßen bleibt etwas zurück, bis die wachsende Zahl der Einwohner und die sich ergebenden steigenden Bedürfnisse dies in der nötigen großzügigen Form ermöglichen. Die Geschäftsstraßen sollen unter vollem Einsatz der freien Wirtschaft ausgebaut werden. Die Bauhöhe an den Verkehrsstraßen wurde mit drei Geschossen festgelegt, sie nimmt von innen nach außen an Höhe und Dichtigkeit ab. Innerhalb der Wohnviertel werden jedoch wieder die wichtigsten Plätze und Straßenzüge höher bebaut. Mit Ausnahme des Stadtmittelpunktes, der regelmäßig angelegt wird, ist das gesamte Stadtgebiet weit aufgelockert, so daß der Eindruck einer Stadt im Grünen entstehen wird.
Für eine gute Verbindung zwischen den Stadtgebieten und den Erholungsgebieten im Westen und Süden der Stadt durch Grünwege für den reinen Fußgängerverkehr ist gesorgt. Neben den großen geschlossenen öffentlichen Grünplätzen werden innerhalb der Wohnblöcke genügend Kinderspielplätze vorgesehen, die von den Verkehrsflächen gut getrennt sind. Auch bei der Anlage der Volksschulen ist darauf Bedacht genommen, daß die Kinder ihre Schulen ohne Kreuzung von Verkehrsstraßen erreichen.
Im Aufriß der Stadt tritt die Volkshalle als wichtigstes Gebäude der Stadt stark hervor. Die zweite wichtige Betonung erhält die gesamte Anlage durch die Sportbauten in dem breiten Grünzug des Fuhsetales. Diese öffentlichen Bauten und Anlagen werden, sobald eine genügende Einwohnerzahl sie rechtfertigt, dem Wohn-, Schul- und Geschäftshausbau bald folgen, damit die aus Bewohnern des gesamten Reichsgebietes sich zusammensetzende Bevölkerung zu einem neuen Gemeinwesen verschmolzen wird...

## 103  April 1941

**Die Gestaltung der städtischen Siedlungsmasse**
Von Dr. Carl Culemann

Die Gestaltung des Lebens im Raum ist Teil der allgemeinen Aufgabe, das Leben des Volkes zu gestalten, und läuft also parallel zu der Gestaltung des Volkes durch die politische Organisation. Die Gestaltung der Siedlungsmasse durch den Städtebau und die Gestaltung der Masse des Volkes durch die Partei sind gleichlaufende und verwandte Aufgaben. Und die beste Methode, nach der die Masse zu gestalten ist, ist notwendig die gleiche für die Zuordnung von Wohneinheiten in der städtischen Siedlung wie für die Zuordnung von Menschen in der politischen Organisation der Partei.

Sucht man also nach sinnvollen Grundlagen für die Gestaltung der städtischen Siedlungsmasse, so liegt es nahe, sich die Organisation der Partei näher anzusehen, denn in ihr ist die Aufgabe der Gestaltung der Massen gelöst, die im Städtebau nicht oder jedenfalls nicht eindeutig und verbindlich gelöst ist.
Der Aufbau der Parteiorganisation ist bekannt. Ausgehend von der Familie, dem natürlichen Grundelement der Gesamtheit des Volkes, baut sich eine Stufenfolge von Bereichen auf: Hausgruppe, Block, Zelle, Ortsgruppe, Kreis, Gau. Jeder höhere Bereich setzt sich zusammen aus einer Anzahl nächstniederer, einer Anzahl, die in den Grenzen der Überschaubarkeit und Faßbarkeit bleibt. Oder vom Ganzen her gesehen: Die Partei bewältigt die Gestaltung der Masse durch Aufgliederung in eine zahlenmäßig begrenzte Reihe von Einheiten, spaltet diese Einheiten wiederum auf in eine ähnliche Anzahl nächstniederer und so fort bis zur untersten nicht mehr teilbaren Einheit, der Familie. Das Gefühl der Masse, das durch die zahlenmäßige Unbegrenztheit und Nichtfaßbarkeit entsteht, wird an seinem Ursprung zerstört.
Die Führungsarbeit der Partei erfaßt alle Volksgenossen und geht praktisch unmittelbar in der Siedlungsmasse vor sich, in der die Volksgenossen leben. Zweckmäßig für die Arbeit der Partei ist es also, wenn den Hoheitsbereichen, die der Bewältigung der Führungsarbeit dienen, Bereiche im städtischen Siedlungsraum gleichlaufen. Die Hoheitsbereiche der Partei sind für die Masse der siedelnden Menschen erstrangige Ordnungselemente. Die Gestaltung der städtischen Siedlungsmasse ist so lange nicht bewältigt, als die Hoheitsbereiche im Raum nicht klar ausgeprägt sind. Die Ausbildung der Hoheitsrechte als Bereiche in der städtischen Wohnungsbebauung ist also erstrangige Gestaltungsaufgabe, so wie die Funktion des Gemeinschaftslebens erstrangig ist unter allen denkbaren Funktionen des Lebens in der Stadt. Nimmt man die Erfahrung und die Gegebenheit der Parteiorganisation als eine erste Grundlage für die Gestaltung der städtischen Siedlungsmasse, so ergibt sich eindeutig, daß der Masse nur durch Aufgliederung beizukommen ist. Es ergibt sich weiter, daß unterste Einheit und Bezugspunkt der Gliederung die Wohnstätte der Familie sein muß, denn die Wohnstätte ist das natürliche Grundelement der Siedlungsmasse, so wie die Familie das Grundelement der Masse des Volkes ist. Die Größe der Siedlungsbereiche wird also bestimmt durch die Anzahl der Familien oder Einwohner.
Für die Größenbemessung der Siedlungsbereiche gilt zunächst die Forderung, daß den Hoheitsbereichen der Partei klar ablesbare Einheiten im Siedlungsraum entsprechen sollten. Für die Größen der Parteibereiche sind folgende generelle Anhalte gegeben:
1. Haushaltung (Familie und Hausgehilfen usw.)
2. Hausgruppe = 8–15 Haushaltungen
3. Block = 40–60 Haushaltungen (also rund 4 Hausgruppen)
4. Zelle = 4–8 Blocks (also min. = 160 Haushaltungen, max. = 480 Haushaltungen)
5. Ortsgruppe = max. 1500 Haushaltungen (also min. = 3 Zellen, max. = 10 Zellen)

6. Kreis = »eine Anzahl« örtlicher Hoheitsbereiche (Ortsgruppen). (Die Parteikreise decken sich praktisch im allgemeinen mit den Kreisen der staatlichen Verwaltung = rund 50 000–60 000 E. = rund 10 000 Haushaltungen = rund 10 Ortsgruppen.) Diese Größenbestimmung ist generell und läßt weiten Spielraum für Variationen. Richtlinien der Partei müssen diesen Spielraum lassen, denn die gegebene Struktur des Siedlungsraumes erzwingt die Variationen. Die Hoheitsbereiche müssen sich einpassen in die vorhandene Größe von Landkreisen und Stadtgemeinden, von Amtsbezirken, Kleinstädten und Stadtteilen, von Landgemeinden und städtischen Siedlungen, von Dorfweilern, städtischen Häuservierteln und Mietshäusern. Aber Städtebau ist aktive Gestaltung des Siedlungsraumes, Neubildung von Siedlungen oder doch Umbildung. Man hat also die Größenbemessung der Siedlungsbereiche in der Hand, und man kann über die generellen und schwankenden Größen der augenblicklichen Parteirichtlinien hinaus eindeutigere Ordnungen verwirklichen, wenn sich diese für die Gestaltung der Masse als notwendig oder brauchbar erweisen sollte.

## 104 April 1941

**Die Bauten der Gemeinschaft**
Von Oberbaurat Josef Umlauf

In der Zeit, die das Gesicht der meisten alten Städte und Dörfer geprägt hat, war die Kirche unangefochten der bauliche Höhepunkt der Siedlungen. Sie war damals das Wahrzeichen einer echten, umfassenden Gemeinschaft. (Burgen und feste Schlösser, die oft die ganze Stadt überragen, stehen als Zweckbauten weltlicher Herrschaft außerhalb der Gemeinschaft der Stadt und müssen daher in einem anderen Zusammenhang gesehen werden.) Schon im Barock verlor die Kirche diese zentrale Bedeutung, und ihre Stellung im Liberalismus wird am anschaulichsten gekennzeichnet durch ihre spielzeughafte Erscheinung zwischen den Wolkenkratzern der amerikanischen Großstädte. Heute können die Kirchen der verschiedenen Konfessionen noch weniger den Anspruch erheben, bauliche Mittelpunkte in den neuen Siedlungen zu bilden. Soweit überhaupt noch Kirchen entstehen, werden sie von ihren nur noch historisch begründeten, anspruchsvollen Formen zurücktreten müssen in eine bescheidenere Rolle, die ihrer Restbedeutung entspricht. An ihrer Stelle müssen als Höhepunkte der neuen Städte Bauwerke treten, die wieder der ganzen Gemeinschaft und jenen Kräften dienen, die heute das Leben des Volkes bestimmen.
Sie können nur von der Bewegung als der Trägerin der Idee geschaffen werden. Folgerichtig tritt nicht die einzelne Gemeinde, sondern die Partei als Vertreterin

*Zu 104 Josef Umlauf ist verantwortlich für die Stadtplanung in der Hauptabteilung Planung und Boden beim Reichsführer SS und Reichskommissar für die Festigung des deutschen Volkstums.*

der ganzen Volksgemeinschaft als Bauherr auf. Diese Bauten werden daher weniger die Individualität der einzelnen Städte zum Ausdruck zu bringen haben als vielmehr den das ganze Reich umfassenden Willen der Führung. Sie werden daher auch, ähnlich wie etwa die Kirchen und Schlösser des Deutschritterordens, über alle Abwandlungen hinweg durch gemeinsame Grundformen in der erwünschten Vielgestaltigkeit der Stadtbilder das Typische zu vertreten haben.

Als Mittelpunkte des politischen und kulturellen Lebens und einer vorausschauenden Volkspflege haben die Gemeinschaftsbauten ein vielfältiges Programm zu erfüllen. Ihren Kern aber bildet eine Halle, die unmittelbar und ausschließlich der Idee dient. Im Gegensatz zu den mittelalterlichen Kirchen, die als weltabgewandte, ganz in sich geschlossene Räume vom äußeren Leben abrückten und nur von oben her über die Dächer hinweg in das Getriebe der Stadt hineinsahen, stellen sich die Gemeinschaftsbauten und Hallen der Bewegung breit mitten ins Leben und stehen stets in Verbindung mit einem weiten, festlichen Versammlungsplatz unter freiem Himmel. Sie gehen meist auch Gruppenbildungen mit anderen Bauten von Hoheitsträgern oder mit kulturellen Bauten ein.

Die Form eines von öffentlichen Bauten umgebenen, auf die Halle ausgerichteten Versammlungsplatzes hat sich schon bei den ersten Umgestaltungsmaßnahmen in den Gauhauptstädten als Typ herausgebildet. Nur in Einzelfällen wird auf Grund landschaftlicher Gegebenheiten unter Umständen eine abgesonderte Lage der Halle begründet sein. Die Hallen müssen nach ihrer inneren Bedeutung den Schwerpunkt im Bilde künftiger neuer Städte oder Stadtteile bilden. Um dieser städtebaulichen Aufgabe gewachsen zu sein, müssen sie entweder mit baulichen Mitteln oder durch die Ausnutzung landschaftlicher Gegebenheiten ihrer Bedeutung entsprechend aus der Umgebung herausgehoben werden. Schon verhältnismäßig bescheidene Geländeformen können bei geschickter Ausnutzung Auswirkungen im Stadtbild haben, die es ermöglichen, mit verhältnismäßig geringen baulichen Mitteln große Wirkungen zu erzielen. Wo geeignete Bodenbewegungen fehlen, wird die eigene Massenwirkung des Bauwerkes um so wichtiger. Durch die Bildung von Baugruppen kann sie sehr verbreitet werden. Das Wesentliche aber ist eine die Umgebung überragende Höhenentwicklung. Je geringer die Mitwirkung der Natur ist, um so mehr Sorgfalt muß auf die maßstäbliche Abstimmung der Umgebung und auf einen klar aufgebauten Stadtumriß gelegt werden. Die höchste Steigerung erhält die Massenentwicklung des Baukörpers im Turm. Die Ausdruckskraft des Turmes kann nicht hoch genug angesetzt werden. Er ist der stärkste in der Vorstellungswelt jedes, auch des einfachsten Menschen verankerte Ausdruck des Ideellen. Er ist geradezu die notwendige Vollendung jeder Siedlungsgestaltung, die über das Materialistische hinausstrebt. Das ist am deutlichsten zu erkennen an Siedlungen, denen der Turm, und sei es nur in der schlichtesten Form, fehlt.

Der Führer hat nach dem Ausbau der Traditionsstätten der Bewegung zunächst die Ausgestaltung der Reichshauptstadt und der Gauhauptstädte eingeleitet. Es ist bereits erwähnt worden, daß die Partei nunmehr den Bau von Gemeinschaftshäusern in jeder Ortsgruppe plant. Damit wird der innere Aufbau der Stadt im

Gesamtbild erst seine eigentliche Gestaltung finden können. Sie erst werden die Möglichkeit geben, in Verbindung mit der Landschaft und im Zusammenhang mit einer übergeordneten Mitte den Stadtbildern wieder die Betonungen zu geben, ohne die sie nicht als Kunstwerke gestaltet werden können.

## 105 April 1941

### Grundsätzliches zum Städtebau im Altreich und im neuen deutschen Osten
Von Hans Bernhard Reichow

Die letzte große Epoche deutscher Ostkolonisation im Mittelalter hat städtebaulich im umfassendsten Sinne des Wortes in einer einheitlichen Prägung Ausdruck gefunden. Alle Grundlagen als Voraussetzung waren vorhanden: Das einheitliche Weltbild des Mittelalters ermöglichte auch im Städtebau, der letzten Endes die Regelung aller Beziehungen zwischen Mensch und Boden umfaßt, die Wahrung der idealen Lebenseinheit als Grundlage jeder Gemeinschaftskultur. Sucht man nun nach einer neuen Ausrichtung für unsere Landesplanungs- und Städtebau-Aufgaben im Osten, wie für unser städtebauliches Tun überhaupt, so muß man feststellen, daß heute die Grundlagen weltanschaulicher und politischer Ausrichtung seit langem zum erstenmal wieder in ähnlicher Klarheit wie im Mittelalter gegeben sind oder sich wenigstens schon erkennen lassen. Damit wäre auch dem Städtebau die wesentliche Voraussetzung für seine Aufgabe gegeben: durch sinnvolle Regelung aller Beziehungen des Wohnens und Bauens der Lebenseinheit und -ganzheit der Menschen zu dienen. Zugleich ist damit aber auch im Moment eines großen Auf- und Umbruches im Städtebau das umfassende Ziel alles städtebaulichen Bemühens klar zu erkennen:
Im Städtebau die Voraussetzungen zu schaffen für die Wiedergewinnung einer auf einheitlicher Weltanschauung und politischer Zielsetzung beruhenden Lebenseinheit des deutschen Menschen, die als Grundlage jeder Kultur mit allen uns zu Gebote stehenden Mitteln erreicht werden muß.
Diese im Mittelalter bei uns am stärksten erkennbare Lebenseinheit ist in den nachmittelalterlichen Jahrhunderten zunächst entartet; völlig zerstört wurde sie allerdings erst im Zeitalter der Maschine mit all seinen umstürzenden Folgeerscheinungen. Sowenig die in diesen Zusammenbruch menschlicher Lebenskultur hineingerissenen Generationen in der Lage waren, sich die Neuentdeckungen und Erfindungen ihres Zeitalters im Sinne der Hebung ihrer Lebenskultur dienstbar zu machen, so sehr ist es nach Erkenntnis der wahren Zusammenhänge unsere Pflicht, die letzten technischen und wirtschaftlichen Möglichkeiten, die bisher die Auflösung der Lebenseinheit bewirkten, nunmehr ohne Rücksicht auf wirtschaftliche oder sonst mögliche Bedenken zur Wiedergewinnung einer auf einheitlicher Weltanschauung und politischer Zielsetzung begründeten Lebenseinheit einzusetzen.

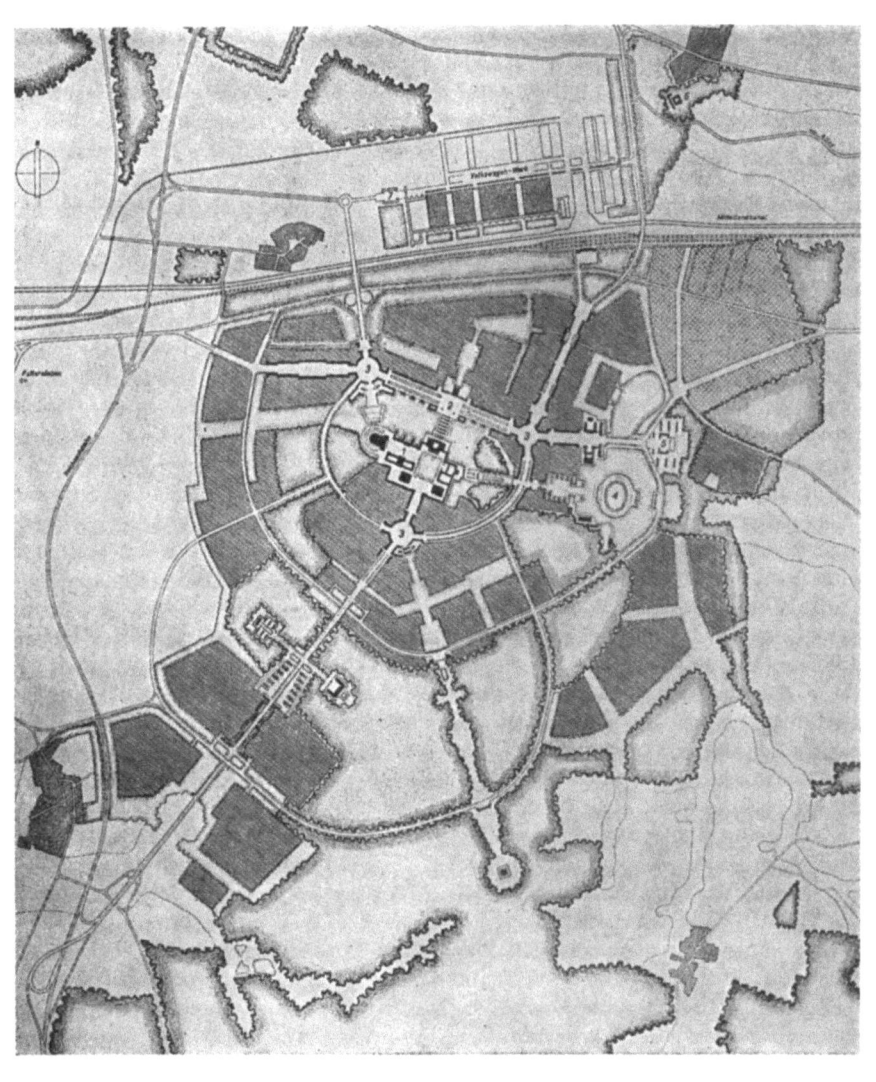

50 Die Stadt des KdF-Wagens (Wolfsburg). Lageplan. Planung Peter Koller, 1938

Damit ist schon gesagt, daß bei einer so weitsichtigen Zielsetzung für den Umbruch im Städtebau im Altreich wirtschaftliche und technische Bedenken bei der Aufstellung der städtebaulichen Ziele zunächst in den Hintergrund treten müssen. Dies wird auch in den Kolonisationsgebieten des neuen deutschen Ostens nicht weniger gelten dürfen, wenn der bevorstehenden Kolonisationsepoche eine bleibende Bedeutung im Leben unseres Volkes beschieden sein soll. Geht man dieser Zielsetzung nun im einzelnen nach, so mag wiederum ein Vergleich mit der mittelalterlichen Kolonisierungsepoche naheliegen. Damals gelang es noch, die Lebenseinheit mit einem, trotz gewisser Abwandlungen durch Anpassung an das Gelände immer wiederkehrenden einheitlichen Stadtgrundriß zu gewährleisten. Wie sehr auch im heutigen Sinne landesplanerisch dabei zu Werke gegangen wurde, beweist die Anlage der kleinen Landstädte. Sie sind so in der Landschaft verteilt, daß sie von den Bauern der entferntest gelegenen Dörfer, unter Berücksichtigung der Abwicklung ihrer Geschäfte in der Stadt, in einem Tageslauf bequem erreicht werden konnten. Für die Landesplanung mag dieser Rückblick in gewisser Hinsicht noch Fingerzeige für die Neuplanung geben können. Im Hinblick auf den früher angewandten einheitlichen Stadtgrundriß läßt sich aber leicht nachweisen, daß unter heutigen Gesichtspunkten die Anempfehlung eines Idealgrundrisses abwegig und unfruchtbar wäre. Denn alle seit dem Mittelalter bis in die Neuzeit so oft entwickelten Idealstadtpläne sind nicht im Sinne antiker oder mittelalterlicher Städte wirksam geworden, sondern durch die schnelle Entwicklung der letzten Jahrhunderte — zumindest aber des letzten Jahrhunderts — in ihrer reinen Form zerstört oder verwaschen worden, weil bei ihrer Zugrundelegung keine dieser Entwicklung entsprechende Elastizität in Rechnung gestellt worden war. Was von allen Idealvorschlägen geblieben, läßt sich in den beiden Grundtypen der zentralen und linearen Stadt (Bandstadt) zusammenfassen. Aber auch die Herausstellung dieser verhältnismäßig klaren Stadttypen geschieht nicht im Sinne eines noch erlebnisfähigen Formideals, sondern nur unter dem Gesichtspunkt sinnfälliger Erfaßbarkeit der Entwicklungstendenzen unserer Städte, die im letzten Jahrhundert so weiträumig geworden sind. Diese vornehmlich durch die Industrialisierung bedingte Weiträumigkeit hat daher, ganz gleich nach welchem dieser beiden Grundtypen sich ein Siedlungsorganismus entwickeln läßt, zur Entwicklung sogenannter »Stadtlandschaften« geführt, die nichts mehr mit dem geläufigen Großstadtbegriff gemein haben und deren Begründung als Leistungsorganismen in gewissen Organisations-, Verkehrs- und Versorgungstendenzen liegt. Die praktische Anwendung dieses »Stadtlandschafts«-Gedankens zeigen die von mir in einer Denkschrift niedergelegten »Gedanken zur städtebaulichen Entwicklung des Groß-Stettiner Raumes«.

Wenn ich mich im folgenden mit dem Hinweis auf die allgemeinen Planungsgrundsätze für die neue »Stadtlandschaft« begnüge, so geschieht es aus der Erkenntnis ihrer Allgemeinbedeutung für die Planungsarbeit im neuen deutschen Osten heraus, vor allem aber aus der Überzeugung, daß die Herausstellung besonderer Idealgrundrisse für neue Klein-, Mittel- oder Großstädte in Parallele zum Kolonisationsgrundriß des Mittelalters nicht mehr in Frage kommt, um so weniger, als die für diese Entwicklung allgemein verantwortliche Industrialisierung meist ganz individuelle Siedlungs- und Stadtformen zuwege bringt. Dennoch ist es naheliegend, daß sich der Umbruch unserer Zeit wie im Altreich, so auch im neuen deutschen Osten eindeutig und klar in den neuen oder erweiterten Städten und Dörfern ausprägen wird. Aber nicht, wie in der vorigen Kolonisationsepoche durch einheitliche Ausrichtung der Gesamtstadtpläne, sondern durch einheitliche Ausrichtung von der Siedlungszelle her im Sinne des neuen weltanschaulichen und politischen Aufbaues unseres Reiches. Je klarer wir in der Durchführung dieses, den politischen wie den anderen neuen Bindungen unserer Zeit entsprechenden zellenmäßigen Aufbaues verfahren und je mehr es gelingt, uns mit diesem neuen Siedlungsaufbau selbständig neben den Anlagen des Mittelalters zu behaupten, vor allem uns auch klar gegenüber der zwischenzeitlichen liberalistischen Entwicklung mit unseren eigengesetzlichen Siedlungsgebilden unter Wahrung der organischen Lebenszusammenhänge durchsetzen, um so mehr werden wir der städtebaulichen Aufgabe und der Größe unserer Zeit gerecht.

Der zellenmäßige Aufbau unserer Stadtlandschaft arbeitet mit Siedlungsgebilden, die in sich noch künstlerisch gestaltungs- und erlebnisfähig sind. Die Flächengröße einer Siedlungszelle wird — bei unserer lockeren Bebauung mit 125 bis 180 Einwohnern je Hektar — der einer mittelalterlichen Kolonisationsstadt entsprechen, sie oft vielleicht noch übertreffen. Dennoch soll die Gemeinschaftsform über die Siedlungszelle hinaus natürlich auch im Gesamtorganismus einer Stadtlandschaft erstrebt werden. Am schwierigsten wird die Schaffung sinnfälliger oder optischer Beziehungen zwischen den einzelnen Siedlungszellen untereinander und mit ihren gemeinsamen Mittelpunkten im völlig ebenen Gelände. Aber auch hier wird durch Grünbänder und Flußläufe, übergeordnete Gemeinschaftsanlagen oder dergleichen eine sinnfällige Zusammenfassung möglich sein, wenn für die verschiedenen Lösungsmöglichkeiten auch keine vorbildhaften Grundformen, wie für die Kolonisationsstadt des Mittelalters, gegeben werden sollen. Es erscheint dies auch um so weniger erforderlich, als die Übertragung der politischen Gliederung unseres Volkes und ihrer Funktion auf unsere neue Siedlungsform gerade hinsichtlich der erforderlichen Gemeinschaftseinrichtungen erst in den Jahren nach der großen kriegerischen Auseinandersetzung zu übersehen sein wird. Dagegen ist die Berücksichtigung der politischen Gliederung in dem das Wohnwesen und die private Wirtschaft umfassenden Ausschnitt unseres Städtebaues heute schon ohne weiteres so weit möglich, daß für ihn einheitliche Grundlagen entwickelt werden können. Folgende Grundforderungen werden vornehmlich herauszustellen sein:

Verkehrs- und Erschließungsfragen
1. Das dreifach nach Verkehrs-, Erschließungs- und Wohnstraßen gegliederte Straßennetz bildet die unbedingt und möglichst klar zu erhaltende Erschließungsgrundlage. Bei ihm sollte der Anbau an Verkehrsstraßen grundsätzlich

immer ausgeschlossen werden und der Anbau an Erschließungsstraßen auch nur bedingt für gemischte Gewerbe- und Wohnbebauung zur Entwicklung besonderer Geschäftsstraßen usw. gestattet sein.

2. Je klarer diese Grundlage durchgeführt wird, um so mehr kann und soll zur Fernhaltung jedes Durchgangsverkehrs aus den Wohnstraßen geschritten werden. Diese Fernhaltung des Durchgangsverkehrs aus den Wohnstraßen wird am besten durch ihre Ausbildung als Stichstraßen oder Straßenschleife gewährleistet.

3. Im Hinblick auf die zunehmende Motorisierung ist stets ein von dem Fahrstraßennetz völlig zu trennendes, durch die Grünanlagen geführtes und in sich geschlossenes Fußwegenetz zu entwickeln, ohne daß bei den Fahrstraßen — schon aus Schutzgründen — auf Bürgersteige verzichtet wird.

4. Die pflasterfreie Lage aller Versorgungs- und Abwasserleitungen ist unbedingte Voraussetzung jeder Neuerschließung. Über die Berücksichtigung dieses Gesichtspunktes in der Planung hinaus ist ihm durch entsprechende Bestimmungen im neuen Reichsbaugesetz Rechnung zu tragen.

5. Die Anliegerbeiträge werden unter Zugrundelegung des Frontmetermaßstabes für die Wohnstraße und des Flächenmetermaßstabes für die Finanzierung der Erschließungsstraße (angewandt auf ihr ganzes Einflußgebiet) erhoben. Der Charakter der Straßen ist bei der Feststellung der Bebauungspläne mit festzustellen. Die Verquickung mit wohnungs- und sozialpolitischen Gedankengängen in dieser Frage ist auszuschalten.

6. Die Hauptgemeinschaftsanlagen jeder Mittel- und Großstadt sind mit vom Fahrverkehr völlig getrennten Aufmarschstraßen zu planen, die so weit führen müssen, daß eine geordnete An- und vor allem Abmarschmöglichkeit, getrennt nach Fahrzeugen, geschlossen marschierenden Kolonnen und Publikum möglich ist.

7. Wo öffentliche und private Einrichtungen besondere Parkplatzbedürfnisse zur Folge haben, ist für diese praktisch und finanziell im Rahmen der Einrichtungen zusätzlich zu den öffentlichen Parkplätzen Sorge zu tragen.

Versorgungs- und Abwasserfragen

1. Der Wettstreit zwischen den beiden Energiearten Gas und Elektrizität muß bis zum Beginn der neuen Kolonisations- und Nachkriegs-Wohnungsbauepoche unbedingt eine grundsätzliche Regelung erfahren, um die sonst in jedem Einzelfall auftretende Frage nicht jedesmal für sich ergründen und durchkämpfen zu müssen. Der sich dadurch ergebende Arbeitsaufwand und Zeitverlust ist auf die Dauer untragbar. Ebenso aber das sinnlose Rohstoff, Arbeit und Kapital zehrende Nebeneinanderverlegen zweier Energiesysteme, mit Ausnahme derjenigen Fälle, wo etwa die Gasversorgung aus Nebenproduktionsgründen nationalwirtschaftlich zwingend ist. Wo der Elektrizität die Energieversorgung allein zufällt, muß von ihr eine Tarifgestaltung verlangt werden, die die Verbraucher auf keinen Fall ungünstiger als bei doppelter Energieversorgung stellt.

2. Die großstädtische Abwasserbeseitigung muß im Hinblick auf die Weiträumig-

keit des Stadtlandschaftsgedankens eine Auflockerung erfahren. Eine Erleichterung der durch sie bedingten Belastungen kann erreicht werden
a) durch entsprechende Planung, nach der Straßen oder Straßenabschnitte mit Wirtschaftssiedlerstellen unkanalisiert bleiben,
b) durch Aufhebung des Kanalanschlußzwanges für Eigenheimgrundstücke beim Vorhandensein von Mindestgrundstücksgrößen, die nach Aufnahmefähigkeit der Bodenart festzulegen sind,
c) durch Aufgliederung der Kläranlagen gemäß der aufgelockerten Siedlungsart.

Bebauung
1. Jede Siedlungszelle hat nach Maßgabe des gesamten anzusiedelnden Bevölkerungsquerschnittes die drei Siedlungsformen in Miethäusern, Einfamilienhäusern und Wirtschaftssiedlerstellen zu enthalten.
2. Für jede dieser drei Wohnungs- oder Siedlungsformen ist die unbedingte Bestlage zu gewährleisten, die
a) für Mietreihenhausbau in Diagonal- oder Nord-Süd-Lage der Reihen,
b) für Wirtschaftssiedler-Doppelhäuser im Anbau an Ost-West-Straßen,
c) für freistehende Einfamilienhäuser entweder im Anbau an Ost-West-Straßen mit den Südräumen vorgelagertem Wohngarten,
d) für Einfamilienreihenhäuser entweder im Anbau an der Südseite von ostwestgerichteten Straßen mit südwärts vorgelagertem Wohngarten oder im Anbau an diagonal bzw. nordsüdgerichteten Straßen mit südwestlich oder westlich vorgelagertem Wohngarten zu erblicken ist.
3. Mit jedem allgemeinen Wohnungsneubau ist eine Korrektur der Pendelwanderungs-Mißstände auf Grund vorangegangener Wegzeitstudien zu betreiben.
4. Für jede Wohnung ist bauordnungsmäßig eine Mindestgrundstücksfläche (z. B. 185 qm, jedoch je nach Fall veränderlich) festzusetzen, um Hausgärten für die Mietwohnungen statt Schrebergärten zu ermöglichen.
5. Allseitig geschlossene Hofumbauungen sind im Wohnungsbau grundsätzlich zu vermeiden.
6. Kraftwagenräume zu Mietwohnungen dürfen von diesen grundsätzlich nicht weiter als 50—100 Meter entfernt sein.

Grünflächen
Für die Anlage von Grünflächen gelten vor allem folgende Forderungen:
1. Es ist grundsätzlich eine extensive Grünflächenkultur statt kleinlicher Zieranlagen zu schaffen.
2. Die Grünflächen sind nicht nur unter dem Gesichtspunkt der erforderlichen Erholungsgrün- und Freiflächenbedürfnisse, sondern zugleich als ordnendes, deckendes, dämmendes oder wegweisendes Gestaltungselement zu betrachten.
3. Der Dauer-, Klein- und Schrebergarten ist als Entartungserscheinung des unbewältigten Städtebaues der letzten 100 Jahre aus unseren Neuplanungen zu bannen, in denen — im Sinne der Wiedergewinnung der Lebenseinheit — der Hausgarten zur Mietwohnung tritt.

Gewerbliche und wirtschaftliche Betriebe
1. Für die gewerblichen und wirtschaftlichen Betriebe ist hinsichtlich ihrer Zahl und Lage unter Berücksichtigung besonderer örtlicher Begebenheiten die soziologische Zuordnung nach Prof. G. Feder* sinngemäß zu entwickeln.
2. Großgewerbliche Anlagen sind nicht als Bauten ins Stadtbild einzuordnen, sondern als Großgeräte zu betrachten und durch Grünpflanzungen für sich zur Wirkung zu bringen.
3. Mittelgewerbe können in gewerblichen Siedlungszellen zusammengefaßt, Kleingewerbe den Wohngebieten eingefügt werden.

Umgestaltung des Alten
1. Für die verbleibenden gartenlosen Mietwohnungen ist ein Kleingartenring um die dicht bebauten bestehenden Stadtteile zu legen. Dieser Kleingartenring vermag zusammen mit landwirtschaftlich genutzten Freiflächen und städtebaulichen Grünpflanzungen zwischen alt und neu die erwünschte grüne Abgrenzung zu bilden.
2. Die in den Innenstädten wohl überall erforderliche Verkehrssanierung ist mit wissenschaftlichen Methoden auf statistischer Grundlage zu entwickeln. Insbesondere für die Bekämpfung oder Beseitigung sogenannter Unfallherde ist ein vom Verfasser entwickeltes experimentelles Verfahren naheliegend.
3. Bei der Auflockerung der Innenstädte im Rahmen der Altstadtsanierung ist systematisch auf die Bildung sogenannter Brandinseln im Sinne eines weit vorausschauenden Luftschutzes Bedacht zu nehmen.

Öffentliche Gemeinschaftsanlagen und -einrichtungen
1. Auch für die öffentlichen Gemeinschaftsanlagen und -einrichtungen ist die nach den Federschen Untersuchungen abgewandelte Tabelle bei Bestimmung der Häufigkeit, Verteilung und Zuordnung sinngemäß zugrunde zu legen.
2. Für die sich aus dem Gemeinschaftsleben der Partei und ihrer Gliederungen ergebenden Gemeinschaftsanlagen und Bauten wird sich das endgültige Bedürfnis, ihre Form und Zuordnung in den Nachkriegsjahren in steigendem Maße erkennen lassen. Die daraus entwickelten »Bindungen« werden wesentlich zu der Gesamtform unserer Stadtlandschaften und unserer Landgemeinschaften beitragen.
Schon heute ergeben sich für die politische Gliederung von der Ortsgruppe aufwärts überall durch das Parteileben bedingte Baubedürfnisse; daß sich diese zwar ähneln, aber nicht schematisieren lassen, liegt auf der Hand. In weiträumig besiedelten ländlichen Gebieten wird die Ortsgruppe als Haupt einer neuen »Landgemeinschaft« vielleicht dieselben Gemeinschaftseinrichtungen, -anlagen und -bauten beanspruchen, die in den dichter besiedelten Stadtlandschaften oder Großstädten überkommener Art erst für die politischen Kreise erforderlich werden. Und in der Landgemeinschaft wird die politische Zelle, das Dorf, oft Ge-

* Gottfried Feder: Die neue Stadt, Berlin, 1939

meinschaftsanlagen beanspruchen, die in städtischen Verhältnissen für die Zelle überhaupt nicht, allenfalls für die Ortsgruppe, manchmal sogar erst für die politischen Kreise erforderlich werden.
Wie immer aber die Ansprüche sich regeln mögen, ihre Befriedigung in baulicher und städtebaulicher Hinsicht wird nur dann als eine ideale Lösung anzusprechen sein, wenn sie den politischen und geistigen Bindungen unserer Zeit sinnvoll Ausdruck zu verleihen vermag, also zu ihrem Symbol oder Sinnbild erhoben wird.

Gesamtform — Stadtbild — Gemeinschaftsform
Hinsichtlich der Gesamtform unserer Städte, insbesondere der Mittel- und Großstädte, also auch mehr oder weniger hinsichtlich des eigenen Stadtbildes als Ausdruck menschlicher Gemeinschaft, hat der praktische Städtebau des letzten Menschenalters mehr oder weniger resigniert. Idealstädte sind zwar auf dem Papier genug entstanden, aber — wie schon die Idealstädte der Renaissance — auch meist darauf verblieben. Die mittelalterliche Idealstadt, etwa die des kolonisierenden Ritterordens, konnte noch praktische Bedeutung erlangen, weil ihre Bindungen einfach, übersichtlich, vor allem aber klar erkannt und zur stärksten Grundlage einer neuen Formbildung erhoben wurden. Bisher sind die Bindungen des Städtebaues immer nur der Zahl nach gewachsen und dann, vielfältig und unübersichtlich verflochten, meist nicht einmal erkannt, geschweige denn zur Grundlage einer neuen Formbildung erhoben worden. Aber auch da, wo die Erkenntnis und das Bemühen vorhanden, waren sie mangels einer einheitlichen weltanschaulichen und politischen Ausrichtung zwangsläufig zur Unfruchtbarkeit verurteilt.
Obschon das nun anders geworden ist, wäre dennoch die Aufstellung eines allgemein gültigen Idealschemas verfehlt. Dazu sind die Bindungen, je nach dem Typus der zu gestaltenden Gemeinde, zu verschiedenartig und die aus den geographischen und topographischen Gegebenheiten entstehenden Verformungen — die bei den kleinen und übersichtlichen Gebilden des Mittelalters noch von geringem Einfluß waren, weil sie bei der Geländewahl leichter berücksichtigt werden konnten — im allgemeinen bedeutsamer und gewichtiger als alle anderen Voraussetzungen.
Deshalb können wir uns die Mühe, neue Idealpläne zu entwickeln, mit gutem Gewissen sparen. Wir werden aber um so klarer alle Bindungen für die Gesamtform herausstellen und entwickeln müssen. Soweit diese soziologischer, technischer, wirtschaftlicher, hygienischer oder sonst irgendwie praktisch gearteter Natur sind, war auf sie oben bereits so weit eingegangen worden, als sie besonders beachtenswert und unserer Zeit gemäß neu zu entwickeln waren. Hier wird demnach nur auf die geistigen und idealen Bindungen des neuen Städtebaues im Hinblick auf die Gesamtform der Stadt und ihre Erscheinung als Ausdruck einer wiedergewonnenen und neuen Gemeinschaft einzugehen sein. Und da liegen die Verhältnisse gewiß nicht so einfach, wie diejenigen anzunehmen scheinen, die für die neue Gemeinschaftsform unserer Städte die geschichtlichen Vor-

bilder alter Dörfer und Städte in den Vordergrund stellen zu müssen glauben und denen dann eine irgendwie abgerundete, am besten runde Gesamtform der vollendete Ausdruck des neuen Gemeinschaftslebens zu werden verspricht. Solchen Bemühungen ist von vornherein das Schicksal der immer wieder geplanten Idealstädte beschieden. Am allerwenigsten kann man damit bei Groß- und Riesenstädten anfangen ...

Die Stadtlandschaft stellt, wie schon angedeutet, keine neue Idealstadt formaler Art dar, sondern ist zunächst eine abstrakte Organisationsidee im Dienste der Wiedergewinnung der »Lebenseinheit« auf der Grundlage einer neuen weltanschaulichen und politischen Ausrichtung. Ihr liegt die Erkenntnis zugrunde, daß seit Jahrtausenden die Kultur unserer Städte durch Übervölkerung, mangelnde Folgerichtigkeit und Elastizität in einer nicht mehr biologisch vertretbaren Entwicklung zerstört wurden, ja großen Reichen das so entstehende Großstadtelend einerseits und die Landflucht andererseits zum Verhängnis wurde. Ihr zufolge wird in der Stadtlandschaft die Stadtform erstrebt, die alle bisher den Großstädten zur Last gelegten Schäden und Mängel vermeidet. Und in der »Landgemeinschaft« wird vom landesplanerischen und städtebaulichen Standpunkt aus ein Mittel zur wenigstens teilweisen Bekämpfung der Landflucht, soweit sie von dem hier in Frage stehenden Gebiet überhaupt berührt wird, zu entwickeln sein. Doch dieses weite Gebiet mag hier nur der Abrundung des Gedankenkreises wegen erwähnt werden.

Die Stadtlandschaft wird unter solcher Zielsetzung wohl fast alle Teilgebiete des Städtebaues grundlegend beeinflussen, wie das oben in einigen Beispielen gezeigt wurde. Unter dem Gesichtspunkt der Gesamtform einer Stadt sind folgende Gesichtspunkte herauszustellen:

1. Eine weiträumige und elastische Verkehrsgrundlage muß die Entwicklung bis an die Grenzen des natürlichen Lebens- und Wirtschaftsraumes eines Gemeinwesens sicherstellen. Wo die Grenzen dieses Raumes erreicht sind, wird die Reichs- und Landesplanung einzugreifen haben.

2. Die weiträumige Stadtlandschaft muß innerhalb dieses Lebensraumes organischen Erweiterungen auf lange Sicht Raum zu geben vermögen ohne Umformung oder Zerstörung der Siedlungszellen sowie ihrer Beziehungen untereinander. Der Grundgedanke der weiträumigen Stadtlandschaft bedingt im Sinne der Überwindung einer überentwickelten Zentralisation eine sinnvolle Dezentralisierung der Verwaltung, also auch eine neue Verwaltungsform.

3. Im Rahmen dieser Gesamtorganisation entwickelt sich die Siedlungsform aus einem zellenmäßigen Aufbau, der dem neuen politischen Aufbau entspricht und zugleich Wehr- und Luftschutzgesichtspunkten Rechnung trägt.

4. Der Gedanke der Gemeinschaftssiedlung beherrscht die große und kleine Zellenbildung in der jeweiligen Erfassung des gesamten Bevölkerungsquerschnittes.

5. Die Beziehungen der Zellen untereinander sowie zu den übergeordneten Gemeinschaftsanlagen werden optischer, verkehrlicher, grünflächenmäßiger oder sonstwie gearteter Natur sein können. Ihrer möglichst starken und sinnfälligen

Entwicklung kommt bei der weiträumigen Stadt naturgemäß noch größere Bedeutung zu als bei den dichtbebauten Städten auf engem und leicht übersehbarem Raum.

Durchführung
Bei Stadterweiterungs- und Neuplanungen sollte die Aufstellung sogenannter Erschließungszonenpläne zur Pflicht gemacht werden, die die Freigabe von Baugebieten unter Anpassung an die Leistungsfähigkeit und an die Bedürfnisse des Baumarktes Jahr für Jahr in so knappen Grenzen regeln, daß ein Unvollendetbleiben begonnener Bauviertel praktisch ausgeschlossen wird. Ein solches Verfahren wird für ein einheitliches gutes Stadtbild bessere Erfolge zeitigen als die seit Jahrzehnten in dieser Hinsicht meist unfruchtbar gebliebenen Bauzonenpläne.

# XIII. »OSTKOLONISATION«

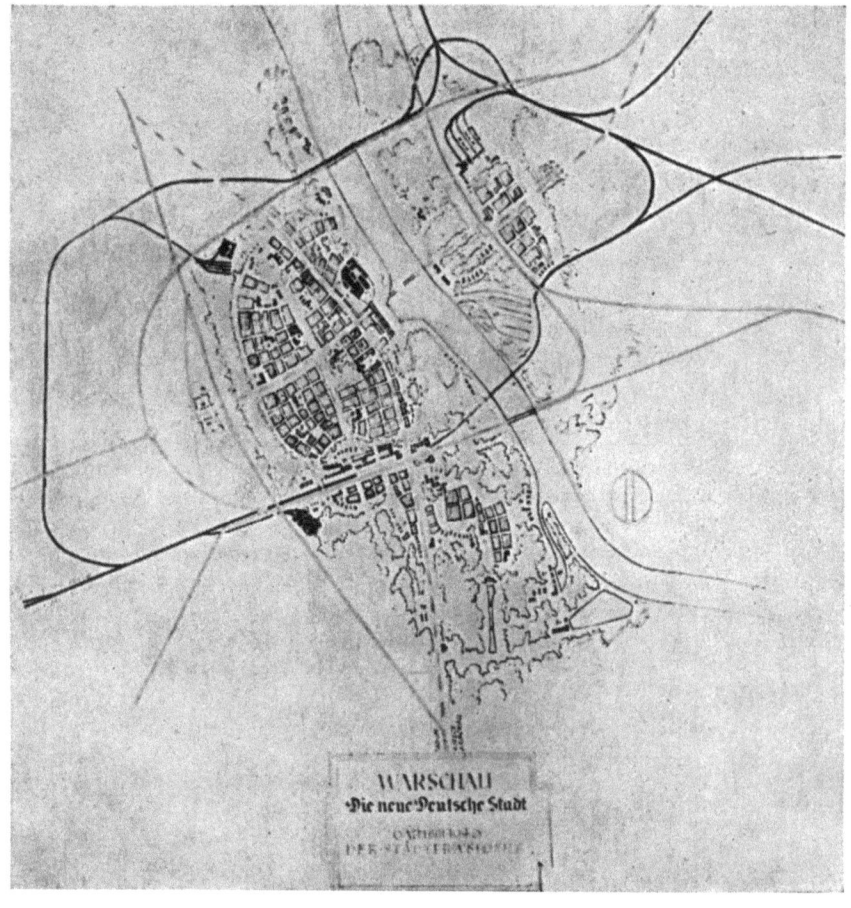

Nach der Kapitulation der polnischen Armee wird das besiegte Land bis zur deutsch-sowjetischen Demarkationslinie deutscher Verwaltung unterstellt mit dem deklarierten Ziel, den gesamten Weichselraum dem Großdeutschen Reich einzuverleiben. Als kriegsbedingte Zwischenlösung gilt die Unterteilung in die im Versailler Vertrag an Polen abgetretenen, nun als »Reichsgaue« Danzig—Westpreußen, Wartheland und Oberschlesien »heimkehrenden«, ehemals polnischen Westprovinzen und das als Reservat auf Zeit für die aus den genannten Gauen vertriebenen Polen sowie als Nahrungs- und Rohstoffquelle dienende sogenannte »Deutsche Generalgouvernement«. Während die »eingedeutschten« Gebiete eine aus dem Reich und den deutschen Siedlungs-Initiatoren als Nachfolge einer glorreichen Tradition verstanden wird, für die Besiegten aber als ein System des Unrechts und unmenschlicher Grausamkeit darstellt.

Die treibende Kraft bei der »Erschließung« des »neuen deutschen Lebensraumes« ist der am 7. 10. 1939 ernannte »Reichskommissar für die Festigung des deutschen Volkstums«, Reichsführer SS Heinrich Himmler. Himmler, der sich in die Position eines Heinrich I. versetzt wähnt, beginnt unverzüglich damit, durch Mord, Plünderung, Deportationen und die systematische Barbarisierung der polnischen Bevölkerung die Voraussetzungen für jene »Ostkolonisation« zu schaffen, die von ihren Initiatoren als Nachfolge einer glorreichen Tradition und von den Besiegten als ein System des Unrechts und unmenschlicher Grausamkeit begriffen wird.

Den weniger mit dieser destruktiven Vorarbeit als mit dem rekonstruktiven Teil der »Kolonisation«, der Neuordnung und Bebauung des »Raumes«, befaßten Architekten und Planern eröffnen sich auf geistigem und materiellem »Neuland« zahlreiche Möglichkeiten. Sie werden um so eifriger aufgegriffen, als das Bauen im »Altreich« durch den Krieg stark gedrosselt ist. In den »Reichsgauen« beteiligen sich an der »Aufbau«-(Umbau)Arbeit — nach »Richtlinien« des Reichsministers der SS — neben den noch im Winter 1939/40 aufgebauten örtlichen Bauverwaltungen und »umgesiedelten« Architekturbüros — 70 allein im Warthegau — vor allem die zentralen Instanzen: die »Reichsstelle für Raumordnung«, das »Reichskommissariat für den sozialen Wohnungsbau«, das »Reichsheimstättenamt der DAF« sowie das mit der »Neubildung des deutschen Bauerntums« beauftragte Reichsministerium für Ernährung und Landwirtschaft mit seinen Plan- und Baubüros.

Die Planenergien, die entfesselt werden, sind enorm. In Zeit und Raum beschränkt sich der »Aufbau« — nach der Enteignung des polnischen

◁ 51 Plan für das »deutsche« Warschau vom 6. Februar 1940. Planung Papst, Würzburg

Grundbesitzes und der »Umsiedlung« beispielsweise der Balten- und Wolhyniendeutschen — im wesentlichen auf den Ausbau »kriegsbedingter« Industrien einschließlich der dafür benötigten Wohnsiedlungen. Auch für das »Generalgouvernement«, das in den Plänen nationalsozialistischer Großraumtheoretiker als »Reichsnebenland« bzw. als »vorgeschobener Siedlungsring« eingetragen ist, wird im Winter 1939/1940 ein »Generalbebauungsplan« ausgearbeitet, der das staats- und völkerrechtlich nicht existente Gebiet in sechs etwa gleich große Wirtschaftsräume unterteilt*. Der konstruktive Kern dieses Planes, der auf der Nivellierung der kulturellen, religiösen und nationalen Zentren des besiegten Polen basiert, ist der Aufbau eines Netzes »zentraler Orte rein deutschen Ursprungs« zu Zentren der Ausbeutung und (späteren) »Eindeutschung«.

Zentrale Orte sind nach diesem Plan Lublin, Kielce, Miedzyrze, Radom, Tomaszow und Warschau. Um die polnische Hauptstadt — »deutsche« Hauptstadt ist das »entpolonisierte« Krakau mit der alten Königsburg des Wavel — in das Planungsschema einfügen zu können, wird durch eine Würzburger Architektengruppe ein Plan »Neue deutsche Stadt Warschau« ausgearbeitet, der in 8 Abbauabschnitten eine Reduktion der »Polenstadt« auf rund ein Zwanzigstel ihres Umfanges von 1938 vorsieht. Ein von einem Berliner Architekturbüro ausgearbeiteter Plan weist an Stelle des zur Zeit der Planung nur geringfügig beschädigten Warschauer Königsschlosses eine typische NS-»Mitte« auf**. Der Abbauplan für Warschau wurde übrigens erfüllt, wenn auch nicht in der vorgesehenen Reihenfolge. Als sich die deutschen Truppen vor den russischen zurückziehen, hinterlassen sie eine Stadt, in der, nach polnischen Angaben, 85 Prozent der Bausubstanz und 90 Prozent aller historischen Baudenkmäler zerstört sind.

Natürlich macht der nationalsozialistische Eroberungswahn auch an der russisch-polnischen Grenze nicht halt. Heinrich Himmler beispielsweise sah den von ihm kreierten Typus der SS-Wehrburgen über den Ural bis weit nach Sibirien hinein vorgeschoben. Hitler begeisterte sich für eine Denkschrift des Tiroler Gauleiters Frauenfeld, die vorschlug, die Südtiroler »geschlossen« auf die Krim umzusiedeln. Verschiedene wirtschaftswissenschaftliche Erhebungen versuchten, den Großraumträumen der Politiker zu folgen. Für die Fachplanung war die Zeit des deutschen Kriegsglückes zu kurz, um vage Vorstellungen von der Besiedlung und Nutzung des »russischen Großraumes« zu konkreten Planvorlagen reifen zu lassen.

---

\* Im Archiv Glónej Komisji Badania Zbrodni Hitlerowskich w Posce, Warschau.
\*\* Vgl. Adolf Ciborowski, *Warsaw — A City Destroyed and Rebuilt*, Warschau, 1964. Polonia Publishing House.

**106** September 1940

Wohnungspolitische Aufgaben in dem Reichsgau Wartheland
Von Gauhauptstellenleiter Hermann Wagner, Posen

Die wohnungspolitische Aufgabe im Reichsgau Wartheland besteht ausschließlich darin, mit die Grundlagen zu einem rein deutschen Gau zu schaffen. Alle Maßnahmen, welche vordringlich durchgeführt werden müssen, sind von diesem Gesichtspunkt aus in die Wege zu leiten. Sie sind folgendermaßen zu gliedern:
1. Aufstellung eines Raumordnungsplanes im Sinne einer übergeordneten Planung, wobei vordringlich zu klären sind die Gebiete, welche zur ländlichen und städtischen Besiedlung ausgewiesen werden.
Entscheidend wird hierbei auch die Standortfrage der Industrie und deren evtl. Verlagerung sein. Von nicht zu unterschätzender Bedeutung ist dabei noch die Verkehrsfrage (Eisenbahnen − Autobahnen − Reichsstraßen − Wasserwege).
2. Aufstellung von Wirtschafts- und Bebauungsplänen.
3. Festlegung der Gebiete, welche die Rück- und Einwanderer aufnehmen sollen.
4. Ermittlung und Fertigstellung der begonnenen und durch die Einwirkungen des Krieges beschädigten Bauten. Sanierung der Altstädte und der Elendsquartiere.
5. Instandsetzung und Umbauten von Wohnstätten. Entwesungsaktion.
6. Beseitigung von Baumängeln und Verunstaltungen in den Städten und Ortschaften. Beseitigung der Flachdächer. Bei diesen Arbeiten müssen in jedem Fall die Richtlinien des Reichsführers der SS, welcher von dem Führer den Auftrag zur Sicherung des deutschen Volkstums im Osten erhalten hat, beachtet werden.
Um die wichtigste Arbeit, nämlich die Vorbereitung eines großzügigen nationalsozialistischen Wohnungs- und Siedlungsprogramms, durchführen zu können, ist es erforderlich, den Wohnungsbestand im Reichsgau Wartheland zu erheben. Die gemeinnützigen Wohnungsunternehmen, welche mit der Durchführung des Wohnungs- und Siedlungsbaues betraut werden, sind schon gebildet, und es ist anzunehmen, daß nach Bedarf noch weitere gemeinnützige Gesellschaften und Genossenschaften entstehen.
Im Vordergrund der kommenden Bautätigkeit wird im Reichsgau Wartheland der Landarbeiterwohnungsbau sowie die Errichtung von Neubauernstellen stehen. Der Wohnungs- und Kleinsiedlungsbau wird vor allem in den Städten des Gaugebietes Bedeutung erlangen. Um die zu erwartende gewaltige Bauaufgabe lösen zu können, ist es auch erforderlich, daß der Förderung der Baustoff- und Baubetriebe sowie der Erhaltung und rechtzeitigen Schulung der Arbeitskräfte Rechnung getragen wird. Nicht früh genug können solche der Allgemeinheit dienenden Arbeiten begonnen werden.
Der Finanzierung ist im Rahmen einer solchen noch nie dagewesenen Aufgabe entscheidende Bedeutung beizumessen. Das Reich muß für diese Aufgabe erhebliche Mittel zu günstigen Bedingungen bereitstellen, denn ohne diese wird es

uns kaum möglich sein, die uns allen gestellten Aufgaben der Besiedlung des deutschen Ostens zu lösen...

Auch dürften viele Bestimmungen und Gesetze, welche auf dem Gebiet des Wohnungs- und Siedlungswesens allgemein ergangen sind, für den Reichsgau Wartheland wegen der besonderen Gegebenheiten nicht in Frage kommen. Erwähnungswert ist noch, daß der ehemals polnische Haus- und Grundbesitz zugunsten des Reiches sichergestellt ist und zu diesem Zweck die Treuhandstelle Ost gebildet wurde, welche die Verwaltung durch die Gemeinden durchführen läßt. Das Gauheimstättenamt Wartheland der Deutschen Arbeitsfront wurde Anfang Oktober 1939 in Posen gebildet und hat auf Grund ergangener Richtlinien des Gauleiters zu den vorerwähnten Problemen bereits mehrfach Stellung genommen und auch die sich daraus ergebenden Schritte in die Wege geleitet. In dem Gaugebiet werden bei allen Dienststellen der Deutschen Arbeitsfront Kreis-, Orts- und Betriebsheimstättenwalter eingesetzt und mit den erforderlichen Aufgaben vertraut gemacht...

## 107  Januar 1941

### Richtlinien für die Pflege und Verbesserung des Ortsbildes im Deutschen Osten

Der Deutsche Heimatbund hat auf Veranlassung des Reichsführers SS, des Reichsminister Dr. Todt, und den zuständigen Ministerien Richtlinien zur Pflege nehmen mit dem Generalbevollmächtigten für die Regelung der Bauwirtschaft, Reichsminister Dr. Todt und den zuständigen Ministerien Richtlinien zur Pflege und Verbesserung des Ortsbildes im deutschen Osten erlassen. Sie sollen dazu dienen, alles Häßliche, Unsaubere, Zwecklose, das in das natürliche und geschichtlich gewordene Bild, namentlich durch die polnischen Bauten, nach dem Kriege hineingetragen wurde, zu entfernen. Dafür soll wieder das Zweckmäßige, das Einfache und zugleich Schöne in die Städte und Dörfer der neuen deutschen Ostgebiete einziehen, deren tiefgreifende Umgestaltung und teilweise völliger Neuaufbau den Ortsbildern ein endgültiges deutsches Gesicht geben wird.

Zu 108 Eine entsprechende Anordnung des Reichsministers für Ernährung und Landwirtschaft, den *ländlichen Aufbau im neuen deutschen Osten* betreffend, ergeht bereits am 20.11.1940.

**108** Juli 1942

**Richtlinien für die Planung und Gestaltung der Städte in den eingegliederten deutschen Ostgebieten**

Der Reichsführer SS
Reichskommissar für die Festigung deutschen Volkstums
Allgemeine Anordnung Nr. 13/II vom 30. 1. 1942

Die Festigung und Mehrung eines blutlich hochstehenden deutschen Volkstums ist das übergeordnete Ziel jeder Aufbaumaßnahme im neuen deutschen Osten. Die Gestaltung von Land und Stadt ist unter diesem Gesichtspunkt gleich wichtig. Beide gehören zusammen und dürfen daher nicht getrennt gesehen werden. Nur eine gesunde Verbindung von Land und Stadt kann das politische, wirtschaftliche und kulturelle Leben der neuen Ostgebiete auf den Stand germanisch-deutscher Kulturlandschaften heben.

Die Größe dieser kolonisatorischen Aufgabe erfordert einen Aufbau der Städte in organischer Verbindung mit der Gesamtplanung und nach einheitlichen, der Besonderheit der Aufgabe entsprechenden Grundsätzen. Ich lege daher im Einvernehmen mit dem Reichsarbeitsminister und dem Reichskommissar für den sozialen Wohnungsbau die folgenden allgemeinen Richtlinien fest:

*I. Die Städte in der Gesamtplanung*

1. Der Anteil der Städte am Gesamtaufbau

Die landwirtschaftliche Besiedlungsdichte ist bedingt durch die gegebenen Boden- und Klimaverhältnisse und durch die Ansprüche, die im Hinblick auf die Sicherung gesunder ländlicher Lebensexistenzen gestellt werden müssen. Die landwirtschaftlichen Berufszugehörigen werden in den eingegliederten Ostgebieten im Mittel eine Dichte von etwa 25 Einwohnern je qkm Gesamtfläche nicht überschreiten können, wenn die landwirtschaftliche Struktur gesund bleiben soll. Es kann daher mit einer Dichte der gesamten auf dem Lande wohnenden Bevölkerung (Bauern, Landwirte, Handwerker usw.) von etwa 35 Menschen je qkm gerechnet werden.

Die Lebenshaltung des deutschen Volkes erfordert darüber hinaus in Gewerbe, Industrie, Handel und Verkehr, in der Verwaltung, in der Kulturpflege und zur Sicherung des Reiches den Einsatz eines weiteren hohen Bevölkerungsanteils. Neben dem Aufbau einer gesunden Landwirtschaft ist es daher die zweite grundlegende Aufgabe der deutschen Besiedlung des Ostens, diesen Bevölkerungsanteil und die mit ihm verbundenen wirtschaftlichen und kulturellen Kräfte möglichst vollständig im Osten selbst zur Entwicklung zu bringen. Nur dadurch wird der Charakter eines dünnbesiedelten einseitigen Agrargebietes überwunden und die Entwicklung einer für die Grenzaufgaben ausreichenden Bevölkerungsdichte mit kraftvollen Mittelpunkten gewährleistet.

Die wichtigste Voraussetzung für die Erreichung dieses Zieles ist es, daß ein entsprechend großer Anteil der gewerblichen Wirtschaft des Reiches in den neuen Ostgebieten zum Ansatz gebracht wird. Dadurch wird zugleich einer neuen, zusätzlichen Ausweitung der Industrie in den schon überlasteten Ballungsräumen des Altreiches vorgebeugt. Der Aufbau von Gewerbe und Industrie im Osten muß daher im Interesse einer harmonischen Entwicklung der deutschen Gesamtwirtschaft gleichzeitig mit dem ländlichen Aufbau in Angriff genommen werden.

In Abwägung der Leistungsfähigkeit der Landwirtschaft und der gegebenen Voraussetzungen für eine gewerbliche und industrielle Entwicklung ist als Planungsziel für die Ostgebiete eine Dichte der Gesamtbevölkerung von 85—90 Einwohnern je qkm bei einem Verhältnis der städtischen zur ländlichen Bevölkerung von rund 60 : 40 anzunehmen. Im Altreich beträgt das entsprechende Verhältnis (Bevölkerung in Gemeinden mit mehr bzw. weniger als 2000 Einwohnern nach der Zählung vom 17. 5. 1939) bei einer Bevölkerungsdichte von 136 Einwohnern je qkm rund 68 : 32.

2. Die Zuordnung der Städte zum Land
Von grundlegender Bedeutung für den gesamten Aufbau ist eine organische Zuordnung von Stadt und Land.
Einer überwiegend bäuerlichen, durch Erbhofrecht gesicherten Verfassung des Landes ist eine Gemengestruktur von Landwirtschaft und Industrie nicht gemäß. Sie hat sich vielfach da herausgebildet, wo durch Besitzersplitterung in der Landwirtschaft ein starker Bedarf nach gewerblichem Zusatzerwerb auf dem Lande auftrat. Ein gesundes ländliches Gefüge wird jedoch durch unmittelbare Vermengung mit der Industrie in seiner Arbeitsverfassung und in seiner naturbedingten Eigenart leicht gestört. Die Planung für den ländlichen Aufbau in den neuen Ostgebieten sieht daher auf dem Lande neben einem für die Deckung des eigenen Bedarfs notwendigen, bodenverwurzelten Handwerk nur solche gewerblichen Betriebe — in der Regel in den Hauptdörfern (Amtsorten) — vor, die unmittelbar auf der Landwirtschaft oder auf Bodenvorkommen aufbauen (Molkereien, Brennereien, Maschinen-Ausbesserungswerkstätten, Ziegeleien, Sägewerke u. dgl.). Alle anderen Industrie- und Gewerbebetriebe gehören in die Städte, die ihnen bessere Standortvoraussetzungen bieten und eine gesunde Zuordnung der Wohnstätten zu den Arbeitsstätten, ohne den verlorenen Aufwand weiter täglicher Pendelwanderungen, ermöglichen.
Eine organische Zuordnung der Städte zum Land erfordert daher einen planmäßig geordneten Siedlungsaufbau mit einer ausgeglichenen Verteilung von Klein-, Mittel- und Großstädten.

3. Die Kleinstädte
Das Land braucht vor allem neben den Hauptdörfern als nächsthöhere Mittelpunkte von Wirtschaft, Verwaltung und Kultur ein Netz planmäßig verteilter Kleinstädte, in erster Linie der Kreisstädte. Ihr Einflußbereich muß so begrenzt

sein, daß sie ihr ganzes ländliches Gebiet gleichmäßig erfassen und in seinen Bedürfnissen versorgen können. Dabei müssen diese Städte eine gewisse Mindestgröße haben, um ihre wirtschaftlichen und kulturellen Aufgaben erfüllen zu können.
Der ländliche Einflußbereich einer Kleinstadt soll daher nach Möglichkeit ein Gebiet von rund 20 km Halbmesser nicht wesentlich überschreiten. Die Mindestgröße einer leistungsfähigen Kleinstadt von normaler Zusammensetzung liegt bei etwa 10 000 Einwohnern. Erwünscht ist jedoch eine Größe von 15 000 bis 20 000 Einwohnern.
Diese Größe können die Kleinstädte nicht erreichen, wenn sie nur vermittelnde Funktionen gegenüber ihrem ländlichen Hinterland ausüben, sondern nur dann, wenn sie auch selbst an der gewerblichen und industriellen Erzeugung einen entsprechend großen Anteil erhalten. Die Zusammensetzung des Gewerbes in den Kleinstädten entspricht ihrem Wesen und ihrer Aufgabe dann am besten, wenn zahlreiche kleine und mittlere Betriebe verschiedener Gewerbegruppen vorhanden sind. Die Ansetzung geeigneter Betriebe in den Kleinstädten ist bevorzugt zu fördern.
Um die Kleinstädte in einem umfassenden Sinne zum Mittelpunkt ihres Bereiches zu machen, ist die Gebietseinteilung der Partei- und Staatsverwaltung möglichst in Übereinstimmung mit dem natürlichen wirtschaftlichen und kulturellen Hinterland der Städte zu bringen.
Die angegebenen Größen der Bereiche und der Entfernungen lassen sich im allgemeinen mit dem vorhandenen Städtenetz, insbesondere soweit es auf deutsche Gründungen zurückgeht, in Übereinstimmung bringen. Nur in vereinzelten Fällen müssen Lücken geschlossen werden. Häufiger ist aus geschichtlichen Gründen der Fall, daß Städte so eng benachbart liegen, daß sie sich gegenseitig in ihrer Entwicklung hemmen und daher städtische Kümmergebilde geblieben sind. In solchen Fällen wird durch mich entschieden, welche Stadt im Zuge des Aufbaus zu einer leistungsfähigen Größe und zum eindeutigen Mittelpunkt eines entsprechend großen Bereiches entwickelt werden soll. Dieser sind alle in Betracht kommenden Aufbaukräfte bevorzugt zuzuleiten.
Die Städtchen, die dadurch dem neuen Mittelpunkt untergeordnet werden, übernehmen dann die Rolle gehobener Amtsorte (Hauptdörfer). Erst wenn die zum Mittelpunkt des Bereiches bestimmte Stadt die geplante Größe und Leistungsfähigkeit erreicht hat und zu überschreiten beginnt, kann unter Umständen auch in Amtsorten, soweit sie geeignete Voraussetzungen bieten, eine zusätzliche Förderung zweckmäßig sein.
Die Kleinstädte sind für die organische Verbindung von Stadt und Land, für einen geregelten Abfluß des ländlichen Bevölkerungsüberschusses und für die Mehrung und Festigung heimatgebundenen Volkstums auch unter der städtischen Bevölkerung von ausschlaggebender Bedeutung. Ihrer Entwicklung muß daher in den eingegliederten Ostgebieten besondere Aufmerksamkeit zugewandt werden.

## 4. Die Mittelstädte

Mittelstädte entwickeln sich in dem regelmäßigen Netz der Kleinstädte überall dort, wo die Standortvoraussetzungen, insbesondere die Verkehrsverhältnisse, für die Entstehung größerer gewerblicher Ansammlungen besonders günstig sind. Sie verbinden eine große wirtschaftliche Leistungsfähigkeit mit den Vorzügen einer Stadtform, die noch eine gesunde, lockere Siedlungsweise ohne den Verkehrsaufwand und die sonstigen Nachteile der Großstädte ermöglicht. Sie bewirken eine starke Entlastung der Industriegroßstädte. An Stelle des weiteren Anwachsens oder der Neubildung von Großstädten ist daher die Entwicklung einer größeren Zahl von Mittelstädten planmäßig zu fördern. Sie ist durch die Schaffung günstiger Voraussetzungen für die Ansiedlung von Industrien, vor allem durch eine entsprechende Verkehrspolitik und durch vorsorgliche Ausweisung und Erschließung von Industriegelände, vorzubereiten.

Auch in den Mittelstädten ist eine Zusammensetzung der Industrie aus Betrieben verschiedener Gewerbegruppen und verschiedener Größe anzustreben. Unter dieser Voraussetzung können sie auch bereits einzelne Großbetriebe aufnehmen, ohne in ihrer Struktur einseitig zu werden.

Wenn eine Stadt über den Rahmen einer Mittelstadt hinauszuwachsen beginnt, sind an der weiteren gewerblichen Entwicklung nach Möglichkeit die benachbarten Kleinstädte zu beteiligen, um frühzeitig die Bildung planvoll verteilter Stadtgruppen anstelle großer Ballungen einzuleiten. In Zukunft wird es Aufgabe des Reiches sein, die Entwicklung von neuen Großstädten in gesunden Grenzen zu halten. Ist die Bildung einer neuen Großstadt notwendig, muß sie vom Reich gesteuert werden.

## 5. Die Großstädte

Großstädte sind notwendig als Mittelpunkte großer Räume oder infolge des Zusammentreffens besonderer Standortvoraussetzungen, die auf Grund volkswirtschaftlicher Lebensnotwendigkeiten große Ansammlungen von Industriebetrieben unvermeidlich machen, z. B. in den Gebieten des Kohlenbergbaues. Eine Entwicklung der Großstädte über die notwendige Zahl und Größe hinaus ist jedoch eine wirtschaftliche und vor allem eine biologische Belastung des Volkes. Die übermäßige Anziehungskraft der Großstädte der eingegliederten Ostgebiete infolge ihres Vorsprungs in der Entwicklung muß daher zurückgedämmt und durch eine planmäßige Förderung der Klein- und Mittelstädte ausgeglichen werden.

Die Niederlassung von solchen Betrieben in den Großstädten und im oberschlesischen Industriegebiet, die dort nicht erforderlich sind und die zur Ansetzung in kleineren Städten geeignet erscheinen, ist daher zu vermeiden. In ausgesprochen spezialwirtschaftlichen Großstädten kann allerdings die zusätzliche Ansetzung einiger Betriebe anderer Gewerbegruppen erwünscht sein, um vielseitigere Arbeitsmöglichkeiten zu schaffen. Beim Neu- oder Umbau von Betrieben in Großstädten ist in jedem Fall zu prüfen, ob aus diesem Anlaß eine Verlegung des Betriebes in eine kleinere Stadt zweckmäßig und möglich ist.

## 6. Raumordnung und städtebauliche Planung

Die Neuordnung des Siedlungsaufbaus in den eingegliederten Ostgebieten erfordert einen planmäßig ineinandergreifenden Einsatz aller am Aufbau beteiligten Kräfte nach einer das Ganze überschauenden Planung. Diese übergeordnete Planung findet ihren Niederschlag in den Raumordnungsplänen, die von den Generalreferenten für Raumordnung bei den Reichsstatthaltern bzw. Oberpräsidenten nach meinen allgemeinen Anweisungen und in Zusammenarbeit mit den beteiligten Dienststellen aufgestellt werden. Wenn von den Beteiligten keine Bedenken erhoben werden, sind sie dem zuständigen Reichsstatthalter bzw. Oberpräsidenten und mir zur grundsätzlichen Zustimmung vorzulegen. Falls mit einer der beteiligten Dienststellen keine Einigung erzielt werden kann, entscheide ich im Einvernehmen mit den beteiligten Zentralstellen. Danach sind die Raumordnungspläne allen Fachplanungen (städtebauliche Planung, wirtschaftliche Planung, Verkehrsplanung usw.) und dem praktischen Einsatz der Aufbaukräfte als Richtlinien zugrunde zu legen und in ständiger gegenseitiger Zusammenarbeit der Beteiligten am laufenden zu halten.

Insbesondere muß die Verteilung der gewerblichen Wirtschaft mit der Gesamtplanung sorgfältig abgestimmt werden, denn von ihrem Einsatz ist die Entwicklung der Städte über ein gewisses beschränktes Maß hinaus abhängig. Soweit Industrie- und Gewerbebetriebe nicht von Natur aus an bestimmte Standorte gebunden sind, müssen sie planmäßig den Orten im Siedlungsaufbau zugeleitet werden, für die sie nach Art und Größe am besten geeignet erscheinen und an welchen sie im Interesse eines geordneten Gesamtaufbaues am dringendsten gebraucht werden. Diesem Ziel sind alle Möglichkeiten der Lenkung der Wirtschaft dienstbar zu machen.

Die Zuständigkeit des Reichsarbeitsministers für die städtebauliche Planung bleibt unberührt.

Um zwischen der Raumordnungsplanung, der Lenkung der wirtschaftlichen Aufbaukräfte und der städtebaulichen Planung die notwendige Übereinstimmung sicherzustellen, unterrichtet mein Stabshauptamt bzw. mein Beauftragter im Gau die für die städtebauliche Planung zuständige Fachbehörde über die Ergebnisse der Raumordnungsplanung, insbesondere über die Folgerungen, die sich daraus für die Größe und die wirtschaftliche Zusammensetzung der Städte sowie für den Flächenbedarf überörtlicher Maßnahmen ergeben.

## II. Grundsätze für die Gestaltung der Städte

### 1. Allgemeines

Jede große Zeit schafft sich auch im Städtebau die ihr entsprechende Ausdrucksform und Ordnungsidee. Die tragende Kraft unserer Zeit ist die auf den Dienst an der Gemeinschaft eingestellte Lebensordnung des Nationalsozialismus. Sie gibt dem Städtebau ein Ordnungsprinzip, das darauf hinwirkt, daß jeder Teil den Platz im Gefüge der Stadt erhält, an dem er seine Aufgabe für das Ganze am besten erfüllt, nicht nur im materiellen, sondern auch im ideellen Sinne. Der

Vorrang des Gemeinnutzes vor dem Eigennutz muß auch in der städtebaulichen Gestaltung zum Ausdruck kommen. Die Bauten der Gemeinschaft müssen wieder die führende Stellung im Aufbau der Städte erhalten. Die Ordnung der Volksgemeinschaft, ihre Gliederung und ihre Zusammenfassung müssen sich auch im Bilde der Stadt widerspiegeln.

Die vorhandenen Städte in den neuen Ostgebieten sind zum überwiegenden Teil deutsche Gründungen aus der größten Siedlungsepoche unseres Volkes. Ihre städtebauliche Anlage und ihre alten Bauwerke sind Zeugen geschichtlicher deutscher Kulturleistungen und früherer deutscher Gemeinschaftsgesinnung, die sorgfältig zu bewahren und zu pflegen sind. Sie sind für die Siedlungsaufgaben unserer Zeit ein verpflichtendes Vorbild.

Historische Formen können allerdings im Städtebau ebensowenig wie in der baulichen Gestaltung von einer späteren Zeit äußerlich übernommen werden. Die Gestaltung der neuen Städte und Stadtteile kann ihnen nur insoweit folgen, als ihre Voraussetzungen noch lebendig sind. Den Ausgangspunkt der Gestaltung der neuen Städte müssen die Forderungen unserer Zeit bilden. Das Ziel muß sein, aus dem Geist und den Notwendigkeiten der heutigen Zeit heraus ebenso typische Formen zu entwickeln, wie jene Zeit aus ihren Lebensgrundlagen.

In den geschichtlich wertvollen alten Stadtkernen ist die meist im Laufe der Jahrhunderte entstandene übermäßige bauliche Ausnutzung der Grundstücke wieder auf ein gesundes Maß zurückzuführen. Es ist zu prüfen, ob der Stadtkern geeignet ist, den veränderten und gesteigerten Anforderungen der künftigen Entwicklung an die Stadtmitte Raum zu geben. In vielen Fällen werden die Erweiterungen der Städte ein solches Übergewicht gegenüber dem vorhandenen Bestand erlangen, daß die Planung eines neuen Stadtmittelpunktes zweckmäßig sein wird. Die erhaltungswürdigen Teile der alten Städte sind dann in die Planung organisch einzubeziehen.

Mit der völligen Beseitigung der alten und mit der Gründung neuer Städte ist nur in Einzelfällen im ehemals russischen Gebiet und infolge von Kriegszerstörungen zu rechnen.

Die städtebauliche Planung erfordert eine Gliederung der Baugebiete nach ihrer verschiedenen Nutzung. Die einzelnen Gebiete sind so anzuordnen, daß sie den verschiedenartigen Anforderungen in bestmöglichster Weise Rechnung tragen, daß gegenseitige Störungen ausgeschaltet werden und daß die Stadt als Ganzes einen zweckmäßigen und baulich gestaltungsfähigen Organismus bildet. Die innere Ordnung muß der Ausgangspunkt der städtebaulichen Planung sein. Aus ihrem Zusammenwirken mit den natürlichen Formen der Landschaft ergeben sich die Grundzüge der Gestaltung, sowohl für die einzelnen Glieder wie für das Ganze.

2. Die Gliederung der Stadt
Die Wohngebiete sollen Wohngemeinschaften von möglichst vielseitiger sozialer Zusammensetzung bilden. Sie müssen einerseits mit den Arbeitsstätten, andererer-

seits mit den zentralen Einrichtungen der Stadtmitte, die auch eine der wichtigsten Arbeitsstätten ist, in guter Verkehrsverbindung stehen. Von jedem Wohngebiet sollen gute Verbindungen zu verschiedenartigen Arbeitsstätten bestehen, besonders dann, wenn die Größe der Stadt mechanische Verkehrsmittel erfordert.
In der Gestaltung der Wohngebiete darf keine schematische Massenhaftigkeit Platz greifen, sondern es müssen im städtebaulichen Sinne wohnliche, gemeinschaftsfördernde Siedlungsformen geschaffen werden. Sie sind daher nach den praktischen Bedürfnissen des Wohnens und nach den Maßstäben einer organischen Gliederung der Volksgemeinschaft in überschaubare kleinere Einheiten mit allen erforderlichen Einrichtungen für ihre Versorgung und für die Entfaltung eines gesunden kulturellen und politischen Eigenlebens zu gliedern.
Die Bedürfnisse des Wohnens und das Leben der Familie erfordern, daß die Versorgungseinrichtungen für den täglichen Bedarf, Läden und Handwerker, Schule, HJ-Heim, Spiel- und Sportplätze usw. in geringer Entfernung erreichbar sind. Dafür spricht auch das Bedürfnis nach Vereinfachung des Verkehrs bei und Gemeinschaftseinrichtungen setzen ihrerseits Einzugsbereiche von einer gewissen Größe voraus. Sie sind planmäßig in Gruppen zusammenzuordnen, deren Bereiche sich decken.
Für die Entfaltung eines regen Gemeinschaftslebens, dem in den neuen Siedlungsgebieten eine besonders große Bedeutung zukommt, ist es notwendig, daß die Einrichtungen für Bildung, Geselligkeit und Unterhaltung sowie für öffentliche Veranstaltungen in lebendige und anschauliche Beziehung zu klar ausgeprägten zugehörigen Bereichen gesetzt werden. Die Maßstäbe für eine Gliederung der Wohngebiete nach den Bedürfnissen der Gemeinschaftsbildung gehen auf die gleiche Wurzel zurück, aus der die politische Gliederung der Volksgemeinschaft abgeleitet ist. Die Untergliederung der städtischen Wohngebiete wird daher mit der Gliederung der politischen Organisation der Volksgemeinschaft in Zellen, Ortsgruppen und Kreise möglichst weitgehend in Übereinstimmung zu bringen sein. Zugleich sind die Bereiche der zugehörigen Versorgungseinrichtungen entsprechend einzugliedern.
Die wichtigste Einheit für die Gliederung der Wohngebiete bildet ein Bereich in der allgemeinen Größenordnung einer Ortsgruppe, also mit rd. 4000—5000 Einwohnern. Er hat einerseits eine noch leicht überschaubare Größe und kann andererseits bereits alle Gemeinschafts- und Versorgungseinrichtungen tragen, die für das tägliche Leben notwendig und erwünscht sind. Eine besondere städtebauliche Bedeutung erhält die Ortsgruppe dadurch, daß sie zum Träger der Gemeinschaftshäuser der NSDAP bestimmt ist, die der politischen, kulturellen und sozialen Betreuung dienen und den baulichen Höhepunkt des Ortsgruppenbereiches bilden sollen. In den großen Städten sind entsprechend der politischen Gliederung der Volksgemeinschaft mehrere Ortsgruppen zu größeren städtebaulichen Einheiten zusammenzufassen, die wiederum mit den Bereichen höherer Gemeinschafts- und Versorgungseinrichtungen in Verbindung zu bringen sind.
Die der Ortsgruppe entsprechende städtebauliche Einheit ist in sich sinngemäß in kleine Zellen zu ordnen und schließlich in überschaubare Straßenräume,

klare Platzbildungen, Wohnhöfe und nachbarschaftliche Gruppen zu gliedern. Die Gliederung der Wohngebiete im Grundriß muß auch in der Gestaltung des Aufbaus zum Ausdruck kommen. Die erwünschte vielseitige soziale Zusammensetzung muß ihren baulichen Ausdruck in einer lebendigen Verbindung der verschiedenen Wohn- und Hausformen finden (Geschoßwohnungen, Reihen- und Einzelhäuser und Wirtschaftssiedlungen).
Die vorherrschende Wohnform hat auf die Festigung des Volkstums starken Einfluß. Das Eigenheim ist unter diesem Gesichtspunkt von größter Bedeutung, da es durch die Bindung an Eigentum und Boden besonders starke heimatbildende Kräfte entwickelt. Es ist in den neuen Ostgebieten in allen seinen Formen besonders zu fördern. Vor allem als Reihen- und Gruppenhaus ist es geeignet, die Grundform der neuen städtischen Wohngebiete zu bilden.
Von arbeits- und energiesparenden technischen Einrichtungen ist bei der Anlage der Wohngebiete weitestgehend Gebrauch zu machen.
Die Büro- und Geschäftsgebiete bilden einen gewissen Kern der Städte. Sie sind ursächlich verbunden mit dem innerstädtischen Verkehr, den sie sammeln und verteilen, und mit dem Anschluß an den Fernverkehr. Die Hauptstraßen der Büro- und Geschäftsgebiete sind daher mit dem Bahnhof und mit den Hauptzubringerstraßen in klare Beziehungen zu bringen. Den baulichen Höhepunkt des Büro- und Geschäftsgebietes soll das Rathaus bilden. Von engen historischen Stadtkernen sind sie unter Umständen zu trennen und als Neubaugebiete anzulegen, wenn zu erwarten ist, daß sie in ihrer Entwicklung durch den alten Bestand zu sehr behindert werden, oder wenn andererseits hohe historische Werte durch die modernen Bedürfnisse gefährdet würden.
Die Industrie- und Gewerbegebiete sind je nach ihrem Charakter mit mehr oder weniger großen Abständen von den anderen Baugebieten und untereinander abzusetzen, um ihre störenden Einflüsse auszuschalten oder zu vermindern, um Erweiterungsmöglichkeiten offenzuhalten und um den Erfordernissen des Luftschutzes Rechnung zu tragen. Auch für die Industriegebiete ist daher in größeren Städten die Aufgliederung in mehrere Zellen notwendig.
Auf eine günstige Zuordnung der Arbeitsstätten zu den Wohnstätten, besonders auf die Verkehrsbeziehungen, und auf die Vermeidung störender Einflüsse durch Rauch, Wind, Staub, Lärm usw. ist größtes Gewicht zu legen.
Die Eingliederung der Industrie in das Stadtbild ist eine wesentliche städtebauliche Gestaltungsfrage. Durch eine sorgfältige Auswahl der Standorte und durch eine geordnete bauliche Gestaltung müssen auch die Industriegebiete eine äußere Form erhalten, die der Bedeutung und der Würde der werktätigen Arbeit entspricht. Eine über die sachlich begründete Gestaltung hinausgehende städtebauliche Aufmachung von Zweckbauten der Industrie ist jedoch zu vermeiden. Sie sollen dem Stadtbild so eingeordnet werden, daß sie seine ideellen Höhepunkte in ihrer Wirkung nicht beeinträchtigen.
Wehrmachtsanlagen erfordern aus Gründen des Luftschutzes und mit Rücksicht auf die städtebauliche Planung und Gestaltung ebenfalls gesonderte, von den Wohngebieten abgesetzte Flächen.

Die Grüngebiete sind als ein zusammenhängendes System auszubilden, das vom Stadtinneren in die freie Landschaft überleitet. In dieses System sind, ausgehend von den natürlichen Gegebenheiten, Grünanlagen aller Art, wie Spiel- und Sportplätze, Privatparks, Friedhöfe usw., einzubeziehen. Durch ein an die Wohngebiete anschließendes Netz öffentlicher Fuß- und Radwege sind die innerstädtischen Grünflächen mit Wäldern, Wasserflächen und sonstigen landschaftlich schönen Teilen der Umgebung in Verbindung zu bringen.

In der Umgebung der Wohngebiete sind Pachtgartenanlagen für die Inhaber von Mietwohnungen vorzusehen. Sie sollen nach Möglichkeit in solcher Nähe der zugehörigen Wohngebiete liegen, daß sie unmittelbar von der Wohnung aus bewirtschaftet werden können und daß auf die Errichtung von Wohnlauben verzichtet werden kann. Soweit die Zulassung von Wohnlauben erforderlich ist, ist für eine geordnete und dauerhafte Gestaltung und für eine einwandfreie Instandhaltung Sorge zu tragen.

## 3. Der Verkehr

Die Gliederung der modernen Stadt in Gebiete mit spezialisierten Funktionen erfordert eine entsprechende Gliederung des Verkehrs. Er ist den verschiedenen städtischen Funktionsgebieten (Industrie-, Geschäfts- und Wohngebieten) so zuzuordnen, daß jedes Baugebiet nur in dem Umfang an den Verkehr angeschlossen wird, in dem es selbst daran beteiligt ist.

Der zur Stadt strebende Straßenverkehr ist der Stadtmitte so zuzuleiten, daß er die zusammenhängenden Einheiten der Baugebiete nicht durchschneidet, sondern sich möglichst tief in die Städte hinein anbaufrei in den Zwischenräumen oder tangierend längs ihrer Grenzen bewegt. Die Wohngebiete und die Industriegebiete sind durch Nebenstraßen an die Zubringerstraßen anzuschließen und untereinander zu verbinden. Nur im Stadtkern müssen die Zubringerstraßen in die Bebauung hineingeführt werden. Der Fernverkehr, der die Stadt nicht aufsuchen will, ist auf anbaufreien Umgehungsstraßen an der Stadt vorbeizuleiten. Er braucht in einer planmäßig aufgegliederten Stadt unter Umständen nicht das ganze bebaute Stadtgebiet, sondern nur das Kerngebiet zu umgehen. Schnittpunkte von Umgehungsstraßen mit innerstädtischen Verkehrsstraßen sind auf wenige Anschlußpunkte zu beschränken.

Die heutige Stadt braucht ausreichende Abstellflächen für die Kraftwagen in der Innenstadt und Abstellräume in den Wohngebieten. Die erforderlichen Flächen und Räume müssen mit Rücksicht auf die zu erwartende Entwicklung des Kraftverkehrs in reichlichem, die Entwicklung von Jahrzehnten berücksichtigendem Ausmaß vorgesehen werden. Die Eisenbahnen erfordern wegen der verhältnismäßigen Starrheit ihrer Anlagen eine besonders sorgfältige Berücksichtigung bei der Stadtplanung. Schienengleiche Kreuzungen mit Straßen sind innerhalb der Städte unbedingt zu vermeiden. Der Hauptbahnhof ist mit dem Stadtkern in eine möglichst kurze und klare Verbindung zu bringen.

4. Der Luftschutz
Die wichtigsten Forderungen des Luftschutzes an den Städtebau sind: Aufgelockerte Anordnung des Stadtgefüges, Trennung der stark luftgefährdeten Anlagen und Betriebe von den Wohngebieten, Verteilung und Vermaschung der Versorgungseinrichtungen. Die Aufgliederung der Stadt kommt diesen Notwendigkeiten entgegen.
Den städtebaulichen Luftschutzanforderungen ist im einzelnen nach Maßgabe der einschlägigen Bestimmungen und Richtlinien Rechnung zu tragen. Auf eine sinngemäße und gestalterisch einwandfreie städtebauliche Einfügung von bombensicheren Luftschutzbunkern ist zu achten.

5. Die Lenkung des Wachstumsvorgangs
Ein planmäßig gegliederter Aufbau der Stadt ist auch Voraussetzung für ein geordnetes Wachstum. Im Zuge der Durchführung der Planung sind jeweils nur so große Teilabschnitte für die Bebauung freizugeben, daß mit ihrer Fertigstellung innerhalb einer überschaubaren Zeit gerechnet werden kann. Der Wachstumsvorgang darf sich nicht im ganzen Stadt- und Planungsgebiet zersplittern, sondern er muß in wenigen Wachstumsabschnitten zusammengefaßt werden. Das übrige Vorfeld ist von Bebauung freizuhalten. Der Stadtkörper soll in jedem Zustand der Entwicklung ein im wesentlichen fertiges Gebilde darstellen. Damit wird zugleich die notwendige Vorsorge für nicht übersehbare Anforderungen der Zukunft getroffen.
Den gegebenen Rahmen für die Wachstumsabschnitte bilden die Untergliederungen der Baugebiete, die sich aus der inneren Ordnung der Stadt ergeben. Dabei ist zu berücksichtigen, daß auch in der Innenstadt Erweiterungsmöglichkeiten offengehalten werden müssen, da jeder Zuwachs in den Außengebieten auch neuen Entwicklungsraum im Innern erfordert.

6. Die Stadt als Einheit
Die Gliederung der Stadt erweist sich als ein Prinzip, das die Bedürfnisse unserer Zeit von vielen Seiten zugleich bestätigen. Ebenso wie bei der Gliederung und bei der Gestaltung im einzelnen die inneren Zusammenhänge den Ausgangspunkt bilden, so muß aber auch die Lebenseinheit der Stadt über ihre Untergliederungen hinweg in einem planmäßig gestalteten Gesamtaufbau Ausdruck finden. Ein eindrucksvolles Gesamtbild der Stadt ist das höchste Ziel städtebaulicher Gestaltung.
In einer Gemeinschaftsordnung, die auf dem Führerprinzip beruht und auf ideelle Werte ausgerichtet ist, müssen die Bauwerke der Gemeinschaft die führende Stellung im Stadtbild erhalten, ähnlich wie die Kirchen in der mittelalterlichen oder das Forum in der antiken Stadt. Es ist die städtebauliche Aufgabe dieser Bauten, die Gemeinschaftsordnung der Stadt in ihrer Gliederung und in ihrer Ganzheit zu versinnbildlichen. Die baulichen Gestaltungsmöglichkeiten erfahren dabei ihre höchste Steigerung und Ergänzung durch eine enge Verbindung mit den Gestaltungsmöglichkeiten aus der Landschaft.

7. Die Gemeinschaftsbauten
Die Gemeinschaftsbauten werden in den neuen Ostgebieten gerade in den ersten Jahrzehnten des Aufbaus eine besonders große Aufgabe zu erfüllen haben. Ihre Errichtung kann daher nicht einer allmählichen Entwicklung überlassen bleiben, sondern muß gleichzeitig mit dem Fortschreiten der deutschen Besiedlung erfolgen. Träger der Bauten der Gemeinschaft ist die nationalsozialistische Bewegung als die berufene Vertretung der Volksgemeinschaft.
Folgerichtig tritt nicht die einzelne Gemeinde, sondern die Partei als Bauherr auf. Diese Bauten werden in erster Linie, und besonders ausgeprägt in einem Grenzraum und Kampfgebiet des Volkstums, den einheitlichen, das ganze Volk umfassenden Willen der Führung darzustellen haben. Sie werden daher in der Vielgestaltigkeit der Stadtbilder als Wahrzeichen der Volksgemeinschaft typische Grundformen bilden. Um ihre hohe Aufgabe erfüllen zu können, müssen sie entsprechend aus ihrer Umgebung herausgehoben werden. Wenn das Gelände einer Steigerung der baulichen Wirkung nicht entgegenkommt, muß auf die maßstäbliche Abstimmung der Umgebung und auf einen klar aufgebauten Stadtumriß besonderes Gewicht gelegt werden.

8. Stadtbild und Landschaft
Die Landschaft ist derjenige Gestaltungsfaktor, der am stärksten die Abwandlung allgemeiner Planungsgrundsätze im Einzelfall und damit die praktische Gestaltung bestimmt. Die Einordnung der Stadt in die Landschaft ist daher für die Gestaltung entscheidend. Eine unglückliche Wahl des Baugeländes kann durch keine noch so sorgfältige Einzelplanung ausgeglichen werden. Schon bei der Ausweisung der Baugebiete müssen daher die Gesichtspunkte der Stadtgestaltung eingehend geprüft und maßgebend berücksichtigt werden.
Die Verbindung mit der Landschaft ist gleich wichtig für die städtebauliche Gestaltung im einzelnen wie für das Ganze. Je mehr die charakteristischen Merkmale der Lage in ihrer jeweiligen Besonderheit in der Stadtgestaltung zur Geltung gebracht werden, um so stärker trägt die Landschaft zur Ausprägung großer, einmaliger Gesamtbilder bei.
Die eingegliederten Ostgebiete weisen in sich starke landschaftliche Unterschiede auf zwischen den nördlichen, küstennahen, zum Teil stark bewegten Gebieten, dem mittleren Flachland und dem südlichen Gebirgsvorland. Diese Verschiedenheiten werden auch in der Einweisung der deutschen Ansiedler berücksichtigt und werden in der Gestaltung der ländlichen Besiedlung deutlich zum Ausdruck kommen. Auch in der Gestaltung der Städte ist die Pflege und Ausprägung landschaftlicher und völkischer Eigenart, soweit sie auf lebendigen Grundlagen beruht, zu fördern.

Führerhauptquartier, den 30. 1. 1942. H. Himmler

## 109   Juli 1942

**Raumordnung im Generalgouvernement**
Von Hans Julius Schepers, Oberregierungsrat beim Leiter des Hauptamtes für Raumordnung bei der Regierung des Generalgouvernements in Krakau

Um die Darstellung der Organisation und die Arbeit der Raumordnung im Generalgouvernement verständlich zu machen, sei in wenigen Worten auf die besondere staatsrechtliche Stellung dieses Gebietes eingegangen, das als Nebenland des Reiches ein Bild durchaus eigener und interessanter Prägung darbietet.
Nach dem Feldzug der 18 Tage wurde der Versailler Mosaikstaat Polen zunächst dreigeteilt. Die Führererlasse vom 8. und 20. Oktober 1939, vom 2. November 1939 und vom 29. Januar 1940 führten die westlichen Teile von Kattowitz bis Zichenau dem Reiche wieder zu, während der deutsch-sowjetische Vertrag vom 28. September 1939 die Gebiete ostwärts des Bug und San der Sowjetunion überließ. Die zwischen der »Interessengrenze« gegenüber der Sowjetunion und der östlichen »vorläufigen Zoll- und Verwaltungsgrenze« der eingegliederten Ostgebiete gelegenen Landschaften des mittleren und oberen Weichselraumes kamen am 25. September 1939 zunächst unter Militärverwaltung, bis sie durch Führererlaß vom 12. Oktober 1939 mit dem 26. Oktober 1939 dem »Generalgouverneur für die besetzten polnischen Gebiete« unterstellt wurden. Der Generalgouverneur, dem alle Verwaltungszweige zugewiesen sind, untersteht danach dem Führer direkt, er — sowie der Ministerrat für die Reichsverteidigung und der Beauftragte für den Vierjahresplan — haben die Befugnis, durch Verordnung Recht zu setzen.
Der Zusatz »für die besetzten polnischen Gebiete« wurde am 30. Juli 1940 fallengelassen, da das Generalgouvernement nach den grundlegenden staatsrechtlichen Auslassungen des Führers und nach der Tätigkeit und dem Aufbau der deutschen Verwaltung keineswegs als ein vorübergehend besetztes Gebiet angesprochen werden konnte, denn die Möglichkeit eines Wiedererstehens des alten polnischen Staates war ein für allemal ausgeschaltet. Die besondere Eigenart des Generalgouvernements ergibt sich aus der Tatsache, daß es weder in das Deutsche Reich eingegliedert ist, noch Rechtsnachfolger des polnischen Staates wurde. Das Generalgouvernement ist insofern Ausland, als es vom Reich durch eine Polizei-, Währungs- und Zollgrenze getrennt ist. Es besitzt jedoch keine eigenstaatlichen Hoheitsrechte. Es würde hier zu weit führen, diese staatsrechtlichen Fragen im einzelnen zu beleuchten. Immerhin ist diese in der Neuordnung Europas neuartige Konstruktion, die von den herkömmlichen Formen erheblich abweicht, auch im Zusammenhang dieses Aufsatzes besonderer Beachtung wert.
Wir bezeichnen das Generalgouvernement als »Reichsnebenland«, dessen Verwaltung eindeutig auf das Reich ausgerichtet ist. So ist auch in der Raumord-

Zu 109 Vgl. Martin Broszat, *Nationalsozialistische Polenpolitik 1939–1945*, Stuttgart, 1961. Deutsche Verlagsanstalt.

nung oberster Planungsgrundsatz das Interesse des Reiches. Es wäre ja auch undenkbar, in der vom Reich geführten europäischen Großraumordnung einem Gebiet, das geopolitisch eine der bedeutsamsten Verbindungs- und Brückenfunktionen zu erfüllen hat, eine Eigengesetzlichkeit zuzubilligen. Andererseits kann das aber auch nicht so verstanden werden, als ließen sich alle Verwaltungs- und Planungsgrundsätze des Reiches nun uneingeschränkt auf das Generalgouvernement übertragen. Die so oft apostrophierten »besonderen Verhältnisse« des Ostens und insbesondere des Generalgouvernements sind tatsächlich in sehr viel größerem Maße vorhanden, als es dem oberflächlichen Beurteiler erscheinen mag. Wer heute dem in fast dreijähriger Arbeit zu einer sauberen deutschen Stadt umgewandelten Krakau einen Besuch abstattet, darf sich an Hand der hier gewonnenen Eindrücke nicht zu einem Urteil über das Generalgouvernement verleiten lassen. Er würde einem gefährlichen Trugschluß anheimfallen. Nur wer auch einmal abseits der großen europäischen Durchgangsrouten, die von West nach Ost über Warschau und Krakau—Lemberg verlaufen, den Problemen nachgeht und die deutschen Kreishauptleute auf ihren vorgeschobenen Posten besucht, wird zu einem richtigen Bilde gelangen können.
Das Generalgouvernement hat seit dem 1. August 1941 — an diesem Tage wurde Ostgalizien eingegliedert — eine Größe von rund 142 000 qkm und etwa 17 Mill. Einwohner. Verwaltungsmäßig ist es aufgegliedert in 5 Distrikte mit 7 Stadt- und 54 Kreishauptmannschaften. Hauptstadt des Generalgouvernements und Sitz des Generalgouverneurs ist Krakau, das nach einer am 1. Juni 1941 durchgeführten Gebietsbereinigung nunmehr über 300 000 Einwohner zählt, darunter 25 000 Deutsche...
Als oberste Verwaltungsinstanz wurde 1939 das »Amt des Generalgouverneurs« geschaffen, das zunächst in eine größere Anzahl von selbständigen Abteilungen aufgegliedert wurde, darunter auch eine Abteilung Raumordnung...
Durch einen besonderen Erlaß vom 22. Juni 1942 wurde dann das Amt für Raumordnung, das neben dem Amt für Preisbildung als einziges Amt des Staatssekretariats einen vollständigen Unterbau in der Distriktinstanz besitzt, in Hauptamt für Raumordnung umbenannt und in drei Abteilungen gegliedert (Abteilung I: Allgemeine Angelegenheiten, Abteilung II: Landesplanung, Abteilung III: Städtebauliche Vorplanung). In der Distriktinstanz bestehen in Referate unterteilte Ämter für Raumordnung, die den Chefs der Ämter der Gouverneure (entsprechend in der Regierung: dem Chef der Regierung) unterstellt sind. Bei den Kreishauptleuten sind besondere Planungsreferate bisher nicht gebildet worden.
Ihre erste Rechtsgrundlage erhielt die Raumordnung im Generalgouvernement durch einen Erlaß des Chefs des Amtes (jetzt Chef der Regierung) vom 24. Januar 1940. Dieser erste grundlegende Erlaß setzte zunächst die Aufgaben der Raumordnung im Generalgouvernement fest:
Die Schaffung von Planungsunterlagen, nach denen eine Ausrichtung der raumverändernden Maßnahmen und damit eine organische Lenkung der im Reichsinteresse liegenden Entwicklung des Generalgouvernements erfolgen kann;

die Abstimmung aller Planungsvorhaben im Generalgouvernement auf eine gemeinsame Richtlinie;
die Aufstellung eines Generalraumordnungsplanes;
den Aufbau einer zentralen Meldesammelstelle und die Bearbeitung aller Wehrmachtsplanungen.
Zur Durchführung dieser Aufgaben ordnete der Erlaß vom 24. Januar 1940 die Zurverfügungstellung von statistischen und kartographischen Unterlagen sowie die Meldung aller Planungsvorhaben, die einen neuen Raumbedarf erfordern oder eine Änderung der bisherigen Raumnutzung bedingen, an die Abteilung Raumordnung (jetzt Hauptamt für Raumordnung) an. Außerdem wurde bestimmt, daß über die Verwirklichung von Einzelplanungen vor Beginn der Durchführung Einvernehmen mit der Abteilung Raumordnung herzustellen sei.
Am 23. Januar 1942 erfolgte dann ein zweiter Erlaß des Staatssekretärs der Regierung über die grundsätzliche Planung städtebaulicher Maßnahmen. In diesem Erlaß wurde dem Amt für Raumordnung nochmals die grundsätzliche Vorplanung für den Raum des Generalgouvernements, insbesondere aber die Vorplanung für die Städte des Generalgouvernements (mit Ausnahme der 5 Distriktshauptstädte), übertragen.
Nachdem nun einerseits genügend Erfahrungen für eine zusammenfassende gesetzliche Regelung der Raumordnungsaufgaben vorliegen, andererseits durch die Entwicklung im Osten konkrete Planungsaufgaben im Generalgouvernement zur Durchführung gelangen, sind die Verhandlungen über ein Raumordnungsgesetz im wesentlichen zum Abschluß gebracht. Der Entwurf einer »Verordnung über die Raumordnung im Generalgouvernement« ist vom Hauptamt für Raumordnung offiziell eingereicht ...
Ein kleiner Abriß der praktischen Planungstätigkeit, über die in einer vollständigeren Zusammenfassung später eingehend berichtet werden soll, sei in Anbetracht der vorherrschenden landwirtschaftlichen Struktur des Generalgouvernements mit diesem Arbeitsgebiet begonnen. Was die Landwirtschaftsverwaltung vorfand, war etwa dies: sinnlos zerstörte Dörfer, grundlose »Wege«, eine unbeschreibliche Besitzzersplitterung, verlottertes Inventar, verwahrlostes und unterernährtes Vieh, schlechte oder gar keine Düngung, schlechte Bestellung und dementsprechende landwirtschaftliche Ergebnisse und Erträge. 89 % aller Betriebe hatten unter 10 ha Land, und personell waren diese »Höfe« derart übersetzt, daß sie so gut wie nichts auf den Markt lieferten, was bei den Ertragsergebnissen nicht weiter verwundern kann. Hier ein paar Zahlenvergleiche aus dem landwirtschaftlichen Ertrag:
Roggenertrag: im GG. 11,0 dz je ha, im Reich 17,3 dz,
Weizenertrag: im GG. 11,7 dz je ha, im Reich 22,0 dz,
Kartoffelertrag: im GG. 125 dz je ha, im Reich 169 dz — und aus der Viehhaltung: auf 100 ha landwirtschaftliche Nutzfläche entfielen im GG.: 131 Hühner, 5 Schafe, 26 Schweine, 41 Rinder und 15 Pferde, im Reich dagegen: 210 Hühner, über 18 Schafe, über 77 Schweine, 70 Rinder und 12 Pferde.
Aus diesen Voraussetzungen sollten die Eigenversorgung eines Gebietes mit

Der Reichsführer-SS  Feld-Kommandostelle, den 16. Febr. 1943

Tgb.Nr. 38/33/43 g

Geheim!

An den
Höheren SS- und Polizeiführer Ost
SS-Obergruppenführer K r ü g e r
K r a k a u

Aus Sicherheitsgründen ordne ich an, daß das Ghetto Warschau nach der Herausverlegung des Konzentrationslagers abzureißen ist, wobei alle irgendwie verwertbaren Teile der Häuser und Materialien aller Art vorher zu verwerten sind.

Die Niederreißung des Ghettos und die Unterbringung des Konzentrationslagers ist notwendig, da wir Warschau sonst wohl niemals zur Ruhe bringen werden und das Verbrechertum bei Verbleiben des Ghettos nicht ausgerottet werden kann.

Für die Niederlegung des Ghettos ist mir ein Gesamtplan vorzulegen. Auf jeden Fall muß erreicht werden, daß der für 500.000 Untermenschen bisher vorhandene Wohnraum, der für Deutsche niemals geeignet ist, von der Bildfläche verschwindet und die Millionenstadt Warschau, die immer ein gefährlicher Herd der Zersetzung und des Aufstandes ist, verkleinert wird.

gez. H. H i m m l e r

2.) Chef der Sicherheitspolizei und des SD
   durchschriftlich mit der Bitte um Kenntnisnahme übersandt.
   I.A.
   SS-Obersturmbannführer.

52 Befehl des Reichsführers-SS Heinrich Himmler zur Zerstörung Warschaus.
16. Februar 1943

einer Bevölkerungsdichte nicht viel geringer als die des Reiches geschaffen und darüber hinaus noch bestimmte Ablieferungskontingente gewonnen werden. Die Hauptabteilung Ernährung und Landwirtschaft hat diese Aufgabe gemeistert, darüber hinaus aber noch die Möglichkeit gefunden, sich mit großzügigen Planungsaufgaben zu beschäftigen, die von besonderer Bedeutung für die Raumordnung waren. Das Hauptlandamt stellte weitgehende Umlegungsprogramme auf, die eine bedeutsame Strukturwandlung einleiteten. Die Raumordnung war an der Festlegung der Umlegungsbereiche ebenso beteiligt wie an den Untersuchungen über die Festlegung der zur Zeit in schlechter landwirtschaftlicher Nutzung befindlichen aufforstungswürdigen Flächen.

Die Aufforstung gehört zu den wichtigen und vordringlichen Planungen im Generalgouvernement. Die katastrophale Abholzung hat wasserwirtschaftliche Schäden ernstesten Ausmaßes hervorgerufen, ihre Beseitigung ist auch für den Ausbau der Weichsel, die heute ein steriler, völlig verdorbener Fluß ist, von größter Bedeutung.

Immer noch begegnet man der Auffassung, das Generalgouvernement sei ein waldreiches Land. Bei einem Waldanteil von nur 19 % (gegen 27 % des Reiches) ist diese Meinung völlig unbegründet, um so mehr, als die Wald-»Wirtschaft« Polens sich vom Raubbau nur noch sehr geringfügig unterschied. Im jetzigen Distrikt Lublin – um nur ein Beispiel zu erwähnen – sind von rund 500 000 ha Gesamtwaldfläche nur etwas über 90 000 ha Staatswald, rund 200 000 ha Gutswald und rund 200 000 ha Bauernwald. Die »Bewirtschaftung« des Bauernwaldes entsprach der übrigen landwirtschaftlichen Bewirtschaftung. Der Waldbesitz der Güter wurde von seinen Eigentümern im wesentlichen als willkommene Geldquelle ohne Rücksicht auf die Zukunft angesehen. Was bei diesen Verhältnissen und dem ungeheuer gesteigerten Holzbedarf des Reiches der Hauptabteilung Forsten an Arbeit zufiel, liegt damit auf der Hand.

In diese überaus schwierige Lage der beiden genannten Ressorts mußte die Raumordnung durch die von ihr zu bewerkstelligende Bereitstellung von Land für öffentliche Zwecke noch besonders eingreifen. Wenn später einmal die Landbedarfszahlen mit ihren Folgewirkungen genannt werden, wird man sehen, daß die Raumordnung hier vor Aufgaben gestellt war, die nur mit den schwierigsten Parallelfällen im Reich zu vergleichen sind. Für die Lösung dieser Aufgaben hat es sich zweifellos günstig ausgewirkt, daß im Generalgouvernement, abweichend von der Praxis im Reich, die Raumordnung auch für die gesamte Durchführung dieser Landbedarfsmaßnahmen verantwortlich zeichnen und sich entsprechend viel weiter einschalten mußte, dabei allerdings auch mit Problemen in unmittelbare Berührung kam, deren genaue Kenntnis für die Vorbereitung von Raumordnungsplänen notwendig war.

Auf dem Gebiet der gewerblichen Wirtschaft traten konkrete Aufgaben an die Raumordnung erst verhältnismäßig spät heran. Zunächst galt es, vor allem in der Industrie, die Kriegsschäden zu beseitigen und die Produktion so rasch wie möglich wieder in einen einigermaßen normalen Gang zu setzen. Das Gesamtbild, das sich auf diesem Sektor darbot, war insgesamt nicht erfreulich. Neben einer großen Anzahl industrieller Betriebe von echt polnischer Prägung und Leistung, wie sie kaum geschildert werden können, standen einige wenige hochmoderne, mit den besten Maschinen ausgestattete Werke polnischer Großmannssucht. Zu ihnen gehört z. B. das Stahlwerk Stalowa Wola. Den zahlreichen ausländischen Kommissionen wurden diese Propagandastücke von den anleihebedürftigen Polen zur Erweckung falscher Eindrücke immer wieder mit Erfolg vorgeführt. Für die Raumordnung handelte es sich zunächst darum, an Hand eingehender Strukturbilder, wobei die Bestandsaufnahme auf große Schwierigkeiten stieß, sich Gedanken über einen friedensmäßigen organischen Aufbau zu machen, um Stellung nehmen zu können, wenn konkrete Planungen zur Verwirklichung anstehen. Daß diese Vorarbeit auch unter dem Vorzeichen kriegsbedingter Einschränkung keineswegs unnötig war, erwies sich, als das auf Anregung der Hauptabteilung Wirtschaft aufgestellte großzügige Energieversorgungsprogramm in Durchführung genommen wurde. Die für die geforderten Industrieleistungen unzureichende Energieversorgung des Generalgouvernements wurde zunächst durch beschleunigten Neubau einiger großer Hochspannungsleitungen zur Herstellung der Anfänge einer geregelten Verbundwirtschaft verbessert. Neben Kohle- und Wasserkraftwerken (darunter die von der deutschen Verwaltung fertiggestellte größte europäische Talsperre bei Roznow) wurde dabei auch wesentlich stärker als bisher das galizische Erdgas durch Bau neuer Fernleitungen herangezogen.

Die Vorprojektierung der Ausnutzung der galizischen Wasserkräfte stellt die Raumordnung in ihrer Stellungnahme im Hinblick auf die von ihr als vordringlich angesehene Erholungsplanung in dem gesamten Gebirgs- und Vorgebirgsland von Rabka und Zakopane im Süden des Distrikts Krakau bis Morszyn und Worochta im Distrikt Galizien vor besondere Aufgaben. Die Erholungsplanung im Generalgouvernement muß in ihren wesentlichen Teilen zweifellos als kriegswichtige Planungsaufgabe angesehen werden. Nicht nur die landschaftliche Schönheit der Beskiden, der Hohen Tatra und der Karpaten, sondern auch die zahlreichen, in ihrer Heilwirkung berühmten europäischen Bädern gleichwertigen Kurorte (oder wenigstens die polnischen Ansätze dazu) und Heilquellen lassen den Süden der Distrikte Krakau und Galizien als die natürliche östliche Fortsetzung der schlesischen Erholungslandschaft erscheinen. Die Wälder der Karpaten sind das am weitesten in die unter deutscher Verwaltung stehenden östlichen Räume vorgeschobene Erholungsgebiet. Sie liegen der Front und später der deutschen Zivilverwaltung im weiten, waldarmen Osten am nächsten. Ihr dem deutschen Wesen so sehr entsprechender Waldlandschaftscharakter wird sie zu dem bevorzugten Erholungsraum des Ostens machen. Zaleszczyki und Worochta, Morszyn und Truszkawiec, Krynica und Szawnica, Rabka und Zakopane werden, wie auch Busko und einige andere, eine wertvolle Bereicherung der Kurmöglichkeiten des Großdeutschen Reiches darstellen. Ihre Planung ist deshalb auch bereits in Angriff genommen ...

Ein Blick auf die Europakarte muß das Generalgouvernement als ein Verkehrsgebiet von geopolitisch hervorragender Bedeutung erscheinen lassen. Das Generalgouvernement ist die wichtigste Brücke vom Reich zum Osten. Von ihr strahlen die aus der politischen und wirtschaftspolitischen Mitte des Reiches und Europas kommenden großen Verkehrsstränge aus in den weiteren Osten. Östliche Maßstäbe, die Raumweite und im Altreich nie gekannte Verkehrsentfernungen beeinflußten und bestimmten die Planung von vornherein. Neuartige Schnellbahnstrecken, besondere Schwerlastgüterbahnen, weit ausladende Äste des Reichsautobahnnetzes, großzügige Wasserstraßenpläne wurden zur Debatte gestellt. Aus dieser Fülle einmalig großer Aufgaben kristallisieren sich immer mehr konkrete Vorschläge heraus, deren Durchführbarkeit mit tragbaren Mitteln und deren wirtschaftlicher und politischer Nutzen außer Frage zu stehen scheinen. Zu diesen von der Raumordnung im Generalgouvernement maßgeblich beeinflußten, teilweise selbst erstmalig vorgeschlagenen Projekten gehören die Autobahnen: Gleiwitz—Krakau—Przemysl—Lemberg mit den Fortsetzungen nach Kiew—Charkow, nach Uman—Rostow, zur Krim und über Tschernowitz nach Odessa und Bukarest, ferner die Autobahn: Posen—Litzmannstadt—Warschau—Minsk und die Autobahn: Königsberg—Warschau—Krakau—Budapest. Es gehören dazu die Eisenbahnprojekte: Krakau—Lemberg; Kiew—Kowel—Lublin—Radom—Litzmannstadt und nicht zuletzt der Weichselausbau mit Kanälen von Demblin nach Brest und Pinsk, von Sandomir sanaufwärts und dann hinüber zum Dnjestr und Pruth und ein west-östliches Kanalprojekt von Sandomir in Richtung auf Kiew am Rande der podolischen Platte. Besondere Sorgfalt verwandte die Raumordnung auf die Ausfüllung des weitmaschigen Reichsautobahnnetzes durch die Planung leistungsfähiger Auto- und Fernstraßen. Hierzu gehören insbesondere die beiden wichtigen Diagonalstrecken: Bielitz—Krakau—Sandomir—Lublin—Brest und Litzmannstadt—Kamienna—Sandomir—Przemysl—Stryj—Stanislau. Vor allen Dingen diese letztere wird besondere Bedeutung gewinnen, da an ihr die wichtigsten Industriestandorte des Generalgouvernements — Tomaschow, Petrikau, Kamienna, Starachowice, Ostrowiec, Stalowa Wola, Drohobycz, Stryj, Boryslaw — aufgereiht sind. An wichtigeren Autostraßen wurden ferner vorgeschlagen die Linien: Warschau—Lublin—Lemberg; Tschenstochau—Kielce; Tschenstochau—Krakau; Bielitz—Neu-Sandez—Sanok—Sambor—Lemberg sowie der moderne Ausbau der bestehenden Durchgangsstraßenzüge: Krakau—Lemberg; Krakau—Warschau; Warschau—Brest und Warschau—Tschenstochau.

Abschließend seien noch einige Worte dem neben der Verkehrs- und Erholungsplanung bedeutsamsten gegenwärtigen überörtlichen Arbeitsgebiet der Raumordnung im Generalgouvernement, den zentralen Orten und der Stadtplanung, gewidmet.

Das Problem der zentralen Orte hat politisch wie auch wirtschaftlich in einem Gebiet mit kolonialer Prägung eine andere Bedeutung und zweifellos keine geringere als in den Teilen des Altreiches.

Die endgültige Beherrschung des Generalgouvernements wird ihren Ansatzpunkt in den Schlüsselstellungen eines regelmäßigen Netzes zentraler Orte finden müssen. Dem zentralen Ort im Generalgouvernement als dem Mittelpunkt und dem

Leitorgan einer ihm zugehörigen Raumlandschaft und als der deutschen Kultur-, Macht- und Wirtschaftszentrale werden alle diejenigen Elemente zuzuteilen sein, die ihm als dem unmittelbaren Ausdruck der deutschen Herrschaft gebühren. Deutsche Verwaltungen und Garnisonen, Schlüsselindustrien und Kreditinstitute, Schulen und Berufsschulen, kulturelle Einrichtungen und Elemente der politischen Führung sollen dem zentralen Ort nicht nur ein deutsches Gesicht verleihen und ihn zum Rückhalt für das ansässige Deutschtum machen, sondern ihm darüber hinaus auch eine weitgehende Ausstrahlungskraft auf diejenigen Teile des Fremdvolks geben, die enger in die deutschen Kultur- und Wirtschaftsbereiche einbezogen werden sollen. Die Vorarbeiten für die Festlegung des Netzes zentraler Orte stehen vor dem Abschluß.

Von besonderer Bedeutung bei der Durchführung dieser Aufgaben ist die Städte-Vorplanung. Es kann nicht Aufgabe der Raumordnung sein, dem polnischen Volkstum nach deutschen Gemeinschaftsgrundsätzen geplante Städte darzubieten. Die Aufgabe der Raumordnung wird vielmehr darin bestehen, die zentralen Orte als die Sitze und Lebensgrundlage des im Generalgouvernement tätigen und ansässigen Deutschtums nach den gesunden Grundsätzen einer dem deutschen Wesen entsprechenden Stadtlandschaft zu planen. Gerade im Generalgouvernement wären Raumordnung und Landschaftsgestaltung ohne Beziehung aufeinander nicht denkbar, und besonders die Planung der zentralen Orte ist so auszurichten, daß sie durch ihre dem deutschen Menschen seiner Natur nach angepaßte Verbindung mit der Landschaft die Verwurzelung mit dem neugewonnenen Raum fördert und zur Erhaltung der Schöpferkraft beiträgt. Wenn vielfach gesagt wird, daß das Generalgouvernement ein kolonial bestimmtes Gebiet sei, so soll gerade in den deutschen zentralen Orten kein dem Boden entfremdetes Handels- oder Wirtschaftsherrentum geschaffen, sondern alle Voraussetzungen gegeben werden, damit das Deutschtum von seinen zentralen Orten aus in die Landschaft hineinwachsen kann, um sie damit für immer dem Deutschen Reich zu erwerben.

Die Raumordnung im Generalgouvernement ist in der glücklichen Lage, gerade in bezug auf die städtebauliche Vorplanung nicht mit jedem Quadratmeter Boden so sehr geizen zu müssen wie im Altreich. Hier kann sie, wie es bei den starken und in sich gefestigten mittelalterlichen Städten der Fall war, die Landschaft in Form von Gärten, Gemeinschaftsanlagen und Stätten des Erholungswesens in einer der Natur des Deutschen angepaßten natürlichen Form bis mitten in die Stadt hineinziehen. Es gilt, diesen Raum nicht nur mit Bauern und Kolonisten, sondern auch mit einer im Lande verwurzelten städtischen Führungsschicht zu gewinnen und zu halten...

# XIV. POST FESTUM

*Ursprünglich war beabsichtigt, die Darstellung und Dokumentation der »Architektur im Dritten Reich« mit einer Bilanz der durch die Hitlerregierung verursachten Zerstörungen zu beschließen. Aber bereits nach ersten Recherchen stellte sich heraus, daß dies eine Arbeit von Jahren bedeutet und ein weiteres Buch gefüllt hätte; zumal eine solche Bilanz mit Fug nicht auf das Gebiet der Bundesrepublik und auch nicht auf das ehemalige Reichsgebiet zu beschränken gewesen wäre. So begnügen wir uns, des Ungenügens der Methode bewußt, mit der Wiedergabe zweier »Stimmen der Rechtfertigung«. Der Brief von Rudolf Wolters, dem ehemaligen Pressereferenten im »Baustab Speer«, reflektiert die skizzierte Entwicklung noch einmal im Zusammenhang aus der Warte des Davongekommenen. Wolters, der sich nach 1945 vor allem als Siedlungs- und Krankenhausarchitekt betätigt hat, verkörpert in gewisser Weise den »Normalfall« des deutschen Architekten mittleren Alters nach dem Kriege. Albert Speer, der Chefarchitekt Hitlers, ist eine Ausnahme insofern, als er seine Teilhabe an der Zwangsdeportation ausländischer Arbeiter mit zwanzig Jahren Zuchthaus gebüßt hat. Speer hat nach seiner Entlassung aus dem Spandauer Gefängnis eine eigene Darstellung seiner Beobachtungen und Erfahrungen angekündigt. Wir zitieren seine Schlußworte vor dem Nürnberger Tribunal, weil sie uns symptomatisch erscheinen für die Mischung von Idealismus und beschränktem Urteilsvermögen, die nach Theodor Litt den akademisch gebildeten deutschen Techniker jener Zeit charakterisiert. Schließlich werden den Stimmen der Prominenten des Dritten Reiches noch die »Stimmen zum Neuaufbau« zugesellt, die sich mit einigem Recht unbelastet wähnen durften. Ihr Aufruf de profundis im Jahre 1947 ging in der nachfolgenden Baukonjunktur ebenso verloren wie die Stimmen der Rechtfertigung und bildet somit, auf seine Weise, gleichfalls einen Schlußpunkt.*

◁ 53 Potsdamer Platz/Leipziger Platz in Berlin 1946. Vorn die Reste von einem der Schinkelschen Torhäuser, ganz rechts die Ruine von Erich Mendelsohns Columbushaus (erbaut 1931/32)

## 110 September 1952

**Versuch einer Rechtfertigung**

Coesfeld, August 1952

Sehr geehrter Herr Leitl!
Mit meinem Brief habe ich gewartet, bis Ihre Antwort eintraf.
Ich will heute nun den ersten Teil des von mir umrissenen Themas behandeln: Wie ich selbst dazu kam, das Bauen des Dritten Reiches zu vertreten, und worin ich dessen geistiges Fundament zu sehen glaubte.
Ich werde, wie ich schon andeutete, nicht zu weit zurückgreifen, obschon dies eigentlich notwendig wäre. Ich will vielmehr da beginnen, wo ich als werdender Architekt die Dinge selber miterlebte.
1925 kam ich nach ersten vier Münchner Semestern nach Berlin, wo Poelzig der maßgebende Lehrer war und ein weiterer vakanter Lehrstuhl an der Hochschule besetzt werden sollte. Zur Debatte standen Mies van der Rohe und Tessenow. Ich trat in den Diskussionen der Studentenschaft für Tessenow ein, nachdem ich ihn in einem Vortrag des Kunstgewerbevereins kennengelernt hatte, obschon ich Gebautes von ihm kaum kannte, und der formalen Auffassung Mies van der Rohes damals näherstand. 1926 entschied sich der Kultusminister für Heinrich Tessenow, der nun mein Lehrer wurde und dem ich mich wachsender Begeisterung anhing. Sie wissen dies aus der kleinen Schrift, die ich beim Tode Tessenows für einige Freunde verfaßt habe.
Es ging mir damals in erster Linie um eine gültige äußere Form der Architektur, und ich versuchte, mir irgendein formales »Rezept« anzueignen, ohne mir darüber klar zu sein, daß einer solchen überhasteten Festlegung jede innere Notwendigkeit fehlen mußte. Da kam Heinrich Tessenow im rechten Augenblick. Er wirkte auf mich befreiend. Er gab kein Rezept. Er schob vielmehr alles Formale mit sanfter Hand beiseite und versuchte, uns von jeder vorgefaßten Formvorstellung loszulösen. Er war ein zäher Kämpfer gegen jede »Richtung«. So lehnte er die einseitig orientierten Mitglieder des Berliner »Rings«, dem er selber dem Namen nach angehörte, leidenschaftlich ab. Er lehnte jeden Architekten ab, der auf eine Formfestlegung gesteigerten Wert legte: Kreis und Schmitthenner ebenso wie Gropius und Mies van der Rohe. Er hatte zwar freundliche Beziehungen zu Bonatz auf der einen, zu Martin Wagner und Oud auf der anderen Seite. Aber auch sie bewegten ihn nicht. Der einzige, von dem er selber sagte, daß er ihm etwas gegeben habe, war Le Corbusier.
Nach dem Examen arbeitete ich zwei Jahre im Privatbüro Tessenows in der Akademie, promovierte bei ihm und vervollständigte meine Ausbildung in einem kleinen Berliner Baugeschäft als Bauführer, um dann bei der Reichsbahndirektion Berlin für weitere zwei Jahre Beschäftigung zu finden.
Während dieser fünf Jahre nach dem Examen verdiente ich so gut wie kein Geld. Ich bekam gelegentlich in der einen oder anderen Position einen Unterhaltszuschuß von 100 oder 150 Mark. Die Reichsbahndirektion zahlte mir nichts, da die Arbeit von Jahr zu Jahr abnahm und Neueinstellungen gegen Bezah-

lung nicht vorgenommen wurden. Obwohl ich von Hause aus aufs Geldverdienen nicht unbedingt angewiesen war, wurde mir dieser Zustand jedoch unerträglich.
Ich hatte mich bis dahin, wie übrigens auch später, politisch in keiner Weise betätigt. Ich ärgerte mich lediglich über die politische Entwicklung, über den Staat, der seine Erwerbslosen mit Geld unterstützte, anstatt sie arbeiten zu lassen. Dieser Ärger steigerte einen im Laufe der Zeit fast zum Haß gegen das politische System. Das Gefühl der Unsicherheit und des Unbefriedigtseins wuchs mit dem hoffnungslosen Blick in die Zukunft von Jahr zu Jahr. Ich schwankte zwischen völliger Apathie und fanatischem Arbeitswillen.
Da trat für mich in der Zeit des größten politischen Tiefstandes eine entscheidende Wendung ein.
Anfang 1932 wurde ich, obschon ich mich bereit erklärte, ohne jede Bezahlung weiterzuarbeiten, von der Reichsbahndirektion Berlin entlassen. Gleichzeitig wurde mir der Hinweis gegeben, nach Rußland zu gehen, da die Russen »Spezialisten für Bahnhöfe« suchten.
Ich meldete mich bei der Vertretung des russischen Verkehrskommissariats in Berlin und war bereits sechs Wochen später als Einzelgänger auf dem Wege nach Moskau.
Ich war kein Kommunist, aber ich war für die sozialistische Staatsform begeistert. Hier war ein richtungweisender Bauherr, hier waren große Aufgaben, hier wurde meine Arbeitskraft gefordert – und gewertet.
Ich brachte ein Jahr in Nowosibirsk bei der Planungsabteilung der Neubaudirektion der sibirischen Eisenbahnen zu. Nach einem Gastspiel am Projekt des Hauptbahnhofes Nowosibirsk bearbeitete ich die Planung der sibirischen Hochschulstadt für Verkehrsingenieure, sodann den Bebauungsplan für eine neue sibirische Stadt von 30 000 Einwohnern. Diese letztere Aufgabe war für mich außerordentlich aufregend. Ich hatte ein ganzes städtisches Gebilde zu entwerfen, und zwar ohne jede Rücksicht auf private Interessen, eine Stadt, die in jeder Hinsicht so zweckmäßig und so schön wie möglich werden konnte. Hier gab es keine privaten Grundstücksparzellen, auf die bei der Planung Rücksicht zu nehmen war, keinen Großgrundbesitz, keinen Besitz der Kirche oder anderer starker Institutionen, die einem Planen für das allgemeine Wohl hätten entgegenstehen können. Bauherr war der Staat.
Meine traurigen Berliner Erlebnisse waren bald vergessen, und nach der notwendigen Eingewöhnung in die ungewohnten äußeren Verhältnisse und nach der Erlernung eines kleinen Wortschatzes der russischen Sprache lebte ich voll und ganz dieser einmaligen neuen Aufgabe. Der ausländische Ingenieur wurde damals von den Russen gut behandelt, ein politischer Druck bestand für ihn kaum, so daß ich mich in meiner äußeren Freiheit nicht beeinträchtigt fühlte.
Die städtebauliche Arbeit baute sich auf Richtlinien auf, die von deutschen Architekten in Rußland ausgearbeitet worden waren und die für mich ein sehr handfestes Material bildeten. Da es sich um die schwierige Organisation einer Stadt handelte, und da ich von Tessenow her zu einem vorbehaltlosen Arbeiten

ohne formale Bindungen erzogen war, gab es bei der Arbeit eigentlich nur Schwierigkeiten des Technischen, Organisatorischen, Wirtschaftlichen. Das Formale trat ganz in den Hintergrund. Es war mir auch fast gleichgültig, da ich das Übergeordnete, den zweckmäßigen Bau der Stadt für eine geschlossene städtische Gemeinschaft, als wesentlich ansah. Es ergab sich von selbst, daß die öffentlichen Gebäude, die Schulen, Krankenhäuser und Gemeinschaftsbauten an ihrem richtigen Platz standen: Es gab keine Möglichkeit, sie durch — sagen wir Persil- oder Coca-Cola-Bauten in den Hintergrund zu drängen.
So interessierte es mich bei der Schwierigkeit der Gesamtüberlegung auch in keiner Weise, daß May ein starkes formales Prinzip, das des Zeilenbaues in der Nord-Süd-Richtung, überbetonte. Es interessierte mich auch nicht, daß in Moskau mit Glas und Stahl gebaut wurde, oder bei uns in Nowosibirsk vornehmlich Holz verwendet werden mußte; und ebensowenig ging mich der Ukas Stalins an, der den Russen die griechischen Formen ins Gedächtnis rief und die Fassaden der öffentlichen Gebäude mit Märchensäulen verklebt sehen wollte. Ich war weder mit den Zeilen Mays und den Glasbauten Le Corbusiers einverstanden noch mit den Säulen Stalins und seiner Leningrader Akademie-Architekten. Mir schien dies alles, wie gesagt, unwichtig zu sein im Hinblick auf das übergeordnete große Städtebauliche, auf die allgemeine, nur das öffentliche Wohl ansprechende Ordnung des Gesamten: die Überordnung, Zuordnung oder Unterordnung des einzelnen Gebäudes nach seinem tatsächlichen Gewicht, dessen Maße nur das öffentliche Interesse bestimmte. Mitte 1933 ging ich nach Berlin zurück, da mit der Machtergreifung Hitlers auch in Rußland ein Wandel eingetreten war in der Behandlung der ausländischen Spezialisten. Ich mußte außerdem zurückkehren, da ich infolge von Ernährungsschwierigkeiten heruntergekommen war... In Deutschland war inzwischen alles anders geworden. Ich stand dem Neuen zunächst abwartend gegenüber, da ich mir nicht denken konnte, daß der neue Staat von Bestand sein würde und das Ausland den Nationalsozialismus sich ohne Behinderung werde entwickeln lassen. Es kam aber anders.
Noch im Jahre 1933 fand ich nach einer kurzen Entbolschewisierungsprozedur durch den NS-Führungsstab der Reichsbahn eine Stellung wieder, und zwar diesmal einen bezahlten Posten bei der Reichsbahndirektion in Berlin.
Im Laufe der Zeit bekam ich einen langsam größer werdenden Respekt vor dem Nationalsozialismus, den ich immer mehr als eine echte Volksbewegung zu sehen glaubte. Als unerhörte Befreiung empfand ich den Rückgang der Arbeitslosigkeit und vor allem die Beseitigung der politischen Parteien, für die ich mich nie hatte und sicher auch nie werde erwärmen können. Es bahnte sich in Deutschland auf soziologischem Gebiet etwas Ähnliches an, was ich in Rußland bereits erlebt hatte. Nur schien mir das neue deutsche System bei weitem nicht derart rigoros dem einzelnen gegenüber zu sein wie in Rußland.
Ende 1937 holte mich Speer, den ich seit meinem Studium gut kannte, an die neue Behörde des Generalbauinspektors. Ich ging mit etwas gemischten Gefühlen, da ich immer noch nicht recht an eine wirkliche Aufwärtsbewegung glau-

ben wollte, obwohl ich bereits mit staunenden Augen die ersten tausend Kilometer einer Autobahn greifbar vor mir sah. Was ich zuerst nur vom Hörensagen wußte, die Absicht zum Bau einer gewaltigen Prachtstraße in Berlin, flößte mir kein großes Zutrauen ein.
Auch der neue Klassizismus, der hier und da auftauchte, machte mich stutzig. Ich konnte mich mit dieser Architektur gar nicht befreunden, und ich freute mich daher, daß ich in Berlin wieder an eine städtebauliche Aufgabe kam, deren überragende Größe diese äußere Form des einzelnen Bauwerks unwichtig machen mußte. Daß dies tatsächlich so war, sah ich bald.
Was mich damals aber ganz besonders in Anspruch nahm, war die Tatsache, daß die städtebauliche Neuordnung nicht nur wirtschaftlicher, organisatorischer oder technischer Natur war, sondern im höchsten Maße eine soziologische Angelegenheit, und zwar eine wirklich echte. Die Errichtung der öffentlichen Gebäude, der Bauten der Gemeinschaft, rangierte an erster Stelle. Das war für uns junge Architekten, die gläubige Optimisten waren und gern dem Allgemeinwohl dienen wollten, eine großartige, nie dagewesene Sache. Fast war dies der Staat Platons. Der Architekt stand im Dienste eines Auftraggebers, der zuerst an das Ganze dachte.
Und für mich selbst war das Gefühl des Großen und Schönen um so bezwingender, als ich nach meinem Examen in eine Zeit tiefsten politischen und arbeitlichen Niederganges geraten war. Für mich waren die Worte, die Hitler 1935 in seiner Kulturrede in Nürnberg fand, tatsächlich eine Verheißung.
Das klingt heute natürlich sehr eigenartig. Alles liegt schon traumhaft weit zurück; man möchte meinen, es wäre gar nicht gewesen. Aber damals war es für mich und für Millionen anderer eine Realität. Ich stand mitten drin und war hineingekommen, ohne fast zu wissen wie; ich war beinahe hineingestolpert über die sogenannte Systemzeit und über Rußland, über Zeiten und politische Systeme, die im schärfsten Kampf zueinander standen, die voneinander so verschieden waren, wie man es sich kaum vorzustellen vermag.
Und ich stand insgesamt dem neuen Wollen positiv gegenüber, mit großem Optimismus, in festem Glauben an ein Gelingen. Vom Reißbrett war ich weggeholt und war nur noch dirigierend tätig, und zwar in erster Linie auf städtebaulichem, das heißt auf übergeordnetem Gebiet.
Ebenso wie in Rußland war auch in Deutschland die Gesamtordnung jetzt das allerwichtigste. Die Form des einzelnen Bauwerks trat in den Hintergrund. Immer mehr wurde ich der festen Überzeugung, daß dieser Wille zur Gesamtordnung auch zur Ordnung des Einzelnen, also zu einer echten und wahren Form führen müsse. Auch jetzt behagte mir Einzelnes nur wenig. Ich stand oft fassungslos manchem Entwurf gegenüber. Aber immer wieder sagte ich mir, daß dies nur ein Übergang, eine Zeit des Ringens um eine echte Form sein müsse, die ja so schnell gar nicht gültig gefunden werden könne. Sie konnte nur allmählich mit der Verfestigung des inneren politischen Aufbaues wachsen. Und an diesem politischen Aufbau, am Programm, das der Nationalsozialismus vorgelegt hatte, zweifelte ich nicht, auch wenn schon manches Unzulängliche sicht-

bar wurde. Das Programm baute sich auf einer Idee auf, die mir wert schien, sich dafür einzusetzen: der Aufbau einer großen volkischen Gemeinschaft, deren oberstes Gesetz Dienst am Wohl des Gesamten sein sollte. Ich glaubte darin ein hinreichendes geistiges Fundament zu sehen, für das zu kämpfen und zu arbeiten sich lohnte.

So habe ich denn nebenbei als Schriftleiter der »Baukunst im Dritten Reich« das Bauen dieser Zeit vertreten. Ich habe dabei manches veröffentlicht, zu dem ich selbst kein unbedingtes Ja sagen konnte, das ich sogar ablehnte. Aber ich habe mir dabei eben immer wieder gesagt, daß es auf dieses Einzelne nicht entscheidend ankomme, sondern daß es das gesamte Große sein müsse, das ich vertrat.

In meiner letzten Schrift »Vom Beruf des Baumeisters«, die ich 1942 schrieb (veröffentlicht 1943 mit Vordatierung des Verlages 1944) habe ich noch mit Überzeugung das nationalsozialistische Bauen, insbesondere den neuen Städtebau, vertreten. Ich wollte und konnte nicht glauben, daß dieses Regime ebenso wie das Wilhelms II. und das von 1918–1933 zugrunde gehen müsse.

Ich weiß heute, daß ich mich damals, ebenso wie andere, die führend beteiligt waren, mit jugendlichem Leichtsinn über manches hinweg gesetzt habe. Mancher Zweifel wurde nicht ernst genommen. Das Scheinwerferlicht, der blendende Kegel, in dem wir uns bewegten, ließ alles andere in tiefen Schatten sinken. Allerdings sind mir auch damals kaum Architekten entgegengetreten, die sich klar und deutlich gegen das, was wir vertraten, äußerten. Von denen, die heute die Neunmalklugen gewesen sein wollen, und die mir damals begegnet sind, hat mir kaum einer ein ernstes Wort der Kritik geäußert. Gewiß, jeder lebte in Angst, dies könne gefährlich sein — aber es hat sich bis heute keiner bei mir gemeldet, den ich damals wegen seines freimütigen Wortes scharf angefaßt hätte. Ich glaube vielmehr, daß es bekannt war und ist, daß Denunziationen bei mir unter den Tisch fielen ...

Der einzige, den ich damals als Gegner empfand und der sich mit allergrößter Offenheit mir gegenüber aussprach und der mich angriff von Mann zu Mann, war Bonatz. Dies nebenbei.

In den letzten beiden Jahren vor 1945 war die nationalsozialistische »Baukunst«, wenn wir es so nennen wollen, auch für mich erledigt. Auch Speer hatte mir darüber deutliche Worte gesagt. Er hatte seinen Apparat aufgelöst bzw. auf ein Mindestmaß zusammenschrumpfen lassen und mir die Leitung des Arbeitsstabes »Wiederaufbauplanung zerstörter Städte« übertragen. Während dieser Zeit gab es keine »Prachtplanung« mehr. Wir erarbeiteten Richtlinien für einen systematischen Wiederaufbau und bereiteten etwas völlig Neues vor, was leider zu Ende des Krieges nicht zur Auswirkung kommen konnte.

Dies wäre in großen Zügen das, was ich zum ersten Punkt unseres Themas zu sagen hätte. Ich habe mich freimütig geäußert. Vielleicht geben Sie Ihrerseits eine Darstellung zum gleichen Thema.

Mit freundlichem Gruß!    Ihr R. Wolters

## 111 Herbst 1946

### Schlußworte Albert Speers im Nürnberger Prozeß

Herr Präsident, meine Herren Richter!

Hitler und der Zusammenbruch seines Systems haben eine ungeheure Leidenszeit über das deutsche Volk gebracht. Die nutzlose Fortsetzung dieses Krieges und die unnötigen Zerstörungen erschweren den Wiederaufbau. Entbehrung und Elend sind über das deutsche Volk gekommen.
Es wird nach diesem Prozeß Hitler als den erwiesenen Urheber seines Unglücks verachten und verdammen. Die Welt aber wird aus dem Geschehenen lernen, die Diktatur als Staatsform nicht nur zu hassen, sondern zu fürchten.
Die Diktatur Hitlers unterschied sich in einem grundsätzlichen Punkt von allen geschichtlichen Vorgängern. Es war die erste Diktatur in dieser Zeit moderner Technik, eine Diktatur, die sich zur Beherrschung des eigenen Volkes der technischen Mittel in vollkommener Weise bediente ...
Frühere Diktaturen benötigten auch in der unteren Führung Mitarbeiter mit hoher Qualität, Männer, die selbständig denken und handeln konnten. Das autoritäre System in der Zeit der Technik kann hierauf verzichten ... Wir waren erst am Beginn dieser Entwicklung.

## 112 Januar 1947

### Ein Nachkriegsaufruf — Grundsätzliche Forderungen

Der Zusammenbruch hat die sichtbare Welt unseres Lebens und unserer Arbeit zerstört. Mit einem Gefühl der Befreiung glaubten wir damals, wieder ans Werk gehen zu können. Heute nach zwei Jahren erkennen wir, wie sehr der sichtbare Einsturz nur Ausdruck der geistigen Zerrüttung ist, und könnten in Verzweiflung verharren. Wir sind auf den Grund der Dinge verwiesen, von da aus muß die Aufgabe neu begriffen werden.
Alle Völker der Erde sind vor diese Aufgabe gestellt, für unser Volk entscheidet sich daran Sein oder Nicht-Sein. Uns aber, den Schaffenden, ist es auf das Gewissen gelegt, die neue sichtbare Welt unseres Lebens und unserer Arbeit zu bauen. In dieser Verantwortung fordern wir:
1. Die großen Städte müssen beim Aufbau zu einem gegliederten Verband in sich lebensfähiger, überschaubarer Ortsteile werden; die alte Stadtmitte muß neues Leben gewinnen als kulturelles und politisches Herzstück.
2. Das zerstörte Erbe darf nicht historisch rekonstruiert werden, es kann nur für neue Aufgaben in neuer Form erstehen.
3. In unseren Landstädten mit ihren alten Bauten und Straßen — letzten sichtbaren Kündern deutscher Geschichte — muß eine lebendige Einheit aus dem

alten Gefüge und modernen Wohnquartieren und Industriebauten gefunden werden.
4. Die völlige Umschichtung verlangt auch für das deutsche Dorf den planmäßigen Aufbau.
5. Für Wohnbauten und für unsere öffentlichen Gebäude, für Möbel und Gerät suchen wir statt Überspezialisierung oder kümmerlicher Notform das Einfache und Gültige.
Denn nur das Gültig-Einfache ist vielfältig brauchbar.
Nur der gesammelten Mühe, nur der Arbeit in Werk- und Werkstättengemeinschaft kann der Bau gelingen.
Aus dem Geist der Opfer rufen wir alle, die guten Willens sind.

Otto Bartning / Willi Baumeister / Eugen Blanck / Walter Dierks / Richard Döcker / Egon Eiermann / Karl Foerster / Richard Hamann / Gustav Hassenpflug / Otto Haupt / Werner Hebebrand / Carl Georg Heise / Carl Oskar Jatho / Hans Leistikow / Alphons Leitl / Georg Leowald / Rudolf Lodders / Alfred Mahlau / Gerhard Marcks / Ewald Mataré / Ludwig Neundörfer / Walter Passarge / Max Pechstein / Lilly Reich / Paul Renner / Wilhelm Riphahn / Hans Schmitt / Lambert Schneider / Fritz Schumacher / Rudolf Schwarz / Otto Ernst Schweizer / Hans Schwippert / Max Taut / Heinrich Tessenow / Otto Völckers / Robert Vorhoelzer / Wilhelm Wagenfeld / Hans Warnecke.

# ZEITTAFEL

4. 1. 1928   Alfred Rosenberg gründet in München den *Kampfbund für deutsche Kultur* (KfdK)

11. 1. 1930   Frick thüringischer Innenminister, sein künstlerischer Berater Paul Schultze-Naumburg übernimmt die Leitung der Weimarer Bauschulen

4. 4. 1930   Mies van der Rohe Nachfolger von Hannes Meyer in der Leitung des Dessauer Bauhauses

2. 9. 1930   Ernst May nach Rußland

5./6. 9. 1930   *Deutscher Bautag* in Dresden, Programm *Stilerneuerung aus zünftigen Kreisen*

14. 9. 1930   NSDAP erhält 107 Reichstagsmandate

Jan. 1931   Reichsministerium des Innern veröffentlicht *Entschließung gegen das Wohnen im Hochhaus*

5. 7. 1931   Das Ende der Reichsforschungsgesellschaft

9. 5.–2. 8. 1931   *Erste deutsche Bauausstellung* in Berlin

15. 10. 1931   2 ½jährige Bausperre für den öffentlichen Hochbau in Preußen

10. 11. 1931   Reichsregierung erläßt *Richtlinien* für die Ansiedlung von Erwerbslosen in der vorstädtischen Kleinsiedlung (Notprogramm Treviranus)

Nov. 1931   Fachgruppe Architektur und Technik im *Kampfbund für deutsche Kultur* wird *Kampfbund deutscher Architekten und Ingenieure* (KDAI)

Nov. 1931   500 000 Arbeitslose im Baugewerbe

26./27. 2. 1932   *Wende im Wohnungsbau* und Ruf nach Planwirtschaft (Siedlungstagung Münster)

9. 5.–2. 8. 1932   Ausstellung *Sonne, Luft und Haus für alle* in Berlin

5. 6. 1932   Peter Behrens gründet *Reichsverband deutscher Wertarbeit*

31. 7. 1932   NSDAP erhält 207 Reichstagsmandate

25. 10. 1932   Schließung des Dessauer Bauhauses, Wiedereröffnung unter Mies van der Rohe in Berlin

6. 11. 1932   Stimmenrückgang der NSDAP (196 Mandate)

30. 1. 1933   Adolf Hitler wird Reichskanzler

|  |  |
|---|---|
| 15. 2. 1933 | Martin Wagner erklärt seinen Austritt aus der preußischen Akademie der Künste |
| 27. 2. 1933 | Reichstagsbrand |
| 28. 2. 1933 | *Verordnung zum Schutz von Volk und Staat* |
| 5. 3. 1933 | Reichstagswahl |
| 11. 3. 1933 | Goebbels Reichsminister für Volksaufklärung und Propaganda |
| 23. 3. 1933 | Neuer BDA-Vorstand |
| 23. 3. 1933 | *Ermächtigungsgesetz* |
| 1. 4. 1933 | KDAI-Entwurf für eine Architekten- und Ingenieurskammer |
| 7. 4. 1933 | Gesetz zur *Wiederherstellung des Berufsbeamtentums* |
| 10. 4. 1933 | BDA veröffentlicht *Nationales Aufbauprogramm* |
| 11. 4. 1933 | Schließung des Bauhauses in Berlin |
| 13. 4. 1933 | PZK-Anordnung überträgt dem KDAI die *Sammlung* Deutscher Architekten und Ingenieure |
| 24. 4. 1933 | *Gleichschaltung* der BDA-Landesverbände |
| 2. 5. 1933 | Ablösung der Gewerkschaften durch die *Deutsche Arbeitsfront* |
| 8. 5. 1933 | *Abstimmung* von BDA und KDAI in München |
| 14. 5. 1933 | *Wirtschaftliche Vereinigung deutscher Architekten* (WVDA) anerkennt *völkische Grundsätze* |
| 23. 5. 1933 | *Umschaltungen* im Tiefbauverband |
| 24./25. 6. 1933 | *Führertagung* von BDA und KDAI in Weimar |
| 28. 6. 1933 | Dr.-Ing. Fritz Todt *Generalinspekteur für das deutsche Straßenwesen* |
| 3. 7. 1933 | Neuer Werkbund-Vorstand |
| 10. 7. 1933 | Selbstauflösung der Gruppe *Junge Architekten* (Poelzig-Schüler in Berlin) |
| 14. 7. 1933 | Gesetz über die *Neubildung deutschen Bauerntums* |
| 20. 7. 1933 | Mies van der Rohe gibt endgültige Auflösung des Bauhauses bekannt |
| 23. 8. 1933 | Reichswirtschaftsminister Schmidt annonciert *Zurückstellung des ständischen Wirtschaftsbaues* |
| 7. 9. 1933 | Proklamation der *rassischen Baukunst* in Nürnberg |
| 22. 9. 1933 | Gesetz über die Aufschließung von Wohnsiedlungsgebieten |
| 22. 9. 1933 | Gesetz über die Errichtung einer *Reichskulturkammer* |
| 23. 9. 1933 | Baubeginn an der Reichsautobahn |
| 26. 9. 1933 | Widerruf der PZK-Anordnung vom 24. 3. 1933 |
| 15. 10. 1933 | Grundsteinlegung zum *Haus der deutschen Kunst* |
| 15. 11. 1933 | BDA-Vorsitzender Prof. Eugen Hönig wird Präsident der *Reichskammer der bildenden Künste*, Beginn der Eingliederung der Architekten in die *Reichskulturkammer* |

|  |  |
|---|---|
| 14. 12. 1933 | *Protest*-Kundgebung des KDAI in der Berliner Krolloper |
| 19. 1. 1934 | Erlaß über die Neuordnung an den preußischen Kunstschulen |
| 24. 1. 1934 | Alfred Rosenberg übernimmt *Amt zur Überwachung der gesamten geistigen und weltanschaulichen Schulung und Erziehung der NSDAP* |
| 30. 1. 1934 | Einrichtung des Amtes *Schönheit der Arbeit* |
| 29. 3. 1934 | Gottfried Feder Reichssiedlungskommissar |
| 15. 5. 1934 | Verordnung über den *Arbeitseinsatz* |
| 31. 5. 1934 | Einrichtung des *Reichsamtes für Technik*, Leitung Dr.-Ing. Fritz Todt |
| 3. 6. 1934 | Einstweilige Maßnahmen zur *Ordnung des deutschen Siedlungswesens* |
| 22. 6. 1934 | Erlaß über *Kunst am Bau* |
| 1. 10. 1934 | *Architektengesetz* in Kraft |
| 15. 10. 1934 | Nordische Kunsthochschule in Bremen eröffnet |
| 4. 12. 1934 | Auflösung des Reichssiedlungskommissariats, Übergang der Befugnisse auf das Reichsarbeitsministerium |
| 26. 1. 1935 | Reichsarbeitsministerium erhält ständigen *Siedlungsbeirat* |
| 29. 3. 1935 | Gesetz über die Sicherstellung des Landbedarfs der öffentlichen Hand |
| 9. 5. 1935 | Eröffnung der Reichsautobahn Darmstadt–Frankfurt |
| 21. 5. 1935 | Gesetz über Landesverteidigung, (geheime) Verpflichtung der Wirtschaft zur Rüstungsproduktion |
| 26. 6. 1935 | Reichsstelle für Landbeschaffung der öffentlichen Hand wird *Reichsstelle für Raumordnung* |
| 1. 10. 1935 | Baurat Schulte-Frohlinde übernimmt Bauamt der DAF |
| 23. 10. 1935 | Anzeigepflicht für größere Bauvorhaben |
| 8. 12. 1935 | Gründung der *Reichsarbeitsgemeinschaft für Raumforschung* |
| 15. 1. 1936 | Verordnung über die Baugebiete (Festlegung der Geschoßhöhen) |
| 19. 6. 1936 | DAF übernimmt Siedlungsplanung im Rahmen des *Vierjahresplans* |
| 28. 7. 1936 | Goebbels erklärt *Architektengesetz* vom 28.10.1934 sowie vier weitere Anordnungen des Präsidenten der Reichskammer der bildenden Künste vom 10.10.1934, 29.11.1934, 28.12.1934 und 16.7.1934 für ungültig |
| 4.–31. 8. 1936 | Wanderausstellung der NS-Kulturgemeinde *Deutsche Städtebilder* in Berlin eröffnet |
| 29. 10. 1936 | Gesetz über die Zulässigkeit befristeter Bausperren |
| 10. 11. 1936 | Verordnung über Baugestaltung |
| 1. 12. 1936 | Generelle Anzeigepflicht für Bauvorhaben |
| 30. 1. 1937 | Albert Speer Generalinspekteur für die Neugestaltung der deutschen Hauptstadt |
| 1. 4. 1937 | Gesetz zur Förderung des Arbeiterwohnstättenbaues |
| 7. 9. 1937 | Ausstellung *Entartete Kunst* in München |

| | |
|---|---|
| 4. 10. 1937 | (Rahmen)-Gesetz über die Neugestaltung deutscher Städte (Berlin, München, Stuttgart, Nürnberg, Hamburg) |
| 8. 11. 1937 | Verordnung über die Zulassung neuer Baustoffe und Bauarten |
| 10. 1. 1938 | Erlaß über die Bewirtschaftung von Baustoffen |
| 22. 1. 1938 | Erste Deutsche Architekturausstellung in München eröffnet |
| 22. 5. 1938 | (Offizieller) Beginn der Bauarbeiten am *Deutschen Westwall* |
| 28. 6. 1938 | Ermächtigungsgesetz über den Arbeitseinsatz in der Bauwirtschaft |
| 9. 12. 1938 | Fritz Todt Generalbevollmächtigter für die deutsche Bauwirtschaft |
| 10. 12. 1938 | Eröffnung der 2. Deutschen Architektur- und Kunstausstellung in München |
| 30. 1. 1939 | Gesetz zur Förderung der Hitler-Jugend-Heimbeschaffung |
| 17. 2. 1939 | *Reichsgaragenordnung* |
| 1. 9. 1939 | Beginn des Polenfeldzugs |
| 7. 10. 1939 | Der Reichsführer SS Heinrich Himmler wird Reichskommissar für die Festigung des deutschen Volkstums, Auftakt zur *Ostkolonisation* |
| 15. 11. 1939 | Verbot aller nicht kriegswichtigen Neubauten |
| 23. 1. 1940 | Fritz Todt Generalinspekteur für Sonderaufgaben im Rahmen des Vierjahresplanes |
| 7. 3. 1940 | Fritz Todt Reichsminister für Bewaffnung und Munition |
| 16. 3. 1940 | Prof. Wilhelm Kreis Generalbaurat für die Gestaltung deutscher Kriegerfriedhöfe |
| 15. 11. 1940 | Robert Ley Reichskommissar für den sozialen Wohnungsbau nach dem Kriege (Führererlaß über den *sozialen Wohnungsbau*) |
| 30. 1. 1942 | Anordnung des Reichskommissars für die Festigung des deutschen Volkstums über die Gestalt neuer deutscher Städte im Osten |
| 8. 2. 1942 | Fritz Todt tödlich verunglückt, sein Nachfolger: Albert Speer |
| 23. 10. 1942 | 3. Erlaß des Führers über den Wohnungsbau nach dem Kriege (Auflösung der Abt. III im Ministerium Seldte, Alleiniger Beauftragter Reichskommissar Ley) |
| 6. 4. 1943 | Einstellung der Planungen für den sozialen Wohnungsbau nach dem Kriege |
| 23. 10. 1943 | Erlaß über die Vorbereitung des Wiederaufbaues bombengeschädigter Städte nach dem Kriege |
| 15. 7. 1944 | Richtlinien für den Umbau der Städte und die Aufrüstung des Landes nach dem Kriege |

VERZEICHNIS DER DOKUMENTE

1 Das Programm und die neue Ideologie. Auszug aus: Pfister, Rudolf: Stuttgarter Werkbundausstellung »Die Wohnung« (Sonderabdruck aus: Baumeister). München, 1928. Callwey
2 Der Block (Manifest).
 Aus: Baukunst, München, 1928, S. 128
3 Architektenschicksal.
 Aus: Bauwelt, Berlin, 1930, H. 33
4 Schacht, Hjalmar: Vom Ende der Reparationen, S. 38. Oldenburg, 1931. Stalling
5 Der Architekt. Rede von Hans Poelzig, gehalten am 4.6.1931 vor dem Bund Deutscher Architekten (Auszug).
 Aus: Bauwelt, Berlin, 1931, H. 24
6 Zum unrühmlichen Ende der RFG.
 Aus: Die Deutsche Bauhütte, Hannover, 1931, Ausg. v. 24. 6.
7 Mehr Echtheit im Bauen, Zeitgenossen!
 Aus: Die Deutsche Bauhütte, Hannover, 1931, S. 364
8 Plattenpleite (Auszug).
 Aus: Die Deutsche Bauhütte, Hannover, 1931, S. 23
9 Bausünden und Baugeldvergeudung (Auszug). Flugschrift, Hrsg. Curt R. Vincentz. Hannover, 1931/32
10 Die Weissenhofsiedlung. Auszug aus: Bausünden und Baugeldvergeudung. Flugschrift, Hrsg. Curt R. Vincentz, Hannover, 1931/32
11 Der »Fall« Poelzig. Von Robert Scholz (Auszug)
 Aus: Deutsche Tageszeitung, Berlin, 1932, Ausg. v. 22. 12.
12 Die politische Hetze gegen das neue Bauen. Auszug aus: Renner, Paul: Kulturbolschewismus? Flugschrift. Wien/Zürich, 1932
13 Geleitwort von Paul Schultze-Naumburg. Auszug aus: Straub, K. W.: Die Architektur im Dritten Reich. Stuttgart, 1932. Akademischer Verlag
14 Was die Deutschen Künstler von der neuen Regierung erwarten. Hrsg. Bettina Feistel-Rohmeder (Auszug).
 Aus: Deutscher Kunstbericht, Dresden, 1933, Folge 69, S. 181
15 Ein Schädling soll gutmachen.
 Aus: Die Deutsche Bauhütte, Hannover, 1933, S. 176
16 Der Bund Deutscher Architekten BDA zum nationalen Aufbauprogramm.
 Aus: Baugilde, Berlin, 1933, H. 7

17  Ziele und Aufgaben des Kampfbundes Deutscher Architekten und Ingenieure. Von Ludwig Häfner (Auszug).
Aus: Die Bauzeitung, Stuttgart, 1933, H. 15

18  Die Architekten als Berufsstand im neuen Staate.
Aus: Bauwelt, Berlin, 1933, H. 19

19  Gleichschaltung. Von Carl Christoph Lörcher.
Aus: Baugilde, Berlin, 1933, H. 10

20  Aufgaben und Zuständigkeiten des Kampfbundes Deutscher Architekten und Ingenieure, der Unterkommission III b und des BDA. Von Heinrich Meisner.
Aus: Baugilde, Berlin, 1933, H. 13

21  Der kommende Stil. Von Alfred Rosenberg (Auszug).
Aus: Völkischer Beobachter, Berlin, 1933, Ausg. v. 14. 7.

22  Rede Adolf Hitlers auf dem Parteitag in Nürnberg 1933 (Auszug).
Aus: Berliner Lokalanzeiger, Berlin, 1933, Ausg. v. 2. 9.

23  An Adolf Hitler, unseren Führer, den deutschen Volkskanzler in schwerer Zeit.
Aus: Baugilde, Berlin, 1933, S. 827

24  Arbeitsgemeinschaft zwischen KDAI und BDA. Von G. Urban.
Aus: Bauwelt, Berlin 1933, H. 40

25  Die Aufgaben des Kampfbundes. Anordnung des Stellvertreters des Führers.
Aus: Bauwelt, Berlin, 1933, H. 40

26  Kundgebung. Erklärung des Deutschen Werkbundes auf der 22. Jahrestagung in Würzburg 1933.
Aus: Bauwelt, Berlin, 1933, H. 40

27  Die Aufgabe der Reichskulturkammer (Auszug).
Aus: Baugilde, Berlin, 1933, H. 23

28  Erklärung des Präsidenten der Reichskammer der bildenden Künste.
Aus: Baugilde, Berlin, 1933, H. 21

29  Die Reichskulturkammer und die bildende Kunst im Neuen Reich. Rundfunkrede von Eugen Hönig (Auszug).
Aus: Baugilde, Berlin, 1934, H. 1

30  Das Architektengesetz. Mitteilung des Präsidenten der Reichskammer der bildenden Künste.
Aus: Baugilde, Berlin, 1934, H. 19

31  Die 1. Jahrestagung des Fachverbandes für Baukunst. Rede von Eugen Hönig (Auszug).
Aus: Baugilde, Berlin, 1934, H. 21

32  »Erbaut unter Adolf Hitler«.
Aus: Bauwelt, Berlin, 1934, H. 42

33  Daß wir hier bauen, verdanken wir dem Führer (Auszug).
Aus: Bauwelt, Berlin, 1936, H. 13

34  Anständige Baugesinnung. Verordnung über Baugestaltung vom 10. 11. 1936.
Aus: Bauwelt, Berlin, 1936, H. 47

35  An alle Bauschaffenden. Aufruf von Fritz Todt.
Aus: Der Deutsche Baumeister, München, 1939, H. 6

36  Mission und Tradition — Elemente des Aufbaues! Von Eitelfritz Kühne (Auszug).
Aus: Der Deutsche Baumeister, München, 1942, H. 1

37 Landschaftsgebundenes Bauen.
Aus: Bauwelt, Berlin, 1942, H. 5/6

38 Der Mensch der Technik. Von Gert Theunissen (Auszug).
Aus: Der Deutsche Baumeister, München, 1942, H. 2

39 Tradition und Neues Bauen. Von Paul Schmitthenner.
Aus: Deutsche Kulturwacht, Berlin, 1933, H. 17

40 Deutsche Baukunst — gestern — heute — morgen. Von Emil Hoegg (Auszug).
Aus: Das Bild, Dresden, 1934, S. 61

41 Baukunst und Gegenwart. Von German Bestelmeyer (Auszug).
Aus: Zentralblatt der Bauverwaltung, Berlin, 1934, H. 17

42 Der Baukünstler, ein Träger nationalsozialistischer Weltanschauung. Von Otto Kloeppel.
Aus: Die Bauzeitung, Stuttgart, 1934, H. 9

43 Antrittsrede von Friedrich Nonn an der Technischen Hochschule Berlin (Auszug).
Aus: Zentralblatt der Bauverwaltung, Berlin, 1935, S. 1031

44 Gegen den deutschen Baustil? Von Julius Schulte-Frohlinde (Auszug).
Aus: Bauen — Siedeln — Wohnen, Berlin, 1938, H. 4

45 Sitzungsprotokoll der Preußischen Akademie der Künste vom 15. 2. 1933 (Auszug).
Archiv der Akademie der Künste in West-Berlin

46 Haussuchung im »Bauhaus Steglitz«.
Aus: Berliner Lokalanzeiger, Berlin, 1933, Ausgabe v. 12. 4.

47 Das dreimal tote Bauhaus.
Aus: Die Deutsche Bauhütte, Hannover, 1933, S. 212

48 Gedächtnisprotokoll Mies van der Rohes betr. seine am 12. 4. 1933 mit Alfred Rosenberg geführte Unterredung. Aufgezeichnet von Hans Maria Wingler. Bauhaus-Archiv, Darmstadt

49 Schreiben von Bauhaus-Studenten an die Fachgruppe für Architektur und Technik im KDK vom 11. 4. 1933.
Aus: Bauwelt, Berlin, 1933, H. 17

50 Schreiben des Geheimen Staatspolizeiamtes an Mies van der Rohe vom 21. 7. 1933.
Bauhaus-Archiv, Darmstadt

51 Mitteilung Mies van der Rohes an das Geheime Staatspolizeiamt über die Auflösung des Bauhauses. Bauhaus-Archiv, Darmstadt

52 Brief eines jungen deutschen Architekten an Goebbels. Von Max Cetto.
Aus: Die neue Stadt, Frankfurt a. M., 1933, H. 5

53 Der Aufstieg der Kunst. Von Bruno E. Werner.
Aus: Deutsche Allgemeine Zeitung, Berlin, 1933, Ausg. v. 12. 5.

54 Deutsche Baukunst. Von Alfons Leitl (Auszug).
Aus: Bauwelt, Berlin, 1934, H. 1

55 Norddeutschland und Süddeutschland. Von Alfons Leitl.
Aus: Bauwelt, Berlin, 1934, H. 49

56 Theodor Fischers »Vermächtnis an die Jugend« (Auszug).
Aus: Die Bauzeitung, Stuttgart, 1933, H. 32

57 Stellung und Aufgabe des Architekten (Auszug).
Aus: Deutsche Bauzeitung, Berlin, 1934, H. 49, 50, und 1935, H. 4

58 »Der Preußische Stil« von Moeller van den Bruck. Ein Beitrag zum Problem der Stilbildung. Von Hugo Häring (Auszug).
Aus: Deutsche Bauzeitung, Berlin, 1935, H. 1

59 Hitler über Architektur und Städtebau. Auszug aus: Hitler, A.: Mein Kampf, S. 288 ff. München, 1926. Franz Eher

60 Der Markstein. Von Franz Hofmann (Auszug).
Aus: Völkischer Beobachter, Berlin, 1933, Ausg. v. 17. 7.

61 Germanische Tektonik. Von Hans Kiener (Auszug).
Aus: Die Kunst im Dritten Reich, München, 1937, H. 1

62 Die Aufbauten auf dem Tempelhofer Feld in Berlin zum 1. 5. 1933. Von Albert Speer.
Aus: Baugilde, Berlin, 1933, H. 13

63 Die Bauten des Dritten Reiches (Auszug aus der Kulturrede Hitlers auf dem Reichsparteitag 1937).
Aus: Baugilde, Berlin, 1937, H. 26

64 Das Reichsparteitagsgelände in Nürnberg. Von Wilhelm Lotz (Auszug).
Aus: Die Kunst im Dritten Reich, München, 1938, H. 9

65 Neuplanung der Reichshauptstadt. Von Albert Speer (Auszug).
Aus: Der Deutsche Baumeister, München, 1939, H. 1

66 Die Bauten des Reichssportfeldes. Von Werner March (Auszug).
Aus: Rundschau Technischer Arbeit, Berlin, 1936, H. 31

67 Richtlinien für die Errichtung von Gemeinschaftshäusern der NSDAP in den Ortsgruppen (Auszug).
Aus: Der soziale Wohnungsbau in Deutschland, Berlin, 1941, H. 4

68 Die Ordensburgen Vogelsang und Crössinsee. Von E. Bender (Auszug).
Aus: Bauwelt, Berlin, 1936, H. 35

69 Vom Bauen der Hitlerjugend. Von Hanns Dustmann (Auszug).
Aus: Der Deutsche Baumeister, München, 1940, H. 1

70 Die Kasernen Adolf Hitlers. Von Walter Reissner (Auszug).
Aus: Der Deutsche Baumeister, München, 1939, H. 4

71 Kriegermale des Ruhmes und der Ehre im Altertum und in unserer Zeit. Von Wilhelm Kreis (Auszug).
Aus: Bauwelt, Berlin, 1943, H. 11/12

72 Die Thingstätte und ihre Bedeutung für das kommende deutsche Theater. Von Ludwig Moshammer (Auszug).
Aus: Bauwelt, Berlin, 1935, H. 45

73 Randbemerkungen zur Deutschen Siedlungsausstellung München 1934. Von Guido Harbers.
Aus: Das schöne Heim, München, 1934, S. 368

74 Häuser und Gärten. Von Alfons Leitl (Auszug).
Aus: Bauwelt, Berlin, 1935, H. 12

75 Schulneubauten im Verwaltungsbezirk Berlin-Neukölln. Von Karl Bonatz (Auszug).
Aus: Bauwelt, Berlin, 1936, H. 11

76 Wendland, Winfried: Die Kunst der Kirche (Auszug). Berlin, 1940, Wichern

77 Das Theater in Dessau und die Baukunst von heute. Von Egon Eiermann.
Aus: Bauwelt, Berlin, 1935, H. 19

78 Kriegsgemäßer Industriebau (Auszug).
Aus: Bauwelt, Berlin 1940, H. 29/30
79 Verwurzelung des Arbeiters mit dem Boden.
Aus: Bauwelt, Berlin, 1934, H. 19
80 Seldte, Franz: Sozialpolitik im Dritten Reich 1933–1938. S. 176 ff., Berlin und München, 1939. Beck
81 Die Förderung des Baues von Volkswohnungen. Von Joachim Fischer-Dieskau (Auszug).
Aus: Bauwelt, Berlin, 1935, H. 35
82 DAF und Wohnungsbau (Auszug).
Aus: Bauwelt, Berlin, 1937, H. 8
83 Erlaß des Führers zur Vorbereitung des Deutschen Wohnungsbaues nach dem Kriege.
Aus: Der Deutsche Baumeister, Berlin, 1940, H. 11
84 Die neue sozialistische Ordnung der Gesellschaft. Von Hans Wagner (Auszug).
Aus: Der soziale Wohnungsbau, Berlin, 1941, H. 5
85 Serienproduktion. Von Hans Wagner (Auszug).
Aus: Der soziale Wohnungsbau in Deutschland, Berlin, 1941, H. 5
86 Typung und Normung. Von Hans Spiegel.
Aus: Der soziale Wohnungsbau in Deutschland, Berlin, 1941, H. 9
87 Runderlaß, des Reichs- und Preuß. Ministers für Ernährung und Landwirtschaft vom 9. 4. 1935 – VII 26 680 (Auszug).
Aus: Bauwelt, Berlin, 1935, H. 21
88 Wiedergesundung und Neuausrichtung des ländlichen Bauwesens. Von Wilhelm Grebe (Auszug).
Aus: Bauwelt, Berlin, 1942, H. 37/38
89 Über die Aufgaben des Amtes für »Schönheit der Arbeit«. Von Karl Kretschmer.
Aus: Die Form, Berlin, 1934, S. 161–163
90 Schönheit des Wohnens – ein politisches Problem. Von Hermann Doerr (Auszug).
Aus: Der soziale Wohnungsbau in Deutschland, Berlin, 1941, H. 2
91 Deutscher Hausrat. Vorwort von Alfred Simon zu: Deutscher Hausrat mit dem Gütezeichen der Deutschen Arbeitsfront. Hrsg. Reichsheimstättenamt der Deutschen Arbeitsfront. Berlin, 1941, DAF-Verlag.
92 Aufträge an bildende Künstler und Kunsthandwerker bei Bauaufgaben der Staatshochbauverwaltung. Erlaß des Reichsministers für Volksaufklärung und Propaganda vom 22. 6. 1934
Aus: Zentralblatt der Bauverwaltung, 1934, S. 685
93 Malereien am Bauwerk. Von W. A. Gut.
Aus: Die Kunstkammer, Berlin, 1935, H. 12
94 Rittich, Werner: Architektur und Bauplastik der Gegenwart (Auszug). Berlin, 1938. Rembrandt
95 Des Basses Grundgewalt. Auszug aus: Otzen, Robert: Die Autostraße Hansestädte Frankfurt–Basel. Hannover, 1924. Göhrmann
96 Objekt – Subjekt. Von E. Neumann. Auszug aus der Eröffnungsrede zum 1. Deutschen Straßenbautag in München: Nation, Kraftverkehr und Straßenbau.
Zitiert nach: Die Bauzeitung, Stuttgart, 1934, H. 17

97 Dr. Todt und seine Reichsautobahn. Von Paul Bonatz.
Aus: Die Kunst im Dritten Reich, München, 1942, H. 3

98 Das deutsche Siedlungswerk. Rede von Gottfried Feder (Auszug).
Aus: Bauwelt, Berlin, 1934, H. 19

99 Raumordnung. Von W. H. Blöcker (Auszug).
Aus: Raumforschung und Raumordnung, Heidelberg, 1937, H. 1

100 Raumforschung. Von Konrad Meyer (Auszug).
Aus: Raumforschung und Raumordnung, Heidelberg, 1937, H. 1

101 Planung und Gestaltung des deutschen Lebensraums. Von Ernst Jarmer (Auszug).
Aus: Der soziale Wohnungsbau in Deutschland, Berlin, 1942, H. 13

102 Die Stadt der Hermann-Göring-Werke (Auszug).
Aus: Bauwelt, Berlin, 1939, H. 36

103 Die Gestaltung der städtischen Siedlungsmasse. Von Carl Culemann (Auszug).
Aus: Raumforschung und Raumordnung, Heidelberg, 1941, H. 3/4

104 Die Bauten der Gemeinschaft. Von Josef Umlauf. Auszug aus: Zur Stadtplanung in den neuen Ostgebieten.
Aus: Raumforschung und Raumordnung, Heidelberg, 1941, H. 3/4

105 Grundsätzliches zum Städtebau im Altreich und im neuen deutschen Osten. Von Hans B. Reichow.
Aus: Raumforschung und Raumordnung, Heidelberg, 1941, H. 3/4

106 Wohnungspolitische Aufgaben in dem Reichsgau Wartheland. Von Hermann Wagner (Auszug).
Aus: Bauen – Siedeln – Wohnen, Berlin, 1940, H. 9

107 Richtlinien für die Pflege und Verbesserung des Ortsbildes im Deutschen Osten.
Aus: Der soziale Wohnungsbau in Deutschland, Berlin, 1941, H. 2

108 Richtlinien für die Planung und Gestaltung der Städte in den eingegliederten deutschen Ostgebieten.
Aus: Der soziale Wohnungsbau in Deutschland, Berlin, 1942, H. 13

109 Raumordnung im Generalgouvernement. Von Hans Julius Schepers (Auszug).
Aus: Raumforschung und Raumordnung, Heidelberg, 1942, H. 6/7

110 Versuch einer Rechtfertigung. Brief von Rudolf Wolters an Alfons Leitl.
Aus: Baukunst und Werkform, Heidelberg, 1952, H. 9

111 Schlußworte Albert Speers im Nürnberger Prozeß (Auszug). American Military Tribunals Nürnberg, Bd. 21, 1. (Protokoll vom 27. 8. 1946 – 1. 10. 1946). Übers.: Poliakov/Wulf

112 Grundsätzliche Forderungen.
Aus: Baukunst und Werkform, Heidelberg, 1947, H. 1

# LITERATURVERZEICHNIS

Das Literatur-Verzeichnis erhebt keinen Anspruch auf Vollständigkeit. Nur die wichtigsten Architektur-Bucherscheinungen der Jahre 1933–1945 wurden verzeichnet. Unberücksichtigt blieb die kunsthistorische und politische Literatur, über die es an anderer Stelle umfassende Auskunft gibt.

Bangert, Wolfgang: Stadtgestaltung und Bauflege. Krefeld, 1941. Gippers

Bauhandbuch für den Aufbau im Osten. Hrsg. Hans Joachim Schacht. Berlin, 1943. Dtsch. Landbuchhandlung Sohnrey

Bausünden und Baugeldvergeudung. Flugschrift, Hrsg. Curt R. Vincentz. Hannover, 1931. Jaennecke

Bodenordnung als volkspolitische Aufgabe und Zielsetzung. Hrsg. Konrad Meyer. Berlin, 1940. de Gruyter

Böckler, Erich: Landschaftsgemäß bauen? München, 1943. Callwey

Brenner, Hildegard: Die Kunstpolitik des Nationalsozialismus. Rowohlts deutsche Enzyklopädie. Hamburg, 1963. Rowohlt

Burgdorfer, Friedrich: Die volkspolitische Lage und die wohnungspolitische Lage. Ohne Orts- und Jahresangabe

Cohrs, Wilhelm: Der neue Wohnungsbau, sämtliche Bestimmungen für den sozialen Wohnungsbau in Deutschland aufgrund des Erlasses des Führers vom 15.11.1940. Bad Oeynhausen, 1941. Lutzeyer

Coudenhove-Kalergi, Richard Nikolaus: Apologie der Technik. Leipzig, 1922. Der neue Geist

Coudenhove-Kalergi, Richard Nikolaus: Revolution durch Technik. Wien/Leipzig, 1932. Pan-Europa-Verlag

Darré, Walter: Das Bauerntum als Lebensquell der nordischen Rassen. München, 1928. Hoheneichen

Dessauer, Friedrich: Philosophie der Technik. Bonn, 1927. Cohen

Deutsche Gesellschaft für Wohnungswesen: Altstadtsanierung mit Reichshilfe 1934 bis 1938. Berlin, 1940. Wasmuth

Deutscher Hausrat mit dem Gütezeichen der DAF. Hrsg. Reichsheimstättenamt der Deutschen Arbeitsfront. Berlin, 1941. DAF-Verlag

Die neue Reichskanzlei. Hrsg. Albert Speer. Sonderdruck in »Die Kunst im Deutschen Reich«. München, 1940

Diesel, Eugen: Die Neugestaltung der Welt. 2. Aufl., Stuttgart/Berlin, 1932. Cotta

Diesel, Eugen: Technik, Nation und Welt. Frankfurt, 1934. Diesterweg

Dressler, Adolf: Das »braune Haus« und die Verwaltungsgebäude der Reichsleitung der NSDAP. München, 1939. Eher

Dreyer, Ernst Adolf: Deutsche Kultur im Neuen Reich — Wesen, Aufgaben und Ziele der Reichskulturkammer. Band 7 der Schlieffenbücherei, Potsdam, 1934

Erdmannsdorfer, Karl: Die Baugestaltung, Bauberater für Siedlung und Eigenheim. Hrsg. Bayrischer Landesverein für Heimatpflege. 3. erw. Auflage, München, 1940. Callwey

Evers, Hans Gerhard: Tod, Macht und Raum als Bereiche der Architektur. München, 1939. Neuer Filser Verlag

Feder, Gottfried: Der Kampf gegen die Hochfinanz. München, 1923. Eher

Feder, Gottfried: Die Wohnungsnot und die soziale Bau- und Wirtschaftsbank als Retterin aus dem Wohnungselend. Aus: NS-Monatshefte, München, 1932, Nr. 8

Feder, Gottfried: Die neue Stadt. Berlin, 1939. Julius Springer

Feistel-Rohmeder, Bettina: Im Terror des Kunstbolschewismus. Karlsruhe, 1938. Müller

Fischer-Dieskau, Joachim: Einführung in die Wohnungs- und Siedlungspolitik. Berlin/Leipzig, 1938. de Gruyter

Ford, Henry: Und trotzdem vorwärts. Leipzig, 1930. List

Fränk, Gerhard: Die Neugestaltung deutscher Städte. Kommentar zum Gesetz vom 4. 1. 1937 mit einer Einleitung von Albert Speer. Berlin/München, 1939. Beck

Frauendorfer, Max: Der ständische Gedanke im Dritten Reich. NS-Bibliothek Band 40. München, 1932-33. Eher

Geiger, Ludwig: Panik im Mittelstand. Aus: Die Arbeit. Berlin, 1933, H. 7

Gestaltung der deutschen Siedlungslandschaft im Osten. Aus: Planungshefte des Reichsheimstättenamtes. Berlin, 1940, H. 5

Grebe, Wilhelm: Neuzeitliches Bauen auf dem Lande. Berlin, 1937. Reichsnährstandsverlag

Grebe, Wilhelm: Handbuch für das Bauen auf dem Lande. Berlin, 1943. Reichsnährstandsverlag

Gretsch, Hermann: Gestaltendes Handwerk. Stuttgart, 1942. Julius Hoffmann

Grosskinsky, August: Schönheit des Wohnens. Freiburg, 1941. Kopp

Gruber, Karl: Die Gestalt der deutschen Stadt. Leipzig, 1937. Bibliogr. Institut

Harbers, Guido: Der deutsche Wohnungsbau nach dem Kriege unter Mitwirkung der Gemeinden. Denkschrift für das Hauptamt für Kommunalpolitik der NSDAP

Hellack, Georg: Architektur und bildende Kunst als Mittel der nationalsozialistischen Propaganda. Aus: Publizistik. München, Jg. 5, S. 77 ff

Heuss, Theodor: Hans Poelzig. Berlin, 1939. Wasmuth

Hitler, Adolf: Mein Kampf. München, 1926, Eher

Hitler, Adolf: NS-Monatshefte — Wissenschaftliche Zeitschrift der NSDAP. München, 1930, H.1

Höger, Fritz: Der niederdeutsche Backsteinbaumeister. Wolfshagen, 1938. Westphal

Kaftan, Kurt: Der Kampf um die Autobahnen. Berlin, 1955. Wigankow

Kiener, Hans: Kunstbetrachtungen. München, 1937, Neuer Filser Verlag

Kulke, Erich: Vom deutschen Bauernhof. München, 1939. Hoheneichen

Lawaczek, Franz: Technik und Wirtschaft im Dritten Reich. München, 1932. Eher, NS-Bibliothek Nr. 38

v. Leers, Johann: Das Lebensbild des deutschen Handwerks. Hrsg. Reichsinstitut des deutschen Handwerks. München, 1938

Lehmann-Haupt, Ulrich: Art under a Diktatorship. Oxford, 1954. University Press, New York

Lindner, Werner, Erich Böckler: Die Stadt, ihre Pflege und Gestaltung. München, 1939. Callwey

Lindner, Werner, Erich Kulke: Das Dorf, seine Pflege und Gestaltung. München. 1937. Callwey

Lindner, Werner, Friedrich Tamms: Das Mauerwerk. Berlin, 1937. Metzner

Lützeler, Heinrich: Vom Sinn der Bauformen. Freiburg, 1938. Herder

Möller van den Bruck, Arthur: Preußischer Stil. 16.—21. Tsd., Breslau 1931, Korn

Mühlfeld, Hans: Das deutsche Zimmermannsdach. Berlin, 1938, Bauwelt

Neue deutsche Baukunst. Hrsg. Albert Speer. Berlin, 1941. Volk und Reich

Neue Dorflandschaften, Gedanken und Pläne zum ländlichen Aufbau in den neuen Ostgebieten. Hrsg. Stabshauptamt des Reichskommissars für die Festigung des deutschen Volkstums. Berlin, 1943

Neufert, Ernst: Bauordnungslehre. Berlin, 1943, Volk und Reich

Niemeyer, Reinhold: Forderungen an ein künftiges Planungs- und Baurecht. Aus: ZUGLEICH, Leipzig, 1942, H. 10

Nonnenbruch, Fritz: Technik und Geist. München, 1943, Hoheneichen

Phleps, Hermann: Holzbaukunst. Karlsruhe, 1942. Bruder

Pfister, Rudolf: Die Wohnung. München, 1928. Bruckmann

Pfister, Rudolf: Die Bauten von Paul Schultze-Naumburg. Weimar, 1940, Duncker

Pfister, Rudolf: 170 Eigenheime. München, 1935. Bruckmann

Pinder, Wilhelm: Die Kunst der Kaiserzeit, geschichtliche Betrachtung über das Wesen und Werden deutscher Formen. Leipzig, 1935. Selmann

Pinder, Wilhelm: Architektur als Moral. In Wolfflin-Festschrift. Dresden, 1935. Jess

Pitsch, Ilse: Das Theater als publizistisches Führungsmittel. Diss. Münster, 1952

Pöchlinger, Joseph: Das Buch vom Westwall. Berlin, 1939. Elsner

Du Prel, Max Frhr. von: Das Generalgouvernement. Krakau, 1940. Veränd. und erweiterte Auflage, 1942. Buchverlag Ost

Rave, Paul Ortwin: Die Kunstdiktatur im Dritten Reich. Hamburg, 1949. Gebr. Mann

Reallexikon der Kunstgeschichte. Hrsg. Otto Schmidt. Bd. 1. Stuttgart, 1937. Metzler

Renner, Paul: Kulturbolschewismus? Wien/Zürich, 1932. Rentsch

Rietdorf, Alfred: Gilly — Wiedergeburt der deutschen Architektur. Berlin, 1943. Hugo

Rittich, Werner: Architektur und Bauplastik der Gegenwart. Berlin, 1938. Rembrandt

Roh, Franz: Entartete Kunst. Hannover, 1963. Fackelträger

Rosenberg, Alfred: Der Mythos des 20. Jahrhunderts. München, 1929. Eher

Rosenberg, Alfred: Revolution in der bildenden Kunst. München, 1934. Eher

Rosenberg, Alfred: Gestaltung der Idee. München, 1936. Eher

Schacht, Hjalmar: Vom Ende der Reparationen. Oldenburg, 1931. Stalling

Schacht, Hjalmar: Brennende deutsche Bevölkerungsfragen. München, 1934. Eher. NS-Bibliothek Nr. 45

Scheffler, Karl: Form als Schicksal. 2. veränd. Aufl., Erlenbach, 1939. Rentsch

Scheffler, Karl: Deutsche Baumeister. 2. veränd. Ausgabe. Leipzig, 1939. List

v. Schirach, Baldur: Zwei Reden zur deutschen Kunst. München 1941. Bruckmann

Schmitthenner, Paul: Das deutsche Wohnhaus. 2. vermehrt. Auflage unter Baugestaltung 1940, Stuttgart, 1932. Witwer

Schmitthenner, Paul: Baukunst im Neuen Reich. München, 1934. Callwey

Schmitthenner, Paul: Das sanfte Gesetz in der Kunst. Aus: Strassburger Monatshefte, 1943, H. 7

Schoenbeben, Eduard: Fritz Todt, der Mensch, Ingenieur und Nationalsozialist. Oldenburg, 1943. Stalling

Schrade, Hubert: Das deutsche Nationaldenkmal. München, 1934. Langen Müller
Schrade, Hubert: Die Bauten des Dritten Reichs. Leipzig, 1937. Bibliogr. Institut
Schrade, Hubert: Der Sinn politischer Architektur. Aus: NS-Monatshefte, München, 1935, Nr. 5
Schrieber, Karl Friedrich: Das Recht der Reichskulturkammer. Berlin, 1935. Juncker & Dünnhaupt
Schubert, Otto: Architektur und Weltanschauung. Berlin, 1931. Neff
Schulte-Frohlinde, Julius: Die landschaftlichen Grundlagen des deutschen Bauschaffens im Osten. München, 1940. Callwey
Schultze-Naumburg, Paul: Kunst und Rasse. München, 1928. Lehmann
Schultze-Naumburg, Paul: Der Kampf um die Kunst. München, 1933. Eher
Schultze-Naumburg, Paul: Kunst aus Blut und Boden. Leipzig, 1934. Seemann
Schulze, Konrad Werner: Stadt und Land als organischer Lebensraum. Stuttgart, 1932. Akademischer Verlag Fritz Wedekind
Schulze-Fielitz, Günther: Die Bauwirtschaft im Kriege. Berlin, 1941. Juncker & Dünnhaupt
Schumacher, Fritz: Kulturpolitik. Jena, 1919. Diedrichs
Schumacher, Fritz: Der »Fluch« der Technik. Hamburg 1931. Boysen & Maasch
Schumacher, Fritz: Schöpferwille und Mechanisierung. Hamburg 1933. Boysen & Maasch
Schumacher, Fritz: Der Geist der Baukunst. Stuttgart, 1938. Deutsche Verlagsanstalt
Schwarz, Rudolf: Vom Bau der Kirche. Würzburg, 1940. Deutscher Werkbund-Verlag
Schwerber, Peter: Nationalsozialismus und Technik. München, 1932. Eher. NS-Bibliothek Nr. 21
Seldte, Franz: Sozialpolitik im Dritten Reich 1933–1938. München, 1939. Beck
Seifert, Alwin: Volk und Kunst. Freiburg, 1940. Reichenberg/Kraus
Seifert, Alwin: Im Zeitalter des Lebendigen. Dresden, 1941. Müllersche Verlagsbuchhandlung
v. Senger, Alexander: Krisis der Architektur. Zürich, 1928. Rascher & Cie.
v. Senger, Alexander: Die Brandfackel Moskaus. Deutsche Ausgabe, Berlin. 1931. Irmin-Verlag
v. Senger, Alexander: Der Baubolschewismus und seine Verkopplung mit Wirschaft und Politik. Aus: NS-Monatshefte, München, 1935, S. 497 ff
Sombart, Werner: Weltanschauung, Wissenschaft und Wirtschaft. Berlin, 1938. Buchholz & Weisswange
Sombart, Werner: Deutscher Sozialismus. Berlin, 1934. Buchholz & Weisswange
Sombart, Werner: Vom Menschen, Versuch einer geistwissenschaftlichen Anthropologie. Berlin, 1938. Buchholz & Weisswange
Spengler, Oswald: Die Jahre der Entscheidung. München, 1922. Beck
Stephan, Hans: Baukunst im Dritten Reich. Aus: Schriftenreihe der Hochschule für Politik. Berlin, 1939, H. 43
Stephan, Hans: Wilhelm Kreis. Oldenburg, 1944. Stalling
Strasser, Otto: Der Aufbau des deutschen Sozialismus. Leipzig, 1932. Lindner
Straub, Karl Willy: Die Architektur im Dritten Reich. Stuttgart, 1932. Akademischer Verlag Dr. Fritz Wedeking
Strzygowski, Joseph: Der Aufgang des Nordens. Leipzig, 1936. Schwarzhäupter
Strzygowski, Joseph: Die deutsche Nordseele. Wien, 1940. Wiener Verlagsgesellschaft
Strzygowski, Joseph: Europas Machtkunst im Rahmen des Erdkreises. Wien, 1941. Wiener Verlagsgesellschaft

Tamms, Friedrich: Paul Bonatz, Arbeiten von 1907–1937. Stuttgart, 1937. Hoffmann
Thiede, Klaus: Deutsche Bauernhäuser. 21.–30. Tsd. Königstein, 1935. Langewiesche
Troost, Gerdy: Bauen im Neuen Reich. 2 Bd. Bayreuth, 1938 und 1943. Gauverlag Bayerische Ostmark
Umbau und Ausbau der deutschen Ortschaften. Hrsg. Otto Schmidt. Berlin, 1941. Bauwelt
Umlauf, Josef: Deutsches Schrifttum über Städtebau, eine Auswahl für Studium und Praxis unter bes. Berücksichtigung der städtebaulichen Aufgaben im Osten. Im Manuskript gedruckt. Berlin, 1943
Volk und Lebensraum. Hrsg. Konrad Meyer. Heidelberg, 1938. Vowinkel
Wasmuth, Günther: Lexikon der Baukunst. Berlin, 1931–1937. Wasmuth. Bd. 1–5 (Bd. 1–4, 1931–33, Bd. 5 [Nachtrag], 1937)
Weidner, Heinz: Berlin im Festschmuck. Berlin, 1940. Deutscher Kunstverlag
Wendland, Winfried: Nationalsozialismus und Kunst. Aus: NS-Briefe, Berlin, 1930, Nr. 4
Wendland, Winfried: Kunst und Nation – Wege und Ziele der Kunst im neuen Deutschland. Berlin, 1934. Freiheitsverlag
Wendland, Winfried: Kunst im Zeichen des Kreuzes. Berlin, 1934. Bong
Wendland, Winfried: Die Kunst der Kirche. Berlin Spandau, 1940. Wichern
Wetzel, Heinz: Wandlungen im Städtebau. Stuttgart, 1942. Krämer
Wiepking-Jürgesmann, Heinrich F.: Die Landschaftsfibel. Berlin, 1942. Landbuchhandlung
Wolf Gustav: An einen werdenden Baumeister. München, 1934. Callwey
Wolf, Gustav: Wohnung und Haus des Mittelstandes. Berlin, 1936. de Gruyter
Wolf, Gustav: Haus und Hof deutscher Bauern. Bd. 1. Berlin, 1940. Reimer
Wolters, Rudolf: Neue deutsche Baukunst. Hrsg. Albert Speer. Berlin, 1941. Volk und Reich
Wolters, Rudolf: Albert Speer. Oldenburg, 1942. Stalling
Wolters, Rudolf: Der Beruf des Baumeisters. Berlin/Amsterdam/Prag, 1944. Volk und Reich
Wulff, Joseph: Die bildenden Künste im Dritten Reich (Dokumentation). Gütersloh, 1963. Siegbert Mohn
Zevi, Bruno: Poetica del Architettura neoplastica. Mailand, 1953. Tamburini

# FOTONACHWEIS

G. Troost, Bauen im Neuen Reich, 2. Aufl., Bayreuth 1943: 21, 29, 34, 37, 45, 46

Baumeister (8/1950): 9, 10

Bauten der Bewegung (Hrsg. Preuß. Finanzminister), 2. Aufl., Berlin 1939: 11, 13, 14, 23, 26, 27, 28, 42

Bauwelt (12/1933): 3; (52/1934): 7; (28/1935): 8; (37/1937): 16; (16/1936): 35

A. Ciborowski, Warsaw — a City destroyed and rebuild, Warschau 1964: 51, 52

Die Kunst im deutschen Reich, Heft Aug./Sept. 1944: 44

Landesbildstelle Berlin: 53

Monatshefte für Baukunst und Städtebau (4/1935): 6; (10/1938): 50

W. Rittich, Architektur und Bauplastik der Gegenwart, Berlin 1938: 5, 22, 25, 30, 36, 38, 39, 40, 41, 43, 47

P. Schmitthenner, Baukunst im Neuen Reich, München 1934: 1, 2

A. Speer, Neue Deutsche Baukunst, Prag 1943: 18, 19, 20, 24, 31, 32, 48, 49, Umschlag

Ullstein Bilderdienst: 12, 15, 17, Umschlag

H. M. Wingler, Das Bauhaus, Bramsche 1962: 4

# Ullstein Bauwelt Fundamente

1. Ulrich Conrads, Programme und Manifeste zur Architektur des 20. Jahrhunderts
   180 Seiten, 27 Bilder, DM 10,80 / öS 80,— / sfrs. 12,80
2. Le Corbusier, Ausblick auf eine Architektur
   216 Seiten, 231 Bilder, DM 12,80 / öS 95,— / sfrs. 15,—
3. Werner Hegemann, Das steinerne Berlin
   344 Seiten, 100 Bilder, DM 12,80 / öS 95,— / sfrs. 15,—
4. Jane Jacobs, Tod und Leben großer amerikanischer Städte
   221 Seiten, 4 Bilder, DM 10,80 / öS 80,— / sfrs. 12,80
5. Sherman Paul, Louis H. Sullivan
   164 Seiten, 26 Bilder, DM 9,80 / öS 72,50 / sfrs. 11,65
6. L. Hilberseimer, Entfaltung einer Planungsidee
   140 Seiten, 121 Bilder, DM 10,80 / öS 80,— / sfrs. 12,80
7. H. L. C. Jaffé, De Stijl 1917—1931
   272 Seiten, 54 Bilder, DM 14,80 / öS 109,50 / sfrs. 17,30
8. Bruno Taut, Frühlicht — Eine Folge für die Verwirklichung des neuen Baugedankens
   224 Seiten, 240 Bilder, DM 9,80 / öS 72,50 / sfrs. 11,65
9. Jürgen Pahl, Die Stadt im Aufbruch der perspektivischen Welt
   176 Seiten, 86 Bilder, DM 10,80 / öS 80,— / sfrs. 12,80
10. Adolf Behne, Der moderne Zweckbau
    132 Seiten, 95 Bilder, DM 10,80 / öS 80,— / sfrs. 12,80
11. Julius Posener, Anfänge des Funktionalismus
    232 Seiten, 52 Bilder, DM 11,80 / öS 87,— / sfrs. 13,90
12. Le Corbusier, Feststellungen zu Architektur und Städtebau
    248 Seiten, 230, teils farbige Bilder, DM 14,80 / öS 109,50 / sfrs. 17,30
13. Hermann Mattern, Gras darf nicht mehr wachsen
    12 Kapitel über den Verbrauch der Landschaft
    184 Seiten, 40 Bilder, DM 12,80 / öS 95,— / sfrs. 15,—
14. El Lissitzky, Rußland: Architektur für eine Weltrevolution
    208 Seiten, 116 Bilder, DM 11,80 / öS 87,— / sfrs. 13,90
15. Christian Norberg-Schulz, Logik der Baukunst
    308 Seiten, 118 Bilder, DM 15,80 / öS 117,— / sfrs. 18,40
16. Kevin Lynch, Das Bild der Stadt
    216 Seiten, 140 Bilder, DM 12,80 / öS 95,— / sfrs. 15,—
17. Günter Günschel, Große Konstrukteure 1
    Freyssinet — Maillart — Dischinger — Finsterwalder
    276 Seiten, 172 Bilder, DM 15,80 / öS 117,— / sfrs. 18,40
19. Anna Teut, Architektur im Dritten Reich 1933—1945
    392 Seiten, 56 Bilder, DM 17,80 / öS 132,— / sfrs. 20,60

# Ullstein Berlin Frankfurt/M Wien

Bei Fragen zur Produktsicherheit wenden Sie sich bitte an:
If you have any questions regarding product safety,
please contact:

Birkhäuser Verlag GmbH
Im Westfeld 8
4055 Basel, Schweiz
productsafety@degruyterbrill.com